威尼斯城记

[英] 克里斯托弗·希伯特 著

高玉明 杨佳铎 译

上海人民出版社

大教堂内12世纪的马赛克镶嵌画，
展示圣马可抵达里亚尔托岛

图：马林·萨努多的十字军手册
十字架信徒秘典》中的一幅彩图，
绘了处在蓝色光轮中的基督，走近
门的十字军战士，飘着战旗的战
，两组骑在马背上的撒拉逊人
图：1177年，教皇亚历山大三世在
教堂外接受皇帝腓特烈一世（巴巴
萨）的投降，乔尔乔·瓦萨里及其
手创作

QVOD·EGO·POTISSIMVM·

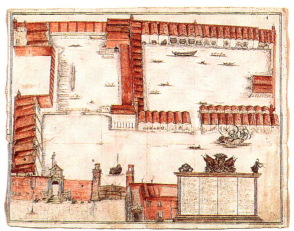

上图：17世纪兵工厂一瞥，那时的工人总数已从16 000人减少到1 000人左右

左图：16世纪晚期威尼斯鸟瞰图，有基奥贾和佩莱斯特里纳大片仍未开发的岛屿以及前景中的利多岛

下图：17世纪初城市鸟瞰图，显示"布辛托罗"号停泊在兵工厂前面

对面：马尔科·巴尔巴里戈（Marco Barbarigo），1485年当选总督，从他外甥维特·卡佩罗手里接过一篇颂扬他美德的演说文，他外甥由一个手持圣马可旗的威尼斯人陪着

上图：海上之城，中世纪的威尼斯，从西部的大运河入口到东部的希腊河

下图：被称为装备主管的政府官员为一艘船招募了一名船员，并提前支付了几个星期的工资

右图：詹蒂莱·贝里尼的《圣马可广场游行队伍》，一幅令人惊叹的现实主义作品，唤起了伟大的爱国主义精神，展示了 1496 年时的建筑

左图：15世纪晚期的运河为詹蒂莱·贝里尼的《圣罗伦佐桥上十字架的奇迹》提供了环境，在这幅画中，圣物把跳入水中救它的人安全送到岸边

下左：卡巴乔画的圣马可的翼狮，爪子里拿着一本书，上面用拉丁文写着，这位传教士在去罗马的路上到威尼斯时，天使对他说："马可，我的福音传道者，愿你平安。"

上图：卡巴乔的《两名交际花》，用拉斯金的话说，这是"世界上最好的画"，现在认为应该是代表托雷利家族的两名成员

左图：卡巴乔的《真十字架的奇迹》，展示木头建的里亚尔托桥（桥的中心有一座吊桥，可以让有高桅杆的船只通过），那时运河上只有一座桥，现在这座桥的前身由安东尼奥·达·蓬特设计，于1591年完工

上图：安德里亚·维琴蒂诺画的塞巴斯蒂亚诺·维尼埃肖像，1577—1578 年在位总督，勒班陀战役中的英雄

上图：勒班陀战役中挂着圣马可旗帜与土耳其战舰作战的威尼斯战舰，乔尔乔·瓦萨里及其助手创作

下图：丁托列托的《耶稣受难像》，为圣洛可大会堂所作，至今仍挂在其接待厅

委罗内塞所画的《利未家的宴会》,这幅巨幅油画也导致他被宗教法庭传唤

右图:弗朗西斯科·瓜尔迪所画的议员与外交家的非正式会议

下图:卡巴乔所画的仆人们在宫殿厨房工作的场景

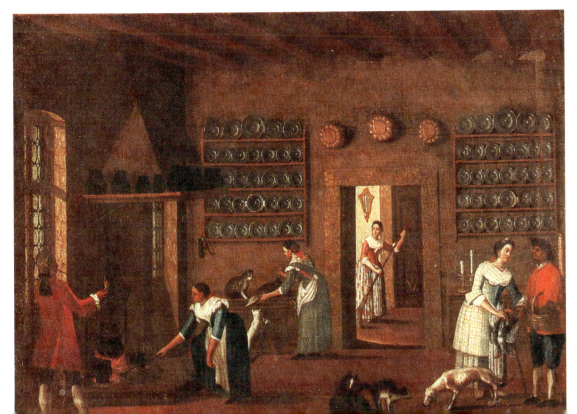

提埃波罗所画的狂欢节狂欢的场景

化装舞会上戴着面具的访客参加赌博的场景

兵工厂工人行会所做的牌匾，描绘18世纪木匠在船上工作的场景

加布里埃尔·贝拉（Gabriele Bella）所画的一场在卡纳雷吉欧区进行的斗牛比赛

卢卡·卡勒维里斯所画的江湖术士在小广场上表演的场景，画以钟楼和圣马可时钟塔为背景

米凯莱·马里斯凯（Michele Marieschi）的支持者所画的圣马可流域的航运图，图的右边是帕拉迪奥的圣乔治马焦雷教堂

米凯莱·马里斯凯所画的以圣莫伊西河为视角的巴尔达萨雷·罗根纳设计的安康圣母教堂

卡纳莱托所画的圣马可港，画的左边是海关大楼，右边是圣乔治马焦雷教堂

在升天节当天，总督的国家游艇布辛托罗号准备离开莫洛去参加海婚礼，卡纳莱托作

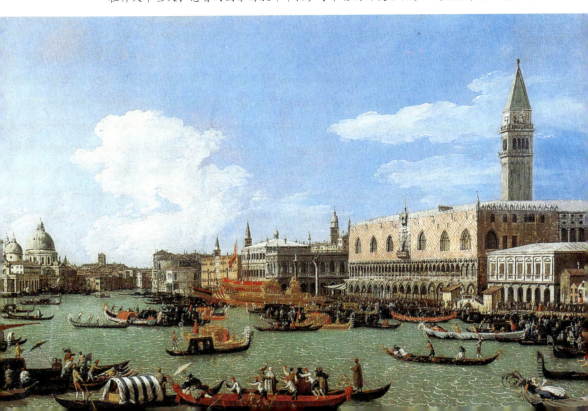

从乔瓦尼·安东尼奥·瓜尔迪的视角看到的朱代卡运河以及木筏沿岸街上的杰苏阿蒂教堂（Church of the Gesuati）

贡多拉从叹息桥下驶过的场景，被认为是卡纳莱托的侄子兼学生贝尔纳多·贝洛托（Bernardo Bellotto）所作

约翰·拉斯金说:"除了特纳,没人能真正了解威尼斯。"

法国部队在总督府前,并在纸门内站岗,选自乔治·克莱林(Georges Clarin)的画作

托马斯·布什·哈迪所画的渔船驶入圣马可运河的情景，背后是圣乔治马焦雷岛

右图：爱德华·马奈所画的在大运河中的系船柱
下图：理查德·帕克斯·本宁顿所作，从宫殿河远端的视角看向总督府

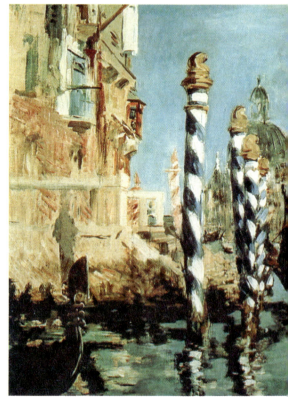

地图—索引

38. 丹多罗宫 Palazzo Dandolo **E3**

39. 达里奥宫 Palazzo Dario **D4**

40. 十贤人宫 Palazzo dei Dieci Savi **E3**

41. 多尔芬马宁宫 Palazzo Dolfin-Manin **E3**

42. 多纳宫 Palazzo Dona **D3**

43. 弗兰凯蒂宫 Palazzo Franchetti **D4**

44. 加吉宫 Palazzo Gaggia **E4**

45. 格拉希宫 Palazzo Grassi **D3**

46. 格里曼尼宫 Palazzo Grimani **D3**

47. 古斯索尼格里曼尼维达宫 Palazzo Gussoni Grimani della Vida **D2**

48. 拉比亚宫 Palazzo Libia **C2**

49. 罗列丹大使宫 Palazzo Loredan dell' Ambasciatore **D4**

50. 罗列丹宫和法尔塞蒂宫 Palazzi Loredan and Farsetti **E3**

51. 罗列丹·温德拉敏·卡列吉宫 Palazzo Loredan-Vendramin-Calergi **D2**

52. 曼吉利瓦尔马拉那宫 Palazzo Mangilli-Valmarana **E2**

53. 马塞洛宫 Palazzo Marcello **D2**

54. 莫塞尼格宫 Palazzo Mocenigo **D3**

55. 佩萨罗宫 Palazzo Pesaro **D2**

56. 佩萨罗奥尔菲宫 Palazzo Pesaro degli Orfei **D3**

57. 皮萨尼宫 Palazzo Pisani **D4**

58. 奎利尼斯坦帕尼亚宫 Palazzo Querini-Stampalia **F3**

59. 萨格莱多宫 Palazzo Sagredo **E2**

60. 索兰佐宫 Palazzo Soranzo (Piovene) **D2**

61. 迎狮宫 Palazzo Venier Dei Leoni **D4**

圣马可广场 Piazza San Marco（见地图二）

62. 仁爱孤儿院 La Pieta **F3**

63. 稻草桥 Ponte della Paglia **E3**

稻草监狱 Prigioni della Paglia（见地图二）

旧行政长官官邸大楼 Procuratie Vecchie（见地图二）

火车站 Railway Station **C2**

64. 救主堂 The Redentore **D5**

里亚尔托桥 Rialto Bridge **E3**

斯拉沃尼亚人河岸 Riva degli Schiavoni **F3**

65. 圣阿波洛尼亚教堂 S. Apollonia **E3**

66. 圣艾波纳尔教堂 S. Aponal **D3**

67. 圣使徒教堂 SS. Apostoli **E2**

68. 圣巴尔托洛梅奥教堂 S. Bartolomeo **E3**

69. 圣贝尼代托教堂 S. Benedetto **D3**

70. 圣康西安教堂 S. Canciano **E2**

71. 圣卡西亚诺教堂 S. Cassiano **D2**

72. 圣尤菲米亚教堂 S. Eufemia **C5**

73. 圣方济各教堂 S. Francesco della Vigna **F3**

74. 圣格雷米亚教堂 S. Geremia **C2**

75. 奥里奥圣贾科莫教堂 S. Giacomo dell' Orio **D2**

76. 里亚尔托圣贾科莫教堂 S. Giacomo di Rialto **E3**

77. 圣约伯教堂 S. Giobbe **C1**

78. 希腊人圣乔治教堂 S. Giorgio dei Greci **F3**

79. 圣乔治马焦雷教堂 S. Giorgio Maggiore **F3**

圣乔治马焦雷（岛）S. Giorgio Maggiore(Island) **F4**

80. 布拉果拉圣乔凡尼教堂 S. Giovanni in Bragora **F3**

81. 圣乔瓦尼·德科拉托教堂 S. Giovanni Decollato **D2**

82. 圣乔瓦尼·埃勒莫西纳里奥教堂 S. Giovanni Elemosinario **E3**

83. 圣乔瓦·尼格里索斯托莫教堂 S. Giovanni Grisostomo **E2**

84. 圣若望及保禄堂 SS. Giovanni e Paolo(San Zanipolo) **F2**

85. 圣朱利亚诺教堂 S. Giuliano **E3**

86. 圣格雷戈里奥教堂 S. Gregorio **D4**

87. 圣卢卡教堂 S. Luca **E3**

88. 圣马尔齐亚莱教堂 S. Marciliano(Marziale) **D2**

89. 圣马尔库奥拉教堂 S. Marcuola **D2**

90. 仁爱圣母教堂 S. Maria della Carita **D4**

91. 加尔默罗会教堂 S. Maria del Carmelo **C3**

92. 至美圣母教堂 S. Maria

献给

蒙迪(Mondi)和塞西尔(Cecile)

序　言

　　要想在大量关于威尼斯的著作中再添一本，需要几句解释，甚至是道歉。本书并不试图与约翰·朱利叶斯·诺维奇（John Julius Norwich）关于威尼斯从最早时代到 1797 年共和国垮台的辉煌历史相媲美，既不妄想与詹姆斯·莫里斯（James Morris）对这座城市的非凡再现相抗衡，也不想与休·昂纳（Hugh Honour）、J.G.林克斯（J.G.Links）、阿尔塔·麦克亚姆（Alta Macadam）和不可或缺的朱利奥·洛伦泽蒂（Giulio Lorenzetti）的优秀指南竞争，更无意在 D.S.钱伯斯（D.S.Chambers）、罗伯特·芬德利（Robert Findlay）、保罗·金斯伯格（Paul Ginsborg）、黛博拉·霍华德（Deborah Howard）、弗雷德里克·莱恩（Frederic C.Lane）、彼得·劳里岑（Peter Lauritzen）、蓬佩奥·莫蒙提（Pompeo Molmenti）、阿尔韦塞·佐尔齐（Alvise Zorzi）和其他许多列在参考书目中的作家关于威尼斯艺术、建筑和历史的学术作品外提供任何新的东西。

　　本书是为普通读者准备的，图文并茂地介绍威尼斯的历史和人民的社会生活，跨度从最早在潟湖群岛定居的日子到 1966 年发洪水和今天的威尼斯。我还试图描述这座城市展现在一代又一代、一个世纪又一个世纪的外国游客面前的样子。此外，在某种意义上，我把它做成了一本旅游指南。当然，这不是洛伦泽蒂那种全面的指南，但第三部分的注释包含了文中提到的关于这座城市所有建筑和宝藏的信息；我相信威尼斯的主要名胜和乐事都没有被遗漏。因此，我希望本书对那些有一天要去参观这座最美丽的城市的人有实用价值，同时也能勾勒出威尼斯丰富的过去和人物形象，包括在威尼斯漫长的历史中扮演过自己角色的男男女女和许多陌生人，从约翰·伊夫林（John Evelyn）和拜伦勋爵（Lord Byron）时期到拉斯金（Ruskin）、亨利·詹姆斯（Henry James）和弗雷德里克·罗尔夫（Fr Rolfe）时期，他们都感受到了它的特殊魔力。

就像我写的关于罗马的书一样，我非常感谢埃德蒙·霍华德（Edmund Howard）阁下，他母亲这边的一些祖先是威尼斯朱塞佩提尼亚尼（Giustiniani）家族的成员，他帮助我进行研究，特别是在没有英文版的意大利资料的情况下，还阅读了所有章节，并向我提供了许多有益的改进建议。我也十分感谢泰莎·斯特里特（Tessa Street）对第三部分所列建筑物和艺术品的注释提供的宝贵帮助。

我要感谢菲利斯·奥蒂（Phyllis Auty）教授、希拉·基德（Sheila Kidd）教授、贝琳达·霍利尔（Belinda Hollyer）教授和我的经纪人布鲁斯·亨特（Bruce Hunter），感谢他们对我在威尼斯工作期间提供的帮助，感谢他们让我在威尼斯度过的愉快时光。我也非常感谢玛格丽特·莱温顿（Margaret Lewendon）、艾莉森·莱利（Alison Riley）、伦敦图书馆和意大利文化学院的工作人员，以及一如既往地感谢我的妻子编制了这份索引。

最后，我要说的是，我是多么感激吉安卡洛·维拉（Giancarlo Villa），因为他把他所居住城市的丰富知识毫无保留地分享给我，并且阅读了校样。

克里斯托弗·希伯特

目 录 CONTENTS

第二部分

第三部分

第一部分

第一章　海上之城

500—1150

"他们像水鸟一样,在海浪上筑巢。"

公元9世纪初,两位威尼斯商人乘船从埃及回到威尼斯,带回了一件无价之宝。他们坚称这是圣马可(St Mark),即《马可福音》的作者、圣保罗的同僚的遗骸。大约八百年前,在圣马可前往罗马传教的路上踏入威尼斯,似乎听到天使在召唤,告诉他终有一天他的遗体将被安放在威尼斯潟湖中的一座岛上。这两位商人声情并茂地讲述他们的冒险故事:他们到达亚历山大圣马可的墓地后,对那里的守卫循循善诱,终让他们进入圣殿;他们剪开裹尸布运走了尸体,用大多数圣徒传中未有记载的圣徒圣克劳迪安(St Claudian)的遗体来顶替。他们把圣马可的遗骸藏在一个篮子里运到港口,上了一艘威尼斯人的船。但是这个圣物发出的气味实在太大,港口管理员登船检查时对此产生了好奇。检查过程中,他们无意中发现了放在圣徒遗体上的一堆腌猪肉,出于他们宗教情感中对猪肉的厌恶,他们仓皇离船而去。港口管理员离开后,威尼斯人把圣体裹在一块帆布里吊在桅杆上,伴随着海上吹来的轻风驶离亚历山大港,横跨地中海回到威尼斯。

圣人遗骸安全抵达威尼斯后,官方认可这是圣马可的真身,市政当局庄重地接收了遗物,大家都说这件遗物珍贵无比,当局要妥善安顿好,这样圣人必定会守护威尼斯的繁盛和荣光。不出所料,总督对此十分重视,作了精心安排,将圣人的遗

早期定居者"像水鸟一样"生活,他们的家"分散在水面上"。他们的神庙"由来自帕多瓦的难民建造的,献给圣贾科莫"

骸重新埋葬于总督府与圣狄奥多教堂(St Theodore)之间的一座小教堂里。圣狄奥多是威尼斯的第一个守护神,他和龙的雕像后来矗立于小广场(Piazzetta)[1]西头立柱的顶端。

在当时,城市并不处于现在的里亚尔托岛这个位置,之所以这么说,是因为大运河的深水航道将其隔离开了。[2]潟湖沼泽地上最早的居民来自罗马帝国统治下的亚得里亚海沿岸城镇,他们为了躲避中欧的蛮族逃到了这里。5世纪初,中欧的蛮族开始大举侵入罗马帝国。最先到来的是阿拉里克(Alaric)率领的西哥特人,公元410年,西哥特人洗劫了罗马;随后是匈奴王"上帝之鞭"阿提拉(Attila)率领的匈奴人;匈奴人之后是汪达尔人,汪达尔战士勇猛异常,他们把脸涂成黑色,横行于整个西班牙,蹂躏了北非。公元476年,罗马帝国最后一个皇帝罗慕路斯·奥古斯都(Romulus Augustulus)被日耳曼雇佣军将领奥多亚克(Odoacer)废除。公元493年,奥多亚克被东哥特王狄奥多里克(Theodoric)刺杀。紧随东哥特人而来的是另一支日耳曼民族——伦巴第人,他们从北方大举入侵。几个世纪的动乱使这里成为避难者的家园,难民纷纷涌入,他们期盼掠夺者会止步于这片如此宽阔的海面和浅滩,转而去寻找更容易接近的掠夺目标。当警报解除后,很多避难者又回到了他们那个已经满目疮痍的家园;但有一些人留了下来,用狄奥多里克一位官员的话来说,"他们的家像基克拉迪群岛(Cyclades)一样散布在海面上",像陆地上的人拴马那样把平底船系在住宅的门上,他们"像水鸟一样"生活,"一半在海上,一半在岸上","用扭曲的柳树枝筑堤来防御海浪的冲击"。他们用平底锅收集海盐;而且,在进行海盐贸易的同时,他们用盐来保存从潟湖里捕到的鱼与沼泽地芦苇荡和茅草丛中网到的水鸟。与内陆的居民不同,古罗马威尼西亚(Venetia)省来的各阶层人民"平等地"生活在一起,他们住同样的房子,吃相同的食物。"嫉妒,这一世界上普遍存在的缺点,在这里前所未闻。"

随着岁月的流逝,岛上的居民渐渐形成了一种城邦,每个社区推选代表到中央权力机构任职;尽管各岛屿之间恩怨不断,但在8世纪前半叶,他们还是任命了一位领导人,称为公爵(Dux),这个词在威尼斯的方言中发音为总督(Doge),是罗马帝国的巨变导致了这一任命。

西罗马帝国土崩瓦解了;君士坦丁大帝将罗马帝国迁都拜占庭,那时的拜占庭只是博斯普鲁斯海岸欧亚交会点的一个小镇。君士坦丁在这里建立城市,称为新罗马,以他的名字命名;他在那里建造了庞大的宫殿,比竞技场还要高。他的一位继任者,拜占庭帝国皇帝查士丁尼一世(Justinian I)决定将蛮族赶出意大利,加强中央集权,恢复纯正的基督教信仰。自此以后,君士坦丁堡的拜占庭帝国皇帝们一直以纯正的罗马血统自居,把意大利视为本国疆域不可分割的一部分,667年,君士坦斯二世(Constans II)对罗马进行国事访问时,他的一举一动,就好像这座不朽之城是他的私人财产。

随着威尼斯人在亚得里亚海上的实力不断增长,他们给君士坦丁堡提供了很大的帮助。他们驾驶平底船把货物送到拜占庭帝国在意大利的首府拉文纳(Ravenna);查士丁尼皇帝的大将军贝利撒留(Belisarius)——他曾受命将意大利重新并入东罗马帝国的版图,并且他的继任者宦官纳尔西斯(Narses)都可以征用威尼斯人的船只。作为奖赏,也为了今后能继续获得援助,他们获得了一定的特权,比如，虽然名义上仍从属于拜占庭，但享有充分的自由。然而，到了拜占庭帝国皇帝利奥三世（Leo III）时期，这是位叙利亚人，他下令销毁所有圣像，此事在意大利掀起了大范围的风波。在罗马，人们在格列高利二世（Gregory II）的领导下发起反抗；在拉文纳，皇帝派驻的代表遭到谋杀；还有，在意大利其他城市，许多独立领袖公然挑衅帝国意志。在威尼斯，那时设立的总督职位将延续一千多年。

对君士坦丁堡的反抗，持续时间并不长。第一任总督很快得到东罗马帝国的承认，被授予"执政官"（Consul）名号，希腊语中是 Hypatos，他的后代将这一词作为姓氏。希腊对威尼斯的影响无处不在，这座城市与拜占庭的联系也越来越紧密——从威尼斯人与君士坦丁堡家族经常通婚可以看出这种关系更加持久。事实上，相比威尼斯各家族与潟湖区各岛屿的关系，他们与君士坦丁堡家族的关系要更加牢固。这里经常爆发激烈的争吵，前四位总督都被强行罢黜，鲜有家族能不被卷入持续的争吵和仇杀之中。到 804 年，第七任总督奥布莱里奥·德莱·安特诺略（Obelario degli Antenori）上任时，不少头面人物提出，他们的生活应该更加美好，贸易应该更加繁荣，应该让那些强有力的保护者监管政治事务。然而，由于伦巴第军队的入侵，拜占庭对意大利的统治终结，在此情况下，可以预料，威尼斯人只能投靠查理曼大帝（Emperor Charlemagne）。查理曼大帝的父亲曾应教皇斯蒂芬二世（Stephen II）之邀，打败了伦巴第王国。查理曼在罗马的加冕意味着罗马帝国的恢复，此后不久，在 805 年圣诞节，亲法兰克派的威尼斯商人认为，与法兰克结盟对扩大贸易非常有利，令他们感到欣慰的是，总督在亚琛（Aachen）表示效忠查理曼大帝，并娶回了一个法兰克新娘。

自从奥布莱里奥·安特诺略把他的总督夫人（Dogaressa）带到威尼斯，近年来威尼斯的外观起了很大改变。马拉莫科岛（Malamocco），即现在的利多岛（Lido）上出现了许多早期建筑，而当时的北部岛屿上人烟稀少。这些岛屿地势低洼，海水经常倒灌，房子的地基不牢，容易倒塌在烂泥地里；由于潟湖里的水经常泛滥，不时有陆地完全消失。但人们认为，如果将这片群岛区域适当加固，使之能够承受石头和木料的重量，这将是威尼斯人理想的生活居住地；这里是一片水上世界，河湾众多，纵横交错，马拉莫科和佩莱斯特里纳（Pellestrina）狭长的岛屿将亚得里亚海挡在外面，潟湖里的水将其与内陆隔离，只有非常熟悉这片地形的人才能渡过此地。

到公元 8 世纪,大型建筑开始出现,最早出现在小岛奥利沃洛(Olivolo)上,也就是后来的城堡区(Castello),成为社区的宗教中心,建有圣伯多禄圣殿(San Pietro di Castello),[3] 后来,它西面的岛上也开始建造大型建筑。人们在一些较大的岛上开凿运河,成千上万根厚重的木桩被打入淤泥之下的黏土中,潮湿的土地上的水排干了,四周用扶墙支撑,海水无法进入。起初建的房子大多又矮又小,建筑材料取自内地松林里的木料,房顶用茅草覆盖,这样使地基受到的压力尽可能小;但也有一些建筑是用石头建造的,包括总督府(Doge's Palace)[4] 和供奉施洗者约翰父亲圣扎卡利亚(San Zaccaria)的教堂和修道院,拜占庭皇帝利奥五世(Leo V)把圣扎卡利亚的圣体交给了威尼斯。[5] 832 年,在圣扎卡利亚教堂的旁边、面对它西面窗户的位置,建造了另一座教堂,用于供奉圣马可的圣体。[6]

大多数居民依旧靠运河上的船出行;但在较为宽阔的街道上也经常能看到骑马的人,他们骑马经过教堂前面的空地,在海滨小道,甚至在根据宽度来命名的蜿蜒狭窄的小巷里骑行。骑行间歇,他们可以把马拴在路边的树上,在圣萨尔瓦多(San Salvatore)[7] 教堂前的广场上有一家老人院,那里树木枝繁叶茂。当总督的顾问们听到马蹄钟的钟声前来总督府开会时,总是把马拴在这里。

亲法兰克的总督奥布莱里奥和他的两个兄弟邀请查理曼大帝的儿子丕平(Pepin)驻防威尼斯,这令君士坦丁堡非常沮丧,现如今,通过丕平的这次出征,这些岛上的建筑智慧得到了充分展现。不仅那些亲拜占庭的威尼斯人全力反对总督邀请法兰克人驻防,全体威尼斯人也十分珍视拜占庭皇帝长期以来慷慨给予他们的独立地位,他们奋起反抗他们的领袖。奥布莱里奥和他的兄弟被打败了,后被流放;人们选出一位社区领袖担任总督;经过紧急准备,这位总督给了丕平国王和他的军队另一番待遇。潟湖上的航道被阻塞了,标志航道的彩色标志杆和航标被移走,一排排削尖的木桩打入河床。在做好防御的同时,威尼斯人众志成城,全力以赴对付每一个法兰克人。据后来的记载,当他们听说国王丕平已轻而易举地占领了内陆,跨过佩莱斯特里纳岛,并扬言要饿死他们的时候,他们还向法兰克人投掷烤好的面包。威尼斯人的勇敢抗争终有回报:当时丕平的幻想破灭,行将就木,他不情愿地接受了赔款,撤走了军队;从此威尼斯人的自由得到了承认。从理论上讲,威尼斯仍是拜占庭帝国的一个行省,814 年,法兰克和君士坦丁堡皇帝之间订立了一个条约，承认了威尼斯实际上的独立；从此，威尼斯的独立地位更加巩固了。

然而，当时的威尼斯还面临其他敌人，不仅有斯拉夫人的海盗船，这些海盗船从达尔马提亚(Dalmatian)各个港口冲出来袭击亚得里亚海上的威尼斯商船，还包括北非的撒拉逊人，他们的基地在西西里岛(Sicily)，经常到希腊的阿普利亚(Apulia)和卡拉布利亚(Calabria)等镇上抢劫，他们对亚得里亚海南部的贸易构成了巨大威胁，比北部的海盗更加危险。威尼斯的舰队日益强大，可以不惧海盗的威胁，许多海盗船被俘获或撞沉；但当强大的威尼斯与拜占庭联合编队到卡拉布利亚沿海攻击撒拉逊人时，却屈辱地吃了败仗。此役威尼斯失去了不少最大最珍贵的军舰，科马基奥(Comacchio)湖北部的波河三角洲是一片充满危险的水域，但撒拉逊人仍能持续追赶这支战败部队的残部，一直追到潟湖深处。

威尼斯的东面是马札尔人(Magyars)，他们从中亚大草原来到喀尔巴阡山，涌入潟湖区周边的内陆城镇，并占领了佩莱斯特里纳，他们是残忍的战士，也是熟练的水手，他们迅速占据了丕平战败留下的空间。当时的总督是888年当选的彼得罗·特里布诺(Pietro Tribuno)。这是一位有远见的人，下决心要与共和国周边的国家保持好关系，令他十分担心的是，如果敌人也像威尼斯人一样富有海战经验，他们就会发现岛上的防御漏洞。他下令铸造一根巨大的铁链横跨在大运河上，一端在圣格雷戈里奥(San Gregorio)教堂[8]，另一端在加吉宫(Palazzo Gaggia)[9]边上现在的欧罗巴及雷吉纳酒店的位置，他还修建了一堵很长的防御墙，从城堡区的城堡穿过总督府前面的水道一直延伸到百合圣母教堂(Santa Maria Zobenigo)。[10]

在建造这些防御工事的时候，威尼斯仍享受着和平的时光，贸易十分繁荣昌盛。彼得罗·特里布诺死后，他的继任者奥尔索·帕提西帕奇奥(Orso Participazio)继续实施这些明智的政策，但是奥尔索死后不久，总督职位落到了自大好战的坎迪亚诺(Candiano)家族手里。第四位坎迪亚诺总督是一个狂暴专制、刚愎自用的家伙，年轻时做过海盗，在他的眼里，一切制约他职权行使的规则都是繁文缛节，一概置之不理。他生活奢靡、挥霍无度，用外国雇佣兵担任宫廷卫队，还做出了一件出格的事情，就是休了自己的原配，迎娶托斯卡纳侯爵(Marquis of Tuscany)的妹妹为妻，侯爵为妹妹准备了丰厚的嫁妆，然后，他的儿子在众多候选人中脱颖而出，当选为托尔切洛(Torcello)主教。公元976年，他与托斯卡纳反目，

大教堂中的立柱、柱头和马赛克镶嵌画，约翰·拉斯金的素描

吵得不可开交，此时他滥用手中的权力，要求民众站在他这一边，愤怒的民众袭击了总督府，点燃了总督府周边的木头建筑，总督府几乎被烧成平地，熊熊大火差点蔓延到整座城市。彼得罗·坎迪亚诺的妻子获准逃离，但她的儿子被长矛刺死，坎迪亚诺本人被贵族用剑活活砍死。

　　威尼斯的大片地区成为废墟。圣伊西多罗（Sant' Isidoro）教堂被完全烧毁，百合圣母教堂、总督府、圣马可教堂以及另外三百多个建筑烧得只剩下一个外壳。而且，这个被刺杀的总督几乎败光了共和国的家底。所幸的是，他的继任者彼得罗·奥尔赛奥洛（Pietro Orseolo）是一位老练的外交家，政治经验丰富，而且非常富有。他宣布征收税款用于修复被毁坏的家园，但修复费用实在过于昂贵，税款不够用，他就自掏腰包，拿出大笔钱来贴补。在他的领导下，总督府和圣马可教堂的重建工作有条不紊地进行，他重金聘请君士坦丁堡工匠打造圣马可教堂的黄金围屏（Pala d'Oro)[11]，并且还建造了一所医院，这所医院所在的位置部分区域被现在的圣马可图书馆（Biblioteca Marciana）占据。[12]

威尼斯的局势依旧动荡，政治分歧在加深，亲拜占庭派与亲法兰克派彼此争吵不休，直到 991 年，彼得罗·奥尔赛奥洛才华横溢、精力旺盛的儿子当上总督后，局面才得以改观，他终于阻止了威尼斯的衰退，各派之间也达成了和解。新任总督也叫彼得罗，时年 30 岁，甫一上任就与两大帝国举行会谈，达成了十分有利的贸易条约。他还派出贸易代表团前往西班牙、西西里、埃及、叙利亚和北非沿岸的各大港口；不久，装满木材、铁矿石、盐、酒、香料等货物以及奴隶的威尼斯商船就遍布各地，不仅在北意大利的各大河流，而且在罗得岛和克里特岛、巴勒莫和加的斯、萨洛尼卡、马赫迪耶和安提阿也都能看到威尼斯商船出没。与此同时，部族不再向海盗支付保护费，海盗之间内斗频仍，最终不成气候。在他众多的头衔中，他又自封为达尔马提亚总督。这个封号得到了法兰克帝国皇帝亨利二世（Henry II）的承认，亨利二世称他为"威尼斯和达尔马提亚总督"，同时也承认了他的前任奥托三世（Otto III）授予威尼斯共和国的特权。奥托三世在去世前不久曾假扮成一名穷香客造访过威尼斯。

彼得罗总督与法兰克帝国的亲密关系并不妨碍他与君士坦丁堡皇族联姻，他的儿子迎娶了拜占庭皇室的公主。公元 1002 年，拜占庭帝国南意大利行省首府巴里（Bari）遭到撒拉逊人围困，总督亲率威尼斯舰队解了巴里城之围，东西两个帝国对他更是敬重有加。

但就在彼得罗·奥尔赛奥洛的权力和声望达到巅峰之时，他却遭遇了个人的悲剧。威尼斯暴发瘟疫，无数人死亡，其中包括他的希腊儿媳。一位对他持反对意见的编年史作家认为，正是因为他儿媳生活穷奢极欲，才触怒了万能的上帝。这位年轻妇人居住的房间里充斥着浓重的香味，"她不屑于用普通的水洗澡，强迫奴隶收集天上落下的露珠供她洗澡。她不愿屈尊用手接触食物，令令太监将食物切成小块，然后她用一种有两个尖头的金器叉着送到嘴里"。她的丈夫以及刚出生不久的孩子也死于这场瘟疫。总督对儿子一家的遭遇悲痛不已，他指派另一个儿子和他一起行使总督职权，他在郁郁寡欢中退休，住进总督府角落里一处简朴的公寓，在那里孤独地隐居直到去世。

彼得罗·奥尔赛奥洛去世后,威尼斯再度陷入家族争吵和派系斗争中。奥尔赛奥洛的继任者是他的儿子,继任时年仅 16 岁,他任人唯亲,将自己的一个哥哥任命为托尔切洛主教,提拔另一哥哥做宗主教,这些举动足以让人怀疑他想建立一个王朝,所以到 1026 年,在担任总督六年之后,他就被罢黜了。到多门尼克·弗拉班尼克(Domenico Flabanico)和多门尼克·康塔里尼(Domenico Contarini)任上,社会才恢复稳定。多门尼克·弗拉班尼克是一位富商,他赞成宪法选举和设立负责任的人民议会,这些后来成为威尼斯政治生活中的一大特色,多门尼克·康塔里尼担任总督达 28 年之久,在他任上修建了灿烂夺目的利多圣尼科洛(San Nicolo al Lido)本笃会修道院。[13]

1071 年,康塔里尼的继任者多门尼克·赛尔沃(Domenico Selvo),就是在这个修道院举行了就职仪式,当时"无数的民众"坐船横渡潟湖来见证这一时刻。大弥撒结束后,全场一遍遍地高呼多门尼克·赛尔沃的名字,声音一浪高过一浪,直到他被一群地位显赫的公民抬到肩上驾走,他们抬着他到码头边坐船,在船上"他脱掉了长筒袜,以使用最高的谦卑迈进圣马可大教堂"。人群大声欢呼,教堂钟声齐鸣,唱诗班唱着赞美诗和祈祷词,船夫用桨拍打着水面。赛尔沃在人群护送下回到圣马可广场,身穿一件普通的长袍光着脚进入大教堂,从祭坛上取下他的权杖。

多门尼克·赛尔沃为人精明,很有男性魅力。他娶了拜占庭公主、皇帝的妹妹为妻,但这一婚姻并没有损害他与神圣罗马帝国的友好关系;在他统治下,威尼斯共和国蓬勃发展,一派欣欣向荣,城市也扩容了。在总督的亲自督促下,新建圣马可大教堂的工程在快速推进中,还从拉文纳雇来工匠装饰内部的马赛克镶嵌画,[14]并要求在东部海域做贸易的商船每批货物必须带回大理石和雕塑。[15]但和平和繁荣突然遭遇了危机,1081 年,东罗马帝国皇帝要求他出兵共同对付诺曼人。诺曼人先是占据了南意大利,随后占据西西里,宣称他们决心要把帝国版图扩大到东方,甚至还进犯拜占庭统治下的杜拉索(Durazzo,今阿尔巴尼亚境内)。

考虑到诺曼人一旦占领杜拉索,就有可能切断经奥特朗托(Otranto)海峡进出亚得里亚海的对外航线,赛尔沃接受了拜占庭的要求。威尼斯人很快就组建起一支强大的舰队,总督亲自率领舰队出发前往杜拉索。他们遭遇了停泊在杜拉索的诺曼人船队,发生了激烈的海战,一时间万箭齐发,纷纷射向诺曼人的甲板,而且据诺曼编年史作家杰弗里·马勒坦拉(Geoffrey Malaterra)的描述,"通过埋管将希腊火吹过来,这种燃烧剂不能用水浇灭,就这样巧妙地将入侵者的一艘船烧毁沉入海底"。

拜占庭方面对迅速击败诺曼人的舰队颇感振奋,为了感谢威尼斯人的大力支援,东罗马皇帝给予了丰厚的奖赏。他还十分慷慨地向包括圣马可教堂在内的威尼斯各大教堂捐款,并向威尼斯商人允诺提供更加有利的贸易特权。然而,虽然诺曼人的海军被彻底打败了,但他们的陆军却成功地登陆了;在经历了艰苦的围城战后,他们占领了杜拉索,在穿戴盔甲的骑士带领下发起冲击,所向披靡,一路耀武扬威地向君士坦丁堡进发,直到教皇的一纸命令才迫使他们在离海岸几百英里的地方停下。当时罗马被德意志皇帝的军队占领了,需要诺曼人协助把德意志军队赶出去。诺曼人的领袖,阿普利亚和卡拉布里亚公爵罗伯特·吉斯卡尔(Robert Guiscard)立即作出回应,放弃了向君士坦丁堡的进军,返回意大利,在成千上万来自西西里的撒拉逊人和贪婪的卡拉布里亚农民的热心支援下,把德意志人赶出了罗马。诺曼人取得胜利后在罗马城里大肆烧杀掳掠,把整个地区夷为平地。

等他回到巴尔干半岛后,罗伯特·吉斯卡尔发现他留下的部队遭受了惨败,他的人马被赶下了海,杜拉索得而复失。然而,虽然他重组的海军在攻击驻扎在科孚岛(Corfu)的威尼斯、希腊联合舰队中受到重创,但在随后的海战中,他也给威尼斯人有力的回击,击沉了七艘威尼斯最好的大型桨帆战舰,缴获了两艘大型桨帆战舰,造成多门尼克·赛尔沃总督灰头土脸地回到威尼斯,尽管他对共和国可谓厥功至伟,但也免不了被罢黜的命运。

在经历了这场灾难之后,与以往相比,除非为了商业利益迫不得已,威尼斯人极力避免与外国发生纠葛。到了 1095 年,教皇乌尔班二世(Urban II)在法国克莱蒙(Clermont)市郊一块空地上,向西方基督教界发表了热情洋溢的演讲,号召开始十字军东征,从突厥人手中拯救东方,他演讲的消息也传到了士气低落的威尼斯。乌尔班出生于法国一个贵族家庭,是一个伟大的演说家:他谈到东方的基督教徒和冒险去那里的朝圣者受的苦难,谈到耶路撒冷是一个特别神圣的地方,谈到这是一场富人和穷人一样都应该参加的正义之战,谈到参加十字军的人死后将得到天国永不朽灭的荣耀。教皇的演说博得了热烈的掌声,与会者狂呼"这是主的旨意",演

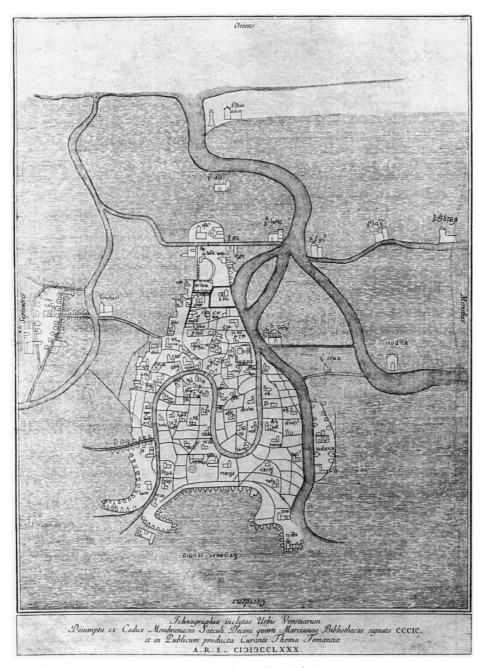

威尼斯最早的地图之一，出自 14 世纪的圣马可图书馆的手稿

大教堂南耳堂的一幅12世纪的马赛克镶嵌画，显示了总督和主教与神职人员和会众成员一起祈祷圣马可的遗体被重新发现。这位福音传教士的遗体在976年原教堂被烧毁后丢失了；但据一个传统故事，在11世纪末的大弥撒中，又被找到了

讲结束后，人们纷纷要求出征。按规定，凡参加东征的士兵，在外套肩膀处都要缝上一个红色的十字图案，凡佩戴十字的人都要发誓去耶路撒冷，半路返回者将被逐出教会；勇往直前的人，他们的罪愆将得到赦免。十字军东征的狂热达到了顶峰，一个统治者接一个统治者，一个城市接一个城市，大家都宣告愿意加入圣战。但威尼斯仍犹疑不决，不明确表态。威尼斯的商人抱怨说，任何形式的战争都对贸易不利，商路中断会给他们带来灾难性影响，在决定冒险前最好先等等，看十字军东征会取得怎样的成功，可能其他地方，比如热那亚和比萨会觉得有利可图，但对威尼斯来说，经过多年的精心培育，与东方建立起了完善的贸易联系，参加这种冒险活动极有可能得不偿失。所以威尼斯选择等待时机；1099年夏天，一支威尼斯舰队沿亚得里亚海驶往东方，那时耶路撒冷已经被占领，东罗马帝国皇帝对这些基督徒的行径感到震惊——他们不光在城里大肆屠杀耶路撒冷居民，不分男女老幼，也不管是犹太人还是穆斯林，而且还攻击东罗马帝国的领土——他表示不需要西方的

帮助。他竟然要求后来者从哪来回哪去。可是,威尼斯的竞争对手比萨已经答应参加十字军东征,他们趁机占领了罗得岛,威尼斯人对此无法忍受,他们对比萨人发起攻击,并取得了胜利。然后他们登上大陆,异想天开地认为利多圣尼科洛教堂供奉的圣徒的圣体在当地的米拉教堂里,惊慌失措的僧侣们信誓旦旦地向他们保证,圣徒的遗骸已于数年前移到了巴里,但他们不肯相信。

威尼斯人带着圣徒和他的叔叔以及圣狄奥多(St Theodore)的遗体驶向圣地。到了雅法(Jaffa),他们发现十字军战士饥寒交迫,急需海上补给,作为交换条件,他们狮子大开口,争取到了十分有利的条件,包括的黎波里和其他沿海城市的泊港权、通商权,的黎波里这座城市曾被图卢兹伯爵(Count of Toulouse)包围,部分地方受到破坏。威尼斯舰队凯旋,归国途中还帮助夺取了海法(Haifa),这次远征收获颇丰,但没有得到基督教世界的赞誉。

事实上,威尼斯内部对此也颇有微词,有人对同胞们在十字军东征这件事情上采取的自私自利的态度进行了谴责,也有人认为,是天神降怒,让这座城市正在经受双重灾难。1106 年 1 月,一场大洪水席卷潟湖区诸岛,利多岛上的马拉莫科镇被完全淹没,七百年后,在水位低的时候,在重建的新镇东面依然可以看到当年被洪水冲垮的废墟。也是在那一年,里亚尔托发生毁灭性火灾,最先着火的是圣使徒(Santi Apostoli)教区,从这里蔓延到另外五个教区,然后是圣罗伦佐(San Lorenzo),火舌沿着狭窄的巷道到处乱窜,吞噬了二十多座教堂、几百座木头房子,甚至在大风的助力下窜到大运河对岸,远离堤岸的房顶也被烤得噼啪作响。

似乎是为了赎罪,1109 年,新任总督奥尔德拉佛·法里埃尔(Ordelafo Falier)宣布威尼斯将参加下一次十字军东征。尽管威尼斯城内抗议的声音不断,但反过来看,这次远征更多的是为了商业利益而非宗教目的,更多的是为了防止比萨和热那亚在黎凡特贸易中分得一杯羹,而非热衷于保护东方的基督徒。对威尼斯来说,这无疑是有利可图的买卖,它的舰队刚好及时抵达西顿(Sidon),在夺取这座城市的战斗中扮演了重要角色。总督亲自指挥,为威尼斯挣得丰厚回报,得到西顿和阿卡城的很大一部分,还得到了圣斯蒂芬(St Stephen)的遗体。他扛着这具遗体上了驳船,还带回来一小块真十字架,最终将其赠送给了大圣母教堂(Santa Maria Maggiore)。[16]

几年之后,威尼斯又一次参加十字军东征,它的舰队重回东地中海,这次也是为了商业利益而不是出于宗教原因,更多的是要在香料贸易中获取更多份额而非拯救圣地。行军途中,舰队趁机围攻拜占庭要塞科孚岛,并袭击希腊船队,以示对东罗马帝国皇帝的抗议,这位皇帝因担心威尼斯人抢走本国商人太多的生意,拒绝延长威尼斯在拜占庭的贸易优惠待遇。威尼斯舰队抵达后不久,就在阿斯卡隆(Ascalon)彻底摧毁了埃及舰队,俘虏了十艘大型穆斯林商船,1124 年 7 月,威尼斯人帮助十字军攻克提尔(Tyre)。作为事先约定的回报,威尼斯人得到提尔的三分之一,并且获得了比以往更加优惠的贸易特权。威尼斯舰队再次满载着战利品以及绝对可以吸引香火钱的遗骸凯旋。这次他们还运回了基督在提尔布道时所站立的一块石头,现在这块石头放在了圣马可教堂洗礼堂的圣坛上;从希俄斯(Chios)偷来的圣伊西多禄(St Isidore)的圣体现在也供奉在这座教堂里;在凯法利尼亚(Cephalonia)发现的圣多纳图斯(St Donatus)的遗体被安放于慕拉诺岛(Murano)上的圣母玛利亚和圣多纳托教堂(Santa Maria e San Donato)。[17]

　　取得这些伟大成就的总督是多门尼克·米凯利(Domenico Michiel),他离开威尼斯太长时间了,现在要把重心转到城市治理上来。他在城里安装街道照明设施,使威尼斯成为欧洲最早有街灯的城市。他下令为供奉圣母玛利亚和圣人的众多小神龛安上油灯,当时这些神龛嵌在小巷的墙里,并在运河拐角处和桥边也装了灯,他委托教区牧师照管这些街灯,所需费用从国库支出。米凯利以拜占庭为治国理政的模式,密切监督圣比亚吉奥(San Biagio)教堂[18]北部兵工厂的发展情况。这里是欧洲独有的工业中心,这个名字来源于阿拉伯语 *dar-sina'a*,意思是工业综合体,有造船厂和铸造厂,有铁匠铺,有制绳和修帆作坊,有敛缝工坊,有嘈杂的棚屋和弹药库,后来有很多游客来参观这些储备充足的弹药库,都流露出惊叹的表情。这里的工作有条不紊,为威尼斯共和国带来源源不断的财富、军舰和商船,所有这些设施都在为共和国的军工和民用企业服务。

　　他们的生产工艺娴熟,能够建造各种型号和尺寸的船只,从一百支桨的大型桨帆船(gatti)到用于轻型运输和接驳的小船(ganzaruoli)都能生产。他们造的船有dromoni、panfili、marrani、asiri、panzone、chelandie、olcadi、cursorie 和 roscone等;早期的桨帆船每列桨位配两支船桨,后来发展到三列桨帆船、四列桨帆船,甚至

卡纳莱托画中的兵工厂桥,它可以升起,以便高桅杆的船只通过。左边的通道建于1460年,是这座城市最早的文艺复兴作品之一

是五列桨帆船。尾舵发明之后,并且随着转向装置效率不断提高,舵手不再需要船尾两侧的两支巨桨,船就越造越大,并在原先的三角帆索具上安装了方帆。大部分桨帆船是单桅杆,发现敌船时可以把桅杆取下来;桅杆顶部有一个瞭望台;船首上有一个堡垒,弓箭手、弩手和带着弹弓和投石器的投手(*frombolieri*)在此就位;船舷四周围有皮革防护层,防止希腊用火攻击。最大的桨帆船 *galee grosse* 有两根桅杆,每根桅杆上装有三个斜挂大三角帆,这些桨帆船主要是商用,但如果有需要,它们也可以作战,而且攻击力不亚于战斗舰 *galee sottili*。到14世纪末时,威尼斯拥有3 300艘舰船,36 000名水手,有16 000人在兵工厂工作。

这些工人被称作兵工厂工人(*Arsenalotti*),是一个特权阶层,有权以特价购买某些商品,履行传统职责,从事礼仪活动,但他们必须遵守严格的规定。他们的工资由国家确定,不许跳槽到私营企业。他们和家人一起住在兵工厂内一排排方方正正的称作"家"(La Casa)的小房子里,他们从这些房子走到巨大的车间上班。但丁在《神曲·地狱篇》描述了这个场景:

如同在威尼斯人的兵工厂里，

在冬天熬煮粘韧的沥青，

来填塞他们破损的船只，

因为在这个严寒的季节，海员无法出海，

既然如此，有的就给自己造新船，

有的修补作了多次航行的船骨；

有的在加固船头，有的在加固船尾；

有的在造桨，有的在绞绳，

有的在缝补后帆，有的在缝补主帆；

那下面熬煮又稠又厚的沥青的情景，

也同样如此，但不是用火，而是用神功，

把堤岸的四周都涂了个遍。[19]

注释：

1. 所谓的圣狄奥多雕像(Statue of San Teodoro)是12世纪时被安置在从地中海以东国家带到威尼斯的两根巨大红灰色花岗岩柱中的一根之上，矗立在小广场海滨附近。圣狄奥多是一名殉难于本都王国(Pontus)的古希腊战士，也是威尼斯这座城市的第一位守护神。圣狄奥多雕像站立在一条背对潟湖的龙或鳄鱼长相的动物上方。它的头部用帕罗斯岛大理石(Parian marble)精雕细刻，被认为是本都国王米特里达特(Mithridates)的样貌；而雕塑的躯干则是由一尊可追溯到哈德良(Hadrian)时期的罗马雕塑构成，并对其缺损的部分加以修补。位于小广场的这尊雕像是原作的仿制品，而真品收藏在总督府里。

2. 里亚尔托是威尼斯古代的商贸中心，它所处的地方是由第一批来到潟湖的定居者所选，这里地势相对较高且较为安全。它涵盖了大运河左岸从里亚尔托桥向北一直到鱼店街(Pescheria，鱼市，详见下文)为止的这片区域。随着威尼斯的扩张，殖民者将行政职能转移到了圣马可广场，并将教会事务交由圣伯多禄圣殿的宗主教管理，而里亚尔托地区仍然是这座处于蓬勃发展阶段城市的商贸中心。里亚尔托市场建立于1097年，威尼斯第一家银行信用通汇银行(Banco Giro)在12世纪在此开门营业。它与后来开张的本地商行，整个中世纪都在经手所有来自东西方的金融交易，完全控制了外汇市场。各类借贷数量陡增；莎士比亚《威尼斯商人》中的犹太放高利贷者夏洛克(Shylock)正是在这里开展他的事业："安东尼奥先生，好几次在里亚尔托的交易市场你因为我的财产而责骂我……"

1514年整个里亚尔托岛毁于火灾，1515年建筑师安东尼奥·阿邦迪·洛·斯卡帕尼诺(Antonio Abbondi lo Scarpagnino)受命重修交易市场。他的设计中保留了先前市场的许多样貌,并非常实用。沿着大运河河湾而建的老工厂是一些带有门廊的建筑,除了一条绵延的水平束带层以外,这些建筑上的外表很少有装饰物。毗邻老工厂的就是拥有 25 条拱廊的新工厂,它是 1555 年根据雅各布·桑索维诺的经典设计建造而成,现在被用于巡回法院。用于水果和蔬菜交易的菜市(Eraberia)占据了运河岸边的大量露天空间;在远端紧邻的则是现代化的鱼市场(Campo della Pescheria),它于 1907 年建造在 14 世纪鱼店街的旧址上。在这片拥挤区域的中心矗立着一座名为里亚尔托圣贾科莫教堂的小型古代教堂,它的穹顶后殿有着 12 世纪刻下的十字形铭文,建议当地商人进行公平交易。教堂边是水果市场,穿过广场就到了班多柱台(Colonna del Bando,这个柱台是 13 世纪从地中海以东的国家掠夺而来),它是古时宣布威尼斯共和国法律颁布的讲坛。通过由彼得罗·达·萨罗(Pietro da Salò)在 16 世纪雕刻的一尊名为"里亚尔托的戈博"(Gobbo di Rialto)的佝偻雕像上方的阶梯就能站上柱台。在里亚尔托桥边有一座卡梅伦吉宫(Palazzo dei Camerlenghi),财政部的贵族们曾经在这里居住过。

3. 位于圣伯多禄岛的圣伯多禄圣殿从 11 世纪开始就成为威尼斯教区的总教堂,直到 1807 年圣马可大教堂成为总教堂为止。它建立在先前一家教堂的旧址上,该教堂可能建立于 7 世纪,并于 774 年重建和重新装修,为纪念拜占庭的圣人塞尔吉乌斯(St Sergius)和巴克斯(St Bacchus)而建造。现有的建筑是在 16 世纪末,根据帕拉迪奥(Palladio)1557 年的设计而建造的。教堂中的艺术品包括一幅委罗内塞的画作《施洗者圣约翰、圣彼得和圣保罗》(*St. John the Baptist, St Peter and St Paul*),以及安东尼奥·贝鲁奇(Antonio Bellucci)创作的《尼科洛·康塔里尼总督》(*Doge Nicolò Contarini*),画中的总督在为威尼斯能够摆脱 1630 年的瘟疫而祈祷。大理石材质的圣彼得圣座(Chair of St Peter)位于教堂的南走廊。巴洛克式的温德拉敏礼拜堂(Baroque Cappella vendramin)和祭坛都是由巴尔达萨雷·罗根纳(Baldassare Longhena)设计的;教堂管风琴则是由纳齐尼(Nacchini)于 1754 年制作。在教堂外倾斜的广场钟楼是用伊斯特里(Istrian)石材建成,由毛罗·柯度奇于 1482 年到 1488 年设计并建造。教堂穹顶的历史则可追溯到 1670 年。

4. 纵观威尼斯共和国历史,毗邻圣马可大教堂的总督府不仅是总督的住所,还是整个威尼斯的政治和司法中心。虽然这座大楼看上去是呈方形的,但它实际上是由三面楼宇组成并围成一个中心庭院,而第四面则是由圣马可大教堂组成。第一座宫殿是一座建成于 810 年之后拥有吊桥的加固城堡,该城堡于 976 年遭遇火灾,随后被修复。1106 年又遭遇了一场火灾,并再次修复,此次修复在时任总督塞巴斯蒂亚诺·齐亚尼(1172—1178 年)的要求下对城堡进行了大幅改建和增建。虽然现在的哥特式宫殿内部仍能发现部分 12 世纪拜占庭式风格建筑的结构,但是由于其整体外观于 14 世纪中叶进行过彻底的重建,因此建筑的外部看不出任何拜占庭风格。能够聚集大量人员的广阔会堂被称为大会议厅,约于 1365 年建成,几乎占据了整座大楼的南翼,这也使得总督府与广场入口处建筑的翻新成为了必须。建造工作一直持续到 15 世纪初,包括扩建连通小广场的西拱廊、纸门和福斯卡里门门廊(Foscari Porch)的建造,通过该门廊可以直达总督府的中心庭院。这条被用作总督府入口大门的门廊,是由彭恩家族(the Bon family)始建,并在 1440 年后由安东尼奥·布雷尼奥(Antonio Bregno)完成的,而福斯卡里拱门(Arco Foscari)也很可能是彭恩始建,并在克里斯托弗罗·莫罗总督(1462—1471 年)执政时期完工。该拱门以经典和哥特式建筑元素结合的风格建造,表现为:拱门上有许多圆柱状的凸出结构,一长排栏杆上方的中央圆拱形大门以及许多刻有各式雕像的尖顶。主门两侧的壁龛之中放置着亚当（Adam）和夏娃（Eva）的铜像，它们是1476年由安东尼奥·里佐（Antonio Rizzo）制作的大理石雕的复制品，真品现在被保存在总督府二楼的格里曼尼厅（Sala Grimani）内。宫殿中央文艺复兴时期的庭院是1483年的火灾后由里佐重新设计，并由乔治奥·斯帕文托（Giorgio Spavento）和斯卡帕尼诺（Scarpagnino）在大约50年后建造完成，中间有两个16世纪时用作装饰的铜制井栏。巴尔托洛梅奥·蒙诺博拉（Bartolomeo Monopola）在1600年左右对庭院南面和西面的墙面进行重修，他还与彼得罗·奇塔代拉（Pietro Cittadella）一起在1603—1614年间建造了弗斯卡利拱门边上的矮钟楼（short clock facade）。在庭院东边，巨人台阶（Scala dei Giganti）左边的是参议员内院（cortile dei senatori），两侧则是一幢由山花和大理石装饰的文艺复兴晚期建筑，参议员过去经常在参加正式场合前聚集于此。

虽然宫殿的外部自14、15世纪开始几乎就没有发生过变化，但是在1574年和1577年的两次火灾后，安东尼奥·达·蓬特（Antonio da Ponte）就根据帕拉迪奥和鲁斯科尼（Rusconi）的设计对宫殿的内部进行了大规模重建。宫殿内的主要房间有：

一楼：艾沃加里亚（Avogaria）的三间房间曾被三家律师联合会（Avogadori de Comun）占用，联合会的律师们在这里存金书（libro d'Oro），并为一些法律案件的诉讼做准备工作。

二楼：在东翼靠近黄金楼梯（Scala d'Oro）的位置是一些供总督使用的私人房间以及一系列供政府使用的房间，包括：

斯库多厅（Sala dello Scudo，曾一度被用来储藏现任总督的赌牌和武器），存放着许多地图；

格里曼尼厅（Sala Grimani），存放着格里曼尼盾形纹章（Grimani coat of arms）（1595—1605），它被放置在装饰有镀金玫瑰的木制天花板上，此外，厅里还有带有寓言主题的带状装饰以及弗斯卡里拱门上亚当和夏娃雕像的真品；

埃里佐厅（Sala Erizzo），厅里有一面精美的文艺复兴天花板和一个用大理石和灰泥砌成的壁炉架；

斯图奇普利欧力厅（Sala degli Stucchi o Priuli），粉饰于1595年到1605年之间的拱形天花板以及丁托列托、巴萨诺、委罗内塞和博尼法齐奥·德·皮塔提的小型画作；

哲学家大厅（Sala dei Filosofi），厅里原来陈列着丁托列托、委罗内塞等人为桑索维诺图书馆（Libreria Sansoviniana）所作的12位哲学家的肖像画，这些肖像画于1929年被送还给了桑索维诺图书馆。在连接总督私人礼拜堂的小楼梯墙上，有一幅提香（Titan）所作的壁画圣克里斯托弗（St Christopher，1523—1524年）。美术馆（Pinacoteca）是位于总督私人房间后部的一系列房间，这些房间被布置成了美术馆的形式，收藏有包括乔瓦尼·贝里尼、丁托列托、耶罗尼米斯·博什（Hieronymus Bosch）、博卡乔·博卡齐尼（Boccaccio Boccaccini）和提埃波罗（Tiepolo）在内的画家的画作。

在二楼黄金楼梯的南面是以下房间：

威尼斯公民理事会厅（Sala della Quarantia Civil Vecchia），是由40名司法机关的高级法官管理的上诉法庭；

瓜里安托厅（Sala del Guariento），藏有1577年大火后修复的巨型长条横幅画作《天堂》（Paradise）的残画，它是瓜里安托于1365年为纪念大会议厅的落成而创作的，画作长度几乎横跨整座大楼的南翼。从大会议厅可以进入审查厅（Sala dello Scrutinio），在那里可以从西面眺望小广场。

三楼和四楼大多数都是会议室，包括：

四门厅（Sala delle Quattro Porte）；

接待厅（Sala dell' Anticollegio）里陈列着丁托列托所作的四幅伟大的寓意画：《米涅尔瓦驱逐玛尔斯》（*Minerva Dismissing Mars*）、《伏尔甘和库克罗普斯为威尼斯锻造武器》（*Vulcan and Cyclops Forging Weapons for Venice*）、《墨丘利与美惠三女神》（*Mercury and the Three Graces*）、《巴克斯和阿里阿德涅的结合》（*The Marriage of Bacchus and Ariadne*）；委罗内塞的《欧洲浩劫》（*The Rape of Europa*）和雅各布·巴萨诺的《雅各布带着他的家族归来》（*Jacob's Return with His Family*）；

委员会厅（Sala del Collegio）；

议会厅（Sala del Senato）；

总督的私人礼拜堂，里面藏有桑索维诺所画的《圣母子》（*Virgin and Child*）；

十人委员会厅（Sala del Consiglio dei Dieci）；

罗盘厅（Sala della Bussola），是专门为准备在十人委员会（Council of Ten）面前出庭的人员设置的等候室。位于房间一角的是"雄狮之口"（Bocca di Leone），它是一个人们告发认为犯有逃税和其他罪行的公民的容器。

三首席厅（Sala dei Tre Capi），是由三位首席裁判官用来处理收到的信件及召开会议的地方，首席裁判官每个月都会从十人委员会中选举产生一次；

三首席审判厅（Saletta dei Tre Inquisitori）；

十人委员会武器厅（Sala d'Armi del Consiglio dei Dieci），它是一间军械库，里面有：头盔、铠甲、各种武器和刑具，从罗盘厅外面的平台走上楼梯就能到达。

三楼有一处通往叹息桥和稻草监狱（Prigioni della Paglia）的通道。（亦可见第四章的第6条注释。）

5. 圣扎卡利亚（San Zaccaria）教堂是查士丁尼·帕提西帕奇奥总督在公元9世纪为扎卡利亚斯（Zacharias，施洗者圣约翰之父）进行奉献典礼的，据说他的遗体就存放在这里。它于公元10至11世纪进行修缮，圣塔拉西奥礼拜堂（Chapel of San Tarasio）下方，回廊南端的地下室就建于那个时期。共有八位总督埋葬在原来的教堂中。现在这座外观华丽的哥特式和文艺复兴式风格融合的教堂建造于15世纪，先后由两位建筑师完成：安东尼奥·干布洛，他于1444年至1465年间建造了哥特式的教堂框架；而毛罗·柯度奇则在1480年至1500年间对教堂的细节处进行了增补。正是柯度奇设计出了三层圆头形窗和被半圆形山花覆盖的贝壳形壁龛。在入口处上方的是一座由亚历桑德罗·维特多利亚雕刻的无脸守护神雕塑。教堂内部的墙面上全都是17、18世纪的壁画。乔瓦尼·贝里尼创作的杰出祭坛画（位于教堂左边第二座圣坛）描绘了圣母子和四位圣徒（Virgin and Child with Four Saints）及一位正在弹奏六弦提琴的天使。圣水池中两座扎卡利亚斯和施洗者圣约翰的铜制小雕像出自亚历桑德罗·维特多利亚之手，他卒于1608年，他的坟墓是由他自己设计的北侧走道尽头。南侧走道的尽头则是一幅安东尼奥·巴雷斯特拉（Antonio Balestra）所画的《牧羊人的朝拜》（*Adoration of the shepherds*）；圣塔拉西奥礼拜堂中的壁画是由来自佛罗伦萨的安德烈·卡斯塔诺（Andrea Castagno）和弗朗切斯科·达·法恩扎（Francesco da Faenza）于1442年绘制，他们是最早出现在威尼斯并为人所知的托斯卡纳文艺复兴画家。礼拜堂中还有安东尼

奥·维瓦里尼(Antonio Vivarini)和乔瓦尼·德阿莱马尼亚(Giovanni d'Alemagna)创作的辉煌华丽的哥特式圣坛背壁装饰画。

6. 圣马可大教堂(Basilica di San Marco)约于公元829—830年建成,当时建造它的目的是用作总督的私人礼拜堂和安置刚从北非亚历山大城窃取而来的圣马可遗骸,圣马可也很快地取代了圣狄奥多成为威尼斯的守护神。然而,虽然圣马可大教堂有着巨大的象征性意义,但是它直到1807年才开始成为威尼斯教区的总教堂(见圣伯多禄圣殿)。

最早的圣马可教堂只是一个简单的希腊十字架形小教堂,只在东端有一座穹顶后殿,它在公元976年时被大火严重烧毁。该教堂在两年内完成重建,但到了11世纪中叶就需要进一步修缮。现在这座(富有历史积淀的)大教堂是1063年到1094年间经过大规模重建后的样子,大教堂建成后,维塔利·法里埃尔总督在神圣罗马帝国皇帝亨利四世的主持下进行了献祭仪式。虽然拓宽了教堂的南北两侧,但新教堂仍然遵循了希腊十字架形设计,只是在主司祭席的两侧各加了一座小型穹顶后殿,并在西段新建了一个前厅代替原来的柱廊。五个半圆形拱顶是一项杰出的创新,它们是用砖块而非传统的木材建成,是为了给天花板上的马赛克镶嵌画提供一个更为结实的基础;在13世纪上半叶,这些浅圆顶上覆盖着高耸的外部穹顶,屋顶用铅制作,上面有洋葱形状的天窗。1075年共和国颁布法令,要求所有返回威尼斯的船只必须为圣马可大教堂提供珍贵的装饰品,到13世纪上半叶,大教堂的外部已经装饰了大量饰品。外部装饰一直持续到15世纪中叶,它竣工后便与浮雕、尖顶和雕像一起组成了一道巧夺天工的梦幻轮廓线。

每个立面上除了奢华的拜占庭式大理石和浮雕,还装饰着大量由威尼斯早期石匠刻画

的雕塑作品,大教堂面向圣马可广场的正面,有五个巨大的棱拱形罗马式大门,每扇门上都有马赛克镶嵌画及大量雕刻品,且两侧都有大簇圆柱。中央大门三个拱门上的雕刻品(约创作于 1235—1265 年间)是那个时期重要的代表性作品。这些拜占庭式的拱门建造于 16 世纪。除拜占庭式浮雕《赫拉克勒斯捉住厄律曼托斯山的野猪》(*Hercules Carrying the Erymanthean Boar*)和《圣德米特里厄斯》(*St Demetrius*)之外,在拱门间的拱肩上还刻画着 13 世纪的威尼斯作品《赫拉克勒斯和九头蛇》(*Hercules and Hydra*)、《圣乔治》(*St George*)和《大天使加百列》(*Archangel Gabriel*)。

在柱廊上方带围栏的露天中央走廊上有四匹青铜马。走廊上方是五个假拱,其中的四个描绘着《新约全书》(*New Testament*,见第一章,第 14 项注释)的场景。在正北方,鲜花之门(Porta dei Fiori)的上面是 13 世纪著名的,被树叶、天使和先知簇拥着的《耶稣降生图》(*Nativity*)。南立面上则展示着威尼斯人跟随十字军东征时从君士坦丁堡偷来的珍宝:斑岩雕塑《四帝共治》(*Four Porphyry Tetrarchs*)。

在教堂内部,11、12 世纪设置在中央门前的中庭大理石地板上的是红色斑岩;根据威尼斯的历史,这里是神圣罗马帝国皇帝巴巴罗萨被迫向教皇亚历山大三世下跪致敬的地方。存放早期总督遗体的雕花大理石棺,放置在墙上的壁龛中。通往内部的三扇入口大门两侧竖立着数根大理石柱,柱顶上有着装饰物,有些装饰物的历史能追溯到公元 6 世纪,而通往公元 9、10 世纪建造的最早教堂的主入口是几扇镀银铜门。入口处右侧装饰的是一些仿制于 12 世纪的拜占庭式大门,真品则是 11 世纪亚历克修斯一世(Alexius I)科穆宁(Comnenus)赠送的礼物。中央通路两侧的小楼梯可以通往高处的走廊,并到达马奇亚诺博物馆(Museo Marciano)(见第三部分博物馆与美术馆)。

教堂内部呈现出一个巨大的海绵状空间的奇观,并被五个穹顶的狭窄窗户和整个拱顶上闪烁的马赛克镶嵌画照亮。从东方带来的大理石镶满在中殿中央,悬挂着一盏巨大的拜占庭式吊灯。12世纪铺设的地面则用几何图案和一些野兽和鸟类的画像装饰。通过右侧走道中的一扇门能到达13世纪的洗礼堂,其中的洗礼池是桑索维诺在1545年左右设计的。在入口对面的墙上是由乔瓦尼·德·桑蒂制作的一具雕刻精美的哥特式石棺,石棺中安葬着彼得拉克(Petrarch)的朋友,安德里亚·丹多罗总督的遗体,他于1354年逝世,也是最后一位被葬于大教堂的总督。东墙上有基督的洗礼(Baptism of Christ)、圣乔治(St George)和圣西奥多(St Theodore)三大浮雕,后两者都坐在马背上,它们可以追溯到公元13到14世纪;左边的墙上是13世纪壁画《圣母与两位天使一同祷告》(*Virgin in Prayer with Two Angels*)的残画。

位于教堂东南角的赞礼拜堂(Cappella Zen)起初是中殿的前厅,但在1504—1522年间被安东尼奥·隆巴尔多(Antonio Lombardo)等人改造成纪念乔瓦尼·巴蒂斯塔·赞主教(Cardinal Giovanni Battista Zen)的礼拜堂,他在1501年去世前将巨额遗产捐赠给了威尼斯共和国。该礼拜堂保留了进入前廊的原始入口,并存放了一些著名的铜像。主教的棺椁和祭坛由莱奥帕尔蒂和安东尼奥·隆巴尔多(Leopardi and Antonio Lombardo)开始制作,并由保罗·萨万(Paolo Savin)完成的。这里面的一个雕像《圣母玛利亚的鞋》(*Madonna of the Shoe*),始于1506年,是安东尼奥·隆巴尔多的作品。

教堂中殿末端的右耳堂里有一扇门,可以通往珍宝馆(Treasury),而在离门的不远的地方,一扇精美的15世纪圆花窗下,则是总督府通往教堂的大门;门上有一扇制作于13世纪用马赛克镶嵌画的圣马可弦月窗。边上,被大理石围屏和栏杆围住的是16世纪的圣礼祭坛(Altar of the Sacrament),祭坛中有一个斑岩柱支撑起的礼拜堂,两侧各放置着一只由马可·奥利维耶里(Marco Olivieri)于1527年左右制作的铜制枝状大烛台。左边是13世纪的浮雕《圣母子》,在左壁柱上的大理石嵌板前有一盏长明灯;它照亮了对面墙壁上马赛克镶嵌画的场景,即1094年奇迹般地重新找到圣马可遗骸的事件。在中殿的窗间壁上是一个引人注目的15世纪祭坛,上面刻有精美的屋面雕花,供奉圣雅各(St James),它边上是六角形讲道坛,新当选的总督曾经在加冕典礼后在这里向民众展示自己。

圣所被架高到地下室之上,基座上支撑着11世纪技艺精湛的大理石拱门和壁柱;它通过复杂的大理石祭坛屏风与中殿隔开,雅各贝罗(Jacobello)和彼得罗·保罗·德勒·马塞涅(Pietro Paolo Delle Masegne)1394年制作的《圣母玛利亚》(*Virgin*)和《使徒》(*Apostles*)大理石雕像放置于此,而它们之间的是雅各布·迪·马可·本纳托(Jacopo di Marco Bennato)创作的银色青铜十字架。祭坛屏风左侧的双层讲道坛上[下层是阅读宗徒书信(Epistle),上层是阅读福音书(Gospel)]装饰着东方的小型穹顶。

在左耳堂,礼拜堂里存有卡米罗·阿尔伯蒂(Camillo Alberti)1520年画的《圣母妮克佩娅画像》(*Icon of the Madonna Nicopeia*),被祭坛两边的枝状大烛台照亮,右边有拜占庭式浅浮雕《圣母子》。从耳堂进入稍大一点的那间礼拜堂是用来供奉圣依西多禄(St. Isidore)的,他于公元前250年在希俄斯岛(Chios)被杀害。他的遗骸于1125年运抵威尼斯,这件事情一直都被隐瞒着,直到安德里亚·丹多罗担任总督时期(1343—1354年),建造现存的小礼拜堂时才被人发现。他的遗骸安放在一个雕刻精美的石棺中,存放在祭坛后的圆拱形壁龛中。棺盖上是这位圣人的卧像,上面有一个手持香炉的天使形象;筒形穹隆和上方的墙壁上排满了 14 世纪中叶所作的马赛克镶嵌画，描绘了他一生的重要事迹。

边上的一间是圣母玛斯克里（Madonna dei Mascoli）小礼拜堂，该礼拜堂从 1618 年起属于平信徒协会，堂内的哥特式祭坛在圣母的圣马可和圣约翰之间的壁龛中设有雕像，是 1430 年由巴尔托洛梅奥·彭恩（Bartolomeo Bon）雕刻。米凯莱·詹博诺（Michele Giambono）很可能受雅各布·贝里尼和蒙塔纳（Mantegna）草图的启发，创作了马赛克镶嵌画描绘了《圣母一生的片段》。一个 13 世纪的洋葱形拱门和一幅 14 世纪早期的《福音传道者圣约翰》马赛克镶嵌画位于附近的礼拜堂前廊入口处，上边则是一个装有 12 世纪精美雕刻品的圣水池。通往教堂中殿的墩上有一个大型的圣母西欧普（Madonna del Schioppo）浅浮雕，以 1840 年一次威尼斯海军陆战队受到奥地利军队在马盖拉（Marghera）轰炸奇迹般逃脱后在感恩节中放置的枪命名。在北部过道，耶稣受难图祭坛（the Altar of the Crucifix）的名字取自 1205 年君士坦丁堡的彩绘木制耶稣受难图。从右边的小路进入圣所的大门需要通过一堵敞开的围屏，上面放着 14 世纪马塞涅（Delle Masegne）的雕像《圣母和圣徒克里斯蒂娜、克拉拉、凯瑟琳及艾格尼丝》（Virgin and Saints Christina, Clara, Catherine and Agnes）。中央穹顶后殿的右边是圣克莱门特礼拜堂（the Chapel of St Clement），上面有一个 12 世纪的镶嵌白色、蓝色和金色的马赛克装饰。在侧墩上的是一座 1387—1388 年建造的哥特式圣所，仍出自马塞涅之手。在祭坛两边的两条歌廊各装饰着桑索维诺的八个青铜浮雕，描绘了"圣马可一生经历的事件"。主祭坛的大华盖由四根东方的雪花石膏柱支撑着，柱上刻画着《圣经新约》（New Testament）中描述的场景。虽然现在人们普遍认为这些雕塑出自 13 世纪的威尼斯工匠之手，但也可能是在 15 或 16 世纪起源于拜占庭。装有使徒（Apostle）遗骸的石棺放置在主祭坛下方，通过青铜格栅就可以看见。在祭坛两边的大理石栏杆上放置着桑索维诺（1550—1552 年创作）的四个青铜"福音传道者"像和吉罗拉莫·帕格里瑞（Girolamo Pagliari）（1614 年创作的）的四个青铜宗主教像。在（米凯莱·詹博诺的）祭坛画后面的是著名的黄金祭坛（Pala D'Oro）。

穹顶后殿的后部有三个壁龛：左边通向圣器室的青铜大门出自桑索维诺之手（1546—1569 年），门上有两块著名的中央嵌板。嵌板上的画框内镶嵌着描绘《耶稣复活》（Resurrection）和《埋葬耶稣》（the Entombment of Christ）的画作以及先知们的头像，还有一些则是提香、阿雷蒂诺（aretino）、帕拉迪奥、委罗内塞等人和桑索维诺自己的肖像画。

左穹顶后殿的圣彼得礼拜堂有一幅 14 世纪的巨型浮雕，描绘了两位圣马可代理人向圣人做礼拜的图案；祭坛后方的两根圆柱的拜占庭式柱头非常精美。礼拜堂的后方有一条通往文艺复兴时期圣器室的通道，该通道是乔治奥·斯帕文托在 1486—1490 年建造的。

从小礼拜堂前廊的一段陡峭的台阶可以到达马奇亚诺博物馆。这里存放着挂毯、合唱本、波斯地毯、马赛克装饰和 16 世纪镀金的木制圣马可飞狮，飞狮的左爪上捏着一本书，书上刻有拉丁文的天主圣谕，是天主在从阿奎莱亚（Aquilea）到罗马的途中经过里亚尔托时，所说的"马可，我的福音传道者，愿你平安"。（Pax tibi, Marce evangelista meus. Hic requiescet corpus tuum.）（详见第一章第 11、14、15 条注释和第二章第 9、10、11 条注释。）

7. 位于默瑟里亚圣塞尔瓦托（Merceria San Salvador）的圣萨尔瓦多教堂（the church of San Salvatore）被认为建于公元 7 世纪，并于 12 世纪重建为圣奥古斯丁（San Augustine）的座堂区府。教堂内部修建始于 1507 年的乔治奥·斯帕文托，后来由图里奥·隆巴尔多（Tullio Lombardo）继续，最后由桑索维诺于 1534 年完成。朱塞佩·萨尔迪（Giuseppe Sardi）1663 年将教堂的外形建成巴洛克风格(1988 年又经过一次修复),贝尔纳多·法尔科内又在 1703 年为其添上了大量的雕刻品。

斯帕文托富有想象力的内部空间设计是原始的希腊十字架形教堂的一种变体,教堂拥有一个长而宽敞的中殿及较小的十字耳堂,光线通过三个连续的穹顶照进三座穹形后殿。粉刷过的墙面上有伊斯特里石做的线脚。南侧走廊上的是朱里奥·莫罗(16 世纪末期制作)的大理石雕像《耶稣》;在第二祭坛里有桑索维诺为弗朗切斯科·维尼埃总督(1556—1561 年在任)所作的大型纪念碑和亚历桑德罗·维特多利亚的弦月窗浮雕。在南耳堂,一具由贝尔纳多·孔蒂诺(Bernardo Contino)精心设计的棺椁里(1580—1584 年)安放着塞浦路斯女王卡特琳娜·科纳罗(Caterina Cornaro)的遗骸。对面的北耳堂里放置的是三名红衣主教马可、弗朗切斯科、安德里亚·科尔纳罗的纪念碑,该纪念碑也是出自孔蒂诺之手(1570)。在北侧走廊,小帕尔马(Palma il Giovane)祭坛画的两边分别是维特多利亚的精美人像圣·罗奇和圣·塞巴斯蒂安(约 1600 年完成)以及切萨雷·弗兰考为吉罗拉莫和罗伦佐·普利欧力两位总督制作的纪念碑(1578—1582 年)。教堂里还有三幅杰出的画作,分别是:在左穹形后殿中,由乔瓦尼·贝里尼的仿效者作的《在伊默斯的晚餐》(The supper at Emmaus);主祭坛上方,提香宏伟的《变容》(Transfiguration)以及他位于南走廊的《圣母领报》(Annunciation)。在祭坛前的中殿地板上有一具与众不同的商人棺椁。通过一个玻璃小圆盘可以看到棺椁内部的情形,依稀可见其内壁上有弗朗切斯科·韦切利奥(Francesco Vecellio)所作的壁画。

8. 原圣格雷戈里奥(San Gregorio)修道院建成于公元 806 年,1160 年修道院被移交给圣伊拉里奥(Sant' Ilario)的本笃会(Benedictine)作为教堂使用,该本笃会于 1214 年将整个社区转入该教堂。之后的数百年,它都是一个非常有影响力的宗教和政治中心;但到后来,它的地位逐渐降低,直到 1775 年被关闭。1806 年,教堂内的艺术品被全部撤下,被改造成为造币厂提供材料的黄金提炼厂。现存的建筑是安东尼奥·克雷莫内塞(Antonio Cremonese)在 15 世纪中叶开始建造的,以东面一座精美的三穹顶后殿和西面一条哥特式的门廊为特色。它现在被用作艺术品修复中心。从大运河经过 1342 年建造的精美哥特式门廊就能够到达与教堂毗邻的回廊。

9. 加吉宫(Palazzo Gaggia)位于大运河右岸,欧罗巴和雷吉纳酒店(Hotel Europa and Regina)旁,正对安康圣母大教堂。最初被称为朱斯蒂尼亚尼宫(Casa Giustiniani),后来又被称为阿尔韦塞宫,它的特征是高耸的烟囱顶管。

10. 百合圣母教堂(Santa Maria del Giglio),又被称作佐比尼果圣母教堂(Santa Maria Zobenigo),是尤巴尼科(Jubanico)家族于公元 9 世纪建造的。教堂内部于 1660 年重新装修,朱塞佩·萨尔迪于 1678—1683 年间将其建成了豪华的巴洛克风格外观。弗朗切斯科·莫罗西尼的部下安东尼奥·巴巴罗将军为修建提供了资金,但后者却因为在甘地亚战争(war of Candia)玩忽职守罪被前者罢免。巴巴罗穿着将军制服的雕像位于主门的上方,它的两边则有四个分别代表荣誉、美德、名誉与智慧的雕像。雕像下方则是雕刻着各类帆船的一组六块浮雕嵌板。再往下的壁龛中则立着巴巴罗的四个兄弟,刻在底座上的大理石浮雕地图是他和他的家族曾经凯旋的地点:扎拉(Zara)、甘地亚、帕多瓦(Padua)、罗马、科孚(Corfu)和斯巴拉多(Spalato)。在百合圣母教堂大量的雕刻饰品中,唯独没有基督教的象征,这让拉斯金感到非常惊讶,他评价这是"无神论的表现"。教堂内部有许多 16、17、18 世纪的画作,其中包含:鲁宾斯(Rubens)的《圣母子与年轻的圣约翰》(Madonna and Child with the Young St

John）；在圣所的管风琴下有两幅丁托列托的《福音传道者》（*Evangelist*）；在第三小礼拜堂的北侧走道上还有丁托列托的另一幅作品《耶稣和两位圣徒》（被毁坏后修复）。

11. 圣马可大教堂中，由黄金围屏装饰的祭坛被人们称为"黄金祭坛"，它是由中世纪的拜占庭和威尼斯金匠打造而成。镶满了珍贵的钻石和釉面嵌板，它宽 3.48 米（11 英尺 5 英寸）、高 1.4 米（4 英尺 7 英寸），黄金围屏上镶嵌着两个部分共 80 块嵌板。它是公元 976 年根据总督彼得罗·奥尔赛奥洛的要求在君士坦丁堡始建的，祭坛边缘的圆形金边和釉面嵌板也是在那段时间制成的。1105 年时，祭坛因奥尔德拉佛·法里埃尔总督而改造；1209 年为彼得罗·齐亚尼总督进一步扩大；最后在 1345 年安德里亚·丹多罗总督执政时期，由吉安·保罗·波宁塞格纳（Gian Paolo Boninsegna）对其进行最后一次重置。祭坛在拿破仑攻占威尼斯期间被部分掠夺，后于 1836—1841 年间被修复。镶嵌在无数珍贵的钻石之中的是珍珠、蓝宝石、祖母绿、红宝石和黄晶等珍宝。

12. 圣马可图书馆（Biblioteca Nazionale Marciana）最早坐落于圣马可大教堂内，后被转移到总督府中（1812—1904 年），它是威尼斯最主要的公共图书馆，自 1905 年起被安置在坐落于造币厂旧址的桑索维诺图书馆（Libreria Sansoviniana）中。设立公共图书馆的想法最早起源于 14 世纪 60 年代彼特拉克（Petrarch）将私人藏书全部捐赠，但这些书籍长时间被人忽视，造成许多书籍腐烂。然而在 1468 年，特拉比松（Trebizond）的贝萨里翁（Bessarion）主教把个人的希腊语、拉丁语手稿捐赠给了威尼斯共和国，这个事件是圣马可图书馆正式建立的起因。自那时起，它收到了大量珍贵的遗赠，包括：1912 年捐赠的著名藏品东方书籍。时至今日，圣马可图书馆共收藏 75 万卷图书和 13 500 份手稿。

阅览室的入口位于七号门，但与它毗邻的、藏有大量古代书籍、珍贵书稿、彩色图片和地图的旧图书馆处于封闭状态，除非得到图书馆负责人的特别允许才会对外开放。原先是从 13A 号门进入图书馆的，这扇门由亚历桑德罗·维特多利亚设计，进门后，就是一座可以通向前厅的粉饰楼梯，该楼梯的造型令人赞叹不已，而前厅的天花板上则装饰着提香 1560 年的壁画《智慧》（*Wisdom*）。在大会堂的镶金天花板上画有 21 幅圆形寓意画，其中的三幅出自委罗内塞之手。在墙壁上的则是一系列哲学家的肖像画，出自丁托列托、委罗内塞和安德里亚·斯齐亚沃尼（Andrea Schiavone）。该图书馆的藏品包括 14 世纪晚期但丁（Dante）的作品；831 页由佛兰德（Flemish）艺术家装饰的、著名的格里曼尼祈祷书（Grimani Breviary）（约 1500 年完成）；名为弗拉·毛罗（Fra Mauro's map）的世界地图（约 1459 年制作）。

13. 本笃会的利多圣尼科洛修道院（monastery of San Nicolò al Lido）是在 1044 年多门尼克·康塔里尼总督执政时期建成的，位于利多岛的北部，紧邻利多港（Porto di Lido）。该修道院经常被总督用来当作接待类似巴尔巴罗萨国王（Emperor Barbarossa）这样的官方访问者，后者于 1177 年在圣马可大教堂会见教皇亚历山大三世（Pope Alexander III）前就居住于此。由于紧邻港口，海婚节（Marriage of the sea）当天，总督在圣尼科洛教堂参加弥撒就成为曾经每年的惯例。许多世纪以来，威尼斯坊间流传着船员的守护神圣尼古拉斯（St Nicholas）的遗骨从巴里（Bari）带到了这里的传说，因此人们都相信圣尼古拉斯供奉于此。圣尼科洛教堂也因此备受尊崇，每到他的纪念日，这里都会举行盛大的庆祝活动。然而，当巴里重新建立了圣尼古拉斯的真正安息之所之后，这里就没有了以往的喧嚣。该教堂于 17 世纪以巴洛克式风格重新建造，但它的外立面却从未完工。在大门的上方是一块教堂创建者的纪念碑。木制的耶稣受难图被悬挂在教堂内部的左后方，其时间可追溯到 14 世纪。乔瓦尼·达·克里马（Giovanni da Crema）在 1635 年时为教堂提供了精雕细刻的唱诗班席位。

14. 装饰在圣马可大教堂内外的马赛克镶嵌画已经有了数百年的历史。这些镶嵌画从 1063 年后开始镶嵌工作，在 1106 年由于火灾而停止，从那以后，镶嵌工作修修停停一直到现在。中世纪的外观设计理念被适当地修复和翻新原封不动地保留了下来。大多数的拜占庭式内部装潢于 1277 年完工，只有洗礼堂和小礼拜堂是在 14、15 世纪建成的，它们的样式是受到后来托斯卡纳画家们的启发而建的，尤其是乌切洛（Uccello）（他因为在教堂立面上的画作而为人所知）和安德里亚·德尔·卡斯塔尼奥。这种画风一直持续发展到 16 世纪早期，被提香、委罗内塞和丁托列托等知名艺术家使用的素描和草图画风所代替。1715 年至 1745 年间，罗马人莱奥波尔多·达尔·波佐（Leopoldo dal Pozzo）对教堂内许多珍贵马赛克镶嵌画进行了修复，他还在教堂的外立面上贡献了一些新的镶嵌画。

在 13 世纪最早一批镶嵌在主立面上的马赛克镶嵌画中，只有位于最左侧的圣阿里皮奥拱门（the Door of Sant' Alipio）上的《将圣马可的遗体转运至大教堂》（*Translation of the Body of St Marco to the Basilica*）这一幅保存了下来，它是圣马可大教堂外部最早为人们所知的代表。第二、四、五扇拱门上方的马赛克镶嵌画可以追溯到 18 世纪早期，后两幅是莱奥波尔多·达尔·波佐所作。第二和第五扇拱门是基于塞巴斯蒂亚诺·里奇（Sebastiano Ricci）的草图所作。中央出入口的地面上则镶嵌着《最后的审判》（*The Last Judgement*，1836）。在上层，位于中央弦月窗两侧的四扇弦月窗上分别镶嵌着《耶稣受难》（*the Descent from the Cross*）、《坠入地狱》（*the Descent into Hell*）、《重生》（*the Resurrection*）和《耶稣升天》（*Ascension*）。这四幅镶嵌画都是在 1617—1618 年间，由马菲奥·达·维罗纳（Maffeo da Verona）设计，路易吉·加埃塔诺（Luigi Gaetano）制作完成的。在教堂的南立面，位于两个上拱门间的建于 10 世纪的一扇小门上，有一幅 13 世纪的《圣母子》马赛克镶嵌画。在教堂内部，中庭的穹顶和拱门上绘满了以《圣经旧约》（*Old Testament*）中的事件为主题的 13 世纪马赛克镶嵌画。这些镶嵌画是教堂中最原始的作品，但却有着不同程度的损坏，它们由当地的威尼斯画派马赛克镶嵌师发展起来的罗曼式风格，正是这些备受赞誉的作品，使得教堂的内部熠熠生辉。

圣马可大教堂的内部主题是基督教教堂的胜利。《基督君王节》（*Christ the King*）（12 世纪原稿的 1506 年仿品）被镶嵌在穹形后殿中四位威尼斯守护神：圣尼古拉斯、圣彼得、圣马可和圣荷马古罗斯（St Hermagorus）之上，它可能是在 11 世纪完成的，是整个教堂中最早期的马赛克镶嵌画之一。位于主祭坛上方穹顶的马赛克镶嵌画是《先知预言的基督教》（*the Religion of Christ as Foretold by the Prophets*）；而在它的下面，祭坛屏风上方拱门上的是《耶稣生平的事件》（*Scenes from the Life of Christ*）（16 世纪根据丁托列托的草图所作）。在中殿上方的是"五旬节穹顶"（the Dome of Pentecost），它可能是 12 世纪早期所有五个穹顶中最早被镶嵌画装饰的一个。筒形穹顶下方的是《最后的审判》（艾力恩斯、马菲奥·达·维罗纳基于丁托列托的草图于 1517—1619 年镶嵌）。在拱门上描绘的是《末世》（*Apocalypse*）和《圣约翰的憧憬》（*Vision of St John*）〔两幅画作都是弗朗切斯科和阿米尼奥·祖卡托（Francesco and Arminio Zuccato）于 1570—1589 年镶嵌〕。中央穹顶上的《耶稣升天》场景镶嵌画可以追溯到 12 世纪末期，和下方拱门上的《耶稣受难》场景镶嵌画创作时间相近。左右耳堂的穹顶上都是《耶稣生平的事件》场景的镶嵌画，前者祭奠的是福音传道者圣约翰；而后者的穹顶又被称为圣隆纳穹顶（Dome of St Leonard），上面绘有 13 世纪早期的殉道者圣尼古拉斯、圣克莱门特、圣布雷茨(St Blaise)和圣隆纳的画像。圣所两边的两扇拱门是用来献祭守护神的。整个教堂中还有无数其他的镶嵌画,所有教堂内部墙面镶嵌画的面积加起来约有一亩左右。在 20 世纪 70 年代,奥托·德缪斯(Otto Demus)将许多马赛克镶嵌画都清洗干净,并对它们进行了详尽的调查。

15. 公元 11 至 12 世纪,大量大理石、斑岩、雪花石膏和碧玉石柱从小亚细亚(Asia Minor)运到威尼斯,组成了圣马可大教堂的外部结构。西侧外立面上展示着许多战利品,包括著名的青铜马,现在陈列在教堂主入口上方的青铜马是仿制品;公元 3 世纪的罗马浮雕《赫拉克勒斯捉住厄律曼托斯山的野猪》刻画在教堂最北面拱门的拱肩上;12 世纪中晚期浮雕《圣迪米特里斯》(St Demetrius)也很可能是从东方带到威尼斯的。在小广场拱廊的拐角处有一段斑岩石柱,曾经据说是罗伦佐·提埃波罗从阿克(Acre)带回威尼斯的两根斑岩石柱之一,而现在却被认为是从君士坦丁堡带来的。自 1256 年起,这段石柱就被用作宣布国家法令的讲台。1902 年,它因钟楼的倒塌而遭到损坏。另外一根石柱被用在里亚尔托。用叙利亚斑岩雕刻的 8 世纪拜占庭帝国皇帝查士丁尼二世的头像在栏杆上眺望着小广场。

教堂的南立面也有大量抢夺来的其他战利品,包括 15 世纪从阿克带来的两根雕刻于伊曼纽尔·康莫诺(Emmanuel Commeno, 1158—1180)统治时期的正方体石柱,其名字刻于柱身的圆形装饰浮雕上;14 世纪埃及的《四帝共治》斑岩雕塑;以及许多从拜占庭带回的大理石、石柱和柱顶。教堂的北立面还展示着更多其他的战利品。

16. 大圣母教堂(church of Santa Maria Maggiore)最早是与它同名的马焦雷圣母修道院的附属建筑。它们都于 1806 年被关闭,修道院被用作奥地利军队的练兵场(Campo di Marte)。现在这个区域是一家煤气厂和航海站的一部分。现存的教堂建筑是由山墙饰和盘蜗饰造型组成的朴素外观。威尼斯哥特式的砖结构钟楼的历史可以追溯到公元 15 世纪。

17. 慕拉诺岛的圣多纳托小广场(Campo San Donato)曾经是市政广场(Piazza del Comune),广场上矗立着圣母玛利亚和圣多纳托教堂(Basilica of Santa Maria e San Donato)。它建成于公元 7 世纪,很可能是亚平宁大陆的难民为圣母玛利亚举行奉献典礼而造的。在教堂于 12 世纪上半叶重建时,它的献祭范围扩展到了一位 4 世纪的埃维厄岛(Euboea)的主教圣多纳图斯(San Donatus)。1125 年,他的遗体和一条可能被他杀死的龙的遗骸一起被十字军从凯法利尼亚(Cephalonia)带回教堂安葬。那条龙的遗骸被放置在穹形后殿中巴洛克式祭坛的后面。18 世纪早期,马可·朱斯蒂尼亚尼主教(Bishop Marco Giustiniani)的肆意破坏和之后 1858—1873 年草草了事的重新装修对教堂造成了巨大的损害,这些损害直到 1973—1979 年的精心修缮后才得以弥补。教堂最显著的外部特征就是东面的早期罗曼式穹顶后殿,它的造型是由两根大理石柱支撑的双层拱门,下层是精美的四叶花饰造型以及雕刻并镶嵌着大理石的锯齿形饰带,上层则是由简洁的栏杆围成的一条走廊。教堂朴素的西立面以入口处上方 14 世纪大理石浮雕《圣多纳图斯和信徒》(St Donatus with a Devotee)和两根可以追溯到公元 2 世纪,刻有肖像浮雕的罗马壁柱为特征。教堂内部比例协调,中殿两边各有五根带科林斯式柱头的希腊大理石柱。15 世纪木制屋顶的形状像船的龙骨,1141 年完成的地面被镶嵌出鸟、观赏图案和具有象征意义的动物的样式。描绘着"圣母"对着金色的背景独自祈祷景象的马赛克镶嵌画覆盖了后殿的整个穹顶。位于洗礼堂门上方是一扇弦月窗,上面绘着圣母、圣子和圣徒与一位名叫乔瓦尼·德里·安吉利(Giovanni degli Angeli)的捐赠者,他的棺椁位于入口处前方。这是拉扎罗·巴斯提安尼(Lazzaro Bastiani)1484 年创

作的知名画作。20 世纪 70 年代发现的 9 世纪希腊大理石石棺被当作圣所中的一个祭坛使用。14 世纪中期的多联画屏《圣母玛利亚之死》此前画在主祭坛的镀金白银釉片上。位于洗礼堂的公元 2 世纪方形罗马石棺来自阿尔蒂诺（Altinum），并曾被用来当作圣洗池使用。

18. 古时建立的圣比亚吉奥（San Biagio）海军教堂位于横穿兵工厂水道（Arsenal Canal）的斯拉沃尼亚人河岸（Riva degli Schiavoni）尽头，它的边上是曾经的威尼斯共和国粮仓，现在则是海军历史博物馆（Museo Storico Navale）。在 18 世纪时，根据弗朗切斯科·班格诺（Francesco Bognolo）或是菲利波·罗西（Filippo Rossi）的设计重建。长期以来，该教堂都被威尼斯的希腊侨民团体使用，直到他们接管了圣乔治希腊教堂（the church of San Giorgio dei Greci）为止。教堂里有纪念卒于 1792 年的海军上将安吉洛·艾莫（Angelo Emo）的纪念碑，他于 1784—1786 年指挥了威尼斯共和国与突尼斯贝伊国（Bey of Tunis）的战争。

19. 兵工厂（Arsenal,也称造船厂）建立于 1104 年，并于 14 至 16 世纪间扩建，它占据了城市的整个东部边界。兵工厂这个名字源自阿拉伯词语"darsina'a"（制造工坊），这个词后来被用作为所有同类设施的统称。但丁在作为拉文那的大使访问威尼斯时，曾在 1306 年和 1321 年两次参观兵工厂（兵工厂即造船厂）。他在《神曲》（Divine Comedy）中提到工人们如火如荼工作的内容记录在入口大门右侧的一块纪念牌匾上。现在的兵工厂的占地面积约为 80 英亩，四周围着难以逾越的高墙和塔楼，旨在隐藏过去海军的秘密并驱逐外来者的入侵。在威尼斯共和国被攻陷后的很长一段时间，兵工厂仍然固若金汤且难以接近。然而，某些访客被允许入内，在歌德（Goethe）的笔下，参观它"就像拜访那些名声曾盛极一时的家族，虽然已经不复当年，但仍然显得充满活力"。

造船厂有两个入口：一个面对潟湖，并被两座巨塔保护着；另一个可以从兵工厂河（Rio del Arsenale）通过一座雄伟的凯旋拱门进入。这扇凯旋拱门建于 1460 年，是威尼斯最早的文艺复兴作品之一，很可能是出于安东尼奥·干布洛之手。拱门的柱上楣构下支撑着两根有着威尼托—拜占庭风格柱头的希腊大理石柱（从早前的建筑上卸下）。凯旋拱门的上方是一只翼狮，翼狮上面是一块山墙饰，再往上则是吉罗拉莫·坎帕尼亚（Girolamo Campagna）雕刻的圣贾斯蒂娜（St Justina）雕像。在前厅的远处有桑索维诺 1533 年所作的《圣母子》。这扇令人赞叹的大门两边各放着一头凶猛的石狮，它们是弗朗切斯科·莫罗西尼总督时期从比雷埃夫斯（Piraeus）抢来的战利品，并于 1692 年放置于此。左边那头石狮的尾部刻着神秘的北欧古字铭文，据说是根据挪威雇佣兵哈罗德（Harold the Tall）的命令所刻，他后来死于 1066 年与韦赛克斯王国国王哈罗德·葛温森（Harold the Saxon）的斯坦福桥之战中。1718 年时又在科孚浮雕后加上了一只小石狮。

　　虽然兵工厂目前（1988 年）仍未对公众开放，但是人们可以从驶过兵工厂主河道的五号水上巴士上看到其内部的景象。政府计划在目前的军政结束后将这片广阔的区域划归民用。这些计划包括一座小型游艇港口、一个国际文化中心、一座海洋地质博物馆和一些住房。

第二章　商人和十字军

1150—1268

"大地似乎在脚下颤抖。"

尽管大多数威尼斯人喜欢过自己的生活，心平气和地赚钱，不去纠缠欧洲的事务，但事实证明这是不可能的。帕多瓦人为了缩短到达潟湖的航线，着手将塔河改道并淤塞威尼斯平底船通行的河道，不过这并没有带来多大后果，因为威尼斯人花钱雇来的雇佣军团可以轻而易举地阻止他们。倒是盘踞在西西里的诺曼人对威尼斯商业和海上航线的威胁越来越大，后果也更加严重。

对东罗马帝国来说，诺曼人也是一个严重的威胁。他们夺取了科孚岛并洗劫了底比斯（Thebes）和科林斯（Corinth），带回成捆成捆的锦缎，并将精通拜占庭丝绸纺织的女工匠劫掠到巴勒莫，因为这里新建的丝绸工场急需她们。为了抑制这些掠夺成性者的嚣张气焰，拜占庭皇帝曼努埃尔·科穆宁（Manuel Comnenus）向威尼斯求助；而威尼斯人考虑到自己在东方的贸易特权与拜占庭的兴衰是捆绑在一起的，于是答应了拜占庭皇帝的请求，双方组建了一支联合舰队驶向科孚。但联军之间的关系并不和谐，彼此争闹不休，威尼斯人的冷笑话和侮辱性的玩笑给这位深色皮肤的皇帝造成了长久的困扰：他们接管了他的一艘船，他们在甲板上给一个埃塞俄比亚奴隶穿上皇袍，极其崇敬地将一顶皇冠戴到他头上。

科孚岛的收复也没有使情况有所改善。从表面上看，他们的关系似乎很好，因为东罗马帝国皇帝富有机智和耐心，而1148年当选总督的多门尼克·莫罗西尼（Domenico Morosini）也不愿威尼斯卷入不必要的分歧之中。但随着霍亨斯陶芬王朝年纪轻轻、野心勃勃、残忍无情的腓特烈一世（Frederick I）——他因长着红胡子被取绰号巴巴罗萨——登上神圣罗马帝国的皇位，形势突然逆转。

腓特烈宣称要重现罗马帝国往日的辉煌，他出征意大利，迫使公然反抗他的意大利各城邦屈服。因为担心这位皇帝用相同的方式来挑战自己的独立地位，威尼斯很不情愿地卷入这场风暴之中。威尼斯宣布承认亚历山大三世（Alexander III）为罗马教皇，并与意大利其他城邦组成"伦巴第同盟"，共同抵抗巴巴罗萨。与此同时，东罗马帝国皇帝对科孚岛的那场闹剧依旧耿耿于怀，他鼓励阿玛尔菲（Amalfi）、比萨和热那亚的商业活动，暗中打压威尼斯的商业利益，威尼斯与东罗马帝国的关系越发紧张。采取果断行动的时机来了。1171年，热那亚在君士坦丁堡的租界受到攻击，被一伙不明身份的暴徒烧杀掳掠。拜占庭皇帝宣称威尼斯应对此负责，他下令拘捕帝国境内的所有威尼斯人，没收他们的房子和财产。一些人设法逃避法令，但仅君士坦丁堡就有一万多人被抓。

对威尼斯来说，这种挑衅无异于宣战。公民们被从海外召回并应征入伍；发行了强制性公债；为了准确地向公民摊派并更容易地募集捐款，威尼斯被分成六个区块，这六个区至今依然是威尼斯的行政区。[1]在多门尼克·莫罗西尼的继任者维塔利·米凯利（Vitale Michiel）的领导下，威尼斯很快就组建了一支大型舰队，于1171年9月扬帆启航。但这支舰队在半路被拦截，总督被督促派代表到君士坦丁堡，代表们到了之后会发现，这位皇帝表示可以接受一场体面的和解，总督没有经过深思熟虑就同意了。在等待代表团返程的时候，威尼斯舰队驶向希俄斯岛，停泊在那里。

总督中了拜占庭的圈套。威尼斯代表受到了粗鲁对待，住宿安排得很差，经过几个星期的谈判，他们发现皇帝一点也没有释放囚犯或达成和解的诚意。代表们失望而归，他们沮丧地发现舰队里暴发了瘟疫，上千人死去，而幸存的士兵处于兵变的边缘。为阻止瘟疫蔓延，总督下令烧毁几艘船，并决定返回威尼斯。回到威尼斯后，总督发现威尼斯人怒气冲天，联合起来反对他。大议会听取他的申辩，这期间一个暴徒在总督府外透过窗户大声谩骂。他为了保住性命不得不逃走，在穿过稻草桥(Ponte della Paglia)[2]前往圣扎卡利亚教堂的路上,一名刺客在拉瑟街(Calle delle Rasse)[3]手持匕首扑向他,将他刺死。

当愤怒渐渐平息、水手们带来的瘟疫得到控制之后,大家在反思,如果有人能够给总督出好的主意或者牢牢控制住他,他也不至于犯下如此愚蠢的错误,让共和国在金钱、人力和尊严方面付出如此沉重的代价。反思的结果是,对总督行使职权采取了更加严密的防控措施,因为总督这个职务是终身的,不像由贵族担任的权力较小的职务。

威尼斯共和国成立早期,总督的权力受到两名保民官的限制,保民官是经选举产生的,其职责是确保总督不越权,同时,他的权力也受制于叫阿伦戈(arengo)的市民大会,这个大会就极其重要的事务进行投票。后来,负有司法权和管理权的政府官员以及元老(Pregadi)都可以监督总督行使职权,在共和国出现危机时他必须征求元老们的意见,元老这个名字源于派出的信使到他们家拜访恳请(pregare)他们在某一时间参加会议。但到了最近几年,就很少征求元老们的意见了,保民官也变得可有可无。因此,到了1172年,大家认为有必要制定一部新的宪法。于是,威尼斯六个区的代表提名480名头面人物担任大议会议员。另外还设立了一个人数较少的国务委员会,日后发展为总督议会(Signoria),其六位成员接受现任议员即元老的建议,替总督出主意。总督议会和元老院是12世纪末13世纪初的产物,起初由大议会选举出来的六十人组成了参议院。参议院后来发展到三百多人,尽管大议会仍掌管所有重要的人事任免、批准诸如宣战等重大决策,但此时参议院已成为共和国政府内部主要的决策机构。

大议会不仅有权任命政府部门的所有行政长官,也有权选派各区的代表,因此,随着威尼斯古老家族的名字,如莫塞尼格(Mocenigo)、康塔里尼(Contarini)、福斯卡里(Foscari)、罗列丹(Loredan)、丹多罗(Dandolo)、格里曼尼(Grimani)、科那罗(Corner)、莫罗西尼(Morosini)、提埃波罗(Tiepolo)等不断出现在议员名单上,大议会事实上已具有寡头统治的性质。而且,大议会是一个限制性极强的机构,只准许血统纯正的贵族成员参与。他们的名字不久被题刻在"金书"(Libro d'Oro)上,血统不纯正者被排除在外。选举人的资格受到限制,只有大议会才有权提名选举人,通过这种方式,大议会事实上取代了阿伦戈对总督的任命权;而阿伦戈的这种权力其来有自,在圣马可教堂举行的一次典礼上,按照规程,总督被介绍给民众,"这就是你们的总督,如果你们愿意的话"。由此表明,阿伦戈的权力在此得到了明确承认。

之后逐渐又形成了其他委员会。13世纪初出现了四十人委员会,这是一个政治性议会,是当时的司法机关,包括民事上诉法院和刑事上诉法院,刑事上诉法院的三位领导是总督议会的成员。到了1400年,由于行政事务越来越繁杂,大议会不堪重负,参议院组建了贤人理事会(理事会里起初有六位贤人),负责处理一些具体事务,参与辩论,一旦达成协议就执行。正是在这些委员会、理事会以及参议院的协作下,共和国政府才得以运行。总督与六位议员各司其职,被称作小议会。刑事上诉法院的三位领导加入后,他们共同组成了总督议会,成员为十人。不久之后,五位海事大臣(Savii agli ordini)以及五位国防大臣(Savii de Terraferma)加入这个团体,组成大内阁(Full College)。14世纪,参议院接替元老院,成为共和国的主要审议委员会,掌握行政大权,但它的审议结果在很大程度上受大内阁的影响,大内阁在辩论中起到类似于指导委员会的作用。

除了威尼斯的寡头政治,任何人都没有资格担任公职。不过,总的来说,老百姓似乎都很满意,只要富人们记住,公民义务是一种繁重的责任也是一种财富的特权,任何拒绝任职的人都可能因玩忽职守而受到惩罚。

总督的权力早已受到宪法的制约,随着受到的限制越来越苛刻,他的权力进一步缩小,他当选时的宣誓承诺成了捆在他身上的枷锁,更有甚者,以1275年当选总督的雅各布·康塔里尼(Jacopo Contarini)为例,他没有选择妻子的权利,他的儿子,除作为大使或政府商船的船长外不得担任政府任何职务。到了14世纪末,未征求其顾问的意见,总督不得回答外交政策方面的问题,不可私下接见外国访客,未经许可不得擅自离开;总督甚至无权私自开启信件。

总督的权力受到了限制,但为了确保总督和威尼斯自身的声誉不因此而受损,于是设计了新的就职仪式,使总督的当选更加引人注目。他坐在一把被称作"井口"的椅子上(因为这把椅子的形状像城市的井口),被人抬到圣马可广场上大把大把地散发金币;在接下来的各种场合,只要他在威尼斯处理国家事务,都有形象威严的卫队护送,身穿具有宗教色彩的华丽服饰。当他去世时,总督府关闭,政府暂

大教堂圣阿利皮奥门上的镶嵌画，是 1260—1270 年装饰的，展示了当时教堂的外观

时停止运作。广场周围，50 个兵工厂工人分成三组，鸣钟致敬，28 名穿着红色长袍的贵族看护遗体，三天后，他的遗体由贵族和人民代表护送出总督府。在院子前面的最后一级台阶上，送葬队伍停下来，请总督议会准许他们进入广场。到了广场，兵工厂工人接过遗体，抬着它绕广场一圈，再到教堂门口，向着天空上举九次，然后进入教堂开始葬礼弥撒。

第一位通过新规则产生的总督是年事已高、家财万贯的塞巴斯蒂亚诺·齐亚尼（Sebastiano Ziani），他于 1172 年当选，执政后立即采取措施修复近年来的海外冒险活动对经济造成的损害。他还致力于扩建和装饰总督府，修缮总督府周围的建筑和圣马可教堂。虽然圣马可教堂的钟楼[4]在多门尼克·莫罗西尼时代已完工，但总督认为还不尽完美。因此，他下令填充流经教堂前面的巴塔里奥运河，用人字形[5]砖块铺设这片区域，建了一个更加壮观的广场。他还摧毁了古老的圣杰米尼亚诺教堂(San Geminiano)6 和三个世纪前用来防御共和国敌人的城墙,这样,他在面向广场的建筑物之间建造的柱廊和拱门就有了更加广阔的视野。最后,在扩建的广场上,总督竖起了两根古老的花岗岩柱子,现在支撑着圣狄奥多和圣马可飞狮像。7

在开展这些工作的同时,总督也密切关注外交事务。他与南方的诺曼人达成协议;此外,尽管他向拜占庭皇帝的示好被有所保留地接受,但当教皇亚历山大三世和腓特烈·巴巴罗萨同意解决他们的分歧时,他们一致同意在威尼斯和解。

1177 年 5 月初,来自意大利各地、法国和德国的随从已经陆续抵达,他们住在宫殿、修道院和商人的住宅里,俯瞰着运河和潟湖。随行人员人数都不少,有的人数多得惊人:科隆大主教(Archbishop of Cologne)带来了四百名顾问、牧师、秘书和仆人;马格德堡大主教(Archbishop of Magdeburg)的侍从和西西里国王的使节——安德烈亚的罗杰伯爵(Count Roger of Andria)的侍从队伍几乎同样庞大。

教皇于 5 月 10 日抵达,在圣马可大教堂举行大弥撒后,乘坐国家游艇前往圣西尔维斯特罗(San Silvestro)的宗法宫殿。8 7 月 23 日,皇帝登陆利多岛,他于 1159 年在那里宣布与他曾经支持的对立教皇维克多四世(Victor IV)断绝关系,承认亚历山大三世是唯一真正的教皇,随后他乘坐一艘经过特殊装饰的游艇穿过潟湖来到广场,屋顶上彩旗飘飘,窗户上挂满横幅,欢迎他的到来。

第二天一早,教皇来到圣马可码头,前往圣马可大教堂,两旁"高耸的松木桅杆"上悬挂着巨大的圣马可绣旗,他穿过了门廊。做完弥撒之后,他坐在华丽的宝座上,等待皇帝的到来。在场的一位德国教士记录下了这一刻:

> 大约过了三小时,总督的船到了,船上坐着皇帝和总督,由七位大主教和教会的教长率领,庄严地列队走向教皇的宝座。到了那里,他脱下身上的红斗篷,拜倒在教皇面前,先吻了他的脚,又吻了他的膝盖(据信他是在那里做的,现在人行道上有一块斑岩菱形标记)。但教皇站了起来,双手捧着皇帝的头,拥抱他,亲吻他,让他坐在他的右手边,最后说了这样一句话:"教会的儿子,欢迎你。"然后他拉着他的手,带他走进教堂。钟声响

起,人们唱起了《赞美颂》。仪式结束后,他们一起离开了教堂。教皇骑上他的骡子,皇帝扶着他的马镫,然后回到总督府。

皇帝待了将近两个月,教皇直到10月中旬才离开。当时,威尼斯的商人们在为皇帝和教皇的随从以及王子、贵族和教士们的随行人员提供服务的过程中获得了丰厚的利润,而这座城市本身也沉浸在贵客们给它带来的名声之中。根据《威尼斯条约》,皇帝不仅承认亚历山大三世为合法的教皇,而且承认教皇作为罗马城命运的世俗仲裁者的权力,并明确表示他也承认北意大利城市的独立。与此同时,威尼斯人从皇帝那里获得了商业条约的附加条款,并与教皇达成了一项协议,根据该协议,他们的族长不仅在潟湖群岛拥有最高的教会权威,而且在潟湖周围的教区、伊斯特里(Istria)和达尔马提亚也拥有最高的教会权威。不久,威尼斯还与君士坦丁堡签订了一项同样有利的条约。

然而,十字军东征的呼声再起,很快驱散了持久和有益和平的希望。1201年复活节前不久,一个由法国骑士组成的代表团在威尼斯上岸,来到总督府,"这是一座非常漂亮、装饰非常华丽的建筑"。此时的总督是一位非常了不起的人,恩里克·丹多罗(Enrico Dandolo),年事已高,几乎双目失明,但他是一位具有惊人天赋的政治家和外交家,人们不禁纳闷他为什么多年前没有当选。他给他的法兰克客人留下了深刻印象,他们的领袖香槟元帅杰弗里·德·维尔哈杜因(Geoffroy de Villehardouin)被邀请一周后回来。总督对他说:"不要对这么长时间的耽搁感到惊讶,这么重要的事情需要我们充分考虑。"德·维尔哈杜因记录道:

> 到了总督规定的时间,使节们又一次回到总督府……总督对他们说:"先生们,我们将告诉你们我们已经同意做什么,当然,我们可以说服我们的大议会和老百姓同意。我们将建造能够运送4 500匹马和9 000名扈从的运输船,以及能够运送4 500名骑士和20 000名仆从的其他船只。我们还将在合同中为所有这些人提供九个月的口粮和所有马匹的饲料。只要你们每匹马付我们五马克,每个人付我们两马克,我们就这样办……我们要做的不止这些。看在上帝的分上,我们再给你们五十艘船,只要我

奥里奥·马斯洛比埃罗,1178—1192年总督,和他的继任者恩里克·丹多罗,1192—1205年总督

们的联合还在,我们在陆地上或海上所获得的一切东西,一半归我们,另一半归你们。"

使节们告辞了;在详细地讨论了这个问题之后,他们同意接受总督的条件。大议会也接受了这些条件,然后将其提交给"圣马可教堂——世界上最美丽的教堂——中一万名平民组成的阿伦戈,总督邀请他们聆听圣灵的弥撒,并就使节们的请求向上帝祈祷"。杰弗里·德·维尔哈杜因继续写道:

弥撒一结束,总督就召见使节,告诉他们要以最谦卑的态度请求人民同意起草协议。使节们来到教堂,吸引了许多以前没见过他们的人的好奇目光。

经他的同伴们同意,杰弗里·德·维尔哈杜因解释了他们的使命。他说,"先生们,法兰西最高贵最有权势的男爵们派我们来见你们。他们恳切地请求你们怜悯耶路撒冷,因为耶路撒冷现在已沦为突厥人的奴隶,并以上帝的名义恳求你们与他们一起为我们主所受的侮辱报仇。他们选择到你们这里来,是因为他们知道,在海上没有比你们更强大的民族了"。

于是,六位使节泪如雨下,跪倒在集会的人们脚下。总督和所有在场的威尼斯人也都哭了起来,他们向天举起双手,齐声喊道:"我们同意! 我们同意!"人声鼎沸、喊声震天,你可能以为整个世界都要崩溃了。

在一次特别召开的大议会会议后,宣布十字军的船将于 1202 年 6 月 24 日起航。当人们得知当下的目的地不是巴勒斯坦(巴勒斯坦的名字本身就激发宗教人士和冒险家们的热情),而是埃及时——有经验的士兵说,埃及是穆斯林防御体系中最薄弱的部分——人们的热情迅速消退,到约定的那一天,只有不到四分之一的十字军带着他们的人马和财宝箱前来支援。因此,他们几乎没有足够的钱付给威尼斯人,而威尼斯人在任何情况下都没有打算登陆埃及并危及他们在那里的贸易前景。大议会宣布,在收到商定的 84 000 银马克之前,他们的船只肯定不会起航。与此同时,他们补充说,他们将不得不考虑不向等候在利多的战士发放食物的可能性。因为担心他们可能会制造麻烦或传播疾病,这些战士被禁止进城。十字军的将领们千方百计筹措资金,用自己的财富作抵押,并敦促他们的追随者尽其所能提供资金。老谋深算的总督一直不肯罢休,直到他觉得自己已经收到了他所能想到的最后一个马克,然后宣布他将考虑一个折中办法:如果十字军帮助他们从匈牙利国王手中夺回达尔马提亚的扎拉港(Zara)——匈牙利国王在亚得里亚海的登陆威胁到了沿海岛屿对兵工厂的木材供应——威尼斯人就不会要求立即付款。这位老人在教堂里宣布,他已经准备好带领他的人民投入战斗,尽管他身体虚弱,双目失明:"我已经准备好与你们和朝圣者同生共死。""听了总督的话,"杰弗里·德·维尔哈杜因写道:

> 所有威尼斯人齐声大喊:"我们以上帝的名义恳求您带上十字架与我们一起去。"此时,在场的所有人,无论是法国人还是威尼斯人,他们的心都被感动了,为这个善良而可敬的人流下了眼泪。他从讲台上走下来,走向祭坛,跪在祭坛前,痛哭着。他们把十字架缝在他的大布帽前面,因为他希望每个人都能看到它。许多威尼斯人现在开始成群结队地走上前来

接受十字架。而那天以前,很少有人这样做。至于我们的十字军战士,他们怀着喜悦深情地注视着总督接受十字架。

1202 年 11 月初,在锣鼓喧天声中,这支庞大的舰队扬帆起航。在最前面漆成红色的旗舰上,老总督站在一顶绸篷下面,牧师们齐声祈祷,巨大的金黄色和深红色圣马可大旗在他们头顶上飘扬。紧随其后的两百艘战船也带有圣马可的标志,以及成千上万的骑士的旗帜。甲板上挤满了欢呼的士兵和战争的武器,他们的侧面覆盖着盾牌。人们聚集在岸边,看着他们离去,倾听最后的回声、鼓声和银号声。

教皇英诺森三世(Innocent III)对总督操纵所谓的第四次十字军东征为己谋利感到愤怒,将威尼斯人逐出教会。当十字军卷入君士坦丁堡的王朝斗争,并承诺把当时占领君士坦丁堡的人的侄子推上皇位,以换取包括一万名士兵加入自己军队在内的各种承诺时,他更加愤怒了。

威尼斯人从绞盘里松开拱卫海峡口的巨大铁链的一端,轻而易举地进入了金角湾。但是,在岸上为骑兵和步兵找到一个立足点要困难得多。法兰克军队的第一次进攻被英格兰和斯堪的纳维亚的斧头兵击退了,他们长期以来组成了拜占庭皇帝的瓦兰吉卫队;很显然,直到老总督,用杰弗里·德·维尔哈杜因的话说,"一项杰出的英勇行为",命令他的旗舰船长把船开上岸,才成功登陆。总督和他的随从从船头跳下来,高举圣马可旗。

其他威尼斯人一看到这面旗帜在陆地上,他们的主船在他们面前触地,每个人都感到非常羞愧,都向岸边驶去。运输船上的人跳了出来,涉水而行,大船上的人上了小船,每个人都争先恐后地要最快到达那里,急忙向岸上跑去。接着,开始了对这座城市的一次大规模、不可思议的进攻。

君士坦丁堡很快就落入十字军手中,他们暂时撤退,等待被他们推上皇位的年轻皇帝履行对他们作出的承诺。然而,皇帝没法这样做;为了满足十字军的要求,他征收重税,没收教堂餐盘,在城里引起了人们的仇恨,同时也激起了外国人的敌意,因为他们一直在等待。暴力事件时有发生:一天晚上,萨拉森地区的一座清真寺遭到法兰克士兵的抢劫,并被放火焚烧;大火迅速蔓延全城,烧毁了整条街道。

1204 年初,外国人宣布他们的忍耐已经到了极限:如果得不到报酬,他们将用

帕尔玛·乔凡尼的油画《征服君士坦丁堡》,现存于总督府的大会议厅

武力来讨还。这是总督早就提出的方针,他告诉他的盟友们,他们能付给他钱并继续十字军东征的唯一方法就是占领这座城市,用武力取回他们所欠的东西。君士坦丁堡人迅速罢黜并杀死了皇帝,选举了一位更有活力的继任者,他立即开始加强城市防御。但为时已晚。十字军战士已经拿定了主意,他们已经决定在征服帝国之后如何分割和统治它。他们的信心是有充分理由的。据杰弗里·德·维尔哈杜因报道,入侵者起初遭受了一些挫折,他们涌入城市,屠杀守军,并纵火烧毁建筑物以防止反击,在此过程中烧毁的房屋比"法兰西王国三个最大的城市"还多。接着,他们用残忍、贪婪和野蛮的破坏行为攻击幸存者,攻击这座最富饶、最美丽的城市的纪念碑和宝藏,以至于君士坦丁堡的宫廷秘书处负责人、震惊的目击者尼西塔

斯·蔡尼亚提斯(Nicetas Choniates)承认,他不知道"如何开始、继续或结束"自己的叙述:

> 他们打碎了圣像,把殉道者的圣物扔到我羞于提及的地方,把救世主的圣体和圣血撒得到处都是。这些反基督的先驱们抢夺圣餐杯和圣餐盘,抠下上面的珠宝,用它们来喝酒……至于他们亵渎大教堂(圣索菲亚大教堂),这不能不令人感到恐怖。他们摧毁了主祭台,这是一件全世界都美慕的艺术品,并把它分给了他们自己……他们带着骡马进了教堂,以便更好地搬运他们从宝座、讲坛、门、家具上扯下来的圣器和雕刻的金银;一些畜牲滑倒了,他们就用剑刺穿它们,鲜血和粪便横流,教堂里满是污秽。
>
> 一个粗俗的妓女坐在主教的位子上,对耶稣基督出言不逊,在圣坛上不顾廉耻地跳舞,满口淫词滥调……贤惠的主妇,贞洁的少女,甚至连敬奉神的处女,都没有幸免……君士坦丁堡城内哀鸿遍野。

威尼斯人比法兰克人更有辨别力。在他们寻找战利品的过程中,很多东西被毁了,但是他们的首领希望君士坦丁堡的损失变成威尼斯的收获。他们用雕刻品和浮雕装饰教堂的外部;他们得到了《圣母妮克佩娅(胜利)画像》;[9]他们还偷走了其他许多拜占庭艺术品,如今收藏在威尼斯的珍宝馆里;[10]他们带回的那四匹青铜马,几个世纪以来一直注视着圣马可广场,[11]还带回一些圣物,为威尼斯本已绝妙的收藏锦上添花——圣斯蒂芬的胳膊、圣菲利普的头、圣保罗身上的肉块、《最后的晚餐》上用过的盘子,还有施洗者圣约翰的牙齿。骚乱平息后,更多的财宝被找到了,没有被摧毁的财宝收归三座教堂,按照商定的分配份额,十字军得到了足够的财宝,足以向总督支付全部款项。

总督住在皇宫里,他是公认的指挥这次行动的大师。有人劝他出来竞选皇位,但他非常清楚,这样做既不符合他的利益,也不符合威尼斯的利益。法兰克领袖孟菲拉特侯爵布尼法修(Boniface of Montferrat)为了巩固自己的权力,娶了被暗杀的皇帝的遗孀为妻,他也想当皇帝,但丹多罗没有理会他的主张,提议推举佛兰德斯和海诺特顺从的鲍德温伯爵（Count Baldwin）竞选皇帝，并于5月16日在圣索菲亚大教堂加冕。

丹多罗的精明和狡猾为威尼斯赢得了东罗马帝国无与伦比的贸易特权，从此以后，比萨和热那亚商人被禁止进入东罗马帝国。他还获得了保卫威尼斯从潟湖到博斯普鲁斯海峡、克里特岛和亚得里亚堡（Adrianople）的海上路线所必需的帝国港口；在君士坦丁堡，他获得了城市中最令人向往的部分，从圣索菲亚大教堂周围的海域一直延伸到金角湾水域。然而，衰落的拜占庭帝国的毁灭（是他一手策划的），让东欧面临来自穆斯林世界的威胁，而基督教世界再也没有能力或意愿来面对这种威胁。

1233年初，神圣罗马帝国新皇帝，霍亨斯陶芬的腓特烈二世访问威尼斯。他是个才华横溢、性格刚强的人，会说五种欧洲语言，也会说阿拉伯语，他能自信地与科学家、哲学家和艺术家进行知识渊博的交谈。他带着一大批人，各色人等齐全，他此行的目的是，说服威尼斯人不要在他争取统治罗马教皇和意大利城市的斗争中保持中立，这些城市曾在伦巴第同盟中联合起来反对他。他向威尼斯人保证，他们可以信赖他，他会确认甚至扩大他们在他的领土上的贸易特权；他赞赏他们最近占领了一个海外帝国，提升了他们作为意大利最富有、最强大城市的声望；他并没有指望威尼斯像他向北方其他城市所要求的那样忠诚，他在讲话中小心翼翼地用忠诚（fideles）这个词来提醒他们，作为皇帝，他们有义务服从他。

威尼斯人很谨慎，他们的帝国需要谨小慎微地管理。成为其臣民的各民族并没有对强加于他们的主人的变化无动于衷；而威尼斯的人口还不足以保证所有的新领土都能得到妥善的管理，更不用说安抚和保卫了。一个热那亚强盗在克里特岛登陆，在希腊居民的支持下，他在那里住了两年才被赶走；在君士坦丁堡，威尼斯殖民者表现出了令人不安的独立迹象，他们在总督任命的前最高行政官（podesta）去世后，选举了自己的最高行政官。威尼斯的商业中心里亚尔托认为，冒着推动贸易的风险而放弃中立是不明智的；在任何情况下，如此有说服力的论战被卷入与伦巴第同盟城市的争吵中，难道不是不明智的吗？与他们保持良好关系确实有明显的好处：他们需要钱，而且愿意支付令人满意的利率；他们需要精明的管理者，他们重视有经验的威尼斯人，其中有几个威尼斯人已经在帕多瓦、特雷维索和其他地方的行政长官办公室工作。有一段时间,威尼斯实际上成了她的传统对手热那亚的盟友。然而,联盟很短暂,这两个共和国很快又兵戎相见。威尼斯舰队在巴勒斯坦海岸三次击败热那亚,但拜占庭皇帝却被迫作出决定,允许热那亚在希俄斯岛、莱斯博斯岛(Lesbos)以及士麦那(Smyrna)和黑海沿岸建立贸易站,他选择支持错误的一方。他派遣使节到威尼斯,于1268年签订一个条约,根据该条约,威尼斯人得以重新获得其长期繁荣所依赖的黎凡特地区的商业地位。

注释:

1. 整个威尼斯由100多个岛屿组成,有100多条水道在其间纵横交错,并由400多座桥梁连接。12世纪时,威尼斯被划分为六个区:

城堡区(Sestiere di Castello):位于城市的东部,曾经城堡的所在地。

卡纳雷吉欧区(Sestiere di Cannaregio):位于城市的最北部。它因曾经在此茂盛生长的灯芯草(canne)而得名。

多尔索杜罗区(Sestiere di Dorsoduro):位于威尼斯海关以西区域,包括朱代卡岛,它因黏土层较其他地区更为坚硬而得名。

圣马可区(Sestiere di San Marco):城市的中心区域。

圣保罗区(Sestiere di San Polo):取自圣保罗教堂,在圣马可区以北,运河对岸。

圣十字区(Sestiere di Santa Croce):取自先前的圣十字教堂,位于圣保罗区和卡纳雷吉欧区之间。

2. 跨越宫殿河(Rio di Palazzo)的稻草桥(the Ponte della Paglia),是莫洛通往斯拉沃尼亚人河岸的必经之路。现在这座两侧带有栏杆的伊斯特里石桥的历史可以追溯到1847年。它是在原来旧桥之上修建而成的,这里原来是装满稻草的船只抛锚停泊的地方,它的名字也很可能取于此。

3. 拉瑟街(Calle delle Rasse)的名字取自"Rassa"或"Rascia",是一种来自塞尔维亚的厚羊毛织物,用以覆盖在船舱之上。1102年,在维塔利·米凯利一世总督在此遇刺后,政府要求拆除周围所有房屋,并规定只能修建单层住房。这个法令直到1948年达涅利酒店在强烈的反对声中建造了它的附属建筑才被打破。

4. 圣马可钟楼(Campanile of San Marco)位于新行政长官官邸大楼的一角,面对着圣马可大教堂,站在高大的钟楼上向下俯瞰,能将威尼斯的美景尽收眼底。它是由红砖砌成的方形柱状建筑,高98.6米(323英尺6英寸),顶端是一个金字形尖塔,尖顶上有大天使加百列的抛光铜像。位于尖顶下方,四窗钟室上方的是一个四方叠加层,它的四面分别装饰着两头飞狮和两个象征威尼斯公平正义的人物。钟楼最早建造在古罗马的地基上,这在后来被证明是失败的。公元888—912年开始修建,并于1156—1173年建成,其后又经历了数次维修和改建。直到巴尔托洛梅奥·彭恩在1511年的一次地震后对钟楼进行了修复,才使它呈现出了现在的样貌。1515年,被用来当作风向标和立标使用的楼顶金色大天使铜像被从它的

旋转平台上吊起,并为它附上了喇叭和管乐器。

钟楼一直被用作潟湖中船舶的灯塔,在它漫长的历史中,它还有着很多其他的用途。在中世纪,受到共和国法律制裁的人会被关进被悬挂在钟楼南面的铁笼里数天。在和热那亚的战争中,钟室里安装了五门加农炮;1609 年伽利略(Galileo)在钟楼顶部为莱昂纳多·多纳总督演示他发明的望远镜。

数百年来,钟楼看上去都不会受到洪水、地震和闪电的影响。事实上,1793 年时,它就装备着全欧洲最早的避雷针。然而,由于日积月累的损耗及一些不当的内部改建,钟楼在 1902 年 7 月 14 日轰然倒塌,成为一片废墟,钟楼的倒下砸毁了下方的回廊,所幸的是并没有对圣马可大教堂和总督府造成影响,此次倒塌造成的唯一伤亡是管理员养的一只猫。在一番激烈的辩论后,决定在原址上重建钟楼。大量资金投入建设工作中;新的钟楼 1912 年 4 月 25 日正式对外开放,它结构坚固,造型与前身一模一样。修复一新的大天使被替换到了尖顶上,回廊被一块块地重新放回原位。之前的五口大钟只有一口能重新挂起使用,其余四口只能重新铸造。可以乘坐电梯到达的钟室对外开放。这里的景观和 1612 年的基本一致,当年托马斯·科里阿尔(Thomas Coryat)在欣赏过这片美景后写道:"……无论你是谁……在离开这座城市之前,千万别忘了登上圣马可钟楼的楼顶。"

5. 数百年来,圣马可广场承办过各类锦标赛、盛大演出和其他重要的公开活动,它是这座城市的中心,也是威尼斯式生活的核心。用"piazza"而不是"campo"来称呼圣马可广场就能展现出这座伟大的广场经过 1 000 多年的积淀所形成的与众不同之处。最早的时候,广场要比现在小得多,是一片位于圣马可大教堂和以前的巴塔里奥河道(Batario Canal)间覆盖着藤蔓和果树的草地。现在这片区域长 175.7 米(576 英尺 6 英寸),在大教堂那端宽 82 米

(269 英尺),在西面则宽 57 米(187 英尺)。现在广场的路面由粗面岩和伊斯特里石组成,是安德里亚·泰拉利(Andrea Tirali)在 1722 年铺设的。广场的三面都被有拱廊的建筑包围(详见新行政长官官邸大楼、旧行政长官官邸大楼和拿破仑翼楼,Ala Napoleonica)。从旧行政长官官邸大楼的柱廊下,离圣马可大教堂不远的地方有一家夸德里咖啡馆(Caffe Quadri),在广场的另一边新行政长官官邸大楼柱廊下的则是花神咖啡馆(Caffe Florian),在转角处则是桑索维诺回廊和它上方的圣马可钟楼。钟楼的南面是小广场和桑索维诺图书馆,而对面通往总督府的哥特式大门被称为纸门。大教堂前三根高耸的旗杆被固定在青铜基座上,旗杆顶部镶有镀金飞狮,共和国的旗帜和意大利的三色旗在旗杆上飘扬。大教堂北部的是通往默瑟里亚大街的出口和柯度奇的时钟塔(Coducci's Torre dell' Orologio),有着绚丽色彩的文艺复兴式外形,时钟塔上镶嵌着的两个铜像会撞击一口大钟来报时。在广场的东北角,离柯度奇时钟塔不远处是乔瓦尼二十三世小广场(Piazzetta Giovanni XXIII),它曾被称为圣巴索(San Basso)小广场,后来又被称为莱翁奇尼(dei Leoncini)小广场,广场上放置着两头红色大理石石狮。巴尔达萨雷·罗根纳(Baldassare Longhena)1675 年建造了圣巴索教堂,其外形一直保留至今,虽然于 1810 年时就已经关闭,但有时还会因为展览而开放。在圣巴索小广场的最东部是罗伦佐·桑蒂(Lorenzo Santi)1834 年至 1843 年建造的宗主教宫(Palazzo Patriarcale)。

6. 位于圣马可大教堂对面的圣杰米诺教堂(church of San Geminiano)曾经坐落在巴塔里奥河道的岸边,那里曾是圣马可广场的西部边界。在塞巴斯蒂亚诺·齐亚尼总督在任期间(1172—1178 年)扩大圣马可广场规模的时候,该教堂被安排重建在新广场的最西端。16世纪中期桑索维诺为其增添了美观的巴洛克风格外形。1807 年,为了给拿破仑翼楼的建造让出位置,它最终被拆除。

7. 小广场(Piazzetta)的东面以总督府、西面以桑索维诺图书馆为界,作为类似于圣马可广场的前殿般存在。这块区域和毗邻的总督府柱廊曾被人们称为"布鲁格利奥"(Broglio),贵族们会在此处散步并讨论一些见不得人的计划。

两根矗立在海边的红灰色花岗岩整体柱是总督维塔利·米凯利二世在公元 12 世纪时从东方带回威尼斯的。根据托马斯·科里阿尔的记载,掉入潟湖的第三根石柱"离岸边仅有十步之遥"。一名工程师尼科洛·巴拉提耶里(Nicolò Barattieri)1172 年时将剩下的这两根石柱竖立了起来,据说他曾声称,垄断威尼斯的赌博业是对他所付出辛劳的最好嘉奖。他的想法得到了批准,但有一个附带条件,就是赌博活动只能在这两根石柱中间举行,而这两根石柱也正是断头台架设的地方。两根石柱分别竖立在台阶上的巨大底座上,在拐角处装饰有 12 世纪的威尼托—拜占庭式雕刻,但现在已经非常粗糙且磨损严重。桑索维诺图书馆边上的那根石柱顶上的是圣狄奥多尔的雕像。另一根上面则是铜制的圣马可飞狮雕像,它是一种可能来自 4 世纪波斯、叙利亚或者中国的嵌合体概念。它在 1797 年时被法国掠夺,1815 年归还后被部分重铸。1987 年时,它又被取下并修复。

8. 格拉多宗宗法宫殿(Palace of Patriarchs of Grado)曾经矗立于圣西尔维斯特罗广场上(Campo San Silvestro),并位于面朝大运河的骑楼(sotto portico)对面。它于 1451 年被拆除,其神职人员并入城堡区主教,成为威尼斯的宗主教区。

9.《圣母妮克佩娅(胜利)画像》[The Icon of the Madonna Nicopoeia(of Victory)]作为威尼斯的女保护神,几个世纪以来受人敬仰,被供奉在圣马可大教堂北耳堂以她名字命名的小

礼堂中。在君士坦丁堡,皇帝会在战争中携带这幅 12 世纪的画像站在军队的最前方。圣母和圣子的光环形象映衬在金色的背景下,镶嵌在镶有珍贵宝石的珐琅框架中。1979 年,它的宝石被人窃取,同时也将框架给破坏了,不过随后宝石就被追回并重新装框。

10. 从圣马可广场的南耳堂穿过一扇摩尔式风格的 U 形拱门,可以到达圣马可的珍宝馆,珍宝馆中藏有大量珍贵的金、银、宝石和釉面玻璃等物件,这里面有很大一部分都是 1204 年从君士坦丁堡掠夺而来的,包括:圣像、礼器和圣马可的大理石座椅等。

11. 从公元 13 世纪中叶至 1979 年,在圣马可大教堂外立面上展示的四匹青铜马是在君士坦丁堡竞技场的顶上发现的。1204 年用船运回威尼斯后,它们先是被安置在兵工厂内。数百年来,这些很可能源自 2 世纪古罗马的青铜马一直象征着威尼斯共和国的威望和国力。虽然热那亚人曾威胁要征服这"四匹桀骜不驯的骏马",但它们一直岿然不动,直到 1797 年它们被法国人带走。在巴黎卡鲁赛尔(Carrousel)的凯旋门(Triumphal Arch)上放置了 18 年后,它们又被奥地利人带回威尼斯,重新放置在圣马可大教堂主门的上方。此后,它们一直在那里,直到一战期间被带到罗马。1940 年至 1945 年,为了安全考虑,它们又一次被带走。1979 年,它们最后一次被移动,并在重新修复之后被放置在马奇亚诺博物馆进行持续保护。现在圣马可大教堂正面的四匹青铜马是复制品。虽然被称为"青铜马",但它们实际上是由金银铜混合制成的。

第三章　旅行者和帝国主义者

1260—1310

"国家利益至上。"

13 世纪,随着威尼斯的权力和威望的提高,这座城市的建筑数量和美丽程度也在增加,正如约翰·拉斯金(John Ruskin)所描述的那样,"一座有着优雅的拱廊和闪闪发光的墙壁的城市,有着天蓝色的脉络和金色的温暖,有着白色的雕刻,就像森林里的霜变成了大理石"。大运河两岸的宫殿一座接一座,其中有多纳宫[1]、巴济扎宫[2]、罗列丹宫[3]、莫斯托宫[4]和土耳其商馆[5]。1230 年,多明我会和方济各会修士抵达威尼斯,并得到土地,开始兴建教堂。多明我会修士在至美圣母教堂(Santa Maria Formosa)教区北部开辟了一片区域,开始修建教堂,后来发展成规模庞大的圣若望及保禄堂(Santi Giovanni e Paolo)[6]。方济各会修士接收了一座被毁的修道院,在此基础上修建了荣耀圣母教堂(Santa Maria Gloriosa dei Frari)[7]。它们周围到处都是规模较小但装饰华丽的教堂。1264 年,在大运河上修建了一座新的里亚尔托桥。[8]小广场已铺好,工匠们继续大教堂的马赛克镶嵌画装饰工作。

来到这座城市的游客会被热闹的里亚尔托所吸引,在那里,所有的商人似乎都互相认识,而那些缺乏经验的市民、工人和寡妇,只要加入一个联盟,就可以分享商业冒险的兴奋和成功的喜悦。长刺岛(Spinalunga)上的犹太人区,也就是后来被称为朱代卡(Giudecca)[9]的地方,活动也很频繁;圣马可广场上人头攒动,世界各国人民在此举办各种活动;在其他区域的广场和小路上,城市的工作以各种各样的方式进行着。到处都是一片繁忙的景象。有些人在打牌,有些人在玩风琴;在其他地方,马赛克镶嵌画工人正在熟练地将碎片拼在一起,或者将彩色大理石敲成碎片,用由石灰和粉末状砖块制成的糊状物将这些碎片粘在一起,然后用磨刀石将合成水磨石磨平。那里有制作精美瓷器的陶器厂和作坊。还有箱子作坊,他们制作出巨大的箱子,供商人们用来存放贵重或易碎的货物。那里有皮革厂,制革厂,银匠,青铜制匠和珐琅匠,木雕匠和雕刻师,象牙雕刻师,制作最精致的梳子和最优雅的狩猎号角的工匠,雕刻师和沉模师,勋章设计师,剑匠和军械匠,十字弓、头盔、战袍和手套制造商。在所有人中,最受尊敬和重视的是玻璃行业的工人,他们在制造透明和彩色玻璃、珠子和眼镜方面的技能——通过与拜占庭工匠的合作而得到提高——受到国家的严密保护,如果他们离开共和国,向外界泄露他们工艺的秘密,就会被判为叛国者。事实上,他们很受人尊敬,以至于他们被列为原住市民(cittadini originarii)阶层,如果他们的一个女儿嫁给了一位威尼斯贵族的儿子,那么他们的子女就不必像其他类似的不般配婚姻那样,丧失在大议会中的席位,他们的名字甚至可能有望被刻在"金书"上,就像他们的父母都是贵族出身一样。

这个城市的行业协会举办游行活动,向新当选的总督致敬,走在最前面的就是玻璃吹制工,他们是至少从 13 世纪起就正式成立的兄弟会的成员,身穿饰有红色松鼠皮流苏的服装,手里拿着用他们最精湛的工艺制作的烧瓶和高脚杯。跟在后面的是铁匠,他们肩上扛着铁锤,头上戴着花环;紧随其后的是穿着貂皮衣服的制皮工匠;披着银色布披肩的织布工;穿着缀有深红色星星的白衣服的裁缝;头戴橄榄叶桂冠的羊毛梳理工;穿着浮华斗篷的棉纺纱工;头戴镶金珠子的花冠和身穿缝着鸢尾花的白色披风的缝被工;戴着用自己最好手艺做的风帽的金线织工;身穿丝绸长袍的绸缎商;穿着血红色长袍的屠夫;披着毛皮衬里斗篷的鱼贩;戴着金纱花环的理发师;戴着闪闪发光的钻石和宝石的金匠和珠宝商;还有提着装满鸟的灯的梳子制造商和灯笼制造商,他们在总督出场时放飞这些鸟。每个行业都有自己的乐队伴奏,带着银质的酒杯和高脚杯,"一切都井然有序地行进着",编年史作家马里诺·达·卡纳莱(Marino da Canale)记录道,"人们唱着民谣和问候之歌,高喊着'我们的主,高贵的总督万岁'"。

他们在总督面前展示他们的手艺,总督穿得比他们任何一个人都华丽。在中世纪早期,他的服装很像东罗马帝国皇帝。他穿着一件长罩衣,垂到脚踝,腰间系着一条腰带,身披一件斗篷,右肩上别着一枚金胸针。到了 12 世纪,从教堂的马赛克镶嵌画上看,这些衣服的主要颜色是鲜艳的皇家紫色。在正式的场合,总督的圆帽顶部有一粒纽扣,就像中国的官员所戴的那种,在他的前额上戴一个金圈,在 13 世纪末,用镶有宝石的王冠代替。过了一段时间,那顶不那么正式的圆帽换成了一顶像僧帽的红色天鹅绒帽子,然后是总督角帽,它逐渐形成了后来的肖像画所熟悉的形状。大约在 1260 年,总督里尼埃·季诺(Renier Zeno)为这顶角帽配上了一个金色的圆环;到了下一个世纪,总是穿着白色衣服的罗伦佐·塞尔希(Lorenzo Celsi)在帽子的顶部加上了一个金色的十字架;1473 年,尼科洛·马塞洛(Nicolo Marcello)决定,这顶角帽应该完全是金色的。这时,总督的服装比以前更华丽了。他的斗篷是金色的布做的,袜子是紫色的,长袍的顶端或内衬有貂皮。1523 年,总督安德里亚·格里提(Andrea Gritti)在斗篷中加入了丰富的银线刺绣和花卉设计;而在不太正式的场合,则是一件袖口非常大的带有红色裙摆的紫色斗篷,配以红色的法冠和红色的靴子。总督夫人的长袍也同样华丽,也不受禁奢法的约束;在公共场合,人们看见她穿着金锦缎和猩红色天鹅绒的拖地长裙,披着貂皮披肩,戴着长面纱,头上戴着一顶小公爵王冠,轻快地走过。侍奉她的女士们穿着华丽,她们身穿紫色的衣服,蓝色的披风,红色的斗篷,头戴金丝或宝石丝绒的帽子或头巾,她们精心打扮的头发用金和丝做成的网罩着,上面盖着像蛛丝一样精细的银网面纱。

贵族的长袍,夏天是用丝绸做衬里,冬天是用毛皮做衬里,肩膀上披着宽大的上等布料,根据他们的职务和等级,颜色各有不同。最高的官员,圣马可的代理人,穿紫色的衣服;最高检察官和大臣一样穿红色的衣服;内政大臣穿紫罗兰色的衣服,元老院议员穿黑色的衣服,带天鹅绒的披肩。地方官员的衣服也都是黑色的,或者是紫罗兰色或紫色的,颜色太深,可能会被误认为是黑色;医生、律师和牧师也都穿黑色的衣服。

同样以颜色为特点的是兜帽,在四角帽早就过时之后,他们还继续戴着兜帽,而卡巴乔(Carpaccio)、乔瓦尼·曼苏埃蒂(Giovanni Mansueti)和贝里尼(Bellini)家族的绘画中所见的其他形式的头饰也早已过时。当人们服丧时,就不再穿鲜艳的

身穿长袍的圣马可代理人

衣服,而是穿黑色的长袍,用铁钩系在领子上;失去亲人的人任由自己的胡子长出,作为悲伤的证据。这种习俗一直延续到 16 世纪初,此后在威尼斯,胡须不再像中世纪早期那样是荣誉或高尚的象征。这种区别非常明显,那时候的人,有时宁愿戴上假胡子也不会没有胡子。

尽管有禁奢规定,富有家庭的年轻儿子们还是"像孔雀或天堂鸟一样"在城里到处炫耀,他们穿着条纹和各种颜色的紧身裤;上身是金色刺绣的丝绸紧身上衣;系着装饰奇特的腰带;袖子开衩处用丝带系着,空当处缀有白色亚麻布;衣服上到处都是纽扣,形状像橡子、铃铛或梨子,材质有金、银、珐琅、水晶、琥珀、珍珠和半宝石等;脚蹬尖头窄鞋;头戴镶有宝石的帽子,低垂在一只耳朵上;留着长发,用丝带扎起来。

与此形成鲜明对比的是,平民百姓穿着朴素的束腰外衣和斗篷,腿上缠着亚麻布裹腿。他们的妻子也披着同样朴素的披肩,他们的女儿披着宽大的白色面纱;无论老少,脖子上和手腕上都戴着由小环穿成的威尼斯式项链,这是下等阶级妇女特有的漂亮饰品。

一大清早,他们一听到钟楼上的钟声,即马朗戈纳的钟声,街上都是去上班的人。马朗戈纳是以城里人数最多的木匠的名字命名的。九点钟的时候,马朗戈纳又响了起来,表示早餐时间到了;十二点钟,钟响了,提醒工人们去吃午饭;日落三小时后,钟声又响起了,宣布宵禁时间到了。工人们吃的饭很简单,主要由蔬菜、水果和面包组成,但有时也会有牛肉和猪肉、山羊羔和野猪、帕多瓦的家禽,更常见的是鱼——鲻鱼和比目鱼、梭子鱼和鲤鱼、雄鱼和鲤鱼、海蟹和比目鱼——搭配克里特岛甜而浓烈的葡萄酒。在欧洲其他地方的厨房里,食物都是用姜、肉豆蔻和香菜、丁香和桂皮、胡椒和茴香,以及各种各样的香草、根、调味料和来自东方的调味品调制而成的。

几乎每天都有一些大商人从船上卸下货物,或把威尼斯提供给远方国家的货物装上船,比如基奥贾盐、奴隶或成捆的佛罗伦萨布,这些东西是威尼斯商人买来转售的。还有奴隶和布料、羊毛、丝绸、香料、兽皮、金和银、锡和黄铜、武器和盔甲、葡萄干、肉豆蔻、李子、葡萄酒、没药、靛蓝、姜和糖,都在帕维亚、费拉拉、克雷莫纳、皮亚琴察和波河流域的其他市场出售或转售给米兰和伦巴第的小城镇的商人。一

卡巴乔的《圣母降生》中有描绘了14世纪晚期的卧室和厨房

批又一批的货物被运往黑海、小亚细亚、君士坦丁堡以及希腊、罗马尼亚、巴勒斯坦和埃及的港口。货物装载在佛兰德斯舰队的大船上,途经的黎波里、丹吉尔、西班牙和摩洛哥的地中海港口,通过直布罗陀海峡,然后经过葡萄牙和法国的海岸,到达布鲁日、安特卫普、伦敦以及肯特郡、汉普郡和林肯郡的沿海城市。有些船是私人拥有的,有些属于政府,被授予垄断权,在国家规定的航程中运载某些货物,这些船被雇给指挥官,要求他们发誓好好照顾这些船,在返回威尼斯时把它们完好无损地交给造船厂,"从开船的那天起就留在船上,监视货物的安全,确保船员们有面包、葡萄酒和肉的定量供应……配备好武器……保存好航行记录，做任何事情都要考虑国家利益"。

他们中的许多人，为了家人和将来可能在这些领土上做生意的其他威尼斯人的利益，写了航行记录。有些故事几乎不可信。显然，马可·波罗的作品受到了广泛的质疑。这位伟大的旅行家大约于 1254 年出生在一个富裕的商人家庭，他们在近东有长期的贸易经验，在君士坦丁堡有财产。当马可还在威尼斯上学的时候，他的父亲和叔叔卖掉了君士坦丁堡的家产，把赚来的钱投资在珠宝上，然后前往伏尔加河和忽必烈的蒙古帝国首都。1271 年，波罗兄弟作为忽必烈派往教皇的使者回到意大利后，又开始了他们的旅行，这次是带着当时大约 17 岁的马可。他们沿着丝绸之路穿越西亚来到契丹，在中国和远东地区生活和旅行了二十多年。1295 年，他们回到威尼斯，根据 16 世纪地理学家乔瓦尼·巴蒂斯塔·拉姆西奥（Giovanni Battista Ramusio）的说法，"当他们到达威尼斯时，命运就像尤利西斯（Ulysses）一样降临在他们身上。尤利西斯在外漂泊了 20 年后，回到了他的故乡伊萨卡岛，没有人认出他来"。他们仍然穿着粗糙的鞑靼人的衣服，去敲波罗家的门时，一开始被当作不受欢迎的陌生人拒之门外。按照传统，他们会为亲朋好友举行盛大的宴会，都会穿上比上一个人更华丽的服装。最后，他们派人去取他们稀奇古怪的鞑靼服装，把接缝和衬里撕开，里面的宝贝真不少：

宝石、红宝石、蓝宝石、红玉、钻石、绿宝石，这些东西都是小心翼翼地缝在每件外套里的，所以谁也不会怀疑里面有什么东西……桌子上摆着这么多稀奇古怪、数不胜数的珠宝和宝石，再一次使在场的人大吃一惊，他们哑口无言，几乎惊讶得发狂。他们立刻认出了波罗家这几位尊贵的、受人尊敬的绅士，起初还对他们表示怀疑，现在却以极大的尊重和崇敬接纳了他们。

尽管这个故事很离奇，但波罗一家作为珠宝商人，无疑是带着宝石回来的。当然，他们也给总督带回了礼物——一个鞑靼项圈、一枚忽必烈的戒指、一把三刃的剑和印度织锦——还有一些奇怪的东西，比如一只干鹿的头和脚，西夏牦牛丝一般的毛发，还有一种苏门答腊染料植物的种子，马可在威尼斯种下了这些种子，但当地的气候并不适合这种植物。马可·波罗还带回了无穷无尽的故事，他给前来拜访的年轻人讲了许多令他们兴奋的故事——关于忽必烈领土上惊人的财富、他的数百万臣民、他的数百万士兵和嫔妃、他的数百万帆船和马匹、他的数百万寺庙和城市的奇妙故事。因此,他被称为马可·百万,或简称为马百万,而附近的庭院被取了新的名字——第一百万院和第二百万院。[10]

马可·波罗在威尼斯待了三年;1298 年,在与热那亚人持续的战争中,他指挥一艘桨帆船,在亚得里亚海被俘,并被带到热那亚,在那里,他向一位被俘虏的职业作家口述了他在东方旅行的经历。回到威尼斯后,他变得默默无闻,显然过起了隐居的生活,和妻子、三个女儿以及一个鞑靼奴隶生活在一起。偶尔,他的名字会出现在一些轻微的法律纠纷中,或为葡萄酒走私者提供担保;但他似乎不参与公共事务,满足于他的旅行故事给他带来的名声。1324 年,在他临终前,他的朋友们请他修改他的书,因为用一位多明我会修士的话来说,"书中记载的许多奇怪的事情,是完全不可信的……对此,他的回答是,他的所见所闻,只说了一半都不到"。

乔瓦尼·巴蒂斯塔·拉姆西奥写道,他的《游记》"很快传遍了意大利"。手稿版本有 140 多个,最终证明这些文本为商人在东方进行贸易提供了真实可靠的资料。

威尼斯旅游者的记录给国家带来了声誉,也为商人提供了有用的信息。马可·波罗回到威尼斯后不久,就出现了马林·托塞洛(Marin Torsello)所著的《关于恢复圣十字秘密的书》(*Liber Secretorum Fidelium Crucis super Terrae Sanctae recuperationum*),他曾五次前往东方;不久之后,蒙福的奥德里科·达·波德诺(Oderico da Pordenone)描述了他从黑海到中国边界的旅程;尼科洛(Niccolo)、安东尼奥(Antonio)和卡罗·泽诺(Carlo Zeno)三兄弟远航到法罗群岛和格陵兰岛,他们在那里听到渔民们谈论北美的斯堪的纳维亚殖民地,比哥伦布航行早得多。在泽诺兄弟回来后不久,尼科洛·戴·孔蒂(Niccolo dei Conti)动身到阿拉伯和印度去了。离开了 25 年后,他回到威尼斯,读到了阿尔韦塞·达·莫斯托(Alvise da Mosto)的航海记录,阿尔韦塞是一个年轻的贵族,去过加纳利群岛和塞内加尔,发现了佛得角群岛。在阿尔韦塞·达·莫斯托死前,其他的威尼斯旅行家曾写过他们到俄国、鞑靼、波斯、阿比西尼亚和印度洋诸岛的旅行。他们中的许多人带着地图和海图回家,而像圣米凯莱岛上的卡马多莱修道士弗拉·毛罗(Fra Mauro)这样的制图师,根据他们的记载绘制出的这些地图,让威尼斯的地理学家们在全欧洲都享有盛名。

旅行者乘坐的桨帆船上的桨手是潟湖地区的自由船夫和亚得里亚海的渔民，他们工资优厚，伙食很好，每周有11至12磅的饼干、12盎司的咸猪肉、1.5磅的豆子、9盎司的奶酪和1加仑的葡萄酒。他们有权带回一定数量的免税货物和一份战利品。上船时，他们为水手的守护神圣福卡斯唱了一首圣歌，圣福卡斯的形象被展示出来，希冀他保护船不受海难的侵袭。据说在海上，他们为圣徒摆了一个位子，放了一笔钱，代表缺席的客人不吃的食物的费用，当船到家时，这笔钱就分给了威尼斯的穷人。

为了确保他们能通过海盗或敌国船只出没的水域回到家中，每艘船都必须配备一队年轻的弓箭手才能出海。这些弓箭手，全都是二十出头的年纪，从小就在利多圣尼科洛的靶垛和城市里更开阔的地方接受训练。因为要进行正规的训练，他们被分成十二人一组，每组配一名军官；他们练得非常娴熟，据说在欧洲没有比他们更好的弓箭手了。每年举行三次公开比赛，向获胜者颁发布、弓和箭袋等奖品；在随后的疯狂庆祝活动中，敌对派别之间互相射击，箭和弹珠有时会从窗户射入家禽场。

一位当代编年史家认为，在意大利其他任何一个城市，竞争都不会如此激烈。城里的年轻公民或贵族一般都属于这个或那个俱乐部，统称为德拉卡尔扎（della calza），它是用金银、珍珠和珠宝刺绣和缝制的彩色徽章，系在会员的长袜上，或者，如果是女性会员，则系在她们的长袍袖子上。每家俱乐部都有其独特的会徽，穿金布制服的主席或会长、议员、司库、牧师、秘书、公证人、画家、建筑师和诗人。它们之间的竞争通常是非常友好的——事实上，它们经常合作举办选美和表演；但偶尔会有一个俱乐部与另一个俱乐部发生冲突，比如非常敌对的派系，喀斯特莱尼和尼克罗蒂，就经常发生冲突。

喀斯特莱尼派由来自城市东部的城堡区、圣马可和多索杜罗区的人组成；尼克罗蒂的人，以前被称为卡纳伊奥里，来自西部和北部的圣克罗齐、圣保罗和卡纳雷吉奥区。他们之间的战斗最初是用竹竿打架，后来在运河桥上用拳头打架，其中一座叫拳头桥（Ponte dei Pugni）的桥上，仍刻有选手们站立的白色大理石脚印。[11]另外，摔跤比赛也不设规则，甚至允许拳打脚踢和掐死对手；有时还会用棍棒或刀子

拳头桥上对手之间的打斗,当时桥上没有护栏,有选手落入圣巴纳巴河中

打架。休战期间,本质上的敌意会在莫雷斯卡舞(moresca)中被记住,这是一种手持钝匕首表演的舞蹈,参与者们有节奏地绕着对方旋转,缓慢而谨慎。

在一些特别暴力的争斗之后,喀斯特莱尼派或尼克罗蒂派的成员可能会被逮捕入狱。但他们不会被关押太久,因为中世纪的监狱与其说是一个惩罚的地方——除了那些"因公众丑闻而离开自己丈夫家"的通奸者——还不如说是一个极其不舒服的地方,在那里,歹徒可能会在等待处决、惩罚或肢解的时候被关押,而这些惩罚通常是对那些被判犯有严重罪行的人施加的。在12世纪的威尼斯,强迫孩子卖淫的父母可能会被鞭打和打上烙印;强奸未成年人的人被弄瞎、绞死,或有减轻罪行情节的,失去一只手;犯有杀婴罪的妇女可能会被活活烧死在广场的柱子之间,那里是执行死刑的地方。15世纪初,一个法国人被绞死在这里,因为有人听说他想用威尼斯人的血洗手。

然而,对大多数游客来说——对在市场上检查商品的外国商人来说,对外交使团来说,对数以百计前往圣地的经过威尼斯的朝圣者来说——威尼斯似乎不是一个充满惩罚、暴力和压迫的城市，而是一个充满了庆祝活动和宗教游行、节日和庆典的城市，所有这些都体现了人民对自己城市的自豪感，以及富人和穷人之间的轻松关系。每逢节日，总要举行游行。总督身披金红相间的旗子，伴着银质号角的声音和教堂的钟声，同牧师和唱诗班的人一起，在街道上游行。熙熙攘攘的广场上举行着比武和比赛，骑手们轰隆隆地走过铺着布的砖块，经过铺着绸缎的楼阁，穿过挂满旗帜和盾牌的窗户，窗户里挤满了激动的面孔；大运河上在举行划船比赛，来自各个岛屿的彩船竞相划过水面，彩旗迎风飘扬；他们持矛比武，攻击模拟堡垒，展示自己的军事实力。到了濯足星期四，他们在圣马可广场举行了一场盛大的白天焰火表演，杀了一头公牛，烤了十二头猪，供监狱里的囚犯享用，总督和他的顾问们砸碎了木制的城堡模型，以纪念威尼斯对自己的死敌取得的胜利。1100 年升天节那天，第一次举行了一个古老的仪式，当时在面向利多岛这边开阔的、布满鲜花的海面上举行了感恩和祈祷仪式，唱诗班唱起了第二十一首圣歌"请你用牛膝草清理我，我将变干净"，总督和他的随从们被洒上圣水，然后，为了表示纪念威尼斯与大海象征性的婚姻，将一枚金戒指扔进海中，总督对着海面说道："大海啊，我们要与你结婚，要你永远都是属于我们的。"[12]

在圣烛节上，举办了庆祝著名的 10 世纪打败伊斯特里亚海盗的活动，庆典持续了几天，十二名威尼斯最美丽的年轻女子，身穿由本区的贵族家庭捐助的华丽服装，坐船到圣彼得教堂。在收到主教的祝福后，她们回到圣马可教堂做弥撒；然后，在总督的国家游艇带领下，她们坐船沿大运河到达里亚尔托桥，然后，转入德国商馆河（Rio del Fondaco dei Tedeschi），由至美圣母教堂上岸，这是金库教会的教区教堂，其兄弟会声称对打败海盗功劳最大。[13] 教区牧师向总督赠送了传统的礼物：镀金的草帽、盛着马尔姆西葡萄酒的烧瓶和篮子装的橘子。这些女孩代表着十二名从海盗手中解救出来的威尼斯年轻新娘，据说海盗绑架了她们，她们有时会被木偶代替，直到 1379 年，仪式的这一部分才被遗弃，不过只要共和国还存在，其余的部分每年都会举行。

在总督选举之际，总督府的窗户下有花哨的船只列队游行，还有身着华丽制服的城市兄弟会游行。1268 年 7 月选举出来的总督是罗伦佐·提埃波罗（Lorenzo Tiepolo），他的家族与他杰出的前任恩里克·丹多罗家族长期竞争。事实上，提埃波罗曾与丹多罗的一些后人在广场上发生过冲突,并因此出台了一项法律,禁止在威尼斯的建筑物上展示家族纹章和标志。然而,在他即位后,提埃波罗立即与丹多罗家族达成公开和平;他似乎决心要成为一名称职的总督,就像他在法诺担任最高行政官以及在与热那亚人的一次令人难忘的战斗中担任威尼斯舰队司令一样给人留下深刻印象。然而他的任期并不顺利。他任职的第一年就没有收成;而且,就像威尼斯历史上以前和以后经常发生的那样,必须紧急派遣船只购买粮食,以救济当地没有耕地的人们。这一次,船要走很远的路,去西西里岛和黑海,因为威尼斯人所求助的北意大利各城市很高兴看到他们骄傲的对手受苦受难。

提埃波罗的不幸也困扰着他的继任者。共和国与安科纳(Ancona)发生了冲突,在一场猛烈的风暴中,被派来对付安科纳的大部分战船都消失了。她与的里雅斯特(Trieste)也不和,的里雅斯特的军队追击一支战败的威尼斯军队,把它赶回潟湖水域。克里特岛也有麻烦,那里的动乱已到了叛乱的边缘;教皇法国人马丁四世(Martin IV)也有不同意见,他呼吁共和国帮助安热万家族(Angevins)夺回西西里岛的王位,这个家族在一场全国性的起义中被逐出西西里岛,但他的请求被驳回,因此他对威尼斯实施了封锁。整座城市笼罩在一片愁云惨雾之中:教堂的礼拜活动不得不暂停,钟声不再响起,节日也不再举行,宗教游行也取消了。

1285年春天,一场地震之后发生了毁灭性的洪水。后来黎凡特发生了灾难,阿克雷(Acre)落入埃及苏丹的马梅鲁克士兵手中,迫使威尼斯商人采用其他海上路线,并再次挑起与热那亚的冲突。在随后的长期战争中,经常是在她的战船航行时,

穿浪前行
为了法马古斯塔和隐藏的太阳
用火湖环绕着黑塞浦路斯,
寻找棕色奴隶或叙利亚橙子,
海盗热那亚人
把他们洗劫一空,直到他们随海浪翻滚
血,水,水果和尸体一齐冲上岸。

1298 年,在科尔丘拉岛(Korcula)海域的一次交战中,95 艘战舰中有超过三分之二的船只沉没,9 000 人丧生。当得知超过五千名囚犯被带到热那亚关押时,威尼斯人更加感到耻辱。

在遭受这些损失的同时,威尼斯还就费拉拉(Ferrara)城与教皇发生了冲突,1308 年 1 月,统治费拉拉的埃斯特侯爵在没有合法继承人的情况下去世。为了响应侯爵的亲生儿子(他自己的儿子曾被列为继承人)的号召,威尼斯军队占领了这座城市,引起了已故侯爵的两个兄弟和教皇克莱门特五世(Clement V)的愤怒,这两个兄弟对遗嘱提出异议,而教皇坚决不容忍威尼斯人在这座他声称拥有宗主权的城市里,他支持这兄弟俩。共和国被告知其军队必须在十天内撤出,否则威尼斯将被逐出教会。

在威尼斯,争论非常激烈,斗殴愈演愈烈,对立的派别隔着运河向对方扔石头。有一方激烈地争辩说,共和国必须让位于教皇的权威,被逐出教会对贸易的影响将是灾难性的,威尼斯无权卷入与大陆的纠葛,她的地理位置的最大优势绝不能被置于危险之中。这些有影响的家族,如奎利尼家族和提埃波罗家族的观点,遭到了丹多罗家族和当权总督彼得罗·格拉丹尼格(Pietro Gradenigo)家族的强烈反对。彼得罗·格拉丹尼格是一个强势、积极的人,他坚决主张领土扩张政策,并最终取得了成功。

但是,总督对教皇的蔑视导致这座城市进一步的混乱,贸易几乎陷于停滞,共和国的竞争对手急于占便宜,没收其货物,封锁其船只,拒绝偿还债务。与此同时,威尼斯在费拉拉的驻军,被教皇从意大利各地召集的军队包围,被击溃,惨遭屠杀。甚至依靠像邪恶的"治安官"(Signori di Notte)这样的安全部队来维持秩序——他们很难阻止敌对派系互相残杀——总督变得不得人心,以至于他的某些敌人决定推翻他。他们呼吁支持一位享有浪漫声誉的冒险家——已故总督罗伦佐·提埃波罗的孙子巴哈蒙特·提埃波罗(Bajamonte Tiepolo)。

他们的计划是分三组进攻总督府,一组由巴哈蒙特·提埃波罗领导,另一组由马可·奎利尼(Marco Querini)和他的儿子贝尼代托(Benedetto)领导,第三组由巴多罗·巴多尔(Badoero Badoer)领导,巴多尔家族原先的名字是帕提西帕奇奥,帕提西帕奇奥家族已经向威尼斯贡献了七名总督,比其他任何家族都多。巴多尔将带领他的队伍穿过潟湖到达总督府；其他两个突击队将从奎利尼宫[14]出发，各自前往那里。行动日期定在6月15日，圣维图斯节。

大约在一周以前，一个阴谋者潜入总督府，出卖了他的同伙。因此，总督有时间做好防御工作。丹多罗的家人，他们的朋友和随从们被召集起来，看着广场的动向。总督府里聚集了大批武装人员，包括来自兵工厂的工人，他们的职责和特权一直以来都是总督的保镖。他们静静地等候着，起风了，开始下起了大雨。潟湖上波涛汹涌，巴多尔的人无法从大陆过来。奎利尼的队伍不知道这一点，他们黎明时分就出发前往总督府，高喊着"自由！格拉丹尼格去死！"奔向里亚尔托桥，一头扎进丹多罗的埋伏圈。他们中的大多数人都被杀了，包括带头冲锋的两名姓奎利尼的，其余的人退了回去，试图在圣卢卡广场（Campo San Luca）重新集结，结果被油漆匠兄弟会和仁爱圣母大会堂[15]联合会的会员们袭击和驱散了。

巴哈蒙特·提埃波罗也没有取得成功。一个骑马的人在他身边举着一面写着"自由"的旗帜，沿着默瑟亚里街（Merceria）[16]走下去，遭到了这个区的人的诅咒和侮辱，那里的人已经知道发生了什么事。当他走近广场时，一位老妇人从楼上的窗户里扔下一个沉重的大理石臼，砸中了旗手的头，使他当场毙命，旗子也落入泥中。沮丧之下，提埃波罗突然放弃了这个计划。他和他的追随者们调转马头，飞奔回里亚尔托桥，穿过桥，然后开始拆桥，把整个建筑轰隆一声扔进运河。

提埃波罗回到自己所在的区，那里的人忠于他的家族，可以保护自己和他幸存的同伙。但他并没有在那里待多久。由于担心对这个区的军事进攻可能会引发内战，总督派特使去说服他流亡到达尔马提亚。提埃波罗同意了总督提出的条件，起义结束了。

然而，事情并未就此结束。巴多罗·巴多尔以一种特别可怕的仪式被斩首。提埃波罗在圣阿戈斯蒂诺的房子被推倒，一座被称为"耻辱柱"的纪念碑矗立在原址上，被拆毁的部分建筑物被献给圣维图斯教堂，此后，在圣餐节那天，教堂里举行了一次感恩弥撒，总督也参加了，后来他出席了一个宴会。[17]奎利尼宫本来也会消失，但它的部分所有权掌握在一个不用承担叛乱责任的家族成员手中。结果是，他得到了补偿，奎利尼宫被改造成了屠宰场。圣卢卡广场上竖起了一根旗杆，上面插着仁爱圣母大会堂联合会和油漆匠兄弟会的旗帜，以纪念他们在击败奎利尼的战斗中所起的作用。致命石臼的主人住在被称为莫特城堡的地方，当有人问她共和国能为她做些什么时，她提出了两个请求：永远允许她和她的后代在每一个重要的节日里在她扔石臼的窗户上悬挂一面旗子；并向她保证，她的房东，也就是圣马可的代理人，永远不会上涨她的租金。[18]

这次叛乱还产生了一个纪念性的事物：十人委员会，这是在一个月内成立的临时紧急委员会，1334 年成为永久性机构。在当时，它被认为是不可或缺的，它既是一个搜集情报的机构，它的间谍遍布世界各地，而共和国的利益就在于此，同时它也是一个政府机构，它的行动速度远远快于这个相对笨重和大得多的大议会。同大议会一样，十人委员会及其三名领导人，也受到宪法保障的限制，只有在总督及其六名顾问同意的情况下才能作出重要决定，必要时还可以增选一批成员来处理严重的紧急情况。但是它的成员，当选三个月，在任期内每个工作日开会，将成为共和国最受尊敬、最有权威和最令人畏惧的仆人。

注释：

1. 进行过大修的多纳宫（Palazzo Donà）的历史，可以追溯到公元 12 至 13 世纪，它坐落于大运河右岸靠近圣西尔维斯特罗栈桥（San Silvestro），拉斯金因其非常精美的中央窗户上的柱顶图案将其称为"辫子宫"。

与多纳宫毗邻的是小圣母多纳宫（Palazzo Donà della Madonnetta），它的名字取自 15 世纪浮雕"圣母和圣子"，并按照多纳泰罗（Donatello）设计的外观建造。精美的柱顶以及富有装饰性的圆盘饰都让它的拱门显得吸引力十足。

2. 12 世纪威尼托—拜占庭式的巴济扎宫（Palazzo Baezizza）坐落于大运河畔，与圣西尔维斯特罗栈桥只有一宫之隔。拉斯金描述它："这座房子的一半显然是非常现代的，并且在现代和古代的遗迹之间有一条很大的缝，像是疤痕的边缘，在古代的那部分中我们可以立即辨别出拜占庭式的拱门。"在它原始的外形上刻一些很容易识别的 12 至 13 世纪的浮雕。

3. 被市政厅占用的罗列丹宫（Palazzo Loredan）和法尔赛蒂宫（Palazzo Farsetti）坐落于大运河右岸，这里距离碳河（Rio dei Carbon）前的里亚尔托桥非常近。罗列丹宫由赞恩家族（the Zane family）建于 12 世纪末 13 世纪初。到了 14 世纪，它被转到科纳罗（the Corners）家族名下，他们对塞浦路斯国王，吕西尼昂家族（Lusignan）的皮特·吕西尼昂（Peter Lusignan）非常热情，1363 年他们被获准在家族的盾形纹章图案上加入吕西尼昂的王冠。在双拱形立面的装饰带上仍然可以看到这个图案。帕多瓦大学第一位获得哲学学位的女性，埃琳娜·科纳罗·皮斯科娅（Elena Corner-Piscopia，1646—1684 年）曾经住在这里。1703 年，这座宫殿传到了罗列丹家族手中，它也因此得名。后来这里变成了一家印刷厂。再后来，这里被

用作过酒吧、旅行社和宾馆(19世纪时)。1868年,它被市议会买下,并同法尔赛蒂宫合并。现在它保留下来最早的威尼托—拜占庭风格的外表就是在一楼和二楼的双层拱形游廊。

12世纪末,由总督恩里克·丹多罗建造的法尔赛蒂宫,在1669年转到了托斯卡纳的法尔赛蒂家族手中。在他们拥有这座宫殿的时期,这里成了年轻艺术家学会,年轻的卡诺瓦(Canova)正是在这里完成了一些他的早期作品。学会在1826年解散,这座宫殿也被市议会购得,并使用至今。它的外观于1874年进行了大规模修缮,保留了威尼托—拜占庭风格。

4. 莫斯托宫(Ca' da Mosto)建于13世纪,是一座优雅的威尼托—拜占庭式宫殿,它在里亚尔托桥边,位于大运河的右岸,至圣使徒河(Rio dei Santissimi Apostoli)和圣乔瓦尼·克里索斯托莫河(Rio San Giovanni Crisostomo)之间。二楼与众不同的窄拱形窗上方装饰着圆盘饰造型,不对称的外观有着极大的魅力。1432年阿尔韦塞·达·莫斯托(Alvise da Mosto)在此处出生,1465年他成为欧洲第一个航行至西非佛得角(Cape Verde)的人。莫斯托宫后来成为名为利昂比安科的旅馆(Albergo del Leon Bianco)。该旅馆在18世纪接待过奥地利的约瑟夫二世皇帝(Emperor Joseph II of Austria)和威廉·贝克福德(William Beckford)等人。

5. 土耳其商馆(Fondaco dei Turchi)得名于土耳其商人曾经将这里当作商馆使用。它于13世纪初期建造在大运河畔,起初是作为朱塞佩·帕尔米耶里(Giuseppe Palmieri)的私人住宅,后来被威尼斯共和国购得。1381年时转让给了费拉拉公爵。由于商馆非常奢华,因此这里经常被用作共和国访客的住所,拜占庭帝国皇帝约翰八世帕里奥洛格斯(Emperor John VIII Palaeologus)1438年在此居住,诗人塔索(Tasso)1562年也居住在此。1621年,商馆被佩萨罗(Pesaro)家族租赁给了共和国,共和国随后就获得了商馆的所有权,并将它租赁给了土耳其商人。直到1838年,他们都占用着商馆,此后,这种状况引起了人们的关注,以至于

拉斯金猛烈抨击了那些任由商馆"破败不堪"的人。1858年威尼斯政府将商馆购回。虽然并不让人非常赞同，但政府很快地运用一些原来的材料对这座威尼托—拜占庭建筑进行了全面重建。1880年至1922年间大楼的部分场地被用作科雷尔博物馆的馆址；而现在，里面则是自然历史博物馆。

6. 规模庞大的砖结构圣若望及保禄堂（Santi Giovanni e Paolo；San Zanipolo）是威尼斯最精致的两座哥特式教堂之一，另一座则是圣方济各会荣耀圣母教堂。多明我会修士1246年在总督贾科莫·提埃波罗12年前捐赠的地址上建立了教堂，而现在的这座教堂始建于1333年，但直到1430年奉献典礼的时候它的外立面仍然没有完工。它有一扇玫瑰花窗和15世纪的入口（最近被确认为是巴尔托洛梅奥·彭恩所作），两边雕有拜占庭式浮雕《圣母领报》（Annunciation）。教堂于1921年进行了维修，其西外立面于1987年再一次被维修。

这里埋葬了25位总督，11世纪之后所有总督的葬礼都在此举行。包括贾科莫·提埃波罗在内三人的纪念碑被展示在教堂的外立面上。

教堂昏暗的内部有高耸的中殿，后殿和八个礼拜堂的细长双柳叶刀窗户以其雕塑和绘画而著称。教堂最早的历史纪念碑是穹形后殿里的马尔科·科纳罗总督纪念碑（1368年去世），上面刻着尼诺皮萨诺（Nino Pisano）的《圣母玛利亚》雕塑以及他的签字。它的对面是另一个哥特式坟墓，是为了纪念米凯莱·莫罗西尼总督（1382年去世）。这个坟墓是以神龛的形式，并得到了拉斯金的赏赐。在穹形后殿内，巴尔达萨雷·罗根纳创作的巴洛克风格主祭坛（1619年创作）的另一边是莱昂纳多·罗列丹总督（1521年去世）的纪念物，这个纪念物是由吉罗拉莫·吉瑞格利亚（Girolamo Girayiglia）设计、丹尼斯·卡塔内奥雕刻、吉罗拉莫·坎帕尼亚（Girolamo Campagna）展示的总督雕像。雕像对面的是安德里亚·温德拉敏总督不朽的坟墓,它是由图里奥·隆巴尔多和兄弟安东尼奥在1492—1495年间创作的不朽作品。在隆巴尔多家族所作的其他四座纪念碑中,最早的一件是由彼得罗·隆巴尔多在15世纪60年代为帕斯夸里·马里皮埃罗总督所作的那座。他为尼科洛·马塞洛总督(1475年)作的那座显然更为经典,而彼得罗和他的儿子图里奥、安东尼奥在1476—1481年间一起为彼得罗·莫塞尼格总督制作的文艺复兴式纪念碑是同类作品中的杰作。其他的雕塑作品还包括马坎托尼奥·布拉加丁[Marcantonio Bragadin,1571年法马古斯塔(Famagusta)的守护者,他被土耳其人剥了皮之后还仍然活着]的半身像、金漆木的皮蒂利亚诺公爵[Count of Pitigliano,诺拉(Nola)的王子,1588年时守护帕多瓦]骑马雕像、亚历桑德罗·维特多利亚所作的雕像圣杰罗姆(St Jerome)、路易吉·占都蒙那奇(Luigi Zandomeneghi)1825年为马尔凯塞·查斯特勒(Marchese Chastler)所作迷人的小型纪念碑以及为两位瓦列罗总督所造的巴洛克式陵墓。这是由一群威尼斯最好的雕刻家在1708年创作的伟大作品,位于和平圣母堂(Cappella della Madonna della Pace)的入口处,里面安置着一尊1349年被带到威尼斯的拜占庭式圣母像。在罗萨里奥堂(Cappella del Rosario)入口的右侧,是安东尼奥·达尔·佐托(Antonio dal Zotto)1907年雕塑的勒班陀(Lepanto)舰队指挥官塞巴斯蒂亚诺·维尼埃的铜像。入口的另一侧则是罗伦佐·布雷尼奥(Lorenzo Bregno)所作的莱昂纳多·普拉托(Leonardo Prato,1511年去世)的骑马雕像。

在所有的画作中,最精美的可能是在南耳堂内罗伦佐·罗托(Lorenzo Lotto)1542年画的《圣安东尼诺的施舍》(*Sant' Antonino Giving Alms*)。上方质量极佳的慕拉诺彩色玻璃窗以15世纪草图的形式描绘了《圣经》中的场景。在南耳堂中还有阿尔韦塞·维瓦里尼(Alvise Vivarini)的名为"十字架上的耶稣"的嵌板,它被挂在圣多门尼克堂(Cappella di San Domenico)的墙上,这间堂的天花板上画着1727年G·B·皮亚泽塔(G.B. Piazzeta)的一幅画。在南侧走道的是乔瓦尼·贝里尼早期的多联画屏《圣文森特·法雷尔的生活》(*Life of San Vincent Ferrer*),它仍然安放在原来的画框中。从以前的乌米尔塔教堂(Church of Umiltà)带到圣若望及保禄堂的委罗内塞画作展示在罗萨里奥堂现代的天花板上,它们在1867年被大火毁坏。在所有的艺术品中,17世纪提香的《圣彼得殉道》(*St Peter Martyr*)的复制品老化严重,它被挂在北侧走道。在1913年开始的漫长修复工作后,南耳堂终于在1959年重新开放。它里面的木制长椅是由贾科莫·皮亚泽塔(Giacomo Piazzetta)在1698年雕刻的。

7. 大型砖结构教堂荣耀圣母教堂(Santi Maria Gloriosa dei Frari)是圣方济各会士于1250年左右建造,而现存的这座意大利哥特式教堂的历史开始于1330年左右。教堂高耸的钟楼(高度仅次于圣马可钟楼)是后来在14世纪增加上去的,整个建筑大约在1443年后完工。如同威尼斯的另一座哥特式教堂圣若望及保禄堂一样,无论是内部还是外部都非常朴素,正好满足了方济各会士对宽敞整洁的大礼堂、一个讲道台和一个祭坛的要求。虽然教堂中有着大量精致的艺术品,但是它仍给人一种朴素的感觉。

教堂的西侧有一条哥特式的门廊和巴尔托洛梅奥·彭恩的工作间,门廊上雕刻着亚历桑德罗·维特多利亚15、16世纪的作品。北侧的一条门廊有一尊圣彼得的雕像,而另一条门廊上则雕刻着15世纪早期的托斯卡纳式精美浮雕《圣母、圣子与天使》。

教堂的内部空间非常大,有90米(295英尺)长,呈十字架形并伴有走廊,中殿有八个带有木制系梁隔间以及八个礼拜堂。在教堂中部,一直延伸到中殿的是一排古老的唱诗席,这是整个威尼斯唯一一个仍然被安置在最初位置的唱诗席。三层木制坐席是马可·科齐(Marco Cozzi)1468 年制作的,刻有大理石圣人和先知雕像的内坛围栏是彼得罗·隆巴尔多(Pietro Lombardo)1475 年在巴尔托洛梅奥·彭恩工作室完成的。

面对主祭坛门的右边是彼得罗·隆巴尔多(1538 年去世)的坟墓,这很可能是图里奥·隆巴尔多晚年的作品,左边的则是罗伦佐·布雷尼奥(Lorenzo Bregno)制作的圣马可代理人阿尔韦塞·帕斯夸里诺(Alvise Pasqualino, 1528 年去世)的坟墓。在南侧走廊处有一个圣水池,池中有着一尊吉罗拉莫·坎帕尼亚 1593 年所作的名为"温柔"(Meekness)的小型铜制雕像。在对面的北侧走廊上还有一尊吉罗拉莫·坎帕尼亚 1609 年所作的类似小雕像"圣安东尼"(St Anthony)。在北侧走廊上还有一座为了纪念提香而建的巨大陵墓,竖立于他传说中的安息之地上方。这是路易吉和彼得罗·赞多梅尼基(Luigi and Pietro Zandomeneghi)1852年的作品。在远处,亚历桑德罗·维特多利亚杰出的雕像《圣杰罗姆》竖立在第三祭坛上。南耳堂圣器室大门的右边,有一块复杂精细的遮篷,它的下面是一座绚丽的哥特式坟墓,用来纪念贝雅托·帕奇菲科·布恩(Beato Pacifico Buon,1437 年去世),这座坟墓是纳尼·迪·巴托罗(Nanni di Bartolo)和米凯莱·达·费伦泽(Michele da Firenze)的作品。在坟墓的右边是乔瓦尼·布奥拉(Giovanni Buora)所作的雅各布·马塞洛(Jacobo Marcello,1484年去世)纪念碑。在门的左边,是威尼斯最早的骑马纪念雕像,它被授予在 1405 年帕多瓦卡拉莱西战争中战死的保罗·萨维利(Paolo Savelli)。在圣器室内,祭坛的上方是乔瓦尼·贝里尼 1488 年的三联圣像画浮雕,该作品生动地描绘了"圣母、圣子和圣尼古拉斯、圣彼得、圣本笃和圣保罗"的场景。穿过圣器室的座堂会议厅内有总督弗朗切斯科·丹多罗(1339 年去世)的石棺、珍宝馆物品和小弗朗切斯科·潘恩塔(Francesco Pianta il Giovane)制作的 17 世纪时钟。

在圣器室外,南唱诗席的第三分堂处的是一幅巴尔托洛梅奥·维瓦里尼(Bartolomeo Vivarini)1482 年所作的漂亮祭坛画,这幅画仍然装裱在原来的画框中。第一分堂中陈列着1436 年的《佛罗伦萨式祭坛》(Alter of the Florentines)和道纳太罗 1438 年的漆绘木雕《洗礼者圣约翰》(St John the Baptist),后者是那个时代杰出的自然主义风格作品。在边上的穹形后殿中有着提香著名的作品《升天》(Assumption)。根据 17 世纪作家里多尔菲(Ridolfi)的记载,提香在创作这幅伟大的作品时经常会被来自修道士们的批评和建议所打扰,而当皇帝的使者试图用大量金钱购买该作品时,修道士们拒绝将该作品出售,"他们最终意识到了,绘画并不是他们的专业,而且《日课经》(Breviary)中也没有传授绘画的知识"。德国音乐家瓦格纳(Wagner)第一次看到这幅画的时候就被它深深地吸引住了,并因此灵光闪现谱写了歌剧《纽伦堡的名歌手》(Die Meistersinger von Nürnberg)。主祭坛的南面是安东尼奥和保罗·布雷尼奥为弗朗切斯科·福斯卡里(在担任总督 34 年后于 1457 年去世)制作的后期哥特式纪念碑;正对着这块纪念碑的是安东尼奥·里佐为尼科洛·特兰总督(1473 年去世)所作的精美的文艺复兴式坟墓。在北唱诗席的第三分堂中有一幅装裱奢华的祭坛画,这幅画由阿尔韦塞·维瓦里尼开始绘制,并由马可·巴萨伊迪(Marco Basaiti)在 1503 年完成。地上的一块朴素的厚板标记着这里是作曲家克劳迪奥·蒙泰威尔第(Claudio Monteverdi)的坟墓。康纳罗分堂是北唱诗席的第四个分堂,只能通过铁栅栏才能看见它,巴尔托洛梅奥·维瓦里尼 1474 年的祭坛画,这幅画描绘了《圣马可在圣人中间》(St Mark between Saints),在洗礼池上还有雅各布·桑索维诺 1554 年的大理石雕像《洗礼者圣约翰》。

　　在北侧走廊的雅各布·佩萨罗（Jacopo Pesaro，去世于 1547 年）主教纪念碑后的佩萨罗祭坛上挂着提香 1547 年完成的画作《圣母、圣子和圣徒以及佩萨罗家族的成员》。北入口处是乔瓦尼·佩萨罗总督令人毛骨悚然的墓葬，墓内有黑人、骨骼和头骨的雕像，这是由巴尔达萨雷·罗根纳设计，梅尔吉奥雷·巴塞尔（Melchiore Barthel）雕刻的。远处的是卡诺瓦（Canova，1822 年去世）巨大的金字塔形陵墓，这是他的学生参照他为提香设计的纪念碑，用卡拉拉大理岩雕刻而成，正对着南侧走廊上的提香墓。西门附近圣坛上的耶稣受难图是由巴尔达萨雷·罗根纳设计、朱斯特·列·考特（Juste Le Court）雕刻的。

　　国家档案馆占据了毗邻圣方济各会荣耀圣母教堂的原方济各会修道院中的 300 多间房间，该档案馆收集了涵盖威尼斯一千年历史的文件。这栋建筑在 1815 年至 1820 年由罗伦佐·桑蒂重建，包括两条宏伟的回廊，一条是帕拉迪奥式古典主义风格，另一条则是安东尼奥·皮托尼神父（Father Antonio Pittoni）所建的桑索维诺式风格。

　　8. 大运河（Grand Canal）是威尼斯的主要水道，它成反 S 形蜿蜒在城市之中，并将威尼斯分成两部分，它的一端在海关大楼（Dogana Di Mare），而另一端是罗马广场（Piazzale Roma）。大运河总长度超过 3 公里（接近 2 英里），宽度从 30 到 70 米（98—230 英尺）不等，平均水深 5 米（16 英尺）。大运河上有六处乘坐贡多拉摆渡船（见关于贡多拉的注释）的地方；此外，有三座桥梁横跨运河，它们分别是：里亚托尔桥、学院桥（Accademia Bridge）和车站桥（station bridge）。

　　菲利普·德·康明斯（Philippe de Commines）1495 年时将大运河描述为"全世界最漂亮的街道"。一座座宫殿沿着运河的两岸排成两条长线延绵不绝，其中的一些年代非常久远，但大多数都是始建于 14 至 18 世纪，许多是威尼斯的公司总部、教堂、公共组织、美术馆和博物馆。

9. 朱代卡岛(Giudecca)是由朱代卡运河(Canale della Giudecca)从木筏沿岸街(Fondamenta delle Zattere)分隔开的八个相连的小岛屿组成的,它最初因为其狭长的外形被人们称为"长刺"岛(Spinalunga)。它现在的名字很可能源自 13 世纪末居住在岛上的犹太人,这些犹太人在 1516 年时搬到了犹太人居住区(Ghetto)。后来,这座岛屿因其精美的别墅和美丽的花园闻名。卡莱·米开朗琪罗(Calle Michelangelo)在 1529 年时游览过这里。面向木筏沿岸街的三座教堂分别是:奇特雷教堂(the Zitelle)、救主堂(the Redentore)和圣尤菲米亚教堂(Sant' Eufemia)。斯普莱利酒店(Cipriani Hotel)则面朝圣乔治马焦雷岛。

10. 在哥特式的布拉加丁·卡拉巴宫(Palazzo Bragadin Carabba)的对面,靠近马可·波罗桥(Ponte Marco Polo)跨过奇迹河(Rio dei Miracoli)的地方,有一座建筑,这座建筑的一块匾额上声称这里是马可·波罗的住宅,即波罗宫(Ca' Polo)。邻近庭院的名字叫作第一百万院(Prima del Milion)和第二百万院(Seconda del Milion),它们的名字源自马可·波罗的昵称。其中,第二百万院因其非常精美的刻有黄道带符号的拜占庭式拱门而闻名。

11. 横跨圣巴尔纳巴河(Rio San Banabà)的拳头桥(Ponte dei Pugni)连接了巴尔纳巴广场区域和圣马尔盖里塔广场(Campo Santa Margherita)。这座桥曾经没有栏杆,从 14 世纪起就成为了威尼斯各个派系斗争中的传统必争之地。这个传统在 18 世纪初的时候终于被取消,但是在路面白色大理石上印着的四个脚印仍然能让人们回忆起久远的惯例。

12. 一年一度的传统节日森萨节(Sensa)或称为海婚节(Marriage of the Sea),会在耶稣升天日(Ascension Day)的当天进行,至今已有上百年的历史。公元 9 世纪左右,威尼斯为了庆祝获得亚得里亚海的控制权战争的胜利设置了这个仪式。1177 年教皇亚历山大三世到访威尼斯后,这个仪式被赋予了神圣的意义。总督曾经乘坐"布辛托罗"号游船(Bucintoro)从小广场出发走水路前往利多圣尼科洛教堂(church of San Nicolò al Lido),他的身后跟着大量神职人员及社会名流、贵族、海陆军军官和市民。在灯塔前,他将一枚金戒指投入海中,在人群的欢呼声及鸣响的喇叭和钟声下宣誓威尼斯与大海的结婚及这个国家的主权。

由于装修实在太过奢华,"布辛托罗"号很少被用于航海。一位土耳其的统治者曾经预言有朝一日这一久负盛名的婚礼很可能会圆满谢幕。但是,详尽的天气预报阻止了这种可能的发生,当一行人返程回码头后,总督都会根据古老的传统举办一场奢华的宴会,并邀请法国大使与他共同担任宴会的东道主。

由于这个古老的庆典在 1978 年时又被恢复,森萨节(Festa della Sensa)会在每年耶稣升天日后的周日举行。市长、宗主教和威尼斯其他权贵人物一起庆祝这个节日,并用花环取代了曾经的金戒指角色。

13. 至美圣母教堂(church of Santa Maria Formosa)建于公元 7 世纪,由奥德尔佐(Oderzo)的主教圣马尼奥(San Magno)所建,传说他受到过圣母的访问。现在的教堂由毛罗·柯度奇在 1492 年设计,他很可能是在原来 11 世纪希腊十字形教堂的基础上进行的修建,教堂面对大运河那一面的经典外观的历史可以追溯到 1542 年。教堂的西立面上有五个 17 世纪刻画的雕像俯瞰着广场,它们是在 1604 年添加上去的。1611 年的时候又建造了巴洛克式的钟楼,钟楼的底部是风格诡异的面具,让拉斯金感到非常恐怖。教堂在第一次世界大战后进行了大规模重建。

教堂的内部有着漂亮的穹顶,基本上是以拜占庭式风格建造,并呈现出大量文艺复兴式的建筑细节。在右手边的第一小礼拜堂祭坛上有一幅 1473 年巴尔托洛梅奥·维瓦里尼作的杰出的三联圣像画《圣母的怜悯》(*Madonna della Miseriordia*)。在南耳堂,邦巴尔蒂耶里(Bombardieri)小礼拜堂祭坛的上方悬挂这一幅老帕尔马(Palma Vecchio)1522 年至 1524 年间所作的华丽绘画,画中是体态丰盈的炮兵守护神圣芭芭拉(Barbara)。

教堂里有一间为以前的卡塞莱里会堂(Scuola dei Casselleri,是保险柜制作者组成的兄弟会)设立的祈祷室,他们在 944 年的时候解救了几名在去结婚的路上被一伙海盗劫持的年轻新娘。作为对他们见义勇为行为的奖励,卡塞莱里请求总督在这个事件每周年的纪念日都去他们的会堂拜访他们。

"但天如果下雨了我该怎么办?"总督问道。

"我们会给你一顶帽子。"他们回答道。

"那如果我渴了的话该怎么办?"

"我们会给你酒喝。"

直到 1797 年前的每个圣烛节(Candlemas Day),威尼斯总督每年都会在他例行拜访卡塞莱里的时候得到一顶草帽和一杯酒。其中的一顶帽子现在保存在科雷尔博物馆,奎利尼·斯坦帕尼亚宫(Palazzo Querini-Stampalia)中则保存着一幅描述这个礼节的绘画。

14. 虽然有传言说奎利尼家族曾经的宅邸(Casa dei Querini)在圣保罗区(San Polo),但几乎可以肯定的是他们曾经的宅邸是位于里亚尔托地区的贝卡里耶广场(Campo delle Beccarie)。这座建于 13 世纪的宫殿曾属于奎利尼三兄弟:马可、彼得罗和乔瓦尼。三人中只有乔瓦尼没有参与提埃波罗一同起义的阴谋。在提埃波罗起义被镇压后,共和国将整栋奎利尼宫没收,并补偿了乔瓦尼的那一份所有权。自此以后,那里就被变成了一个屠宰场,后来又变成了一个市场。最后,政府用它自身的老建筑材料将它重建为一个鱼市,并保留了原始的拱廊和窗户。

15. 仁爱圣母大会堂(Scuola Grande di Santa Maria della Carità)始建于 1260 年,它最早位于卡纳雷吉欧区的圣莱昂纳多教堂(San Leonardo,该教堂于 1810 年被封禁)中。后来,大会堂搬到了仁爱圣母教堂边上的建筑中,该建筑的外观是 1760 年由乔治奥·马萨里(Giorgio Massari)设计,贝尔纳迪诺·马卡卢奇(Bernardino Maccaruzzi)建造的。在 1807 年的封锁教堂和镇压宗教团体事件后,这所已经停办的大会堂旧址就被学院美术馆(Galleria dell' Accademia)所使用。

16. 默瑟里亚大街(Merceria)是从圣马可广场通往里亚尔托桥最近的路,曾经是威尼斯的主要街道。它于公元 13 世纪铺成。1645 年约翰·伊夫林(John Evelyn)将默瑟里亚大街称为"世界上最令人心旷神怡的街道之一"。

在圣马可广场出口处的道路被称为马扎里亚钟楼街(Marzaria dell' Orologio),有一个小型浮雕刻在钟楼后面的左边第一个拱廊上方,它是为了纪念 1310 年镇压提埃波罗起义(见格拉齐亚·德尔·莫特宫,Casa della Grazia del Morter)所刻。右边第二个转弯角的圣儒利安岔路(Ramo San Zulian)通往的是圣儒利安堂(church of San Giuliano)。在这里,街道的名字变成了马扎里亚圣儒利安街(Marzaria San Zulian)。随后,它的名字又变成了马扎里亚柱头街(Marzaria del Capitello),这个名字源自街道尽头的小礼拜堂,这个礼拜堂曾经被用作圣塞尔瓦托教堂外观的装饰。之后就来到了街道的第四部分,这一段的名字是马扎里亚·圣塞尔瓦托岔路街(Ramo Marzaria San Salvador)。街道的最后一段一直延伸到了圣巴尔托洛梅奥广场,它的名字是马扎里亚四月街(Marzaria due Aprile),这段道路在 1849 年 4 月 2 日被拓宽,它也因此而得名,当时威尼斯人民正宣称"不惜一切代价"抵制奥地利政府的统治。

17. 圣维达斯和莫德斯托教堂(church of Santi Vitus or Vito e Modesto)曾经矗立在位于大运河左岸的圣维奥广场(Campo di San Vio)。数百年来,总督和元老院成员都会在每年的6月15日拜访这里,以纪念成功镇压提埃波罗起义。这个地点现在被一些现代的房屋和一间还愿教堂所占据,曾经的教堂内部墙面上装饰了一些圆盘饰,还放置着14世纪从提埃波罗家中取来的十字架,直到教堂在1813年被拆除。

18. 格拉齐亚·德尔·莫特的宅邸(Casa della Grazia del Morter)现在已经无迹可寻,它在19世纪时被拆除。在历史上,这座位于默瑟里亚大街的宅邸是朱斯蒂娜·罗西(Giustina Rossi)1310年扔石臼杀死正在起义的巴亚蒙特·提埃波罗(Bajamonte Tiepolo)和他身边领袖的藏身之地。她的行为被描绘成一件大理石浮雕,放置在时钟塔(Torre dell' Orologio)另一边的第一个拱廊上方,还有一块刻着1310年6月15日字样的小纪念碑被镶嵌在路面上,以纪念这次事件。

第四章　荣耀之城

1310—1427

"她穿着紫色的长袍，在她的盛宴上，君王们一同分享，与有荣焉。"

在 1310 年圣维图斯节政变未遂后的几年里，如果你去威尼斯这个最宁静的共和国，你会发现这座城市和以往一样生机勃勃，繁荣昌盛，充满信心。在接受了一笔用佛罗伦萨金币支付的巨额罚金后，教皇同意解除禁令，乔瓦尼·索兰佐 (Giovanni Soranzo) 被选为新的总督，他非常能干，贸易显然在蓬勃发展，不仅有威尼斯在东方和德国的传统市场，而且由于热那亚人击败了摩洛哥海军，使得直布罗陀海峡的航行变得安全，还开发了英国和低地国家等新兴市场。这座城市的新兴产业也很兴旺——比萨街 (Calle della Bissa) 的丝绸制造业，来自卢卡的工匠大量定居于此；慕拉诺的镜子产业，那里的德国专家们正在引进工艺，以改变这个共和国最赚钱的出口产品的质量。[1] 而且，随着和平与信心的恢复，无数的建筑工程在全市范围内展开。他们挖井，建造大型储罐；铺设街道和广场；为德国商人建造德国商馆 (Fondaco dei Tedeschi)；[2] 扩建兵工厂，建造新的船坞，以建造更大的船只，建造具有革命性设计的商船，建造威尼斯生活所需的成千上万艘小型船只，以及建造一艘崭新的国家游艇——"布辛托罗"号 (Bucintoro)。[3] 在莫洛 (Molo) 建了国家粮仓；修建了孤儿院，仁爱孤儿院 (La Pieta)；[4] 教堂和修道院已经奠基；[5] 1341 年，总督府的重建工作开始，在南侧的一层设置了一个新的议事厅，总督府的正面可以俯瞰

14世纪早期的威尼斯,很快就要被黑死病摧毁,是当时欧洲最大的城市之一

码头和大广场,至今仍是世界上最辉煌的建筑之一。[6]一位爱尔兰修士,在1323年的著作中描述了他的经历:

"来到威尼斯这座闻名遐迩的城市,虽然它完全坐落在海上,但从它的美丽和优雅来看,它可以位列大角星和明亮的昴宿星之间……为了纪念(圣马可)……是一座极其豪华的教堂,用大理石和其他贵重的石头建造而成,装饰精美,用马赛克镶嵌画拼成圣经故事。它的对面是公共广场,广场上的所有东西都是其他地方无可比拟的。这座教堂与威尼斯总督那座著名的府邸几乎是连成一体的,为了国家的荣耀和公民的威严,人们一直在总督府里喂养活狮子。在总督府的对面,靠近海港的地方,有两根又高又大的圆形大理石柱,非常雄伟,其中一根柱顶上,有一只狮子的雕像,金光闪闪,像月亮或太阳;而在教堂的西门,也有同样闪闪发光的青铜马。"

此时,这座城市终于摆脱了对进口食品的依赖。这是通过与维罗纳的战争而实现的,维罗纳的统治者史卡拉(Scaligeri)扩大了他们的领土,包括了维琴察、费尔特、贝鲁诺、帕多瓦、帕尔马、布雷西亚、卢卡和特雷维索。帝国的迅速扩张,引起了北意大利其他城邦和威尼斯的警惕。这些城邦很快就缔结了一项条约;一支庞大的军队集结起来,三分之一的费用由威尼斯承担。面对联合起来的反抗,史卡拉投降了:帕多瓦被威尼斯人控制,特雷维索和周围的农田也被威尼斯人控制。然而,在广场上举行庆祝活动的时候,大议会中也有人发出警告说,在共和国西部边境上,拥有强大的米兰维斯孔蒂(Visconti)作为邻国是危险的。不过,与米兰的战争是未来的事情,眼下有其他危险要面对。

1347年,总督府的工程如火如荼地进行着,威尼斯发生了一次强烈的地震,教堂塔楼上的砖石落入运河中,圣马可教堂的钟声不和谐地响起。在欧洲其他地方,已经出现迹象,这些迹象被解释为灾难的前兆:火山爆发;异常猛烈的雷雨把树木连根拔起,把房屋卷走;蝗虫成群结队,遮天蔽日,水井被一英尺厚的昆虫壳覆盖;庄稼歉收;洪水泛滥,河岸决堤;妇女生下畸形儿;在德国的城镇里,大量老鼠满街跑;在那不勒斯,当一个修士在一大群人面前讲道时,"大地突然被打开了,就像一块石头被扔进水里,所有人连同修士一起死了"。这场瘟疫或大死亡,后来被称为"黑死病",这些征兆被视为预言,起源于东方。一支鞑靼人的军队从那里把它带到黑海沿岸,受感染的热那亚和威尼斯商人把它带回家。在当时,这种疾病被认为是由来自地球的有害气体传播的,既不能避免,也无法治愈。这个病发展很快,从最初的身体各个部位的硬性、干燥性肿胀到谵妄和吐血,可能只要一天。

1348年初,瘟疫从君士坦丁堡传到威尼斯。几个月后,到了炎热的夏天,据说受害者每天以600人的速度死亡,其中大多数没有得到医生的治疗,几乎所有人要么是自己死亡,要么是逃离了瘟疫。驳船沿着运河向下驶去,发出阴郁的喊叫声"死尸!死尸!"许多尸体被运走,埋在潟湖偏远的岛屿上;还有上百具尸体没被运走,在高温下腐烂。在大约16万人口中,总共约有7.2万人死亡。据说有五十个贵族家族全族灭亡。

瘟疫刚一平息,威尼斯人和热那亚人就又开战了。伟大的诗人、人文主义者和学者彼得拉克(Petrarch),为了意大利的统一而到威尼斯去执行任务,试图阻止这场漫长而激烈的冲突，却徒劳无功。在这场冲突中，双方都遭受了惨痛的损失：在一次海战中，威尼斯人损失了大部分战舰和1 500名士兵；随后在1354年11月的一场灾难性的交战中，又有33艘战舰和23艘其他船只被俘。

就在这个悲伤的时刻，才华横溢的总督安德里亚·丹多罗（Andrea Dandolo）去世，享年47岁。接替他的是马林·法里埃尔（Marin Falier），他是驻阿维尼翁教廷大使，现年76岁，脾气暴躁，急躁易怒。1354年10月初，法里埃尔在浓雾中抵达威尼斯，"布辛托罗"号无法在码头靠岸，他不得不坐一艘平底小船从小广场上岸。这是他受到的第一次侮辱。按照惯例，就职典礼结束后举行国宴，在宴会上，一位贵族青年喝醉了酒，开始对总督夫人的一名侍女出言不逊。他被请出总督府，但还是设法溜了进去，在总督宝座上写下了极具侮辱性的文字。

罪犯被带到"四十人法庭"上，但受到的惩罚太轻，法里埃尔认为这是对个人的冒犯。当兵工厂的主管和另一名杰出的市民向他抱怨，他们也受到傲慢的年轻贵族的侮辱，甚至是人身攻击时，总督决定对他们整个阶级采取行动。他们是这样安排的：1355年4月的一个晚上在全城散布谣言，说热那亚的战船即将发动进攻，引发骚乱，混乱中，武装人员表面上是在保卫总督，实际上是攻击并尽可能多地杀死他们能找到的年轻贵族，然后宣布总督为"威尼斯王子"。

有一个人被私下警告说，那天晚上最好呆在家里不要出来，他又跑去提醒总督，却被蛮横地驳回了，因此他有充分的理由怀疑总督本人可能也牵涉其中。他将他的怀疑转给十人委员会的一名成员，该成员已收到其他来源的警告，迅速查明了事情的真相，然后加以应对。每个地区忠于共和国的人被秘密召集起来进行武装，所有被认为与这一阴谋有牵连的人都被逮捕了。他们立即被审判，并被判处死刑，有十人被吊死在总督府的窗户上，其中包括总督的首席建筑师菲利普·金利达里奥（Filippo Calendario）。总督自己也承认了自己的罪行，在从内院通往一楼凉棚的大理石楼梯顶层被斩首。随后把他的头和尸体展示给市民，之后带到一个没有标记的坟墓里埋葬。随后，他的肖像从最近绘制在议会大厅墙壁上的总督肖像框中被取下，用一块黑布代替，框下有一行题词："这是因背叛而被处死的马林·法里埃尔的位置。"从那以后，每当总督在城里举行正式的游行，总有一个手持重剑的人陪着他，提醒大家他前任的命运；在圣维塔利教堂（San Vitale）庆祝处决周年纪念

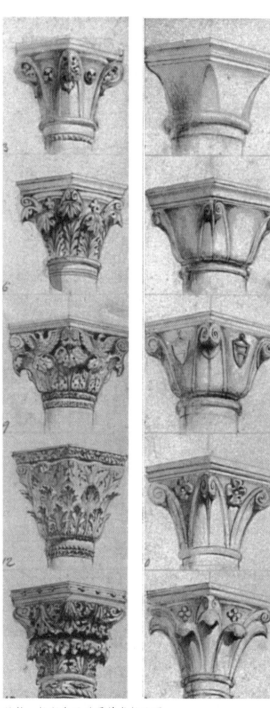

约翰·拉斯金画的哥特式柱头图

日时,一名牧师走在他身后,手里拿着一小瓶血。

马林·法里埃尔去世后的半个世纪,对威尼斯来说是一段艰难的时期。他们与匈牙利国王发生了冲突,匈牙利国王的军队入侵了弗留利(Friuli),向潟湖海岸挺进,最终迫使共和国放弃了在达尔马提亚的领地。他们与卡拉拉(Carrara)家族的关系也出现了麻烦。卡拉拉家族在帕多瓦实行独立统治,这与1339年的一项条约有很大出入,该条约让他们在共和国的宗主权下重新掌权。卡拉拉家族宣布支持匈牙利,随后又进一步冒犯威尼斯,准备在布伦塔河沿岸建立盐场,数百年来,这一直是威尼斯有利可图的垄断产业。随后爆发了一场旷日持久、耗资巨大的战争,在这场战争中,发现了谋杀大议会中所有最有影响力的成员的阴谋,结果处决了两名刺客,他们被拴在马尾上拖着从里亚尔托到小广场,在那里被分尸。接着,在的里雅斯特和克里特岛发生了叛乱,反抗者抗议威尼斯官员征收关税,他们被维罗纳人指挥的雇佣兵所镇压。在与热那亚的另一场艰苦卓绝的战争中,敌人开进了潟湖,占领了基奥贾(Chioggia),迫使威尼斯人放弃了马拉莫科,退回到利多河畔的圣尼科洛修道院。

确实,有一段时间,这座城市似乎就要陷落了。但敌人越接近威尼斯,威尼斯人的抵抗意志就越坚定。一批资深议员组成一个委员会,当值八天后就换一批议员接替,夜以继日地开会商议,在他们的领导下,威尼斯人挖掘壕沟,迅速筑起防御工事和防御墙;移走标明通航水域的浮标;在大运河的入口处拉起了一道水栅;十字弓手和投石手占据战略位置;选出主管负责慕拉诺、玛左波和托尔切洛[7]的防卫,而较小的外围岛屿则被疏散。兵工厂的工人们通宵工作,制造新的战舰;除发行强制性公债外,还号召民众自愿捐献金银珠宝;而维特尔·皮萨尼(Vettor Pisani),一名受人欢迎且经验丰富的老兵,被任命为最高指挥官。防御者们的顽强精神很快得到了回报。1380 年初,卡洛·泽诺(Carlo Zeno)率领的威尼斯舰队从东方返回潟湖,马拉莫科被重新夺回。威尼斯人很好地利用了加农炮——这是新近在欧洲战场上首次见到的——在总督亲自上阵的鼓励下,他们顽强地进行反击;6 月,热那亚舰队司令彼得罗·多里亚(Pietro Doria)被杀,基奥贾的 4 000 名热那亚驻军投降。三十位为威尼斯胜利作出杰出贡献的平民被接纳进大议会,就此成了贵族。

为了庆祝他们的获救,成千上万的人乘坐各式各样的小船出城,护送布辛托罗号和他们的总督凯旋。彼得拉克最近也目睹了一次类似的庆祝活动,他描述说,驶近码头的桨帆船"全都用绿树枝装饰着","船桨划过水面,船帆被风吹得鼓鼓的"。

我们很快就能看到水手们快乐的面容,一群年轻小伙子们笑着,头上戴着树叶,挥舞着旗帜向他们的家乡致意。这时,最高的塔楼上的瞭望员已经发出了到达的信号,市民们怀着普遍的兴奋和好奇,自发地涌向岸边。船越开越近,一切都看得清清楚楚,我们看见船尾挂着敌人的旗子,毫无疑问,这是在宣告胜利。

克里特岛反叛者被击败后也举行了类似的游行活动,彼得拉克当时也在场,他就坐在总督边上,兴奋地观看骑兵们在广场的擂台上驰骋以及"24位威尼斯贵族,穿着华丽的服饰"参加比赛的壮观场面,"一起控制和刺激他们的战马,马具上挂满了华丽的饰物,在阳光下熠熠生辉"。

> 人数之多难以估计,也难以置信……总督本人,由几位杰出的显要人物围绕着,坐在教堂入口上方的凉廊上,四匹镀金青铜马矗立在那里,它那古老的、不知名的雕刻家给它们赋予了栩栩如生的外表,人们几乎可以听到它们的嘶鸣和跺脚声。凉廊上覆盖华丽的五颜六色的遮阳篷,使在场的人不会被午后灼热和刺眼的阳光照到……下面的广场上没有立锥之地,教堂、塔楼、屋顶、门廊、窗户,全都挤满了观众……右边的一个大木亭里,坐着四百名衣着华丽的女士,像极了美丽和高贵的花朵……这里没有任何乱七八糟的事,我很好奇地注意到,有几个非常高贵的英国人,和英国国王有血缘关系,他们喜欢在茫茫大海上游荡,却被这些欢乐的消息吸引到威尼斯来。

1362年,为了躲避帕多瓦的瘟疫,彼得拉克来到威尼斯。他是佛罗伦萨人,1341年在罗马被封为桂冠诗人,时年58岁。他的外交官生涯结束了,但他继续在威尼斯写作,在那里他得到了斯基亚尼河畔的一座宫殿,条件是他要把自己的藏书遗赠给共和国。在这里,大概是在现在编号为4442的宫殿里,他的女儿弗朗西丝卡(Francesca)和她的孩子们跟他住在一起,他的许多朋友,包括薄伽丘(Boccaccio)都来拜访他。[8]

的确,威尼斯现在一年四季都挤满了游客。有些是伟大的王子,如奥地利的鲁道夫(Rudolf),他于1361年来到这里,和所有尊贵的客人一样,在总督的陪同下游览这座城市。有些是作为朝圣者来参观这座城市的众多神殿。有些人纯粹是出于好奇,或是为了追求威尼斯著名的享乐而来的,他们深知共和国有这样的官员,他们的具体职责是确保为他们提供食宿,确保他们的食物味道好,葡萄酒质量好,住宿价格合理。许多人专门来参观兵工厂,这是世界上最伟大的兵工厂,如果可能的话,他们还想了解一些兵工厂的秘密。还有一些人来购买威尼斯供应充足的奢侈品,因为他们知道政府会尽力确保他们不会受骗。一些人甚至是被那些技艺高超的医生吸引到威尼斯来的。威尼斯从 1368 年起就有一个由政府资助的医学院,从 1335 年起就有一个由国家支付薪水的内科医生和外科医生组成的团队,他们的专业技能,就像所有其他获得执业执照的医生一样,被认为可以通过每年强制参加解剖学课程来提高。许多游客是商人,他们来到威尼斯,商谈威尼斯商船所携带的日益多样化的商品的交易。谷物从意大利南部、西西里岛、安纳托利亚和黑海运来;棉花从小亚细亚和黎凡特运来;糖从克里特岛和塞浦路斯的种植园运来,那里还从伯罗奔尼撒半岛运来了大量的马尔姆西葡萄酒,其中大部分是在莫奈姆瓦夏(Monemvasia)装船,在英国港口卸货,在那里空荡荡的货舱又装满了羊毛,准备运往佛兰德斯。在佛兰德斯,这些羊毛被部分出售或交换成布料和羊毛衣服,然后在其他地方出售或交换来获利。香料从远东运来,丁香、肉桂、肉豆蔻和生姜从印度运来,龙涎香从马达加斯加运来,麝香从中国西藏运来,珍珠从锡兰渔场运来,钻石从戈尔康达运来,红宝石和青金石从巴达克山运来,德国木材从汉堡运来,金属从波希米亚运来。

由于坦伯兰斯的入侵摧毁了伏尔加河沿岸的港口,俄罗斯毛皮贸易几乎停止;但大批奴隶仍被运出黑海,无视历任教皇不时发布的法令。这些奴隶中有许多是被鞑靼商人围捕起来的切尔克斯人、亚美尼亚人和格鲁吉亚人,鞑靼人在锡诺普(Sinope)和特拉比松(Trebizond)的市场上出售这些奴隶。大多数奴隶从那里被带到威尼斯,与阿拉伯商人带出非洲的一些奴隶一起,在里亚尔托和圣乔治的市场上展出,这些奴隶中有基督徒,也有穆斯林。一些人被卖到埃及,另一些人被卖到突尼斯和摩洛哥,他们可能在那里做仆人、警卫、奴隶兵、保姆或妓女;有些人被卖到君士坦丁堡;少数被带到克里特岛和塞浦路斯的糖料种植园工作;长得比较好看的,通常是年轻的女孩子,被米兰或佛罗伦萨的家庭代理人购买,在那里,主人将他们视为动产,把他们和家畜归为一类,他们对这些女孩子拥有完全的权力,"拥有、持有、出售、转让、交换、享有、出租或不出租,自由处置,评判灵魂和身体,并永远按照他们和他们的继承人的意愿行事"。

从事这种交易的人,可能对其道德性持有保留意见,但在巨大的利润面前,大部分疑虑都被打消了。财富既需要尊重,也需要安慰;威尼斯商人和佛罗伦萨商人一样,都赞同利昂·巴蒂斯塔·阿尔贝蒂(Leon Battista Alberti)的观点,即任何一个贫穷的人都不可能"通过他的美德轻易地获得荣誉和名声";贫穷"将美德抛到九霄云外",使它遭受"隐藏的、难以捉摸的苦难"。此外,获取财富是一种爱国主义。随着商人家庭越来越富裕,城市也变得越来越美丽,圣马可的旗帜更加光荣,共和国也更加受人尊敬。事实上,随着中世纪接近尾声,共和国本身就变成了一种商业公司,取代了过去的商业冒险。兵工厂是国有企业;所以兵工厂建造的桨帆船也必须符合国家制定的规范。私人拥有和建造的桨帆船,如果要与每两个月左右离开潟湖的四五百艘船组成的巨大船队一起航行的话,也必须符合这些规范。因此,每艘船,不论是私人商船还是由一位贵族在拍卖会上购买了临时拥有权而指挥的国家帆船,都可以保持同样的速度在风暴中航行,几乎不存在掉队的危险,可以用同样的备件进行修理,设法在指定日期抵达目的地。

威尼斯的本土工业也受到严格控制。技术熟练的工匠被禁止在其他城市从业;他们工作所必需的材料被禁止出口;向外人泄露神秘的制造方法是死罪;他们所属的兄弟会,是国家规章制度的公布机关,表面上是自治的,实际上是政府控制的众多机构之一。[9]这些兄弟会的成员包括富有的企业家和卑微的商人,他们乐善好施,是许多慈善机构的赞助人,这座城市对这些慈善机构引以为豪,而且,在为其建筑委托的作品中,慷慨的赞助人也包括艺术家,像斯拉沃尼亚人圣乔治(San Giorgio degli Schiavoni)、[10]福音书作者圣乔瓦尼(San Giovanni Evangelista)、圣洛可(San Rocco)[11]、圣马可[12]、圣方坦(San Fantin)[13]、希腊圣尼科洛(San Nicolo dei Greci)[14]等兄弟会以及卡米尼信众会(Scuola Grande dei Carmini)仍然可以作证。[15]

兄弟会成员还慷慨解囊,资助教堂的装饰,而这座城市教堂的数量在不断增加——事实上,到了14世纪,政府下令,没有许可证不得再建造教堂,因为教堂数量实在太多了,破坏了"业主的土地和财产"。在弗拉里教堂和圣若望及保禄堂完工之前,加尔默罗会教堂(Santa Maria del Carmelo)[16]的工程已经开始,圣斯特凡诺教堂(Santo Stefano)正在现在的莫罗西尼广场(Campo Morosini)[17]北端建造,菜园圣母院(Madonna dell' Orto)已经出现在卡纳雷吉欧(Cannaregio)[18],圣卡西亚诺(San Cassiano)[19]、圣康西安(San Canciano)[20]圣保罗(San Polo)[21]和圣阿波纳

(Sant'Apona)[22]等教堂的古老地基都已经修复。不久,圣格雷戈里奥教堂和仁爱圣母教堂(Santa Maria della Carita)[23]也相继落成。各种宫殿也在兴建,都是按照总督府的威尼斯哥特式风格建造的。萨格莱多宫(Palazzo Sagredo)[24]出现在大运河边,安吉洛·拉菲尔教堂(church of Angelo Raffaele)[25]附近的阿里乌宫(Palazzo Arian)[26]也出现在大运河边。15 世纪 20 年代,为康塔里尼家族建造的宏伟的黄金宫(Ca' d'Oro)在运河边上落成,它正面的雕花柱头、精致的浮雕和屋顶上的饰板都闪耀着金光。[27]

游客被威尼斯的奢华之美惊呆了。诚然,这里的部分地区与他们自己的城市几乎没有什么区别;这里有拥挤不堪的贫民区,外国人很少涉足。很多街道和广场还没有铺设路石,冬天泥泞不堪,夏天尘土飞扬,尽管工人们用打了孔的罐子喷水,但还是灰蒙蒙的。街道上总是挤满了行人,不时有骑马的人经过,噼啪作响的马蹄把泥土溅在他们身上。甚至允许猪在街上和广场上乱窜,它们到处游荡,还跑到现已拆除的圣安东尼奥修道院的院子里。这些运河也很不干净。然而,威尼斯的美丽,雄伟而迷人,是无可争辩的。来自约克郡的理查德·奎尔福德(Richard Guylforde)爵士的随军牧师看到这幅景象,大吃一惊。他写道,"威尼斯的富饶、奢华建筑、修道院、他们稳定的司法和议会,还有使这座城市光彩夺目的所有其他事物,超越了我所见过的所有地方"。对于从巴黎来的法国历史学家和外交家菲利普·德·康明斯(Philippe de Commines)来说,威尼斯是他所见过的最"神秘"的城市:

> 我被带到一条叫作大运河的主航道。它太宽了,常常有桨帆船经过;我真的看到过 400 吨或更大的船只停泊在房屋旁边。我认为,这是世界上最美丽、建筑最好的街道,它穿过整座城市;房子又高又大,是用石头砌成的;旧房子都被油漆过;那些大约有一百年历史的房子正面是伊斯特里亚(离威尼斯大约一百英里)的白色大理石,上面镶嵌着斑岩和蛇纹石。

1427 年,佛罗伦萨人雅各布·德阿尔比佐托·圭迪(Jacopo d'Albizzotto Guidi)到访威尼斯,描述了他站在大教堂前眺望圣马可广场和旧行政长官官邸大楼拱形前门时的激动之情。[28]旧行政长官官邸是几年前为圣马可的代理人建造的,他们是

第一座钟楼是在罗马地基上建造的，于 1173 年完工。它于 1359 年修复，并在 16 世纪初的一次地震后重建成现在的样子，在 18 世纪再次修复，直到 20 世纪初完全倒塌

该市最受尊敬的政要,负责大教堂的维护和财务工作。他的面前有几个石头井口和大型木槽,即阿巴提(abati),当圣马可的旗帜在仪式上飘扬时,旗杆就插在那里。从他站着的地方,他还可以看到公共面包房,有两个撒拉逊式拱门的凉廊,还有卖肉、鱼和水果的市场;有五金商店,卖盘子和碗的商人,以及附近的"一家设施齐全的酒店,有舒适的单人套房,可以容纳大使的随员和其他带来消息的客人"。耸立在他左上方的钟楼于1359年得到修复,自遭到雷击后已修复两次。它的底座周围聚集着货币兑换店、石匠作坊和小贩摊位,他们向那些踏上码头的游客兜售各种各样的商品;圣马可广场的码头称为莫洛(Molo),其根基始建于1342年。这里还有前廊(Loggetta),是贵族和代理人聚会的场所,在遭受雷击和火灾破坏后,最近也被修复了。[29]前廊的左边是造币厂,有一天将被桑索维诺设计的造币厂所取代。1284年,这里制造了第一批黄金金币,并发行了著名的威尼斯金币(zucchini),这些金属片在世界各地被用作货币。造币厂附近,19世纪初成为皇家花园的地方,[30]当时是一个巨大的公共粮仓,建在造船厂的旧址上,造船厂于1298年被关闭,工人们被转移到兵工厂。附近是总督的马厩和一个动物园,那时和现在一样,有成百上千只鸽子在上空飞翔。

圭迪从广场出发,漫步在铺着砖的集市上,集市上有丝绸商和金布商的铺子,有卖起绒布和色彩鲜艳的天鹅绒的商铺,有药店,还有金匠铺和银匠铺。跟着人群,他来到了被称为里亚尔托的地区,几个世纪以来,这里一直是这座城市最繁忙的中心。还有其他几个市场,当时被波斯语称为巴扎(bazar)。除圣马可广场的市场外,城堡区的圣伯多禄广场在星期六也有市场。圣保罗有一个繁荣的市场,吉米尼的圣乔瓦尼也有一个市场。但到目前为止,最繁忙的是里亚尔托市场。

这里的人群比以往任何时候都要密集,圭迪小心翼翼地走过水果店的长凳和家禽商贩的货摊,家禽摊上堆满了一排排褪好毛的肥美鸟儿。沿街有更多的货摊和商店,有制绳匠和面包师,有制白蜡的,也有做锦缎和挂毯的,有卖猪肉的屠夫和箍桶匠,有金匠,有绣花工和裁缝;离开这些地方后,圭迪发现自己来到了美酒河滨,那里一桶桶的麝香葡萄酒和马尔姆西葡萄酒堆在仓库外面,海关和玉米交易所挤满了人。

在其他地方,许多街道还是泥土地,尽管人们常去的那些街道是用石头或用人字形砖块铺成的。运河上许多矮桥，像里亚尔托桥，仍然是用木头建造的，但也有一些石头建造的桥：圣扎卡利亚桥早在 1170 年就已经用石头重建了。通往渡口的那些台阶也是石头做的，非常湿滑。

所有方面都有证据表明，威尼斯人决心用商人从做贸易的国家带回来的装饰品和古董碎片来装饰城市。罗马遗迹来自达尔马提亚和伊斯特拉；早期中世纪艺术从北意大利的拜占庭城市而来，而浅浮雕、碑文、大理石雕像、图画和动物雕像则从黎凡特运到威尼斯。圣马可大教堂的正面，过去是，现在仍然是，由在君士坦丁堡和热那亚的战争中缴获的浅浮雕、镶板、雕刻品、圆柱、柱顶、斑岩头像和缟玛瑙装饰的；靠近总督府纸门（Porta della Carta）的"四帝共治"斑岩像，可能是从阿克雷洗劫来的。[31] 随着战利品而来的是礼物：例如，公元 630 年，罗马皇帝赫拉克利乌斯（Heraclius）将 6 世纪的圣马可大理石椅子赠送给了威尼斯，现在这把椅子被收藏在圣马可珍宝馆；[32] 而被认为是安提阿的圣彼得使用过的椅子，由罗马皇帝迈克尔·帕里奥洛加斯（Michael Palaeologus）赠送给共和国，放在城堡区的圣伯多禄圣殿。[33] 除了这些物品外，还有意大利工匠的作品，其中最著名的是总督府外立面上 14 世纪的《亚当和夏娃》雕刻和《醉酒的诺亚》雕刻，以及 15 世纪初的《所罗门的审判》，据说是雅各布·德拉·奎尔查（Jacopo della Quercia）的作品。

这些纪念物和艺术品的保管工作由大议会任命的有关部门仔细监督，这些部门负责管理城市的生活。命令不断发出，关乎生活的方方面面，包括疏浚运河，保护潟湖水域不受污染，将河口改道入海，修复河口大陆岸边的堤坝使淡水和盐混合在一起，在瘟疫发生和火灾频繁时应采取的预防措施，公墓、公共粮仓和蓄水池的状况，清扫街道和用灯笼照亮街道（这些灯笼大多悬挂在圣像前），令人讨厌的工业选址，以及酒馆中食物和葡萄酒的质量。其中一个部门是"治安部"，它不仅关心城市夜间的安宁，而且有权对付杀人犯、小偷和犯重婚罪者，也有权对付那些违反有关把腐烂的木筏捆到码头、在斯拉沃尼亚人河岸烧沥青的条例和房屋建造法律的人。

房屋仍然是用木头建的，屋顶是茅草屋顶，尽管来自伊斯特里亚的白色石头正变得越来越普遍，而砖，特别是那些被称为阿尔蒂内尔（altinelle）的红色小砖块，因为 14 世纪政府开始鼓励开办砖窑而被广泛使用。然而，屋顶的屋檐和支撑上层房

卡巴乔的《圣乌苏拉之梦》描绘了1490年左右威尼斯人典型的卧室

屋的托架仍然使用木头,两边的屋檐延伸到一些狭窄的街道上,几乎在人们头顶上相遇,使小巷变得一片阴暗。然而,尽管有些小巷很暗,但大多数大一点的房子都有晒得到阳光的房间。这些房子有庭院,被称为波齐(*pozzi*)的井口上装饰着古代庙宇的碎片或破祭坛的碎片,有朝南的露台(称为 corteselle),有露天凉廊,还有瞭阁(liago),庞培·门提(Pompeo Molmenti)是这样描述的:"威尼斯老房子的一个组成部分,一种凉廊,前面敞开着,但是有屋顶,三面都是封闭的。下面有一个小门廊作为入口,楼梯就从那里开始。通常,瞭阁朝向正南,以捕捉阳光。"

　　房子的窗户很少,有铁栅栏和百叶窗保护,但烟囱数量很多,并制成了各种吸引人的形式,如钟形或倒锥形,支撑在三脚架和弧形拱门上。房子内部,壁炉很宽敞,有像卡巴乔在《圣母降生》中描绘设施齐全的厨房时仍在使用的大风帽;地板通常是用有图案的人造大理石铺成,而不是用磨光了的、被称为水磨石的石片铺成的;窗户里装满了圆形的透明玻璃瓶,就像卡巴乔的《圣乌苏拉之梦》中画的那样。屋子里家具不多,但所有最好的物件——桌子、箱子、碗柜、橱柜等——都精心地装饰着叶状雕刻和嵌饰,上面有小小的螺旋柱、拱门、壁龛和回纹饰。高背椅上挂着长长的天鹅绒和锦缎,上面铺着金色缎面、羽毛填充的坐垫,壁炉周围的凳子和座位上也放有坐垫。床上的亚麻床单、丝绸被子和羽绒床垫在压花天鹅绒华盖下显得格外诱人,上面是由条纹柱支撑的圆顶和精雕细琢的柱顶。床边的木制神龛下常常放着一把祈祷椅,神龛里面供着圣母像,也可能是来自拜占庭的黑圣母像。

注释:

　　1. 慕拉诺岛(Murano)现在的人口约 8 000 至 9 000 人,近 700 多年来,这里一直都是威尼斯的玻璃制造业中心。玻璃博物馆(Museo Vetrario)自 1861 年起就位于朱斯蒂尼安宫(Palazzo Giustinian)内。博物馆内部藏品的历史涵盖了古罗马时期一直到公元 18 世纪,在所有展览品中最著名的是 15 世纪蓝色的巴洛维那上釉婚礼杯(Barovier Marriage Cup)。博物馆的对面是帕拉迪奥设计的特雷维桑宫(Palazzo Trevisan),它的后面则是宏伟的圣母玛利亚和圣多纳托教堂(church of Santa Maria e San Donato)。达·穆拉宫(Palazzo da Mula)和殉难者圣伯多禄教堂(San Pietro Martire)在维瓦里尼桥(Ponte Vivarini)的两端隔河相望。

　　2. 德国商馆(Fondaco dei Tedeschi)位于大运河的右岸,就在里亚尔托桥的边上。这个名字是在 1228 年被第一次记载下来的,那时的商馆被德国商人租了下来并已经成为一个重要的交易中心,商馆被他们一直使用到 1812 年。自 1872 年起,这里就变成了邮政总局

(General Post Office)。原来的建筑在 1505 年的大火中被毁坏,乔治奥·斯帕文托根据吉罗拉莫·特德斯科(Girolamo Tedesco)的设计和安东尼奥·阿邦迪·洛·斯卡帕尼诺的补充,在 1505 年至 1508 年间重建了商馆。商馆文艺复兴式的立面上有着五拱门廊,但是原来乔治奥的壁画已经完全不见踪影,而正对街道的那个立面上由提香在同一时期画的壁画也已经消失了。宽敞的内部庭院中有着三层拱廊,在 1937 年时被修复。

3. 布辛托罗号(黄金之船)是一艘豪华的平底专用船,船身布满各类雕刻并镀金,船上还挂着一面红色和金色的旗帜,每年的耶稣升天日,总督都会乘坐它前往利多岛参加海婚节。在看见布辛托罗号后,托马斯·科里阿尔记录到:"这艘船价值连城,是世界上最绚丽的……除了埃及艳后和卡利古拉大帝(Emperor Caligula)时期的一些建筑之外,我在这个世界的其他地方从来都没有听到或者见到过如此完美的东西。"歌德在 18 世纪时将它比作一个圣体匣以证明它完美的造型,并写到"威尼斯人曾经拥有一切,并相信自己能得到更多"。布辛托罗号同样也因其内部的奢华装饰而闻名,查尔斯·德·布罗斯(Charles de Brosses)描述它的内部有一个空间巨大并铺满木地板的大厅,大厅里排列了许多沙发以及一张总督的宝座。

最后一艘布辛托罗号是由造船工程师米凯莱·斯特凡诺·孔蒂(Michele Stefano Conti)设计,并于 1729 年投入使用。它后来当作炮舰和监狱使用,直到 1824 年随着共和国的覆灭而被毁。海军历史博物馆的 9 号展厅中展示着一艘布辛托罗号的模型,科雷尔博物馆中则展示着其他的布辛托罗号模型和纪念物。

4. 仁爱孤儿院(La Pietà)是由方济各会修士彼得罗·迪·阿西斯(Pietro di Assisi)创建于 1346—1348 年,是一间接收女弃婴的医院,擅长为弃婴寻找乳母。它的名字一开始叫作埃斯波蒂收容所(Ospizio degli Esposti),后来变成了教区托儿所(Istituto Provinciale per l'Infanzia),仁爱孤儿院享受着共和国的宗教保护。16 世纪开始,孤儿院坐落于卡佩罗-梅莫和格里提宫(Palazzi Cappello-Memmo and Gritti)。到了 18 世纪,孤儿院因为小提琴大师安东尼奥·维瓦尔第(Antonio Vivaldi)指挥的女童歌唱班而闻名于世。

圣母怜子教堂(church of La Pietà)也被称为圣母访问教堂(della Visitazione)矗立于斯拉沃尼亚人河岸。它建于公元 15 世纪,并在 1745 年至 1760 年间由乔治奥·马萨里重建,但是它经典的外观直到 1906 年才彻底建成。教堂优雅的,几乎呈椭圆形的内部,有着一幅漂亮的天花板壁画《信仰的胜利》(*Triumph of Faith*),这是由 G.B.提埃波罗(G.B.Tiepolo)于 1755 年所画,他还在圣所的天花板上画了一幅《四枢德》(*Cardinal Virtues*)。这座作为女子孤儿院礼拜堂使用的教堂中藏有一系列精美的祭坛画、一个美观的洛可可式讲道台和纳齐尼 1759 年制作的管风琴。

5. 14 世纪建造的圣母公仆教堂和女修道院(church and convent of Santa Maria dei Servi)曾是 1240 年建立在佛罗伦萨的一个修道会。它位于弥塞里科耳狄亚河(Rio della Misericordia)与圣福斯卡河(Rio di Santa Fosca)之间宽阔的花园之中。在这座女修道院曾经的所有艺术品中,委罗内塞的画作《法利赛人家中的晚餐》(*Supper in the House of the Pharisee*)在 1665 年被赠送给了法国国王路易十四(Louis XIV),现在被收藏在卢浮宫(Louvre)。修道院在 19 世纪初时被封锁,只有一条古色古香的哥特式门廊能够让人回忆起 1862 年被拆毁的修道院建筑。它曾在 1852 年时被提出原封不动地出售给拉斯金,但经过深思熟虑之后,拉斯金拒绝了这个提议。

6. 总督府的北面连接着圣马可大教堂;而它的东面面对着宫殿河,有着文艺复兴式的外观,由安东尼奥·里佐在15世纪末开始修建,并由巴尔托洛梅奥·蒙诺博拉在17世纪完成。总督府的主立面是南侧和西侧,其中,面对这潟湖的南立面建造的时间更为久远一些。14世纪时,开始对南立面进行改建,改建工作到1404年,当皮埃尔·保罗·德勒·马塞涅(Pier Paolo Delle Masegne)制作的大型中央阳台窗安装完成后才正式完成,它取代了之前的拜占庭风格造型。在1579年,在南立面的顶部,石柱、壁龛和尖顶的上方增建了亚历桑德罗·维特多利亚的雕像《正义的威尼斯》(Venice in the Shape of Justice,该雕像于1988年被修复)。底层的柱廊由17个拱廊组成,每个拱廊都有一扇精致的尖顶拱门,每个拱门的上方还有两个精致的四叶圆盘饰尖顶小拱门,而这些小拱门又组成了一条位于二层的凉廊。总督府的整个南立面都呈现了这样一种造型。再往上是一面用白色伊斯特里石和粉红色维罗纳大理石装饰的厚实墙面;墙体的顶端有一排锯齿状装饰物。柱廊和凉廊一直从总督府的南立面延伸到西立面,并带有一系列浮雕和柱头,柱头(共有36只)雕刻着头像和寓言场景。它们中的大多数都是中世纪的作品,只有一些是1880年左右制作的仿制品。值得注意的是在面向海滨的这些浮雕中(在总督府南立面和西立面转角处,离稻草桥最近的地方),有一尊绝妙的肖像浮雕《诺亚的醉态》(Drunkenness of Noah),在它上面的是《大天使拉斐尔和托拜厄斯》(Archangel Raphael and Tobias)像。在最靠近小广场的转角处的是《亚当和夏娃被蛇所诱惑》(Adam and Eva Tempted by the Sneak)像,它的上方则是大天使米迦勒(Archangel Michael)。这两组雕刻品被认为是米兰雕塑家马泰奥·拉瓦第(Matteo Raverti)的作品。拉斯金(Ruskin)称其为"藤蔓天使"和"无花果树天使"(the Vine Angel and the Fig-tree Angel),它们代表了政府的双重方面:严厉(对亚当和伊娃的惩罚)和怜悯[闪和雅弗(Shen and Japeth)在面对父亲的虚弱时所展现出的同情]。由于地面的逐渐下陷导致支撑柱廊的石柱基座已经低于路面的高度,这使得柱廊的原始比例发生了变化,给人一种稍有些头重脚轻的感觉。

同南立面的情况相似,西立面只有前七根石柱是原始的,其他的都是1424年在弗朗切斯科·福斯卡里总督执政时期使用相同的风格和材料新建的,新建的部分被称为福斯卡里凉廊(Loggia Foscari)。西立面的第九和第十根石柱是使用维罗纳大理石制作的,在当时,这两根柱子之间就是宣判死刑的地点。造型漂亮、装饰精美的纸门是在1438—1443年间增建的;此外,和南立面的那扇阳台窗非常相似的大型中央阳台窗(1988年被修复)建于1536年,它的顶部是亚历桑德罗·维特多利亚1579年的雕像《正义》(Justice)。在所有的墙面装饰中有一尊精美的浮雕《所罗门的审判》(Judgement of Solomon),它位于离圣马可大教堂最近的转角处,它的上方则是大天使加百利的雕像。这是由雅各布·德拉·奎尔恰(Jacopo della Quercia)在1410年左右雕刻的。在所有宏伟的柱头中,最著名的是第七根石柱上的柱头,它在一系列动人的小场景中描绘了"典雅爱情"(欧洲中世纪的一种文学传统,指骑士对贵妇人的忠贞但无结果的爱情)的场景;还有就是第二根石柱上的柱头,它呈现了雕像和石柱的人像雕刻。

7. 在威尼斯成为潟湖区域中心前的很长一段时间内,托尔切洛岛(Torcello)一直在早期移民的生活中扮演着一个非常重要的角色。公元638年,阿尔蒂诺的主教(Altino)为了躲避蛮族的进攻,将他的教区转移到了托尔切洛岛。之后的数百年,托尔切洛岛由于其发达的羊毛产业所带来的利润,人口数量大增。但从14世纪开始它就慢慢地开始从繁荣走向衰败,岛上的居民数量大幅减少,导致其最终被废弃。现今托尔切洛岛的人口又有些增长,岛上的

一些老房子也正在被翻修。

　　根据教堂内部的一段铭文记载,为圣母玛利亚进行奉献典礼的圣母升天大教堂(Santa Maria dell' Assunta)建于公元 639 年。虽然现在只能在外立面的圆形洗礼堂和中央穿形后殿的墙上依稀看见一些 7 世纪建筑物残留的痕迹,原始教堂的轮廓依然能在公元 9 世纪和 11 世纪的扩建和重建中得到保留。公元 7 世纪教堂的祭坛在 1929 年被发现后,又重新被竖立在圣坛之上。两间相对较小的穿形后殿以及中央穿形后殿下方的地下室是在 864 年扩建的,但是现今教堂的大部分建筑都是 1008 年在奥托·奥尔赛奥洛担任主教(后来又成为总督)时期新建的,当时还把原来的地面抬高,并在路面铺上了马赛克地砖。教堂中殿的上壁及其石头铰链和百叶天窗的历史也可以追溯到那个时期。除了两个 6 世纪的柱头之外,钟楼和教堂内部的柱廊也是那个时期的建筑。

　　在教堂朴素的砖结构外立面上只有通过围绕窗户和百叶窗形拱门的砖砌同心层稍微有一些装饰性。浅色雕刻和灰色脉纹大理石柱衬托出了两端漂亮的马赛克效果。木质的天花板被无覆盖的弹性梁支撑着,马赛克石铺设的地面是一个精美的埃及艺术作品(opus Alexandrinum)。祭坛左边的大理石讲道台和读经台是 13 世纪根据以前教堂残留下来的大理石雕刻品碎片而建。11 世纪的圣坛屏是由四块刻有鸟类、野兽和植物的巨大大理石嵌板组成,在嵌板之间还有石柱支撑,上面一排有着 13 和 15 世纪的两幅画作《圣女》和《使徒》。在它们的上方还悬挂着一幅哥特式的木制耶稣受难图。在圣坛屏后的是古老的木质唱诗班席;在穿形后殿中有一排阶梯可以登上主教的宝座。圣坛位于一个公元 2 世纪或 3 世纪的罗马石棺上,石棺中存放的是阿尔蒂诺(Altinum)第一任主教圣赫利奥多罗斯(St Heliodorus)的遗骸;它左边固定在墙上的是一块刻有拉丁铭文的奠基石,刻于公元 639 年,是威尼斯所有记载中最古老的。在中央穿形后殿明亮的金色背景下的是一幅绝妙的圣母紧抱圣子画像。这幅马赛克画像很可能绘于 12 世纪,位于比它早 100 年刻画在此的长条横幅图画《圣徒》上方。在小礼拜堂主祭坛右边的是 9 世纪的画像《耶稣与圣徒和天使们一同祝祷》(*Christ in*

Benediction with Saints and Angels），它也是一幅马赛克镶嵌画并在最近得到修复；在交叉筒拱上的是一幅 11 世纪小型马赛克镶嵌画，画的是四位天使托着一个含有神秘羔羊的皇冠。在大教堂的另一端，覆盖了整个西侧墙面的是一幅令人叹为观止的华丽马赛克镶嵌画《最后的审判》(*The Last Judgement*），它的历史可以追溯到 11 或 12 世纪。中殿的北墙和南墙上挂着彩绘和镀金圣龛，在西门边上有一个圣水盆，上面刻画着怪诞的图案。

在大教堂的边上有一座引人注目的圣福斯卡教堂(Santa Fosca)，它是公元 11 世纪作为圣福斯卡(St Fosca)的陵墓而建的，圣福斯卡是基督教早期的殉难者，他的遗体在 1011 年前的时候被带到了托尔切洛岛上。虽然圣福斯卡教堂被大规模地修建过，但它还是保留了原来的希腊十字架形风格，教堂的中央是圆形拱顶，拱顶上覆盖着圆锥形的木制屋顶。教堂的外部形状复杂多样，它的三侧被八角形门廊所包围，开放的东侧(包含后殿)装饰有精美的图案砌砖。教堂不加修饰的砖结构内墙和装饰着拜占庭式柱头的石柱完美契合。

位于教堂对面的康西格里奥宫(Palazzo del Consiglio)内是一家名为艾斯图奥里奥博物馆(Museo dell'Estuario)，岛上那些已经拆毁的教堂中的艺术品和其他重要物品，以及考古碎片和历史文献资料都收藏于此。

8. 斯拉沃尼亚人河岸长约 500 米(1 640 英尺)，它是一条沿着圣马可流域［从总督府前的莫罗河延伸到迪奥大楼河(Rio Ca'Dio)的区域］宽阔的沿海步行大道。它的名字来源于以前经常在此处停船抛锚的斯拉夫水手。这里现在为水上巴士、贡多拉和一些大型蒸汽船提供下锚和栈桥。大道边铺设好的路堤存在了超过 600 年。地上的一条白色狭长的大理石路面是它在 1782 年左右被拓宽过的证明。

柴可夫斯基(Tchaikovsky)1877 年 12 月的时候住在 4175 号的隆德拉宫酒店(Hotel Londra Palace)中，并在此谱写了自己的《第四交响曲》。再往后，4442 号的一块牌匾上记录了这里曾是彼得拉克(Petrarch)居住的地方。亨利·詹姆斯(Henry James)在 4161 号里完成了他的小说《一位女士的画像》(*The Portrait of a Lady*)。在葡萄酒桥(Ponte del Vin)一边的是埃托雷·法拉利(Ettore Farrari)在 1887 年所作巨大的维克托·伊曼纽尔纪念碑(Victor Emmanuel Monument)。达涅利酒店则在麦杆桥的另外一边。

9. 兄弟会(Scuole)在中世纪时遍布威尼斯，有时会依附于修道院，它们由相同国籍或者相同职业的平信徒联合在一起，以参加宗教行为或慈善活动。兄弟会的所有成员都承诺会永远互帮互助。这些 16 世纪中期慈善协会中有六个规模最大的大兄弟会(Scuole Grandi)，每个大兄弟会都有超过五六百名的成员。它们分别是：

仁爱圣母大兄弟会(Scuola Grande di Santa Maria della Carità，创建于 1260 年)；

圣马可大兄弟会(Scuola Grande di Santa Marco，创建于 1260 年)；

圣乔瓦尼福音兄弟会(Scuola di San Giovanni Evangelista，创建于 1261 年)；

悲悯大兄弟会(Scuola Grande della Misericordia，创建于 1261 年)；

圣洛可大兄弟会(Scuola Grande di Santa Rocco，创建于 1478 年)；

圣狄奥多兄弟会(Scuola di SanTeodoro，创建于 1530 年)。

这些兄弟会也被称为鞭笞会(Scuole dei Battuti, of the Beaten)，因为它们的会员会在正式场合公然地鞭笞自己。而规模较小的兄弟会则被称为小兄弟会(Scuola Piccole)。

一般情况下，兄弟会每年的会费高于它的日常开销，多余的资金就会被用来改善成员们聚集的会堂。许多会堂拥有令人印象深刻的装潢和贵重的艺术品，这显示了兄弟会成员的繁荣和对兄弟会的热爱。1806年,兄弟会在拿破仑统治时期被镇压后,它们所有的珍贵财产都被流散。只有两家兄弟会被挽救并以慈善协会的形式向公众开放,它们分别是:圣洛可大兄弟会和规模较小的斯拉沃尼亚人圣乔治兄弟会(Scuola di San Giorgio degli Schiavoni)。其他的一些兄弟会的会堂则成为了博物馆和艺术品展览馆,包括:

卡米尼信众会(Scuola Grande dei Carmini);

圣乔瓦尼福音兄弟会;

希腊人圣尼科洛兄弟会(Scuola di San Nicolò dei Greci);

花边兄弟会(布拉诺岛)(Scuola dei Merletti,Burano);

圣方坦兄弟会(Scuola di San Fantin,只在有特别需要时才会开放);

圣马可大兄弟会(Scuola Grande di San Marco,只在有特别需要时才会开放)。

那些属于以下原兄弟会使用的会堂,后来被用作许多不同的用途:

安吉洛·库斯托德兄弟会(Scuola dell'Angelo Custode),会堂由安德里亚·泰拉利(Andrea Tirali)在1714年建造,自1812年起被用作路德福音会(Lutheran Evangelical)教堂。

商人兄弟会(Scuola dei Mercanti),会堂由帕拉迪奥建于1570年,它非常宽敞,在门上刻有16世纪的《圣母和圣子与两位圣徒》浮雕,现在被菜园圣母院(Madonna dell'Orto)用作教堂大厅。

圣灵兄弟会(Scuola del Spirito Santo)成立于1506年,会堂是由亚历桑德罗·特雷米农(Alessandro Tremignon)在1680年建造,现在是一所私人住宅。

巴尔韦德圣母兄弟会(Scuola Santa Maria di Val Verde),也被称为悲悯兄弟会(Misericordia)。虽然成立于1261年,但该兄弟会的会堂直到14世纪初才在位于卡纳雷吉欧区同名大修道院的边上建造起来。这个会堂在15世纪时被扩大,有巴尔托洛梅奥·彭恩的浮雕《悲悯的圣母》(*Virgin of the Misericordia*,该作品目前藏于伦敦的维多利亚 & 阿尔伯特博物馆,Victoria and Albert Museum),沿着海边的拱廊是为了通往在另外一边的济贫院而修

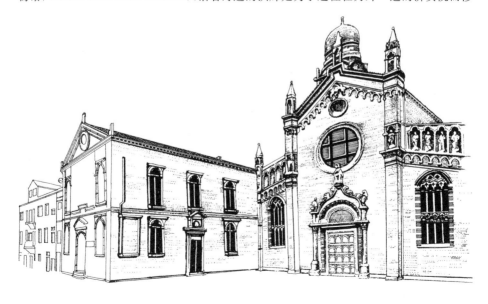

建的。该会堂在 19 世纪时被画家伊塔里克·布拉斯（Italico Brass）从破败中拯救回来。它是世界上现存唯一完整的哥特式大会堂。该兄弟会也被称为维奇亚悲悯兄弟会（Scuola Vecchia della Misericordia）。悲悯大兄弟会的新会堂由桑索维诺在 1532 年开始建造，直到1589 年完工。现在被用作体育馆。

威尼斯其他目前外观还能够辨认的兄弟会会堂包括：

贾科莫·加斯帕里（Giacomo Gaspari）1711 年建造的小巧精美的铁匠兄弟会（Scuola dei Battilori e Tiraori）会堂，它坐落于圣斯塔教堂（Church of San Stae）的边上。

位于圣托马尔小广场上，建造于 15 世纪的鞋匠兄弟会（Scuola dei Calegheri）会堂于1985 年被修复，它的墙上描绘着《圣母悲悯图》。此外，在它 15 世纪的门上彼得罗·隆巴尔多所作的浮雕，描绘了圣马可治愈鞋匠恩勒奈斯（Annanius）以及亚历山大港（Alexandria）主教及鞋匠主保圣人的画面。在过梁上刻着三个鞋子浮雕。

救世主兄弟会（Scuola del Cristo）会堂建造于 1644 年，它位于圣马尔库奥拉教堂（Church of San Marcuola）的后方。

成立于1531年的阿尔巴内西兄弟会（Scuola degli Albanesi）会堂的外立面上有着隆巴德斯克·思固尔（Lombardesque School）的浮雕，坐落于皮奥万街（Calle del Piovan）。

成立于1530年的圣狄奥多罗兄弟会（Scuola di San Teodoro）会堂的外观是朱塞佩·萨尔迪（Giuseppe Sardi）在 1655 年建成的，它远眺着圣萨尔瓦多小广场（Campo San Salvatore）。

皮匠兄弟会（Scuola dei Varotari）会堂的历史可以追溯到 1725 年，坐落于圣玛格丽塔小广场（Campo Santa Margherita）的中央。在它外立面上刻的是从先前的教堂中取来的 1501年的圣母浮雕。

死亡兄弟会（Scuola dei Morti）会堂位于大运河畔，圣格雷米亚教堂（Church of San Geremia）后方，它于 1849 年时被重建过。

布拉诺岛上的花边兄弟会（Scuola dei Merletti）成立于 1872 年，为了激励 18 世纪衰落的花边制作业而创建的。它的会堂至今仍然对学生开放，并设置了一间花边博物馆。

10. 位于马耳他圣乔瓦尼庭院（Corte di San Giovanni di Malta）的斯拉沃尼亚人圣乔治兄弟会会堂在 1451 年由达尔马提人（Dalmatians）建造，该兄弟会最早聚集在附近的圣乔瓦尼教堂（the church of San Giovanni del Tempio），教堂由圣殿骑士团（Knights Templar）建造，但 1312 年在他们被镇压后，教堂被移交给了马耳他骑士团（Knights of Malta）。这座端庄的会堂是由兄弟会的成员在 1480 年左右建造，1551 年乔瓦尼·德·赞（Giovanni de Zan）为其设计外观，上面装饰有彼得罗·达·萨罗（Pietro da Salò）的《圣乔治和龙》和 14 世纪的《圣母子》浮雕。

在会堂的内部，圣乔治、圣特利丰（St Tryphone）和圣杰罗姆这三位达尔马提亚的守护神的生平事迹都被卡巴乔在 1502—1508 年间的一系列画作（起初在上层大厅展示）生动地描绘了出来。自 1551 年左右开始，这些令人愉悦的画作一直挂在黑暗大厅的楼下墙壁上，这个大厅非常朴素，以至于拉斯金将其描述为"与老式英国旅馆的商业客厅差不多的小房间"。虽然这些作品旁并没有说明文字，但它们的主题却一目了然。在左侧墙面上的是：《圣乔治屠龙》（*St George Killing the Dragon*）和《圣乔治凯旋》（*the Triumph of St George*）。在左墙尽头的是：《圣乔治为异教徒国王和王后施行洗礼》（*St George Baptizing the Heathen King and Queen*）；卡巴乔的儿子贝内代托（Benedetto）的祭坛画《圣母子》，再往右有一幅《圣特利丰为戈尔狄安大帝的女儿驱魔并制服蛇怪》(*St Tryphone Exorcising the Daughter of the Emperor Gordianus and Subduing the Basilisk*)。在右侧墙面从后往入口方向分别是:《园中的痛苦》(*The Agony in the Garden*)、《圣马太的召唤》(*the Calling of St Matthew*)、《圣杰罗姆带领被驯服的狮子进入修道院》(*St Jerome Leading the Tamed Lion into a Monastery*)、《圣杰罗姆的葬礼》(*The Funeral of St Jerome*)以及《希波的圣奥古斯丁》(*St Augustine of Hippo*),在他写信给圣杰罗姆的时候,得知这位圣人逝世的噩耗。这封信的威尼斯语版本在1485年时出版。

上层的房间有着安德里亚·维琴蒂诺(Andrea Vicentino)绘制的天花板壁画。该兄弟会的一些艺术品被存放在圣器室。该会堂在1971年进行了修缮。

11. 圣洛可大兄弟会在大瘟疫后的1478年作为自我鞭笞者的团体,在圣罗奇(St Roch)的赞助下创立,它的会堂位于圣洛可教堂(the church of San Rocco)旁边。会堂的建设在巴尔托洛梅奥·彭恩的指挥下从1515年开始,他的继承者斯卡帕尼诺设计了会堂宏伟且经典的外观。虽然建造工程一直持续到了1560年才彻底完成,但在1549年他去世的时候,这座会堂几乎已经建成。四年后,举办了一场竞赛来选择负责会堂内部装饰的艺术家,最终,这个资格由丁托列托获得,他创作的绘画《圣罗奇颂》(*St Roch in Glory*)远胜过其他参赛者的绘画和素描作品。他花费长达23年时间创作的无与伦比的系列画画满了底层和上层礼堂的所有墙壁和天花板。在威尼斯共和国陷落后,该会馆的大部分财产都被剥夺,但是经过一群信徒的坚持之后,它被从拆毁的命运中解救出来,这群信徒在1806年时对其修缮并使其重新开放。

一楼大厅有一幅吉罗拉莫·坎帕尼亚1587年的祭坛画,并陈列着宝库中的一些物品,包括:佛诺尼·毕萨科·帕拉齐(Fornoni-Bisacco-Palazzi)遗产中的陶瓷工艺品,两旁排列着《圣母的生活》(*Life of the Virgin Mary*)中六大两小的场景,还有一套丁托列托1582年至1587年间画的系列画,包括:《圣母领报》《逃往埃及》(*Flight into Egypt*)以及《滥杀无辜》(*Massacre of the Innocents*)。斯卡帕尼诺1544—1546年制作的华丽楼梯上有两幅巨型画作,一幅是由安东尼奥·赞基(Antonio Zanchi)1666年绘制,另一幅(庆祝1630年瘟疫结束的画作)则是由彼得罗·内格里(Pietro Negri)绘制,这座楼梯通向被23幅《圣经》主题的画作装饰着的巨大上层礼堂。这些都是丁托列托在1575年至1581年间的作品,画在天花板上的是《圣经》旧约中的场景,包括:《摩西与铜蛇》(*Moses Erecting the Brazen Serpent*)、《摩西从岩石中取水》(*Moses Drawing Water from the Rock*)、《来自天堂的圣母》。画在墙上的则是《圣经》新约中的场景,包括:《耶稣受洗》(*Baptism of Christ*)、《耶稣复生》(*The Resurrection of Christ*)、《园中祈祷》(*The Agony in the Garden*)和《最后的晚餐》(*The Last Supper*)。在礼堂的一端有圣罗奇和圣塞巴斯蒂安(St Sebastian)的作品;而在另一端则是一幅祭坛画(在丁托列托的儿子多门尼克的帮助下完成)《圣罗奇的想象》(*The Vision of St Roch*)。在祭坛附近的四个画架上分别展示着提香的《圣母领报》(1555年获得);丁托列托的《天灾》(*Visitation*);(1785年获得的)G.B.提埃波罗的《天使援助夏甲与以实玛利》(*Hagar and Ishmael Comforted by an Angel*)和《天使拜访亚伯拉罕》(*Abraham Visited by an Angel*)。墙边的木质长凳上雕刻着一些奇特的图案,其中包括一幅丁托列托的夸张画和雕塑家弗朗切斯科·皮安塔·乔瓦尼(Francesco Pianta il Giovane)的自画像,其历史可追溯至17世纪末。客寓大厅(Sala dell' Albergo)入口的右侧悬挂着一幅曾被认为是丁托列托的自画像。

正如本章前面提到的，在大厅的内部是 1564 年至 1567 年间他最早为该兄弟会会堂创作的作品。这些作品是：天花板上的《圣罗奇颂》，墙上的《在彼拉多面前的基督》(Christ before Pilate)、《戴荆冠的耶稣》(Christ Crowned with Thorns)以及《耶稣受难》(Christ Bearing the Cross)。正对厅门占据整面墙的是极其动人的《耶稣受难图》，拉斯金说这幅作品"是赞扬不尽的，超越了所有人们对它的赞誉"。这是丁托列托极少数署名并签上日期的作品之一。客寓大厅里还有一幅《基督荷着十字架》(Christ Carrying the Cross)，许多人认为这是乔尔乔内(Giorgione)和提香的作品，它在 1510 年至 1955 年间被存放在圣洛可教堂。这里还有一幅小画作《虔诚的基督》(Christ in a Pietà)，它被认为是乔尔乔内的系列画之一；此外，天花板上长条横幅图的一部分描绘了三个苹果互相重叠的样子，体现出丁托列托精湛的绘画技艺，这令拉斯金非常钦佩。

12. 圣马可大会堂目前被用作公共医院，它正对着乞丐河(Rio dei Mendicanti)。该会堂 1260 年建成，1485 年的一场大火后，由彼得罗·隆巴尔多和乔瓦尼·布奥拉在大约 1487 年至 1490 年左右负责它的重建工作。后来，建设者与兄弟会官员间出现了不同意见，因此最后由毛罗·柯度奇在 1495 年完成了最后的重建工作。1533 年至 1543 年间，又根据桑索维诺的设计进行了扩建。会堂的外立面有着很多装饰，例如由图里奥和安东尼奥·隆巴尔多兄弟设计的引人注目的错视栏杆。在拿破仑 1806 年镇压了该兄弟会后，威尼斯医院就被转移到了这里。有资料记载，1853 年时，这个位于前兄弟会会堂的医院因救济穷人而声名远播。现今的医院从乞丐河边延伸到了潟湖边上。

医院的礼拜堂是以前的圣拉扎罗乞丐教堂(church of San Lazzaro dei Mendicanti)，该教堂由文森佐·斯卡莫齐(Vincenzo Scamozzi)在 1601 年至 1631 年设计，外形则由朱塞佩·萨

尔迪在 1673 年建造。教堂中有一幅丁托列托精美的祭坛画《圣厄休拉》(St Ursula)以及委罗内塞的《受难基督,圣母与圣约翰》(Crucifixion with the Madonna and St John),这两幅画最早都在不治之症教堂(church of the Incurabili)内。医院图书馆的天花板用平顶嵌板装饰,是彼得罗和比亚吉奥·达·法恩扎在 1504 年设计的。

13. 靠近凤凰剧院(Teatro la Fenice)的圣方坦会堂旧址,现在被威尼托大学(Ateneo Veneto,文理院校)使用。最早的时候,它曾属于圣杰罗姆与圣母正义兄弟会(St Jerome and Santa Maria della Giustizia)。1562 年的一场大火后,安东尼奥·孔庭在亚历桑德罗·维特多利亚的帮助下,于 1592 年至 1600 年间对原来的建筑进行了彻底重建。这座会堂的外立面使用的是伊斯特里石,展现出了经典和巴洛克式两种建筑特色。在最顶部的山墙饰上有一尊安德里亚·达尔·阿奎拉(Andrea dall'Aquila)雕刻的耶稣受难浮雕,还装饰着圣母雕像,两边分别排列着两位天使,它们也是由安德里亚·达尔·阿奎拉和阿格斯提诺·鲁比尼(Agostino Rubini)制作的。会堂内部有委罗内塞和他追随者的画作,还有一尊亚历桑德罗·维特多利亚雕刻的托马索·拉戈内(Tomaso Rangone)的半身像。

附近的圣方坦教堂是斯卡帕尼诺 1507 年至 1549 年建造的,教堂内的圣所和穹形后殿很有可能是桑索维诺在 1549 年至 1563 年完成的。

14. 毗邻希腊人圣乔治教堂的是希腊人圣尼科洛会堂,该会堂是由巴尔达萨雷·罗根纳于 1678 年设计。会堂内部充满魅力的椭圆螺旋形楼梯非常著名。这幢建筑目前被收藏圣像的拜占庭斯卡利绘画博物馆(Museo Dipinti Scari Bizantini)所占用。

15. 卡米尼信众会曾经是加尔默罗修会修士(Carmelite)的兄弟会聚会的场所,它位于加尔默罗会教堂(church of Santa Maria del Carmelo)边上。它的外立面用白石建造,历史可追溯到 1668 年,设计者则是巴尔达萨雷·罗根纳。会堂的内部装修豪华。一楼有一些尼科洛·班比尼(Nicolò Bambini)在 18 世纪创作的单色画。祭坛上的《圣母子》出自桑特·皮亚蒂(Sante Piatti)之手。灰泥粉刷过的楼梯通向二层大厅,这里有九幅杰出的天花板壁画,其中有一幅 1739 年至 1744 年间绘制的《光荣圣母》(Virgin in Glory),展现了 G.B.提埃波罗精湛的绘画技艺。他绘制这些精美画作所得的收入极其微薄。兄弟会对提埃波罗的作品非常满意,因此授予了他荣誉会员的头衔。

16. 位于卡尔米尼广场(Campo dei Carmini)上,建造于 14 世纪的卡尔梅洛圣母教堂曾经附属于加尔默罗会隐修院(Carmelite monastery),后者于 1810 年被封锁。教堂的外观在 16 世纪时被新增过,设计者很可能是塞巴斯蒂亚诺·玛利亚尼·达·卢加诺(Sebastiano Mariani da Lugano)。高耸的多边形钟楼顶上有一座圣母雕像,它的历史可以追溯到 17 世纪。教堂内部宽敞的长方形大厅装修豪华。特别是中殿的拱廊上装饰着镀金木雕,此外还有一系列 17、18 世纪的长画描绘了加尔默罗会的历史,其中的一幅作品最为引人注目,它的作者是佛罗伦萨画派的塞巴斯蒂亚诺·马佐尼(Sebastiano Mazzoni)。教堂内的其他艺术品包括:位于南侧走道第二祭坛上方,奇马·达·科内利亚诺(Cima da Conegliano)1509 年左右绘制的《耶稣诞生图》;第三祭坛左侧,安东尼奥·科拉迪尼(Antonio Corradini)1721 年雕刻的雕像《圣母》(Virginity);16 世纪晚期吉罗拉莫·坎帕尼亚雕刻在栏杆上的两个铜制天使像。两条唱诗班长廊占据了中殿最后的隔间,长廊中有安德里亚·斯基亚沃尼(Andrea Schiavone)和其他一些画家所作的壁画。

17. 哥特式砖结构的圣斯特凡诺教堂(church of Santo Stefano)和它倾斜的钟楼一起矗

立在圣斯特凡诺广场(Campo Santo Stefano)的最北部。它在 14 世纪被重建,并在 15 世纪被大规模修建并扩大。在这座教堂早期跌宕起伏的历史中发生过多次流血事件,造成至少 6 次被重新奉为神圣之所的情况发生。一条华丽的 15 世纪门道通向教堂内部,里面有三座设计朴素的穹顶后殿。中殿的拱廊由交替的希腊石柱和红色维罗纳大理石柱组成。船龙骨形的屋顶很有可能是由弗朗切斯科·乔瓦尼·德里·艾雷米特尼(Francesco Giovanni degli Eremitani)设计的。教堂中著名的画作包括:位于南侧走道第一祭坛上方的《圣母诞生》,它是尼科洛·班比尼 1709 年创作的;三幅丁托列托晚期的作品,《浴足图》(Washing of the feet)、《园中的痛苦》和《最后的晚餐》。在圣器室门的上方则是加斯帕雷·迪亚齐亚尼(Gaspare Diziani)的绘画作品,分别有《三博士朝圣》(Adoration of the Magi)、《逃往埃及》和 1733 年的《屠杀无辜者》(Massacre of the Innocents)。教堂内还有一系列精美的雕刻品,包括位于南侧走道的两尊来自伦巴第学院(Lombard School)的大理石雕像;圣器室入口右侧有一尊约 1490 年制作的铜制浮雕《圣母、圣子与圣徒及施主》,它的作者可能是亚历桑德罗·莱奥帕尔蒂;圣器室入口左侧则是一座纪念法官拉扎罗·费里的巴洛克风格纪念碑。通往小圣器室的门上方有图里奥·隆巴尔多雕刻的《圣塞巴斯蒂安的头》(Head of St Sebastian)的残品;门的另外一边则是 15 世纪早期托斯卡纳人用雪花石雕刻的《圣母圣子与天使》。在主祭坛前的是两座华丽的蜡烛台,其中的一座可以追溯到 1577 年的亚历桑德罗·维特多利亚学院,而另外一座则是它 1617 年的复制品。透过主祭坛后方的玻璃可以看到唱诗席,它们是 15 世纪末期的能工巧匠们(包括马可和弗朗切斯科·科齐)精雕细刻的作品。洗礼池中有卡诺瓦在 1808 年为第一位赞助人参议员乔瓦尼·法里埃尔(Senator Giovanni Falier)所作的纪念碑,而在西面墙上的则是一位来自里米尼(Rimini)的医师贾科莫·苏利安(Giacomo Surian)的坟墓,他死于 1493 年,这座坟墓是彼得罗·隆巴尔多工坊制作的精美作品。中殿中心有一块巨大的石板,是用来纪念弗朗切斯科·莫罗西尼总督(1694 年去世)的;北侧走廊第一祭坛前的另一块嵌地石板则用来纪念作曲家乔瓦尼·加布里埃利(Giovanni Gabrielli),他从 1585 年起就担任圣马可大教堂的风琴手,直到 1612 年去世。

圣斯特凡诺广场上的尼科洛·托马塞奥(Nicolò Tommaseo)雕像是弗兰考·巴扎吉(Franco Bazzaghi)在 1882 年制成的。

18. 美丽的威尼斯——哥特式菜园圣母院(Madonna dell'Orto)位于卡纳雷吉欧区的东北角。它最早是为圣克里斯托弗(St Christopher)举行奉献典礼的,乌米利亚提(Umiliati)的将军提略·达·帕尔马(Fra Tiberio da Parma)于 1350 年左右在此处建成该教堂。1377 年后的某个时间,人们在教堂附近的菜园里发现了一幅令人惊叹不已的圣母画像,这座教堂也因此得名。教堂于 15 世纪早期在原来的一些建筑结构的基础上进行了重建。一些评论家对它精雕细琢的外观并不买账,例如维多利亚时代的哥特复兴式建筑师 G.E.斯特里特(G.E. Street)就认为它是"伪尖顶的,扁平的,坚硬且笨拙的",但菜园圣母院仍然被广泛认为是那个时代威尼斯最精致的教堂。但即使是斯特里特也只能不情愿地承认精美的花式窗格是共和国内最美丽的。壁龛人像《使徒》的作者被认为是德勒·马塞涅家族的成员,而文艺复兴式门道两侧的《圣母与天使》像则被认为可能是安东尼奥·里佐的作品。巴尔托洛梅奥·彭恩所雕的圣克里斯托弗像是现代第一座被清洗的巨型伊斯特里石雕作品。显眼的钟楼和它洋葱形状的特色圆顶都是在 1503 年建成的。

菜园圣母院是丁托列托的教区教堂,他被安葬在这里,教堂内部呈简洁的砖结构构造,丁托列托的作品覆盖了其中的大片区域。高坛上有两幅他的巨幅画作《金牛崇拜》(*The Worship of the Golden Calf*)和《最后的审判》，它们都被拉斯金推崇至极，但拉菲却对此毫无兴趣，她写道："约翰带我去看了丁托列托的两幅巨幅画作，但是在如此高温下进入一个像井一样的地方，就为去看一个头上戴着叶冠的死人，这让我直打哆嗦，因此我冲出了教堂并再也不想回去了。"教堂里还保有丁托列托的其他十件作品，包括：《圣母参拜神殿》(*Presentation of the Virgin at the Temple*)、《斩首圣保罗》(Beheading of St Paul)、《圣彼得在十字架的幻影》(*Apparition of the Cross to St Peter*)、《圣艾格尼丝复兴罗马人》(*St Agnes Reviving the Romans*)。此外，还有奇马·达·科内利亚诺在 1493 年左右创作的一幅美丽的《施洗者圣约翰和圣徒》，它位于南侧走道第一祭坛的上方；位于北侧走道的第一小礼拜堂中有乔瓦尼·贝里尼 1478 年左右创作的《圣母和圣子》。圣毛罗堂(Cappella San Mauro)的巨型石雕《圣母和圣子》是乔瓦尼·德·桑蒂(Giovanni de'Sancti)所作，康塔里尼堂(Cappella Contarini)里的半身像是由丹尼斯·卡塔内奥(Danese Cattaneo)和亚历桑德罗·维特多利亚制作。瓦列罗堂(Cappella Valier)是 16 世纪 20 年代早期由安德里亚和安东尼奥·伯拉(Andrea and Antonio Buora)设计的。

教堂在经历了 1966 年至 1967 年灾难性的洪水后被第一时间修缮，修缮的资金来自英国意大利艺术与档案拯救基金(British and Italian Art and Archives Rescue Fund)。1968 年至 1969 年，在意大利政府的资助下，十件丁托列托的作品和一幅由 17 世纪一位艺术家所作的《信仰》(Faith)得到了清洁并被修复。

19. 尽管建筑结构经过了许多次修改，古老的圣卡西亚诺教堂(church of San Cassiano)的历史大概可以追溯到公元 10 世纪。教堂原来的外观一直被保存到了 19 世纪的那次大幅改建，但是教堂的内部仍然保留着 17 世纪修缮时所作出的改变。现存年代最悠久的部分是 13 世纪建造的钟楼及其上方 15 世纪建造的钟室。圣器室里有丁托列托三幅杰出的画作，分别是：《耶稣受难图》《耶稣复生》以及《坠入地狱》(*Descent into Limbo*)。圣器室边上 18 世纪装修的小礼拜堂中有一幅 1763 年的《圣母、圣子与圣徒》祭坛画，作者是乔瓦尼·巴蒂斯塔·皮托尼(Giovanni Battista Pittoni)，他也是这间小礼拜堂天花板壁画的作者。

20. 诺瓦圣母广场(Campo Santa Maria Nova)的附近矗立着古老的圣康西安教堂(church of San Canciano)，它是为了奉献三位罗马圣人康西安、康西奥和康西亚尼拉(Canziano, Canzio and Canzianilla)，他们在公元 304 年殉难。教堂在 18 世纪初由安东尼奥·加斯帕里(Antonio Gaspari)负责重建，重建的资金来自米凯莱·托马西(Michele Tommasi)的遗赠基金，托马西的半身像被放置在主入口的上方。

21. 坐落于威尼斯最大广场中的圣保罗教堂(church of San Polo)在公元 9 世纪时建成并于 15 世纪时重建，1804 年，戴维德·罗西(Davide Rossi)对教堂进行了彻底的改建，他调整了教堂内部原本的中世纪风格，并新建了一条新古典主义风格的拱廊。毗邻教堂的钟楼建成于 1362 年，它的基座处有两头大理石石狮，一只的爪子上提着人的脑袋，另一只则抓着一条蛇。通过一道美丽的哥特式门道就能进入教堂的内部，门道旁装饰着两位手捧碑文的天使，顶部则有一尊圣保罗的半身像，这座半身像 15 世纪中期出自巴尔托洛梅奥·彭恩的工坊。教堂西门的左边有一幅丁托列托气势磅礴的《最后的晚餐》；在北穹形后殿的小礼拜堂中，有一幅委罗内塞所作的《圣母婚礼》(*Marriage of the Virgin*)；在左侧第二祭坛的上方是 G.B.提埃波罗 1754 年所作的《圣母出现在圣约翰内波穆克面前》(*Virgin Appearing to St*

John Nepomuk）。位于主祭坛优美的镀金铜像出自亚历桑德罗·维特多利亚之手，而右边的小礼拜堂中则有一幅乔亚奇奥·波佐利（Gioacchino Pozzoli）1702 年绘制的令人着迷的天花板壁画。

22. 曾经的圣阿波纳教堂（church of Sant'Aponal or St Apollinaris）坐落于里亚尔托不远处的一个热闹的小广场上，它于公元 11 世纪建成，15 世纪时被修缮，并在 1810 年被查禁。虽然 1851 年时它又重新开放，并在 1929 年再次得到修缮，但是它再次被改为俗用，其内部现在用来存放国家档案。在教堂哥特式的外立面上有被磨损的 14 世纪耶稣受难图浮雕，它位于一扇圆窗之上。下方是一个神龛，展示了耶稣受难和他生平的一些经历。

23. 曾经的仁爱圣母教堂（church of Santa Maria della Carità），它与毗邻女修道院和前仁爱圣母大会堂的建筑一起组成了现在的学院美术馆馆址。该教堂重建于 1441 年至 1452 年，并在 1807 年被封禁，后来，它被 G.A.塞尔瓦（G.A.Selva）改造成了新式的美术馆。美术馆的外部跟原来的教堂还有些许相似，并仍然保有一些哥特式的双层窗。它在经过了 1919 年至 1922 年的修建后重新开放。但是位于正门入口处由巴尔托洛梅奥·彭恩设计的富丽堂皇的拱廊却被搬去了安康圣母教堂（church of Santa Maria della Salute）的圣器室。

24. 14 世纪基本建成的萨格莱多宫（Palazzo Sagredo）曾经被拉斯金描述为"伤痕累累但让人充满兴趣"，它坐落于大运河的右岸，福斯卡里宫（Palazzo Foscari）的对面。它最初属于莫罗西尼家族所有，18 世纪初被转卖给了萨格莱多家族的一个分支，该家族对其内部进行了大幅度的改变。宫殿的外观介于威尼托—拜占庭和哥特式风格之间，并有一扇 13 世纪的拱门和飞檐，在二楼还有一扇美观的 14 世纪阳台窗。

25. 位于圣塞巴蒂亚诺教堂（church of San Sebastiano）附近广场上的安吉洛·拉菲尔教堂建于公元 7 世纪。现在的这个建筑是由弗朗切斯科·孔蒂尼（Francesco Contini）在 1618 年时建造。而建筑的外观则是在更晚的 1735 才完成。主入口上方的是 16 世纪早期塞巴斯蒂亚诺·马里亚尼·达·卢加诺雕刻的《大天使拉斐尔和托拜厄斯》（Angel Raphael with Tobias）雕像。希腊十字形的教堂内部在 18 世纪时被修缮过，管风琴楼厢的露台上绘有一系列《托拜厄斯和大天使》（Tobias and the Angel）故事中的场景，画作的色彩非常艳丽。这一系列画作的作者是弗朗切斯科·瓜尔迪或他的兄弟乔瓦尼·安东尼奥（Giovanni Antonio）。1988 年，安吉洛·拉菲尔教堂关门修缮。

26. 14 世纪中期落成的阿里乌宫（Palazzo Arian），位于古安吉洛·拉菲尔教区（parish of Angelo Raffaele），在布里亚蒂沿岸街（Fondamenta Briati）附近。它是威尼斯最早的全哥特式宫殿之一，有着一扇引人注目的六格窗户，窗户上呈现出交错的花饰窗格和四叶饰造型，这扇窗在整个威尼斯都是独一无二的。阿里乌尼家族在 1650 年灭亡，最后这座宫殿被划归到威尼斯市政府的名下，并得到了修缮。现在它被用作一所学校的校址。

在阿里乌宫附近的安吉洛·拉菲尔教堂（church of the Angelo Raffaele）后的广场中，有一个可以追溯到 1349 年的井栏，它也是属于阿里乌尼家族的。这个井栏是死于瘟疫的马可·阿里乌尼（Marco Ariani）的遗赠，开凿这口井的目的是为了向人们提供无污染的水源。

27. 名为黄金宫（Ca' d'Oro）的 15 世纪宫殿，位于大运河右岸里亚尔托桥和火车站之间，它是由米兰雕刻家马特奥·拉维第（Matteo Raverti）在 1425 年至 1440 年间为官员马里诺·康塔里尼（Marino Contarini）建造的，康塔里尼本人直接监督了整个建造过程，后来威尼斯的石匠乔瓦尼·彭恩（Giovanni Bon）也参加了建设工作。黄金宫取代了此处原来的 12 世纪拜占庭式宫殿,部分老宫殿的结构被保留在错综复杂的外墙中,该外墙的三叶形拱门,花饰窗格和精美的雕塑装饰展示了拉维第雇用的伦巴第石匠的精湛技艺;此外,负责飞檐、尖顶和其他许多细节装饰的威尼斯工坊也体现出了非常高超的水平。宫殿最初惹人眼球的镀金外墙和绚丽色彩早已消失不见。虽然岁月的侵蚀和人为的破坏都在宫殿上留下了它们的印记,但黄金宫仍然是全威尼斯最引人注目的哥特式宫殿。

黄金宫于1847年被俄罗斯王子亚历山大·特鲁贝茨考伊(Alexander Trubetskoy)赠予他所仰慕的女芭蕾舞演员玛丽·塔里奥尼(Marie Taglioni)。玛丽对宫殿的肆意破坏使拉斯金感到震惊,这些破坏包括拆除"辉煌的室内楼梯",将宫殿的大理石当作废品出售,拆除拉维第设计的位于庭院中的精美外部楼梯,并拆除通往大街的华丽大门。这座宫殿在1894年被乔治奥·弗兰凯蒂男爵(Baron Giorgio Franchetti)所拯救,他最大程度地将它修复成了从前的样貌,1916年他将宫殿作为展示其画作和个人收藏品的展览馆,并在1922年去世时将其作为遗赠赠送给了威尼斯政府。黄金宫中原本展示的物品和其他一些艺术品一起组成了弗兰凯蒂美术馆(Galleria Franchetti),于1927年对外开放。

从黄金宫街的入口进入宫殿后就能到达一座古色古香的庭院,庭院中有一个巴尔托洛梅奥·彭恩制作的精美井栏。二楼的柱廊有一对图里奥·隆巴尔多的半身塑像、包括安德里亚·布里奥斯克(小里奇奥)(Andrea Briosco/Il Riccio)的《圣马丁与乞丐》(*St Martin and the Beggar*)在内的一些非常精美的铜制浮雕以及一扇桑索维诺雕刻的《圣母子》大理石弦月窗。柱廊远处的房间里陈列着兰迪科(l'Antico)的铜制雕像《太阳神阿波罗》(*Apollo*);兰迪科、金泰尔·贝里尼(Gentile Bellini)、莱昂内·莱奥尼(Leone Leoni)、皮萨内洛和马泰奥·德·帕斯提(Pisanello and Matteo de'Pasti)制作的勋章;蒙塔纳未完成的作品《圣塞巴斯蒂安》;汉斯·梅姆林(Hans Memling)的画作《耶稣受难及圣人和施主》(*Crucifixion，Saints and Donor*);伯蒂奇尼和拉法埃里诺·德尔·嘉博(Botticini and Raffaellino del Garbo)的两幅《圣母拜子图》(*Madonna in Adoration of the Child*)以及西尼奥雷利的小型画作《鞭身》

（*Flagellation*）。

在宫殿的三楼，15 世纪雕琢而成的木制楼梯顶端有三座贝尼代托·曼奇尼（Benedetto Manzini）雕刻的半身铜像，其中有一座圣杰米诺（San Geminiano）教区牧师的肖像最为杰出；此外还有范·戴克（Van Dyck）的画作《绅士的肖像》（*Portrait of a Gentleman*）；扬·斯滕（Jan Steen）的画作《炼金术师》（*Alchemist*）；乔尔乔内和提香的壁画残品以及弗朗切斯科·瓜尔迪的两幅分别描绘小广场和码头风景的画作。

28. 坐落于圣马可广场北侧，一直延伸到时钟塔的带有连续拱廊的 16 世纪建筑就是旧行政长官官邸大楼（Procuratie Vecchie），它的前身是一栋 1172 年至 1178 年建成的拜占庭风格建筑，建造的主要目的是为了给圣马可的代理人提供住所，但是现在该大楼的风格是较为经典的。在现今收藏于威尼斯美术学院的詹蒂莱·贝里尼 1496 年的画作《圣马可广场游行队伍》中显示早期的大楼只有两层。大楼现在的三层造型，是由古列尔莫·德·格里吉（Guglielmo dei Grigi）在巴尔托洛梅奥·彭恩的指导下于 1512 年大火后修建的。如果不算桑索维诺在 1532 年前后增建的西侧翼楼以及后来拿破仑为了建造拿破仑翼楼对其进行破坏的话，大楼的竣工时间应为 1526 年。造型美观、比例匀称的大楼外观底层有一条由 50 个拱门组成的门廊，它的上方则有两层重叠的 100 个拱门凉廊组成，每个拱门都被连续的水平弦线隔开。一楼的门廊里入驻了很多商店，在大楼最东边的是夸德里咖啡馆。大楼的上层则被用作办公室。

29. 现在位于圣马可广场钟楼脚下的回廊是 1912 年在 16 世纪大理石凉廊的废墟上重新建造的，这凉廊在 1902 年时被倒塌的大钟楼砸毁。它是桑索维诺在 1538 年设计的，代替了此前的一间被贵族们用来作为聚会地点的场所，此外，建造这座凉廊还有提升它周围建筑名声的目的。因此，富丽堂皇的大理石外立面的造型极其精致，其中包括拱门、石柱、复合柱头、浮雕、壁龛以及桑索维诺的四座铜制雕像《密涅瓦》（*Minerva*）、《阿波罗》、《墨丘利》（*Mercury*）和《和平》。露台和栏杆是在 1663 年增建；安东尼奥·加伊在 1733 年至 1734 年间为其安装了铜制大门。由于凉廊作为会议室的知名度不断降低，到了 1569 年，它就被当作了保安室使用，18 世纪时又被用作公共彩票的总部。经过精心修建的回廊现在被用作钟楼的等候室和票务中心对外开放。回廊内部有一幅桑索维诺的画作《圣母和圣子》，这幅画中除了年轻的圣约翰外，其他地方都是通过拼接原画的碎片修复的。

30. 面向小广场西面海滨地区的皇家花园（Giardinetti Reali），1814 年在曾经的砖结构粮仓旧址上建成。这些粮仓在拿破仑统治时期被拆除，原因是它们挡住了他位于新行政长官官邸大楼皇宫的视线。公园最早只对宫殿的住户开放，后来才对外开放。在公园远端被废弃的新古典主义凉亭是罗伦佐·桑蒂 1838 年设计为咖啡屋的。

31. 在圣马可大教堂南立面的拐角处与总督府通过纸门相连接的地方，有两组、每组两座的《四帝共治》像，这四座雕像于公元 4 世纪在埃及雕刻。曾经流行过一种说法，说这四个穿戴头盔、披风和短束腰外衣的互相拥抱（有时被形容为在一起探讨问题）的人是撒拉逊人（Saracens），他们计划偷走圣马可的宝藏。而现在人们更倾向于将他们认为是四位在公元 285 年起共同治理罗马帝国的君主：戴克里先（Diocletian）、马克西米安（Maximilian）、君士坦提乌斯（Constantius）和伽列里乌斯（Valerius）。

32. 位于圣马可大教堂珍宝馆入口处的是一张大理石材质的圣马可之椅（Chair of St Mark），它是东罗马帝国皇帝赫拉克利乌斯（Heraclius）在公元 630 年赠予格拉多的族长（Pa-

triarch of Grado)的。它被认为是出自亚历山大(Alexandrine)工匠之手,其历史可以追溯到公元6世纪或7世纪。

33. 圣彼得之椅(Chair of St Peter)现在存放在圣伯多禄教堂南侧走道中,据说,这把大理石材质的椅子曾经是圣彼得在安提俄克(Antioch)使用过。椅背用一块墓葬石碑制成,两侧的嵌板上装饰有阿拉伯图案和《古兰经》(Koran)的诗句。它可能是在13世纪被组装成一把椅子的。

第五章　帝国危在旦夕

1427—1527

"总督和威尼斯参议院议员们都想安静舒适地待在家里。"

在中世纪行将结束的那些年里,威尼斯作为一个城市无疑是辉煌的,作为一个国家,事实上的欧洲强国,也处于"鼎盛时期"。自从比萨和热那亚发生日食以来,共和国获得了科孚岛、达尔马提亚海岸和伯罗奔尼撒半岛上的贸易站、港口和要塞,以及几乎所有的基克拉迪群岛(Cyclades)和多德卡尼斯群岛(Dodecanese)。卡拉拉家族已经被击败,威尼斯也在内陆建立了良好的基础,控制着帕多瓦、维琴察和维罗纳以及从阿迪杰河延伸到加尔达湖的领土。在 15 世纪 20 年代,这个帝国几乎囊括了所有的弗留利地区,而戈里齐亚(Gorizia)伯爵承认威尼斯人是他们的领主,匈牙利国王被迫放弃了他仅存的达尔马提亚城市,使威尼斯得以宣称亚得里亚海是她的内海。

事实证明,米兰是更危险的对手。这里的统治者是菲利波·玛丽亚·维斯孔蒂(Filippo Maria Visconti),他是吉安·加莱佐(Gian Galeazzo)的儿子,人们普遍认为他是个疯子。大家都知道,夏天的时候,他会从他又胖又脏的身上脱掉华丽的衣服,光着身子在花园里的花丛中打滚。他那畸形的双腿如此虚弱,没有侍者的帮助,他不能从椅子上起来;他如此紧张,人们都知道他看到一把出鞘的剑就会尖叫;他如此害怕打雷,以至于为他住的地方建了一个隔音的房间,他如此害怕被暗杀,以至于每天晚上都睡在不同的房间；他非常喜欢恶作剧，在与毫无戒心的朝臣交谈时，他会突然从袖子里掏出一条蛇来，他还很任性、神神秘秘，而且疑神疑鬼。但即使是他众多敌人中最嫌恶他的人也不得不承认，他是一个狡猾而精明的人。经过精心的准备，他开始收复他父亲曾经占领过但在他还是个孩子的时候就已经失去的大部分领土。

佛罗伦萨人在努力遏制他的同时，也在寻求威尼斯人的支持，威尼斯人在回应时表现出了他们特有的谨慎。他们不愿卷入一场可能被证明是代价昂贵和危险的战争，于是接二连三地接待了佛罗伦萨的代表团，礼数周到，把他们打发走。但有一天，一个叫弗朗切斯科·布松（Francesco Bussone）的人来到威尼斯，他被称为卡玛尼奥拉（Carmagnola），这是都灵南部一个小镇的名字，他出生在那里的一个贫穷的农民家庭。卡玛尼奥拉是一个才华横溢但不招人喜欢的雇佣兵，他有一张矮胖的脸，厚嘴唇，狡黠的眼睛，脖子很粗，布满皱纹，他指挥米兰军队取得了显著的成功，得到了公爵丰厚的奖赏。公爵非常清楚，成功的雇佣兵总是愿意为了自己的利益而随时改变立场。然而，卡玛尼奥拉相信，嫉妒的对手正在公爵府密谋对付他。因此，他决定放弃现在的金主，去找那些报酬更高、或许更可靠的人。他于 1425 年 2 月 23 日在威尼斯上岸，受到了大议会的欢迎。大议会的成员宁愿聘请雇佣兵来领导他们的军队，也不愿任命一个可能要求不合共和国宪法规定报酬的威尼斯人。经过讨论，卡玛尼奥拉被任命为威尼斯—佛罗伦萨联合军队的最高指挥官，薪水相当可观。

随后的战役是由卡玛尼奥拉指挥的，但他明显没有热情。他不止一次从战场上退下来，到就近的矿泉疗养地治病。1427 年 10 月 11 日，他在马科洛迪奥（Maclodio）赢得了一场重大胜利，使威尼斯的疆域几乎延伸到科莫湖，作为奖励，他获得了位于圣斯塔（San Stae）的一座宫殿和更高的薪水。[1]但此后，他似乎失去了之前对最终打败米兰所表现出的应有兴趣，只有在自己高兴的时候才听从指令。1432 年春，十人委员会对他的动机越来越怀疑，对他的能力也失去了信心，于是把他召回威尼斯，表面上是为了讨论未来的行动。4 月 7 日，卡玛尼奥拉出现在总督府，他被邀请参加晚宴。但他被告知，总督病得不轻，不能接待他，请他第二天再来。他走在去往斯拉沃尼亚人河岸的路上，这时一位贵族挡住了他的去路，朝一扇侧门点了点头。

　　"不是这样的。"卡玛尼奥拉抗议道。

　　"对不起,大人,是这样的。"

　　门一关上,他就喊道:"我是个迷路的人!"不久之后,卡玛尼奥拉从他的牢房里被带出来接受"帕多瓦酷刑大师"的审讯,他坦白了自己的口是心非,并以叛徒的身份被判处死刑。他穿着鲜红色的外套,打着红色的绑腿,戴着天鹅绒的帽子,嘴巴被塞住,双手反绑在背后,被押送到小广场上,刽子手正在那儿等着。斧头笨拙地砍了两下,第三次砍断了他的头,然后把尸体移到圣方济各教堂安葬。[2]

纸门上展示总督弗朗切斯科·福斯卡里(1423—1457 年在位)跪在狮子面前

战争断断续续、犹豫不决地进行着；但到了 1454 年，终于在洛迪(Lodi)签署了和平协议——另一位雇佣兵弗朗切斯科·斯福尔扎(Francesco Sforza)接替维斯孔蒂成为米兰的主人——共和国的领土空前广阔，总督被任命为特雷维索、菲尔特雷、贝鲁诺、塞内达、布雷西亚、帕多瓦、贝加莫、卡萨马杰里、松奇诺和圣乔瓦尼因克罗切的公爵。总督弗朗切斯科·福斯卡里(Francesco Foscari)因此感到无上光荣，威尼斯把宏伟的纸门(Porta della Carta)[3]归功于他，但他不久就去世了；这时一个更危险的敌人从东方威胁着威尼斯帝国。

尽管大量土耳其人世世代代在巴尔干半岛定居，构成了一大威胁，但威尼斯为了贸易利益，一直设法与他们保持良好的关系。海上偶尔会爆发摩擦：例如，1416年爱琴海爆发了一场海战，威尼斯指挥官彼得罗·罗列丹(Pietro Loredan)上将曾报告说："在上帝的恩典和我们的福音传道者圣马可的代祷下，土耳其海员被吓跑了，他们中的许多人羞愧地跳进了海里。"

　　我，这个指挥官，英勇作战，攻击第一艘战舰(罗列丹继续以他一贯的自负风格写道)……感谢上帝的恩典，(尽管她)以极大的勇气自卫，我还是拿下了她。土耳其人像龙一样战斗……我费了好大的劲才保住战利品，因为其他的战船紧追着我的船尾，向我投射标枪和箭……我左脸颊受了伤……一支箭从我的左手穿过去……射中了我的身体。但我继续战斗，击退了前来进攻的战舰……舰队的其他战舰打得也很漂亮。

　　战斗从清晨一直持续到下午两点。我们俘获了六艘桨帆船和船上的船员以及九艘小快艇。船上的土耳其人，包括舰队司令和他的所有侄子以及许多伟大的船长，都被杀了。战斗结束后，我们航行到加利波利(Gallipoli)的城墙下，用投石器对他们进行轰击，并要求里面的人出来战斗，但他们没有。我们就离开了，让士兵们恢复体力，包扎伤口。登上俘获的船只，我们发现了(不同国籍的)水手，他们中那些没有在战斗中丧生的人，我亲自下令将他们连同所有的领航员和导航员统统斩尽杀绝，这样土耳其人暂时就没有这些人了。

这是在苏丹穆罕默德一世(Mehmed I)时代,他是一个理性克制的人。但这种挑衅是穆罕默德二世(Mehmed II)所不能容忍的,他被称为征服者,19岁时登上王位。继位后不久,他宣布,所有打算穿过博斯普鲁斯海峡的船只都必须得到苏丹官员的许可,并接受检查。一艘无视此命令的威尼斯船被攻击并俘虏,全体船员被斩首,船长被钉在木桩上。

威尼斯有人呼吁进行十字军东征,为这种可怕的侮辱复仇。但是,在与米兰的长期战争之后,威尼斯人几乎没有能力发动战争,即使大议会认为进攻一个从黑海海岸一直延伸到东地中海的帝国是合算的。此刻,这个问题已经不容易平息了;几个月后,苏丹给世界敲响了警钟。八万名好战的奥斯曼土耳其人包围了君士坦丁堡;1453年5月29日,他们冲进这座城市,杀死了皇帝,屠杀了城里的居民,烧杀抢掠达三日之久。死者中有500多名威尼斯居民,当中许多人的名字都是长期为共和国效力的显赫家族的名字。经过近一年的谈判,幸存的威尼斯人被允许回到他们的殖民地,但他们的商业特权被严重削弱,威尼斯与奥斯曼帝国的关系从此变得时时警惕,有时两国还会发生战争。

君士坦丁堡沦陷后,土耳其人的挺进引起了大议会的警觉,大议会批准威尼斯加入由庇护二世(Pius II)在曼图亚(Mantua)召开的基督教王子大会上提议的一场伟大的十字军东征。然而,尽管教皇热情高涨,圣战却从未发生。大多数同意加入十字军的统治者要求补偿,而得不到补偿他们就失约。他们一个接一个地找借口:一个说年龄太大了;另一个说被本国的动乱缠住脱不开身;第三个说被占星家建议待在家里;其他人说要去别的地方打仗。尽管如此,教皇还是前往安科纳,基督教世界的军队受命在此誓师。由于发烧和痛风缠身,教皇坐在一顶轿子里被抬到海边,轿帘不时被拉上,以免被那些心有不甘的士兵看到,他们已经把武器卖给了路过的商人,一路流浪回家。在安科纳,港口里只有两艘船;当人们看到一支由二十四艘威尼斯船组成的舰队沿亚得里亚海顺流而下时,庇护已奄奄一息。他于1464年8月14日夜间去世,奉劝周围的人不要放弃神的工作。但他的话是徒劳的。他的遗体被抬进大教堂后不久,红衣主教们就回到罗马选举他的继任者,而总督克里斯托弗罗·莫罗(Cristoforo Moro)则返航回威尼斯。

因此,土耳其人势不可挡地前进,决心像摧毁拜占庭一样有效地摧毁威尼斯帝国。庞护二世提议的十字军东征失败五年后,他们开始集结一支庞大的军队和强大的舰队,进攻威尼斯殖民地尼葛洛庞特(Negropont),即现在爱琴海的埃维厄岛(Euboea)。一名威尼斯战舰指挥官看到一些土耳其船只驶过科孚岛,对它们的数量感到震惊,整个大海就像一片森林。他报告说,"这听起来不可思议"。他接着说道:

> 但这确实是一个惊人的景象……他们的划桨手划得很快,划得很漂亮。诚然,他们的桨帆船在船桨方面不如我们的好,但在航行和其他各方面都比我们做得好,而且我相信他们的船员人数更多。舰队有先头部队和后卫部队;约五十艘桨帆船组成一个中队,每一艘桨帆船都还有自己的随行平底船。我发誓,从第一艘船到最后一艘船,这支舰队的长度超过六英里……尼葛洛庞特危矣。

威尼斯得不到欧洲其他基督教势力的支持,所有的人都不愿把钱浪费在这场战争中,众所周知威尼斯很富有,可以让它独自战斗,共和国准备迎接这场威胁。威尼斯又一次发行强制性公债;兵工厂再次扩建;威尼斯的海外属地被要求提供金钱、士兵和给养;新教皇保罗二世(Paul II),一位富有的威尼斯商人的儿子,被请求并宣布对所有与土耳其作战或代人应征入伍六个月的人给予大赦。但是,光凭威尼斯自身的努力是不够的。尼葛洛庞特的守军英勇作战,击退了土耳其的多次进攻,在敌人突破外围防线时,从屋顶上投掷瓦片和泼滚烫的开水;但一切都无济于事。苏丹的军队意志坚定,不屈不挠,1470 年 7 月中旬,该岛沦陷。岛上的大多数威尼斯居民被屠杀,许多妇女被先奸后杀,她们的孩子被斩首。尼葛洛庞特行政长官投降的条件是不被斩首,他的请求得到了批准——改为腰斩。

战争使共和国的资源消耗到了极限。国库几乎破产,舰队濒临枯竭,有经验的水手越来越难觅到。没有拿到报酬的海员甚至开始在总督府外示威。然而,失去尼葛洛庞特的耻辱倒并不是一场彻头彻尾的灾难。其他国家不得不面对这样一个事实:如果威尼斯陷落,下一个肯定会轮到它们,现在它们提供了支持。在威尼斯城里,当人们得知所有主要官员都自愿接受大幅减薪,并且在 1475 年 10 月,国库因雇佣兵巴尔托洛梅奥·科洛尼(Bartolomeo Colleoni)去世而获得巨额横财时，士气也得到了鼓舞。科洛尼曾担任共和国陆军司令多年，几乎把他的全部财产——70多万金币——都留给了共和国。科洛尼是艺术赞助人，也是士兵和野战炮兵战术的先驱，他提出了一项规定，要求在圣马可广场竖立一尊他的雕像，以表彰他的贡献和遗赠。但是，由于威尼斯的传统不允许在那里竖立雕像，甚至是圣马可本人的雕像。元老院坚持认为，根据遗嘱条款，他们可以接受这笔钱，并把雕像竖立在圣马可兄弟会会堂(Scuola di San Marco)前面，而不是广场上。佛罗伦萨雕塑家安德里亚·德尔·维罗基奥(Andrea del Verrocchio)受命创作这幅杰作，如今这座雕像矗立在圣若望及保禄广场(Campo Santi Giovanni e Paolo)[4]。

虽然避免了破产，但要阻止奥斯曼帝国的挺进似乎是不可能的。先是利姆诺斯岛(Lemnos)沦陷，然后是爱奥尼亚(Ionian)群岛。阿尔巴尼亚的克罗伊亚要塞投降了，土耳其掠夺者摧毁了弗留利的大片地区。1480年，土耳其人在意大利南部的奥特兰托(Otranto)建立了一座桥头堡，这里立即成为贩卖基督教奴隶的市场。当与奥斯曼帝国的争端因威尼斯不得不同意接受一项不利的和平条约而暂时结束时，共和国被挑起与费拉拉的战争，结果新教皇西克斯图斯四世(Sixtus IV)下令停止威尼斯的圣事活动。然而，威尼斯拒绝接受。威尼斯驻罗马代表拒绝将这条法令送交他的政府；而是将该法令送交给了大主教，大主教坚持认为他病得太严重，无法将它送交元老院；十人委员会则命令所有的教堂继续开放，并印发了一份信的副本，上面附有向教会委员会发出的上诉通知书，将其钉在教堂的门上。

刚和费拉拉签署和平协议，威尼斯又卷入了塞浦路斯的麻烦事中。塞浦路斯国王卢西格南的詹姆斯(James of Lusignan)娶了一个威尼斯姑娘，十四岁的卡特琳娜·科纳罗(Caterina Cornaro)，她被封为圣马可的吉日女儿——这个头衔促使皮埃蒙特主教说，他以前从未听说过圣马可已经结婚了，即使他结婚了，他和他的妻子也一定年纪不小了，才会有这么年轻的女儿。在塞浦路斯后来的一次宫廷政变中，年轻王后(现在已是寡妇)的侍从和医生，都在她面前被暗杀了；她的堂兄和弟弟随后被谋杀；她本人也被迫承认那不勒斯国王的一个私生子，而不是她自己的孩子，是她的继承人。一支威尼斯远征军被派往该岛，以恢复卡特琳娜儿子继承遗产的权利；但当他两岁前就去世时，他的母亲成了其后无数阴谋的受害者。其中一

提香为卡特琳娜·科纳罗画的肖像,她于 1472 年离开威尼斯,成为塞浦路斯王后

次,她嫁给了那不勒斯的阿方索(Alfonso),结果塞浦路斯被宣布为威尼斯帝国的一部分,卡特琳娜被带回费拉拉侯爵的宫殿,途中被流放到山城阿索罗(Asolo)。

她当时还在阿索罗,发生了一些事件,这些事件震惊了意大利所有敌对、分裂的国家,使它们意识到自己在对付训练有素的常备军方面的弱点。年轻的法国国王查理八世(Charles VIII)的出现,一点也不像是一种有力的催化剂。他身材矮小,相貌丑陋,目光短浅,长着一个巨大的鹰钩鼻,肥厚多肉的嘴唇时常张开,虽然有一部分被分散的淡红色胡须遮住了,他沉默寡言,贪吃,好色,没有受过良好教育。但他精力充沛,野心勃勃,冷酷无情;他的烦躁不安和冒险精神使人在他面前小心翼翼。当他说要进军意大利,用武力夺回安茹家族(House of Anjou)对那不勒斯王位的继承权时,人们有理由感到害怕。

查理率领一支庞大的军队,队伍后面跟着一大群随军杂役,有厨子、马夫、骡夫、蹄铁匠、乐师、妓女、军中小贩和侍臣,向南翻越阿尔卑斯山,于1495年2月占领那不勒斯。国王阿方索二世被怪异的梦境和预兆吓得魂不守舍,被自己残暴行为受害人的幽灵所折磨,听到脚下的石头在叫喊"法兰西!法兰西!"他逃往西西里的一座修道院。查理在那不勒斯醉生梦死三个月,享受着新领地的乐趣和接连不断的漂亮情妇,而他的士兵与城里的女人乱搞,染上了梅毒。这个梅毒被称为"法国病",很快就传遍了整个欧洲。与此同时,新教皇西班牙人亚历山大六世(Alexander VI)与其他统治者进行秘密谈判,组成一个对抗法国的神圣联盟。

到目前为止,威尼斯一直努力保持警惕的中立,没有理由认为共和国处于任何直接危险之中。但是谁也不知道这位危险的年轻国王下一步会做什么,也不知道他会满足于目前的成就多久。法国驻威尼斯特使菲利普·德·科米纳(Philippe de Commines)非常理解大议会的感受,他描述了在那不勒斯城堡被占领后,他是如何从圣乔治马焦雷的住处被召来的。他发现"有五六十名议员聚集在总督府"。总督本人,阿格斯提诺·巴尔巴里戈(Agostino Barbarigo),常常脾气暴躁,他设法对法国军队的胜利表现出很满意的样子,"然而,在场所有人当中,其他人可没像他那样能假装。有些人坐在低矮的座位上,胳膊肘支在膝盖上,双手抱头;其他人则摆出另外的姿势,但他们的内心都表现出极大的悲痛"。然而,当科米纳后来被告知威尼斯加入了神圣联盟时,他们的态度就大不相同了。神圣联盟表面上的目的是保

卫基督教世界,抵御土耳其人,保卫意大利,抑制它的其他敌人,并保护签署国的领土。在这个场合,

> 一共约有一百来人,个个兴高采烈,高昂着头,脸上已没有那不勒斯城堡投降那天的愁容……之后,神圣联盟的大使们在水上的船上相聚(在威尼斯,坐船是他们主要的消遣活动)。总共约有四十艘船,每艘船上都装饰着各自主人的武器,排场很大,吹着号角和其他乐器从我窗下经过……到了晚上,炮塔上、尖塔上、使节住宅的屋顶上都燃放起了不同寻常的焰火,许多营火被点燃了,城里各处的大炮都在鸣炮。

法国国王决定回家的时候到了。他的军队慢慢向北行进,每两个人就有一头驮着财宝的骡子。1495 年 7 月 5 日,星期天,在伦巴第福尔诺沃小镇附近的塔罗河边,法国军队带着瑞士和德国的辅助部队和苏格兰弓箭手,遭遇了联盟军。联盟军大部分是威尼斯人出钱的雇佣兵,由长相凶恶、眼睛突出的曼图亚侯爵弗朗切斯科·冈萨加(Francesco Gonzaga)指挥。

这是一场短暂而又残酷的战斗,比 13 世纪末以来意大利发生的任何一场战斗都要残酷。意大利雇佣兵的人数大大超过查理国王的军队;他们精力充沛,营养充足,而且占据了有利地形,而法国人则又累又饿,在陡峭的岩石山口艰难地行进,拒绝吃当地的食物,以免中毒。然而,意大利人并不是经验丰富的法国士兵的对手,正如佛罗伦萨历史学家弗朗切斯科·基恰尔迪尼(Francesco Guicciardini)所言,法国士兵的大炮"在意大利是前所未见的,让以前所有的攻击武器都显得可笑……他们用铁球代替以前的石头,而这种新的炮弹比以前使用的炮弹要大得多,也重得多。而且,这些大炮是装在车上用马拉的,而不是像意大利惯常的那样用牛拉"。

意大利人损失惨重;当法国人继续向北挺进时,数百名随军杂役带着刀和斧头奔向战场,扑向伤员。由于他保留了战场的控制权,并夺取了法国的行李搬运车——其中包括查理曼大帝的剑、一块圣十字、圣丹尼斯的肢体、许多其他遗物,以及一本描绘裸体女人的书("画在不同的时间和地点……以及各个城市的性交和淫乱的素描")——曼图亚侯爵宣告取得了胜利。当他的信使到达威尼斯时,这座城

乔凡尼·贝里尼画的总督莱昂纳多·罗列丹(1501—1521 年在位)肖像

市顿时陷入一片欢乐的海洋。

　　不过,这没什么值得庆祝的。正如基恰尔迪尼所理解的那样,法国人的入侵已经永远地结束了老式雇佣兵队长所喜爱的冗长、编舞式的战役,他们为了增加工资而旷日持久地进行战争,他们让士兵在掠夺上花费的时间比在冲突上花费的时间还要多,当战斗结束时,也许双方都没有一个人伤亡,他们走上前去向对手表示祝贺。过去确实发生过血腥的战斗。1440 年,一支由佛罗伦萨雇佣兵组成的军队在安吉里(Anghiari)击溃了米兰雇佣兵尼科洛·皮奇尼诺(Niccolo Piccinino)的军队，近1000人在这里丧生。但这样的战斗很罕见：在未来，它们将是司空见惯的。这是威尼斯人必须吸取的教训；当福尔诺沃的真实故事开始浮现时，他们意识到，尽管意大利人拥有美德、才干、财富、过去的荣耀和经验，但他们完全无法抵挡来自北方那些冷酷无情的人的前进。

然而，就目前而言，法国入侵的教训已经被威尼斯及其盟友遗忘。一旦迫在眉睫的威胁过去，意大利又变得四分五裂。国王查理八世去世时没有继承人，法国王位传给了他的堂兄奥尔良公爵(Duke of Orleans)，也就是路易十二(Louis XII)，威尼斯立即向这位新国王表示祝贺，并于1499年签署了一项联盟协议，约定在弗朗切斯科的儿子卢多维科·斯福尔扎(Ludovico Sforza)，当时的米兰公国公爵被击败后，立即将米兰公国分割——卢多维科是通过他的外祖母瓦伦蒂娜·维斯孔蒂(Valentina Visconti)对外宣称这一点的。威尼斯将提供六千五百名士兵帮助推翻斯福尔扎(这很快就能完成)，作为回报，它将接收克里莫纳(Cremona)城及其周边的广大领土。然而，尽管在土耳其人从阿普利亚和查理八世从那不勒斯撤出后，威尼斯也获得了意大利南部的奥特朗托、布林迪西(Brindisi)和特兰(Trani)三个港口，但共和国不久将遭受最严重的羞辱。首先，在佛罗伦萨和米兰间谍的游说下，土耳其人认为威尼斯和法国的联盟是针对土耳其的，于是袭击了伯罗奔尼撒附近的威尼斯舰队，占领了勒班陀(Lepanto)。与此同时，土耳其在弗留利的军队推进到了维琴察附近。接着，对威尼斯帝国的未来更具威胁的是，有消息称，继巴托洛缪·迪亚兹(Bartolomeu Diaz)成功绕过好望角之后，另一位葡萄牙航海家瓦斯科·达·伽马(Vasco da Gama)率领一支海军远征队，经非洲海岸到达印度，开辟了从西欧到东方的海上航线。从现在起，商人们不再需要地中海和东方的商队路线；威尼斯的繁荣建立在古老的贸易路线上，但这些路线似乎已经失去了它们的重要性，而伊比利亚半岛的港口也将使北欧的航运远离亚得里亚海。自从君士坦丁堡沦陷以来，威尼斯与黎凡特的贸易一直没有完全恢复，有个消息在人们的嘴里口口相传，"语气十分不祥"，比起谈论海军战败和损失大量战舰时听到的要可怕得多。一家又一家银行倒闭；广场上的气氛紧张而阴郁；广场和街道上吵架和打架声经常打断周围房屋内紧张的谈话。当第一批满载香料的船只在里斯本停泊的消息传到威尼斯时,里亚尔托的商人们"目瞪口呆"。银行家吉罗拉莫·普里乌利(Gi-rolamo Priuli)表示:"最聪明的人把它当成我们可能掌握的最糟糕的消息。"

就在这时,威尼斯激起了一个最强大的人对圣彼得宝座的无情仇恨。朱利亚诺·德拉·罗维尔(Giuliano della Rovere)于1503年10月成为教皇尤利乌斯二世(Julius II),这是一名利古里亚渔民高大英俊的孙子。他为自己卑微的出身感到骄傲,喜欢谈论他带着洋葱的船沿着海岸航行的日子。他粗鲁而健谈,易怒而患梅毒,傲慢而焦躁不安,他坚持认为,与其说他是个学者,不如说他是个战士。当米开朗琪罗为他塑像,要他提议一个合适的标志时,他粗声粗气地回答说:"把剑放在我手里,而不是一本书。"

他很喜欢这把剑,决心用它来迫使人们臣服于罗马教廷,为它夺回所有被敌对国家篡夺的领土,并恢复他认为对罗马权威至关重要的世俗权力。首先,他向佩鲁贾和博洛尼亚进军,这两个地方宣称自己不受教皇管辖;然后,他把注意力转向里米尼(Rimini)、法恩扎(Faenza)和拉文纳,由于威尼斯的商业繁荣受到了威胁,为了扩张其大陆帝国,威尼斯最近占有了这几个地方。

为了实现他所宣称的要把威尼斯变成一个小渔村的雄心壮志,他派使节到一个又一个的朝廷去提议结盟;大多数人都倾向于赞同,不是出于帮助教皇或破坏威尼斯帝国的愿望,而是因为他们看到了一个对自己有利的机会。因此,1508年12月,在佛兰德斯的康布雷(Cambrai),一个联盟成立,明确表示要结束"威尼斯人天生的贪婪和权欲……不仅对罗马教会,而且对神圣罗马帝国、奥地利王室、米兰公爵、那不勒斯国王和其他各种亲王所造成的损失、伤害、侵犯和损害"。面对包括法国国王路易十二和西班牙国王斐迪南(Ferdinand)在内的一系列强大的敌人,总督莱昂纳多·罗列丹(Leonardo Loredan)——多亏了贝里尼(Bellini)的华丽画像,使我们对他的容貌比他的任何前任都更熟悉——恳求市民们在这个危急时刻团结一致;他说,他本人会捐出自己所有的(金)盘子和大部分薪水,并希望其他人也能以他为榜样。

威尼斯抵抗的决心使教皇更加愤怒。他对她的指责比以往任何时候都更加极端;他把她逐出教会;把罗马的奥尔西尼(Orsini)家族逐出教会,该家族的两名成员接受了威尼斯雇佣军的服役。于是他派遣康布雷联盟的军队参加战斗,劝诫他们向"背信弃义的敌人"复仇。

1509 年 5 月,在宣战一个月内,威尼斯军队在克雷莫纳(Cremona)附近被击溃。5 月 15 日晚,当第一批报告到达威尼斯时,当时元老院的贵族们忧心忡忡地静听着,而下面的院子里人群开始聚集。两天后,广场上一片寂静。那天是耶稣升天节,正如历史学家、日记作者马林·萨努多(Marin Sanudo)所记录的那样,平常的外国访客和朝拜者都不见了,"内阁的元老们都不在了,总督没有说话,只是呆呆地站在那里",而那些被教皇封禁的教堂,看上去悲伤而压抑。每天都有更多的损失报告,比如威尼斯对大陆的控制放松,她的批评者落入敌人手中。帕多瓦、维罗纳和维琴察都失掉了;南部的布林迪西、奥特朗托和特兰尼也失去了;在罗马尼亚,法恩扎、里米尼和拉文纳也被占领了。

几个城市很快发现,他们对新主人的喜爱程度并不比旧主人强多少;还有一些城市起来反抗征服者,把他们赶了出去。然而,这些逆转,尤其是维琴察和帕多瓦的重新夺回,激怒了教皇,他发誓,他决不会放过威尼斯人,除非联盟的一切目的都实现,威尼斯的大人物们脖子上系着缰绳,跪在他面前。威尼斯人认为尤利乌斯的条件太离谱了,他们向土耳其人求助;但是苏丹没有回应,到 1509 年年底,他们的几艘船在波河被毁后,他们接受了教皇提出的条件。罗马圣彼得大教堂外举行了公开的臣服仪式,教皇坐在专门为这一场合制作的圣座上,五名身穿红色长袍的使者向教皇陛下走去。他们弯下腰亲吻他的脚,然后在宣读投降条件的过程中,他们被迫跪了一个小时。

这是极大的耻辱;但是,教皇在复仇之后,现在准备向那些外国势力发起进攻,这些外国势力是他召集起来联合对付威尼斯的,而现在他决定将他们驱逐出伦巴第。"我不会让这些野蛮人占领意大利",他反复宣称,并呼吁所有意大利城邦把他们赶回阿尔卑斯山。"让我们看看,"他一边说,一边骑着马把一支法国驻军赶出米兰多拉(Mirandola),"让我们看看谁的能耐更大,是法国国王还是我。"

但是,尽管他在米兰多拉取得了胜利,通过云梯爬上了它支离破碎的城墙,意大利各城邦却不愿响应他的号召。于是尤利乌斯转向西班牙人,他们现在牢牢地控制着那不勒斯。1512 年复活节星期六,新神圣联盟的军队向拉文纳进军,与法国军队发生冲突;在随后的野蛮战斗中,炮弹横飞,穿过一排排手持武器的士兵,双

一支威尼斯舰队正准备从莫洛出发,这是弗朗切斯科·巴萨诺的油画,存于总督府大会议厅

方伤亡惨重,以前欧洲战场上几乎从未有过这么多人丧生。据说,神圣联盟有近一万名士兵阵亡,法国军队中也有差不多同样多的士兵阵亡,法军年轻而有天赋的指挥官加斯顿·德·福瓦(Gaston de Foix),即内穆尔公爵,被一颗流弹击中下马,鲜血和脑浆溅了一身,被西班牙步兵砍死。不久,法国人,他们的家园受到英国和西班牙的双重威胁,被迫回国。

不过,他们在意大利留下了一个潜在的盟友。因为威尼斯对她在神圣联盟中的意大利盟友越来越不抱幻想了,她为联盟贡献了不成比例的资金,现在取得了成功,她却没有得到她应有的份额。然而,当她在罗马的特使提出抗议时,教皇转向他,以一种令人震惊的方式表现出极度的愤怒,威胁说如果不接受这些安排,就要摧毁威尼斯人。为了表明他的威胁是认真的,他和皇帝达成了一项协议,不让威尼斯在和平问题上有任何发言权。但那时,共和国的代表已经与路易十二达成谅解;1513 年 3 月,宣布威尼斯和法国签署了一项条约,根据该条约,双方将互相帮助,对抗任何一方的敌人。很明显,这些假想敌也包括教皇。

战争的消耗巨大,导致威尼斯社会发生重大动荡。在过去,威尼斯的军队主要是由应征入伍的士兵组成的;或者是出钱让盟军为她而战。例如,在 1350 年对热那亚的战争中,从阿拉贡(Aragon)国王那里雇来了十二艘桨帆船,船上的士兵和水手全部都配备齐全。然而,到了 14 世纪末,共和国的大部分战斗士兵部分依靠从大陆招募的民兵,但主要依靠雇佣兵队长领导的雇佣军。米兰的维斯孔蒂、弗朗切斯科·斯福尔扎和阿德里亚诺·奥尔西尼(Adriano Orsini),以及卡玛尼奥拉、巴尔托洛梅奥·科洛尼和弗朗切斯科·冈萨加,都受雇领导军队为共和国服务;这些训练有素的军事领导者及其雇佣兵的服务费用越来越高。

为了满足康布雷联盟的战争费用,共和国被迫采取了许多大议会成员认为不可容忍和可耻的措施。他们提高了通行费和进口税;对地产、收入、粮食和其他食品征税;不得不求助于强制贷款;除了支付给没有工资就无法生活的官员工资外,其他工资也被暂停发放;公职被挂牌出售,25 岁以下的年轻贵族支付一定数额的款项就被允许进入大议会,他们经常在那里吵吵闹闹,而且有集体投票的倾向,这使他们的年长保守的同事深感震惊。甚至连最高贵的圣马可代理人的职位也被拿来拍卖。

腐败现象普遍存在。许多家族连续逃税;1511 年公布了一份欠税清单,一些最古老家族中最富有的成员名字就在上面,其中包括格里提家族的几名成员。还有一些家族贿赂官员,让他们把自己的名字从名单上划掉。在许多同时代的观察家看来,战争的灾难主要是由于缺乏爱国主义、腐败和道德沦丧。马林·萨努多是这么认为的;莱昂纳多·罗列丹也这么认为,他抱怨道,总督府里有一个大房间,本来是用来开会的,却被改成了宴会厅;吉罗拉莫·普里乌利也是如此,他坚持认为,威尼斯的元老院议员们想要"安静舒适地待在家里,睡在他们习惯的床上,他们也想要胜利。两者兼得几乎是不可能的"。普里乌利声称,道德沦丧的证据是,威尼斯妇女不再贞洁,几个修道院不过是妓院,受到经常光顾她们的老贵族的保护。萨努多谴责将年轻女孩送进修道院而不让她们从事任何宗教活动的罪恶,他举了一个修道院的例子,年轻的贵族们在那里参加一场通宵的舞会来庆祝复活节。普里乌利强调,同性恋很普遍,而且有几个贵族纳土耳其奴隶为妾——彼得罗·莫塞尼格(Pietro Mocenigo),1474 年至 1476 年间担任总督,他的小妾不下十名。还有一些作家抱怨说,成群结队的年轻暴徒在城里到处乱转,捣毁贡多拉;兵工厂工人做着粗制滥造的活,早早就下班了;旨在恢复古老共和国简朴生活方式的禁奢法,不断遭到蔑视;妇女的假发陈列在广场的杆子上出售;还有为城里大约3 000名黑人奴隶提供各类首饰。

面对这样的批评,人们试图加强禁奢法,并确保新规定得到遵守。治安官被任命来"控制无节制的开支,并在危机时刻平息上帝的愤怒"。政府颁布法令,要求妇女的着装要简朴,衬衫要紧紧围着脖子,腰带不能有金银线,限制她们佩戴珠宝的数量和头发上珍珠的价值。一个房间的镶板价格不超过150金币,房主不得购买金盒子、镀金镜子、锦缎窗帘、丝绸帷幔和金银器皿。在最严格的规定下,用来照明房间的蜡烛以最经济的方式使用,某些美食被禁止享用,戴面具、在街上跳舞以及"最无耻的帽子舞和其他充满淫荡和罪恶动作的法国舞蹈"也被禁止。

亵渎神明者,将被割舌或断手,处以车轮轧死,用木槌捶死,或被施行剜眼。那些不停业的赌场老板将被绑在小广场柱子之间的示众柱上。犯乱伦罪者将被处以火刑。鸡奸者将受到特别严厉的惩罚:他们会被处以极刑,将罪犯关在一个悬挂在钟楼上的小笼子里,长时间只给喂一点点面包和水,有时直到他们死去。

某些贵族努力树立一个好榜样,他们过着反常的简朴生活,确保家庭婚礼低调举行,并要求他们的妻子衣着朴素。不过,总的来说,威尼斯的生活变化不大。在家里和旅馆里、在贡多拉上、在桥上、甚至在教堂里,赌博仍在继续;妓女们似乎发现自己的时间像以前一样被占满了。

当威尼斯和法国于1513年签署条约时,教皇尤利乌斯二世已经被"伟大的罗伦佐"的儿子,佛罗伦萨的乔瓦尼·德·美第奇(Giovanni de Medici)接任。这位新教皇现年37岁,他和蔼可亲,人见人爱,善于交际,平易近人,喜欢被人称为利奥十世(Leo X)。不过,他看上去比实际年龄老多了:脸色苍白、肌肉松弛,身体肥胖,视力明显衰退。他爱美食,爱美酒,爱享乐,而且从不克制。据报道,他在当选时曾对弟弟说:"上帝给了我们教皇职位,让我们好好享受吧。"

然而,这种态度并没有妨碍他同样坚定的野心,他不仅想让美第奇家族再次在意大利政坛占据主导地位,而且还想通过外交手段而不是战争,把所有外国人赶出意大利领土,并确保法国人不会再回来。这时出现了一个有希望的征兆:1515年元旦,路易十二去世,他那精力充沛的 15 岁新娘——英格兰国王亨利八世的妹妹把他累垮了,继位的是他英俊、迷人、聪明的堂弟弗朗西斯一世(Francis I)。教皇非常有希望让弗朗西斯受他的影响,尤其是在弗朗西斯的姑母、萨沃伊的菲利波特公主(Princess Philiberte of Savoy)和教皇的弟弟朱利亚诺(Giuliano)结婚之后。

这些事件在威尼斯引起了人们极大的兴趣和部分的忧虑。据说这位教皇为人随和、爱好和平,总督希望教皇的这种天性能消除佛罗伦萨人对威尼斯的传统反感,因此他向利奥十世发出了热烈祝贺他当选的贺信,并提议教皇应成为共和国与法国签订条约的一方。教皇谨慎地回答了这个提议,当得知弗朗西斯一世续签了前任与共和国的条约时,他对威尼斯的意图更加怀疑。因为事实立即证明,这位法国新国王远没有教皇所希望的那么顺从,而且表明了他决心要为法国夺回她在查理八世时期在意大利短暂掌握的那种影响力。教皇急切地向他的顾问们求教,而他的顾问们又向其他人求教,包括马基雅弗利(Machiavelli)。马基雅弗利的观点是,教皇应该像总督提议的那样,把自己的命运交给法国人;但利奥对此犹豫不决,最终决定与西班牙国王斐迪南、神圣罗马皇帝和瑞士结盟。

弗朗西斯没有被吓倒,他公开表示自己对这一联盟不屑一顾,他带领一支约 3 万人的军队翻越阿尔卑斯山,进军意大利,而威尼斯军队则根据条约,向米兰进军,与他会合。法国人和威尼斯人不仅遭到教皇军队、西班牙人、米兰人和佛罗伦萨人的反对,而且还遭到凶猛的锡安红衣主教马修·辛纳(Matthew Schinner)指挥的瑞士雇佣兵的反对。瑞士人的轻甲使他们成为欧洲最为灵活机动的军队,正要在马里尼亚诺[Marignano,现在的梅莱尼亚诺(Melegnano)]打败法国人的紧要关头,威尼斯人从天而降,扭转了战局,帮助弗朗西斯击溃了瑞士人,造成一万瑞士人死亡,占领了米兰,并在博洛尼亚向教皇谈条件。作为他的盟友,威尼斯一扫往日的憋屈,几乎收回了以前在北意大利的全部领地,并从这样一个事实中得到安慰:虽然她失去了商业地位和海军霸权,但她现在和意大利任何一个城邦一样强大,只要她的外交官和间谍们按照十人委员会要求的那样巧妙地行事,她就能长期保持这样的地位。

不过,威尼斯人的外交手腕现在要大有讲究了,因为另一个比弗朗西斯一世小六岁的令人敬畏的年轻人出现在欧洲的舞台上。由于一系列的家族婚姻和死亡,

查理五世和他的狗，作者提香，威尼斯共和国官方画家

西班牙国王查理,同时也是那不勒斯国王,尼德兰君主,奥地利大公,从 1519 年 6 月起,成为神圣罗马帝国皇帝查理五世(Charles V)。为了与这位年轻人保持良好的关系——他梦想着实现中世纪帝国拥抱整个基督教世界的理念——同时保持与法国同盟关系,威尼斯需要一个比安东尼奥·格里曼尼(Antonio Grimani)更敏锐的总督。查理当选皇帝时,格里曼尼 85 岁,1521 年他当选总督时,87 岁,是有史以来最年长的成功当选总督的候选人。他是圣马可的代理人,为钟楼提供绿色金字塔形屋顶的负责人之一;但他唯一受到选举人青睐的另一项主张是,他有一个儿子,他为这个儿子花了很多钱买了一顶红衣主教的帽子,并通过他与教皇保持着友好关系。幸运的是,格里曼尼总督于 1523 年去世,威尼斯人得以选择更年轻、更健康、更英俊的安德里亚·格里提(Andrea Gritti)来代替他。格里提是一位才华横溢的语言学家和外交家,拥有丰富的技能和经验。

格里提当选几个月后,罗马又举行了一次教皇选举。1521 年 12 月,美第奇教皇利奥十世在一天的狩猎之后"因剧烈的寒战而死";枢机院(Sacred College)指定查理五世以前的家庭教师,一个默默无闻、德行高尚、过着苦行僧般生活的佛兰德红衣主教作为他的继任者,这位红衣主教曾靠着一位老泼妇给他提供的便餐在罗马生活了一年左右,他似乎莫名其妙地喜欢那个泼妇。利奥十世的死无人感到惋惜,在经历了人们记忆中最长的一次秘密会议之后,他的堂弟,25 岁的朱利奥·德·美第奇(Giulio de Medici)接替他成为教皇,即克莱门特七世(Clement VII)。

新教皇阴险狡诈,优柔寡断,完全无法对付查理五世。查理五世的军队已进军意大利,占领了米兰,夺取了帕尔马和皮亚琴察。教皇克莱门特七世在经历了许多曲折的政策转变后,没有像理智的人所期望的那样努力与皇帝达成协议,而是与决心再次越过阿尔卑斯山的弗朗西斯一世进行谈判。这些谈判虽然是教皇密探们竭力保守的秘密,但很快就被皇帝知道了,他很清楚教皇的意图,并采取了适当的措施来防止反帝国联盟。

与此同时,总督安德里亚·格里提正在和皇帝进行他自己的、更令人满意的谈判;1523 年 7 月 29 日,他签署了一项协议,威尼斯将保留所有前帝国领土,作为回报,威尼斯将支付 20 万(杜卡特)金币。协议还规定,如果他们在意大利的领土受到威胁,双方应相互提供帮助。然而,当法国军队再次入侵意大利时,总督确保威尼斯远离帕维亚(Pavia)的战斗,1525 年 2 月,弗朗西斯一世在帕维亚受伤被俘;两年后,一支由西班牙人和雇佣步兵组成的帝国军队,大部分是来自巴伐利亚和法兰克尼亚(Franconia)的路德教徒,向罗马进军,要"给教皇一个他永远不会忘记的教训",而威尼斯,尽管是新神圣联盟的签署国(该联盟是为了遏制皇权而成立的),拒绝插手此事,也不愿意帮助克莱门特。当时克莱门特被包围在圣安杰洛城堡(Castel Sant' Angelo)中,罗马城被洗劫一空,当地居民惨遭屠杀。

事实上,威尼斯几乎没有能力帮助神圣联盟。最近一场毁灭性的火灾在冰冷的天气中持续了 24 个小时,运河和水井都已经结冰,大风助长了火焰;而且她还遭受大陆歉收之苦:城里出现大规模的饥荒。1527 年 12 月,马林·萨努多报道说,在小广场和结冰的街道上,看到孩子们大声哭喊着要食物:"面包! 面包! 我饥寒交迫,快要死了。"来自大陆的饥民涌入该市,迫使政府设立临时收容所,收容贫民和病人,并扩建该市的老医院。大多数医院都建于中世纪时期,很少有医院超过 20 张病床。只有 1346 年为弃婴建立的圣母怜子医院为整座城市服务;其他的,如兄弟会医院,为兵工厂工人服务的圣安东尼奥医院建于 1503 年,为梅毒患者服务的不治之症医院于 1522 年建立,[5]只对他们的创始人想要的病人开放。政府感到有必要建造新的医院,正是在这个时候,建造了圣若望及保禄堂(即奥斯佩达莱托育婴院)[6]和布拉果拉的圣乔瓦尼医院。[7]

尽管政府像当时其他欧洲国家一样以同情的态度照顾病人,但官方对穷人的态度却要严厉得多。乞讨者必须从卫生部获得执照,没有执照者立即被驱逐出城市。另一些人,虽然有执照,但被认为是过于富有,也被驱逐或被征召到战舰上服役达十八个月之久。冒名顶替者被立即处理:一个来自弗留利的人,他把自己的脸涂成黄色假装生病,被关在里亚尔托的一个笼子里,笼子里挂着一块标语牌,上面写着他的罪行。所有有执照的乞丐都必须住到圣拉扎罗乞丐收容所;[8]把房间租给有钱乞丐的房东和乞讨者一样受到严厉的惩罚。圣莫伊西(San Moise)教区一家乞丐寄宿所的一名管理员,被判从大教堂一路鞭打到里亚尔托桥。

在 1526—1527 年这段阴郁的岁月里,当时教皇被迫逃到了破败的奥维多(Orvieto)主教宫,威尼斯这段时间的无所作为最终证明对共和国非常有利。因为,虽然威尼斯人不得不接受失去共和国在阿普利亚的剩余领土,以及曾经的教皇城市拉文纳和切尔维亚(Cervia)的领土,但皇帝渴望和平,以便让他可以腾出手来追求下一个目标——领导基督教世界对抗土耳其人——这使威尼斯能够获得对伦巴第、弗留利和威尼托(Veneto)更有价值的土地和城市的所有权。

注释:

1. 位于大运河左岸,在普利欧力宫(Palazzo Priuli-Bon)旁,与圣斯塔广场(Campo San Stae)毗邻的一座花园的位置上,曾经矗立着建造于 14 世纪的康塔里尼宫(Palazzo Contarini),它后来被一场大火焚毁。威尼斯政府在 1415 年时将这座宫殿从潘多尔佛·马拉特斯塔(Pandolfo Malatesta)手中收购,后来又将其给了弗朗切斯科·卡玛尼奥拉(Francesco Carmagnola)。在 1432 年卡玛尼奥拉被处决后,康塔里尼宫又被转给了维图里(Vitturi)家族,他们在 18 世纪时对宫殿进行了重建。随后,它又变成了朱斯蒂尼亚尼家族的财产。

2. 圣方济各教堂(church of San Francesco della Vigna)的基石是总督安德里亚·格里提 1534 年安置在一座葡萄园旧址上的,这座葡萄园是马尔科·齐亚尼(Marco Ziani)1253 年给方济各会的遗赠。教堂的设计者是格里提的朋友桑索维诺,它替代了之前的一座马里诺·达·比萨(Marino sa Pisa)1300 年左右建造的小教堂。宏伟的山墙形外观是帕拉迪奥在 1562 年至 1572 年间增建的,外立面上有两尊蒂齐亚诺·阿斯贝蒂(Tiziano Aspetti)雕刻的巨型铜像《摩西》和《圣保罗》,它们被放置在中央入口两侧的两对高耸的柯林斯式石柱中间的壁龛中。教堂后方有一座尖塔形的钟楼,是由伯纳多·翁加尔(Bernardo Ongarin)在 1581 年增建的,它是威尼斯最高的钟楼之一。教堂内部是朴素的白色墙面,被建造成了拉丁十字的形状,并存放了一些精美的艺术品。包括:西侧墙面上 13 世纪的拜占庭式浮雕《圣母子》、维瓦里尼的三联画《三个圣人》以及在圣水池上的两尊由亚历桑德罗·维特多利制作的小雕像。在第四小礼拜堂中有委罗内塞的《耶稣复活》,在右耳堂中 16 世纪祭坛上方有一幅安东尼奥·达·内格罗蓬特(Antonio da Negroponte)1450 年左右创作的《圣母子》。位于主祭坛左边的是朱斯蒂尼亚尼小礼拜堂,由从之前的教堂转移而来的 15 世纪大理石雕像装饰。在一条通向北耳堂的走廊上可以看见一条美丽的 15 世纪回廊;在对面有一间小礼拜堂中存放着乔瓦尼·贝里尼画派 1507 年创作的《圣母子》图。位于北面的第五小礼拜堂挂着委罗内塞的《圣家族与施洗者圣约翰》(The Holy Family with St John the Baptist)和《修道院长圣安东尼和圣凯塞琳》(St. Anthony Abbot and St. Catherine);位于第二小礼拜堂中有一幅亚历桑德罗·维特多利亚华丽的祭坛画和三位圣人的雕像。小帕尔马的《圣母、圣子与圣人》被从第三小礼拜堂转移到了南侧小礼拜堂,该堂在 1988 年完成改造。

3. 作为从小广场进入总督府主要入口的纸门是极具观赏性的哥特式建筑,它是由乔瓦尼和巴尔托洛梅奥·彭恩从 1438 年开始建造,并在四五年后完成的。它的名字可能暗指被存放在附近的共和国档案(cartae),它也可能是指曾经被放置在此,由抄写员为请愿者起草的法律文件。纸门的顶部是华丽的尖顶和卷叶式凸雕,雕工精美的建筑框架在两侧的壁龛中饰有代表节制和坚毅的寓言人物(作者通常被认为是彼得罗·兰贝蒂)以及代表审慎与慈善的寓言人物,它们的作者可能是安德里亚·布雷尼奥。入口处的上方是一幅大理石雕刻的场景《福斯卡里总督跪在圣马可飞狮面前》(*Doge Francesco Foscari Kneeling before the Lion of St. Mark*),这是一件雕刻于 1885 年的复制品,原作已于 1797 年被破坏。

4. 为巴尔托洛梅奥·科莱奥尼(Bartolomeo Colleoni)竖立的骑马纪念像位于圣若望及保禄广场(Campo Santi Giovanni e Paolo),它是全意大利最精美的雕像之一。拉斯金赞叹道:"我不相信世界上还存在比它更出色的雕刻作品。"维罗基奥(Verrocchio)在 1479 年至 1483 年间制作了该雕像的模型,他在完成模型前从瓦萨里(Vasari)处得知了帕多瓦的巴尔托洛梅奥·贝拉诺(Bartolomeo Bellano)即将完成雕像《雇佣兵》(Condottiere)的消息。出于愤怒,维罗基奥敲碎了模型的头和腿并前往佛罗伦萨,在那里他被威尼斯判处永久流放。但是后来他又被召回重新完成他的杰作,然而直到他 1488 年去世的时候雕像仍未完成。他希望由他的学生罗伦佐·德·克雷迪(Lorenzo de Credi)来完成他的作品,但是这个希望并没有得到支持,雕像被交给了亚历桑德罗·莱奥帕尔蒂,莱奥帕尔蒂为雕像制作了底座并在 1496 年完工。这座雕像被一圈金属围栏保护了起来,弗朗切斯科·拉扎里(Francesco Lazzari)和朱塞佩·博尔萨托(Giuseppe Borsato)在 1831 年对其进行了修复。

5. 大型古典主义风格建筑、曾经的不治之症医院(hospital of Incurabili)坐落于木筏沿岸街上的不治之症桥(Ponte degli Incurabili)附近。医院精美的出入口是由安东尼奥·达·蓬特设计的,它与总督府中的一扇门造型一模一样,是通过元老院的许可之后被放置于此的。该医院是由加埃塔诺·蒂内(Gaetano Thiene)在 1522 年为救治梅毒病人而建立的;这里也正是圣伊格内修斯·洛约拉(St. Ignatius Loyola)和圣弗朗西斯·泽维尔(St. Francis Xavier)1537 年短暂访问威尼斯期间工作的地方。它是威尼斯四家主要的政府资助医院之一。和当时其他一些旗下拥有育婴院的慈善机构一样,不治之症医院也有一所附属的育婴院,16 世纪中叶,育婴院收养的女孩们因为出色的歌唱水平而备受社会关注。不治之症医院(Ospedale degli Incurabili)是第一个为唱诗班建立的新教会医院。这座由桑索维诺设计的平顶椭圆形教堂于 1567 年建成在育婴院的内院中,但在 1831 年时被拆除。然而,育婴院还是作为儿童研究所被保留了下来。

6. 用来照料孤儿和治疗病人的奥斯佩达莱托育婴院(Ospedaletto)建立于 1527 年,紧邻圣若望及保禄堂的东侧。该建筑由朱塞佩·萨尔迪开始建造,他所有的设计中只有一段美丽的椭圆形螺旋楼梯被保存了下来。1666 年巴尔达萨雷·罗根纳接替了这项工作,他还设计了毗邻的流浪者圣母教堂(church of Santa Maria dei Derelitti)。18 世纪时,马泰奥·卢凯塞(Matteo Lucchesi)重建了奥斯佩达莱托育婴院,并为其设计了一间迷人的音乐室,室内画满了雅各布·瓜拉纳(Jacopo Guarana)和阿格斯提诺·蒙戈奇(Agostino Mengozzi)的壁画,在这间音乐室中举办过许多由孤儿院的女孩们表演的音乐会,音乐会的上座率非常高。

奥斯佩达莱托育婴院旗下的流浪者圣母教堂是在 1674 年根据巴尔达萨雷·罗根纳的设计建造的,教堂的外观呈精美的三维形状,15 世纪的釉面陶土雕像《圣母与天使》被展示在主入口的上方。教堂内部因一架 18 世纪的管风琴而闻名,在北墙处的第一祭坛上有小帕尔马画的《圣母领报》。对面第四拱门上方的嵌板上则绘有 G.B.提埃波罗的《以撒的牺牲》(*Sacrifice of Isaac*)。

7. 布拉果拉圣乔瓦尼教堂(the church of San Giovanni in Bragora)可以从齐亚沃尼到达多塞街,矗立于班迪埃拉·莫罗广场(Campo Bandiera e Moro)上,该广场是以两位在 1844 年被害的爱国者阿蒂利奥·埃米利奥·班迪埃拉(Attilio Emilio Bandiera)和多门尼克·莫罗（Domenico Moro）的名字命名，广场的中央还有两人的纪念碑。根据传统，该教堂是公元8世纪初奥德左（Oderzo）主教圣马格努斯（St. Magnus）为献祭施洗者圣约翰而建的。它分别在公元9世纪和12世纪被修缮，并在1475年时重建，之后便形成了现在这样的哥特式外观。16世纪20年代时，有一家医院依附在教堂之下。

教堂中有一个优美的圣洗池，它在1678年被用来对维瓦尔第进行洗礼，此外教堂内还有一些美丽的早期文艺复兴画作。穹形后殿左侧的小礼拜堂中有一幅巴尔托洛梅奥·维瓦里尼1478年的三联画《圣母在施洗者圣约翰和圣安德鲁之间》(*Virgin between St. John the Baptist and St. Andrew*)；在圣器室大门左侧挂着他侄子阿尔韦塞·维瓦里尼自然主义风格画作《耶稣复生》，这幅画的历史可以追溯到1498年。圣器室大门右边的则是一幅奇马·达·科内利亚诺以自己的家乡为背景描绘的《君士坦丁大帝和圣海伦娜》(*Emperor Constantine and St. Helena*)，他还有一幅1492年至1495年间创作的精美画作《基督受洗》(*Baptism of Christ*)被挂在主祭坛的后方。圣器室的墙上画着巴丽斯·博尔多内（Paris Bordone）的《最后的晚餐》和小帕尔马的《浴足图》，后者的《耶稣在该亚法面前》(*Christ before Caiaphas*)位于中殿的西侧墙壁上。

8. 圣拉扎罗乞丐收容所（San Lazzaro dei Mendicanti），曾经是一个为乞丐提供住所的慈善机构，位于圣马可大会堂旁，后来两栋建筑合并组成了现在的市政医院。17世纪初，斯卡莫齐（Scamozzi）对两栋建筑进行重建，它们由两套居住区组成，围绕着中央教堂两侧的两个回廊布置。在16、17世纪该育婴院因其孤儿女童唱诗班而闻名，为了匹配她们的歌声，朱塞佩·萨尔迪在1673年设计了一座新的教堂。它是一座普通的帕拉迪奥式新古典主义风格建筑，在高底座上有四根巨大的圆柱，圆柱上方支撑着一个三角形的山墙饰，这座教堂现在被市政医院使用。教堂里有一幅委罗内塞的作品《受难基督，圣母与圣约翰》以及丁托列托的精美作品《圣厄休拉》。

第六章　马林·萨努多的威尼斯

1527—1533

"我看到里亚尔托到处是商人。"

托马索·莫塞尼格(Tommaso Mocenigo)总督在弥留之际,曾自豪地谈到共和国的财富、权力和稳定。他提醒站在他床边的总督议会议员们,威尼斯每年的对外贸易值是一千万金币,造币厂每年铸造一百万金币和二十万银币,政府收取七百零五万金币的租金,海上有三百艘大型威尼斯运输船,船上有八千名海员,还有三千艘小船,船上有一万七千人。"此外",他接着说,"我们在海上有四十五艘桨帆船,船员有一万一千人;我们雇用了三千名木匠和三千名填缝工。我们的市民中,有三千名丝绸工和一万六千名粗布制造工"。

尽管穆斯林在东地中海的扩张以及向东方开放海上航线对贸易造成了威胁,但共和国的繁荣依旧,因为威尼斯人与土耳其人保持着良好的贸易关系,而来自东方的商品继续向西方流动,畅通无阻,主要通过海洋进行运输,从中国和香料群岛经由印度马拉巴尔(Malabar)海岸的港口运到波斯和阿拉伯,然后通过骆驼车队和河运,或通过红海上的沿海贸易船,再运到东地中海的港口,从那里装上威尼斯或热那亚的船运到意大利。一直到17世纪,威尼斯仍然是欧洲主要的香料(人们认为,在前往葡萄牙的长途海上航行中,香料失去了香味)、丝绸、珠宝和其他奢侈品的贸易中心,这些东西是通过河运穿过北意大利,由驮畜队跨越阿尔卑斯山运到德

俯瞰卡纳雷吉欧运河入口的圣格雷米亚教堂和拉比亚宫

国的。货物在巴塞罗那、塔拉戈纳和巴伦西亚卸下,运往西班牙内陆的大型集市;货物经海运到达马赛,然后沿罗讷河和索恩河到达里昂和第戎,再经勃艮第和香巴尼运到巴黎;货物装在佛兰德斯大帆船上运往荷兰和北欧。

威尼斯商人的事业与威尼斯人的技术和行业相匹配,很少有人抗议工作条件或工资。1509 年,造船厂工人要求提高工资;过了一段时间,兵工厂工人也举行了类似的游行示威活动。但这样的纠纷很快就结束了。在欧洲,威尼斯共和国是政府稳定的一个典范:最近几个世纪以来,除了极少数无关紧要的阴谋外,1310 年的巴哈蒙特·提埃波罗暴动是最后一次企图颠覆宪法的严重事件。没有其他意大利国家能宣称有这样的记录。

许多在城里生活和工作的外国人,也和威尼斯本地人一样,对自己的际遇感到满意。除了德国商馆及其周围的德国聚居区,以及斯拉夫人、达尔马提亚人和阿尔巴尼亚人的聚居区,城堡区的"小希腊"有多达 8 000 名希腊人,此外还有犹太人,他们现在定居在被称为新犹太人区的卡纳雷吉欧,全世界的犹太人居住区都用这个名字。[1]那里还保留了一个土耳其人的小型聚居区。事实上,威尼斯是如此的国际化,以至于 1495 年菲利普·德·康明斯访问威尼斯时,他以为大多数居民都是外国人。

当时总人口约 11.5 万人，1540 年增至 13 万人，1563 年增至 17 万人。位于平民之上的是原住市民，他们在威尼斯居住了 25 年，不从事体力劳动，获得了完全的公民身份，从事贸易、商业、工业和管理。他们可以立志成为政府部门的秘书，可以立志成为大法官（Grand Chancellor）（这是对他们阶级开放的最高荣誉），大法官在共和国的典礼上享有除总督以外的一切优先权，并被称为"多米诺"（Domino），这个头衔本来是留给总督本人和小贵族的，被尊称为"老爷"（Messer）。有时，一个富有的原住市民的女儿可能会被一个贵族家庭接受为新娘，因为她的父亲可以提供可观的嫁妆。例如，富有的斯佩拉迪（Spelladi）家族的一位女儿，给卡洛·泽诺（Carlo Zeno），反对热那亚的基奥贾战争中的英雄，带来了 4 万金币。

在社会阶层中，位于原住市民之上的是贵族商业家庭，1527 年有 134 个，成员总数约 2 700 人。这个阶层种类繁多。最古老的贵族家族，如康塔里尼家族，有 7 座宫殿，在 1403 年至 1684 年间产生了 7 位总督，被称为使徒（Apostoli），据说他们的祖先参加了 697 年第一任总督的神秘选举。其次是老家族（Case Longhi），其成员声称，他们的祖先是 8 世纪中叶威尼斯的主要缔造者。然后是新家族（Case Curti），也就是那些在公元 800 年后获得财富和声誉的家族。随着新老家族的结合，出现了贵族阶级的最重要的一个群体，大家族（Case Grandi）；几乎所有的总督和最有影响力的官员，普里米（Primi），都是从这个群体中选出来的。只有在例外的情况下，通过积累巨大的财富，一个外人，比如胡椒大亨安东尼奥·格里曼尼（Antonio Grimani），才成功获得国家最高职位，于 1521 年当选为总督。他的母亲是一个平民，据说，他有点石成金的本领。

到 16 世纪 20 年代末，大家族共有 19 个，其成员几乎占贵族阶级的一半，他们的名字听起来像是威尼斯历史的唱名——康塔里尼、莫罗西尼、马里皮埃罗、马塞洛、维尼埃、多纳托、米凯利、普利欧力、布拉加丁、奎利尼、罗列丹、特里维桑、莫林、左尔奇、查士丁尼、科纳罗、多尔芬、本博、皮萨尼。这些家族中有 12 个自称使徒；但只有康塔里尼、莫罗西尼和奎利尼〔18 世纪时加入了雷佐尼可（Rezzonico）〕三个家族，才被允许以共和国授予的唯一骑士制度——圣马可骑士团——世袭爵位，并被允许佩戴金披肩。

几乎所有大家族都有成员都曾一度成为总督:1486年至1585年间,这个职位只有六次由非大家族的人担任,而这六个人——巴尔巴里戈、格里曼尼、格里提、兰多(Lando)、多纳(Donà)和莫塞尼格——都来自显赫的贵族家庭。事实上,只有贵族阶级的成员,他们的名字才能被刻在"金书"上,他们可以成为大议会的议员,正因为如此,他们可以选择威尼斯政府主要职位的候选人,无论是在国内还是在殖民地,他们可以任命军队的指挥官,他们可以选举总督。

大议会是在总督府二楼的大会议厅(Sala del Maggior Consiglio)里开会的。[2]这是一个巨大的房间,始建于1340年,可以容纳2 000多人,虽然很少有超过1 600人到场。会议通常是为选举政治或行政官员或海军或军事指挥官而举行的,每周举行两三次,议员们穿着黑色长袍进入会议厅,坐在沿墙和大厅中央的长凳上。在一端的一个高台上,总督与总督议会的成员主持会议,他们的猩红色长袍与议员们暗淡的长袍形成鲜明的对比。1577年大火之后总督府得以修复,在他们身后,在横跨整个会议厅宽度的墙面上,是丁托列托(Tintoretto)及其儿子和助手们绘制的壮丽的《天堂》,这是有史以来最大的油画。

元老院是共和国的权力中心,实际上是共和国的立法机构,在16世纪由多达300名无薪议员组成,每次任期一年,有权连任。元老院在上面一层的另一个大厅议会厅(Sala del Senato)举行会议。[3]隔壁是富丽堂皇的委员会厅(Sala del Collegio),是举行大内阁会议的地方,也是总督接见大使的地方,有些年纪较大、体重较重的大使在爬了四段楼梯后,浑身发抖,上气不接下气。[4]十人委员会厅也在这一层,在维罗纳人设计的华丽的天花板下,十人在上了锁、守卫森严的门后面开会,讨论他们的秘密事务。[5]十人委员会下设一个特别委员会,由三名具有维护国家安全的特别权力的检察官组成,他们说话轻声轻气。检察官有他们自己的小厅,即三首席审判厅(Saletta dei Tre Inquisitori),[6]毗邻军械库,靠近通往刑讯室和监狱的楼梯。[7]

钟楼上五个铁钟中的三个钟声响起,召集各路议会开会。最大的工人钟(marangona)鸣响,召唤贵族们参加大议会的辩论,它的音调庄严低沉,接着响起的是马蹄钟(trottiera)高亢的音调,它在警告议员们,如果不催促他们的船夫加快速度,或者不让他们的马跑起来,他们可能会迟到。第三个钟声是三点半钟(mezza terza)，提醒元老院开会。

如果有时间的话，贵族们可能会在钟楼下面逗留，沿着总督府的一侧，望向广场和邻近的拱廊。这块地方被称为"布罗里奥"(broglio)，这个名字最初指的是一个家庭菜园，曾经是圣扎卡利亚修女的菜园。从 broglio 衍生出"纠葛"(imbroglio)一词，现在国际上用它来形容一个复杂的情况，在这种情况下，什么都不像看上去的那样。威尼斯的"布罗里奥"是那些野心勃勃的政客们公认的聚会场所，他们渴望获得职位或晋升。人们可以看到，这些人到处拉票、行贿、许诺，提醒同事过去的恩惠，努力确保在里亚尔托的私下谈话中作出的保证会得到兑现——事实上，他们的行为与那些对威尼斯政治制度的过分吹捧的叙述，如加斯帕罗·康塔里尼(Gasparo Contarini)的《威尼斯共和国与行政官员》(De Magistratibus et Republica Venetorum)中所热烈赞扬的公正有序的公共事务行为大相径庭。该书提出，从来没有哪个国家拥有像威尼斯这样能带来"美好幸福生活"的法律和制度。直截了当的拉票被称为诚实的舞弊(broglio onesto)，但如果提供金钱(理论上是一个严重的犯罪行为，将受到重罚)，那就是不诚实的舞弊(broglio disonesto)。继瑞士人(瑞士各地的雇佣兵)之后，把选票卖给候选人的贵族被称为斯奎扎里(squizari)；可以看到，这些人在议会大厅里偷偷摸摸地发出信号，比如掀开帽子、拉胡子、摆弄投票球，或者跟负责投票瓮的官员窃窃私语。

1427年，佛罗伦萨人雅各布·德阿尔比佐托·圭迪从大教堂走到里亚尔托，现在可以把他的印象与一百年后马林·萨努多的印象相比较。萨努多是一位编年史家，一个贵族，担任政务次官，在元老院有一个席位，他好打听又爱交际，不知疲倦地记录着威尼斯的生活。他是一个自负、自鸣得意的人，有一次，他在一次不太受欢迎的例行演讲后记录了一段话："大家都称赞我和祝福我。此外，我演讲时大家的注意力非常集中，没有人吐痰。"不过，萨努多是一位观察敏锐、细致入微的编年史家，在1496年至1533年间，他几乎每天都记录着大议会的议事情况，其间穿插着原始文件、信件和对社会习俗的评论，如交际花的葬礼、修女被绑架、红衣主教跳舞和江湖术士的争吵，所有这些最终占了密密麻麻四万页的篇幅。他住在梅吉奥桥(Ponte del Megio，现编号 1757)[8]旁边圣斯塔萨利扎达(Salizzada San Stae)的一座小宫殿里；他偶尔也会步行回家，而不是坐大运河上的贡多拉回家。他穿过广场,走向时钟塔(Torre dell'Orologio)那优雅的拱门,[9]经过钟楼脚下的前廊,也许还会向坐在这里讨论政府事务的各种朋友和议员们点头致意。一百年来,前廊周围的景象变化不大。广场上一如既往地挤满了人,他们穿着五颜六色的衣服,商人从账房回家,搬运工扛着担子到海滨去,小贩叫卖着他们的货物,乞丐展示着他们的疮疤,江湖郎中叫卖着他们的灵丹妙药,畸形人展示着他们的怪异。这里有货币兑换处、肉铺、蔬菜摊位和二手书贩子的手推车,当广场成为像圣体节上真十字架游行这样的盛会场面时,所有这些东西都会迅速、乖乖地被清理掉。接着,嘈杂声变

一位威尼斯妇女肖像,1525 年

成了有序的肃穆,珍贵的圣物顶着华盖被抬过,周围是神职人员和官员,后面跟着身穿全套法衣、披着貂皮斗篷、头戴高领帽的总督,一群吹奏银喇叭的乐师在他前面行进,总督议员和圣马可代理人紧随其后。在其他一些场合,广场会被清空,供一所学校,它的成员在一群孩子的陪同下骄傲地列队走过;或者供一个兄弟会,也许是屠夫兄弟会,他们的游行之后会有盛大的猎猪表演;或者将这些摊位和货摊推到一边,以庆祝一些政治事件,如 1511 年的反法联盟,学校联合会和神职人员、打扮成天使的儿童、代表西班牙、英国和教皇同盟国的花车、四枢德塑像、圣品箱和圣徒之骨进行了五个小时的游行。

　　而大多数日子里,广场都是一个熙熙攘攘、杂乱无章的地方,跟从广场出来通向里亚尔托桥的"绸布大街"一样喧闹拥挤,这条街上有时钟绸布店、圣儒利安(圣祖立安)绸布店和圣塞尔瓦多绸布店。萨努多会经过圣儒利安堂,教堂广场上的那棵古树还在,巴哈蒙特·提埃波罗和他的同谋者在去广场的路上曾在这棵树旁停了下来;[10]再往前走一点,离大运河大约一百码的地方,他会来到圣塞尔瓦多教堂,在那里,在骑兵普遍的时代,骑手被要求离开坐骑,步行到广场去。

　　萨努多走近里亚尔托桥,在他的右边是德国商馆,这仍然是威尼斯和德国、波

16 世纪下半叶跳舞的客人

希米亚、奥地利和匈牙利之间繁荣的贸易中心。在相当朴素的外表后面是这些北方国家商人的办公室、仓库和公寓；1505 年，纽伦堡人阿尔布雷特·丢勒（Albrecht Durer）住在附近一家德国人开的小旅馆里。

萨努多穿过桥上林立的商店，他会经过右边的财政官宫（Palazzo dei Camerlenghi）[11] 和左边的十贤人宫（Palazzo dei Dieci Savi）[12]。在桥脚下，他会看到一条小的大理石长廊，这是那些在商行中有利益的贵族们的聚会场所，他们不敢与人群太近接触，但又忍不住要问，就像《威尼斯商人》中的夏洛克和索拉里奥一样，"里亚尔托有什么消息吗？"沿着金匠街（Ruga degli Orefici）再往前走几步，他会发现里亚尔托圣雅各伯教堂，被誉为威尼斯最古老的教堂；[13] 而且，如果他在广场上稍作停留，他会看到银行家们坐在那里，在铺满桌子的账簿上写着东西，就像在加布里埃尔·贝拉（Gabriele Bella）的《金钱银行》（Il Banco del Giro）里所描绘的那样，在门廊里小心翼翼地忙碌着。银行家们和他们的客户以极其礼貌的方式开展业务，说话的语气不像威尼斯人通常那样刺耳——正如亨利·詹姆斯（Henry James）三个世纪后所观察到的那样，威尼斯人在"半英里之外的地方"交换着"信任"——但他们

银行家在圣雅各伯教堂附近工作，加布里埃尔·贝拉的《金钱银行》

的声音很低，低声谈论着信用证、转账和汇票，默默地做着转账记录，这些交易不涉及现金处理，而是直接转账，12世纪以后他们就一直那样做了。

里亚尔托广场是一个货币市场，同时也是一个繁忙的购物中心。那时，就像现在一样，威尼斯人喜欢在市场的摊位间闲逛，每天买一点新鲜的农产品，这些农产品是店主们自己从批发市场、鱼市场、肉市场、橙子和其他新鲜水果市场（Naranzeria）买来的。[14]广场的另一边是香料街（Ruga Speziati）；这里也挤满了购物的人，他们在这一头买杂货，到另一头去看珠宝，这些珠宝商的兄弟会是在16世纪重组的，总部设在附近的圣乔瓦尼·埃勒莫西纳里奥教堂（San Giovanni Elemosinario）。[15]在其中一家商店，著名的德拉维奇亚（Della Vecchia）店铺，工匠们制作了一根华丽的权杖，上面镶嵌着宝石，法国国王亨利三世曾试图用25 000金币购买，但没有成功。在另一家商店，1532年3月的一个早晨，萨努多亲眼目睹了一顶精美绝伦、镶满珠宝的头盔，这顶头盔是为苏丹苏莱曼（Sultan Suleiman）制作的，据说价值超过10万金币。这里有商店出售绣有金布的织物，银匠和象牙雕刻师的工艺品，车工和烛台制造者、画框制造者、搪瓷制造者和雕工的作品。在"Rose"招牌下，贾科莫·兰卡蒂奥（Giacomo Rancatio）出售镶有宝石的桌子；在"Dove"招牌下，装饰金属艺术大师保罗·里佐（Paolo Rizzo）工作室，制作出了此类精美艺术品，这些艺术品在意大利任何地方都能看到。

离开这些作坊后，萨努多沿着金匠街走下去，穿过博提利街（Calle dei Botteri），即修桶匠的工场，前往圣卡西亚诺教堂；然后，他沿着藤河（Rio della Pergola），来到圣母征服教堂（Santa Maria Domini，教堂的新立面为漂亮的白色伊斯特里亚石），[16]他就回家了。

在路上，他要经过一个破旧的街区，那里很少有贵族光顾。这里的路人大都是穷人，有些衣衫褴褛，有些是从大陆战场上逃来的乞丐和难民，有些是廉价食品小贩，有些是运水的人，有些是工人，有些是拿着穿孔的水罐去上班的清洁工。还有妓女，有些人戴着当局要求她们戴的黄色头巾，但许多人冒着被判一个月监禁的风险，戴着年轻新娘的白色丝质头巾。

根据萨努多的记载，16世纪初威尼斯有多达11 654名妓女，而当时的人口总数约为11.5万。这一比例很高，不仅是因为道德上的普遍放松，而且是因为大陆身无分文的难民的涌入,还有据说是,由于威尼斯的丈夫害怕被单身男子戴绿帽子,所以政府倾向于不太关心卖淫。在这一大群妓女中,有几个是精英,长得漂亮,干净又性感,受过良好教育,精通诗歌和音乐。她们在装饰豪华的房子里、在从贵族家族租用的宫殿套房里或在人烟稀少的潟湖岛屿举行的野餐会上接待那些有钱的男人。她们的姓名、地址和关税都记录在 1570 年出版的一本小册子中,其中 215 人被列为"荣誉妓女"。有些人过着高雅的生活,如图拉·达拉贡纳(Tullia d'Aragona),伟大诗人托尔夸托·塔索(Torquato Tasso)的父亲就爱上了她;她们的财富使蒙田(Montaigne)感到震惊,他认为没有其他收入,她们却可以在衣服和家具上挥霍如此巨大的一笔钱,这是不寻常的。最著名的一个游行是,她的管家走在最前面,旁边是她的女佣,后面跟着一个侍从,捧着她的缎边。另一位是可爱的维罗妮卡·佛朗哥(Veronica Franco),她住在圣乔瓦尼克里斯托莫广场(Campo San Giovanni Crisostomo)漂亮的公寓里,是一位才华横溢的诗人。她后来忏悔了自己以前的生活,并于 1580 年在托伦蒂诺的圣尼各老堂(San Nicolo da Tolentino)[17]附近为改过自新的妓女建立了收容所。其他悔改的妓女,被称为"皈依者",被允许进入朱代卡岛上的修道院,她们起初没有戴面纱,但遵循圣奥古斯丁规则,过着简朴的社区生活。成立于 1544 年的濒危女孩保护院(Conservatorio delle Zitelle Periclitanti),专门照顾那些被认为可能走上卖淫之路的孤儿;但在有人向元老院投诉其经营行为可疑后,该馆关闭。

臭名昭著的诗人兼剧作家彼得罗·阿伦蒂诺(Pietro Arentino)的家,是妓女们的天堂。1527 年,他的《淫荡的十四行诗》(*Sonetti Iussuriosi*)[18]出版后,被迫离开罗马,来到威尼斯。阿伦蒂诺靠写下流讽刺诗和收受贿赂在威尼斯发了财。他住在一所俯瞰大运河的房子里,这房子属于布雷西亚主教多门尼克·博拉尼(Domenico Bollani)。在给房东的一封信中,阿伦蒂诺描述了他从窗外望出去感受到的快乐:

我从不探出身子,但我看到集市上有一千个人和同样多的贡多拉。在我的视野范围内,右边是鱼市场和肉市场,左边是桥和德国商馆。在我视野的中央,我看到里亚尔托挤满了商人。我看到驳船上有葡萄,商店里有猎鸟,人行道上有蔬菜……真是太迷人了。二十到二十五艘塞满甜瓜的帆船被捆绑在一起，形成一个岛，人们通过闻瓜和称重来评估瓜的质量。但让我告诉你，当船夫的喊叫声、口哨声和骂声在那些由仆人划船的人身后爆发时，我笑得前仰后合……在最寒冷的天气里看到一艘满载刚从酒馆里出来的德国人的船倾覆，谁会不哈哈大笑呢。

阿伦蒂诺往外看时，常常惊讶于威尼斯的光线在她的建筑物上所产生的奇怪效果。尽管这些建筑物很坚固，但"当天气从晴朗到阴沉不断变化时"，却似乎很虚幻。"屋顶上的云融合成一团烟灰色，最近的云像太阳一样耀眼，稍远处的云则像融化的铅一样发着光，最后融解成水平条纹，现在呈绿蓝色，现在呈蓝绿色……"

阿伦蒂诺招待了许多朋友，其中包括人文主义者兼诗人彼得罗·本博（Pietro Bembo），他是保罗三世任命的枢机主教，还有路德维柯·阿里奥斯托（Ludovico Ariosto），他是伟大的诗篇《疯狂的奥尔兰多》（Orlando florioso）的作者，在这首诗中，阿伦蒂诺被描述为"王子的祸害"。慷慨好客的阿伦蒂诺还喜欢把硬币撒给沿着运河岸边追逐他的贡多拉的孩子们，喜欢在他的房子里塞满仆人和秘书，住满妓女和情人，有男有女，还有威尼斯最有成就的交际花，其中有几个成为他的情妇，因此被称为阿伦蒂娜（Aretine）。其中一个是安吉拉·达尔·莫罗（Angela dal Moro），也就是大家所知的拉·扎菲塔（La Zaffetta），1523 年，红衣主教伊波利托·德·美第奇（Ippolito de'Medici）在威尼斯时，与她共度了一晚，据信她是国家美术馆（National Gallery）里特雷维索的巴丽斯·博尔多内（Paris Bordone）画作的主题。科雷尔博物馆收藏的卡巴乔的画作中描绘了她的两个无聊的同时代人，声称"发现"了卡巴乔的拉斯金，称这是"世界上最好的画"。

这两个女人坐在一座舒适的房子的阳台上，房子的样式就像在卡巴乔和贝里尼家族的其他画作中看到的那样。入口的大门通常是木雕的，上面有一个突出的黄铜门环，上面的拱顶石上有家族的纹章。穿过水门对面的门，参观者进入一个庭院，庭院的墙壁——在旧的宫殿里——通常都覆盖着壁画。一些庭院是用石板铺成的，另一些则是花园，在植物和花朵之间有雕像和瓮。在那些水门与地门相对的房子里，一般都有一个大殿，大殿有一个敞开的梁屋顶。庞培·门提写道：

在早期,这样一个入口大厅里会摆满一捆捆的商品和一包包的香料,而墙壁上则挂着武器和胸甲;在我们现在所说的这个时期,装饰品包括桨帆船上的镀金大灯笼,排成星形的剑、弯刀和细剑,战利品戟,戟柄上覆盖着猩红色天鹅绒,以及镶着红丝边的铜栏杆,上面有刻着胜利之名的非常光亮的尖头。

由于需要节省空间,私人住宅的楼梯狭窄而简陋。顺着楼梯往上走,来到一个用半身像装饰的平台,通向几间小客厅。沿着楼梯继续往上走,来到第二层,即房子的主层,这层设有大厅。从这里出去是主会客室,地板是用人造大理石或瓷砖铺成的,窗户上装有圆形的玻璃瓶,有时还画上纹章、人物或几何图案。更豪华的住宅有嵌花门,黑色大理石壁炉,东方碧玉的圆柱,古色古香的飞檐,灰泥和金色天花板或被划分成彩绘的嵌板,挂着锦缎或金布并覆盖着挂毯和油画的墙壁,猩红色天鹅绒的地毯。角落里放着花篮、香草罐和青铜烘锅,也就是人们熟知的焚香用的熏香炉(profumeghi)。

这里的家具和装饰品比一个世纪以前多了很多,也比英国和法国多得多。屋子里有凳子和椅子、扶手椅和雕花高背椅,椅子上有挂毯、天鹅绒或印花皮革做的坐垫,有保险箱、祈祷台、橱柜,还有威尼斯特有的壁挂架索扎(soaza),架子的搁板上放着大理石和青铜的小雕像,钩子上挂着各种各样、不挂在上面可能会丢失的东西。胡桃木雕成的桌子上摆满了陶器、珐琅器和铜器、产自慕拉诺的镜子、搪瓷盘子、镶嵌着宝石的小瓶、碧玉杯、烛台、墨水壶、奖章、印章和乐器。挂在天花板上或附在墙上的是东方青铜灯(这些灯经过雕花并上釉、镀金或用黑金工艺制作),或者是有彩色玻璃窗的灯笼。门提说:

"这种豪华的陈设并不局限于会客室。它延伸到普通的起居室,尤其是卧室,那里的壁龛上挂着沉重的帷幔,可以看到墙上挂着的图画——维纳斯和女人的裸体,以及暗示淫荡快感的主题。有时,房间中间会摆着一张床,床上装饰着精致的雕刻或名家的绘画,床的框架由镀金的柱子或石像柱支撑着。床上用品是最奢华的那种——床单上镶着最精致的花边,被子是锦缎做的,镶着金色的流苏。"

大多数豪华住宅都收藏了绘画和雕塑,许多还收藏了其他艺术作品——彩绘

卡巴乔为斯拉沃尼亚人圣乔治会堂绘制的圣奥古斯丁对圣杰罗姆之死的幻象,在这幅画中,卡巴乔展示了这位圣徒在15世纪早期的威尼斯书房里工作的场景

手稿、象牙制品、武器和盔甲。私人小教堂装饰得和接待室一样富丽堂皇;在朱代卡和慕拉诺岛的房屋花园中,有精心设计的喷泉和假山,上面镶嵌着珊瑚、贝壳和小雕像,有用枝条编织的小径和棚架,还有树木和树篱,被修剪成建筑的形状来作为雕像的背景。

简单的用餐经常在户外;有时,会在户外举行宴会,食物远比那些富裕家庭的日常饮食丰富多样。虽然威尼斯人通常吃得很节俭,但他们在特殊场合并不吝啬;他们非常注重餐桌的摆放和装饰。侧盘是用珐琅或瓷器做的,酒壶是用闪闪发光的玻璃做的,酒杯是用珐琅金或银工艺做的,冷酒器是用雕花和波形花纹装饰的铜做的,牙签是用金做的。餐桌上放着镀金的勺子,黑金手柄的刀,在欧洲其他地方很少见到的叉子。餐巾被折叠成头巾、金字塔、法冠、圆柱和帆船形状;每张桌子上隔一段距离摆放着金银制的烛台,上面插着颜色鲜艳的蜡烛,一盆盆的观赏鱼和一些植物,植物的树枝上挂着金灿灿的水果篮,主干上用丝带系着鸟、小野兔和兔子。每个盖子旁边都有丝质的花朵,像亚麻桌布、餐巾和植物一样,芳香四溢。仆人把玫瑰水倒在客人手上，用软毛巾擦干。

　　厨房里放着一排排的大水罐、碗、串肉扦和烤肉叉、研钵、搅乳器、长柄勺、研磨器、磨碎机、接油盘，食物的烹饪技巧令最挑剔的美食家都感到愉悦。和其他国家一样，香草和香料仍然大量使用。胡椒、肉桂、丁香、杜松、生姜、荜澄茄、肉豆蔻衣、肉豆蔻被用来给各种菜肴调味。还有加了香料的水和糖，甚至有人开了金粉，作为刺激心脏的药。原料来自四面八方：亚得里亚海的鱼、克雷莫纳的摩泰德拉香肠、摩德纳的香肠、比纳斯科的七鳃鳗、米兰的猪脑、皮亚琴察的奶酪、弗留利的松露、罗马涅的鸫和鹅以及伦巴第的鹌鹑。水果和蔬菜的供应丰富多样，令外国人感到惊讶。这里还有一系列特别的葡萄酒——萨鲁布里、马特里卡利、加利亚尔迪、萨拉布里、斯托卡利、科迪亚利、麦扎尼、德波利。基亚雷洛是从萨卢佐(Saluzzo)和阿尔比(Albi)运来的，布罗格诺里是从弗留利运来的，而其他葡萄酒则来自科摩(Como)和克雷马(Crema)、维罗纳、洛迪(Lodi)和科内格里亚诺(Conegliano)。威尼斯人更喜欢带有浓郁酒香和酒体的葡萄酒，如用来自克里特岛的葡萄酿制的格列柯(greco)，以及来自塞浦路斯的莫瓦西亚(malvasia)白葡萄酒。

　　穿制服的仆人把菜端上来，放在餐具柜上，切肉的人熟练地把肉切好，放在银盘子里，然后把盘子端到餐桌上。肉菜之前是螃蟹和牡蛎，之后是鹧鸪、孔雀和珍珠鸡、鸽子和野鸡。饭后有音乐和娱乐活动——也许有小丑和杂耍演员，还有化装演员，就像有一天在格里曼尼宫(Palazzo Grimani)一样，他们向女士们赠送礼物，领来一排馅饼，从馅饼里飞出无数只鸟儿，大家争相捕捉。

注释：

　　1. 犹太人居住区(Ghetto)位于卡纳雷吉欧区。这个名字是从"gettare"衍生而来的，意思是铸造。新犹太人居住区(Ghetto Nuovo)本来从 1390 年起就有一家制造加农炮的铸铁厂，后来搬迁到兵工厂内。这块区域 1516 年被划拨给了犹太人居住，自此以后，"ghetto"这个词在其他城市中也被用来称呼犹太人的居住区。大约从 1132 年起就居住在朱代卡岛和梅斯特雷地区的犹太人直到 14 世纪的时候才被允许进入威尼斯，但得到这个许可的人数也非常有限。1516 年，德国和意大利的犹太人被迁移到了新犹太人居住区，宽阔的运河把这座新犹太人居住区小岛同卡纳雷吉欧区的其他地方切割开来。随着殖民扩张造成的人口增长，犹太人被允许增建他们租来的房屋，因此，到 1541 年时，一些房屋已经增建到了 7 层，是当时全欧洲最高的住宅楼。在同一年，黎凡特（Levantine）犹太人被允许迁移到旧犹太人居住区，到 1663 年，由于对犹太人的殖民大幅扩张，造成犹太人居住区的规模再次增大，允许占用相邻的区域，卡纳雷吉欧区的最后一家铸铁厂也位于这个区域内，它被称为全新犹太人居住区（Ghetto Nuovissimo）。据估计，在 16 到 17 世纪间，在这个狭小的区域有 5 000 多名犹太居民在此生活。1797 年，聚居区的围墙被法国人推倒，犹太人可以自由选择居住地的时候，他们中的许多人仍然选择住在原来的地方。

在新犹太广场（Campo del Ghetto Nuovo）中有一间名为犹太社区博物馆（Museo Comunità Israelitica）的精美小型犹太博物馆，它位于本地区三间犹太会堂中历史最悠久的德国大会堂（Scuola Grande Tedesca）内。里面收藏了一组有趣的犹太仪式用的银器以及一些来自维也纳、热那亚和威尼斯本地的精美编织和刺绣物品。另外两间犹太会堂是 1575 年的意大利会堂（Scuola Italiana）和 1531 年的广州会堂（Scuola Canton）。在旧犹太人居住区还有两间犹太会堂，位于兄弟会小广场（Campiello delle Scuole）上。建立于 1538 年的黎凡特会堂（Scuola Levantina），它的外观由巴尔达萨雷·罗根纳设计，而另一间成立于 1555 年（另一说是 1584 年）的西班牙会堂（Scuola Spagnola）的外观也是出自他之手。后者在 1988 年时得到了修缮。进入犹太人居住区骑楼（Sottoportico del Ghetto）的入口处有着标记，大门每天晚上都会关闭。聚居区内狭窄的街道左侧有一块 1541 年竖立的石碑，上面刻着这里的居民所必须遵守的规定。

2. 位于总督府二楼的大会议厅（Sala del Maggior Consiglio）面积非常大，长 54 米、宽 25 米（177 乘 82 英尺）。当 1340 年第一次按现在的规模建造大会议厅的时候，是为了能容纳下大议会（Grand Council）所有成员的，有时还被征用为国宴大厅使用。1797 年 5 月 12 日，鲁多维科·马宁总督正是在大会议厅宣布威尼斯向拿破仑投降的决定。

在大会议厅入口处的墙上有着丁托列托在儿子多门尼克的帮助下完成的画作《天堂》（Vision of Paradise），这是世界上最大的油画。这幅画的创作灵感来源于 13 世纪但丁《神曲》中的《天堂篇》（Paradiso），它描绘了基督为升天的母亲玛利亚授冠的场景，他们的周围有一大群天使和圣人。该画作代替了瓜里安托（Guariento）14 世纪创作的相同主题壁画，后者在 1577 年的大火中几乎被完全损毁，一些被修复的碎片目前在瓜里安托厅展览。被 1577 年火灾损坏的还有许多其他伟大的威尼斯艺术家的画作，包括有贝里尼、卡巴乔和提香。丁托列托和委罗内塞（他们自己的作品也受到损毁）等人，受命在大会议厅修复后为其重新装饰。

大会议厅的天花板上镶有反映威尼斯共和国荣耀的历史和寓言场景。大厅中央共有三幅中央壁画，第一幅是委罗内塞在去世之前不久完成的，描绘了威尼斯被众神环绕并带上胜利冠冕的情形；第二幅是丁托列托所作，也描绘了威尼斯被众神环绕，并将橄榄枝递给尼科洛·达·蓬特的场景；第三幅是小帕尔马的作品，描绘了威尼斯热情迎接臣服于她权力之下的国家。凯旋和胜利的类似主题贯穿于整个大厅内所有的画作上，它们位于环绕整个大厅的长条横幅公爵画像之下。长条横幅公爵画像由多门尼克·丁托列托（在他助手们的辅佐下）执笔完成，总共描绘了从奥布莱里奥·德勒·安特诺略（约 804 年至 811 年担任总督）到弗朗切斯科·维尼埃（于 1556 年去世）为止的 76 位前任总督，只有一人除外：本来应该放置马林·法里埃尔画像的位置被涂黑了，取而代之的是他 1355 年因叛国罪被处决时的铭文。这一系列肖像画一直延伸到了审查厅中。

3. 与委员会厅相连的议会厅位于总督府三楼，它在 1574 年的大火后由安东尼奥·达·蓬特负责修缮。总督和委员会成员在这里与 200 多位被选举出的参议员进行交流和辩论。在克里斯托弗罗·索尔特(Cristoforo Sorte)精美天花板上的中央装饰品是丁托列托画的《威尼斯在众神中地位显赫》(*Venice Exalted among the Gods*)，后者的另外一幅(画着彼得罗·兰多和马尔坎托尼奥·特里维桑这两位虔诚的总督)作品《下十字架》(*Descent from the Cross*)则被悬挂在总督专座上方。其他许多的画作都出自小帕尔马之手。专座左边的一扇门能够通往总督的私人礼拜堂，绘有桑索维诺的《圣母与圣子》。礼拜堂的门厅里有塞巴斯蒂亚诺·里奇为达尔·波佐(Dal Pozzo)18 世纪绘于圣马可大教堂外立面上的马赛克画所作的草图。

4. 委员会厅在 1574 年的大火后由安东尼奥·达·蓬特根据帕拉迪奥和鲁斯科尼的设计重建，位于总督府三楼。总督在此与委员会成员谈论共和国事务，或接见公务访问者。委员会厅的天花板被认为是整座总督府中最精美的。上面绘有一系列委罗内塞精美的作品，包括：在远端的中央有一幅描绘正义与和平向威尼斯的凯旋授予剑、天平和橄榄枝场景的画作。该厅中还有丁托列托和委罗内塞的其他作品。在窗户的墙上有一个吉罗拉莫·坎帕尼亚制作的大型壁炉，他在两侧分别刻画了赫拉克勒斯(Hercules)和墨丘利的雕像。

5. 位于总督府三楼的十人委员会厅第一次投入使用是在 1310 年被当作审判政治犯的法庭，这里是十人委员会(Council of Ten)会面讨论共和国机密事务的地点。这间房间有委罗内塞两幅精美的天花板画：一幅是椭圆形结构，描绘了一名包着头巾的东方人和一位年轻的女性在一起；另一幅是《朱诺为威尼斯戴上公爵王冠》(*Juno Offering Venice the Ducal Crown*)。两幅画作都被拿破仑撤走，但在 1920 年被从比利时归还。该房间在 1988 年时因修复而关闭。

6. 位于总督府三楼的三首席审判厅是一间昏暗的审判室，是供共和国检察官(State Inquisitors)审讯犯人使用的，15 世纪时首次投入使用，从 16 世纪开始作为日常的审判室，共和国检察官是由十人委员会中的两名成员和一位公爵议员组成的审判主体。镀金皮制帷幔和一些画作组成了房间最早的装饰，后来被拿破仑移除，但是天花板上丁托列托绘制的《浪子回头》(*Return of the Prodigal Son*)和《四美德》(*Four Virtues*)后来得到了恢复。这间房中的一层小楼梯可以通向拷问室，后者与叹息桥仅有一条走廊之隔。

7. 稻草监狱曾是威尼斯共和国的国家监狱，它通过叹息桥上的双通道与总督府连接。其中的一条走廊通向旧监狱(Prigioni Vecchie)，旧监狱是由 18 间没有窗户的小牢房组成的古老地牢，专门关押一些不重要的罪犯，里面还留有罪犯刻下的铭文，这些小牢房被称为"井"(pozzi & wells)。另一条走廊通向新监狱(Prigioni Nuove)，它是一幢面向斯拉沃尼亚人堤岸的简朴建筑。新监狱在 1560 年时由乔瓦尼·安东尼奥·鲁斯科尼(Giovanni Antonio Rusconi)开始建造，安东尼奥·达·蓬特继承，并由安东尼奥和托马索·孔蒂诺(Antonio & Tomaso Contino)在 1614 年最终完成。现在这里被当作展览会场使用。政治犯曾经被关押在总督府内名为"铅狱"(Piombi)中，这个名字的由来是因为它位于宫殿屋顶正下方的位置，监狱顶部覆盖着铅块。放荡不羁的卡萨诺瓦(Casanova)正是从这里成功越狱的。

8. 梅吉奥桥(Ponte del Megio)位于梅吉奥沿岸街(Fondamenta del Megio)的末端，后者沿着圣斯塔土耳其商馆的一部分延伸。它的名字源于这里附近曾经存在的谷仓，而这些谷仓现在用作学校使用。在梅吉奥桥附近有一幢 16 世纪的萨努多大楼(Casa Sanudo)。这幢

建筑上有一块刻着拉丁铭文的纪念匾,内容是纪念 1536 年在此去世的日记作家马林·萨努多(Marin Sanudo)。

9. 时钟塔的中央部分在 1496 年至 1500 年间建成,它位于圣马可广场北部、旧行政长官官邸大楼的边上,它的设计者几乎可以肯定是毛罗·柯度奇。建筑两侧翼楼的上层是在 1500 年至 1506 年间设计的,后来由乔治奥·马萨里在 1775 年建成。

时钟塔楼的高度和长度比例是 4∶1,这是柯度奇受到托斯卡纳建筑师利昂·巴蒂斯

塔·阿尔贝蒂(Leon Battista Alberti,1404—1472 年)的建筑理论影响而得到的灵感,后者还强调了街道和广场间的连接拱门也必须有很高的观赏价值。从小广场往塔楼方向看去,很容易看见塔楼下方通往默瑟里亚大街的拱门。在拱门上方是一个镀金和蓝色珐琅的巨型钟表盘,它的作者是来自雷吉奥(Reggio)的德·拉涅利(de Ranieri)父子。在时钟层的上方,有一个小的凸出的半圆形露台,露台上的壁龛中放置着圣母与圣子的铜像。建筑的顶层外立面上有一头圣马可飞狮像,飞狮身后则是镶嵌着金色星星的蓝色背景。

在耶稣升天节那周的每个整点,三个智者的雕像会跟着一尊天使像从一扇小侧门中出现,与位于塔顶部大钟的整点报时相呼应,并以此向圣母致敬。塔顶的大钟是由两尊铜像敲响的,由于这两尊铜像是暗铜绿色,因此被人们称为"摩尔人"(Moors),它们是在 1494 年由安布罗西奥·德里·安巧尔(Ambrosio dalle Anchore)铸成的。

10. 圣儒利安堂位于默瑟里亚大街的末端,这里曾经是一座古代建筑的旧址。它在 16 世纪中期由一位富裕的内科医生托马索·兰贡(Tommaso Rangone)斥资重建。教堂的设计者是桑索维诺(1553 年至 1555 年),外观是由伊斯特里石建造的古典主义风格,这种石料在当时的教区教堂建设中极少用到。装饰着凯旋门的漂亮出入口上方有一尊精心设计的兰贡纪念像,这是桑索维诺 1554 年受兰贡所托制作的。

富丽堂皇的教堂内部是在正方形的平面基础上设计的,包含:一个中殿、一个高坛、两侧各一间小礼拜堂以及一条唱诗席。中央天花板壁画的作者是小帕尔马(1585 年),他还绘制了位于右侧走道第二祭坛上方的《升天》。两侧则分别竖立着亚历桑德罗·维特多利亚的"圣丹尼尔"(St Daniel)和"圣凯瑟琳"(Catherine)的雕像,他还雕刻了祭坛饰罩。在第一右祭坛上方是委罗内塞的一幅受损坏的《圣殇和三位圣人》(Pietà with Three Saints)。在高坛左边的小礼拜堂中有一座由乔瓦尼·安东尼奥·鲁斯科尼精心设计的大理石祭坛,此外该礼拜堂中还有两尊刷着青铜漆的赤陶土雕像和一幅浮雕作品,它们的作者是吉罗拉莫·坎帕尼亚。在主祭坛两侧的分别是安东尼奥·赞基的《圣儒利安的一个奇迹》(a Miracle of St Julian)以及《圣儒利安殉难》(Martyrdom of St Julian)。

11. 白色大理石建造的财政官宫(Palazzo dei Camerlenghi)曾是供职于威尼斯国库的三位贵族的住所,它位于大运河左岸里亚尔托桥脚下。这是一栋巨大的、漂亮的、独立的大楼,由古列尔莫·格里吉在 1525 年至 1528 年建造,宫殿的所有立面都有着精美的文艺复兴式装饰。16 世纪期间,它的一楼被用作共和国监狱使用。

12. 十贤人宫(Palazzo dei Dieci Savi)位于大运河左岸,里亚尔托桥脚下。它是斯卡帕尼诺 1521 年为负责征税的地方行政长官使用而设计的。在宫殿外立面上有一座现代的狮子雕像,在正对里亚尔托桥的宫殿角落处有一尊小型的 16 世纪大理石雕像"正义"。

13. 坐落在繁忙的里亚尔托市场中,规模不大的里亚尔托圣贾科莫教堂(church of San Giacomo di Rialto)据说是威尼斯历史最为悠久的教堂,它被认为建成在公元 421 年。1071 年左右,在当地商人的资助下教堂得到修缮,当地人至今还称其为圣基亚高密固教堂(San Giacometto)。在哥特式门廊出入口的上方有一座可以追溯到 1410 年的巨型时钟,但它显示的时间一直都不太准确。教堂的内外部在 1601 年同时得到了修缮,其内部较为小巧,保留了原始的希腊十字架形结构以及由六根古老的希腊大理石柱和一个 11 世纪科林斯式柱头支撑起的穹形天花板。在主礼拜堂的祭坛上有一尊亚历桑德罗·维特多利亚 1602 年制作的《圣雅各和天使》(St James and Angels),祭坛右边的是提香的外甥马可·韦切利奥 16 世纪绘制的祭坛画《圣母领报》。圣贾科莫教堂是威尼斯仅剩的一座小型拜占庭式教区教堂，是当地的地标性建筑。

在圣贾科莫教堂对面的小广场上，有一座刻于 16 世纪名为"里亚尔托的戈博"的雕像，它刻画了一个蜷缩着的侏儒背负着一段台阶的形象，这段台阶可以通向一座埃及花岗岩演讲台，曾经威尼斯所有的官方公告都发布于此。

14. 见第一章第 2 条注释。

15. 穿过旧圣乔瓦尼街道(Ruga Vecchia San Giovanni)的拱门就可以到达圣乔瓦尼·埃勒莫西纳里奥教堂(the church of San Giovanni Elemosinario)。该教堂是一栋古老的建筑，虽然现存的建筑建于 1527 年至 1539 年间，但其历史据记载可以追溯到 1051 年。现存的教堂是由斯卡帕尼诺设计，它替代了在 1513 年里亚尔托大火灾中严重损毁的老教堂。那次火灾后只有钟楼(建于 1398 年至 1410 年间)得以保全，并一直保存至今。

教堂的内部是希腊十字架形的设计。波尔代诺内(Pordenone)画在穹顶上的壁画直到 1985 年的教堂修缮工作中才被发现。他的另一幅作品《圣凯瑟琳、圣罗奇和圣塞巴斯蒂安》被用作主祭坛右边小礼拜堂的祭坛画，这幅画的上方则是提香 1545 年左右画的《圣约翰施舍乞丐》(St John Giving Alms to a Beggar)。

16. 小型的圣母征服教堂(church of Santa Maria Mater Domini)的历史可以追溯到 1502 年至 1540 年。教堂文艺复兴式的外观是用伊斯特里石建造的，这可能是受到桑索维诺的启发，有可能就是由他负责的建设工作。教堂的内部呈希腊十字架形，有着迷人的灰白主色调，但它的现状却不尽如人意，所有的画作都被移走修复。这些画作包括：文森佐·卡泰纳(Vincenzo Catena)1520 年的《圣克里斯蒂娜天使的拯救》(Rescue by Angels of St Christina)以及丁托列托的《十字架的发明》(Invention of the Cross)。教堂里还有两座精美的大理石祭坛，其中一座位于第一南小礼拜堂，另一座位于主祭坛的左边，两座祭坛上都有 16 世纪早期罗伦佐·布雷尼奥制作的小雕像。在左耳室还有一件罕见的 13 世纪中期浅浮雕，描绘了圣母在祈祷的场景。从 1988 年开始教堂关门整修。

17. 圣尼各老堂(the church of San Nicolò da Tolentino)，亦被称为圣尼各老堂(I Tolentini)，它位于帕帕多普利花园(Giardino Papadopoli)的一座小桥边，后者是大运河远端的一座公共花园，对面就是火车站。该教堂是文森佐·斯卡莫齐 1591 年至 1602 年建造的。后来在 1706 年至 1714 年间，安德里亚·泰拉利在教堂的外立面增建了凸出的柱廊，使用的是经典的科林斯式槽纹圆柱，并对其做了小幅度的装饰。

教堂的内部非常美观，存放着大量 17 世纪艺术品，其中最著名的是菲利波·帕罗蒂(Pilippo Parodi)为 1678 年去世的弗朗切斯科·莫罗西尼(Francesco Morosini)主教制作的巴洛克式纪念碑。出名的画作则包括：让·莱斯(Jan Lys)的《天使拜访圣杰罗姆》(St Jerome Visited by an Angel)，以及贝尔纳多·斯特罗齐(Bernardo Strozzi)的《圣劳伦斯分发救济品》(St Laurence Distributing Alms)。

18. 阿雷蒂诺在 1551 年至 1556 年去世前居住在 4168 号宫殿中，它位于卡尔本河上的大型宫殿本博宫(Palazzo Bembo)和小型哥特式宫殿丹多罗宫(Palazzo Dandolo)之间，大运河右岸里亚尔托桥正前方，是一座有着尖拱窗的 14 世纪小型建筑。

第七章 失败和胜利

1523—1591

"过去和现在所见证的最伟大的时刻。"

在查理五世朝代，不止一位外国使节对皇帝频繁提到的"土耳其威胁"发表过评论。1520年以来，奥斯曼帝国的王位一直由苏莱曼大帝占据，他包围了贝尔格莱德，并从圣约翰骑士团手中夺取了罗得岛（Rhodes）。这位苏丹随后在一场激烈的战斗中击溃了匈牙利人，多瑙河上尸横遍野；如果不是天气破坏了他的进攻计划，他早就占领维也纳了。从那时起，他的军队就保持着稳步前进的势头。然而，更直接受到威胁的是威尼斯而不是查理的帝国；因为，查理的军队可以对土耳其人进行先发制人的打击，然后撤退，但威尼斯人却不得不留在前线。因此，共和国采取了绥靖政策，向苏丹保证其友好尊重，并赠送大量昂贵礼物。然而，苏莱曼不可能被无限期地安抚；当威尼斯商人焦急地等待着他们的货物在海上航行的消息时，在他们货船穿行的海域，土耳其船只的桅杆"像达尔马提亚森林里的树木一样茂密"，大议会知道苏丹迟早会进攻。1537年9月，猛烈的风暴、痢疾和疟疾的暴发挫败了他夺取科孚岛的企图，但他对伯罗奔尼撒群岛上的港口和地中海岛屿的袭击更为成功。不久，要求总督安德里亚·格里提（Andrea Gritti）辞职的呼声四起。格里提现已年过八十，尽管苏丹一再挑衅，但格里提还是固执地主张维持绥靖政策。

然而，当格里提于1538年去世时，他的遗体从他位于维格纳的圣弗朗西斯科教区的住所被抬到毗邻的、最近才完工的圣方济各教堂，[1] 很明显，战争是打不起来了。格里提的继任者彼得罗·兰多（Pietro Lando）承认，他必须接受苏丹苛刻的条件，承认最近从威尼斯夺走的所有领土的损失，支付巨额赔款，给共和国的经济增加更多负担。这样，至少和平是有保障的；虽然急于避免与土耳其人发生进一步的争吵，但大议会同样也急于让共和国在哈布斯堡王朝与瓦卢瓦王朝之间持续不断的争端中保持中立，而且，尽管历届教皇都提出了抗议，但威尼斯不应该如此紧密地卷入欧洲路德教徒和天主教徒之间激烈的宗教斗争中，以致丧失了独立性，也失去了她用自己的方式在自己的领土上对付异教徒的权利。

威尼斯可能不再是一个世界强国，但她决心保持一个独立的国家状态，并表明，虽然她的帝国可能会衰落，海外贸易可能会下降，但她的伟大和辉煌不会减弱。这很可能是真的，正如海军专家克里斯托福罗·达·卡纳莱（Cristoforo da Canale）在 1539 年所指出的那样，共和国不再有意愿或能力独自组建一支强大的舰队，威尼斯人如此沉迷于城市的欢乐，以至于"除非万不得已，否则没有什么能诱使他们登上战舰"。然而，尽管缺乏解决问题的决心，尽管国家财政状况堪忧，几家威尼斯银行倒闭，瘟疫频繁暴发，而且大陆的庄稼被洪水或干旱摧毁，穷人偶尔会挨饿数月，但威尼斯人从未失去对炫耀和游行的热爱，从未失去对狂欢和化装舞会的乐趣，他们对生活在潟湖安全地带以及被公认为欧洲文艺复兴时期最美丽的城市充满自豪。但是，当战争强加于他们时，他们并没有退缩，而是为维护共和国的荣耀和尊严战斗。

1570 年复活节那天，总督和总督议会在圣扎卡利亚教堂举行庄严的晚祷游行。按照古代的传统，有六面旗子，两面白，两面红，两面蓝。当共和国处于和平状态时，白色旗帜在最前面，在休战时期，蓝色旗帜在前面，在战争时期，红色旗帜在最前面。这一次，当 88 岁的总督彼得罗·罗列丹（Pietro Loredan）从总督府里走出来时，在他前面的是红色旗帜，战争恐怕是不可避免了。两天后，来自君士坦丁堡的特使向内阁递交了一封塞利姆二世（Selim II）的信。塞利姆二世，即苏莱曼大帝的儿子，人称索特人塞利姆，他的语气极具挑衅：土耳其人的皇帝，万主之主，万王之王，上帝的影子，人间天堂和耶路撒冷的君主，他要求威尼斯交出塞浦路斯岛，否则将迎来塞利姆可怕的利剑和爆发最残酷的战争。

现在,威尼斯勉强地进行着战争的准备工作。有资格担任圣马可代理人的人数增加了,这样就可以把这个头衔卖给那些有能力支付 2 万金币的富人。兵工厂在最近的爆炸和火灾中受损严重,目前正在迅速修复,以满足建造新战舰的需求。已经向所有可能提供帮助的国家派驻大使馆,但收效甚微。教皇提供了几艘船,西班牙国王腓力二世(Philip II)提供的船稍多一点,但指示他的舰队司令,在发现土耳其舰队时,要保持安全距离。事实上,也从来没有发现土耳其舰队。在基督徒的船只到达塞浦路斯之前,有消息称土耳其人已经登陆并占领了尼科西亚(Nicosia)。威尼斯战舰司令官受到同盟军的规劝,说再向东航行是愚蠢的,于是命令他的舰长们起航回国。

土耳其人洗劫了尼科西亚,屠杀了数百名居民,强奸了许多妇女,侵犯了许多男子,继续向法马古斯塔(Famagusta)挺进。他们先送来了威尼斯行政长官尼科洛·丹多罗(Nicolo Dandolo)的人头,他刚从住所出来讨论投降条件,就被一名土耳其士兵斩首。

法马古斯塔的防御比尼科西亚更为顽强,据一名目击者记录,在尼科西亚,那些装备火绳枪的人都是未经训练的人,如果不点燃胡须,他们就无法使用它们。但技术高超的土耳其人建造了高高的攻城塔,他们可以从那里向守军开火,他们挖的工事又宽又深,骑兵可以在里面并排骑行,只有他们的矛尖露出堤岸。1571 年 8 月初,守军的粮食储备几乎耗尽,猫、马和驴都被吃光了,少数幸存者因睡眠不足而筋疲力尽,法马古斯塔投降了。

四天后,两名意大利指挥官——威尼斯人马坎托尼奥·布拉加丁(Marcantonio Bragadin)和佩鲁贾人阿斯特尔·巴格里奥尼(Astorre Baglioni)——连同一大群军官同僚来到土耳其总部,交出了该城的钥匙。土耳其指挥官礼貌地接待了他们;然后,他怒不可遏地挥舞着刀,指责他们各种虚构的违反投降条件的行为。他突然砍掉布拉加丁的右耳,而他的部下割下了他的另一只耳朵和鼻子,然后砍掉了所有其他代表的头——据报道,超过三百个脑袋就堆在了土耳其将军的帐篷外。土耳其军队像在尼科西亚一样,在城里胡作非为,受伤的布拉加丁被人用几袋石头绑在背上,在城墙上拖来拖去;然后,在水手们的嘲笑下,他被吊到土耳其旗舰的桁端,被绑在法马古斯塔主广场的一根柱子上,活活剥皮。作为最后的羞辱,在他的头被砍

丁托列托画的阿尔韦塞·莫塞尼格肖像,勒班陀胜利时期的总督,并接待
了法国国王亨利三世

掉,身体被切成四截之后,他的皮肤被稻草填满,放在一头牛身上游街示众。

这种野蛮行径的细节传到威尼斯后不久,一艘拖着敌方旗帜的战船带来消息
称,1571 年 10 月 7 日,圣贾斯廷娜日,威尼斯对可恶的土耳其人取得了一场光荣的
胜利。消息从一个街道传到另一个街道,城里的气氛一下子就变了。情况似乎是
这样的,一支由查理五世的私生子、奥地利的唐·约翰(Don John)率领的基督教舰
队,曾在勒班陀附近与土耳其海军交战,这支舰队里有大量威尼斯船只。曾经有过
残酷的肉搏战,当战舰互相冲撞时,士兵和水手就从一艘船跳到另一艘船;许多人
被杀,许多人受伤——包括西班牙的马克萨号军舰上的米·格尔德·塞万提斯

(Miguel de Cervante)，他为在这个"过去或现在时代所见证的最伟大的事件"中战斗而感到自豪，而不是因为他写了《堂吉诃德》的冒险故事。然而，尽管基督徒损失了13艘船和大约1.5万人，土耳其却有近3万名水兵被杀，8 000多名水兵被俘，230艘战船被击沉或被俘。同时，1.5万名基督教苦役奴隶获得了自由。

教堂的钟声在威尼斯响起，圣马可大教堂装饰着灯笼，里亚尔托的布商在他们的房屋和商业场所正面悬挂着彩旗，土耳其商人把自己关在了土耳其商馆里。乐队在窗户下行进，白天彩旗飘扬，夜晚烛光闪烁。成群结队的人，包括从监狱里释放出来的欠债人，互相跳舞拥抱；人们戴着面具，就像狂欢节期间一样。

在纪念活动中，法令规定，从现在起，在圣贾斯廷娜日，总督和总督议会应带领一支游行队伍前往圣像教堂，并在教堂的墙上展示缴获的土耳其国旗。委托安德里亚·维琴蒂诺(Andrea Vicentino)[2]创作的一幅战斗画作，挂在总督府的投票厅，而委托委罗内塞(Veronese)为两位威尼斯指挥官塞巴斯蒂亚诺·维尼尔(Sebastiano Venier)和阿戈斯蒂诺·巴尔巴里戈(Agostino Barbarigo)作的画像，则与圣马可和圣贾斯廷娜的画像一起挂在内阁厅。[3]委罗内塞还受命在圣若望及保禄堂内一座献给玫瑰经圣母的祈祷教堂的天花板上作画。兵工厂的入口大门扩大了，并装饰了一只带翅膀的狮子、两个带翅膀的胜利女神，后来在山墙上又装饰了一尊圣贾斯廷娜的雕像；在里亚尔托桥上还建造了一座巨大的凯旋门，上面装饰着威尼斯和勒班陀战斗中的盟友的纹章。

这座木桥是当时唯一一座横跨大运河的木桥，卡巴乔在他的《真十字架的奇迹》中描绘了这座桥，桥上有商店悬在水面上，桥的中心有一座吊桥，可以让有高桅杆的船只通过。这座桥是一个世纪前建造的，当时那座较早的木桥在数百名观看船只游行的观众的重压下垮塌了；但它也已经腐朽了，于是人们决定用石头重建，为此举行了一场竞赛。米开朗琪罗、维尼奥拉(Vignola)和桑索维诺(Sansovino)、斯卡莫齐(Scamozzi)和帕拉迪奥(Palladio)都提交了设计方案；但那些有选择余地的人不愿委托他们中的任何一个。在这之后，1574年，一场大火烧毁了总督府的部分建筑，接着在1577年发生了一场更具破坏性的火灾，投票厅和大议会厅都被烧毁，贝里尼和提香(Titian)、丁托列托和委罗内塞的作品也被烧毁。关于里亚尔托桥的讨论中断了，人们开始讨论总督府的修葺问题。帕拉迪奥徒劳地建议，应该按照他自己喜欢的古典风格推倒重建。几个月来,旧哥特式宫殿的修复工作占用了威尼斯许多最有才华的泥瓦匠的时间,重建里亚尔托桥的想法不得不放弃;直到1588年,这座桥才开始动工,六千根木桩被打入桥两端的泥土中,以支撑桥的重量。[4]经过对几年前参加竞赛的大师们提交的设计方案的比选和讨论,最终选定了这座桥的建筑师,他们是安东尼奥·达·蓬特(Antonio da Ponte)和他的侄子安东尼奥·孔蒂诺(Antonio Contino),前者参与了总督府的重建,后者将设计叹息桥。[5]

因此,1574年夏天,年轻的法国国王亨利三世对威尼斯进行国事访问时,看到的仍然是那座古老的木桥。国王受到了威尼斯人长期以来所擅长的那种盛情款待,他们总是希望借此获得政治和商业上的好处。在众多贡多拉的护送下,国王从大陆出发,一路上礼炮齐鸣,在慕拉诺受到四十名年轻贵族和身穿法国国旗颜色特殊制服的戟兵仪仗队的欢迎。第二天,总督阿尔韦塞·莫塞尼格(Alvise Mocenigo)迎接了他。总督陪着他来到利多宫的凯旋门下,这座凯旋门是由帕拉迪奥设计、丁托列托和委罗内塞绘制的,安德里亚·维琴蒂诺在总督府的四门厅(Sala delle Quattro Porte)里画了这个场景。[6]在圣尼科洛修道院举行完礼拜仪式后,国王亨利和总督在数百艘贡多拉、兄弟会双桅船和战舰甲板上的管弦乐队的陪同下,划着船途经圣马可大教堂,穿过大运河,经过挂满挂毯的宫殿,来到法国国王将要下榻的装饰华丽的福斯卡里宫(Palazzo Foscari)。[7]

从莫洛望去,越过船坞看圣乔治马焦雷教堂与旧海关以及安康圣母教堂,卡纳莱托作品

无数教堂的钟声响起,成千上万的旁观者欢呼雀跃,这位"无与伦比的客人"走进了宫殿,宫殿的墙壁上挂满了博尔多内、贝里尼、丁托列托、提香和委罗内塞的画作,都是专门为这一时刻委托制作或购买的。他卧室的墙壁上覆盖着压花镀金皮革和金色挂毯;地板用委罗内塞设计的马赛克镶嵌画重新装饰过;巨大的壁炉安装了一个壁炉架,由亚历桑德罗·维特多利亚(Alessandro Vittoria)雕刻的女像柱支撑着;床单上绣着深红色的丝绸和金线。夜幕降临,焰火从宫殿窗户下的贡多拉上平底船上飞向天空,而对面宫殿的所有窗户都被排列成皇冠和鸢尾花形状的蜡烛照亮。

从那以后,人们每天都不遗余力地让亨利在威尼斯的逗留成为他终生难忘的经历。人们举行游行和赛船会,举行宴会和舞会,举行音乐和杂技表演,在宫殿里举行招待会,主人和客人穿着最华丽的衣服在他面前列队,衣服上珠光闪闪。他受邀参加元老院的一次会议;他看着玻璃吹制工在他的窗下展示他们的技艺;他被领着参观兵工厂,亲眼目睹了一艘装备齐全的船下水,而十二小时前他看到的还只是那艘船的光龙骨。他被带去见提香,提香当时已经八十六岁了,丁托列托将这一场景画了下来。有人递给他一本城里最美丽的交际花的微缩画像,他明智地选择了与维罗妮卡·弗朗哥(Veronica Franco)交往,弗朗哥为了纪念他的来访,为他写了两首十四行诗。"如果我不是法国国王,"据报道,他在逗留结束时说,"我会选择成为威尼斯公民。"

16世纪的游客也像这位最尊贵的客人一样,对这座城市的荣耀着迷。但也有一些人来的时候,威尼斯正受着瘟疫的侵袭,广场几乎荒芜,商店关门,旅馆和教堂空无一人,整个城市笼罩在深深的黑暗之中。1575年到1577年间,威尼斯暴发了一场可怕的瘟疫,检疫所里挤满了病人,还把几艘旧船拖到潟湖去当作医院。很多人逃往大陆,留下总督、总督议会和元老院来处理这个问题。到了1576年年底,所有还住在城里的人都必须至少在家里待一周;然而鼠疫仍在蔓延,卫生部长建议的所有措施都被证明无效。到第二年7月,鼠疫正式结束,5万多威尼斯人死亡;到1581年,人口从鼠疫暴发前的近19万人减少到12.4万人。作为对死者的纪念,在鼠疫正式结束的周年日,以及此后直到共和国的最后一年,在朱代卡岛上帕拉迪奥笔下可爱的救主堂里举行了由总督和总督议会参加的大弥撒。就在五十多年后,为了纪念威尼斯在一场更可怕的瘟疫中幸存下来，又建了一座宏伟的教堂。这场瘟疫夺去了威尼斯三分之一居民的生命。这是安康圣母教堂（Santa Maria della Salute），是巴尔达萨雷·罗根纳（Baldassare Longhena）威尼斯巴洛克风格的杰作，建成后不久，一位游客来到这座城市，称其为"世界上最辉煌的教堂"。[8]

威尼斯现在开始享受另一个和平与繁荣的时期。"那时候，"尼科洛·康塔里尼（Nicolò Contarini）后来说：

> 共和国得到了每一位王公贵族的信任，与所有人都保持着公开的友好关系。而且，她富甲一方，拥有肥沃的土地、勤劳的人民、适宜的地理位置，所有这一切成就了一个井然有序的联邦……贸易从四面八方源源不断地涌入这个城市，事实上如此之多……以至于威尼斯在当时被认为比过去任何时候都要伟大。

诚然，重要的市场已经失去了：法国人现在直接与土耳其港口进行贸易；英国人也进入了威尼斯商人一度认为属于他们自己的海域。与此同时，其他欧洲商船队，尤其是荷兰商船队，变得比威尼斯商船队更快、更便宜，威尼斯的造船厂因木材日益短缺而受阻；而地中海中部的海盗活动促使商人们寻找替代的陆上航线。到了1580年左右，来自西班牙的羊毛通过骡车运往里窝那（Leghorn）和亚平宁半岛；1590年，在斯巴拉托（Spalato）和君士坦丁堡之间开辟了一条新的陆路，从而可以避开爱琴海的危险水域。

即便如此，到了16世纪末，商业界对威尼斯的信心已经恢复；公共财政已经从土耳其战争中恢复；黎凡特和欧洲之间的贸易很活跃，威尼斯商人仍然占据最大的份额。此外，大量来地中海和中东的货物继续在威尼斯上岸，再出口到意大利大陆和德国——塞浦路斯和土耳其的棉花、埃及的糖、克里特和阿普利亚的橄榄油、爱奥尼亚群岛的葡萄干、巴尔干半岛的蜡和皮革。共和国不仅仅是一个货物出口国，它还是一个主要的制造业中心，不仅生产玻璃，而且生产丝绸和羊毛制品，提炼蜡和糖，制作冲压皮革，给丝绸、织物和布料染色。这里有许多染坊，以及用作晾晒场地的大空间，被称作 chiovere（该词意即钉子），用于料子染色后挂起来。时至今日，许多威尼斯房屋的外立面仍然保留着穿孔的石头，这些石头曾经支撑着杆子的两端，染色后的布料就悬挂在杆子上，在阳光下晾干。

威尼斯也是一个重要的印刷中心。据信，到 15 世纪末，威尼斯的出版社已多达 150 家，几乎是意大利其他地方出版社的总和；从那以后，这个数字一直在稳步增长。这些出版社出版了大量的祈祷书和弥撒书、圣经、唱诗班的书籍和但丁的经典著作，也有关于罗曼史和骑士精神的书籍、诗歌、扑克牌、非法色情书和精美的地图。

威尼斯有几家出版社在欧洲很有名，其中包括吉恩蒂（Giunti）、吉奥利托（Giolito）和最著名的提伯尔多·皮奥·马努齐奥（Teobaldo Pio Manuzio），即阿杜思·曼纽修斯（Aldus Manutius）。他从罗马来到威尼斯，于 1495 年在圣帕特尼安（San Paternian）广场（现为曼宁），以"海豚和锚"为标志创立了阿尔定出版社（Aldine Press）。[9]

马努齐奥的编辑委员会"阿尔多学院"由当时的一些顶尖学者组成，他们与当地的排字、翻译和校对人员住在一起时，只说希腊语。1508 年，时年四十二岁的伊拉斯谟（Erasmus）从鹿特丹来到这里，和一个精通希伯来语、拉丁语和希腊语，正在学习阿拉伯语和阿拉姆语的年轻人合住一间屋子。伊拉斯谟和其他学者们一起，彻夜不眠地讨论希腊文的正确发音；他说，白天太忙了，连挠鼻子的时间都没有。但是他发现饭菜太寒酸了，酒又太难喝，于是他离开了公用的桌子，叫人把饭菜送到他的房间里去。他抱怨说，房子冬天漏风，夏天满是跳蚤和虫子；永远见不到女人；主人一心只想赚钱，往酒里掺水，买发霉的面粉烘烤，经常只给工人们吃莴苣，客人们只吃稀薄的汤、碎牛肉、豆粉和硬得像铺路石的奶酪。然而，伊拉斯谟不得不承认，马努齐奥是一个非常成功的出版商：从 1495 年到他 1515 年去世，他成功地出版了不少于 130 个版本的经典著作，这些著作的售价是成千上万以前从未买过书的读者能够负担得起的。他死后，由他的儿子和孙子经营的阿尔定出版社一直是欧洲主要的书籍出版商，直到 16 世纪末，巴黎的出版社的产量才超过威尼斯的出版社。

注释:

1. 建于 16 世纪的前格里提家族宫殿矗立在圣弗朗切斯科葡萄园广场(Campo San Francesco della Vigna)上。它后来被威尼斯政府买下,又被赠送给庇护四世(Pius IV)作为教廷大使的住宅使用。19 世纪时,它又被转给了方济各会修会,后者建造了一条悬空走廊将宫殿与他们的修道院连接了起来。

2. 建造于 15 世纪中期的审查厅位于总督府二楼,它在 1532 年被选为清点总督大选选票的地点。天花板上有着安德里亚·维蒂诺、弗朗切斯科·巴萨诺(Francesco Bassano)和其他一些画家绘制的威尼斯获胜场景;而墙壁上也画满了类似主题的 16 世纪画作。在天花板下方的长条横幅画画的是最后 42 位总督的肖像,每一幅都是由与他们同一时代的艺术家绘制。安东尼奥·加斯帕里 1694 年为纪念弗朗切斯科·莫罗西尼建立起来的巨型凯旋门上有着格雷戈里奥·拉扎里尼(Gregorio Lazzarini)的画作。

3. 委罗内塞 1578 年的作品《在圣贾斯蒂娜的宴会上,基督教联军 1571 年在勒班陀战胜奥斯曼土耳其帝国》(*Christian Victory over the Turks at Lepanto on the Feast of St Justina, 1571*)被挂在委员会厅的墙壁上。这幅画描绘了塞巴斯蒂亚诺·维尼埃总督在圣马可和圣贾斯娜的陪同下感激地跪在基督面前,两侧分别是信仰和威尼斯的雕像。画中还有阿格斯提诺·巴尔巴里戈拿着十字军徽章的情形。塞巴斯蒂亚诺·维尼埃的位于福摩萨圣母广场 6129 号的住所有一块牌匾作为对那次战役的纪念。

4. 里亚尔托桥(Ponte di Rialto)在 1854 年学院桥建成之前是唯一一座横跨大运河的人行桥。在里亚尔托桥建成前,这个位置上也曾经有过好几座桥。12 世纪时这里有一座浮桥,后来被一系列木桥代替,其中第二座木桥在 1444 年坍塌,坍塌的时候桥上有一大群人正在围观费拉拉侯爵(Marchese di Ferrara)的婚礼队伍。第四座有着中央吊桥的木桥出现在卡巴乔的画作《真十字架的奇迹》(*Miracle of the True Cross*)中,该画作现在收藏于威尼斯美术学院。1452 年时,为了能够让匈牙利国王和奥地利公爵的仪仗队顺利通过,这座木桥被临时拆除,后来又被重新恢复。然而到了 16 世纪,这座桥已经严重腐蚀,当时的年代记编者描述它"已经完全被腐蚀,却还奇迹般的悬浮在天空中"。政府决定建造一座石桥来代替它,后来这项决议在 1588 年被通过,由安东尼奥·达·蓬特负责建造,1591 年新桥建成。这座石桥由长 48 米(157 英尺 6 英寸),高 7.5 米(24 英尺 7 英寸)的单拱组成。桥的中央有一条主路,主路的两边有各式各样的小商店,商店的外侧又有两条带有栏杆的外部道路。桥的外立面上有一些 16 世纪晚期浮雕,通往圣马可广场的一边刻着阿格斯迪诺·鲁比尼的《圣母领报》,而另一边则是蒂齐亚诺·阿斯贝蒂的雕像《圣马可》和《圣狄奥多尔》。这座桥一直延伸到位于大运河边、罗马广场(Piazzale Roma)那侧的里亚尔托市场中。

5. 叹息桥(Ponte dei Sospiri)是由伊斯特里石建造的双通道桥,连通了总督府和稻草监狱。它是由安东尼奥·孔蒂诺在 1600 年左右设计的巴洛克风格石桥,桥上还有装饰浮雕《正义》和马里诺·格里曼尼的盾形纹章,他在 1595 年时被选为威尼斯总督。

6. 四门厅因它的四个帕拉迪奥式的出入口而得名,位于总督府三楼。它最初是作为委员会的会议室使用,但在 1574 年的火灾后就被用作正式场合的候客厅。由乔瓦尼·坎比(Giovanni Cambi)设计的金白两色拉毛粉饰天花板周围装饰着丁托列托 1578 年至 1581 年绘制的壁画。房间内的一系列作品中还有一幅《跪在信仰前的总督安东尼奥·格里曼尼》(*Doge Antonio Grimani before the Faith*),它是提香在 1555 年左右开始绘制的,他死后由其他人替他完成。

7. 壮观的四层高楼福斯卡里宫(Ca' Foscari)位于大运河左岸与福斯卡里河的交汇处,被拉斯金描述为"15 世纪威尼斯最华丽的哥特式建筑"。它所在的位置曾经是查士丁尼家族锯齿形拜占庭式宫殿"双塔大楼"的所在地,总督弗朗切斯科·福斯卡里从元老院手中购得该建筑,并在随后将其拆除。现在的福斯卡里宫在 1450 年至 1457 年间由巴尔托洛梅奥·伯

恩设计并建造。整栋建筑外观比例匀称,二层和三层分别有两条凸出的中央拱廊,三层的花饰窗格与总督府的凉廊有明显相似之处。中央拱廊的上方是四个拿着福斯卡里纹章的丘比特。

该建筑为法国亨利三世(Henry III)的访问进行了奢华的装修,到了 18 世纪,为取悦丹麦国王腓特烈四世(Frederik IV)再一次进行了装修。后来宫殿又很快在后方进行扩建,拆除了一段精美的哥特式外部楼梯。1892 年,宫殿因建立几所技校的需要被市政府收购,现在它被作为经贸学院(University Institute of Economics and Commerce)的校址使用。

8. 根据传统,在威尼斯成立日当天的圣母领报节(the Feast of the Annunciation)是威尼斯的主要节日之一,绝大多数的威尼斯教堂都会在那天供奉圣母。在所有教堂中,最著名、同时在造型上最有象征意义的也许就是雄伟的穹形教堂:安康圣母教堂。该教堂的地桩超过一百万根,占据着大运河入口处左岸的显眼位置。

教堂由巴尔达萨雷·罗根纳在大瘟疫后的 1631 年设计,是专门用于供奉作为健康和救赎守护神圣母的。但它直到罗根纳去世五年后,即 1687 年才正式落成并投入使用。白色的石头外墙以圆形和精致的天际线表现其与圣马可大教堂之间的密切关系,总督每年 11 月 21 日都会从圣马可大教堂游行前往这座位于多尔索杜罗区的新教堂。安康圣母教堂的外立面既宏伟又朴素,其上堆满了丰富的壁龛雕像,并伴随着巨大的阶梯式飞檐。巨大的蜗盘饰上雕刻着十二使徒像,支撑着穹顶的鼓形石块,穹顶的最顶端则是一尊圣母雕像。在下方,山墙饰主入口的许多大门敞开,露出通往主祭坛的拱门。

对于自己的杰作,罗根纳写道:"由于这座教堂奉献的是神圣的圣母,所以我运用了上帝赋予我的些许天赋将教堂设计成圆形,或者说是皇冠的形状。"但是八角形教堂中殿的巧妙设计也满足了元老院对于教堂构造的规定,即,出于游行目的,从教堂的入口处不应该看到

次要祭坛,而是应该毫无阻碍地看到高垣拱构筑的高坛。教堂中央明亮穹顶下方的圆形空间里有八个巨大的支墩,这些支墩支撑着对称的拱门,这些拱门可通往穹顶圣所和六个小礼拜堂。教堂的外部都用素雅的灰白色调装饰,只有图案错综复杂的地板的颜色有所不同。

圣所的后方是椭圆形的唱诗席,而主祭坛左边的门则通往圣器室,里面存放着一些著名的艺术品,其中有一幅近期才被清洁过的丁托列托 1561 年的《迦拿的婚礼》(*Marriage of Cana*)。其他的艺术品包括:三幅天花板油画《该隐和亚伯》(*Cain and Abel*)、《以撒、大卫和歌利亚的献祭》(*Sacrifice of Isaac and David and Goliath*)以及在圣器室祭坛上方的《马克在圣人科斯马斯、达米安、洛奇和塞巴斯蒂安之间登基》(*Mark Enthroned between Saints Cosmas, Damian, Roch and Sebastian*),三幅画的作者都是提香,其中前两幅是提香在 16 世纪 40 年代为桑索维诺设计的圣灵教堂(church of Santo Spirito,于 1656 年被拆毁)画的,最后一幅画则是他的早期(1512 年左右)作品,画的两边有八个绘着八位教堂的福音传道者和权威神学家头像的圆盘饰。曾经存放 12 世纪拜占庭式圣母像的精美圣龛位于祭坛之上,它的刺绣帷子的历史可以追溯到公元 15 世纪。

教堂中殿的绘画在右边是焦尔达诺(Giordano)的三幅祭坛画,还有他创作的草图被收藏在前圣器室中,而提香的作品《圣灵降临节》(*Pentecost*)则在左边的第三祭坛上方。主祭坛则是一组由朱斯特·勒·考特(Juste Le Court)制作的雕塑,他与他的助手一起负责教堂内外大部分雕像的制作。

安康圣母教堂和海关大楼之间的那些建筑是庞大的佩特里亚克神学院(Seminario Patriarcale),它由索玛希克(Somaschi)修会在 1669 年建造的,巴尔达萨雷·罗根纳为它设计了一条华丽的楼梯(内部还有一幅安东尼奥赞齐绘制的天花板壁画)。从该建筑上可以远眺朱代卡运河上的一座花园。后来,索玛希克修会被拿破仑镇压,该神学院根据奥地利的规定被转变成一所曾位于慕拉诺岛上的家长制神学院(Patriarchal Seminary)。

修道院、祈祷室和餐厅中存有大量的画作和塑像,但主要的艺术品都被集中收藏在曼弗雷迪尼安娜美术馆(Manfrediniana Picture Gallery)里,是来自罗维戈(Rovigo)的费德里科·曼弗雷迪尼(Federico Manfredini)在 1829 年将其作为遗赠送给修会的。展品包括:彼得罗·保罗·德勒·马塞涅、彼得·罗隆巴尔多和亚历桑德罗·维特多利亚等人的雕塑,以及吉安·罗伦佐·贝尔尼尼(Gian Lorenzo Bernini)早年雕刻的两位红衣主教阿格斯提诺和彼得罗·瓦列罗的半身像。其他的艺术品包括:奇马的"天父"(God the Father)弦月窗;多门尼克·贝加福米(Domenico Beccafumi)的《佩内洛普》(*Penelope*);菲利皮诺·里皮(Filippino Lippi)的双联画,一联画着《基督和撒玛利亚的妇人》(*Christ and the Woman of Samaria*),另一联画着《基督和抹大拉的马利亚》(*Christ and Mary Magdalene*);委罗内塞的一部分壁画以及最珍贵的风景画《达芙妮与阿波罗》(*Daphne and Apollo*),它被认为可能是提香或乔尔乔内于 1510 年左右绘制的。参观者可以在提前申请之后进入神学院内部参观。

9. 阿杜思·曼纽修斯(Aldus Manutius)在 15 世纪末期创建的阿尔定出版社(Aldine Press)的旧址是一座位于里亚尔托区特拉·塞孔多河(Rio Terrà Secondo)畔的小型哥特式宫殿(2311 号);但它显然曾经是位于圣帕特里安广场(Campo San Paternian)上的,这个地址被并入了现在的储蓄银行(Cassa di Risparmio)。在特拉·圣佩特尼安河(Rio Terà San Paternian)边的墙上挂着一块纪念牌匾。

第八章　艺术家和建筑师

1460—1592

"我的责任是遵循我师傅给我的榜样。"

15 世纪中叶之前,威尼斯的艺术家们并没有表现出放弃哥特式和拜占庭传统转而采用从佛罗伦萨传播开来的新风格的倾向。文艺复兴早期的一些艺术家曾到访过威尼斯,其中包括创造佛罗伦萨洗礼堂可爱大门的吉贝尔蒂(Ghiberti),以及雕刻博洛尼亚圣佩特罗尼奥(San Petronio)大门周围大理石浮雕的雕刻家雅各布·德拉·奎希亚(Jacopo della Quercia)。多纳泰罗(Dontaello)来到威尼斯为佛罗伦萨殖民地制作圣约翰的木制雕像;他的合作者南尼·迪·巴托洛(Nanni di Bartolo)和其他来自佛罗伦萨的雕塑家一起到大教堂工作。另外两位托斯卡纳艺术家也来到了这里:保罗·乌切罗(Paolo Uccello)为圣马可教堂设计马赛克镶嵌画;安德烈·卡斯塔诺(Andrea Castagno)为圣扎卡利亚教堂的后殿绘制壁画。然而,尽管早在 14 世纪威尼斯艺术中就发现了古典主义学问的痕迹,但文艺复兴的思想在威尼斯传播缓慢,甚至到了维托雷·卡巴乔(Vittore Carpaccio)时代也没有牢固扎根。

对于最早的意大利流派大师卡巴乔,人们所知甚少,只知道他肯定是在 1490 年至 1523 年间在威尼斯工作过,这一点很清楚;人们甚至连他的出生和死亡日期都不确定。贝里尼家族也鲜为人知,卡巴乔深受其作品的影响,可以说,威尼斯画派就是在他们的共同努力下创立的。雅各布·贝里尼（Jacopo Bellini）是一名默默无闻的锡匠的儿子，大约于 1400 年出生在威尼斯；到 1425 年，他在佛罗伦萨詹蒂莱·达·法布里亚诺（Gentile da Fabriano）的画室里当学徒，后来在罗马，他对古典时代产生了浓厚的兴趣。回到威尼斯后，他成为威尼斯最杰出的画家之一，但除了学院美术馆（Accademia）[1] 的圣母像和科雷尔博物馆[2] 的一小幅耶稣受难像外，他的画作很少流传下来。

雅各布于 1470 年左右去世，留下两个儿子，詹蒂莱（Gentile）和乔瓦尼（Giovanni），还有一个女儿尼科洛亚（Niccolosa）；她嫁给了威尼斯文艺复兴时期第一位伟大的画家安德烈亚·曼特尼亚（Andrea Mantegna），他在学院美术馆画的小《圣乔治》（*St George*）和在黄金宫画的《圣塞巴斯蒂安》（*St Sebastian*）是他在威尼斯能看到的仅存作品。尽管曼特尼亚离开威尼托去给曼图亚公爵当宫廷画家，但他对他的两个小舅子有着深远的影响。大的叫詹蒂莱·贝里尼，他在父亲去世前几年接管了这个家族作坊，并于 1474 年受命修复总督府大议会厅里的历史画作。但在威尼斯很少能看到詹蒂莱·贝里尼本人的作品，现在人们对他的记忆主要来自他在圣乔瓦尼福音会堂（Scuola di San Giovanni Evangelista）[3]（现在在学院美术馆）的画作，尤其是他 1496 年的画作《圣马可广场游行队伍》，这是一幅令人惊叹的现实主义作品，唤起了高贵与爱国主义精神。

小儿子乔瓦尼，打破了拜占庭式和哥特式艺术的束缚，使威尼斯文艺复兴时期的绘画风格全面开花。在对景观产生兴趣之前，他用拉丁语约阿内斯·贝利纳斯（IOANNES BELLINUS）签名，并以罗马建筑为背景。但他从未忘记自己是威尼斯人，他的作品充满了威尼斯的精神。他是一个认真勤勉的艺术家，创作了大量作品，最初是蛋彩画，后来向西西里的安东内洛·达·梅西纳（Antonello da Messina）学习了油画技术后，开始创作油画。安东内洛·达·梅西纳是向扬·凡·艾克（Jan van Eyck）的一个追随者学到这项技术的，后者于 1475 年从佛兰德斯来到威尼斯。乔瓦尼·贝利尼的很多作品丢失了，就像 1577 年总督府大火中毁坏的巨幅油画一样，为圣若望及保禄堂绘制的《圣母》祭坛画也在后来的一场大火中烧毁，还有许多肖像画也是如此。但幸运的是，还有很多作品保存了下来。他的作品可在学院美术馆、黄金宫、科雷尔博物馆、奎利尼·斯坦帕尼亚宫[4] 和总督府看到；荣耀圣母教堂的圣器圣坛上有一幅精美的三联画;圣扎卡利亚教堂有一幅华丽的祭坛画,殉难者圣伯多禄堂(San Pietro Martire)[5]还有两幅;圣若望及保禄堂有一幅早期的多联画屏;他的作品《圣杰罗姆和圣克里斯托弗》(*St Jerome with St Christopher*)和《圣奥古斯丁》(*St Augustine*)在圣乔瓦尼克里斯托莫教堂,《圣母子》(*Virgin and Child*)在菜园圣母院。

据传,他的形象出现在哥哥詹蒂莱的画作《圣马可广场游行队伍》中,他留着灰

提香画的阿雷蒂诺肖像

白的长发,瘦削的脸上有皱纹、幽默的嘴巴和细长笔直的鼻子。丢勒说,他和蔼可亲、平易近人,1505 年来到威尼斯时,乔瓦尼是唯一对他友好的画家。"我真心喜欢他,"丢勒写道,"他虽然年事已高,但仍是最好的画家。"1516 年 11 月 29 日,萨努多在日记中记录了他的离世,他写道:"他的名声传遍了全世界,尽管年事已高,却在所有画家中脱颖而出。"瓦萨里(Vasari)补充说,他有许多弟子,因为他很用心地教所有学生。其中一个学生是乔尔乔内(Giorgione),他的神秘的《暴风雨》(Tempesta)和学院美术馆中《老妇人》(Old Woman)栩栩如生的肖像,是威尼斯画派从文艺复兴早期到盛期发展——从乔尔乔内的老师贝里尼到从他们两人身上学到很多东西的提香——的完美例子。

　　提香·韦切利奥(Tiziano Vecellio)大约于 1488 年出生在卡多莱教区(Pieve di Cadore),1527 年阿雷蒂诺(Aretino)来到威尼斯时,他已经确立了自己作为威尼斯一流画家的地位,后来阿雷蒂诺成了他的密友。当时提香的地位已经非常显赫,罗伦佐·罗托(Lorenzo Lotto)得出结论,认为自己没有竞争的希望,于是去了其他地方工作,主要是在贝尔加莫(Bergamo)。提香最初是贝里尼家族的学徒,后来,他为乔尔乔内工作,帮助他装饰了德国商馆的外立面,并从他那里学会了如何使用光线和色彩来传达一种统一感。在他到达威尼斯的几年内,他就创作了一幅宗教艺术的杰作——在荣耀圣母教堂高祭坛后面的《圣母升天》。1518 年,他开始了《圣彼得殉教》的创作,这幅作品长期以来被认为是他虔诚作品中最好的作品,但在 1867 年的一场大火中被烧毁。他在表现感官愉悦方面有着非凡的技巧,他还完成了三幅关于神话主题的大型画作,这些画作位于费拉拉公爵府邸的大理石房间里,由于大理石雕塑的明亮,这些房间被称为"雪花石膏室"。然而,在他同时代人看来,提香的肖像画,结合了对色彩的掌握和心理感知,似乎是他成名的主要原因。其中最伟大的肖像画包括《教皇保罗三世与孙子》(Pope Paul III and His Grandsons)(现藏于那不勒斯)、《年轻的英国人》(Young Englishman)(藏于佛罗伦萨皮蒂宫)以及提香的朋友《阿雷蒂诺》(Aretino),他描绘了阿雷蒂诺身穿华丽的红色天鹅绒长袍,戴着弗朗西斯一世送给他的金项链,眼神里流露出警惕、狡黠和掠夺的神情。正如弗朗切斯科·德·桑克蒂斯(Francesco de Sanctis)所言,这是"一张寻找猎物的狼的脸"。

提香自画像

　　1531 年，提香搬进了一座名为比里格兰德（Biri Grande）的房子，正对着杰苏伊蒂（Gesuiti）教堂[6]的西端，房子里有一座花园，花园一直延伸到潟湖，可以看到对面的圣米凯莱岛（San Michele）[7]。在这里，他接待了威尼斯著名的学者、艺术家和许多最美丽的女人。阿雷蒂诺是常客，建筑师雅各布·桑索维诺（Jacopo Sansovino）也是常客。《论建筑》（*Tutte l'opere d'architettura*）的作者塞里奥（Serlio）接受了他的邀请；马赛克镶嵌画艺术家祖卡托（Zuccato）兄弟也是如此；可爱的神童艾琳·达·斯皮尔姆伯格（Irene da Spilimbergo），提香的学生，年仅二十岁就去世了，她已经展示了她作为作家、音乐家和画家的才能；还有两位来自佛罗伦萨美第奇家族的流亡者,作家雅各布·纳迪(Jacopo Nardi)和多纳托·吉亚诺蒂(Donato Gianotti),1540 年出版了一本赞美威尼斯宪法的书,这本书与加斯帕罗·康塔里尼 1553 年写的《威尼斯共和国与行政官员》一道,促成了众所周知的威尼斯神话的诞生。另一位客人,拉丁语学者弗朗切斯科·普里西安尼斯(Francesco Priscianese)留下了一份记述,描述了当时的场景:

> 尽管这个地方有遮蔽,但阳光还是很强烈。在铺设餐桌之前,他们悠闲地消磨时间,欣赏满屋子的精美绘画,谈论那真正可爱的花园……太阳一下山,这片潟湖就被一千只装载着最漂亮姑娘的贡多拉所覆盖,船上回荡着歌声和器乐,直到午夜还伴随着我们愉快的晚餐。

食物很精致,菜肴通常包括来自他的大陆的崇拜者作为礼物送给主人的美味佳肴。阿雷蒂诺在感谢信中以其措辞表达了对美味的欣赏,如致"最善良、最亲爱、最亲切的尼科洛老爷":"因为对给予生命以色彩的提香和赋予大理石以气息的桑索维诺来说,仅仅感谢你送的腌茴香和香草蛋糕,这似乎很不识好歹,所以他们,连同我和其他见证他们好胃口的人一起……宣布他们对你感激不尽"。

当朋友们陷入困境时,提香是他们忠实的支持者。例如,他帮助祖卡托兄弟摆脱了尴尬的处境,当时他们被指控在大教堂里用颜料来修饰《启示录》上的马赛克镶嵌画。他贪婪、吝啬、傲慢、霸道,嫉妒年轻的艺术家,于是他把学徒巴丽斯·博尔多内[他的《总督和渔夫》(*The Doge and the Fisherman*)就挂在学院美术馆里]和雅各布·罗布斯蒂(Jacopo Bobusti,又名丁托列托)赶出了画室。

罗布斯蒂,1518 年出生于威尼斯,父亲是染匠,因此获得一个绰号"丁托列托"(意思是小染匠),他比提香晚出生约 30 年。正如修·昂纳(Hugh Honour)所言:"提香曾体验过威尼斯共和国权力、财富和荣耀的伟大时代,也曾分享过它的乐观精神,并因它的壮丽辉煌而欢欣鼓舞。"

"而丁托列托出生时,威尼斯已被康布雷联盟弄得满目疮痍、国力锐减。提香是人文主义文艺复兴的产物,丁托列托是在宗教复兴的反宗教改革氛围中成长起来的。但这两位艺术家的区别不仅仅是年龄上的差异,他们代表了威尼斯人的双

丁托列托自画像

重性格。提香回应了对感官享受的追求，丁托列托回应了对神秘幻想的品味……从来没有一个城市能有如此伟大、如此不同、如此互补的两位艺术家。他们在威尼斯绘画爱好者中间造成了持久的分歧。伟大的收藏家通常最欣赏世俗的提香，拉斯金非常喜欢丁托列托，顺便说一句，拉斯金的另一位偶像特纳（Turner）也非常喜欢丁托列托。"

提香游历广泛，经常出入于王公的宫廷，宴请红衣主教和国王，而丁托列托更喜欢与他的妻子和八个孩子待在家里，他们住在卡纳雷吉欧 15 世纪哥特式的房子里，靠近他的教区教堂菜园圣母院，教堂里挂着他的杰作《崇拜金牛》《最后审判》和《寺庙中的圣母》。据说他一生只离开过威尼斯一次，给曼图亚的贡扎加宫送去了几幅画；若不是他的妻子和他同去，他也不肯去。"因此，"他的 17 世纪传记作家卡罗·里多尔菲(Carlo Ridolfi)说，"全家人都被邀请了，公爵为他准备了一艘小驳船，并提供生活必需品。"丁托列托不谙世故，笃信宗教，他主要为威尼斯的教堂和公会工作，有时还不收报酬。虽然财富对他来说毫无意义，但他却把名声看得很重。在他非常年轻的时候，为了引起别人对自己的注意，他在默瑟亚里街展出了两幅画，当时画家经常在那里展示他们的作品，并在里亚尔托一个显眼的位置放置了一幅叙事画，用里多尔菲的话来说，提香"一听说这件事就赶紧过来看，尽管他很嫉妒，却忍不住赞美"。

在建立了自己的画室后，丁托列托急于获得认可，于是以极低的价格出售自己的画作。更令他的同行恼火的是，总督府征集以"勒班陀战役"为主题的作品，丁托列托在竞争中抢先一步，带着自己完成的作品去应征，提出要把这幅作品作为礼物送给总督议会——尽管后来他确实为这幅画寄了一张数目不大不小的账单。根据里多尔菲的说法，1564 年，为了在圣洛可大会堂的绘画比赛中获胜，他还耍了个花招，这激怒了他的对手。大会堂要求几位艺术家提交大会堂客寓大厅椭圆形中央天花板的设计方案；丁托列托却提交了完成的画稿，并偷偷安装好。当他的对手们带着他们的画稿出现在评委面前时，丁托列托解开绳子，露出了他的画作《圣罗克的赞颂》，他说他会把这幅画无偿捐给大会堂。大会堂接受了他的提议，并委托他去创作所有其他图画，包括接待厅里的巨幅《耶稣受难像》(Crucifixion)，拉斯金认为这是一幅"无与伦比的"大师之作。

丁托列托虽然不谙世故，但他对自己在威尼斯的地位十分清楚，如果有人对他的地位提出质疑，他就会大发雷霆。有一次，他正在为一位挑剔而虚荣的老贵族画像，老贵族要求他准确地复制他衣服上丰富的金色和花边，他愤怒地脱口而出："去让巴萨诺(Bassano)给你画像吧。"巴萨诺是一位著名的动物画家。还有一次，当他的画室里坐满了高级教士和元老时，其中一个评论丁托列托的绘画速度时，说那些

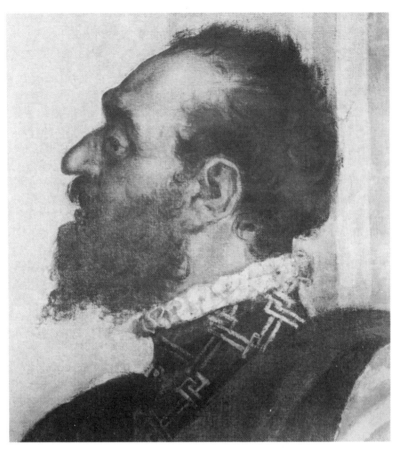

委罗内塞自画像,出自他《利未家的宴会》中一个细节

画得慢的画家的画更准确,这也不无道理。但丁托列托厉声说,这样的画家无疑更准确,因为他们周围没有这样一群烦人的讨厌鬼困扰他,于是他的客人们默默地离开了。

丁托列托的一个对手,名叫保罗·卡利亚里(Paolo Caliari),人称委罗内塞,虽然他们后来成了朋友,但对他在圣洛可绘画比赛中的表现大失所望。委罗内塞的父亲是一个石匠,从卢加诺(Lugano)来到维罗纳。小时候,他曾在叔父那里当学徒,他的叔父是个小画家,他要娶叔父的女儿为妻。在叔父的指导下,他学会了将建筑和人物结合在一起,这是维罗纳画家的特点。1555年,二十七岁的他到威尼斯定居后,就以这种精湛的技巧完成了此项工作。委罗内塞是个开朗大方的人,虽然偶尔也会发脾气,但他很快就得到了一些重要的工作,首先是为总督府的十人厅

(Sala dei Dieci)绘画,并为圣塞巴斯蒂亚诺(San Sebastiano)教堂[8]创作了一系列画作。1556年,他赢得了桑索维诺图书馆天花板装饰的比赛,并因此获得了一枚金牌;这使他得到了更多的业务,在他擅长的宏伟建筑背景下,他创作了关于宴会、庆典和游行的巨幅油画,画面上的人物衣着华丽。其中最著名的一幅是藏于卢浮宫的《迦南的婚礼》;另一幅是无比巨大的油画,布满学院美术馆一整面墙。1573年,这幅画作为《最后的晚餐》的画作,被送到圣保罗修道院修士们的食堂。但他画里的围观人群中出现了一些可疑人物,包括两名德国戟兵,一名带鹦鹉的小丑,还有画家自己,因而触犯了宗教法庭,法庭即传他到庭受审,接受以下盘问:

"那个鼻孔流血的人代表什么意思?"

"他是一个由于某种意外事故而鼻孔流血的仆人。"

"那些手中持戟、打扮得像是德国人的全副武装的人代表什么意思?"

"我们画家跟那些诗人和疯子持有同一种执照;这样,我就画了这两个持戟的人,一个在楼梯下喝酒,一个在吃饭,我把他们画上去,这样他们可以听候主人的使唤,而且根据我所听说过的情况,这所房子的主人有钱有势,应该有许多仆人,因此我认为把他们画上去是合适的。"

"还有那个打扮得像小丑,手腕上站一只鹦鹉的人,你把这种人画上去,目的是什么?"

"为了装饰,这是习惯如此的。"

"你知道吗,在德国和其他受异端影响的国家,人们习惯于用充满荒谬的图画来诋毁和嘲笑神圣的天主教会,以便向无知的人传授虚假的教义?"

"我同意,这是不对的。但我要重复我说过的话,那就是我有责任以我的师父们为榜样。"

发生在缺乏想象力的反宗教改革神职人员和接受过文艺复兴理想教育的艺术家之间的这些对话注定是徒劳的,法庭最终要求他修改冒犯的部分。委罗内塞同意修改,但只是将这幅画标题改为《利未家的宴会》;而且,此事发生在威尼斯,没有人再提过。

1433 年,跟随佛罗伦萨银行家科西莫·德·美第奇(Cosimo de' Medici)流亡到威尼斯的人中,有米开罗佐·米凯罗奇(Michelozzo Michelozzi),他设计了佛罗伦萨的美第奇宫(Medici Palace),并在城市周围的山上为家族建造了乡间别墅。在威尼斯期间,他受科西莫的委托,在圣乔治马乔雷为本笃会修道院修建一座图书馆,以感谢僧侣们对流亡的佛罗伦萨人的热情款待。尽管图书馆没有保存下来,但它显然是一座精美的建筑,"有桌子、木制家具和其他装饰品","里面装满了书"。然而,威尼斯的建筑师们非常满足于他们的哥特式传统,珍视与地中海东部的古老联系,他们并不比威尼斯的画家和雕刻家更乐于接受文艺复兴早期的思想或米凯罗奇含蓄朴素的风格,这种风格结合了意大利早期哥特式的精致与被认为是古典品味的庄严。渐渐地,文艺复兴的思想开始被威尼斯所接受。到了 1460 年,通往兵工厂的大门已经建成了古典风格,很可能是按照威尼斯人安东尼奥·干布洛(Antonio Gambello)的设计;虽然大多数贵族和商人的府邸设计仍表现出对晚期威尼斯哥特式的偏爱,但其他府邸,如 1487 年开始建造的达里奥宫(Palazzo Dario),显然受到了席卷意大利北部的古典主义品味的影响。[9]

达里奥宫的外墙采用了多种颜色的大理石,被认为是彼得罗·索拉里(Pietro Solari)的杰作,人称隆巴尔多(Lombardo),来自伦巴第卡罗纳(Carona)的石匠家族,他才华横溢,1464 年至 1467 年在帕多瓦工作,后来定居威尼斯。隆巴尔多曾在多纳泰罗位于帕多瓦的工作室工作,在那里他成了托斯卡纳文艺复兴风格的狂热倡导者;他和他的儿子图利奥(Tullio)和安东尼奥(Antonio),以及伦巴第同乡乔瓦尼·布乌拉(Giovanni Buora),促成了后来被称为伦巴第斯克(Lombardesque)的风格在威尼斯遍地开花。伦巴第斯克是托斯卡纳线条与丰富多彩的装饰性特征的结合体,有圆形花纹、饰板和浮雕,因此,他们的石匠手艺处理起来得心应手。

在教堂建筑上,这种新风格也越来越有影响力。15 世纪 60 年代,总督克里斯托弗尔·莫罗(Cristoforo Moro)发起圣约伯教堂(San Giobbe)[10]的重建工作,教堂中殿由安东尼奥·干布洛设计,圣坛、唱诗班席和小礼拜堂由彼得罗·隆巴尔多设计。美丽的奇迹圣母堂(Santa Maria dei Miracoli)是根据彼得罗·隆巴尔多的设计于 1489 年建成的。[11]同年,圣洛可教堂(San Rocco)[12]开始建造,设计师是

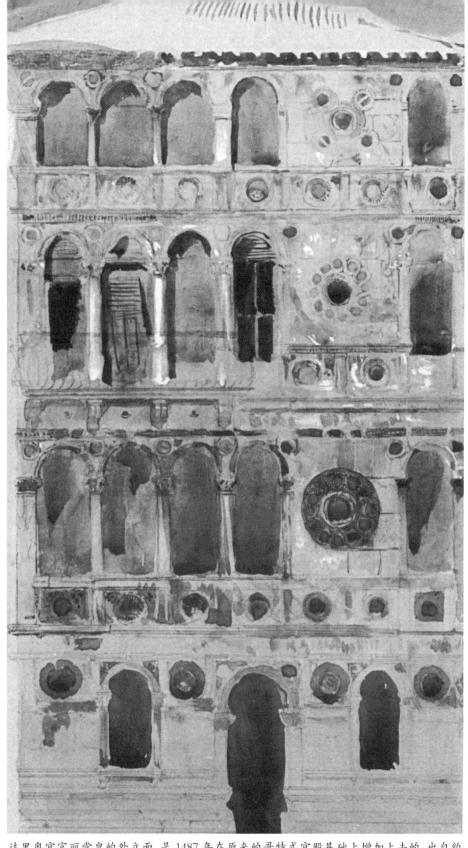

达里奥宫富丽堂皇的外立面,是 1487 年在原来的哥特式宫殿基础上增加上去的,出自约翰·拉斯金的素描

巴尔托洛梅奥·彭恩（Bartolomeo Bon），大会堂宏伟的新建筑也委托给彭恩，直到安东尼奥·斯卡帕尼诺（Antonio Scarpagnino）接替他。美丽的伊索拉圣米凯莱教堂（San Michele）[13]、至美圣母教堂、圣乔瓦尼克里斯托莫教堂（San Giovanni Crisostomo）[14]、圣伯多禄圣殿钟楼、罗列丹·温德拉敏·卡列吉宫（Palazzo Loredan-Vendramin-Calergi）[15]，以及毫无疑问的科纳罗·斯皮内利宫（Palazzo Corner-Spinelli）[16]、圣乔瓦尼福音教堂的楼梯，也许还有圣马可时钟塔，都是由毛罗·柯度奇（Mauro Coducci）设计的，他来自贝加莫附近一个村庄，1504 年死于威尼斯，正如黛博拉·霍华德（Deborah Howard）所说，"他比同时代的威尼斯人对古典形式的内在逻辑有更深刻的理解，并且在将这些古典原则应用到现有的建筑类型上表现出了极大的独创性，这些建筑类型不断演变，已经适应城市的物质条件和威尼斯社会的特殊需要"。

　　柯度奇去世后不久，1527 年的罗马之劫把另外两位建筑师带到威尼斯，他们与维罗纳人米凯莱·桑米歇利（Michele Sanmicheli）一起，形成了后来被称为罗马文艺复兴的风格，他们是塞巴斯蒂亚诺·塞里奥（Sebastiano Serlio）和雅各布·桑

彼得罗·隆巴尔多设计的奇迹圣母堂，1489 年完工，来自卢卡·卡勒瓦里斯一幅版画，当时教堂还通过高架连廊与旁边的方济各修道院相连

索维诺。1537年,塞里奥的专著《论建筑》第一卷在威尼斯出版。尽管塞里奥本人在那里的建筑并不多,但他出色的作品清晰地阐释了古罗马建筑的本质特征,对威尼斯一代建筑师产生了巨大的影响。塞里奥于1540年离开威尼斯,为弗朗西斯一世建造枫丹白露宫;但那时桑索维诺和桑米歇利都已确立了他所倡导的那种风格的大师地位。桑米歇利本人是一位建筑师的儿子,在他来到威尼斯后的两年里,他被派去重建和设计威尼斯的许多防御工事,以及大运河上巨大的格里曼尼宫,彼得·劳里岑(Peter Lauritzen)称之为"罗马文艺复兴鼎盛时期古典主义伟大而响亮的宣言"。[17]同年,即1529年,作为巴尔托洛梅奥·彭恩的继任者,桑索维诺被任命为首席建筑师、大教堂工程总管。

桑索维诺真名叫雅各布·塔蒂(Jacopo Tatti),他随了雕塑家安德烈·桑索维诺(Andrea Sansovino)的姓,他曾是这位雕塑家的学徒。他本人也是一位著名的雕塑家,罗伦佐·洛托(Lorenzo Lotto)认为他"仅次于米开朗琪罗(Michelangelo)"。在他逃离罗马的时候,他就已经认识了布拉曼特(Bramante)、拉斐尔(Raphael)和安德烈·德尔·萨托(Andrea del Sarto),还有米开朗琪罗。他出生在佛罗伦萨,长得非常英俊,中等身材,举止优雅,面色苍白,留着红胡子,风度翩翩。即使上了年纪,他走路依然像年轻人,视力也和年轻人一样好,他认为这要归功于以素食为主的简单饮食:夏天,他有时只吃三根黄瓜,外加半个柠檬的汁。他总是衣冠楚楚,穿戴得整整齐齐,对女人很有吸引力。他1570年去世,享年84岁,在他去世前约四年,提香给他作画,他看上去比实际年龄要轻,白胡子精心梳理过。他41岁时来到威尼斯,凭着他那讨人喜欢的举止和公认的天赋,很快结交了许多朋友。在很短的时间里,他就与提香和阿雷蒂诺、西班牙大使门多萨(Mendoza)、圣马可几位有影响力的代理人建立了亲密关系,并与总督安德里亚·格里提(Andrea Gritti)建立了亲密关系,这对他后来的职业生涯产生了重大影响。安德里亚·格里提是一名慷慨的艺术赞助人,他保护过阿雷蒂诺,还帮助佛兰德音乐家阿德里亚安·维拉尔特(Adriaan Willaert)到威尼斯担任圣马可教堂的唱诗班指挥,维拉尔特为加布里埃尔(Gabrielis)和蒙特韦尔迪(Monteverdi)在这个职位上取得巨大成功奠定了基础。

在这位开明总督的善意支持下,桑索维诺开始了他的首席建筑师工作,年薪80个金币,并在圣马可广场靠近时钟塔的一套公寓里安顿下来。据瓦萨里(Vasari)

说，代理人雇用他，"让他无休止地无偿为他们自己，也为他们的亲戚朋友干活。为了满足他们，他愿意忍受任何不适和麻烦"。他在大教堂的工作要求极高，因为即使是修补破碎的瓦片和窗玻璃，也需要详细评估，并要召开会议由代理人批准，他作为首席建筑师不得不参加许多这样的会议。还有，他必须对工匠们进行精心指导，并向他们提供所有材料。

作为首席建筑师，桑索维诺不仅要负责大教堂，还要负责广场内外的建筑；看着这块广场，任何一个有责任心的建筑师都看不下去。整个区域到处都是棚屋、货摊、摊位和外屋，有些有牌照，很多没有。兑换货币的摊位仍然杂乱地堆放在钟楼的底座上；小广场柱子下面摆着肉摊和菜摊；再远处是面包师和糕点师的简陋小屋，还有茅厕。总督府窗下破旧的建筑物里有一个肉市场；面对潟湖是一排卖奶酪和意大利腊肠的商店；在拉扎洛·巴斯提安尼(Lazzaro Bastiani)的画作《小广场》(Piazzetta)中，人们可以看到一座低矮的拱廊建筑，里面有不下五家旅店，但它们的名声都有些可疑。代理人不时颁布法令，禁止在圣马可广场和小广场上摆摊；但摊贩和店主们发现，支付罚款后继续营业还是合算的，即使被判处监禁和罚款之后也是如此。

桑索维诺在这片区域的新建筑上取得了巨大成功。他设计的圣马可图书馆，也称桑索维诺图书馆(Libreria Sansoviniana)[18]，于1537年2月开工，由于财政问题而推迟，在他去世后，他的学生文森佐·斯卡莫齐(Vincenzo Scamozzi)完成了这项工作。斯卡莫齐还设计了毗邻的新行政长官官邸大楼(Procuratie Nuove)，这座大楼始建于1582年。[19]桑索维诺的前廊建于1538年至1540年间，取代了钟楼脚下的一座早期建筑，后来又添加了雕塑和青铜雕像，整体建筑于1545年完工。两年后，造币厂完工，代价是解放塞浦路斯的奴隶，每解放一个支付50个金币。在当时，把古典秩序和乡村风格结合在一起被认为是不正统的，但人们承认，它巨大的圆柱、结实的过梁和褶皱的檐口，看上去确实令人生畏，牢不可破。[20]事实上，桑索维诺已被公认是最伟大的工艺大师之一，一位能够将威尼斯建筑传统融入古典建筑的艺术家。他的事业曾有过一次短暂的中断，1545年12月，一个在建的图书馆地下室突然坍塌，桑索维诺认为，坍塌的原因是霜冻、桨帆船枪炮声的震动以及工人们过早拆除支撑支柱。他被逮捕并监禁，薪金被暂停，代理人认为他本人应对所有修理费负责。在众多朋友的帮助和支持下,他才得以获释,薪水也得以恢复。直到二十年后,他才付清了重修地下室所需的一千金币。不过,到那时候,这一不幸事件基本上已被人遗忘,桑索维诺还为国家和私人赞助人、宗教和世俗团体完成了许多其他任务。他于 1534 年完成了圣塞尔瓦多教堂的内部装修,并于同一年为严守教规的方济各会修士设计了圣方济各教堂(San Francesco della Vigna);大约在 1540 年,他建造了圣马丁诺教堂(San Martino),[21] 1553 年为富有而虚荣的医生托马索·朗贡(Tommaso Rangone)修建了圣朱利亚诺教堂(San Giuliano)的外立面,并于 1565 年建造了不治之症教会医院(church of the Incurabili hospital)。里亚尔托桥附近的多尔芬马宁宫(Palazzo Dolfin-Manin)始建于 1538 年,[22] 位于大运河上圣毛里齐奥的科纳罗宫,也就是著名的格兰德宫(Ca' Grande),于 1545 年开始修建,[23] 而里亚尔托新工厂(Fabbriche Nuove di Rialto)于 1554 年动工。[24] 在安德烈·帕拉迪奥(Andrea Palladio)到来之前,桑索维诺几乎垄断了威尼斯最富有的赞助人的佣金。

帕拉迪奥 1508 年出生在帕多瓦,他的本名是安德烈·迪·彼得罗·德拉·贡多拉(Andrea di Pietro della Gondola),他的绰号是他的第一位赞助人给他起的,出自智慧女神帕拉斯(Pallas)。他在帕多瓦当过石匠学徒,后来又去了罗马和维琴察。1548 年,他第一次到访威尼斯,立刻被桑索维诺图书馆深深打动了。后来,他还受到了塞里奥的影响,受到了拉斐尔的助手朱利奥·罗马诺(Giulio Romano)的影响,也受到了两位年轻的人文学者和业余建筑师的影响,他们是贾安戈里奥·特

桑索维诺图书馆,在总督府对面,1591 年由斯卡莫齐完成

里西诺(Giangiorgio Trissino)和阿尔韦塞·科纳罗(Alvise Cornaro),因为他的作品使他接触到了这两名年轻人。1554 年,帕拉迪奥出版了他的第一本书《罗马古迹考》(*Le Antichita di Roma*),这是一部关于罗马古建筑遗迹的可靠指南;1570 年他在威尼斯出版了传世之作《建筑四书》(*I Quattro libri di architettura*)。那时他已经形成了自己的风格,用阿克曼(Ackerman)教授的话来说,"完全属于他的","而且是全新的"风格;然而,他在威尼斯的第一次经历却令人失望。他打算竞聘政府部门的一个职位,但没有成功;他为总督府黄金楼梯的设计没被采用,取而代之的是桑索维诺的设计;[25]里亚尔托桥的设计也被拒绝了;他的设计稿无一被采用,而且他以古典风格彻底重建总督府的激进计划自然吓坏了所有保守的元老们,他们认为总督府是共和国美德的神圣象征,对有关其结构不稳固、上部墙壁是支撑这些建筑的柱子两倍厚的警告置之不理。不过,在为教会赞助人设计时,帕拉迪奥较为成功。1560 年至 1561 年间,他在仁爱圣母教堂工作,[26]后来又修建圣方济各教堂

丁托列托画的雅各布·桑索维诺,1527 年的罗马之劫后来到威尼斯的建筑师

的外立面、设计奇特雷教堂(Le Zitelle)[27]并设计圣乔治马焦雷教堂的食堂和回廊,他于 1565 年开始修建这座可爱的教堂。[28]

在圣乔治马焦雷教堂完工之前,帕拉迪奥的两个大儿子去世,他伤痛欲绝。他一向是一个文静、谦逊、有宗教本能的人,是一个好丈夫和好父亲,显然他并不在意自己从来没有赚过多少钱,他有时谈笑风生,但更乐于倾听,他对工人很体贴,工人很喜欢他。然而,在他的孩子们去世后,他几乎过着隐居的生活,只和几个老朋友保持联系,几乎放弃了写作和研究。不过,在他去世前三年,他开始修建救主堂(Redentore),这是他最杰出的作品之一,也是威尼斯最辉煌的建筑之一。[29]

救主堂于 1592 年完工,那一年,游客从小广场出发,沿着大运河逆流而上,会看到威尼斯最辉煌的水道。他应该是在莫洛坐上贡多拉,划向海关大楼(Punta della Dogana),海关设在运河的入口处。[30]在他行进路线的右边,他会看到 15 世纪的朱斯蒂安宫(Palazzi Giustinian),[31]再往前看,是迷人的红色小宫殿康塔里尼法桑宫(Palazzo Contarini-Fasan),传统上被称为"苔丝狄蒙娜的房子",哥特式窗户外的阳台上装饰着复杂的石雕窗格。[32]然后,他的船会经过桑索维诺的大角宫,对面是达里奥宫,那是 1487 年建造的令人赏心悦目的伦巴第斯克式宫殿,有着精美的烟囱顶帽。在数不清的贡多拉之间,在木筏和驳船之间,在被称为"凉鞋"的小舟和偶尔经过的桨帆船之间航行,他的船夫会带他穿过仁爱圣母教堂和学校(现在的学院)对面的巴巴罗宫(Palazzo Barbaro)。[33]这一段的运河上仍然没有桥,在接下来的两个半世纪里,这里也不会有桥。[34]

沿着运河的转弯处,贡多拉驶过右边的公爵府(Ca' del Duca),那里曾经是米兰公爵的财产,提香曾在那里开过一段时间的画室,[35]它的对面是罗列丹大使宫(Palazzo Loredan degli Ambasciatori),运河上最好的哥特式宫殿之一。[36]当他绕过拐弯处,就在那个 18 世纪建造的巨大的格拉希宫(Palazzo Grassi)所在的地方,[37]游客会看到康塔里尼宫(Palazzo Contarini),[38]它介于伦巴第斯克风格和文艺复兴风格之间。在运河的另一边,继之为 1423 年至 1457 年间在位 34 年的总督弗朗切斯科·福斯卡里建造的福斯卡里宫(Ca' Foscari)之后,在运河的急弯处修建了巴尔比宫(Palazzo Balbi),由亚历桑德罗·维特多利亚设计,约于 1590 年完工。维特多利亚是桑索维诺的学生,也是 16 世纪末威尼斯最有才华的雕刻家。[39]

卡纳莱托的《石匠的院子》，展示了大运河远侧的仁爱圣母教堂

　　穿过运河急弯处，沿着笔直的水路一直延伸到里亚尔托桥，以威尼斯各大家族命名的宫殿，鳞次栉比，庄严地排列在运河两岸。右边是柯度奇的科纳罗·斯皮内利宫、桑米歇利的格里曼尼宫、罗丹宫和桑索维诺的多尔芬马宁宫，在它们的窗户下面，可以看到煤河和铁河沿岸，拴着装卸煤和铁的驳船，这些煤和铁来自德国，运往黎凡特，换取香料和丝绸。左边是建于1568—1569年的巴尔巴里戈露台宫（Palazzo Barbarigo della Terrazza）；[40]1442年左右建成的美丽的哥特式建筑贝尔纳多宫（Palazzo Bernardo），以其第三层楼的窗饰而闻名；[41]16世纪60年代，吉安贾科莫·格里奇（Giangiacomo Grigi）为一个富有的珠宝商家族设计的科奇娜-提埃波罗-帕帕多普利宫（Palazzo Coccina-Tiepolo-Papadopoli）；[42]以及就在里亚尔托桥前的十贤人宫，建于1520年左右，作为税务官员办公室。

　　穿过一年前才建成的单拱桥之后，游客乘坐的贡多拉经过右边的德国商馆和左边的财政大臣办公室财政官宫，现在来到了市场，这里有新鲜水果市场、菜市和鱼市，一直延伸到 1522 年建造的老工厂(Fabbriche Vecchie)和桑索维诺建造的里亚尔托新工厂。新工厂对面是 13 世纪威尼托—拜占庭式的莫斯托宫(Ca' da Mosto)，再往前走一点，是 15 世纪早期黄金宫精致的外立面。差不多在它的对面，在多门尼克·罗西(Domenico Rossi)的王后宫(Palazzo Corner della Regina)[43]旧址上，矗立着一座宫殿，1454 年，威尼斯贵妇、塞浦路斯王后卡特琳娜·科纳罗就是在这里出生的。不远处是一排破旧不堪的老房子，这些房子将在下个世纪被拆除，用于建造巴尔达萨雷·罗根纳巨大的巴洛克风格的佩萨罗宫(Palazzo Pesaro)。[44] 1658 年至 1659 年在位的总督乔瓦尼·佩萨罗(Giovanni Pesaro)委托罗根纳建造这座宫殿。从这些古老的宫殿望过去，在诺阿莱河(Rio di Noale)的拐角处，是古斯索尼-格里曼尼-维达宫(Palazzo Gussoni-Grinami della Vida)，这是桑米歇利的杰作，里面有丁托列托的壁画。1614 年至 1618 年，这里是英国大使亨利·沃顿(Henry Wotton)爵士的住所。[45]

注释：

1. 学院美术馆在 1750 年成立于曾经的面粉仓库(Fonteghetto della Farina)房间里。它的第一任负责人是乔瓦尼·巴蒂斯塔·皮亚泽塔(Giovanni Battista Piazzetta)，第二任则是 G.B.提埃波罗。它现在占据着曾经的圣母仁爱教堂与毗邻女修道院以及前圣母仁爱大兄弟会会堂等三处建筑，后者的巴洛克式外观是由乔治奥·马萨里设计的。靠近一段双楼梯的 1 号展厅(曾经的大礼堂)里有一片镀金的木质天花板，上面是马可·科齐 1484 年的小天使雕刻。展厅里还有 14、15 世纪的威尼斯哥特式绘画以及一个由威尼斯工匠在 15 世纪为圣狄奥多兄弟会制作的银和水晶材质的十字架圣骨匣。2 号展厅中的巨幅祭坛画的作者分别是卡巴乔、巴萨伊迪、乔瓦尼·贝里尼和奇马·达·科内利亚诺。3 号展厅里的是 14 世纪晚期和 15 世纪早期的画作。4 号和 5 号展厅里的小幅画作是所有藏品中最精美的，其中包括乔尔乔内的《老妇人》(Old Woman)和《风暴》(Tempesta)；梅姆林的《一位年轻人的肖像》(Portrait of a Young Man)；乔瓦尼·贝里尼的寓言画、圣母画像和圣殇画；曼特尼亚的《圣乔治》；皮耶罗·德拉·弗朗西斯卡(Piero della Francesca)的《圣吉罗拉莫和献身者》(San Girolamo e un Devoto)以及科斯美·图拉(Cosmè Tura)的《黄道带圣母像》(Madonna dello Zodiaco)。

通常展示博尔多内的《总督和渔民》(The Doge and the Fisherman)以及丁托列托的《圣母升天图》的 6 号展厅自 1988 年起就进入了修缮状态。博尼法齐奥·德·皮塔提(Bonifazio de' Pitati)的《富翁和穷人》(Dives and Lazarus)与老帕尔马、丁托列托、提香和莫雷托(il Moretto)的画作一起被挂在这间展厅里展览。罗伦佐·罗托描绘一个年轻人在自家书房里的肖像画和萨沃尔多的《圣安东尼和圣保罗》被收藏在 7 号展厅。8 号展厅里展出的是老帕尔马、博尼法齐奥·德·皮塔提、罗科·马可尼(Rocco Marconi)、安德里亚·普雷维塔利(Andrea Previtali)和罗马尼诺(Romanino)的作品。9 号展厅里的则是马可尼、瓦萨里和博尼法西奥(Bonifacio)的作品。10 号展厅中收藏的是提香、丁托列托、波尔代诺内(Pordenone)和委罗内塞的杰作,其中委罗内塞绘制的巨幅画作《利未家的宴会》占据了进门右手边的整个墙面。11 号展厅里有委罗内塞的《威尼斯寓言》(Allegory of Venice)、斯特罗奇(Strozzi)的《法利赛人家中的晚餐》(Supper in the House of the Pharisee)、G.B.提埃波罗的(trompes-l'oeil)两幅错视画,以及委罗内塞、丁托列托、焦尔达诺和提埃波罗的一些作品,此外还有斯特罗奇的肖像画《格里曼尼》(Procuratore Grimani)和《西蒙家的宴会》(Convivio in Casa di Simone)。

12 号展厅是一条 18 世纪风景画和狩猎场景画作的走廊,它可以通往 13 号展厅,后者展示了丁托列托绘制的检察官肖像画和雅各布·巴萨诺(Jacopo Bassano)的三幅作品。14 号展厅存放的是蒂内利(Tinelli)、斯特罗奇、让·莱昂和多门尼克·费蒂(Domenico Fetti)17 世纪的作品。15 号展厅是之前那段走廊的延续。16 号展厅里有 G.B.提埃波罗和朱塞佩·诺加里(Giuseppe Nogari)的作品《旧碗》(Vecchia con Ciotola)所描绘的神话场景。

威尼斯市内所剩不多的卡纳莱托作品之一、一幅虚构的庭院风景画被收藏在 17 号展厅中,一起的还有弗朗切斯科·瓜尔迪和马里斯凯(Marieschi)所画的一些威尼斯风景图、彼得罗·隆吉的小风格内饰、罗萨尔巴·卡列拉(Rosalba Carriera)的蜡笔肖像画以及皮托尼和塞巴斯蒂亚诺·里奇的一些作品。16A 展厅中最著名的作品当属皮亚泽塔的《预言家》(Fortune Teller)和特拉维斯(Traversi)的《费里托》(Il Ferito)。亚历桑德罗·隆吉(Alessandro Longhi)的《圣马可代理人的家庭》(Famiglia del Procuratore)也在这间展厅内。

离开 18 号展厅往下走就能到达 23 号展厅,这里是曾经的圣母仁爱教堂的上半部分。这是一个大型的三穹顶哥特式房间,它的天花板是木质结构的,房间里存放着 15 世纪的祭坛画、三联画和多联画;金泰尔·贝里尼的《贝亚托·罗伦佐·朱斯蒂尼亚尼》(Il Beato Lorenzo Giustiniani);巴尔托洛梅奥·吉奥菲诺(Bartolomeo Giolfino)的《圣母与圣徒的多联画屏》(Polittico con la Vergine e Santi)以及拉扎罗·巴斯提安尼和卡罗·克里维利(Carlo Crivelli)的一些作品。

位于另外一段走廊的 19 号展厅,可以通往 20 号展厅,它里面存有以真十字架(True Cross,现仍保存在布道者圣乔瓦尼兄弟会堂中)为主题的八幅纪念画,在它们之中,卡巴乔的《治愈精神病患者》(Cure of a Lunatic)曾被描绘在老里亚尔托木桥上;展厅内还有金泰尔·贝里尼的《圣罗伦佐运河遗迹的复原》(Recovery of the Relic from the Canal of San Lorenzo)、《彼得罗·德·鲁多维科的康复》(Healing of Pietro de' Lodovico)以及《圣马可大教堂前的游行队伍》(Procession of the Relic in Front of St Mark's Basilica)。这个展厅里的所有作品都清晰地描绘出了威尼斯的建筑、城市结构以及服饰风格。

21 号展厅里有卡巴乔《圣厄休拉传奇》系列的九幅画作,这些画作最近刚得到修复,它们中的一些描绘了威尼斯的城市结构,尤其是《英格兰国王的大使们》(The Ambassadors of the king of England)和《圣厄休拉之梦》(Dream of St Ursula)这两幅。

再往下走一段楼梯就能到达 24 号房间曾经是圣母仁爱兄弟会堂的旅馆。提香的《引见圣母》(Presentation of the Virgin)、维瓦里尼和德阿莱马尼亚三联画都是为该旅馆所画的。

2. 科雷尔博物馆是一座市民艺术和历史博物馆,位于拿破仑翼楼的凉廊附近。馆内收藏了大量的文件、绘画作品、雕塑、家具、服装和出土文物,它的核心藏品是泰奥多罗·科雷尔(Teodoro Correr)1830 年作为遗赠捐献给威尼斯的。

博物馆的第一展区藏有图里奥·隆巴尔多、伊尔·里奇奥、亚历桑德罗·维特多利亚和其他艺术家的青铜雕刻作品;一座“布辛托罗号”游船的模型;一系列平面图和地图,包括:雅各布·德·巴巴里(Jacopo de' Barbari)1497 年至 1500 年间绘制的一幅详细的威尼斯鸟瞰图,以及当时印刷它所使用的原始木板。舞厅是由罗伦佐·桑蒂负责设计,朱塞佩·博尔萨托负责装修的。拿破仑凉廊(Loggia Napoleonica)里展示了威尼斯的城市视图和平面图,包括小约瑟夫·海因茨(Joseph Heintz the younger,约 1600 年至 1678 年后)的一些画作。

位于二楼的 1 号(王座室)和 2 号展厅中藏有三幅卡诺瓦的早期作品、一些 19 世纪早期的家具、朱塞佩·博尔萨托的一些画作和从新行政长官官邸大楼房间中取下的卡罗·贝维拉夸(Carlo Bevilacqua)的一些壁画。

3 号到 23 号展厅是历史珍品馆(Historical Collections),其展品包括:公爵的文件、肖像画和遗物;一套从 9 世纪到共和国灭亡的所有奖章和钱币;勒班陀战役的纪念品;海军纪念品,特别是最后一艘“布辛托罗号”上的纪念品,其中有一扇刻着圣马可浮雕的镀金小窗户,总督曾经通过它把象征性的戒指扔进大海(见海婚节),还有一组安东尼奥·科拉迪尼的雕刻品;兵工厂的纪念品;商贸和海运档案;一座 18 世纪镀金木制雕像的副本,它被认为在中国广州的一座寺庙中供奉,其神态与马可·波罗相似;还有一系列礼服、总督礼帽、盔甲以及“狮子之口”(Bocca di Leone,用于投放报告和举报信的举报箱)。

位于三楼的是画廊,这里的画作都被按照年代排列,包括:

2 号展厅:14 世纪的画作和画像及保罗·韦内齐亚诺(Paolo Veneziano)的一些作品。

4 号展厅:雅各贝罗·德勒·马塞涅雕刻的一座安东尼奥·维尼埃总督下跪像。

6 号展厅:15 世纪“国际哥特主义”(international gothic)风格画家们的作品。

7 号展厅:费拉拉的科斯美·图拉所作的《圣母怜子图》。

8 号展厅:巴尔达萨雷·埃斯藤斯(Baldassare Estense)的《坐在窗边眺望造船厂的男人画像》、莱昂纳多·伯德里尼(Leonardo Boldrini)的作品以及巴尔托洛梅奥·维瓦里尼和安吉洛·马卡尼诺(Angelo Maccagnino)所作的圣母画像。

10 号展厅:小彼得·勃鲁盖尔(Pieter Breughel)的《三博士朝圣》。

11 号展厅:安东内罗·达·墨西拿(Antonello da Messina)的《圣母怜子图》、雨果·范·德·胡斯(Hugo van der Goes)的《耶稣受难图》、迪尔克·鲍茨(Dirk Bouts)的《圣母与圣子》。

12 号展厅:佛莱芒(Flemish)和德国画家的作品,包括:巴特尔·布鲁因(Barthel Bruyn)的《一位女士的画像》,还有一幅《耶稣复活图》的署名是卢卡斯·克拉纳赫(Lucas Cranach),但被普遍认为是他的助手们画的。

13 号展厅:(被认为是)雅各布·贝里尼所作的《耶稣受难图》、金泰尔·贝里尼的《乔瓦尼·莫塞尼格总督》、乔瓦尼·贝里尼的《圣母与圣子》、《基督显圣》(Transfiguration)、《圣母怜子图》和《耶稣受难图》。

14 号展厅:阿尔韦塞·维瓦里尼的《帕多瓦的圣安东尼》(*St Anthony of Padua*)。

15 号展厅:维托雷·卡巴乔(Vittore Carpaccio)的《两位威尼斯女士》(*Two Venetian Ladies*)被拉斯金认为是"世界上最好的绘画",在很长一段时间内,这幅画作被人们称为《两个交际花》。现在人们认为这两人可能是托雷利(Torelli)家族的一对母女。此外还有一幅《殉道者圣彼得》(*St Peter Martyr*)。

16 号展厅:更多卡巴乔的作品,包括《戴红帽子的男人》(*Man in the Red Hat*)和《圣母往见节》(*La Visitazione*)。

17 号展厅:罗伦佐·罗托的《两位天使为圣母与圣子加冕》(*Madonna and Child Crowned by Two Angels*)、安德里亚·里奇奥的一座年轻男性的半身雕像。

18 号展厅:16、17 世纪,在威尼斯工作的希腊艺术家的作品,包括泰奥多罗·普拉吉(Teodoro Pulaki)的《耶稣的诞生》(*The Nativity*)。

19 号展厅:15、16 世纪陶瓷制品。

20 号展厅:是一间由马宁宫(Palazzo Manin)的书柜组成的图书馆。

在三楼还有一家名为"19 世纪意大利统一运动中的威尼斯"的博物馆(Museo del Risorgimento e Ottocento Veneziano),它的藏品是科雷尔博物馆历史展览品的延续,着重收藏了 1848 年至 1849 年间的物品。

3. 14 到 16 世纪的布道者圣乔瓦尼兄弟会,是 1261 年作为自我鞭笞者的团体建立的,其会堂位于大运河到火车站沿线的对面。通过外部和内部的庭院都可以进入会堂,它美丽的景色让拉斯金印象深刻。一座精美的大理石屏风处有一扇通往第二庭院的拱门,门上是彼得罗·隆巴尔多 1481 年雕刻的圣约翰之鹰。右边是会堂 1454 年时的外立面,右边则是一扇 1349 年制作的弦月窗。弦月窗的下半部分是一幅名为《兄弟会成员跪在施洗者圣约翰面前》(*Bothers of the Scuola Kneeling before St John the Baptist*)的浮雕,圣约翰是该兄弟会的守护神。浮雕的上半部分是《圣母子》。

会堂内部,优雅的圆顶拱形双边楼梯使人们可以从一楼大厅的任一边走到二楼的大礼堂。大礼堂是整个会堂最突出的一处,它于 1498 年由毛罗·柯度奇建成,在 19 世纪时被拆毁,20 世纪得到重建。大礼堂在 1727 年左右由乔治奥·马萨里改建,并在 1753 年镶嵌了大理石地板。在 1760 年绘制于天花板上的所有描绘世界末日景象的画作中,吉安·多门尼克·提埃波罗(Gian Domenico Tiepolo)所画的两幅是最为精美的。墙上画着一系列 16 世纪有关施洗者圣约翰生平的作品。毗邻大礼堂的小礼拜堂内存有一个 1369 年从塞浦路斯带回威尼斯的真十字架。

4. 横跨一条小运河的桥将奎利尼小广场(Campiello Querini,位于至美圣母广场附近)和奎利尼斯坦普利亚宫(Palazzo Querini-Stampalia)连接了起来。后者曾是奎利尼家族的住所,这个家族在遥远的时代曾经征服过一座名为斯坦普利亚的爱琴海岛屿,1807 年至 1850 年间,威尼斯的宗主教曾经居住在这座宫殿内。这座宫殿内有一间图书馆和一间名为奎利尼·斯坦普利基金会(Fondazione Querini-Stampalia)的艺术品收藏室。1869 年,收藏室和这座宫殿一起被乔瓦尼·奎利尼伯爵作为遗赠捐献给了威尼斯政府。宫殿的一楼在 1961 年至 1963 年由卡罗·斯卡帕重建,内部被装饰成了 18 世纪晚期贵族住宅的样子。二楼的图书馆藏有超过 23 万册图书和 1 100 份手稿。三楼的美术馆(艺术品收藏室)展示着 14 到 18 世纪的绘画作品,它们中的许多是由加布里埃莱·贝拉(Gabriele Bella)创作的,这些作品生动地描绘出了 18 世纪下半叶威尼斯的全景生活。此外,这里还有塞巴斯蒂亚诺·邦贝利 (Sebastiano Bombelli, 1635—1719 年)的一些精美肖像画;还有小帕尔马的作品,里面最著名的是《基督降架》(*Deposition*)。这里还藏有乔瓦尼·贝里尼早期的绘画作品,《献耶稣于圣殿》(*Presentation in the Temple*,临摹了蒙塔纳的作品);罗伦佐·迪·克雷迪的《膜拜圣母》(*Adoration of the Virgin*);老帕尔马 1528 年画的引人注目但未完成的肖像画《弗朗切斯科·奎利尼》(*Francesco Querini*)和他的妻子《保拉·普利欧力》(*Paola Priuli*)以及文森佐·卡泰纳的《茱蒂斯》(*Judith*)。这里还藏有彼得罗和亚历桑德罗·隆吉的几幅不同流派的画作;G.B.提埃波罗的肖像画《乔瓦尼·多尔芬》以及一些 18 世纪典型的威尼斯风格家具。

5. 作为教区教堂的殉难者圣伯多禄教堂位于慕拉诺岛上,它是由马可·米希尔 1348 年为纪念传道者圣约翰而建的。在 1474 年的大火后,该教堂进行了修复并在 1511 年重新被奉为神圣之所。教堂的钟楼建于 1498 年至 1502 年。

拿破仑 1808 年将其关停,后来教堂在 1813 年时重新开放,并从其他许多教堂里搜集来了不少艺术品。其中,最杰出的是乔瓦尼·贝里尼的两幅祭坛画:一幅 1488 年的《圣母与圣子和天使与圣人以及阿格斯提诺·巴尔巴里戈总督的跪像》(*Madonna and Child with Angels and Saints with the Kneeling Figure of Doge Agostino Barbarigo*)位于南侧走道;另一幅则是对面的《升天》,它绘于 1510 年,该画作描绘了八位圣人围绕着圣母的形象并以风景画作为背景。其他的作品包括:位于圣器室大门上方、委罗内塞的《圣杰罗姆》,中殿拱门上方及西门上方的墙壁上有 16 幅多明我会圣人(Dominican Saints)壁画。教堂内部悬挂着当地玻璃吹制工在 20 世纪初期制作的枝形吊灯。

6. 献祭圣母升天(Santa Maria Assunta)的杰苏阿蒂教堂(Church of Gesuiti)是 1714 年至 1729 年为耶稣会(Society of Jesus)所建的,它位于一座 12、13 世纪建造的教堂旧址上,这座教堂曾经由十字军(Crociferi)掌控(见下文)。G.B.法托雷托(G.B. Fattoretto)设计极度浮夸的教堂外立面与多门尼克·罗西(Domenico Rossi)极佳的内部装饰相得益彰,墙面上镶嵌着绿色和白色大理石,模拟花饰壁饰。淡紫和淡绿色背景墙上精巧的镀金和白色灰泥作品围绕着弗朗切斯科·丰特巴索(Francesco Fontebasso)的天花板壁画,而朱塞佩·波佐(Giuseppe Pozzo)巨大的大理石主祭坛上安放着一个含有青金石材质的华丽圣龛。雕刻在天使所持的球形物体上的大理石雕像组《圣父和圣子》(*God the Father and God the Son*)的作者很可能是朱塞佩·托列托(Giuseppe torretto),他还雕刻了穹顶后殿四根支柱上的大天使。右侧耳堂祭坛上的圣伊格内修斯(St Ignatius)雕像的作者是彼得罗·巴拉塔(Pietro Baratta),他也雕刻了祭坛正面的浮雕。杰苏阿蒂教堂内的许多艺术品都是此前那座教堂留存下来的,包括:提香的《圣老楞佐殉道》(北侧的第一小礼拜堂内)、北耳堂内丁托列托的《圣母升天》、西侧墙桑索维诺为利泽家族(Leeze family)竖立的纪念碑以及圣器室内小帕尔马画作。该教堂现在的状况不佳。

杰苏阿蒂教堂的对面是古老的十字军剧场医院(Oratorio dei Crociferi),后者是由里尼埃·季诺总督 1268 年下令建造的,以供战后归来的十字军战士消遣使用,15 世纪时被改建成年长者的临终关怀所。里面的小礼拜堂的历史可以追溯到 1582 年,经过整修后现在已经对公众开放。小帕尔马的一系列画作阐释了十字军的历史。

7. 威尼斯北部的圣米凯莱岛(San Michele)及其周围的砖墙和高大的深色柏树在 19 世

纪初被政府安排为公墓,以减轻威尼斯市内教堂周围墓地的压力。它很快就被证明无法满足提供永久墓地的需求,只有一些足够富有的人才有能力永久买下这里的墓地。大多数遗体在十到十二年后都会被从墓地中挖掘出来,直到最近这些年,他们的尸骨才被带到潟湖北部的一个偏远岛屿圣阿里亚诺岛(Sant' Ariano)埋葬。现在,它们被安放在公共藏骨堂中。

埋葬在新教徒公墓的有作曲家沃尔夫·法拉利(Wolf-Farrari)、科福男爵(弗雷德里克·罗尔夫)(Baron Corvo/Frederick Rolfe)和诗人埃兹拉·庞德(Ezra Pound)。1929 年在度假时去世的指挥家塞奇·戴雅基列夫(Sergei Diaghliev)的遗体被安葬在东正教徒公墓中,而他的门徒伊戈尔·斯特拉文斯基(Igor Stravinsky)1971 年在纽约去世后,遗体也被运到了这座公墓,并被安葬在离他导师不远处。

8. 圣塞巴斯蒂亚诺教堂位于木筏沿岸街西端的北部,是斯卡帕尼诺 1505 年至 1545 年间为吉罗拉米尼(Gerolamini)的修道士所建造的。教堂古典的外观显得很平凡,1544 年至 1547 年建造的方形砖结构钟楼如今已拆除了最初的锥形尖顶。然而,教堂内部则是所有威尼斯教堂中最色彩缤纷的一个。它到处都装饰着委罗内塞的画作,他就居住在这个社区中,1588 年去世后也被埋葬在了这里。他最早的一幅作品(位于北侧第三祭坛上方)描绘了圣母圣子与一位修道士的场景。圣器室的天花板上也画着早期(1555 年左右)的其他画作,它们描绘了一个被福音传道者们围绕着的圣母加冕场景,后者被画在了四块嵌板之上。教堂天花板上的一系列嵌板都描绘了以斯帖(Esther)的故事,这是在完成圣器室天花板作品一年后画的;由委罗内塞自己设计的主祭坛上方的《圣母与圣徒》的历史可以追溯到 1559 年至 1561 年。位于高坛两侧的两幅巨型帆布油画是 1565 年完成的,描绘了圣塞巴斯蒂安的生平;而教堂东面上层唱诗席中的壁画则是在稍早前的 1558 年完成的,描绘了圣塞巴斯蒂安的审判和殉道。装饰在管风琴台前部的那幅引人注目的《耶稣的诞生》也是委罗内塞的作品,此外,管风琴上的嵌板也是根据他的设计在 1558 年建造的。

其他一些著名的艺术品包括:桑索维诺为塞浦路斯大主教利维奥·波多卡塔罗(Livio Podocattaro, 1555 年去世)竖立的纪念碑,位于南侧走道;托马索·隆巴尔多的《圣母、圣子与圣约翰》,位于第二南祭坛;以及亚历桑德罗·维特多利亚两座精美的雕塑,位于第三北小礼拜堂。主祭坛左侧小礼拜堂中铺的蓝白两色地板的材质是马略尔卡陶片,它的历史可以追溯到 1510 年左右。东门上的一则告示提醒着访客:"本教堂依靠每周日宗教仪式的捐赠收入运营,因此无法承担雇用一名管理员的开支。"圣塞巴斯蒂亚诺教堂很少开放。

9. 在大运河左岸,学院桥和安康圣母教堂的中间,矗立着一座小巧而迷人的达里奥宫(Palazzo Dario),宫殿顶部有着巨大的烟囱顶管。达里奥宫是一座哥特式建筑,它的外观一般被认为出自彼得罗·隆巴尔多之手,宫殿在 1487 年由乔瓦尼·达里奥建成,他曾作为威尼斯公使驻在君士坦丁堡的土耳其宫廷内。它镶嵌有圆形图案的闪烁彩色大理石。简约的圆顶窗采用不对称的造型,这种设计在许多威尼斯小型宫殿中都存在。

该宫殿先是在 19 世纪初被卖给了一名美国的钻石商人,后来在 1838 年又成为罗登·布朗(Rawdon Brown)的财产。宫殿的修缮工程几乎让他倾家荡产,只能被迫在 1842 年将其转让。宫殿在几经转手后变成一个家庭式旅馆(Pensione),后来又被女伯爵波美·普鲁维纳尔(de la Baume-Pluvinal)修复。现在的达里奥宫是私人财产。法国诗人、小说家亨利·德·雷尼埃(Henri de Régnier)在 1899 年至 1924 年间经常居住在此。

10. 15 世纪的圣约伯教堂(church of San Giobbe)坐落在一个偏僻的广场上,从运河出发，在乔瓦尼·康塔里尼于 1378 年建立的一个献祭圣约伯(St Job)的小礼拜堂和临终关怀医院旧址上。从 1428 年起该小礼拜堂就被严守教规的方济各会修士分支所使用，锡耶纳的圣伯尔纳(St Bernardine)就是这个分支的一员。1443 年，为了纪念这位圣人来此说教，当地利用克里斯托弗罗·莫罗捐赠的资金开始建造现在的这座教堂和修道院(1812 年被查禁，见注释：植物园)，圣伯尔纳曾预言莫罗会成为总督，后来的事实也果然如此。

由于教堂建成于 1450 后，因此它的建筑风格结合了晚期的哥特式和早期的托斯卡纳文艺复兴式风格。外立面上有彼得罗·隆巴尔多 1470 年至 1475 年左右雕刻的"帕多瓦的圣安东尼""圣伯尔纳""图卢兹的圣路易斯"(St Louis of Toulouse)，他还制作了有着"圣约伯"和"阿西西的圣弗朗西斯"(St Francis of Assisi)造型的弦月窗，它们位于教堂优美的文艺复兴式出入口上方。教堂内部是一个由安东尼奥·甘布洛设计的哥特式无侧廊中殿。高坛、唱诗席和小礼拜堂都是在后来的 1471 年左右建成的，它们的设计者很可能是彼得罗·隆巴尔多。精雕细琢的凯旋门和两侧的小型半圆教堂构成了穹顶圣所的入口，伦巴第风格的丘比特浮雕支撑着圣所的穹顶。里面存放着克里斯托弗罗·莫罗(1471 年去世)和他的妻子克里斯蒂娜·萨努多(Cristina Sanudo)美观的石板坟墓。祭坛后是一条长长的唱诗席和一排 16 世纪的木雕座位。北侧顶端的两间小礼拜堂的装修风格非常迷人：第一间里有着罗伦佐·布雷尼奥 16 世纪初雕刻的圣路加(St Luke)雕像；第二间小礼拜堂是 15 世纪托斯卡纳艺术家为威尼斯的卢凯塞(Lucchese)丝织工装饰的，穹顶上衬着五幅出自佛罗伦萨的罗比亚工作室(Robbia studio)的大型彩绘陶土浮雕。从教堂南侧可以进入前圣器室，里面有一幅吉罗拉莫·萨沃尔多(Girolamo Savoldo)1540 年的《耶稣诞生图》，该作品最近刚被修复；还有一幅克里斯托弗罗·莫罗的肖像画。与之毗邻的圣器室内有一个很少见的 16 世纪彩绘木质天花板。位于圣器室东端的是穆拉祭坛(Cappella da Mula)以及维瓦里尼和乔瓦尼·德阿莱马尼亚所作的三联画。

原本保存在教堂中的三幅杰出祭坛画：乔瓦尼·贝里尼的《圣母、圣子和圣徒》、巴萨伊迪的《园中的痛苦》和卡巴乔的《基督在神殿上》(*Presentation of the Christ in the Temple*)，现在被收藏在威尼斯美术学院中。

11. 可爱的文艺复兴式小型教堂奇迹圣母教堂(church of Santa Maria dei Miracoli)是为了供奉一幅传说中不可思议的圣母画像而建造的，它于开始建造的 8 年后，即 1489 年正式投入使用。它被拉斯金称为全意大利最重要的教堂之一，这座桶形穹顶小教堂的设计者是彼得罗·隆巴尔多，他机智地将东端的高坛设计成凸起的穹顶造型，使教堂看起来比实际上大了一些。教堂的外墙装饰着各式各样图案的大理石，出入口侧的外立面顶部是巨大的半圆形山墙饰，并使用了斑岩和古绿石材质的嵌板进行装饰。除了巨大的半圆形山墙饰顶部和两侧的三座雕像外，教堂的外立面上只有很少量的雕刻装饰，如：出入口上方，乔治奥·拉斯卡里斯(Giorgio Lascaris)15 世纪雕刻的圣母半身像，假拱上方的天使浮雕以及门周围的雕带和叶饰嵌板。

教堂的内部非常漂亮，一根精雕细琢的支柱支撑着一排有着长廊的唱诗席，唱诗席下方镶有灰色和珊瑚大理石。中殿的镀金桶形穹顶装饰着 50 块绘有先知和圣人头像的嵌板，这是皮耶尔·玛利亚·彭纳基(Pier Maria Pennacchi)1528 年的作品。中殿和东端的唱诗席和穹顶后殿被优美的栏杆分隔开，栏杆上有着圣弗朗西斯、大天使加百利、圣母和圣克莱尔(St Clare)的半身像，它们的作者很可能是图里奥·隆巴尔多，他和父亲彼得罗一起完成了唱诗

席处的精美雕刻,其中包括悬在主祭坛上方穹顶拱肩上四位福音传道者的圆形浮雕。莱昂纳多·达·芬奇《最后的晚餐》的半浮雕仿制品曾被放置于教堂的地下室,后来得以修复,目前收藏在黄金宫中,它的作者被认为是图里奥·隆巴尔多。

12. 在圣方济各会荣耀圣母教堂穹形后殿另一边的圣洛可教堂(the church of San Rocco)与圣洛可大兄弟会会堂位于同一个小广场上,它是巴尔托洛梅奥伯恩 1489 年设计的。1725 年时,乔瓦尼·斯卡尔法罗托(Giovanni Scalfarotto)几乎将其完全重建。教堂的外观参考了会堂的造型,并在 1765 年至 1771 年间增加了奥地利人 G.M.莫雷特尔(G.M. Morleiter)的大量雕塑作品作为装饰。

教堂内部,入口两侧放置着洛可可风格的雕像《大卫提着歌利亚的头》(*David with the Head of Goliath*)和《圣塞西莉亚》(*St Cecilia*),两者都是乔瓦尼·马奇奥里(Giovanni Marchiori)1743 年的作品。西侧墙面左边的是丁托列托的《圣母领报》,右边则是他的《圣罗奇》。丁托列托的其他作品有:圣器室墙上的《圣罗奇关心肆虐的瘟疫》(*St Roch Ministering to the Plague-Stricken*)、《一位天使安慰圣罗奇》(*St Roch comforted by an Angel*)、《圣罗奇独自一人》(*St Roch in Solitude*)、《圣罗奇治疗动物们》(*St Roch Healing the Animals*)。来自帕多瓦的乔瓦尼·马里亚·莫斯卡(Giovanni Maria Mosca)制作的圣塞巴斯蒂安和圣潘塔莱奥内(St Pantaleone)大理石雕像占据了圣器室祭坛的侧壁龛,祭坛两边则是波尔代诺内的丘比特像壁画,他还画了位于第一和第二祭坛中间上方的《圣马丁和圣克里斯托弗》。

13. 圣米凯莱岛栈桥附近的圣米凯莱岛教堂(church of San Michele in Isola),是全威尼斯历史最悠久的文艺复兴式教堂之一,它由毛罗·柯度奇设计,并在 1469 年至 1477 年间为卡马尔多伦(Camaldolensian)修道院而建,该修道院是著名的学习中心,1212 年至 1810 年间一直矗立在圣米凯莱岛上。弗拉·毛罗(Fra Mauro)曾是这里的修道士,他正是在这里画出了他的世界地图(见注释"圣马克国家图书馆")。

白色伊斯特里石建造的外立面上没有多余的装饰,给人一种朴素的美感。它由三个部分组成,并用粗面石工堆砌到第一层楼的高度。中央阁楼层的顶部是巨大的半圆形山墙饰,其两侧的四分之一圆形翅膀中重复雕刻着一个类似贝壳形状的图案。教堂左侧是附属的艾米莉亚小教堂(Cappella Emiliana),这座有着穹顶的六边形教堂是古列尔莫·德·格里吉·贝尔加马斯科(Guglielmo dei Grigi Bergamasco)在 1530 年左右建造的。它的上方则是 1460 年建成的装饰性砖结构钟楼。位于教堂右侧的精美哥特式出入口上有着大天使米凯莱(Archangel Micheal)的浮雕,它可以通往阴暗的 15 世纪回廊。

教堂内部,在正门前方的前厅地板上放置着一块的菱形大理石,上面标记着 1623 年去世的保罗·萨皮的埋葬地;而出入口上方的墙上则竖立着由彼得罗·贝尔尼尼为 1622 年去世的红衣主教乔瓦尼·多尔芬制作的巨大纪念碑,以及年轻的吉安·罗伦佐·贝尔尼尼为这位红衣主教雕刻的半身像。左侧是艾米莉亚小教堂的入口,入口处镶嵌着精美的大理石装饰和 16 世纪浮雕以及乔瓦尼·安东尼奥·达·卡罗纳(Giovanni Antonio da Carona)的雕像。修道士唱诗班将前厅与教堂的其他部分间隔开来,它的右下方是朱斯特·列·考特 1695 年雕刻的石像"圣杰罗姆"。左下方的圣玛格丽特雕像的作者是梅尔吉奥雷·巴塞尔。在教堂的主体区域,左穿形小礼拜堂内有一幅吉安·多门尼克·提埃波罗的画作《科尔托纳的圣玛丽在耶稣受难像前》(St Mary of Cortona before the Crucifix)。在北侧墙面上有一块刻于 1501 年的文艺复兴式石碑"八片叶子"(Otto Foglie)。

14. 圣乔瓦尼克里斯托莫教堂(church of San Giovanni Crisostomo)坐落于卡纳雷吉欧区的一个小广场上,它是毛罗·柯度奇最后的一个作品(1497 至 1504 年)。教堂灰泥粉饰的外立面和顶部的弧形山墙饰与他设计的圣米凯莱岛教堂非常相似。边上的钟楼也是 1552 年至 1590 年后才增建的。

教堂内部呈对称的希腊十字架形结构,它的中央穹顶由四根独立的支柱支撑的。教堂的南侧有一幅 1513 年乔瓦尼·贝里尼晚年的画作《圣杰罗姆、圣克里斯托弗和圣奥古斯丁》;主祭坛上方有一幅塞巴斯蒂亚诺·德尔·皮翁博(Sebastiano del Piombo)的《圣约翰·赫里索斯托姆与六位圣徒》(St John Chrysostom and Six Saints,1509—1511);在教堂北侧有图里奥·隆巴尔多 1500 年至 1502 年雕刻的浮雕"圣母加冕"(Coronation of the Virgin),此外,他还负责装饰了壁柱。

15. 巨大的罗列丹-温德拉敏-卡列吉宫(Palazzo Loredan-Vendramin-Calergi)矗立于大运河右岸,靠近卡纳雷吉欧运河处,它是 16 世纪初为富裕的贵族安德里亚·罗列丹而建的。宫殿是由他的门徒毛罗·柯度奇设计,1504 年柯度奇去世后由隆巴尔多工坊接手,最终在 1509 年左右建成。宫殿的外立面以伊斯特里石为原料,1581 年时被弗朗切斯科·桑索维诺称为最精美的四座宫殿之一。它的立面是传统的三层造型,每一层都装饰着科林斯柱式。带有圆形拱门的巨大双窗在二楼被带槽的圆柱围住,在三楼则是被光滑的圆柱围住。

1589 年时,宫殿被维托·卡列吉(Vettor Calergi)买下,当他的女继承人玛丽娜 1594 年嫁给文森佐·格里曼尼(Vincenzo Grimani)时将它保留了下来。17 世纪早期,她委任文森佐·斯卡莫齐在宫殿的左侧增建翼楼,数年后,这里成为她的两个遭到放逐的儿子的藏身之所。他们在这里绑架并暗杀了另一名贵族弗朗切斯科·奎利尼·斯坦普利亚;因为这项罪

行,参议院在1658年命令拆除格里曼尼翼楼,并在此处竖立了一根揭露此项罪行的圆柱。

1738年,宫殿传到了尼科洛·温德拉敏(Nicolò Vendramin)手中,1845年又被他的后代卖给了贝里公爵夫人(Duchesse de Berry),后者在此挥霍无度。贝里去世后,宫殿被移交给了她和丈夫意大利伯爵卢切西·帕利(Lucchesi-Palli)的继承人格拉齐亚公爵家族(Grazua dukes)。1882年他们在宫殿花园的厢房中为理查德·瓦格纳(Richard Wagner)提供了一间房间;在瓦格纳去世后的一年,他们每年都会在花园中举办年度音乐会,音乐会演奏的都是瓦格纳的乐曲。

自第二次世界大战开始,这座宫殿就为威尼斯政府所有。它现在是在意大利获得许可的三个赌博娱乐场所之一。

16. 文艺复兴式的科纳罗-斯皮内利宫(Palazzo Corner-Spinelli),位于大运河右岸的圣安吉洛(Sant' Angelo)教区中。它建于1490年至1510年间,设计者被认为是毛罗·柯度奇,宫殿一层的外立面是粗面石工,在二层和三层均设有凸出的阳台,窗户的造型是在一个较大的单圆拱中构筑两个小圆拱窗,这是柯度奇所特有的建筑风格。16世纪30年代末,宫殿被出售给了乔瓦尼·科纳罗,后者委任米凯莱·桑米歇利(Michele Sanmicheli)将柯度奇设计的朴素水门大厅改建成罗马式的中庭。

宫殿后来又转到了斯皮内利(Spinellis)手中,他因倒卖稀有纺织品赚得一大笔财富。19世纪中期,宫殿被拉斯金的一位朋友爱德华·切尼少校(Edward Cheyney)购得,他在宫殿中收藏了一些G.B.提埃波罗的精美画作。宫殿现在被划分成许多间公寓,其中二楼被作为一家纺织品厂的总部使用。

17. 宏伟的格里曼尼宫(Palazzo Grimani)坐落在里亚尔托桥下的圣卢卡河(Rio San Luca)与大运河的拐角处。该宫殿是米凯莱·桑米歇利1556年为圣马可代理人乔瓦尼·格里曼尼（Giovanni Grimani）设计的住所。在桑米歇利 1559 年去世后，吉安贾科莫·格里奇（Giangiacomo dei Grigi）接手，并最终在 1575 年由乔瓦尼·安东尼奥·鲁斯科尼（Giovanni Antonio Rusconi）完成。宫殿的外立面上厚重的飞檐悬吊着三根科林斯式石柱。底层带凹槽的壁柱与上面两层的石柱造型一致，而二层的连续阳台与三层的连贯雕带相呼应。宫殿在水面上的出入口是一座三拱大门，通过出入口后就进入了一座中庭，它与科纳罗·斯皮内利宫的中庭非常相似。宫殿在 1807 年被威尼斯政府收购，现在这里是威尼斯上诉法院的所在地。它在 1988 年时进行修复。

18. 桑索维诺图书馆位于圣马可小广场上，总督府的对面，它因佛罗伦萨雕刻家雅各布·桑索维诺的名字而得名。图书馆在 1537 年起就根据桑索维诺的设计开始建造，工程的进展一直都非常顺利，直到 1545 年 12 月 18 日，一号凸出结构的拱顶突然坍塌。在他 1570 年去世的时候，该工程仍未完工；直到 1588 年至 1591 年间才由文森佐·斯卡莫齐建成。该建筑被普遍推崇为桑索维诺的杰作，并被帕拉迪奥赞为是自古以来最富丽堂皇的建筑，其设计源于经典的罗马式建筑风格，并突破性地融入了威尼斯的哥特式建筑风格。它由伊斯特里石建造而成，带有多立克柱式（Doric）的拱廊和爱奥尼亚柱式的上层建筑，建筑的顶部是有着雕像的栏杆，下方则是一长条精美的雕带。从拱门可以进入曾经的圣马可图书馆和考古博物馆（Museo Archeologico），后者位于新行政长官官邸大楼二楼。考古博物馆中收藏了许多希腊式、罗马式和希腊罗马式的有趣的雕塑品，其中的许多藏品非常明显地影响了文艺复兴时期威尼斯艺术家和雕塑家的风格。这座博物馆被总督安东尼奥·格里曼尼的儿子，红衣主教多门尼克·格里曼尼和他的兄弟作为遗赠送给了威尼斯共和国。

19. 新行政长官官邸大楼是经典风格的系列建筑，它组成了圣马可广场的南侧边界，它

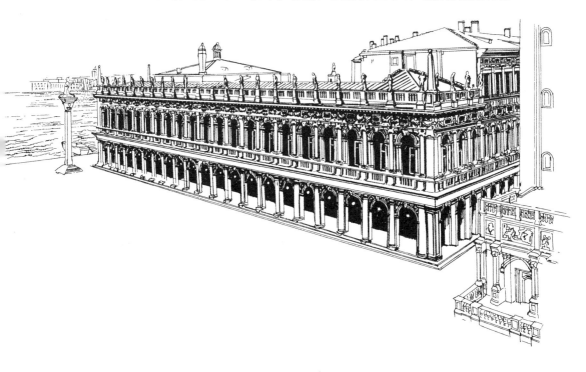

由文森佐·斯卡莫齐在1582年后开始建造,他遵循了与之毗邻的、由桑索维诺设计的圣马可图书馆的建筑风格,完成了前九个拱门的建造。大楼在1640年由巴尔达萨雷·罗根纳建成。该建筑之后被划分为九座公寓供检察官居住,再后来它的大部分都被转变为拿破仑的皇家住宅,而大楼的西翼(除了六扇拱门以外)、旧行政长官官邸大楼的一部分以及圣杰米诺教堂都因要为拿破仑翼楼的建设腾出空间而被拆除。第一次世界大战之后,新行政长官官邸大楼被意大利王国国王还给了威尼斯政府。大楼一层的柱廊里有许多商店、办公室和花神咖啡馆。

20. 威尼斯的造币厂(Zecca)显然是在公元9世纪出现的,那时的铜币铸造厂建立在圣若望及保禄堂(church of Santi Giovanni e Paolo)内。大约一百年之后,在圣马可广场的莫洛(Molo)附近新建了两家生产金币和银币的造币厂。1284年,在总督乔瓦尼·丹多罗执政期间第一次发行的金币达克特(ducat),后来又被称为赞齐诺(zecchino),后者是刚刚从造币厂铸造出来的意思。16世纪30年代繁荣的经济使得现有造币厂的产量和规模已经跟不上日益增长的货币需求量,因此,1536年桑索维诺被委任在圣马可广场莫洛建造一座新的造币厂,建造资金来源于释放塞浦路斯奴隶所筹得的款项。坚固的造币厂是用伊斯特里石建造的,建筑的二层以下采用了大量的粗面石工材料。该建筑的立面与桑索维诺图书馆的南端毗连。它最初有两层和一个1566年建成的(并非出自桑索维诺之手)阁楼,建造阁楼的目的是提供更多空间以及保护熔炉不受阳光直射。当时的威尼斯共和国如日中天,威尼斯的货币赞齐诺也成为全世界流通的货币。造币厂在1870年停业。20世纪初,它被改建成圣马可图书馆的所在地。

21. 圣马丁诺教堂(Church of San Martino)位于兵工厂的陆地出入口附近,它是桑索维诺在16世纪中期建造的。教堂修复后的外观受到了托斯卡纳风格的影响。

教堂内部结构呈希腊十字架形,每个角落都有两间小礼拜堂和一个穹顶高坛。平坦的天花板上画着多门尼克·布鲁尼(Domenico Bruni)17世纪的建筑透视图,还有一幅雅各布·瓜拉纳(Jacopo Guarana)18世纪的中央壁画《荣光中的圣马丁》(St Martin in Glory)。管风琴的护墙上装饰着吉罗拉莫·达·桑塔克罗塞(Gerolamo da Santacroce)1549年画的《最后的晚餐》,他还画了高坛右边的祭坛上方的《耶稣升天》。在右侧墙上是弗朗切斯科·埃里佐总督的纪念碑,他1646年去世后就被埋葬在教堂的中央。

在澳大利亚威尼斯委员会(Australian venice committee)帮助下,圣马丁诺教堂1988年时仍在整修。隔壁小祈祷室入口的上方有着15世纪"圣马丁将自己的披风送给乞丐"(St Martin Giving His Cloak to the Beggar)的浮雕,该浮雕被刻在一块大理石上,其历史可以追溯到1538年。

22. 坐落于大运河右岸的多尔芬-马宁宫(Palazzo Dolfin-Manin),位于圣塞尔瓦托教区内。白色的三分外立面由桑索维诺建造于1538年至1540年,他从乔瓦尼·多尔芬那里得到的委托是设计一个带有滨海柱廊的大房子,并合并运河沿岸的公共走道。较高楼层凸出的开放式通道采用的是多立克柱式风格拱廊,而第一层和第二层采用的则分别是爱奥尼亚柱式和科林斯柱式风格。该建筑顶部装饰着一条以狮子头为装饰的朴素雕带。在18世纪晚期,桑索维诺的精美庭院被改造得面目全非,而宫殿的内部也被G.A.塞尔瓦彻底重塑,那时它的主人是最后一任总督洛多维科·马宁。多尔芬-马宁宫现在是意大利银行(Banca d'Italia)的总部所在地。

23. 位于圣毛里奇奥(San Maurizio)教区的大型宫殿科纳罗宫(Palazzo Corner ca' Grande),宫殿高大的矩形外立面沿着大运河右岸一直向后延伸到了科纳罗·扎古里河(Rio

Corner Zaguri)边。科纳罗宫始建于1545年，建造它的目的是为了替代科纳罗家族在1532年大火中被烧毁的哥特式宫殿。宫殿由桑索维诺设计，它被认为是他设计的所有宫殿中最精美的。它的正面属于古典主义风格，呈现出相同宽度的双柱式凸出结构及圆头窗的造型。宫殿一楼的窗户呈长方形，中央有三拱门造型的水上出入口，采用的是显眼的粗面石工设计，顶部则是一条连续的带有小椭圆形窗户的饰带。

自19世纪60年代以来，宫殿成为威尼斯行政区政府所在地（Prefecture of Venice），20世纪30年代时，它受到过大规模的修复。

24. 见第一章，注释2。

25. 总督府中的黄金楼梯是一段豪华的礼仪楼梯，它从东凉廊上升到二楼的公爵公寓，然后又一直向上延伸到三楼的会议厅。它是桑索维诺在1555年左右设计，安东尼奥·阿邦迪·洛·斯卡帕尼诺1559年建成的华丽作品。楼梯的镀金工作出自亚历桑德罗·维特多利亚之手，上面的壁画则是巴蒂斯塔·弗兰考（Battista Franco）所画。

26. 卡农尼齐·拉特兰内西修道院（Monastero dei Canonici Lateranensi）的建筑和回廊曾经与仁爱圣母教堂相连，现在则被合并入学院美术馆。

27. 瞻礼圣母教堂(church of Santa Maria della Presentazione)通常被称为奇特雷教堂(Le Zitelle)，位于朱代卡岛的东端，教堂的两侧是一所救济院的两翼，该救济院收留照顾年轻女孩并把她们培养成蕾丝女工。教堂是雅各布·博泽托（Jacopo Bozzetto)1582年至1586年间根据帕拉迪奥1570年前后的设计建造的。教堂穹顶的前方有两座小钟楼，它们的正中间是一面山墙饰。教堂内部在18世纪时进行过改建，呈多边形，科林斯式石柱支撑着巨大的中央穹顶。

28. 圣乔治马焦雷岛上最显眼的建筑就是被亨利·詹姆斯描述成"超越一切理由的成功……位置和色彩的成功……充满愉悦"的白色教堂圣乔治马焦雷教堂（church of San

Giorgio Maggiore），教堂是安德里亚·帕拉迪奥的作品，坐落在两侧红砖建筑的修道院的中间。

　　公元 8 世纪时圣乔治马焦雷岛上就有着一座教堂。10 世纪时，教堂可能被用来献祭圣乔治，1223 年地震后重建，16 世纪时被现在这座帕拉迪奥 1565 年设计的教堂取代。虽然教堂的建设工作 1566 年就已经开展，但宏伟的石制立面直到 1597 年至 1610 年间才安装就位，距帕拉迪奥 1580 年去世也过去了许多年的时间。教堂最终在西蒙尼·索雷拉（Simone Sorella）指导下建成。它的构造非常引人注目，其经典的独立式门廊从水平的立面向外延伸，给人一种凸出式门廊的错觉。四根巨型石柱衬托着一个中央山形墙，它体现出了教堂内部中殿的高度。中央山形墙的两侧下方各有一个与其相似的半山形墙，它们的高度与教堂内部两侧的走道高度相对应。

　　教堂内部呈十字架形结构，这个形状凸显了帕拉迪奥对于教堂的信念，即十字架形的教堂"在旁观者的眼中，代表了依赖我们拯救的木材。通过这种形式，我在威尼斯建造了圣乔治马焦雷教堂"。教堂中心是一个大型单一穹顶，该穹顶的重心在十字架四臂上方的桶形拱顶空间上，同时赋予了帕拉迪奥认为纯净的粉刷白色表面以光泽度，他坚信纯洁的白色会"特别令上帝满意"。

　　在许多雕塑中有一座莱昂纳多·多纳总督（1612 年去世）的纪念碑，它两侧的壁龛中放着"四福音传道者"的雕像，它们是亚历桑德罗·维特多利亚的灰泥作品。南侧走道第一祭坛上方的是雅各布·巴萨诺的《牧羊人的朝拜》，第二祭坛上方则悬挂着一幅精美的 15 世纪木质耶稣受难像。高坛的墙上排列着丁托列托晚期（1592 年至 1594 年间）的作品《最后的晚餐》和《天降吗哪》（Shower of Manna）；主祭坛上方是吉罗拉莫·坎帕尼亚 1591 年至 1593 年间雕刻的一大组有着三角光环的青铜作品"福音传道士们支撑着顶上刻有圣夫的地球"

（Evangelists Supporting the Globe Surmounted by God the Father）。祭坛后的唱诗席有着 46 个上层座位和 34 个下层座位，阿尔布雷赫特·范·德·布鲁尔（Albrecht van der Brulle）和加斯帕雷·加蒂（Gaspare Gatti）在 1594 年至 1598 年间在唱诗席上雕刻了许多浮雕，这些浮雕都描绘了圣本笃（St Benedict）的生平。在间隔栏杆上有两座尼科洛·洛克塔格利亚塔（Niccolò Roccatagliata）雕刻的铜制小雕像《圣乔治》和《圣史蒂芬》（St Stephen），他还制作了祭坛围栏内部的两座精美的枝形大烛台。其他的作品包括：耳堂中的两幅丁托列托学校（School of Tintoretto）的作品《圣母加冕》和《圣史蒂芬殉道》（Martyrdom of St Stephen）和主祭坛右侧小礼拜堂中里奇的《圣母和圣徒》。卡巴乔 1592 年的一幅蛋彩画作品《圣乔治和龙》（St George and the Dragon）目前状况不佳，目前存放在上层的小礼拜堂内，该处曾是选举教皇庇护七世的会址，现在处于关闭状态。一张《圣乔治和龙》的照片在死者礼拜堂（Chapel of the Dead）中展示，那里还挂着丁托列托晚年的作品《基督降架》，这幅画很有可能是在他的儿子多门尼克的帮助下完成的。

从教堂内部可以进入正方形砖结构钟楼。原来的钟塔在 1774 年坍塌，1791 年根据博洛尼亚的弗拉·贝尼代托·布拉蒂（Fra Benedetto Buratti）的设计，乘坐电梯可以到达塔顶，从那里可以欣赏到威尼斯主岛和潟湖的壮丽美景（见第十二章，注释 3）。

29. 在朱代卡岛的海滨地区有一座帕拉迪奥设计的救主堂。参议院为感恩 1576 年黑死病的结束，委托帕拉迪奥修建该教堂。因此，它后来也成为总督每年都要正式拜访的地方，总督会穿过一个用船搭建的浮桥从木筏沿岸街来到朱代卡岛。这个习俗保留至今，仍会在每年 7 月的第三个星期六庆祝救世主节（the Feast of the Redentore），周日则会举行宗教庆典仪式和划船比赛。

教堂的立面以错综复杂的布置为基础，以层叠的教堂正面为特征，教堂正面由重复的山墙饰、精确比例的圆柱和壁柱组成，中央有一个巨大的穹顶，穹顶两侧是尖塔形的钟楼。在立面石柱中间的壁龛里摆放着吉罗拉莫·坎帕尼亚的雕像《圣马可》和《圣弗朗西斯》。教堂内部的粉饰灰泥和白色的伊斯特里石看上去像是普通的长方形形状，但实际上是有弧度的围绕在穹顶和耳堂边。在朱塞佩·马扎（Giuseppe Mazza）1679 年制造的巴洛克式主祭坛上有着青铜雕像《耶稣受难像》《圣弗朗西斯》和《圣马可》，它们都是吉罗拉莫·坎帕尼亚在 16 世纪末为最初的简易主祭坛雕刻的作品。主出入口两侧各有一只圣水钵，弗朗切斯科·特雷利（Francesco Terilli）1610 年时在这两只圣水钵上分别雕刻了青铜小雕像《基督》和《施洗者圣约翰》。著名的画作包括 15 世纪末，阿尔韦塞·维瓦里尼的《圣母接受圣子和两位天使的膜拜》（Madonna in Adoration of the Child and Two Angels）和被认为是委罗内塞作品的《基督的洗礼》，这两幅画作都在小圣器室中。在圣器室中有两幅出自贝里尼学院的优美作品。沿着墙面，有一排被仔细地保护在钟形玻璃罩内的嘉布遣会修士的蜡制头像，这些头像的胡须都是真实的。

30. 在多尔索杜罗区的东端，一座曾经有着雉堞的要塞旧址上矗立着一个巨型三角形建筑群：海关大楼（Dogana di Mare）。采用低矮的多利斯柱型风格外立面的主楼面向着大运河，是作为海关仓库的扩建部分由朱塞佩·贝诺尼（Giuseppe Benoni）在 1677 年设计。1835 年至 1838 年间，乔瓦尼·阿尔韦塞·皮嘉齐（Giovanni Alvise Pigazzi）对它们进行了重建。在岬角的最远端是一座炮塔，炮塔的顶部是两个阿特拉斯（Atlas）托着一个金色的圆球和风向标。

31. 美丽的双宫殿朱斯蒂安宫(Palazzi Giustinian)是 1451 年左右为朱斯蒂安家族的两兄弟建造的。它和福斯卡里宫一起组成了大运河左岸弯角处杰出的哥特式建筑群,它们恰好位于大运河与福斯卡里河交汇处的前方。规格一致的两座宫殿的对称立面侧有一面中央连接墙,该连接墙的深度为一个房间,位于通过巨大圆形拱门进入底层的通道上。精美的石雕《门禁》被认为是乔瓦尼·伯恩的作品,他还可能设计了上层那些图案错综复杂的花饰窗格。位于三层的中央拱廊是仿造总督府外立面上的凉廊而建的。

在共和国陷落后,朱斯蒂安宫就成为艺术家、收藏家纳塔莱·斯基亚沃内(Natale Schiavone)的私人财产。1858 年至 1859 年间,这里曾有七个月的时间成为理查德·瓦格纳的住所,他坚持将自己公寓的墙壁涂成了深红色。在这里,瓦格纳谱写了音乐剧《特里斯坦与伊索尔德》(*Tristan and Isolde*)的第二幕并开始了音乐剧《帕西法尔》(*Parsifal*)的创作。

32. 康塔里尼-法桑宫(Palazzo Contarini-Fasan)是一座面向大运河的小型宫殿,它的宽度不超过一间房间,在一楼主厅只有三扇窗户,二楼则只有两扇。宫殿位于大运河右岸的圣摩西教区。建于 15 世纪中期的宫殿在细节方面处理得非常到位,巧妙地平衡了精致的哥特式风格。精雕细琢的栏杆造型呈现出车轮的图案,这是在当时其他威尼斯建筑的露台上没有出现过的造型。

这座宫殿的历史难以考证,也无法得知它的传统名称"苔丝狄蒙娜之家"(the House of Desdemona)的由来。它名字中的"法桑"(有野鸡的意思)可能是指它的前任拥有者中有一位非常热衷于狩猎野鸡。

33. 位于大运河右岸,与学院桥相距不远的巴巴罗宫(Palazzo Barbaro),其实是两座宫

殿,第一座的历史可以追溯到 1425 年,另一座则是安东尼奥·加斯帕里 1694 年至 1698 年间为新建舞厅而扩建的。这座位于奥尔索河(Rio del Orso)的哥特式宫殿内可能包含着前一座建筑的残迹,它的外观与同一时期伯恩家族建造的其他建筑相似。有着精雕细琢支架的二楼露台是目前威尼斯为数不多的 15 世纪露台之一。横跨宫殿二层两个立面的重型栏杆是17 世纪末扩建舞厅的时候增建上去的。与此同时,宫殿的内部也进行了大规模重建,在 18世纪早期,顶层的哥特式造型空间内建造了一座有着漆器书架的精美藏书室以及一间豪华的餐厅,餐厅的天花板是由 G.B.提埃波罗绘制的。装潢极度奢华的舞厅内骄傲地展示着盾形纹章和战争纪念品,它们证明了巴巴罗家族悠久且卓越的历史,家族中的一些人所取得的成就也出现在朱塞佩·萨尔迪设计的佐比尼果圣母教堂的巴洛克式外立面上以示纪念。

当艾菲·拉斯金在 19 世纪中期拜访这座宫殿的时候,宫殿里的一部分公寓已经被出租给了访客,而作为巴巴罗家族中最后的一支血脉的两位老兄弟则住在宫殿顶部的阁楼中。1882 年,宫殿的上面两层被来自波士顿的丹尼尔·柯蒂斯(Daniel Curtis)夫妇买下,租住他们公寓的客人包括:亨利·詹姆斯、克劳德·莫奈(Claude Monet)、詹姆斯·麦克尼尔·惠斯勒(James McNeill Whistler)、约翰·辛格·萨金特(John Singer Sargent,他画的柯蒂斯一家在舞厅内的作品目前保存在伦敦的皇家美术学院中)以及罗伯特·勃朗宁(Robert Browning),后者曾经在藏书室中诵读诗歌。现在,这座哥特式宫殿仍然属于柯蒂斯家族所有。

34. 第一座学院桥是一座建于 19 世纪的铁桥。后来被一座 1932 年至 1933 年建成的木桥替代。20 世纪 80 年代,学院桥再次重建,并成为现在的造型,在它重建时,边上建造了一座临时桥梁供人们通行。

35. 曾经宏大的公爵府(Ca'del Duca)始建于 1460 年前不久,它位于圣撒慕尔(San Samuele)教区,坐落在正对大运河右岸的一块土地上。许多建筑都建造在它的遗址之上。它是由巴尔托洛梅奥·伯恩为科尔纳罗家族设计的，1461 年，来自米兰的公爵弗朗切斯科·斯福尔扎（Francesco Sforza）从科尔纳罗家族手中购得这座宫殿。斯福尔扎委托贝尼代托·费里尼（Benedetto Ferrini）在伯恩打下的基础上为他设计一座宏伟的宫殿。但到了 1466 年，在还没来得及建造任何建筑前这笔交易就被撤销了，因此斯福尔扎的改建计划也未能如愿。只有一块钻石切割的粗面石工基岩和最初由伯恩设计的一根未完成的角柱残存在水岸边。

36. 1450 年至 1470 年间建造的罗列丹大使宫（Palazzo Loredan degli Ambasciatori）位于大运河左岸的圣巴尔纳巴（San Barnabà）教区。它具有精巧的隅石框架对称立面以及那个时期特有的优雅尖拱形窗户。主体层上的四叶饰花饰窗格与总督府上层凉廊上的类似。外立面上唯一的外部装饰就是 15 世纪晚期的两座手持盾牌的骑士雕像，它们分别位于外立面中央部位两侧的壁龛中。

在 18 世纪下半叶的时候，宫殿被弗朗切斯科总督先后出租给了两位来自神圣罗马帝国的大使，宫殿也就因此得名。19 世纪的大部分时间里，这座宫殿仍然属于罗列丹家族，直到 1891 年一场大火严重损坏了宫殿的外立面后才将其出售。宫殿随后就立刻开始了修复工作。

37. 位于大运河右岸圣撒慕尔教区的巨大新古典主义建筑格拉希宫（Palazzo Grassion）是乔治奥·马萨里在 1748 年至 1772 年间建造的。宫殿的外立面拥有完美的比例，粗面石工建造的一楼装有方头窗以及一扇巨大的圆拱形水门。二层的圆拱窗被爱奥尼亚式壁柱分隔，而三层的山墙饰方头窗则被科林斯式壁柱隔开。宫殿内部，由四根石柱组成的天井可以通往一座美观的中庭（该中庭现在加装了房顶），中庭内有一段可以通往二楼的大型楼梯。

19 世纪早期格拉希家族灭绝后，宫殿数次易主，其中有一次还被改建成了宾馆。它现在是一家菲亚特公司旗下的文化中心。不少展览会在此举办。

38. 康塔里尼雕像宫（Palazzo Contarini delle Figure）是从宫殿出入口上方雕刻的两座雕像而得名，它位于圣撒慕尔教区，坐落在大运河右岸的拐角处。宫殿始建于 1504 年，可能是由乔治奥·斯帕文托建造，并于 1546 年由安东尼奥·阿邦迪·洛·斯卡帕尼诺建成。宫殿外立面适当借鉴了桑索维诺的经典设计风格。它的一部分用大理石包裹，并用科林斯式壁柱区分每一层楼；主层楼房上的中央方头窗顶部有一面由古色古香的凹槽柱支撑着的巨型三角山形墙。在上面一层楼，则是高而窄的圆拱窗。宫殿在三个层面上都装饰有大理石匾和纹章奖杯。

在宫殿刚建成时，内部拥有一个藏书室、大量数学仪器以及一系列精美画作，它们都是雅各布·康塔里尼收藏的，他位于圣撒慕尔的花园因种植着各种稀有植物而闻名。1712 年，当贝尔图齐（Bertucci）去世后，雅各布的最后一线血脉断绝，上述珍贵的藏品与后来新增的藏品一起被作为遗赠捐给了共和国。其中的许多书籍现在收藏于圣马可图书馆。19 世纪时，宫殿属于来自拉文那的马尔凯西·古奇奥里（Marchesi Guiccioli）所有，他是亚历桑德罗·古奇奥里（Alessandro Guiccioli）的亲戚，后者的妻子特莎（Teresa）是诗人拜伦的最后一位爱人。瓦格纳在 1880 年 10 月的时候在此安顿，并过着奢华的生活。现在，这座宫殿被分隔成了数套公寓。

39. 气势恢宏的巴尔比宫（Palazzo Balbi），由亚历桑德罗·维特多利亚在 1582 年至 1590 年间为尼科洛·巴尔比（Nicolò Balbi）建造，位于大运河左岸与福斯卡里宫河（Rio di Ca' Forscari）的交汇处，因为所处位置的风景非常优美，在 18 世纪时通常会被艺术家们选为绘画的地点。在传统的三分立面中间部分的漂亮水门上方是两层圆拱形阳台玻璃窗，在两侧为方头玻璃窗以及不连续的山墙饰。两侧各有一个巨大的分段式中央涡卷饰。

路易吉（Luigi）是巴尔比家族中较早的成员，因博学而著名，他在宫殿里建造了一间藏书室和一间音乐工作室。1737年，巴尔比家族中的晚辈罗伦佐对宫殿的阳台进行了改建，1807年拿破仑正是在此观看了向他致敬的划船比赛。19世纪中期，巴尔比宫被古文物收藏家米开朗琪罗·古根海姆（Michelangelo Guggenheim）买下，他在宫殿内新建了一些实验室和工作坊，旨在复兴威尼斯的手工业。这些设施在1900年时被关停；到了1925年，宫殿被沃尔皮伯爵的亚得里亚电力公司（Count Volpi's Società Adriatica di Elettricità）买下。自1973年起，这里成为威尼托大区的政府所在地。1953年，弗兰克·劳埃德·赖特（Frank Lloyd Wright）被委任在巴尔比宫和福斯卡里宫河河口间为外国建筑学留学生建造一座学习中心。很可能是因为当时宫殿所有者不同意这项计划，因此这项委任计划并未实行，同样，勒·柯布西耶（Le Corbusier）在卡纳雷吉欧区建造市民医院的计划最终也未能如愿。

40. 巴尔巴里戈露台宫（Palazzo Barbarigo della Terrazza）的名字源于其一楼屋顶的露天阳台，它位于大运河左岸圣波洛河（Rio San Polo）转角处。它被认为是贝尔纳迪诺·孔蒂诺（Bernardino Contino）在1568年至1569年建造的。19世纪时，它因自己内部的画作而闻名，其中包括17幅提香的作品。这些画作在1850年时被卖给了沙皇尼古拉一世（Tsar Nicholas I），现在则被收藏在列宁格勒（Leningard）的艾尔米塔什博物馆（Hermitage Museum）内。现在，这座宫殿正被德国研究所使用。

41. 位于圣阿波纳（Sant' Aponal）教区的四层宫殿贝尔纳多宫（Palazzo Bernardo），被认为是大运河上最精美的哥特式建筑之一。宫殿建于1442年，虽然不知道它是为谁而建的，但到17世纪时，贝尔纳多家族获得了它的所有权。

在典型的三分立面的中间部分有着造型精美的花饰窗格，这与总督府外立面上凉廊的四叶饰图案非常相似。由于宫殿最初是为两家人同时使用而设计的，因此建造了两座水门，其中的一座通向一个因其精心制作的外部楼梯和装饰井栏而著名的庭院。该宫殿现在被分割成了数间私人公寓。

42. 科奇娜-提埃波罗-帕帕多普利宫（Palazzo Coccina-Tiepolo-Papadopoli）位于大运河左岸的圣阿波纳教区，它是来自贝尔加莫的吉安贾科莫·格里吉在16世纪60年代初为科奇娜家族建造的。三层楼高的宫殿有着漂亮的古典风格对称立面。在一层有一座巨型中央圆拱水门，两侧则排列着方头窗；二层和三层的中央都装有大型拱形窗，而其他部分用的是方头窗，外部窗户的上方则有着山形墙。再往上，有一条朴素的顶楼雕带和一些精雕细琢的椭圆形窗，上方则是两块方尖碑。

科奇娜家族有很多伟大的艺术品收藏家，在1571年左右，宫殿的一间房间内装饰了4幅委罗内塞的画作，这些画作现在在德累斯顿（Dresden）。18世纪早期，该宫殿被提埃波罗家族购得，后来又数次易主，直到1864年成为富有的帕帕多普利家族的财产。在帕帕多普利拥有宫殿的这段时间中，他们对其进行了改造和修复，并增建了一座花园。现在，宫殿中有一所大学的一部分以及一个研究地质学和海洋学的科学实验室。

43. 位于圣斯塔（San Stae）的王后宫（Palazzo Corner della Regina）坐落在大运河的左岸，它由多门尼克·罗西在1724年至1727年间设计并建造。它占用了曾经的一座哥特式宫殿旧址，1454年，塞浦路斯王后卡特琳娜·科纳罗就是在这里出生的。18世纪古典式风格外立面相较于它的宽度而言显得相当地高,粗面石工的一层的高度很高,显得比例不够匀称。飞檐下方的顶层窗户显得被压缩了一样。

1860年,科尔纳家族的最后一人将宫殿作为遗赠送给了教皇庇护九世,后者又将它作为慈善学校赠送给了卡瓦尼斯(Cavanis)神父。后来,它又被圣斯塔的教区委员会买下作为公共典当行(Monte di Pietà)的铺面。现在,它是威尼斯双年展(Biennale)的当代艺术档案馆。

44. 巨大的文艺复兴式宫殿佩萨罗宫(Palazzo Pesaro),现在是现代艺术馆(Gallery of Modern Art)和东方艺术博物馆(Museum of Oriental Art)的馆址所在地,它位于大运河左岸的圣斯塔教区中。它在1659年开始由巴尔达萨雷·罗根纳负责建造,在他1682年去世时只建成了两层。罗根纳的设计被安东尼奥·加斯帕里忠实地继承了下来,后者在1710年时完成了这座宫殿的建造。宫殿有两种精心设计的外立面,它们都是完全使用伊斯特里石建造的。一楼面向大运河的立面使用的是钻石切割的粗面石工,而远眺双塔运河(Rio delle Due Torri)的侧立面使用的则是经过改良的材质。两个立面上都有着大量的雕刻,带圆柱的窗户,别出心裁的栏杆以及许多外部装饰。可以通过从水面升起的半圆形台阶附近的两个高大拱形开口到达大运河一侧的主入口。在庭院中有一部巨型的18世纪楼梯,爬上两段后就能到达二楼,再往上爬还能到达更上面的楼层。

佩萨罗家族的最后一位成员彼得罗·佩萨罗(Pietro Pesaro)在1830年去世,宫殿先被转手给了格拉登尼哥(Gradenigo)家族,后来又到了公爵拉·马萨将军(Duke La Masa)的手中,他的遗孀将宫殿作为遗赠送给了威尼斯政府。1902年,这里成为现代艺术馆(Galleria d'Arte Moderna),这里举办意大利和国际上的各项现代艺术展览,并永久收藏着一些艺术品,它们中的许多都是从双年展中买来的。其中具有代表性的艺术家包括:恩斯特(Ernst)、德·基里科(de Chirico)、罗丹(Rodin)、康定斯基(Kandinsky)、克利(Klee)、克利姆特(Klimt)、马蒂斯(Matisse)、博纳尔(Bonnard)、鲁奥(Rouault)、迪菲(Dufy)和夏加尔(Chagall)等。

位于艺术馆上面一层的是东方艺术博物馆,馆内的大多数藏品都来自日本、中国、爪哇和暹罗。其中的许多都是帕尔马的波旁(Bourbon)王室成员亨利王子(Prince Henry)赠送的。

45. 古斯索尼-格里曼尼-维达宫(Palazzo Gussoni-Grimani della Vida)坐落在大运河右岸的圣菲利斯教区(San Felice)。它的造型是低调的古典主义风格,可能是 1548 年至 1556 年间出自米凯莱·桑米歇利之手。朴素的外立面上有一大块区域本来属于丁托列托的一幅壁画,但现在这幅壁画几乎已经消失不见了。

直到 18 世纪,古斯索尼家族仍然拥有宫殿的所有权。亨利·沃顿爵士(Sir Henry Wotton)在第二次担任驻威尼斯大使时就居住于此。19 世纪时,这里是英国历史学家罗登·布朗的住所。1988 年,宫殿开始了修复工作。

第九章　大使和游客

1591—1646

"这是凡人所见过的水面上最辉煌最神圣的景象。"

1591 年 11 月初,时年 23 岁的亨利·沃顿在威尼斯上岸,这是他第一次来威尼斯,后来又多次到访威尼斯。他是一位古典学者,也是一位天才的语言学家,写过一部戏剧,也写过一些关于科学的论文。他讲话流利,机智健谈,是一位有鉴别力的艺术鉴赏家,他写的信既风趣又有知识性。他是亨利八世国王的亲信之子,曾在温彻斯特和牛津新学院接受教育,现在正在进行为期七年的欧洲之旅。第一次来威尼斯时,他没待多久。他觉得这里的气候很不适宜,房子"不是石头做的",他不相信自己能抵挡住妓女的诱惑。然而,十三年后,在他卓越的品质得到英国宫廷的认可后,国王詹姆斯一世(James I)任命他为威尼斯共和国大使时,他毫不犹豫地接受了。

沃顿并不富裕,他不可能在威尼斯过上奢华的生活。他每天的"伙食"费是 3 英镑 6 先令 8 便士,另外每年还会收到 400 英镑的信使费、特勤费和日常开支——一年总共约 1 200 英镑,相当于今天的 75 000 英镑。这不是一笔小数目,但支付极不规范,而且他的开销很大。大使一般要带十到十五人的"家庭"出国。"家庭"里要有一名首席秘书,一两个助理秘书负责文件和公文的抄写和翻译,一名管家负责管理家务和记账,一名礼仪官担任司仪,一名牧师,还有几名年轻人,他们可以被派去执行微妙的任务,接受调遣和培训,为将来承担更重要的外交任务作好准备。虽然这些随员的工资是由伦敦的财政部支付的,但当地的工作人员中需要增加仆役和侍从,以及一名负责"迎来送往"的威尼斯秘书。

在动身前往威尼斯之前,沃顿被封为爵士,他选择带上侄子阿尔贝特斯·莫顿(Albertus Morton)、牧师纳撒尼尔·弗莱彻(Nathaniel Fletcher)[剧作家约翰·弗莱彻(John Fletcher)的兄弟]和几个年轻人,这几个年轻人的家族和沃顿一样,都在肯特郡有地产。他的随从规模远不如大使鲁斯勋爵(Lord Roos)带到西班牙的随从气派,陪同鲁斯勋爵的有十二名绅士、八名侍从、六名男仆和"大约二十名同样装备精良的普通仆人"。但沃顿的随从被认为够体面,足以胜任所需的工作,尤其是威尼斯的打手和英国流亡者偶尔也会提供一些帮助,这些人在 17 世纪的外交活动中扮演着不光彩的角色。

1604 年夏天,到达威尼斯后不久,沃顿从寄宿处搬到了卡纳雷吉欧的一处府邸。这所房子布置得很好,不少家具是从犹太商人那里高价租来的。除了通常的接待室和卧室外,还有一间台球房,沃顿似乎很喜欢打台球。他还喜欢在布伦塔运河(Brenta Canal)上诺文塔(Noventa)地区租下的别墅里玩地滚球戏和"巴尔康"(balcon),炎热的夏天和 9 月份时他会去那里,人们会看到他在那里"榨葡萄"。

在威尼斯时,他有时会把公事放在一边,开着他的贡多拉出去透透气,到潟湖上打鸭子,享受鸭子飞翔时射杀它们的"优美运动","这对他来说很新鲜,因为这项运动还没有传入英国"。他参观教堂,在那里欣赏绘画或听音乐,他特别喜欢听圣吉罗拉莫(San Girolamo)修道院修女们唱歌,这座修道院就在他的住所隔壁。他逛书店,到基奥贾的花店花园里溜达,还经常去慕拉诺的玻璃作坊给英国朋友买礼物。随着这些礼物,他还送去了一些种子和插条,有一天,他给国王的园丁约翰·特雷德斯坎特(John Tradescant)送去了一些茴香,并告诉他如何烹制和上菜。他还在购买艺术品方面向朋友们提供建议,帮助建立白金汉公爵(Duke of Buckingham)和索尔兹伯里勋爵(Lord Salisbury)的收藏——他从他们那里得到了丰厚的佣金——并精心挑选了自己的收藏品。他观看游行和宗教仪式,有一次有人看到他爬到圣马可教堂的风琴上,以便更好地观看圣诞仪式。

晚上,他快乐地回到所谓的"家庭学院",那里有英国年轻人,他喜欢和他们一起做化学实验,一起大声朗读经典,一起参加牧师主持的新教仪式,一起享用厨师准备的饭菜,一起向朋友敬酒。有时会举办音乐晚会,亨利爵士会演奏古大提琴;而且那里总是会有热烈的交谈。英国年轻人出神地坐着,听他讲伊丽莎白女王、她的大臣和侍臣的故事,杜撰诙谐的道德格言,取笑教皇和耶稣会士,而他心爱的猿猴则拴在椅子旁。

沃顿经常在他的府邸招待来威尼斯的英国客人,把其中比较有名望的人介绍给总督;他还接待并拜访其他大使,最常去的是和蔼可亲的佛罗伦萨大使阿斯德鲁巴·迪·蒙塔托伯爵(Count Asdrubale di Montauto)的府邸,他以从佛罗伦萨送给他的美味水果和托斯卡纳美酒而闻名。但沃顿与威尼斯政府高级官员和议员几乎没有接触:他们被禁止与外国人打交道,因为担心泄露国家机密。偶尔也会与一名初级秘书进行谈话,条件是要向参议院提交一份完整的报告;有时,一位前往英国的威尼斯外交官可能会获许前来请教。然而,这就是全部,尽管有秘密渠道接收和传递信息,而且,通过他的牧师,沃顿后来与保罗·萨皮(Paolo Sarpi),这位共和国的神学顾问建立了密切关系。

尽管如此,公众对英国大使的尊敬,还是反映了威尼斯人对与欧洲最强大的新教国家建立友好关系的重视。因此,大使的公务招待显得富丽堂皇,令人难忘。在他到达威尼斯的第一天,大使和他的随行人员,在所有在威尼斯的英国人和帕多瓦大学的英国学生陪同下,划船穿过潟湖到达圣灵岛(Santo Spirito)。[1]他们聚集在修道院的花园里,由六十位威尼斯贵族组成的代表团乘坐另一队装饰着黑色天鹅绒的贡多拉来到岛上,受到了大使的迎接。然后,威尼斯人和英国人整合成一队,一起坐船回城,人们簇拥到窗口和桥上,敲锣打鼓欢迎他们。英国人获赠一桶马姆西酒和盛满蜡烛、蜡、糖和糖果的银盘子。第二天,大使穿着镶有花边和毛皮衬里的天鹅绒礼服,被护送到小广场,一支元老代表团代表共和国接待了他。他们领他来到总督府门口,上到委员会厅,总督和许多顾问坐在那里等他。大使鞠了三躬;总督和顾问们都站了起来。大使又鞠了两躬,走到总督跟前,吻了吻他的手。总督表示接受,大家都坐了下来,大使坐在总督右边的椅子上。沃顿随后起身用流利的意大利语发表了演讲,他对意大利语的精准掌握,他优雅的措辞,以及他对威尼斯的溢美之词,给顾问们留下了深刻印象。在随后的演讲中,他形容威尼斯"以同样的方式统治了大约 1200 年,始终如一地展现出最高的品质"。

诚然,当风暴袭击潟湖时,她时不时会受到震动,但最后她总能恢复过来,恢复青春,重归平静。每当我想起她那井然有序的政府,她那健全的制度,她对高贵的尊崇,她对罪恶的惩罚,她对官吏的尊敬,她鼓励年轻人追求美德并为国家效力的时候,我就不得不相信,不管发生什么,她都会挺过来,直到地老天荒。

沃顿所做的工作并不繁重,尽管作为英国在意大利的唯一常驻使节,他必须照顾英国在整个半岛的利益;因而,他一度处理过里窝那的英国商人问题,他们的船只被海盗劫持,另一次是处理罗马的年轻贵族问题,他们的导师与宗教法庭发生了冲突。沃顿还经常关注威尼斯水域英国商船船员的行为,他不得不承认,这些船员"很多时候并不是很无辜",他也关注英国士兵和冒险家,他们在本国没有战事时,涌向威尼斯希望找到工作;但他们很少成功,因为这些英国人被认为太喜欢本国的牛肉、啤酒和床,而不能成为优秀的战士。然而,他在威尼斯的首要任务是建立一个天主教和新教的国家联盟,以反对教皇和西班牙的主张。他尽其所能地说服威尼斯人,他们的最大利益在于与英国、荷兰和信奉新教的德国王公结盟;他的不懈努力,加剧了共和国和教皇之间的分歧,并把新教传入威尼斯和整个意大利。在推行这些政策过程中,他经常做得远远超出他的指示,给总督留下的印象是,英国国王比事实上更愿意支持威尼斯人反对教皇。他的行为经常让有关各方感到尴尬,尤其是在他隆重地向总督赠送一本詹姆士一世写的用金色和深红色天鹅绒装订的书之后。在这本书中,教皇被称为"骑在野兽身上的巴比伦妓女"。然而,沃顿的魅力和幽默总能使他逃脱教皇所说的"大胆无礼"后果。当他结束第一任大使任期离开威尼斯的时候,总督赠予他一条金链子,对他说:"虽然你的国家奉行另一种宗教,但你和你的随从行事都很小心谨慎,没有一丝流言蜚语影响到你,这是非常值得称赞的,而且也毫不奇怪。"

然而,当他于 1621 年回到威尼斯担任第三任大使时,沃顿卷入了一件事,这件事表明,与他们的前辈相比,17 世纪的十人委员会议员要狡猾、自信和阴险得

斯拉沃尼亚人河岸上的 16 世纪监狱，通过叹息桥与总督府相连，这座桥横跨在宫殿河上

多。詹姆斯一世王朝的一位前威尼斯大使，安东尼奥·福斯卡里尼（Antonio Foscarini），当时住在威尼斯，这位贵族在伦敦很受欢迎，却被一名心存不满的秘书指控出卖国家机密。他接到命令返回威尼斯并被监禁；虽然最终被判无罪释放，但他的卖国贼嫌疑仍然存在。在他被释放三年后，当时已是参议院议员的他再次被突然逮捕，被控向外国势力泄露机密，十人委员会判定他有罪，判处死刑并在同一天晚上执行绞刑——十人委员会后来不得不承认这一判决和惩罚完全不合理。据有人私下说，获悉这些秘密的人中，有一位是英国罗马天主教的贵妇，名叫阿伦德尔伯爵夫人（Countess of Arundel），福斯卡里尼是在她的府邸秘密会见了罗马教皇大使和斐迪南国王的代表。

奥尔西娅·塔尔博特（Alathea Talbot）是伟大的艺术收藏家阿伦德尔伯爵二世（Earl of Arundel）的妻子，她是非常富有的什鲁斯伯里伯爵夫人（Countess of Shrewsbury）的女儿，也是伊丽莎白女王的教女。她声称，1621 年她来到意大利，是为了用意大利方式教育她的两个儿子，尽管坊间盛传她离开英国，部分原因是她不赞成丈夫皈依新教，另一部分原因是为了增加她本已大量收藏的意大利艺术品。

她把孩子们安顿在布伦塔运河上多洛（Dolo）别墅里，在大运河上的莫塞尼格宫（Mocenigo Palace）租了一间公寓，据说就是在那里与福斯卡里尼秘密会面的。[2]一听到有关阿伦德尔夫人和福斯卡里尼的传言，以及十人委员会打算将她驱逐出威尼斯的含糊消息，沃顿立即写信给正在多洛探望孩子的奥尔西娅，劝她暂时不要回城。

阿伦德尔夫人认为她的缺席更会让人怀疑她是同谋，于是立即回城，径直来到沃顿的住处，愤怒地声明她是无辜的，并要求大使立即去见总督。最后，尽管十分不情愿，沃顿还是于 4 月 22 日上午，即福斯卡里尼的尸体被倒挂在小广场绞刑架上的第二天，把这个愤怒而傲慢的女人带到了委员会厅。她受到了极其礼貌的接待，坐在总督右边的座位上，这是传统上给大使的座位，大家非常恭敬地听她说话。在沃顿把她的英文陈述翻译成意大利语之后，总督向她保证，她一点也没有受到怀疑。她的名字在此案中从未被提及；大家都相信对她的所有指控都是无中生有，指控她的人一旦被抓住将受到严厉的惩罚。虽然他的话安抚了她，但在离开大厅时，她对沃顿的恼怒丝毫没有减轻。因为沃顿忘了告诉总督，是他警告她不要到威尼斯来的，而他不说的话就意味着是别人劝她不要回来。

过了一周，在参议院的一次会议上通过了一项决议，要求公布总督关于她无罪的声明，并保证她和她的丈夫都受到共和国的高度尊重。为了进一步表达他们的敬意，参议员们投票决定花一百金币给她买礼物。同时，她和沃顿都被请回委员会厅，以便她能亲自接受参议员最诚挚的问候。

向沃顿递交请柬的秘书报告说，他收到请柬时"一脸不安"。阿伦德尔夫人还在生大使的气，坚持要他把整个事件写下来，承认他本人"向夫人暗示了恶意的谣言"，说她在威尼斯是不受欢迎的人。带着沃顿的陈述，加上她写给总督的一封信，她和沃顿来到总督府，她再次被邀请坐在总督的右边。尽管沃顿明显不高兴，他建议不必大声朗读他的长篇叙述，只要读夫人的短信就够了，但这两份内容还是被完整地读了出来。

沃顿试图为自己开脱，但没有说服力，总督下令把阿伦德尔夫人的信和大使的陈述都寄到英国。总督又送了些礼物给伯爵夫人，派了一艘国家游艇带她见证海婚仪式，在利多和慕拉诺为她举办宴会。大使把她的两个儿子介绍给总督，他急于

17世纪圣马可水域举行的划船比赛

修复对自己名誉造成的损害。不久之后,她带着七十件密封的行李回到英国。她后来采取高压手段,促使她的一个儿子迎娶伊丽莎白·斯图亚特(Elizabeth Stuart),而查理一世(Charles I)希望她嫁给洛恩勋爵(Lord Lorne),结果导致阿伦德尔伯爵被关进了伦敦塔。

沃顿在威尼斯的地位再也没有从这件事中恢复过来。在英国,有传言说他很可能会被解雇,还说他急于让阿伦德尔夫人离开威尼斯,不仅是因为她的宗教观点和他强烈冲突,还因为她的巨额财富使他很难以合理的价格为白金汉公爵买画。沃顿本人现在也不想留在威尼斯了。由于对在意大利推行宗教改革感到绝望,他回到家乡,在伊顿公学担任教务长,度过了晚年的时光。

在威尼斯期间,沃顿接待了一批又一批英国游客,并向他们提供咨询意见,越来越多的英国游客来到威尼斯。1595年,先是不知疲倦的旅行家费恩斯·莫雷森(Fynes Moryson)来到威尼斯,紧接着是托马斯·科里阿尔(Thomas Coryat),他是英国宫廷里享有特权的滑稽剧演员,他高度赞扬了沃顿的慷慨大方,后面来的是詹姆斯·豪厄尔(James Howell)和理查德·拉塞尔斯(Richard Lassels),两人为后来的游客撰写指南书籍,还有日记作家约翰·伊夫林(John Evelyn)、菲利普·斯基彭(Philip Skippon)、塞缪尔·夏普(Samuel Sharp)也都接踵而至。

费恩斯·莫雷森从帕多瓦乘坐一艘马拉驳船沿布伦塔河而下,"穿过两三座小桥后",到达"利扎富西纳村(Village Lizzafusina),那里有一个水坝拦住了水流"。他解释说,这个大坝确保了村庄和威尼斯之间的沼泽地不会被河流带来的沙子填满,"从而在坚实的地面上形成了一条通往城市的通道;他们小心翼翼地防止这种情况发生,而且不是没有正当理由,当野蛮人经常涌入意大利的时候,他们在岛上找到了安全。此外,他们说,筑这个坝是为了防止这里的淡水和咸水混在一起;因为威尼斯的绅士们都坐船到这里来取淡水"。而"穷人",他补充说,只好取用从雨水充满的蓄水池中抽出来的"井水"。他们吃些酒肉恢复了精神,"按照习俗,在吃肉之前先商定好价格",然后他们"又上了船,在沼泽地上跋涉五英里到达威尼斯"。大家在船上"相谈甚欢",莫雷森说:

> 有句谚语说,船若不载修士、学生和交际花(他们太爱她们而不称她们为娼妓),就会被淹死,船上绝大部分乘客是这类人。我记得船上有个年轻的姑娘,每当老妇人看向她,她就在胸前画十字,生怕她是巫婆。这时,船上的乘客们常常会笑起来,因为看到这个姑娘不仅因为害怕而在胸前画十字,还把十字架推到老太婆的眼前。

当城市映入眼帘,那些第一次看到它的人,就像托马斯·科里阿尔一样,"既高兴又羡慕"。"这是凡人所见过的水面上最辉煌最神圣的景象。"进一步了解之后它也不会令人失望:詹姆斯·豪厄尔报告说,"在这座柔弱的城市里,表面上看不出贫穷或任何形式的衰颓,她仍然生机勃勃,繁荣兴旺,充满着各种商业活动,充满着勇敢和喜悦,所有这些都可以廉价获得"。而且,街道"铺得干净平整,严冬时节,人们可以穿着缎子长裤和深红色丝袜在街上走来走去,一点也不会弄脏"。

科里阿尔也同样高兴。他在威尼斯度过的六个星期是他一生中"必须承认的最甜蜜的时光"。他花了大量的时间在城里四处走动,记录下城里奇妙的景象、城里的乐趣和住在里面的人、杂技演员、江湖医生和犹太人、食物和美酒,以及仲夏的酷热,"尤其是在上午11点到下午2点之间,在整个城里,你几乎看不到有人在外面走动,人们不是在自己家里,就是在公共场所或城里其他露天场所睡觉"。就他自己而言,科里阿尔觉得炎热"无法忍受,以至于他几乎夜夜赤身裸体躺在床上,根本无法忍受身上有任何衣服"。

科里阿尔从吃瓜中找到了一些慰藉,因为瓜"是意大利所有水果中最具解暑功效的"。事实上,威尼斯提供了"非常丰富"美味的水果,有"葡萄、梨子、苹果、李子、杏"和"三四种最好吃的水果,如黑色的最美味,绿色和黄色的也很好吃"。在广场和集市上,有成堆的水果出售,"都是从帕多瓦、维琴察和其他邻近的城镇和地方运来的"。可以看到贵族和商人从一个摊位逛到另一个摊位,把购买的东西放在大手帕或长袍的袖子里,或者放到雇来当搬运工的男孩的篮子里。在这种差事上,仆人很少被信任,而他们的妻子在家里还有其他的工作要做。除了新鲜水果之外,还有牡蛎、烤小牛肉、多汁的鸡肉和新鲜的鱼,这里的牡蛎是科里阿尔吃过的最好吃的牡蛎。

费恩斯·莫雷森证实,"这座城市盛产好吃的鱼"。

> 圣马可和里亚尔托的两个市场每天出售两次鲜鱼。这座城市每周要消费五百头公牛和二百五十头小牛,还有大量的小山羊、母鸡和各种各样的鸟。除此之外,这里还有大量的海鸟,威尼斯作家笔下有二百种海鸟……威尼斯人在面包和黄油上花了很多钱,就连搬运工也吃最纯的白面包……我从未见过黑面包……但是很多时候,他们会在早餐时吃一点蛋糕面包或甜面包(俗称通心粉、甜甜圈)和一杯甜葡萄酒……这里的酒很好,(甚至)普通的红酒都是营养丰富的,所以最漂亮的女人也会用同样的酒,用面包蘸酒吃,以为这会使她们发胖(威尼斯人最喜欢这样的女人,在其他方面也一样),是的,而且更加公平……在他们的小客栈里,餐桌子上铺着白色桌布,上面撒满了鲜花和无花果叶……他们不用手触碰肉,而是用银或其他金属做的叉子,每人都拿着叉子和勺子,用玻璃杯喝酒。因为他们吃的是小块肉(不像我们吃的是整块肉),所以这些肉被切成小块,用叉子叉着吃。

莫雷森认为威尼斯人的饮食是他们健康的主要原因,但他承认,这也可以归因于清洁的空气,他解释说:

> 虽然海水的涨落很小,但随着它的涨落运动,带走了城市的污秽,而且,这里水系众多,地势开阔,空气变得非常有益健康,威尼斯人因此吹嘘说,所有的陌生人都喜欢这里的空气……而且可以使他们保持健康……

我从未在任何地方看到过如此多的老人，或如此多因白发苍苍和年迈庄重而受人尊敬的参议员。

夏天的酷热似乎对他们没有影响。事实上，尽管他如此愤怒地抱怨这一点，但酷热并没有阻止科里阿尔以最大的热情探索这座城市。他走进犹太人区，察看犹太教堂，欣赏年轻犹太妇女的美貌，称赞她们华丽的服饰和珠宝，激烈地与她们辩论她们的宗教信仰，其中有四五十个人前来支持他们的拉比，似乎准备攻击这个陌生人。这时，亨利·沃顿爵士，碰巧坐着他的贡多拉路过，派他的秘书把他那莽撞的同胞从"不信奉基督教的异端分子"手中救了出来。

科里阿尔很欣赏那些用黑布做罩子和遮阳篷的贡多拉；他对城市工匠的技艺印象深刻，尤其是一个画家在他的画室里展示了一幅"小牛的后腿"的画，这幅画看起来如此逼真，就像挂在肉铺里的一样；还有一幅画，"一个绅士的画像，他的眼睛设计得出奇地巧妙，它们可以上下翻动，不是表面上那样，而是真的会动"。他观看了一个他觉得"非常奇怪"的葬礼：

> 他们把尸体搬到教堂，死者的手脚都光着，身上的衣服还是死之前穿的衣服……还有，许多生活放荡不羁之人，都按方济各会修士的习俗下葬；真正的理由是，因为他们相信修士的披风有这样的功效，它会使他们罪恶的第三部分得到缓解：这是一种最不切实际和最不虔诚的观点。

科里阿尔还去了一个希腊教堂参加礼拜仪式，那里的蜡烛有八英尺高，而且粗得他无法用手握住，他们用"非常不得体和可笑的方式"对牧师唱歌，同时"经常上下摆动双手"。他还去了一家剧院，在那里看到了他以前从未见过的"某些东西"，包括舞台上的女演员。观众中也有女性，"她们的脸上戴着两种面具……一种从额头一直盖到下颏和脖子下面；另一种是用绒毛或羊毛做的东西盖在鼻子上"。她们是交际花，"独自一人，高高在上地坐在每个剧场最好的包间里"。观众中有一些男人也戴着同样的面具："据说他们是这些交际花的宠儿"，虽然他们没有和女人一起坐在楼座里，而是"在下面的院子或天井里，坐在各自的凳子上"。科里阿尔自己去

托马斯·科里阿尔拜访其中一个交际花,这些交际花"露着脖子和胸,乳房用亚麻布紧身胸衣束着,鼓鼓地凸着"

了一个交际花的家——他连忙向读者保证,他不是为了任何性欲目的,而是为了"注意她的举止和言谈",观察她的"生活方式"。

但是,在科里阿尔的话题中,篇幅最多的是闻名遐迩的威尼斯江湖医生,这里的江湖医生比意大利任何其他城市都多,这方面的官方管制也少。仅在圣马可广场上,他们每天上午和下午都会搭起五六个舞台进行表演,与此同时,其他搭不起舞台的"穷人"则在地上表演。在歌声和音乐的引导下,穿着奇装异服的男男女女出现在舞台上,从他们的盒子里创造出"一个新奇的花哨用品世界"。他们发表长达一个小时的演说,夸张地颂扬他们的灵丹妙药和药粉,他们的药品和糖果,他们的"圣水和情歌"的优点,他们用令人钦佩的口才和花言巧语讲述他们的故事,配以插科打诨式的玩笑,"经常让陌生人钦佩不已"。接着,他们的助手走到人群中,向他们推荐商品;在乐师们继续唱歌和演奏的时候,这些助手们开着玩笑,

"不时加入一些下流粗鄙的笑话",手里玩着毒蛇,似乎用匕首割伤了胳膊,鲜血直流,然后展示他们的皮肤已经愈合,没有留下疤痕,表演了"奇怪的杂耍把戏,几乎令人难以置信"。

科里阿尔离开威尼斯几年后,约翰·伊夫林从费拉拉来到这里。他乘坐一艘"结实的船"沿波河和阿迪杰河而下,经过基奥贾和佩莱斯特里纳后,在利多岛的马拉莫科靠岸,那里停泊着几艘商船。在查验健康证明时,他等了两个小时;在海关又耽搁了一段时间,他才获准前往他的住处,"里亚尔托附近黑鹰(Aquila Nera)镇上一个普通的单间,是镇上最好的住处之一"。他在日记里写道:

> 第二天早上,我发现自己筋疲力尽,疲惫不堪。我去了他们的一种浴室,按照东方的方式,先用冷热水洗,再用一种叫刮身板(Strigil)的东西擦身体,一个光着身子的年轻人把这种东西戴在手上,就像海豹皮手套,或者管它叫什么来着,擦掉一大堆污垢,伸展四肢,往身上拍一种脱毛剂,这种脱毛剂是用药或泥做的,他们叫雷西纳(Resina)(由石灰和雌黄混合而成),产自土耳其,它能去除身体上所有的毛发,如果在上面躺太久会灼伤皮肤:这种洗澡方式很罕见,洗得很精细,使我毛孔大开,结果却使我得了一次一生中最严重的感冒,原因是我洗好澡出来后的一段时间里没有注意保暖。因为我立即开始游览这座城市的名胜古迹,除了跑上跑下去看意大利的风景外,没有采取任何措施。这座城市是世界上最神奇的城市之一,它建在几百个岛屿上,坐落在大海中,远离大陆,值得我们钦佩。

他参观的第一个著名的地方是里亚尔托桥,"它以跨越大运河而闻名,它有一个独一无二的拱门……用优质的大理石建造,桥上除了许多漂亮的商店外,还有三个庄严而宽敞的人行通道,最外面两个通道的栏杆用同一块石头砌成,这是一座令人叹为观止的建筑"。这是当时唯一一座横跨大运河的桥,尽管据说在这座城市的其他地方还有450座"大多很坚固"的桥。伊夫林从桥上俯瞰运河,运河上挤满了"满是女士和绅士"的贡多拉,他们享受着夜晚的空气,"唱着、弹着羽管键琴和其他音乐"。贡多拉造得又长又窄,脖子和尾巴都是钢制的,而且擦得非常亮,有一种奇妙的光泽;有些用雕刻装饰,有些用天鹅绒装饰,通常是黑色的,有窗帘和流苏,座位像沙发一样可以舒展地躺在上面,而划船的人站在船的最边缘,笔直地站着,用一支桨(向前弯着身子,好像要掉进海里一样)划船和转向,灵巧得不可思议。

在他们不想被打扰的时候,乘坐者可以在一串木制的环箍上拉出科里阿尔所称的"一块美丽的黑布",形成一个黑暗而隐秘的隧道,他们可以隐藏在里面,也许还可以云雨一番。

据说城里有一万艘这样的贡多拉,其中六千艘是私人的,四千艘是出租的……这里有十三个渡口,人们可以乘坐贡多拉前往城市任何地方。其中一个渡口在里亚尔托桥下面,但这渡口上的船夫是全城最恶毒、最放荡的无赖。

伊夫林从桥上走到交易所,商人们每天在那里见两次面,"上午 11 点到 12 点,下午 5 点到 6 点"。他的向导从那里带他到了德国商馆,向他展示德国商馆外墙上乔尔乔内和提香的画作。从那里,他被带到铺着砖的"非常干净"的默瑟亚里街,他认为这条街是世界上最有味道的街道,因为它的甜美。街道两旁满是用金布、华丽的锦缎和其他丝绸织成的挂毯,店铺从二楼开始就把这些挂毯挂在屋前……除此之外,还有香水店和药店,还有无数笼的夜莺,它们用歌声把你从一家店带到另一家店,当你闭上眼睛,你会想象自己在乡下,而实际上你正身处大海中央;此外,这里既没有马车的辘辘声,也没有马蹄的踩踏声(科里阿尔在城里的时候只见过一匹马,在教堂墓地里吃草)——这里几乎和田野一样寂静。

默瑟亚里街经由时钟塔通往圣马可广场,就像现在一样;一位"诚实的商人"告诉伊夫林,有一次,"正当守钟人低头在钟前修理东西时",时钟上的一个机械数字狠狠地敲中了"那个家伙……他昏了过去,滚到城垛上,摔断了脖子"。伊夫林现在进入的圣马可广场看起来就像今天一样,除了 1723 年至 1735 年间换过铺砖,围绕

规模巨大的砖砌哥特式教堂圣若望及保禄堂,始建于 1246 年,1430 年落成。左边是圣马可学校

钟楼三个自由面的木制商店于 1873 年被拆除,还有广场西端桑索维诺建造的圣杰米诺教堂(San Geminiano)于 1807 年至 1814 年间被拆除。然而,最令 17 世纪游客惊叹的,并不是它的宏伟建筑,而是世界各地这么多不同肤色、不同文化的人聚集于此,他们穿着各异、语言千差万别。

"在那里你可以看到许多波兰人、斯拉夫人、波斯人、希腊人、土耳其人、犹太人、基督教世界所有著名地区的基督教徒,每个国家都有各自特有的习惯。"科里阿尔惊奇地写道。

而且,威尼斯的长袍绅士成群结队地聚在一起,因为你看到的贵族阶层中,没有黑色长袍和披肩的威尼斯人一个也不会有……这是一种奇特的现象,而且在许多程度上是所有欧洲国家中最可贵的。他们的长袍大多是用黑布做的,左肩上披着用同样的布料做的披肩,边缘是黑色塔夫绸;还有一些人根据他们不同的职位和学位穿着不同的长袍,像十人委员会委员,他们通常穿着黑色羽纱长袍,袖子特别长,几乎垂到地上。同样,那些穿红色长袖羽纱长袍的人被称为贤人。还有一些人穿着蓝布长袍,肩上披着蓝色披肩，边上镶着塔夫绸，他们是十人委员会的秘书。每逢重大节日，元老们和陪同总督去教堂或其他地方的大绅士们，都穿着深红色的缎子长袍，左肩上披着深红色的天鹅绒披肩。所有穿长袍的人都戴一顶漂亮的无边黑色小毡帽……我发现这些穿长袍的先生们有一个特别的习俗，两个相识的人会面交谈时，他们会互相亲吻，告别时会亲吻对方的脸颊：这种风俗，我真是闻所未闻、见所未见。同样，当他们只相遇不交谈时，他们会彬彬有礼地互相鞠躬，这种场合不用脱帽，他们会弯下腰，右手放在胸脯上，互相致意。

如果说威尼斯贵族的衣着引人注目的话，那么女性的外貌则令人吃惊。费恩斯·莫雷森惊讶地写道："她们露着脖子和胸，乳房用亚麻布紧身胸衣束着，鼓鼓地凸着。而且她们用亚麻布裹身，以显肥胖……她们的皮肤用白垩粉涂成白色。"伊夫林证实，"事实是，"

她们的装束很奇怪，好像总是戴着假面面具……她们的衬裙很高，直到腋下，高得连她们的乳房都从系带子的地方鼓了出来，她们的衬裙差不多是围裙的四分之三或一半长。她们的袖子做得很宽……露出赤裸的胳膊……带着一两个手镯。而且，她们的胸和背都很裸露，肩上和身体其他部位挂满尖包头系带结，外面通常披一种非常透明的薄纱。

她们几乎都戴着面纱。妻子和寡妇戴着长长的黑色面纱，几乎垂到地面；年轻的妇女则戴着白色的面纱，透过它，她们可以很容易地观察周围的世界，但她们的脸却隐藏在面纱后面，正如科里阿尔所抱怨的那样，无论你多么渴望见到她们，也只能"惊鸿一瞥"。

富有的女人穿着高高的木屐，这使她们的外表显得更加奇怪。这种鞋是用皮革覆盖的木板做成的，颜色鲜艳或镀金，足有十八英寸高，像高跷一样，这使她们看起来像巨人一样站在侍从旁边，侍从的职责是防止她们摔倒。伊夫林心想，"看着这些女士们在摇摇晃晃的贡多拉里爬进爬出的样子，以及她们从木头支架上下来时显得那么矮小，真是太可笑了"。科里阿尔确实看到过一个没人护送的女人：

> 她独自一人穿着高高的木屐从一座小石桥的楼梯上下来的时候，她从楼梯上很危险地摔了下来；但我一点也不同情她，因为她穿着那样可笑而且（我可以说是）荒唐的东西，这正是她摔倒的原因。无论是我自己，还是其他许多陌生人（正如我在威尼斯看到的），都常常嘲笑她们的虚荣。

同样荒谬的是，在外国游客看来，威尼斯妇女煞费苦心地把头发卷起来，染成金黄色，把头发全部染色或染成条状，"用尿洗头"，用各种油和软膏涂在头发上，把头发摊在无冠帽子的宽边上，在太阳下晒干，"就像人们在她们屋顶上和窗外看到的那样"。有一天，科里阿尔被邀请去看一个英国人的威尼斯妻子"这样修剪头发：这不是每个陌生人都能得到的待遇"。他看着她坐在镜子前，把药膏抹在长发上，把头发从她那顶巨大的无冠帽的边上扯出来，在太阳下晒干，然后"用一个铁制卷发器把头发卷成奇怪的卷"。这样一来，她的头发就可以用丝绸花朵和闪闪发光的宝石来装饰了。

对头发如此，她们对身体的其他部位也同样费尽心思。的确，威尼斯女士的梳妆台上摆满了盒子、托盘、瓶子和罐子，里面装满了润发油、胭脂和粉剂、梳子和刷子、指甲油、护肤液和脱毛剂，各种各样的香水和用来消除口臭的喷剂。她们不仅在脖子和脸上，还在裸露的乳房上涂上香水。她们经常在腋下喷洒香水，因为她们中很少有人洗得很干净，有些人认为淡水有害。为了保持青春容颜，她们用生牛肉条和粪便涂在皮肤上。

没有哪个女人能比交际花更大方地喷洒香水，也没有哪个女人能比交际花更卖弄自己的头发。交际花们把头发在前额上卷成一个个像小角一样的紧圆锥体，与从耳朵上垂下来的珍珠、脖子上的项链以及从裸露的胸部到织锦的肩膀上像精心制作的馅饼皮一样卷起来的白色轮状硬领形成一种奇特的互补。为了容许她们正常开业，她们向参议院支付的税收维持着十几艘战舰；她们生下的孩子大多是通过弃婴院墙上的一个洞送进来的，若干年后，他们从那里出来，"在战争中服役，或到兵工厂工作，或到海上的战舰服役，或从事其他公共服务"。

科里阿尔发现，最成功的交际花的住所都非常富丽堂皇，墙壁"用最华丽的挂毯和镀金皮革装饰"。许多交际花都是技艺高超的音乐家；有些人很博学；所有的床上都"芳香扑鼻"。但一个男人在享受了"放荡的交谈"之后若想不付钱就走，会被她的"皮条客"割喉。

这是威尼斯生活中既令人不安又令人兴奋的一面。在索托波蒂吉河（sottoporteghi）的阴影里，在运河的水拍打着光滑的绿色石阶的桥脚边，都潜伏着危险。即使在白天，也能看到打手们在拱门和宫殿的门前闲逛，斗篷下穿着盔甲，右手戴着金属护手，用手指拨弄着尖刀。打架斗殴是常有的事，尽管人们会围拢来观看，但并不试图干涉，而外人最好还是不要靠近。

对于违反政府及其法律的人将面临的惩罚，威尼斯已经有足够的警告。到达威尼斯后不久，科里阿尔看到：

> 圣马可广场上一幅非常悲惨的景象，两个人被吊坠刑折磨得痛苦不堪。犯人的双手被绑在身后，拖进一根挂在滑轮上的绳子，被吊到很高的地方，然后猛烈地甩下来，他承受着巨大的痛苦，连关节都被松开并扯断；此外，他的手和脸上都大量充血，在他遭受酷刑的过程中，他的脸和手红得像火。

几乎所有的旅行者都目睹过这样的惩罚。约翰·伊夫林看到一名罪犯在小广场的圆柱间被处决：一把斧头从木架上滑下来，脖子没有被完全砍断，刽子手重重地敲击刀背，直到脑袋从身体上掉下来。费恩斯·莫雷森目睹了两个年轻人被处决，他们是参议员的儿子，因为他们在一个狂野的夜晚犯下了罪行。首先把他们的手砍断，然后把他们的舌头在他们唱亵渎神明歌曲的地方扯断，最后砍头。1610年，当威廉·里斯高（William Lithgow）到达威尼斯时，这位苏格兰旅行家立刻有机会目睹一个放荡的修士被处决：

> 我和同伴刚上岸，就看到一大群人围着一堆烟雾，我们抓住一个威尼斯人问是怎么回事，他回答说，有个灰袍修士在圣马可的柱子上被迅速烧

死，因为他在一年之内与十五个尊贵的年轻修女生下了孩子，他同时也是她们的告解神父。于是，我穿过人群向前跳过去，我的朋友跟着我，刚到柱子跟前，修士的半截身子和右臂就扑通一下掉进了火里。

威尼斯人引以为傲的是，没有人能凌驾于他们的法律之上。在总督府外一块高高的斑岩旁，上面挂着卖国贼的头颅（尽管它们散发着"非常令人讨厌和具有传染性的"气味），托马斯·科里阿尔发现：

> 一对用雪花石膏做成的漂亮绞刑架，柱子上有许多稀奇古怪的边饰和图案，这个绞刑架的用处只有一个，就是在总督犯下叛国罪的时候，用它来吊死总督。在总督府的门前竖立这样一个绞刑架，目的在于提醒他要忠于自己的国家，否则，惩罚就在眼前。

约翰·伊夫林继续他的城市之旅，进入了大教堂，他对那里的马赛克镶嵌画和宝库中珍贵而神圣的物品赞叹不已。一位牧师为此穿上了法衣，向他展示一个盛有基督受难时流出来的血的壶腹，一块鞭打时把他绑在上面的柱子的碎片，真正的十字架的一部分，一根钉子，一根圣刺，一块圣路加（St Luke）的手臂，一根圣斯蒂芬的肋骨，一根圣玛丽（St Mary Magdalene）的手指，"各种各样用金色印着的圣徒的头"和"其他圣物"。伊夫林从大教堂出来，走到总督府，又走到造币厂和图书馆，然后到了钟楼，爬上了塔顶。后来，他从一个教堂走到另一个教堂，划船到圣乔治岛，这座"无与伦比的教堂是由伟大的建筑师安德烈·帕拉迪奥建造的"。参观了其他"几个岛屿上美丽的教堂"，绕着慕拉诺走了一圈，被带到犹太人区，在那里他"出席了一场婚礼"，并参加了一场"丰盛的宴会"。不过，在这座城市的所有景观中，他印象最深刻的是兵工厂，它也给他之前的众多游客留下了深刻印象。

他从一个戒备森严的大门进去，在那里访客必须交出他们的剑，进入一个"宽敞的陈列室"，里面装满了盔甲，可以装备成千上万人。另一个大陈列室里陈列的是马鞍；第三个陈列室，铁匠们正在做"铁器"；在另外的地方，木匠们正在锯木头、画图纸，为正在建造的各种战舰制作圆材和桅杆，其中一些战舰"一侧有100个船桨"。不远处是铸造厂,伊夫林在那里看到一尊巨大的加农炮,这尊大炮是法国国王亨利三世 1574 年访问威尼斯时,花了这位国王吃一顿晚饭的时间铸造并"建造、装配、适合发射"。伊夫林还看到了总督的国家游艇"布辛托罗号",它的"甲板最宽敞,设计得很巧妙,船上看不见奴隶,当总督得意洋洋地前往亚得里亚海时,他可以坐在船尾的一个宝座上"。这里有弹药库和仓库,里面装满了枪支和弹药,链条和绳索,手榴弹和迫击炮,以及可供 80 万人使用的武器。"总而言之,这地方究竟有多少这种东西,根本算不出来……整个兵工厂环绕着高墙,大概有 3 英里长,有 12 座塔用来警戒,除此之外,它还被大海包围着。工人们整齐地列队从兵工厂出来,每天晚上从总管住处门上的一个小洞里领取工资。"

伊夫林在帕多瓦度过了一个冬天,在忏悔节那天,当"全世界"都到城里"去看狂欢节的荒唐和疯狂时",他回到了威尼斯。"女人、男人和各种条件的人都穿上古色古香的服装,享受着奢华的音乐和千变万化的欢闹,在街道上穿梭,从一家到另一家,所有的地方都可以到,所有的地方都可以进。"他描述了"在街道和广场上追逐公牛的野蛮习俗,这是非常危险的,城里的通道一般都很窄;不同教区的年轻人在桥上打架;在剧场里赌博;各个角落里的江湖医生和即兴喜剧艺人";有着"无与伦比的声音和音乐"的大型歌剧;为安娜·伦齐(Anna Renzi)举行的宴会,她是"罗马人,被认为是高音最好的女人",她在阉人的陪同下招待客人,"两人都对着大键琴唱歌";在英国领事府邸举行的一场派对上,一位热那亚歌手,意大利"最著名的"男低音,客人们听得如痴如醉。伊夫林讲述了这次派对后的一次历险记,当时,他和一位英国同事在引导一位同他们共进晚餐的女士上贡多拉时,"遭到另一艘贡多拉上的两支短筒马枪射击,那是一名高贵的威尼斯人和他的交际花,他们不愿被人打扰"。英国人跑回领事家拿武器,但在"被告知,如果继续追究下去,他们可能会有危险"之后,他们决定停止行动。几天后,1646 年 3 月,伊夫林收拾好他购买的书籍、图片、玻璃和威尼斯著名的糖浆(一种由树胶、乳香、鸦片和克里特酒混合而成膏剂,据说是毒药和许多其他疾病的解药),在诗人埃德蒙·沃勒(Edmund Waller)的陪伴下,离开了威尼斯。临走时,伊夫林还在为威尼斯的美丽赞叹不已,"这座城市的建筑"比世界上其他地方都"更富丽堂皇"。

然而,这座城市的领导人此时不得不面对另一场经济危机。继私人银行倒闭后,又接连发生了一系列商业破产事件。近年来,与黎凡特的香料贸易急剧减少,一些威尼斯商人长期以来被迫从荷兰和英国购买香料。事实上,自 1625 年以后,香料在海关文件中被重新归类为"西方商品"。1618 年至 1648 年的三十年战争使德国各州的经济陷入瘫痪,这些州多年来一直是威尼斯出口的主要市场;而长期的克里特战争不仅给威尼斯的资源带来了巨大的压力,也给法国、英国和荷兰等竞争对手提供了取代威尼斯在土耳其港口地位的机会。从 17 世纪 20 年代一直到 17 世纪 60 年代,威尼斯港的交通有时几乎处于停滞状态。在一些悲观的参议员看来,这是一场这个城市无法复苏的危机;威尼斯不会像亨利·沃顿爵士说过的那样,在风风雨雨之后她总是这样,恢复她的青春,重归她暂时失去的宁静。

这些忧郁的参议员们也对威尼斯造船业明显不可逆转的衰落感到担忧。当伊夫林参观兵工厂时,那里仍有一千多人在工作,但与过去庞大的劳动力相比,这是一个非常小的数字,而且所承担的大部分工作是修理旧船,而不是建造新船。而整个 15 世纪,私人造船厂和兵工厂的账册上都是满满的订单。不管是用桨划动的低矮狭窄的商船,还是为较重的货物设计的高大宽阔的轮船,当时都已经大量建造。到 15 世纪中叶,威尼斯有大约三百艘轮船,每艘载重 100 多吨,其中近四十艘载重 200 吨以上。不过,从那时起,随着潟湖周围的森林逐渐消失,获取木材的难度越来越大,导致数百名兵工厂工人被解雇。威尼斯的造船业曾又繁荣过几次,造船厂也能在威尼斯领土以外买到木材,特别是从阿普利亚的橡树林购买木材;但这个行业从未从土耳其战争和 16 世纪 70 年代的瘟疫中完全恢复过来。商人开始使用悬挂威尼斯旗帜的外国船只,并购买小型船只用于亚得里亚海贸易,这些船只主要来自荷兰,因为荷兰的造船厂很容易从斯堪的纳维亚半岛获得木材。到 1606 年,威尼斯一半以上的大型船只都是在国外建造的;该世纪后期,共和国的 44 艘四桅船中,只有 9 艘是在威尼斯建造的。此外,建造成本急剧上升;1563 年建造一艘轻型帆船只需要 4 416 个金币,而在 1633 年要耗资 15 552 个金币。

威尼斯的船只载着薪水丰厚的船员、自由的桨手出海的日子也一去不复返了。治安官现在有权判处罪犯到战舰上服刑 18 个月到 12 年。这些犯人在受刑人总管的全面控制下,在以傲慢和残忍著称的桨帆船船长的直接怜悯下,在骇人听闻的不公正条件下服刑,除在战斗中外,他们一直被铐在桨上。他们的特点是,剃光了的头皮上长出一簇簇像鞑靼人那样的头发，三个人共用一条毯子，在冬天，他们经常因为冻伤而失去手指或脚趾。

注释：

1. 圣灵岛（the island of Santo Spirito）是一座位于威尼斯南部的小岛。岛上曾经有一座教堂，由桑索维诺在 16 世纪重建，提香为其装饰了平顶镶板。它附属于一座圣灵教堂的奥古斯丁修会修道院。教堂和修道院在 1656 年被查封，随后便被拆除，当时，提香的作品被转移到了安康圣母教堂中。在充当了一段时间的军火工厂厂址后，这座岛屿在 1965 年被放弃。

2. 四座莫塞尼格宫（Palazzi Mocenigo）在圣托玛（San Tomà）教区对面的大运河右岸并排矗立。中央的双子宫殿两侧各有一座外侧宫殿，这样的建筑设计非常协调。位于圣马可后的第一座宫殿是旧莫塞尼格宫（Mocenigo Vecchio, Casa Vecchia），它是四座宫殿中最老的，虽然在 17 世纪时改建过，但据说它的地基年代非常久远。它与 16 世纪晚期建成的黑莫塞尼格宫（Palazzo Mocenigo-Nero）之间是建于 18 世纪的双子宫殿，黑莫塞尼格宫的建造者有时会被认为是亚历桑德罗·维特多利亚。

这个宫殿群的历史非常有趣。法国的萨瓦公爵在陪同他的君主亨利三世（Henry III）访问威尼斯时受到了热情款待，这个事迹被记录在了宫殿的正面；1591 年至 1592 年间颇受争议的哲学家、修道士焦尔达诺·布鲁诺（Giordano Bruno）在这里居住了八个月，并受到优待。布鲁诺的房东乔瓦尼·莫塞尼格以宗教异端为由将其告到威尼斯宗教法庭（Venetian Inquisition），布鲁诺很快就在罗马被烧死，后来据说他的鬼魂经常出没于莫塞尼格宫里。该宫殿也因与英国的关联而闻名。17 世纪时阿伦德尔夫人（Lady Arundel）在此居住、18 世纪时玛丽·沃特利·蒙塔古夫人（Lady Mary Wortley Montagu）在此居住、19 世纪时拜伦勋爵在此居住。艾菲·拉斯金时期的女房东（见第十六章）是伯爵夫人唐娜·露西亚（Countess Donna Lucia），后者 1770 年生于威尼斯，1787 年嫁给了阿尔韦塞·莫塞尼格（Alvise Mocenigo）伯爵。她的儿子阿尔韦塞·弗朗切斯科·莫塞尼格（Alvise Francesco Mocenigo）是皇家大臣。

旧莫塞尼格宫 1868 年后就不再属于莫塞尼格所有；但黑莫塞尼格宫和双子宫殿直到第二次世界大战时还在莫塞尼格家族的使用和拥有之下。时至今日，虽然双子宫殿的一些地方已经被作为公寓出售，但莫塞尼格家族的一些后代仍然居住在其中的部分房间内。

第十章　阴谋和敌人

1606—1718

"我们无视你被逐出教会，这对我们来说无关紧要。"

到了 17 世纪，前往威尼斯的游客被告知，不要过于随意地谈论政治，也不要像狂热的新教徒威廉·里斯高那样冒犯宗教敏感性，后者在教堂里看到冒犯他的雕像时，把它华丽的法衣撕了下来。但举止得体的外国人不太可能像在意大利其他一些城镇那样感受到宗教裁判所密探的威胁。这种对宗教裁判所的恐惧，在意大利其他地方人们的想象中是如此的阴暗，在最近这段时间，确实不太合理。然而，直到 1638 年，鲁斯勋爵的新教导师约翰·摩尔（John Mole）在被监禁 30 年后，在罗马的监狱中去世。当时费恩斯·莫雷森在罗马，他认为明智的做法是在复活节前的星期二离开这座城市去锡耶纳（Siena），并在复活节前夕"假装有大生意"，赶到佛罗伦萨过一天，然后赶去比萨，最后再回锡耶纳。他解释说："因此，通过频繁变换地方，我避免神父询问我的情况，这在复活节期间是最危险的，因为那时所有人都要接受圣礼。"亨利·沃顿爵士觉得有必要装扮成德国天主教徒前往罗马，在帽子上插"一根巨大的蓝色羽毛"，并说明他戴蓝羽毛的原因："首先，我会被认为不是英国人。其次，人们会认为我的思想和穿着一样肤浅（这样的人不危险）。第三，没有人会认为我想默默无闻，因为我戴着那根羽毛，几天之内就能在罗马出名。"

在威尼斯可没有必要作出这样滑稽的举动。共和国引以为傲的是，它反对教

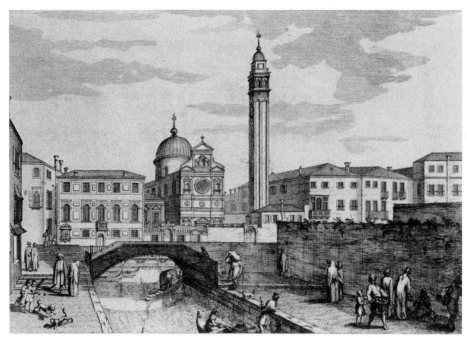

从美酒河看过去的希腊人圣乔治教堂，建于 1539 年，圆屋顶是 1571 年加盖的

会的严苛立场并对教皇保持独立的态度。威尼斯的教会财产也像其他财产一样被征税；而被指控犯罪的牧师则在世俗法庭受审。宗教裁判所可以行使职权，但前提是必须有三名非专业人员在场；在该城被处决的少数异端分子没有被公开处死。大议会在星期日和节日举行会议。威尼斯从未受到过萨伏那罗拉（Savonarola）式人物的困扰。来自瑞士的新教徒商人和工匠被允许在她的领土上定居；只要信仰是私下而谨慎地进行的，就不会受到迫害。希腊人有他们的圣乔治教堂（San Giorgio dei Greci），[1]亚美尼亚人在城里有一所学校，在圣拉扎罗岛上还有一所修道院；[2]新教徒在德国沿岸街（Fondamenta dei Tedeschi）做礼拜；犹太人在犹太人居住区做礼拜；穆斯林在土耳其商馆（Fondaco dei Turchi）朝拜。

共和国曾与撒拉逊人作战，但也乐于与他们进行贸易；如果教会反对，参议院就会用一句古老的格言来回应："首先是威尼斯人，然后是基督徒。"当教皇抗议亨利·沃顿爵士将新教祈祷书带到威尼斯，并在他的私人礼拜堂做圣公会礼拜时，教皇收到一个坚定的答复："共和国绝不能搜查英国大使的行李，因为众所周知，大使过着平静、无可指责的生活，不会制造任何丑闻。"

　　的确，共和国由于对宗教仪式、教会财产和教会任命的独立态度，经常与教皇发生冲突。双方意见分歧很大，当时梵蒂冈抗议说参议院不能再理所当然地批准威尼斯主教的任命；随后发生了另一场争端，当时共和国拒绝废除一项限制修建教堂的法律，并拒绝向教会当局移交两名声称是牧师并犯下若干不雅罪行的威尼斯人。经过几个月的争论，共和国任命才华横溢、多才多艺的威尼斯圣母忠仆会管事保罗·萨皮为代言人，他出生在一个贫穷的威尼斯商人家庭。时年 53 岁的萨皮是数学家、神学家、植物学家、语言学家、哲学家、解剖学家和配镜师，似乎只要他肯钻研，他能成为任何学科的专家。他曾在帕多瓦大学与伽利略讨论过望远镜的建造问题；他在科雷尔-马尔蒂宁哥-拉娃宫（Palazzo Corner-Martinengo-Rava）会

保罗·萨皮，处理共和国与教皇纠纷的代言人，1623 年在威尼斯逝世

议上发表过演讲；[3]他在血液循环和瞳孔手术方面有重大发现；他写过磁学方面的论文和权威的特利腾大公会议（Council of Trent）历史；他是个才华横溢的辩论家；他的一句名言已经成为威尼斯的一句谚语："我从不说谎，但我不会对每个人说真话。"

作为一位学识渊博的神学家，他并不否认教皇在信仰问题上绝对正确，但仅限于信仰问题。他对梵蒂冈抗议的巧妙回应在罗马遭到了愤怒的拒绝，罗马教皇将其斥为异端，并威胁要将威尼斯逐出教会并封杀。萨皮和威尼斯被证明是棘手的，判决及时宣布，并且，可以预见，没人会理会这个判决。争论还在继续，萨皮在城外被判为反基督者，在城内被人亲吻他的脚。教堂仍然开放，弥撒继续进行，牧师们不受干扰地履行日常职责。在罗马，人们最终不情愿地承认威尼斯是不会被征服的：在教皇的威望受到进﹍步损害之前，必须解除禁令。但是，在同意解除禁令后，极为富有的博尔盖索教皇保罗五世认为，引发该禁令的争端不应以有利于威尼斯的方式解决。

1607 年 10 月 25 日晚，萨皮从总督府穿过圣福斯卡大桥回家时，被人用匕首刺伤脸部和颈部，后来人们看到行刺者拿着匕首在罗马的街道上行走。萨皮受了重伤，待他康复后，有人给他提供一处离总督府更近的房子，在那里，他的建议仍然几乎每天都需要征求。他拒绝了这所房子，但同意乘坐贡多拉，他可以通过一个有遮盖的通道从码头进入贡多拉。即使如此，打手们还是找到了机会，又袭击了他两次。不过，他两次都幸免于难。1623 年，他脸上盖着一块黑色裹伤布，遮住了刀伤的裂口，平静地去世了，享年 70 岁。去世前，他嘴里喃喃地念着"愿她永存"，为这座他所服务和深爱的城市祈祷。教廷在他死后也不放过他，他说第一次遭袭时他就知道是教廷干的。罗马强烈反对在威尼斯为他修建纪念碑，直到 1892 年，现在的雕像才在圣福斯卡广场（Campo Santa Fosca）竖立起来。[4]

尽管与其他意大利城镇相比，外国游客在威尼斯不必担心好奇的牧师和间谍，但他们很清楚，共和国拥有无可伦比的能力，可以随时揭开秘密。外国家庭、大使馆、旅馆、宿舍和妓女的公寓都受到政府间谍的严密监视，他们定期向十人委员会报告。1618 年 5 月，成群结队的外国人涌向这座城市，见证新总督选举和庆祝海婚节的活动，这时可以看出这种特工网络的有效性。在经过小广场的路上，这些游客看到了令人毛骨悚然的景象。两根柱子之间有一个木头平台，支撑着一个绞刑架，三个人的尸体头朝下悬在绞刑架上，尸体上可以看出可怕的酷刑痕迹。没有迹象表明他们犯了罪，但据说，他们的出现一定意味着十人委员会打算把这次展览作为一种警告，因为近年来，罪犯和卖国贼都是私下处决的。然而，尽管有传言说西班牙人参与了针对威尼斯的阴谋，但直到 5 个月后，一些细节才被公布。

据说，身穿便服的西班牙士兵将分成小队进入威尼斯，并从西班牙大使贝德马侯爵(the Marquis of Bedmar)那里获得武器；与此同时，在西班牙驻那不勒斯总督奥苏纳公爵(the Duke of Osuna)的指挥下，一支侵略军将秘密登陆利多岛，然后用驳船运过潟湖。故事情节似乎足够戏剧化；事实上，它同时为一部法国小说和一部英国戏剧[托马斯·奥特威(Thomas Otway)的《得救的威尼斯》]提供了灵感。虽然阴谋的证据没有得到证实，但十人委员会显示他们决心粉碎任何可能的阴谋，不仅在小广场上展示尸体，而且还拷打并处决了另外三百人。

这些惩罚的秘密执行和这么多人被处决在威尼斯引起了极大的不安。人们私底下悄悄说，十人委员会正在自我膨胀起来，它无视旨在管理其权力的法规和保证所有公民在他们认为是为了共和国的利益而进行抗议时享有言论自由的法律。像保罗·萨皮这样伟大的爱国者本可以成功地领导一场运动，推动十人委员会的改革，限制其权力，向被排除在外的阶层开放其成员资格，并限制其常任秘书日益增加的权力，其中几位常任秘书是终身制。这样一位爱国领袖可能会把威尼斯被剥夺公民权的穷人和政治上雄心勃勃的下层贵族聚集在一起，组成一个改革党，他们的要求务必得到满足。

这位潜在的拥护者没有出现，而是出现了一个叫雷尼尔·岑(Renier Zen)的人，一个傲慢、固执、喋喋不休的人，他宣称不仅要在政治上改革国家，同时还要净化国家的道德，特别是总督乔瓦尼·科纳罗(Giovanni Corner)家族的人，众所周知，科纳罗家族通过可疑的手段发家致富，他的府邸紧挨着圣保罗教堂，是威尼斯装饰最华丽的宫殿之一。雷尼尔·岑经常在参议院大声谴责科纳罗家族以及他们的朋友和支持者的挥霍无度，直到 1627 年 12 月的一个晚上，他和之前的萨皮一样，遭到袭击并身受重伤。袭击者很自然地被认为是总督的儿子，因为这个年轻人

大运河入口处的海关和安康圣母教堂，克拉克森·斯坦斐尔德绘

很快就逃往费拉拉。和萨皮一样，岑也从伤痛中恢复过来，再次开始抨击科纳罗家族以及他认为是国家普遍滥用权力的行为，直到十人委员会将他逮捕并判处流放十年。尽管这个人是公认的令人厌烦的人，但政府对他的粗暴对待增加了他在威尼斯的声望。当大议会觉得有必要允许他回来时，他在圣马尔库奥拉（San Marcuola）的家门口受到欢呼的人群的欢迎。[5]

然而，这次胜利回归之后，岑变得比以往任何时候都更令人反感；即使那些同情他目标的人也无法让自己支持这样一个自以为是、油嘴滑舌的倡导者。因此，当按照他的要求，任命一个委员会来审议十人委员会的组织和职能时，随后的报告并没有建议对他们的权力进行重大改变。雷尼尔·岑慢慢被人们淡忘了，直到1631年，乔瓦尼·科纳罗的继任者尼科洛·康塔里尼（Nicolo Contarini）去世，岑被提名为总督候选人，才再次为人所知。结果并不令人意外：弗朗切斯科·埃里佐（Francesco Erizzo），40 票；雷尼尔·岑，1 票。

然而，当十人委员会成功地保住它的权威时，政府却无法阻止威尼斯帝国的逐渐衰落,而土耳其人继续对其虎视眈眈。圣约翰骑士团的一次不明智的行动,一旦挑起土耳其人进攻克里特岛,这个威尼斯最重要的殖民地,几乎无法避免会丧失。骑士团被驱逐出罗得岛后,便在马耳他定居下来。在马耳他,他们不仅攻击穆斯林船只,而且只要有容易掠夺的机会,他们也会攻击基督教船只。1644 年 10 月,他们一个中队在爱琴海航行时,发现一艘落单的土耳其船只,攻击并缴获了它。这艘船上,有一群尊贵的朝圣者准备前往麦加,随行的还有苏丹后宫的妇女和大约 50 名希腊奴隶。骑士团把俘虏带到克里特岛,他们在那里登陆,打算取水并释放奴隶。威尼斯行政长官立即命令他们离开,于是他们把这艘严重受损的土耳其船留在克里特水域,驶往马耳他。

苏丹易卜拉欣(Ibrahim)认为威尼斯人应对这起事件负责,于是他下令进攻克里特岛。人们普遍认为易卜拉欣是个疯子,而且非常恶毒。威尼斯立即作出反应,派出一支军队和一支舰队增援岛上的驻军,并以常用的方式筹集资金。圣马可代理人的数量再次增加,新的职位以极高的价格出售。贵族头衔也以更高的价格卖给某些被选中的候选人。与此同时,为了寻求盟友,共和国向欧洲各国派驻大使馆;一如既往,他们得到的往往是同情而不是帮助。

土耳其人在干尼亚(Canea)港登陆克里特岛后,先攻下雷蒂莫(雷斯蒙),然后围攻坎迪亚(伊拉克利翁)。围攻持续了惊人的二十二年,其间在海上发生了无数次战斗,土耳其船只试图封锁该城,威尼斯舰队决心保持供给线畅通。英勇的防御受到了整个基督教世界的赞扬,成千上万的教堂都在为威尼斯的胜利祈祷;但在围城持续的漫长岁月里,她大部分时间都是孤军奋战。偶尔会有志愿部队出现。1660 年,四千人从法国抵达;1668 年,路易十四——他小心翼翼地避免与奥斯曼帝国断绝外交关系,当时法国正与奥斯曼帝国的商人进行着活跃的贸易往来——允许威尼斯特工在他的王国招募军队,并允许一群贵族乘船前往克里特岛追求与土耳其人作战所带来的荣耀。他们中的许多人确实是在菲拉德公爵(Duc de la Feuillade)的带领下英勇出击而获得荣誉的,还有更多的人战死或死于瘟疫;但围攻的进程几乎没有受到影响。第二年,一支规模更大、更训练有素、装备更精良的远征队从法国起航,船上挂着教皇的旗帜,而不是鸢尾花旗,这样路易十四的参与就不会被君士坦丁堡察觉。法国军队登陆后发现坎迪亚"惨不忍睹",街道和建筑物坑坑洼洼,伤痕累累,甚至完全被毁,臭气熏天,令人作呕。在一次鲁莽的袭击中,五百多名法国人被斩首,他们的头插在长矛上在土耳其军营里游行示众。不久之后,幸存者乘船回家,克里特岛现在已是在劫难逃了。1669 年 9 月 6 日,威尼斯指挥官弗朗切斯科·莫罗西尼(Francesco Morosini)和土耳其达成了投降条件。

威尼斯人英勇作战,赢得了欧洲人的钦佩。但他们的斗争付出了数千人的生命和数百万金币的代价;她在黎凡特的大部分贸易已经转手,香料贸易再也没有恢复。当然,威尼斯仍然是其大陆领地的服务港口;克里特战争一结束,她就与奥斯曼帝国恢复了令人满意的贸易关系;到 1685 年,威尼斯人再次成为君士坦丁堡的主要商人。威尼斯的丝绸、制糖和玻璃制造业开始复苏和扩张;大陆上的新兴制造业取得了成功——帕多瓦、特雷维索和贝加莫地区的羊毛产业,以及造纸厂、丝绸厂和水稻种植园。威尼斯仍然是一个繁荣的仓储港口,商品从亚得里亚海的其他港口运到这里,然后再由荷兰和英国的船只转运到北部水域。然而,尽管共和国熬过了 17 世纪的危机,威尼斯却再也没有恢复她作为地中海最繁荣港口的地位,也没有恢复她作为海上强国的地位。她在东地中海享有最高权力的日子已经一去不复返了。

然而,奥斯曼帝国也开始崩溃。1683 年,一支土耳其军队在维也纳城外被摧毁;在威尼斯次年加入的新基督教势力神圣联盟成立后,土耳其又在布达、贝尔格莱德遭受重创,1697 年,在匈牙利南部的森塔(Zenta),约 2 万名土耳其人在与萨伏依的欧根亲王(Prince Eugene of Savoy)的残酷战斗中丧生。二十年后,欧根亲王在塞尔维亚的卡洛维茨(Karlowitz)和克罗地亚的彼得瓦尔丁(Peterwardein)彻底击败了土耳其人,又有 2 万土耳其人丧生。与此同时,威尼斯军队深入伯罗奔尼撒,1687 年 9 月到达雅典郊区。他们的指挥官弗朗切斯科·莫罗西尼在卫城对面的一座山上安放一门迫击炮;当迫击炮发射时,敌人用作火药库的帕台农神庙中心突然爆炸,碎裂的石柱、柱顶和横饰如瀑布般倾泻而出。当这座城市被占领,莫罗西尼试图移走雅典娜女神的战马和战车时,神庙遭到了更大的破坏,因为雅典娜女神的战马和战车是神庙西侧山墙的一部分。由于绳子捆得不牢,这组战马和战车摔到地上,摔得粉碎,再也无法复原。为了与 1205 年从君士坦丁堡运回的青铜马相媲美,莫罗西尼试图为威尼斯夺取这组战马和战车以纪念他的胜利,但未能如愿,他转而带走了两只石狮,一只来自神圣之路,另一只来自比雷埃夫斯(Piraeus)。他把这些东西连同一根铜柱和一对巨大的铜门一起送回家。为了表彰他在希腊的胜利,莫罗西尼在 1688 年回到威尼斯时被一致推选为总督。在他去世后几年,总督府投票厅里建了一个巨大的大理石拱门,他的许多财产都被保存下来留给后人,包括他心爱的猫的防腐尸体,现在还可以在科雷尔博物馆的莫罗西尼房间里看到。[6]

然而,莫罗西尼在伯罗奔尼撒的胜利并没有给威尼斯带来任何好处。后来的西班牙王位继承战争也没有带来任何好处,尽管在这场战争中,她顽固地保持中立,因此保留了意大利大陆的领土。但她那些更遥远的领土,维护费用昂贵,防御困难,开始一个接一个地消失。土耳其的侵略突然死灰复燃,威尼斯人被逐出伯罗奔尼撒半岛,尽管失去了他们在 1694 年至 1695 年占领了 6 个月的希俄斯岛,他们成功地保住了科孚岛,科孚岛的守军英勇地击退了大批土耳其入侵者,但 1718 年在帕萨罗维茨(Passarowitz)签订的和平条约,使威尼斯帝国只剩下了她曾经控制的帝国的一小部分。她还失去了对亚得里亚海的控制;而在地中海,她不久就要被迫向阿尔及尔、突尼斯、的黎波里和摩洛哥的统治者支付巨额款项,以换取她的船只在她曾经理所当然地认为属于自己的海上航线上自由航行的权利。而这些钱常常付之东流,因为巴巴里海岸的海盗们只认他们船甲板上的主人,别的谁都不认。"威尼斯的伟大时代已经结束了。"法国大使宣称。她将不得不越来越多地依赖外交人员的技巧和诡计来保存她在掌权时期所获得的成果。"不过,这座城市仍然是一片永恒的乐土。"

注释:

1. 15 世纪末,成立已久的希腊社区终于被允许建造他们的教堂和兄弟会会堂。他们的穹顶教堂,圣乔治教堂位于巴尔达萨雷·罗根纳 1678 年建造的希腊人的圣尼科洛会堂旁,靠近一条通往城堡区希腊桥(Ponte dei Greci)的街道。教堂根据桑特·隆巴尔多(Sante Lombardo)的设计始建于 1539 年,由詹南托尼奥·奇奥纳(Giannantonio Chiona)建成,并于 1561 年正式宣告为神圣之所。教堂巨大的穹顶增建于 1571 年。倾斜的钟楼以及它的小型文艺复兴式凉廊是由贝尔纳多·翁加(Bernardo Ongarin)在 1587 年至 1592 年建造。教堂内部装修奢华并藏有一些 17 世纪的画作以及一面绘有晚期拜占庭风格图案的圣障。此外还

有一幅可以追溯到 12、13 世纪的拜占庭风格圣母像和 14 世纪早期的《万能之主》(Christ Pantocrator)，它们都是在罗马帝国被攻陷之前从君士坦丁堡带到威尼斯的。

2. 亚美尼亚圣拉扎罗岛(the island of San Lazzaro degli Armeni)位于利多岛附近，老拉扎雷托岛(Lazzaretto Vecchio)的北方。12 世纪时，这里是一家患病朝圣者的救济院，后来成为麻风病医院。医院搬到威尼斯主岛后，该岛屿曾被放弃。1717 年时，它被赠予一位亚美尼亚的修道士"安慰者"，来自马努格的彼得(Peter of Manug)，他在岛上建立了一座罗马天主教修道院。这座修道院因成为亚美尼亚语学习基地而闻名，后来在 1789 年时又印发了多种语言印刷的报纸。有着一座东方穹顶钟楼的旧修道院在 1883 年被火灾焚毁后重建。在修

道院的一系列建筑中有一座能够通过前厅到达的大型图书馆,馆中画着 G.B.提埃波罗的天花板壁画。此外,还藏有拜伦的一系列装饰华丽的手稿和精美纪念品,他曾经在此学习亚美尼亚语。他的名字同勃朗宁、朗费罗(Longfellow)和普鲁斯特(Proust)一起出现在这里的访客登记本上。

3. 科纳罗-马尔蒂宁哥-拉娃宫(Casa Corner-Martinengo-Ravà)矗立于大运河右岸,就在圣卢卡河前。它曾经为卡瓦利(Cavalli)家族所有,因此就被称为卡瓦利宫,而卡瓦利这个名字也被用在附近的街道和建筑上。后来在莫罗西尼家族拥有宫殿期间,保罗·萨皮、伽利略和焦尔达诺·布鲁诺都曾访问过这里。19 世纪时,这里成为一家名为利昂·比安科(Leon Bianco)的酒店,美国作家费尼莫·库珀(Fenimore Cooper)1838 年时居住在这里。在被鉴赏家奥尔多·拉瓦(Aldo Ravà)收购后,该宫殿按照 18 世纪的风格进行了修复并重新配备了家具。它现在是旅游有限公司(Azienda Autonoma del Turismo)的所在地。

4. 埃米利奥·马伊西里(Emilio Maesili)雕刻的铜像《保罗·萨皮》,1892 年时被竖立在圣福斯卡广场(Campo Santa Fosca)上,它的对面是有着山墙饰的古典主义风格教堂——圣福斯卡教堂(建于 1741 年)。萨皮 1623 年被埋葬在附近的圣母公仆教堂内,他的遗体后来被转移到了对米凯莱岛教堂。

5. 圣马尔库奥拉教堂(the church of San Marcuola)位于大运河右岸,靠近大运河与卡纳雷吉欧河(Canale di Cannaregio)的交汇处。该教堂由乔治奥·马萨里在 1728 年至 1736 年间建造,它眺望大运河的外立面从未完工。

教堂的内部装饰不同寻常,有两个布道坛,分别位于北门和西门上方;四个角落分别都有一组祭坛。祭坛装饰品中有 G.M.莫雷尔特(G.M.Morleiter)和其他雕刻家的大理石雕像,其中最著名的是位于西北角的《洗礼者圣约翰》和《修道院长圣安东尼》(*St. Anthony the Abbot*)。主祭坛上的图案描绘的是教堂所献祭的圣埃玛古拉(St Ermagora)和圣徒福拿都(St Fortunatus)。丁托列托的 1547 年的《圣餐制度》(Institution of the Eucharist)位于高坛北侧的墙面上。

6. 科雷尔博物馆内的莫罗西尼厅(19 至 23 号展厅)的设立,是为了纪念 1688 年成为总督的前海军舰队司令弗朗切斯科·莫罗西尼。展品包括:他的肖像画、家具、武器、一顶总督帽、莫罗西尼战舰上的纪念品以及曾经飘扬在科孚岛战役战场上的军旗。

第十一章　18 世纪的威尼斯

1718—1797

"这是能想象到的最生动的画面之一。"

一位 18 世纪的游客在穿过潟湖平静的水面时,心里一定在想,任何人接近威尼斯肯定都会感到自己"进入了另一个世界"。这是一个相当神秘的世界,这位游客很快就断定,在这座城市光鲜亮丽的外表之外,在那些"古怪而阴暗的角落"里,"不仅有一丝阴谋,甚至还有一丝危险"。虽然人们在谈论十人委员会和国家检察官的秘密阴谋时仍心存敬畏,但外国人很快就因为人民的开放友好而放松了,正如孟德斯鸠所描述的那样,这里的人是"世界上最好的人",尽管他们更期望在任何事情上都得到小费。而且,只要他们不过于专注地讨论政治,外国人很少会受到当局的困扰。当然,孟德斯鸠本人把他关于共和国宪法的笔记全都烧掉,并把灰烬扔进大运河,急急忙忙地去了荷兰。他成为一个恶作剧的受害者:有人告诉他,他勤勉的调查引起了十人委员会的怀疑,他马上就有被逮捕的危险。至于神圣的宗教裁判所,另一位法国游客说,"最好还是不去那里为好"。

游客的数量逐年在增加——德国人、法国人、波兰人、西班牙人,特别是英国人。确实,这里的英国人经常"如洪水般泛滥",这个词是玛丽·沃特利·蒙塔古(Mary Wortley Montagu)夫人选的,她在 1739 年至 1740 年以及 18 世纪 50 年代和18 世纪 60 年代在威尼斯待了几个月,她对年轻同胞在欧洲大旅行中的行为感到愤怒,这些年轻人和他们的旅行教师及时赶上了狂欢节。她对一个朋友说：

> 他们大部分人对保姆教给他们的语言保持着不可侵犯的忠诚。在国
> 外,他们的全部事情(据我所知),就是买新衣服,泡在咖啡馆里,他们肯定
> 只会在那里相遇;在他们成功地征服了某位歌剧女王的侍从贵妇之后,他
> 们也许一辈子也不会忘记她,他们回到英国后,就会对男人和礼仪作出杰
> 出的评判……我认为他们是自然界中最愚蠢的人;而且,说实在的,是笨
> 蛋和花花公子的混合物构成了一种非常奇怪的动物。

这里有许多舒适的家庭式旅馆和几家为外国人服务的非常棒的酒店,其中包
括阿尔贝戈皇家酒店(Albergo Reale)、弗朗西娅酒店(Scudo di Francia)、里贾纳酒
店(Regina d'Inghilterra)、科尔特斯酒店(Cortesia)、唐泽拉酒店(Donzella)、特雷酒
店(Tre Re)和利昂比安科酒店(Leon Bianco)。1769 年,皇帝约瑟夫二世(Joseph II)
以化名住在利昂比安科酒店,1782 年,俄罗斯大公保罗·彼得罗维奇(Paul Petrov-
ich)也住在那里。这些酒店的食物都很好吃;而且,随着时代的发展,饭菜越来越

18 世纪 90 年代圣马可广场的英国游客,托马斯·罗兰森漫画

贵,但与意大利其他大城市相比,价格还算便宜,尽管正如一位英国妇女所言,威尼斯的店主"对陌生人有两种价格,一种是他们能够得到的价格,另一种是他们必须接受的价格"。

这里的气候温和宜人,尽管有些夏天来的游客抱怨热得难以忍受,就像托马斯·科里阿尔当时经历的那样;而冬天,尤其是刺骨的布拉风从东北吹来的时候,可能会像 1608 年那样严酷,根据编年史作家吉安·卡罗·西沃斯(Gian Carlo Sivos)所说,当时的情况是这样的:

> 寒风凛冽,大雪纷飞,所有的房子都盖上了一层冰,像镜子一样闪闪发光。屋顶上的雪太厚了,3 月份开始融化的时候,威尼斯每家每户都被淹了……货物和家具都被毁了,人们不知道去哪里避难……许多船只出动,用锤子敲碎冰层。城里粮食严重短缺,从波河平原来的木船由于风大,不能通过河流或海上到达威尼斯。他们在街上出售碎木头,这些木材通常用来给慕拉诺的熔炉提供燃料。

1709 年、1716 年和 1788 年的冬天更为严重,死于寒冷的人比比皆是。1788 年,潟湖冻得太硬了,人们可以步行走到大陆;圣马可船坞燃起了巨大的篝火;搭建了棚屋和摊位;提供食物和饮料;人们玩起各种各样的游戏;当"夜幕降临时,潟湖上布满微弱的灯光,这是前往梅斯特(Mestre)和坎帕尔托(Campalto)的人们手里提的灯笼发出的光"。

在其他年份,在强烈而闷热的热风下,潮水淹没了低洼的街道,人们划着船或坐在搬运工的肩膀上出出进进。一位游客写道,但"这带来的更多是乐趣,而不是不便,城市的建筑在波光粼粼的海水中倒映,甚至呈现出一种新的美"。

一名 19 世纪的威尼斯居民生动地描述了洪水即将来临的征兆:

> 一打开窗户,一股暖湿的空气涌进房间,弄湿了所有的墙壁,滴落在人造大理石地面上;空气浓重,充满了海水中的盐雾;在远处,屋顶上方,有一种持续不断的轰鸣声,那声音无处不在,令人印象深刻——那是两英

里或更远处的利多岛上大海发出的咆哮声。然后,窗户下面的小运河开始感受到潮水的到来。干草或木头的碎片,卷心菜茎和废弃的旧席子,在水面上不安地移动着,仿佛不知道该走哪条路;然后,在最后一次转身时,它们屈服于水流,冲向朱代卡岛。水的颜色变成了浅绿色,不是很清澈,但看起来好像刚从海里冒出来。潮水在桥下越流越快,市场人员和船夫把他们的船固定在柱子上。这样持续了一个多小时,直到翡翠色的洪水几乎漫过台基的边缘,但还没有漫过它。接着,水开始流入街道;它从每一个排水孔和人行道的石板缝中涌出,像小喷泉一样汩汩冒泡;海水开始淹没威尼斯,淹到了人行道下面,还没到通常比街道还高的沿岸街。面包师拿出一块木板,为顾客架起一座桥;但是很快,运河里的水就汇入了街道;这座桥就没用了,慢慢地漂走了。海水不断地上涨,从宫殿的大门下悄悄地流过,把院子里冒着泡泡的小池子灌满,径直从大运河的各个大门

卡纳莱托的《圣洛可节》,展示总督和议员们游行时经过斯卡帕尼诺设计的大会堂外立面

流出来……窗户上满是妇女和儿童,他们嘲笑着(溅水或被搬运工背着的人)……突然间,没有任何预兆,出现了一道耀眼的闪电,发出了一声震耳欲聋的巨响;所有的面孔都从窗户上消失了,所有的绿色百叶窗砰的一声关上了……水流湍急,在石头上留下一片片绿色的海藻。向圣乔治教堂和花园的方向望去,一片浓雾笼罩着天空;带着水沫的风从海上吹来。海滩上亚得里亚海发出永无休止的轰鸣声,热风席卷起伏的灰色水域,在大理石台阶上形成波浪。

1746年至1794年间,威尼斯发生过四次灾难性的洪水;但在大多数年份,洪水并不严重,威尼斯作为一个舒适健康的冬季度假胜地的声誉也没有受到损害。当局小心翼翼地确保这种情况保持下去。来自国外的游客必须出示健康证明,而来自鼠疫流行地区的游客必须继续保持隔离。因此,威尼斯没有再暴发像1575年至1577年和1630年那样的鼠疫。1793年,当鼠疫从黎凡特传到潟湖时,只蔓延至波维利亚岛(Poveglia),几年前,这里建了一个检疫所,接待那些既无法入住于1423年在潟湖一个岛屿上建立的拿撒勒圣玛利亚(Santa Maria of Nazareth)旧检疫所,也无法入住于1468年在另一个岛上建立的类似机构的游客。[1]约翰·霍华德(John Howard),贝德福德郡的地主兼慈善家,于1786年从士麦那(Smyrna)乘船抵达威尼斯,当时他的健康状况非常可疑,他在两个不同的检疫所接受了42天的隔离。

卫生委员会密切留意所有检疫场所以及医院、墓地、药店、医生和外科医生的住宅和手术室。该委员会还关注乞丐的行为、妓女的健康、不治之症患者的组织、食品的质量、药品的处方和分析、医生和药剂师的资格、卖水人的设备(他大热天在街上行走,供应掺有酒精的冰水),以及城市蓄水池里雨水的纯度。这个纯度必须保持在一定水平,必要时用船从富西纳(Fusina)沿布伦塔河运来淡水加以补充。

鉴于有这些规定,到威尼斯来的游客和歌德(Geothe)一样惊讶地发现这座城市却是如此肮脏。在街道刚建好的时候,路面中间稍微拱起,这样雨水就可以排入排水沟,然后再流入运河。但是排水沟经常被堵住,它们之间的人行道因为有烂泥而变得很湿滑。甚至到了18世纪末,也不是所有的街道都铺好:有些街道是用砖铺的,大部分都碎了,而其他的只是土路,通常尘土飞扬,有时泥泞不堪。大多数房子,厕所都在厨房里靠近水槽的地方;大便、泔水和生活垃圾可以直接排入运河,或者扔到被社区管理局(Provveditori del Commun)雇用的人晚上清空的罐里,用平底船运走里面的东西,或者倒进方形垃圾箱里,用作河口花园的肥料。"但这些安排既不正规也不严格,"歌德抱怨说,"城镇的肮脏状况更是不可原谅,因为它的位置和荷兰任何一个城镇一样便于清洁。"其他游客则写到了桥边角落里堆积的垃圾,街上散发的难闻气味,运河里漂浮着的一堆堆污物。塞缪尔·约翰逊(Samuel Johnson)昔日的朋友海丝特·皮奥齐(Hester Piozzi)表示,18世纪80年代的里亚尔托桥"被粗陋的店铺弄得脏兮兮、畸形不堪,以至于经过它时,厌恶感比其他任何感觉都要强烈"。

> 早上,圣马可广场上到处都是鸡笼,臭气熏天,我相信没有人想过换笼子:总督府周围的一切因人类的种种目的而变得如此令人厌恶,简直不配这样一个迷人的地方,任何一个有品位的人都很难欣赏到它的美丽……我深受毒害,以至于我一直在纳闷,在这样一个特别可爱的城市里,只要少许警察和适当的规章制度,就可以使她变得甜美而健康,但为什么就不这样做呢?

约翰·霍华德,作为一名监狱改革家而声名鹊起,脑子里充满了对监狱的狂热。1786年,他建议一个和自己住在同一栋房子里的年轻人,不要在威尼斯逗留超过四天。一个后来的人把它形容为"一个充满地狱病毒的恶臭罐"。而且,据冯·阿肯霍尔兹男爵(Baron von Archenholz)说,就连总督府也是恶臭难闻。他写道:"连楼梯都像个水槽。无论你走到哪里,你都会发现臭气熏天的小沟,以及它们散发出的有毒气味。贵族们早已习以为常,根本不觉得麻烦,熟练地拎起长袍跨过积水。"另一位观察家评论道,他们"随地小便",甚至在府邸的楼梯上大便。至于大教堂,在詹姆斯·史密斯(James Smith)看来,它和总督府一样脏,或许,确实是"除了罗马犹太教堂之外,欧洲最肮脏的公众礼拜场所"。后来的罗马帝国历史学家爱德华·吉本(Edward Gibbon)也同样感到失望和不快:

那些只是独特而不讨人喜欢的事物,会产生一种瞬间的惊喜,很快就会让位于饱足和厌恶。破旧的房子,残破的图画和臭气熏天的沟渠,与浮夸的运河名称倒也相配;一座漂亮的桥被两边的房子破坏了,还有一个大广场,上面装饰着我所见过的最糟糕的建筑……我要用这些颜色来描绘威尼斯:总的来说,这幅画像肯定是真实的,不过,也许你应该把这种巨大的阴影归因于我对这个地方不太感兴趣。

　　1780 年,极其富有的威廉·贝克福德(William Beckford)被一个家族派往国外,这个家族担心他与一个年轻男孩和一个已婚表妹的感情纠葛。他被大教堂内的恶臭熏得受不了,用他的说法,"教堂的每处缝隙和角落都散发着恶臭,祭坛上的所有熏香都盖不住它。我再也不能忍受这种有害的空气了,就跑上广场的钟楼,坐在廊柱中间,呼吸着从亚得里亚海吹来的清新的风"。

　　一位法国游客写道:

　　　在欧洲,没有一个地方能像威尼斯那样,有如此多、如此精彩的宴会、仪式和各种公共娱乐活动。

　　为了吸引游客,也为了纪念过去的辉煌,一些娱乐活动每年定期举行,而另一些则根据需要举行。随着岁月的流逝,总督选举丝毫没有失去它的辉煌。弗朗切斯科·莫罗西尼被选为马尔坎托尼奥·查士丁尼(Marcantonio Giustinian)的继任者,布辛托罗号上挤满了穿着长袍的官员和贵族,在几十艘精心装饰的小船的护送下,划向利多岛,新总督在那里等着它的到来。他被抬回到小广场,穿过巨大的凯旋门,经过周围一圈的海豚把美酒喷进贝壳的海神雕像,他来到了总督府,总督府的窗户上挂着巨大的条幅和成卷的锦缎,他将在巨人阶梯(Scala dei Giganti)的顶层加冕。[2]庆典持续了三天,街上的人群戴着面具,客人们进入宫殿参加舞会和晚宴,参加赌博派对、化装舞会和音乐娱乐活动。

　　当某个富有的贵族家庭成员被选为圣马可代理人或船长时,也会举行类似的庆祝活动。此类活动耗资巨大,用于购买奖杯和建造凯旋门,用于为家族宫殿的套房提供特别的装饰和家具,用于音乐和唱诗班,以取悦那些被邀请来分享家族荣誉的漫步者和假面舞会者。事实上,在外国游客看来,威尼斯人只需要一点点理由就可以带着节日的心情涌上街头。军事或海军胜利纪念日、威尼斯俘虏从土耳其监狱获释的消息,大众圣徒节,都会唤起教堂的钟声、游行、跳舞、唱歌和斗牛,歌剧院的特殊表演、圣马可广场的假面舞会、爱乐赌场(Casino dei Filarmonici)的音乐会、大运河上的凤尾船比赛以及由装饰华丽的船只标示路线的比赛,比赛先从城堡区的圣安东尼奥(San Antonio)到十字桥(Ponte della Croce),[3]终点是位于福斯卡里宫和巴尔比宫之间的船上竖立的一个亭子附近,在那里颁发奖品。

1708 年丹麦和挪威国王、1740 年波兰国王、1764 年约克公爵、1767 年符腾堡公爵、1775 年约瑟夫二世皇帝、1782 年俄罗斯大公保罗·彼得罗维奇和教皇庇护六世(Pius VI)以及 1784 年瑞典国王的到访都是这样庆祝的。1755 年,科隆选帝侯和大主教、巴伐利亚的克莱门特·奥古斯都公爵(Duke Clement Augustus)在朱代卡岛上纳尼宫(Palazzo Nani)举行了一场盛大的宴会,这一场景被彼得罗·隆吉(Pietro Longhi)画派的一位艺术家描绘了下来。[4]据当时的报道:

> 公爵吃饭用的是金盘子。餐桌是一张马蹄形的大桌子,上面铺着素净的餐巾,供一百八十名女士和先生用餐,他们全都穿着最考究的法国服装。菜有三道,每道菜有 125 碟,一共 375 碟。甜点是由马克·弗朗西斯卡奇(Marco Franceschi)设计的,他的店在圣莫伊西;它包括 35 个中心菜和 48 个盛满糖浆的配菜。接着是卡马尔(Cabare),就是各种口味的水果冰,放在 32 个大小形状各异的银托盘上。整个宫殿装饰一新,有穿制服的炮兵把守,里面有水晶枝形吊灯,外面有 44 支火炬和松脂大烛台,整座房子灯火通明,即使对那些没有参加典礼,只是在水上观看的人来说,场面也绝对壮观。

宗教节日仍然和世俗节日一样壮观。威尼斯市民每年都特别期盼两个活动,即救主堂和安康圣母教堂的活动,这两座教堂是为了感谢上帝把威尼斯人从瘟疫中拯救出来而建造的。7 月的第三个星期日,救赎节,人们在大运河架起一座通往教堂的浮桥。人群跟在总督和总督议会后面,穿过满是鲜花的木筏沿岸街(Fonda-

1775 年 9 月 9 日纳尼家族举办的宴会上的客人

menta delle Zattere)[5]——他们仍然这样做——庆祝活动持续整个晚上,他们在彩灯下载歌载舞,在闪耀的焰火下吃着桑椹,当黎明来临时,划着船到利多去看日出。几个世纪以来,在圣诞节、复活节、基督圣体节和升天节等宗教节日期间,圣马可广场都会举办一场盛大的手工艺品交易会。在一年中的其他时候,每个教区的守护神都有一个民间节日来庆祝。到时候,窗户上悬挂着毯子和旗帜,人们敲锣打鼓,弹着吉他和曼陀林,抛撒饼干、糖果和鲜花,举行手推车比赛,教区居民穿着最漂亮最鲜艳的衣服,穿过广场,顺着沿岸街一路载歌载舞,男人们又喊又唱,女人们"像陀螺一样旋转着,俯身摆出诱人的姿势,用单脚尖旋转,直到裙子露了出来",她们放声大笑。

在耶稣升天节,各种类型的船只跟随布辛托罗号驶过潟湖,去参加已持续数个世纪的海婚节仪式。教堂的钟声叮当作响,大炮轰鸣着,直到布辛托罗号回到小广场才停歇。总督和他的随从们进入总督府的宴会厅,桌上摆着来自慕拉诺的玻璃饰盘,用糖和蜡制作的凯旋门、城堡和龙。

1750 年教皇使节穿过总督府中庭,卡纳莱托画

然后,到12月26日的圣斯蒂芬节(St Stephen's Day),漫长的狂欢节开始了。一位穿着怪异的政府官员允许人们在狂欢节期间戴面具,当他出现在圣马可广场时,人们报以热烈的掌声和欢呼声,连鸽子都被吓得飞到了屋顶上。贵族和乞丐、城里的女人、妓女和牧师都戴着面具。大部分面具是白色的,还有一些是黑色的,少数有着潘趣乃乐(Punchinello)式的滑稽长鼻子。那些面具由丝绸或天鹅绒制成,是包塔或披风的一部分,不再需要伪装时,可以折起来夹在帽子上。狂欢节持续数周,一直到忏悔星期二,数百名蒙面人在街上来来往往,在圣马可广场和其他广场上嬉闹,放声大喊,高声大笑,模仿马塔奇诺(Mattacino)这个角色到处扔装满香味水的蛋壳,马塔奇诺是"神经有些不正常的人",装扮成一只母鸡。"犹太人、土

隆吉画的犀牛,1751年,一头犀牛首次在威尼斯展出

耳其人和基督徒混杂在一起，"一位游客写道，"律师、无赖和扒手；江湖郎中，老妇人，医生，戴着面具的上流社会妇女；没戴面具的妓女；总而言之，参议员、公民、船夫以及各种类型、各种性格、各种条件的人混杂在一起，使你的想法在人群中被打破、挫伤、错位。"到了晚上，当焰火在天空中绽放的时候，可以看到戴着面具的人去跳舞、去赌场、去餐厅、去交际花的房子里看展览，参加广场上的散步，坐在行政长官官邸大楼的门廊下面，潜伏在黑暗的角落里。彼得罗·詹诺内(Pietro Giannone)说，"在这种地方，各种条件的女人，无论已婚、少女还是寡妇，都可以与职业妓女随意交往，因为面具把一切区别都消除了"。一些人装扮成中国清朝官员或英国水手，另一些人装扮成巴巴里海盗、哥萨克、印度王子、摩尔人、即兴喜剧中的人物以及戴着僧帽、手持香炉、带着随从侍从的主教和红衣主教（直到1775年才被禁止）。

白天，城里的每个角落都有各种表演和盛大的演出，有斗牛和热气球旅行，化装游行，逗熊游戏，拳击和摔跤比赛，滑稽戏和木偶戏，以及由船夫、杂技演员、喀斯特莱尼和尼克罗蒂带来的杂技表演。喀斯特莱尼和尼克罗蒂是威尼斯两个区的居民，他们身手异常敏捷，被称为福兹·德·埃尔科莱(Forze d'Ercole)，他们在小广场和大运河上踏着对方的肩膀向上爬。在大运河上，他们扛着支架站在船上，保持身体平衡，人一层一层地往上摞，越摞越高，直到整个人墙在尖叫声和笑声中倒塌到水中。这里有算命先生和穿红马甲、黑斗篷的老丑角，有不顾卫生委员会的反对、吹嘘他们的秘方有神奇特性的江湖骗子，有滑稽角色和科隆比纳(Columbine)，有说书人、喜剧演员、弹着吉他的即兴演唱者，还有身穿黑衣、像大学教授或律师一样一本正经的人，他们被称为格拉齐亚诺(Graziano)或巴兰松(Balanzon)博士，用严肃权威的语气表达最荒谬的观点。还有野生动物展览；1751年，一头犀牛首次在威尼斯展出，引起了轰动，人们为它铸造了一枚纪念章，它的"真容"被彼得罗·隆吉画在一幅画中，这幅画现在挂在科雷尔博物馆。

每年的狂欢节都是在穿着国袍的总督和总督议会到场时达到高潮。这里有福兹·德·埃尔科莱盛大表演；有一种古代仪式的表演，在这种仪式中，铁匠和屠夫协会的成员将一头公牛的头砍下来；还有一种传统表演，一名杂技演员从钟楼顶上顺着一根绳子一跃而下，给总督献上一束花，这是一种惊心动魄而危险的表演。

1790 年，一个名叫贝琪·韦恩（Betsey Wynne）的英国小女孩被带到威尼斯参加狂欢节，她对这个"用绳子从圣马可的钟楼上下来，把一束花送给总督的人"并没有太大印象；但她喜欢"大力神的力量和非常好看的烟火"，而在另外几天，她和她姐姐在剧院度过了激动人心的时光，在"圣贝尼托歌剧院，他们上演的《季诺碧亚》（Zenobia）非常好看"，到另一个剧场，"他们上演了伏尔泰的意大利版悲剧《奥林匹亚》（Olympia），非常优美"，去看"圣安杰洛（St Angelo）剧院的演出，那里的装饰非常漂亮"，在另一个剧院，她们观看了"《阿斯帕西亚》（Aspasia）和叫作《苏格兰强盗》（Scotch Robbers）的舞蹈"，在另外几个晚上，《安德洛墨达》（Andromeda）和"《伊阿宋》（Jason）或《征服金苍蝇》（Conquest of the Golden flies）"都"非常好看"。除了经常去剧院——姐妹俩"总是戴着意大利式的面具在包厢里跑来跑去"，"爸爸穿着女人的衣服"——还有音乐会、化装舞会和西班牙、法国和奥地利大使的招待会；参观总督府（"漂亮"），参观兵工厂（"非常漂亮，里面都是古董"），参观大教堂（"布道让我开怀大笑，而不是让我成长为好人"），"拜访圣乔治夫人（Lady St George），一位嫁给了法国人的英国老妇人"，"斯宾诺拉太太（Mrs Spinola），一只讨厌的总是喝得

一位年轻贵族和他的妻子去看望一位怀孕的朋友，提埃波罗画

太多的意大利'猪'",还去拜访喋喋不休的格拉伯爵夫人,她"臀部很大,有点驼背,手帕很脏、很恶心"。她们在圣马可广场上散步,与法国大使的孩子们一起参加假面舞会,在科雷尔博物馆跳舞跳到凌晨三点,观看"几个男人和一个七岁小女孩"的表演,"他们在马背上跳舞,而且跳得相当不错",还有畸形人表演,包括"一个脸朝下,两条腿从胸部伸出的小女孩"。

狂欢节最后一天的午夜时分,圣马可教堂和圣方济各教堂的钟声提醒人们,又一年的狂欢结束了;最后的烟火嘶嘶地吹进了大运河;街头小贩和江湖郎中的声音终于沉寂下来;人们从广场走回家,用庞培·门提的话说,人行道上一片狼藉,"布满了丝带、衣服碎片、羽毛、五彩纸屑、橘子皮、南瓜籽"。[6]

第二天早晨,黎明前一小时,城里各教堂的钟敲响了晨钟声;当守夜人离开总督府时,圣马可的工人将低沉洪亮的钟声再次敲响。不久,门打开了,工人们穿着短罩衫和宽大的马裤出现了,有些人在上班的路上停下来听弥撒,或者在街角的神龛前匆匆祈祷。很快,街道上就挤满了去铸造厂、陶器厂和玻璃厂的工人,船夫走向自己的船,用口齿不清的威尼斯方言互相问候,有穿着齐脚华达呢长袍的犹太人、俄罗斯人、亚美尼亚人和斯拉夫人、穿宽松裤子的阿尔巴尼亚人、穿传统长袍的阿拉伯商人、戴着比头还大的头巾的土耳其人、穿着沙沙作响洒有香水的丝绸准备休息的希腊妓女,还有来自弗留利的农妇,她们穿着色彩鲜艳的裙子,挑着挂在扁担上的水桶,用忧伤的语调喊着:"淡水!淡水!"偶尔,某个人会停下脚步与朋友交谈(陌生人觉得他们的交谈方式过于礼貌),他一只手放在头饰上,另一只手放在胸前,对一个问题表示同意,不是简单地说"是",而是点头并喃喃地说"愿意为您效劳"。接着他又继续往前走,走过家庭主妇们把一筐筐的杂货从街上拖到楼上的窗户下面,经过卖炖梨的小贩和水果店的货摊,经过数百只出来晒太阳的猫,店主们打开了门,天花板上吊着食物,打开架子上的奶酪,在人行道上推着一桶桶的咸沙丁鱼,摆放蔬菜和意大利面,许多威尼斯家庭主妇宁愿买现成的意大利面也不愿自己动手做。码头上,鱼贩们在遮阳棚下摆摊,在深木箱里展示他们的货物。在靠近卡梅伦吉宫(Palazzo dei Camerlenghi)的地方,船只驶入,卸下来自潟湖岛屿的蔬菜和水果,在里亚尔托桥的另一边,其他船只也驶来了,满载着葡萄酒,准备在葡萄酒沿岸街(Fondamenta del Vin)[7]出售。在其他地方还有一些小市场,出售食品和葡萄酒,以及面包[面包是从公共面包房(Forni Pubblici)⁸附近的商店买来零售的]和二手衣服、厨房用具、鞋子、玩具和小饰物。在摊贩的头顶上方,他们把洗好的衣服挂在窗户之间的绳子上晾晒,孩子们跑来跑去,妇女们从蓄水池里取水,鞋匠和铁匠们在敞开的门后或树荫下的长凳上干活。但工作从来不会持续太久:劳动时间是由政府法令规定的,而且公共假日太多,以至于在这座城市里待上几个星期的外国人会认为"节日肯定比工作日多"。那些在赌场待了一夜的贵族们回到床上睡觉前,到大运河上的船上去买水果,威廉·贝克福德从利昂比安科酒店阳台上向下望去,那里"几乎看不到海浪。一船船的葡萄、桃子和甜瓜到了,又一下子不见了,因为每艘船都在开动;熙熙攘攘的购货者从一只小船跳到另一只小船,构成你能想象得到的最热闹的画面之一"。贵族们睡觉去了,商人走进账房,律师和政府官员坐在办公桌前开始办公,从上午九点一直工作到下午一点。

勤勉认真的贵族们迅速赶来办事,使他们中的懒惰者相形见绌。大议会的成员总数,18世纪初为1731人,到1769年已减少到962人,他们每天都开会,只有两天例外,夏天从上午8时到中午,冬天从中午到日落;有些人可以自豪地说,他们从未缺席过一次会议。十人委员会和检察官们常常一整天都在工作,但大多数政府官员和专业人士在吃过中饭后都不会回到办公室,尽管他们的职员,像城市的工人和工匠一样,不得不等到日落时分,里亚尔托圣贾科莫(San Giacomo di Rialto)教堂的钟声敲响才能下班。然而,大多数商店在最后的钟声消失很久以后,仍然开门营业;有些酒馆整夜都不关门。

到了晚上,这座城市的大部分地区还是和以前一样漆黑一片。在一些街道,唯一的光线来自一盏摇曳的灯或用来照亮神龛的蜡烛,尽管在1719年后,店主们通常会在他们的营业场所外面挂上灯。但是1732年以前,路灯在很多地方还很少见,即使在那之后,持火炬的少年仍然可以找到愿意雇用他们的行人,在昏暗的街道和城市滑溜溜的桥上照亮他们的路。然而,即使威尼斯的街道光线不好,也比欧洲大多数城镇要安全,这多亏有投弹手和兵工厂的敛缝工,他们来协助狂欢节期间巡逻的民兵队,还多亏有令人畏惧的十人委员会密探,身穿红蓝两色长袍的大密斯耶(Missier Grande),只要他在场就足以平息一场骚乱。在极少数的情况下,当民众稍有失控,政府维持的少量警察似乎无法控制局面时,十人委员会还可以依靠他们的其他密探，即步兵(fanti)。然而，几乎从未出现过严重的混乱；尽管威尼斯人善变且易激动，但他们表现得非常好，在人群中很容易管理，并且对政府的代表表示尊重，他们认为没有理由质疑政府的法令，对其宪法规定的执政权也毫无异议地接受。

对国家监狱以及监狱中使用的秘密刑罚和酷刑的恐惧，一直挥之不去。人们仍然怀着敬畏之情低声议论那些用来拔掉牙齿和舌头、破碎头骨的工具以及审判官的致命毒药。这些工具现在大多作为有趣的、而且是威尼斯人特有的优雅古董保留下来；而审判官的著名毒药已经很多年没有使用了。呃，是的，还剩下几盒，审判官秘书在 1717 年向一位询问者承认；但使用说明书放错了地方，而且现在它可能已经失效了。十人委员会的监狱还在；但罪犯被关押在其中一所监狱的可能性微乎其微。在审判中，他可以请求免费的法律援助，这个概念在其他地方几乎不为人所知，如果被判有罪，被告很可能会被送到这座城市的禁闭所，或者被送到斯拉沃尼亚人河岸的稻草监狱(Prigioni della Paglia)，从那里他可能会被转移到城外的一个要塞。最不可能的情况是，他会被扔进总督府下面的一个地牢里，那里被称为"井"(pozzi)，在黑暗和洪水淹没的牢房里，囚犯们曾与老鼠争抢微薄的口粮，或者被扔进不那么噩梦般的四人间牢房，那里靠近叹息桥，可以俯瞰宫殿河。而且，除非他犯了某种政治罪，否则不会被关进总督府下面的监狱"铅"(piombi)。威尼斯出生的间谍和风流才子乔瓦尼·贾科莫·卡萨诺瓦(Giovanni Giacomo Casanova)因"公然践踏神圣宗教"被判入狱，就囚禁于此。尽管这里的名声令人生畏，但监狱里的牢房却相当舒适。至少，卡萨诺瓦设法在这里过得就像在家里一样，把自己的家具搬进来，派人去买食物，招待客人，并于 1756 年 10 月策划了大胆的越狱。到 18 世纪末，只剩下一个囚犯，一个希腊人留在"铅"；而下面的"井"也只剩下四五个人，其中一个在被释放的时候非常害怕外面的世界，请求再被带回去，但他被迫吃了很多巧克力和葡萄酒，在他的请求得到批准之前，他就因吃了太多不习惯的食物而死去。

当陌生人走在黑暗而狭窄的街上，想着过去的"铅"或"井"、打手和秘密谋杀案，他可能会突然被一个隐藏在门廊下披着斗篷的神秘人影吓到，或者被扭打的声音和奔跑的脚步回声吓住；但随后就会传来贡多拉船夫们令人宽慰的声音，他们在运河上划着船,互相唱着歌,或者善意地对骂。

威尼斯的欢乐并没有随着狂欢节的结束而结束。韦恩姐妹俩参观过的剧院,只是威尼斯众多公共和私人剧院中的少数几家;尽管17世纪现存的18家公共剧院中有几家已经关闭,但此后新建或扩建了几家剧院,其中的凤凰剧院(Fenice)在1792年5月首次对外开放,当时它有七八家竞争对手。[9]几乎所有的剧院都属于贵族,最受欢迎的剧院每晚都挤满了人,包括星期五意大利其他地方的剧院关门的时候。所以,当几部最受欢迎的戏剧或歌剧上演时,你可能会认为,就像加斯帕尔·戈齐(Gaspare Gozzi)说的那样,镇上的私人住宅都可以出租。小广场上和里亚尔托桥上张贴着广告,一直到18世纪末,还是街头公告员走过街道,通告演出曲目、演员阵容和演出时间。幕布还没拉开,剧院里就开始坐满人,售卖水果、饼干和糖果的小贩们在后排木椅之间昏暗的烛光里来回穿梭,包厢里也摆上了咖啡和葡萄酒。演出开始前大约一个小时,臭油灯点亮了。

具有壮观背景和巧妙剧情设计的戏剧最受欢迎;事实上,外国观察家常常惊讶地发现,观众对表演者明显漠不关心。观众们经常吵吵嚷嚷,互相交谈,赌博,接

从卡纳莱托的乞丐河视角望向新沿岸街,经过维罗基奥的科洛尼雕像、圣若望及保禄堂和圣马可大会堂

吻,开玩笑,大喊大叫,吹口哨。按照古老的习俗,贡多拉船夫们通常可以免费入场,他们隔着座位互相叫唤;年轻贵族们在身穿"流里流气"服装的情妇陪伴下坐在包厢里,往下扔蜡烛头和苹果核,并向下面人的头上吐口水。较大的剧院,在四排包厢的顶层,经常可以看到情侣们在卿卿我我。只有当一首著名的咏叹调被唱出来,或者一个很受欢迎的舞蹈家穿着暴露的服装做了娴熟的表演,或者一个受欢迎的喜剧演员引起了人们短暂的注意时,剧院里才会安静下来。甚至在这种时候,全场的这一半人也可能会因为某些演员的演技而和另一半人发生争执,欢呼声、拍手声、嘘声和谩骂声交织在一起,喧嚣声变得更大了。1794 年,年轻的英国人 J.B.S. 莫利特(J.B.S. Morritt)在威尼斯说:"尝试听歌剧不仅是徒劳的,而且是世界上最庸俗的事情。"威廉·贝克福德证实:"每位女士的包厢里都充斥着茶水、纸牌、骑士、仆人、哈巴狗、神父、丑闻和幽会等场景。"他在描写那不勒斯圣卡罗剧院里"每个人都在说话"时发出的"叽叽喳喳的喧闹声",但他也可能指的是威尼斯任何一家剧院。当观众真正聆听音乐时,他们常常带着一种居高临下的态度,就像勃朗宁的《加洛比的托卡塔》(*A Toccata of Galuppi's*)中无聊的狂欢者所表现的那样:

> 唔(这是他们的风度),他们会中断谈话,她,咬着他面具的黑丝绒,让他手指指着他的剑,而你则坐在那里,在古钢琴上庄严地弹奏托卡塔。

爱乐协会和音乐学院则安静地观看演出,与剧院的行为形成了鲜明的对比。四个慈善机构,即"不治之症收容院""乞丐收留所""奥斯佩达莱托"和"圣母院"中的孤儿,都受到了欧洲所能接受的最好的音乐训练;她们举办的音乐会使所有听众都入迷。查尔斯·德·布罗斯(Charles de Brosses)在 1739 年写道,"她们唱歌的嗓音像天使一样",而他的同胞让-雅克·卢梭(Jean-Jacques Rousseau)写道,他从未听过比她们纯净的嗓音更让人感动的东西。"这足以让人感情脆弱,"另一位外国游客说,"大厅里一片寂静。"

查尔斯·德·布罗斯认为,她们不仅歌唱得像天使,看上去也像天使——她们穿着白色低胸连衣裙,耳后插着石榴枝,看上去确实像天使。她们是人民的英雄:船夫自称认识她们,用她们的教名称呼她们;兵工厂工人讨论她们的优点,而不是他们的葡萄酒和大蒜香肠。而且，这样的讨论通常都是见多识广的。善于判断的外国人，比如18世纪70年代在威尼斯的英国音乐学家查尔斯·伯尼(Charles Burney)，高度评价了威尼斯人的品位、鉴赏力和表演技巧，高度赞赏船夫歌曲的魅力，这些歌曲的印刷品被游客带回家，成为"欧洲每个有品位的音乐收藏家"图书馆藏品中的一部分。几乎每个人都唱着歌，唱得那么悦耳动听，哀叹而不忧郁，歌德如是说。一个孤独的声音在黑暗中穿过运河，会引起一种反应，然后另一个声音也会加入进来，然后其他声音也会加入进来，直到夜空和谐地响起；而在宫殿和较低档次的私人住宅里，透过几十扇开着的窗户，可以听到小提琴和羽管键琴的声音。事实上，威尼斯人对音乐有着被查尔斯·德·布罗斯称为"难以置信的迷恋"，这从16世纪和17世纪威尼斯艺术家画作中乐器的数量就可以看出来，尤其是乔尔乔内和丁托列托，两人本身也是很有成就的音乐家。

早在16世纪初，在阿德里安·威拉特(Adriaan Willaert)的影响下，威尼斯就已成为重要的牧歌创作中心和私人音乐制作中心；到了该世纪中叶，威尼斯成为欧洲的音乐出版中心。1564年，朱塞佩·扎里诺(Giuseppe Zarlino)被任命为圣马可教堂唱诗班领班后，这座城市的音乐名气越来越大。扎里诺组建了第一个器乐合奏团，他不仅鼓励人们在教堂里唱歌和演奏音乐（城里一百多个教堂拥有管风琴），而且还鼓励教堂的教友们唱歌和演奏音乐。到乔瓦尼·格罗斯(Giovanni Groce)和乔瓦尼·加布里埃利(Giovanni Gabrieli)时代，威尼斯的音乐继续蓬勃发展；乔瓦尼·格罗斯于1603年担任唱诗班领班，而乔瓦尼·加布里埃利是圣马可教堂的管风琴师，一名作曲家，是17世纪初来到威尼斯学习的许多外国学生的老师。不过，到了蒙特威尔第(Monteverdi)时代，威尼斯作曲流派才趋于成熟；蒙特威尔第于1613年来到威尼斯，在那里待了三十年直到去世。这时歌剧开始繁荣起来，蒙特威尔第自己也为威尼斯的第一家歌剧院圣卡西亚诺(San Cassiano)谱过曲，还为圣若望及保禄堂和圣莫伊西教堂的剧院以及诺维斯莫剧院(Teatro Novissimo)写过作品。

这些剧院以及后来的剧院——圣撒慕尔剧院(San Samuele)、圣安杰洛剧院(Sant' Angelo)、圣乔瓦尼·克里索斯托莫剧院(San Giovanni Crisostomo)和圣萨尔瓦多剧院(San Salvatore)——在整个17世纪和18世纪不断地需要并定期供应新作品,彼得罗·弗朗切斯科·卡瓦利(Pietro Francesco Cavalli)、乔瓦尼·帕伊谢洛(Giovanni Paisiello)和尼克洛·约梅利(Niccolo Jommelli)、尼古拉·皮契尼(Nicola Piccini)和布拉诺出生的巴达萨尔·加路比(Baldassare Galuppi)以及多门尼克·斯卡拉蒂(Demenico Scarlatti)的作品拉开了帷幕。巴达萨尔·加路比后来成为不治之症音乐学院(Conservatorio degli Incurabili)的唱诗班指挥,多门尼克·斯卡拉蒂在威尼斯工作时结识了亨德尔(Handel),后者的《阿格里皮娜》(Agrippina)于1709年在这里演出。也正是在这里,格鲁克(Gluck)的《克莱奥尼塞(德梅特里奥)》[*Cleonice*(*Demetrio*)]于1742年演出,他的《女奴学院》(*La Finita schiava*),这是一部综合歌剧,于1744年演出;乔瓦尼·巴蒂斯塔·佩尔戈莱西(Giovanni Battista Pergolesi)的《高傲的囚徒》(*Il Prigionier superbo*)和它的喜剧间奏曲《女仆做夫人》(*La Serva Padrona*)于1733年上演;多门尼克·契玛罗萨(Domenico Cimarosa)的悲剧杰作《奥拉济三兄弟和库里阿济三兄弟》(*Gli Orazi e i curiazi*)于1796年上演。正是在威尼斯,观众第一次听到维瓦尔第(Vivaldi)的众多作品,他曾在一封信中提到自己创作了不少于94部歌剧。维瓦尔第出生于威尼斯,他的父亲是一位理发师,也是大教堂管弦乐队的小提琴手。年轻的维瓦尔第也在这个管弦乐队演奏小提琴;在领受圣职后,他在仁爱医院(Ospedale della Pieta)开始了他成功的职业生涯,先是担任小提琴教师,然后是唱诗班领班,他在那里举办的音乐会非常成功,"演奏继续进行时,大厅里再也听不到其他声音"。

威尼斯的赌场里也鸦雀无声,贵族们做庄,唯一的声音是洗牌声、硬币的叮当声和筹码的换手声。为了控制赌博,1638年马可·丹多罗(Marco Dandolo)获准在他靠近圣莫伊西教堂的府邸开一家公共赌场。[10]此后他的府邸扩建了不少,提供十个大房间,每个房间都配有桌子,在桌子上可以玩各种赌博游戏,从巴塞塔、法拉奥尼到潘菲、塔罗牌、比里比索和泽西内塔。在其中一个房间里,多年来一直由古老的莫罗家族一名成员做庄,他以不管赢钱还是输钱永远不动声色而闻名。他穿着毛皮衬里的深红色天鹅绒袍子,帽子上别着一个镶有钻石的玫瑰花结,夜以继日地坐在桌旁,脸上挂着微笑,镇定自若,即使天塌下来也无动于衷。还有一些房间提供巧克力、茶和咖啡,也有一些房间提供葡萄酒、香肠和水果,供赌徒们补充体力。

1774年,在一些知名家族没落后,大议会以720票赞成、21票反对的表决结果,决定关闭公共赌场,将其改建为政府办公楼。几乎没有议员预料到这项法律能够通过;许多议员投了赞成票,因为他们坚信,这样一来,他们可以安全地表达反对意见,而不会破坏他们自己的乐趣。当结果公布时,据说他们"目瞪口呆地面面相觑"。"现在所有的威尼斯人都患上了忧郁症,"法国间谍艾格·古达(Ange Goudar)写道。"犹太人满面愁容。商店里空无一人,面具制造商也在挨饿。那些习惯于一天打十小时牌的先生们发现他们的手在萎缩。显然,没有罪恶的帮助,任何国家都无法生存。"

然而,当时赌博的势力太大了,不可能轻易地被压制住,所以赌博就在遍布威尼斯的私人赌场里进行——事实上,当公共赌场还在营业的时候,私人赌场就一直存在。托马斯·纽金特爵士(Thomas Nugent)在1749年出版的四卷本旅游指南《大旅行》(The Grand Tour)中解释道:

> 赌场被称为聚会的地方(Ridotti),就是贵族住宅中的房间,那里只有贵族才可以做庄,而傻瓜们输钱,他们随时可以把赌徒打发走,而且总是以赢家的身份出现。实际上,一层有十到十二个房间,每间房间里有几张赌桌,还有一大群人;房间里鸦雀无声,不戴面具者不得入内(贵族妇女被允许在里面取下面具)。在这里,你会遇到享乐的女士,还有已婚妇女,她们在面具的保护下享受狂欢节的所有娱乐……除了赌博室,还有其他可以交谈的地方,那里有葡萄酒、柠檬水和蜜饯出售。在这里,先生们可以自在地和女士们打趣聊天,但必须注意在体面的范围内,以免遭遇亡命徒或刺客。

威廉·贝克福德被带到其中一个赌场,那是一个可以俯瞰圣马可广场的套房,"那里灯火通明,有许多衣着考究的女士,她们的头发随意地披在身上,眼睛里写着无数的奇遇。先生们懒洋洋地躺在沙发上,或者在房间里闲逛"。如果一位绅士,从他似乎在消磨时间的那种"没完没了的迷迷糊糊"中清醒过来,想要和其中一位女士缠绵,他就会和她一起偷偷溜走,按照贝克福德的说法,"到某个偏僻角落里的一套小公寓里去",而他的家人对那里"一无所知"。据说,许多妇女已经成了嗜赌如命的人，她们非常愿意"把自己交给任何人，以便她们可以回来玩"。

穷人也是狂热的赌徒。当天气太冷或太潮湿而无法使用井口顶部时，就会有像"打捞人"旅店后面的那种地方，这是一家1782年被政府关闭的俱乐部，但在此之前，家里的仆人、侍者、他们的妻子和朋友都经常光顾。赌博也发生在旅馆、理发店和城里众多的酒馆里，工人们坐在长凳上大口嚼着干硬的威尼斯面包，啜饮着陶罐里盛着的莫瓦西亚白葡萄酒，一种伊庇鲁斯（Epirus）葡萄酒。赌徒随处可见，在被烟熏得黑漆漆的阴暗的小餐馆里，那里供应劣质酒，还有汤和炸鱼；在佩斯特里尼（pestrini），顾客在那里吃搅奶油薄饼；在货栈（magazzen）里，人们在这里可以买到肉，也可以买到葡萄酒和加巴酒（garba），加巴酒是水和劣质白兰地的混合物，物品可以在这里典当，这里的房间也可以租来"用作放荡的目的"；在咖啡馆里，从文人常去的梅内加佐咖啡馆（Caffe Menegazzo），到政府官员青睐的塞吉塔里咖啡馆（Caffe dei Segretari），再到科孚岛一名男子经营的夸德里咖啡馆（Caffe Quadri），这个人以浓郁香甜的土耳其咖啡而闻名，以及花神咖啡馆（Florian），原名"威尼斯胜利"，于1720年由弗罗里亚诺·弗兰切斯科尼（Floriano Francesconi）接管。

在大多数咖啡馆里，店主提供报纸、公报甚至书籍。与意大利其他城市相比，威尼斯的书很便宜；而且很容易买到印刷精美的经典作品和当代文学作品，以及其他地方禁止的出版物，不仅在书店，而且在市场摊位和街头小贩那里也能买到。几乎全部用威尼斯方言写成的公报随处可见。它们提供新闻和小道消息，食谱和关于园艺和家居修理方面的提示，出售和求购的物品清单，书籍和戏剧评论，商业交易账目，以及后来出现在20世纪初的《威尼斯日报》（Gazzettino）上的一些东西，用柯佛男爵（Baron Corvo）的话来说，"那份迷人的威尼斯小报，它不仅是对世界和这个城市新闻的一个像样的总结，而且是对威尼斯的风俗习惯和美味方言的真正博雅教育"。一些公报定期出版；有些公报则在一期之后就再也看不到了；少数公报得到天才作家加斯帕罗·戈齐（Gasparo Gozzi）和他的兄弟卡洛（Carlo）撰稿，他们是传统即兴喜剧的拥护者，非常强烈地谴责卡洛·哥尔多尼（Carlo Goldoni）的现实主义喜剧。大多数公报是自封的诗人和偶尔加入的雇佣文人编辑的，他们隶属于威尼斯无数的文学学院，像格拉内莱斯基学院（Granelleschi），或者叫球学院（Balls Academy），它的标志是一只猫头鹰，爪子里夹着一对睾丸，文图罗斯学院

（Venturosi），镇静学院（Imperturbabili），不完美学院（Imperfetti），西伦蒂学院（Silenti），阿多尼学院（创作寓言），梅卡尼奇学院（Meccanici，专门研究淫秽内容），或者无成果学院（Accademia degli Infecondi，其会员资格对作家来说是一个障碍，它要求非常严，在加入它之前不能出版过任何作品）。很少有人以写作为生。即使他们的作品被采用了，也得不到应有的回报。据说诗人多门尼克·拉利（Domenico Lalli）"实际上是饿死的"。事实上，即使是像这样成功多产的作家也一贫如洗。

哥尔多尼大约创作了250部戏剧和歌剧，他于1707年出生于15世纪建造的岑坦尼宫（Palazzo Centani），[11]父亲是一名医生。他抛弃学业，加入了一个巡回演出的喜剧剧团，之后他安定下来，在帕多瓦大学读法律，并在威尼斯做过一段时间的律师。然而，他在客户身上花的时间比在圣撒慕尔剧院的时间要少；到了1748年，当他开始为吉罗拉莫·梅德巴赫（Girolamo Medebach）的圣安杰洛剧院写剧本时，他决定全身心投入戏剧事业。他的第一部成功的喜剧，1749年的《高雅的女人》(La Putta onorata)，包含了老套的角色，并以即兴喜剧的名义出演；但他后来最好的、更现实、情节更周密的剧本，有些是用意大利语，大部分是用方言写的，是为圣卢西亚剧院（Santa Lucia），即现在的哥尔多尼剧院（Teatro Goldoni）写的，反映了18世纪威尼斯生活中人们的全部天性和自然美好的心情，我们在威尼斯风俗画大师彼得罗·隆吉的画作中也看到了这一点。

在夏季和秋高气爽的日子里，富裕的家庭离开城市去乡村度假，年轻的贵族们去打壁球或网球，去博特里街圣卡西亚诺剧院里的贾科莫·博戈洛科（Giacomo Borgoloco）学校上击剑课，或者，去乞丐大道（Mendicanti）的骑术学校——尽管现在马已经很少了，有一天，皮奥兹（Piozzi）夫人看到一群人排队去看杂耍表演里的一具马标本。穷人也有自己的夏日乐趣。他们到利多去野餐；他们玩他们自己的各种网拍式墙球；他们在河谷里钓鱼或到潟湖上捕鸟，乘坐被称为菲索里里（fisoleri）的轻舟出海，到萨卡格纳纳岛（Saccagnana）和以他们命名的猎鹰岛（Falconera）上布置陷阱捕捉猎鹰，有时甚至像他们的祖先那样使用吹管。这里总有足球玩或比赛可以观看；还有教区之间的拳击比赛，尽管在18世纪中叶被禁止，但仍然在桥上进行，常常导致至少一名参赛者被击倒在运河中。黄昏时分，随着音乐和歌声响起，广场活跃起来，人们走出来跳曼弗林娜舞（manfrina）或富尔兰纳舞

手里拿着面具的客人，等着被领去参加舞会

（furlana），年轻的妇女们穿着五颜六色的衬裙和围裙，她们的连衣裙在手腕和脖子处是蓬松的，耳后或头发上插着鲜花，胸前系着丝带；男人们和他们的舞伴一样衣着鲜艳，穿着绣花的背心和紧身长筒袜，渡船上的船夫们穿着白色衬衫，系着腰带，戴着羽毛装饰的帽子，为私人服务的人穿着丝绸夹克制服、短马裤和丝袜；受雇于总督或外国王公的人衣服上有金饰或银饰。

18世纪威尼斯时尚男士的服装并不像一百年前那样稀奇古怪，当时有人问他们，他们服装上的褶边和褶饰是否表明他们想要改变性别。然而，这个穿着天鹅绒或锦缎外套、饰有飘逸花边的亚麻衬衫、紧身马裤、紧身条纹长袜和配着鲜红鞋跟和闪闪发光鞋扣的锃亮鞋子的花花公子，仍然让人眼前一亮。他可能带着一把扇子和一根小手杖；他的表链上系着手表、戒指和眼镜；在他的其他口袋里，会有刻有伊索寓言场景或盾徽的名片，鼻烟壶——有时会在盒盖里印上淫秽图片，以取悦他们的朋友，或者给他们的情妇一个惊喜——还有装着浓烈香水的小瓶子，在鼻子底下挥来挥去。他们的头上通常戴一顶抹了粉的法式假发，也许是带长卷的假发，或者是中分的假发，或者是一顶高高的、马尾扎在黑色丝绸包里的假发，这种时髦的三角帽无法戴到头上，因此必须夹在腋下。

到了18世纪下半叶，尽管假发一出现就被十人委员会强烈禁止，但假发几乎已普及；1757年，安东尼奥·科雷尔（Antonio Correr）去世，享年"84岁，留着自己头发"，据说他是"最后一个没有戴假发的贵族"。那时，还留着自己头发的年轻人被认为是轻率和不负责任的。"你真有足够的知识来胜任你申请的职位吗？"一位上了年纪的议员问罗西家族的一位后裔，"我们需要一个认真负责的人来恰当地填补这一职位，我们是不会录用留着自己头发的人的"。因此，罗西剃了光头，戴上"一顶边上有适当数量鬈发的假发，还有一顶像塔糖一样的假发，但他的未婚妻却大声抗议。不过，这也没办法"。

如果一顶假发是必须戴的，这位受人尊敬的贵族就不再觉得他只能穿着他那件黑色官服外出了，那是一件宽大的宽袖长礼服，它的边缘仍被跪在地上的恳求者亲吻着。很久以前，他们就觉得可以把这些长袍脱下来放在前面了，因此，正如理查德·拉塞尔（Richard Lassells）在1670年写的《意大利之旅》（*Voyage of Italy*）中说的那样，你可以看到他们里面穿着闪闪发光的法衣、丝绸腰带和柔软的摩洛哥皮鞋。现在他们在离开议事厅时脱下了长袍,放在行政长官官邸大楼连拱廊下面的拱形房间里。然后,他们到广场上散步,看上去和他们的年轻亲戚一样漂亮,据修女阿克安吉拉·塔拉博蒂(Arcangela Tarabotti)说,这些亲戚跟任何女人一样虚荣,"系着发带和金银坠饰,衣服上有花边,戴着戒指,穿着英式长筒袜和紧绷绷的鞋子,这使她们的脚显得很小,脚尖上有巨大的玫瑰花结,腰间系着刺绣的腰带,还有吊着马裤的背带,打扮得华丽而俗气"。有些人甚至把马裤和长袜连在一起穿,这种裤袜最后发展成了裤子,外国游客认为这种服装非常奇怪:它们被称为男式马裤(pantalone),以意大利喜剧中的威尼斯人物命名,其原型是威尼斯人最喜爱的圣人圣潘塔莱奥内(San Pantaleone)。

女性也戴抹粉的假发;但在户外,正如提埃波罗画作中画的那样,她们的假发经常被装饰着水果和树叶、蝴蝶甚至鸟类标本的巨大缎带帽子遮盖掉。她们自己的头发打扮得非常精致,抹了发油,染了色,洒了香水,也搽了粉,系在梳子、环箍和金属丝框上,用父亲或情人的头发装饰,还有孩子或宠物的肖像,以至于帕多瓦的气象学教授朱塞佩·托尔多(Giuseppe Toaldo)不得不建议时髦的女士们应该配备避雷针。

女士们的妆化得很浓,在层层化妆品下面,有时可以看到小昆虫从里面钻出来。她们的脸颊和下巴上,甚至鼻子和嘴唇上都化妆,化妆的部位有其特殊的意义和名称:眼角——激情;喉咙——妩媚;额头中间——庄严;嘴角——迷人;鼻子——厚颜无耻。脖子——很少洗得很干净,尽管抹了很多乳霜,擦了"三英里外"就能闻到的香水——上面戴着项链和吊坠,垂落在胸前,胸口抹了大量白色粉末。

在华丽的服装下面,有钱女人的内衣,虽然不太干净,却是上等的,用布鲁日亚麻布做的,上面镶着银花边,用珐琅彩金钮扣扣着。紧身衣可以确保肩膀向后凸出,乳房向前凸出。假乳房和假屁股是从法国引进的,尽管这两样东西被一项法律禁止,要求将它们烧掉。在她们的内衣和束身内衣外面,是用厚重的料子做成的裙子,上面点缀着花边和荷叶边;还有袖口开衩的打褶紧身上衣,蓬松有褶边;还有巨大的环形裙衬,腰间系着蕾丝镶边的薄纱,像挂在大帆船上的旗帜一样在后面飘扬。

当然,许多贵族妇女严格遵守禁止奢侈的法律,总是穿着黑色的衣服;一些观察家也同意法国人达·拉兰德(Da La Lande)的观点,即威尼斯女性对巴黎时装的推崇,不如其他欧洲国家首都的女性。但与他同时代的几个人认为,许多威尼斯人随时准备藐视法律。事实上,她的衣服是如此豪华和艳丽,她的珠宝是如此聚集和奢华,她的服装是如此之多,以至于就像骑士马里诺(Marino)曾对朋友说的那样,"威尼斯女人本身成了这场表演中最无足轻重的部分"。在无法逃避禁奢法的日子里,在大家都知道奢华监督官(Provveditori alle pompe)比平时更不宽容的时候,就得穿上黑袍。妇女们以前在户外用以遮住肩膀和胸部的那块黑纱现在又盖在头上了,尽管即使在教堂里戴的那些饰物,也像狂欢节的舞厅里戴的那些一样耀眼夺目。用象牙或玳瑁封边的手绘纸扇上还挂着眼镜;牵狗皮带上镶嵌着珠宝;阳伞是用最丰富的材料制成的;手帕是用白色丝绸制成的,如果使用者吸鼻烟(很多人吸鼻烟),则用最鲜艳的丝绸制成。

有钱而懒散的女士醒得很晚,把巧克力送到床上喝,和她们的宠物狗玩耍,还有她们的美发师照顾她们。当她们穿好衣服,会和她们的陪伴骑士闲聊,这些人可能是她们的情人,但通常不是。晚饭后,她们可能会弹钢琴,读一本法国小说,出去赌博、跳舞或看一场戏,散步或去赌场见她们的情人,根据卡萨诺瓦可能有些过盛的想象力,他们可能在色情图片下的沙发上缠绵,或者从转盘上的盘子里随便吃点夜宵。转盘是嵌在墙上的,这样他们就不用仆人服务了。外国人认为开办这些赌场是个令人愉快的主意。无论男女都可以拥有或租用赌场,赌场由房子里的一些小套间组成,这些房子通常都处于隐蔽的地方。杜博凯奇夫人(Madame du Boccage)描述了其中一座房子,"一座中产阶级的房子,一盏昏暗的提灯送你上楼,钥匙在你的口袋里,然后你走进房间。你可以休息、见朋友、两人促膝谈心,在这里你可以随心所欲,不会招来流言蜚语。我见过不止一个这样迷人的绿洲,它们提供的自由远比这里(巴黎)女性所享有的自由要多"。

有些赌场以私人俱乐部的形式经营,会员通常具有相似的品位和社会背景,需要支付会费;其中一家赌场的会员超过300人。到18世纪末,检察官们知道的赌场共有140家,他们竭尽全力地限制赌场数量,劝阻平民不要参与。但关掉一个,另一个又冒出来了;据说,仅在圣马可区就有二十多个当局不知道的赌场。

然而,仆人甚至丈夫有可能突然闯入,也没能阻止妇女在自己家里招待她们的

穿着化装斗篷、头戴三角帽的威尼斯年轻妇女，约 1760 年提埃波罗画

情人。据说不止一个丈夫从赌博室或从情妇的床上回到家中，发现自己的妻子正躺在情人的怀里。"你太轻率了！"他会毫无怨恨地说，"你为什么不锁门？万一有个仆人进来了怎么办？"

诸如此类的故事，以及卡萨诺瓦这样的浪荡子绘声绘色的回忆录，往往会给人这样的印象：威尼斯社会的性放纵远比实际情况要普遍得多。资产阶级的行为方式并不是贵族的作风，也不是所有贵族女士都过着哥尔多尼一些喜剧所暗示的那种索然无味的享乐生活。当查尔斯·德·布罗斯向法国大使德·弗罗莱（de Froullay）提出有关威尼斯妇女道德的问题时，他被告知，大使本人对这一问题很了解，他认识的"和情人上床的优秀女人"不超过五十个，"剩下的都是尽忠职守的"。

当然，威尼斯女士中很少有人像画家和微雕家罗萨尔巴·卡列拉（Rosalba Carriera）那样才华横溢，她的大部分职业生涯都在这座城市度过，为从霍勒斯·沃

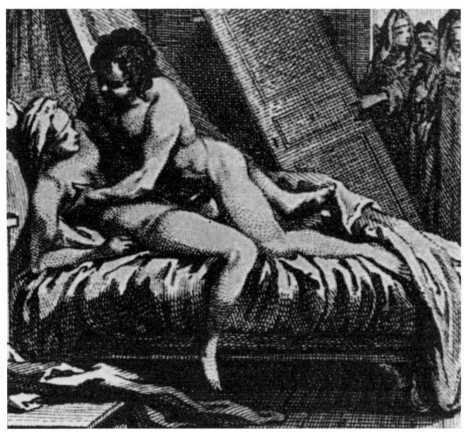

多情的遭遇，威尼斯出生的乔瓦尼·贾科莫·卡萨诺瓦放荡生活回忆录里的插图

波尔（Horace Walpole）到曼彻斯特伯爵（Earl of Manchester）等外国游客作画；很少有人像刘莎·贝加利（Liusa Bergalli，戴着丈夫的斗篷和假发保暖）那样，准备静下心来翻译杜博凯奇夫人的《亚马逊人》（*Amazons*）；更少有人像总督夫人皮萨纳·科纳罗·莫塞尼格（Dogaressa Pisana Corner Mocenigo）那样勤奋地学习天文学、解剖学和自然史；很少有人还能像卡特琳娜·多尔芬·特隆（Caterina Dolfin Tron）那样写出这样的诗歌，这样有趣而新颖的书信。但是，许多人都很机智，即使她们对政治不感兴趣，也能愉快地谈论其他任何事情；她们身上有一种举止上的欢乐和魅力，那种甜蜜和活泼的表情，无论男女，都觉得罗伦佐·达·蓬特（Lorenzo da Ponte）的情妇安吉拉·蒂埃波罗（Angela Tiepolo）很有魅力。在这样的女士们的客厅里，晚上可以过得很愉快。但许多谈话并不比哥尔多尼描写的那些更有趣，那些

"足以让你笑死"：

> 女士们和她们的陪伴骑士在一起。她们像雕像似的僵坐在那里，等着别人献殷勤。她的爱人靠在她的肩上叹息，或跪在她的脚下；另一个人递茶，或拿起一块手帕，或亲吻一只手，或伸出手臂，或扮演秘书、仆人、理发师、演员，或像狗一样抚弄或跟着她。

这种谈话有时要到凌晨两点才开始，对于那些饿着肚子的客人来说，饥饿感又加重了他们的无聊之苦，因为几乎没有人邀请他们留下来吃饭。查尔斯·德·布罗斯抱怨道：

> 他们不知道提供一顿饭意味着什么。我有时在女代理人福斯卡里尼家里参加一次谈话，那是一幢非常富有的房子，她是个非常迷人的女人。作为唯一的珍品，在法国时间晚上十一点左右，二十个服务生用一个巨大的银盘端上来大南瓜片，这是一道令人讨厌的菜。还有一堆银盘子；每个人都吃一片，然后用一小杯咖啡把它吞下去，到了午夜，就空着脑袋和肚子离开，到自己的住处去吃饭。

在这样的夜晚之后，或者在外国人因为谈论政治的尴尬愿望而与他们保持一定距离的房子里，客人们渴望逃到更自在的赌场或街上。在街上——用威廉·贝克福德的话来说，就是那些"享乐和放荡的场所"——任何类似于约束的事情似乎都是"完全不可能的"，因为狂欢者成群结队地闲逛，在门廊里调情，啜饮咖啡，啃着冰糕，听着手摇风琴的演奏，或者吵吵闹闹地互相打趣；在这里，连牧师都戴着面具，神父也像任何时尚人士一样穿着优雅地走来走去，妓女们也在这里来回走动，因为随着白天的消逝，城市变得越来越"放荡"。

最成功的交际花也像最时髦的女士一样精心打扮。托马斯·纽金特爵士告诉读者，这些妓女遍布大街小巷。她们站在各个角落，"穿着最鲜艳的衣服，袒胸露乳，脸上浓妆艳抹，几十个人站在门口和窗前，招揽她们的顾客"。17世纪初，托马斯·科里阿尔估计威尼斯有多达两万名妓女，"其中许多人被认为太过放荡，据说她们对任何人都来者不拒"。到18世纪末，这一数字仍然保持在以往的高位。吉尔伯特·伯内特（Gilbert Burnet），索尔兹伯里主教，1685年到过威尼斯，是最早将共和国的衰落归咎于公民道德败坏和文化堕落的观察家之一。他对娼妓的数量感到震惊，事实上，他也对威尼斯妇女普遍的淫乱感到震惊，和她们"不用任何前戏和准备，第一步就是彻头彻尾的兽性"。

有一家育婴堂，专门照料妓女不幸生下的婴儿；但那里很少人满为患，因为，正如一句古老的谚语所说，"最好的木匠浪费最少"。到交际花那里买春并不便宜，用托马斯·纽金特的话来说，那些没钱"包养"一个交际花的年轻人，会和"两三个朋友"一起，"共用一个交际花"。而且，尽管有卫生委员会的监视，她们也不像大多数人看上去那么健康。为了不让她们的儿子"生理失调"，一位夫人会和她的穷邻居达成协议，让他们的一个女儿和她的儿子同床共枕，并支付约定的金额。游客很少能达成这样的协议，他们和詹姆斯·博斯韦尔（James Boswell）一样去冒险。因为没能和恰拉·米切利（Chiara Michieli）上床，詹姆斯·博斯韦尔决定去拜访那些他听过她们"金光闪闪的故事"的交际花。他记录道，"战斗并非没有荣耀"，但以往战役的创伤"还没有痊愈"，他很快意识到自己受了新的创伤。他对卢梭说："更糟的是，蒙斯图亚特大人［法国总理布特伯爵（the Earl of Bute)的小儿子］也参加了那次聚会。他见我很兴奋，就问我在干什么。我告诉他，我要去看看那些姑娘们，体会一下乐趣，了解这个世界，但我求他不要去。你可以想象我们一起去了……我的大人和我一样遇到了难应付的对手。好一个愚蠢的行为。"

查尔斯·德·布罗斯要幸运得多，或者说谨慎得多。他至少和八个交际花发生过性关系，显然没有发生任何不测，他认为"仙女和天使"结合在一起也不可能产生像威尼斯交际花那样美丽的女孩，其中许多是年轻女孩，她们只要挣够诱人的嫁妆就不再做妓女，还有一些是放荡的贵妇人，比如一位叫阿格尼奥拉·塔米阿佐（Agniola Tamiazzo）的女人，一天深夜，人们发现她在街上闲逛，"想找个人回家"。一位英国军官，诺索尔（Northall）上尉，比查尔斯·德·布罗斯早几年到过威尼斯，他同意他关于威尼斯交际花的看法：她们拥有"意大利女人中最迷人的艺术"。

卡萨诺瓦对他家乡的修女们的描写也大致相同，他认为她们是令人愉快的情人。他遇见的一个修女是一个很性感的女人,既喜欢男人的身体,也喜欢女人的身体,她带给他的兴奋不亚于他所认识的任何女孩。另一位名叫玛丽亚·达·里瓦(Maria da Riva)的修女,爱上了法国大使,她与大使发生了一桩臭名昭著的风流韵事,以至于检察官禁止他们见面。后来,这条禁令没有起作用,她被流放到费拉拉,不久她就在那里嫁给了别人。另一位修女和一个女修道院院长为了一个共同的情人而决斗。英国驻威尼斯特派代表约翰·默里(John Murray)告诉卡萨诺瓦,整个威尼斯没有一个修女是用钱买不到的。但必须补充一点,默里并不是最可靠的证人,卡萨诺瓦形容他长得像鲁宾斯(Rubens)笔下的巴克斯(Bacchus)。事实上,玛丽·沃特利·蒙塔古夫人坚持认为,这个走私犯出身、"总是被皮条客和拇客(他的智囊团)包围"的家伙不配做他国家的代表,他是"一个彻头彻尾的可耻的家伙",他"不值得信任去兑换一个西昆(sequin)"。

然而,尽管毫无疑问确有许多真正的修女——甚至在贵族的修道院也是如此,如圣母玛利亚修道院(Delle Vergini),这些修道院专为付得起最慷慨嫁妆的贵族女儿而设——而且到18世纪末,女修道院的纪律明显不那么松懈了,但在威尼斯,人们对宗教信仰和宗教的态度并不太严肃。从表面上看,它仍然是一个虔诚的城市。那里有无数的教堂——现在仍然有一百多座——而且大多数教堂都有很多教徒。桥边、街角、商店和私人住宅里,到处都有神龛;可以看到人们在街道墙上的壁龛里衣着华丽的圣母像前祈祷,听到祈祷的钟声下跪;他们经常在胸前画十字,在葬礼上穿颜色最深的丧服,在他们的屋子里外挂着黑色的布帘和挂毯,呈现出适当庄严的场面,脸上挂着眼泪,嘴里唱着哀歌,手里举着横幅和火把跟在送葬队伍后面,分发死者的画像和悼词,挂在商店和邻近房屋的窗户上。

有一次,一名来访的英国人因为没有在圣体面前下跪,在大教堂里遭到一位参议员严厉斥责。

"但是我并不相信圣餐变体论。"访客提出反驳。

"哦,看在上帝的分上,"参议员回答说,"我也不相信,但你要么像其他人一样跪在这里,要么出去。"

只需要遵守形式就可以了,不需要一个麻烦的信仰,而且从来不需要。教会一直牢牢地守在自己的位置上,远离政治,财政由国家控制;牧师必须在威尼斯出生,由教区居民选举产生，而大主教和主教则由政府任命。格列高利十三世（Gregory XIII）曾哀叹："除了威尼斯，我在哪儿都是教皇。"威尼斯的弥撒是非常戏剧化的表演，音乐有时更适合歌剧甚至是音乐喜剧，而不是宗教仪式。听众中有聊天的男人，也有衣着大胆的女士，他们在整个布道过程中喋喋不休，很可能会把写给英俊牧师的情书扔到募捐盘上，作为对慈善事业的奉献。教皇的抗议也没有对威尼斯修道院的行为产生任何显著影响，许多修道院与其说是宗教场所，不如说是为富裕家庭的女儿们开办的精修学校。人们可以在格栅后面的弥撒上看到这些女孩，就像查尔斯·德·布罗斯看到的那样，她们穿着女演员的低胸衣，漂亮活泼，嘻嘻哈哈，交头接耳。她们接受简单的教育，等待着有一天她们能吸引合适的男人的目光，这些男人会询问她们的情况，然后也许会把她们带走，和她们结婚。弗朗切斯科·瓜尔迪（Francesco Guardi）在雷佐尼可宫（Ca' Rezzonico）的画作《圣扎卡利亚修道院里的访客室》（Il Parlatorio），展示了这些女孩在离圣马可广场不远的圣扎卡利亚修道院的格栅后面招待宾客。

当时，到威尼斯来的外国游客对瓜尔迪的敬仰，不如与他近乎同时代的安东尼奥·康纳尔（Antonio Canal）；安东尼奥·康纳尔又名卡纳莱托（Canaletto），是剧院一位场景画家的儿子，他为自己与一个出身高贵的家族有关系而感到自豪。18 世纪 20 年代，卡纳莱托把一张画卖给了他的第一个有记录的赞助人，即后来的第二任里士满公爵查尔斯·伦诺克斯（Charles Lennox），此后，他的画就比他的老对手卢卡·卡勒瓦里斯（Luca Carlevaris）更受追捧。卢卡·卡勒瓦里斯曾是最受欢迎的威尼斯风景画家。

卡勒瓦里斯 1663 年出生在乌迪内（Udine），不久移居罗马，在那里他花了大量时间研究荷兰风景画家加斯帕·范·维特尔（Gaspar van Wittel）的作品。加斯帕又名范维泰利（Vanvitelli），他也曾去过威尼斯，画过威尼斯的几处风景。卡勒瓦里斯十六岁时来到威尼斯，在那里度过了余生的五十年，于 1730 年去世。尽管他是一名数学家，但在他四十岁之前，他已经为这座城市最重要的历史遗迹制作了 100 多幅蚀刻版画。然而，他的画作似乎都不敢远离圣马可广场和小广场，在他著名的代表作中描绘了 1707 年第一任曼彻斯特伯爵作为英国大使抵达威尼斯时这两个地方的场景。和他同一时期在威尼斯工作的是约翰·安东·里克特（Johan Anton

Richter)。但里克特的名声,就像卡勒瓦里斯的名声一样,被卡纳莱托的名声盖过了。1725 年,卡纳莱托的作品被描述为"像卡勒瓦里斯的作品,但你可以从中看到光芒"。

与在画室工作的卡勒瓦里斯不同,卡纳莱托在室外画他的风景画,在他那个时代,这种做法被认为相当古怪。即便如此,他的画作在地形上并不总是可靠,因为如果艺术似乎证明它是合理的,或者如果客户想要他的纪念品所包含的东西比眼睛能看到的更多的话,他随时准备改变视角。卡纳莱托一直在威尼斯工作,直到 1746 年他去了伦敦,18 世纪 50 年代中期又回到威尼斯。他早期的作品与他回国后的作品形成了鲜明的对比,正如 J.G. 林克斯(J.G. Links)所观察到的那样,回国后,"他的想象力,除了一些明显的例外,似乎已经抛弃了他,'书法'一词通常用来形容他最后几年的作品,尽管技巧依然高超,但多少有些江郎才尽"。

他的画要价极高。1727 年,爱尔兰经理人欧文·麦斯威尼(Owen McSwiny)对里士满公爵说:"这是个反复无常的家伙,每天都在讨价还价;凡是想要他作品的人,千万不能显得太喜欢它,因为无论是在价格上还是在绘画上,你都会因此受到更坏的对待。他的工作太多,在任何合理的时间里都做不完。"事实上,他最终拥有了如此多的财富,以至于他的工作很大程度上依赖于绘画。

要想委托"贪心贪婪"的卡纳莱托创作一幅画,最好的办法(有时是唯一的办法)是通过英国驻威尼斯领事约瑟夫·史密斯(Joseph Smith)来完成,他从 18 岁起就住在威尼斯,1744 年 62 岁时被任命为领事。史密斯在商业和艺术品交易中发了财,他住在现在的曼吉利瓦尔马拉那宫(Palazzo Mangilli-Valmarana)[12],这是根据安东尼奥·维森蒂尼(Antonio Visentini)的设计为他重建的。

在这里,他是"一位最活跃、最有趣的主人",他接待了整整一代来威尼斯的英国游客,并为他所经纪的艺术家举办展览,这些艺术家包括罗萨尔巴·卡列拉、弗朗切斯科·祖卡雷利(Francesco Zuccarelli)、马可·里奇(Marco Ricci)和塞巴斯蒂亚诺·里奇(Sebastiano Ricci)兄弟以及卡纳莱托。尽管被霍勒斯·沃波尔斥为"威尼斯商人",对他那藏书广泛的图书馆里的书只知道书的扉页,但史密斯是一位眼光敏锐的收藏家和艺术品鉴赏家,同时也是一位代理人和交易商。在威尼斯的上流社交界,有人断言,正是为了得到领事的藏品——其中大部分最终将被乔治三世

1707年曼彻斯特伯爵作为英国大使抵达威尼斯,和共和国商讨建立联盟,卢卡·卡勒瓦里斯作品

(George III)拿走——约翰·默里,这个寡廉鲜耻的英国特派代表,在史密斯当时已经是八十多岁的"古怪老头"时,诱使他的妹妹嫁给了他。

当史密斯于1770年去世时,比他小17岁的卡纳莱托早已下葬。卡纳莱托的侄子兼学生贝尔纳多·贝洛托(Bernardo Bellotto)的风格明显受到了伯父的影响,他于1742年离开威尼斯,而与贝洛托同时代的米凯莱·马里斯凯(Michele Marieschi)于1744年去世,年仅34岁。但是,在整个18世纪,威尼斯画室里以卡纳莱托风格创作的油画,尽管缺乏他的艺术天赋,还是供不应求。因此,事实上,到了19世纪,朱塞佩-贝尔纳迪诺·比松(Giuseppe-Bernardino Bison)、F.格鲁巴克斯(F. Grubacs)、朱塞佩·博尔萨托(Giuseppe Borsato)和乔瓦尼·米利亚拉(Giovanni Migliara)等艺术家继续为外国游客创作这些作品,用其中一位外国游客的话来说,他们希望"永远想起这座魅力无限的城市"。

注释:

1. 位于利多岛附近,亚美尼亚圣拉扎罗岛南面的小岛老拉扎雷托岛(Lazzaretto Vecchio),12世纪时,这里是朝圣者的救济院。1423年当这座小岛成为瘟疫感染者隔离医院所在地的时候,它属于奥古斯丁修会的拿撒勒圣母修道院(monastery of Santa Maria di Nazareth)所

有。"拉扎雷托"这个名字是"拿撒勒"的变体,后来被麻风病医院所使用。这座岛屿在 1965 年的军事占领后被放弃,现在那里变成了流浪狗的家园。1987 年时,有提案考虑将其建造成运动中心。

1468 年,在新拉扎雷托岛(Lazzaretto Nuovo)上建立了一家新的瘟疫感染者隔离医院。这座小岛位于农业岛屿勒维尼奥勒岛(Le Vignole)和圣埃拉斯莫岛(Sant' Erasmo)的北面。19 世纪和 20 世纪早期,这里被用作军事用途,但最后于 1975 年被放弃。

2. 巨人阶梯是一座从总督府中庭向上通往公爵公寓的巨型楼梯,在楼梯的顶部矗立着桑索维诺雕刻的两座巨大雕像《战神》(Mars)和《海神》(Neptune),这座楼梯也因此得名。它由安东尼奥·里佐在 1484 年至 1498 年间建造,上面有许多装饰性浮雕和珍贵的大理石雕刻品。总督府的东翼在 1483 年的大火中被严重损毁,里佐负责重建工作,而巨人阶梯则是他整体设计中最精彩的部分。人们可以从两处地方进入总督府,一处是位于圣马可广场码头的出入口,另一处则是面向圣马可小广场、外观华丽的纸门,无论从哪里进入宫殿,都能看到这座楼梯。这里还是举行仪式的地方,从 1485 年起,总督站在巨人阶梯的顶层加冕。在新上任的总督宣誓效忠共和国后,最年轻的议员会将"佐亚"(zoia,传统的总督帽)戴到他的头上,并庄严地宣布:"正式加冕成为威尼斯共和国总督(Accipe Coronam Ducalem Ducatus Venetiarum)。"当"总督角帽"(corno)不用的时候,它会被锁在圣马可大教堂内保存。

3. 十字桥(Ponte della Croce)位于大运河最远端,火车站的对面,它连接十字沿岸街(Fondamenta della Croce)和小圣西门教堂沿岸街(Fondamenta di San Simeon Piccolo)。它曾经也被称为转弯桥(Ponte della Zirada),因为在以前的划船比赛中,这座桥被作为贡多拉赛道的转弯点使用。

4. 曾经的纳尼宫(Palazzo Nani)矗立在朱代卡岛最东端的纳尼巴巴罗广场(Campo Nani Barbaro)上,它建立在 15 世纪哲学学院(Accademia Filosofica)的原址上。曾经通向纳尼宫的沿岸街现在是海关警察署的入口。

5. 沿着宽阔的朱代卡运河的街道名为木筏沿岸街。它是一条宽阔的滨海步行大道,沿着多尔索杜罗区的南部边界延伸。它的名字(zattere)来源于曾经停泊在码头周围区域卸载木材的驳船或筏。这片区域 1519 年时铺上了路面。街道上的建筑自东向西有:乔瓦尼·阿尔韦塞·皮嘉齐 1835 年至 1840 年左右建造的新古典主义风格外观的盐仓(Magazzini del Sale),这里曾经是存放食盐的仓库(现在被作为船库的一部分使用);建于 1483 年的圣灵教堂,它有着文艺复兴式的外立面,它的内部在 18 世纪时进行过重建;古典主义风格建筑不治之症医院(Incurabili);霍雷肖·布朗(Horatio Brown)曾经居住过的一栋粉色房屋,位于托雷塞里河(Rio delle Torreselle)与木筏沿岸街的交汇处;拉斯金 1877 年居住过的卡尔希纳旅馆(Pensione Calcina);乔治奥·马萨里 1726 年至 1743 年建造的玫瑰圣母教堂(the church of the Gesuati, Santa Maria del Rosario),教堂中有提埃波罗的壁画以及丁托列托和皮亚泽塔的画作;还有文艺复兴式的圣母来访者教堂(church of Santa Maria della Visitazione),它有着吸引人的木质屋顶以及 16 世纪的彩绘油画板。街道的最西面是停靠大型船只的码头和许多货运公司的办公场所。尽头是海滨车站(Stazione Marittima)。

6. 20 世纪 70 年代,狂欢节(Carnival)得以恢复,年轻人从意大利大陆来到威尼斯,他们穿着自己制作的服装在这里欢度周末。连续成功举办三年后,威尼斯市政府将其纳入官方活动管辖,现在狂欢节在每年的 2 月持续举办一周,并于"忏悔星期二"(Shrove Tuesday)当天在圣马可广场以舞会的形式结束整个活动,当日整个城市的人口几乎能够较平时翻倍,它已经成为威尼斯的主要旅游活动之一。

7. 葡萄酒沿岸街(Fondamenta del Vin)沿着大运河左岸靠近里亚尔托桥的拐角处延伸。它出现在卡巴乔描绘的《真十字架的奇迹》(Miracles of the True Cross)中一座 14 世纪房屋(曾经是彼得拉尔卡公寓)的前景里,这幅作品现在藏于学院美术馆。

8. 位于迪奥大楼河岸(Riva Ca' di Dio)上的公共面包房(Forni Pubblici),在一座 13 世纪时为朝圣者和十字军战士修建的名为迪奥大楼(Ca' di Dio)的医院另一边。为从兵工厂驶出的船只提供食物补给的公共面包房建造于 1473 年。

9. 位于威尼斯市中心圣方坦广场(Campo San Fantin)不远处的凤凰剧院(Teatro la Fenice)是威尼斯最主要的剧院,它是一座巨大的不规则建筑。凤凰剧院是 1790 年至 1792 年间以贵族协会(Nobile Società)的一群贵族和公民牺牲的利益为代价建造的,他们不得不放弃曾经由他们赞助的圣贝尼代托剧院(Teatro San Benedetto,见下文注释)的租赁权。剧院的建筑师选择的是 G.A.塞尔瓦,他朴素而前卫的外立面设计方案胜过了彼得罗·比安奇(Pietro Bianchi)更为传统的方案。虽然在 1836 年的火灾后,剧院内部进行了大规模的改建,但是塞尔瓦设计的剧院主外立面几乎保留了原样。新古典主义外立面的装饰实际上仅限于凸出的科林斯门廊上方的中央区域,壁龛内的雕像《音乐》和《舞蹈》的上方是代表悲剧和喜剧的面具,再往上则是相同主题的雕像。大型中央弦月窗上有着凤凰的浮雕,凤凰是剧院的象征。早先剧院的凤凰石浮雕在出入口内部的上方可以看见,上面还有着被火烧过的痕迹。门廊的内部,剧作家哥尔多尼(Goldoni)和塞尔瓦的纪念石分列出入口的左右两侧。

作为包厢主人的贵族协会成员拥有剧院的管理权,在他们的经营下,凤凰剧院获得了极大的成功,这里承接了诸如贝里尼、多尼采蒂(Donizetti)和罗西尼(Rossini)等作曲家作品的演出,罗西尼的《坦克雷迪》(*Tancredi*)和《塞密拉米德》(*Semiramide*)分别于 1813 和 1823 年在此首演。除了艾菲·拉斯金批评这座剧院太时尚了以至于不够庄重之外,自 19 世纪 40 年代中期起,威尔第(Verdi)的歌剧在此大受欢迎。由于人气高涨,他的《弄臣》(*Rigoletto*,1851 年)、《茶花女》(*La Traviata*,1853 年)和《西蒙·波卡涅拉》(*Simon Boccanegra*,1857 年)刚创作完成就被凤凰剧院安排演出,不过,遗憾的是《茶花女》并未受到好评。19 世纪后期,普契尼(Puccini)和瓦格纳的歌剧作品被证明是成功的,而在我们的年代,斯特拉文斯基(Stravinsky)的歌剧《浪子的历程》(*The Rake's Progress*)1951 年初次登台就让人难忘。现在,凤凰剧院全年开放(除了 8 月),承接各类歌剧、芭蕾舞剧和音乐会演出。

哥尔多尼剧院(Teatro Goldoni)是威尼斯历史最悠久的剧院之一,它位于从圣卢卡广场(Campo San Luca)延伸出来的剧院街(Calle del Teatro)上。它是 17 世纪由温德拉敏家族建造的,最初的名字叫作圣卢西亚或圣塞尔托托剧院(San Luca or San Salvatore),后来又改为阿波罗剧院(Apollo)。在 19 世纪经过旷日持久地改建之后,它于 1875 年以哥尔多尼剧院的名字重新开门营业,以纪念威尼斯剧作家卡罗·哥尔多尼(Carlo Goldoni),他许多最具代表性的歌剧都在这个舞台上演出过。圣巴尔托洛梅奥广场上的哥尔多尼雕像(1883 年完成,1985 年修复)出自安东尼奥·达尔·佐托之手。该剧院的外立面在 1982 年进行过改造。

曾经的圣贝尼代托剧院由格里曼尼家族在 1756 年建造,位于圣卢卡附近,因附近的教堂而得名。在凤凰剧院 1792 年开门营业前,它是威尼斯最主要的剧院。在 1875 年修复完成后,它改名为罗西尼剧院,但在 20 世纪时,为给一家电影院腾出位置而被拆除。

以人民剧院(People's Theatre)的名称为人们所熟知的马里布兰剧院(Teatro Malibran)最初的名字是圣乔瓦尼·克里索斯托莫(San Giovanni Crisostomo)剧院,跟它附近的一所教堂名字一样。1678 年,该剧院由乔瓦尼·格里曼尼开门营业;1834 年,它使用著名歌手马里布兰的名字冠名。1886 年进行修复,1920 年进行大规模重建,近年来重新开始营业,承接各类芭蕾舞剧、歌剧和音乐会演出。

曾经的圣撒慕尔剧院(Teatro San Samuele)位于雷佐尼可宫(ca' Rezzonico)附近的剧院街上。它在 1665 年由格里曼尼家族开门营业,1747 年由罗穆阿尔多和亚历桑德罗·毛里(Romualdo and Alessandro Mauri)负责重建。由于威尼斯共和国的灭亡,它无法获得很大的成功,但它仍然以坎普罗伊剧院(Camploy Theatre)的名称营业到 19 世纪被拆除为止。现在,它遗址上是一所学校。

10. 曾经的公共赌场(ridotto)举办地丹多罗宫(Palazzo Dandolo),现在被一家名为"赌场"的剧院(Teatro del Ridotto)和一家名为"赌场"的餐厅(Ristorante Ridotto)占用,该宫殿位于距圣莫伊西街(Salizzada San Moisè)不远的瓦拉雷索街(Calle Vallaresso)上。这栋背对赌场街(Calle del Ridotto)的建筑(1332 号)外立面上仍保留着 13 世纪的飞檐。16 世纪期间,它是法国大使的住所;但在 1638 年时,马可·丹多罗(Marco Dandolo)被允许在这里开办公共赌场。宫殿随后进行了扩建,18 世纪时贝尔纳迪诺·马卡卢齐(Bernardino Maccaruzzi)和雅各布·瓜拉纳对其进行了装潢。在街道对面,大运河的拐角处有一家"哈里的酒吧"(Harry's Bar),它是朱塞佩·西普里亚尼在 20 世纪 20 年代开办的,这里有许多美国"老主顾",欧内斯特·海明威(Ernest Hemingway)是其中之一。

附近有一座圣莫伊西教堂(church of San Moisè),它离圣马可广场的西南出口很近,可以从这个出口通过圣莫伊西街到达教堂。该教堂始建于公元 8 世纪,献祭的是圣维塔利雷(San Vittore),但据说在 10 世纪时一名叫莫瑟·维尼埃(Mosè Venier)的人将其重建,并可能负责了教堂的再次献祭。现存教堂主体的历史可以追溯到 1632 年,但被拉斯金称为"文艺复兴式风格中最基础的流派中最基础的例子之一"的著名巴洛克风格外立面是亚历桑德罗·特雷米农 1668 年时增建的。17 世纪 80 年代的一系列雕像和雕刻装饰品都出自于海因里希·梅林(Heinrich Meyring)之手。

教堂内部有梅林雕刻的一座巨大且非凡的祭坛装饰品,刻画了摩西在西奈山接受上帝的律法(Moses on Mount Sinai receiving the Tablets of the Law)的情景。位于美丽的青铜祭坛正面的杰出绘画《基督降临》是尼科洛和塞巴斯蒂亚诺·洛克塔格利亚塔 1633 年为圣器室创作的。教堂入口内,一块嵌入人行道的朴素石板上刻着对约翰·劳(John Law)坟墓的纪念,这位不幸的金融家 1729 年在威尼斯去世,他的遗体 1808 年从圣杰米诺教堂运来此处。教堂内的绘画基本上都是 17 世纪和 18 世纪的作品。

11. 15 世纪的岑坦尼宫,也被称为哥尔多尼宫(Palazzo Centani/Casa Goldoni),是卡罗·哥尔多尼(Carlo Goldoni)1707 年出生的地方,它位于能够通往圣托马广场(Campo San Tomà)的诺姆波利街(Calle dei Nomboli)上。俯瞰着运河一侧的立面是尖拱形的,风景如画的院子里有一个井口和一个带有石栏杆的精美外部木质楼梯。宫殿里有一个小型博物馆,收藏着威尼斯剧院和哥尔多尼本人的一些纪念品。

12. 曼吉利-瓦尔马拉那宫(Palazzo Mangilli-Valmarana)位于大运河右岸,桑蒂西米使徒河(Rio di Santissimi Apostoli)的角落处。这座小型哥特式建筑曾经属于索兰佐(Soranzo)家族,18 世纪时成为英国领事约瑟夫·史密斯(Joseph Smith)的住所。1743 年,史密斯邀请雕刻师安东尼奥·维森蒂尼(Antonio Visentini)重新设计宫殿的正面,通过八年的建造,才建成了如今我们看到的古典主义风格立面。史密斯 1770 年去世,1784 年宫殿被转卖给了朱塞佩·曼吉利伯爵(Count Giuseppe Mangilli),他委任 G. A. 塞尔瓦对宫殿进行扩建和重新装潢。后来宫殿又转给了另一名艺术赞助人,来自维琴察的贝尼代托·瓦尔马拉那(Benedetto Valmarana),19 世纪初,瓦尔马拉那又将宫殿出售给另一家人,这家人的后代至今拥有这座宫殿。

第十二章　拿破仑一世的插曲

1789—1814

"威尼斯共和国的入侵者。"

1789 年，鲁多维科·马宁（Lodovico Manin）当选为第 118 位威尼斯共和国总督，一位圣马可的代理人说道："让一个弗留利人担任总督，共和国就完了！"此人自己的家族在 13 到 14 世纪期间总共产生过三位总督。马宁不仅来自威尼斯之外的城市，他还是一个极其富有的暴发户，他的家族在不到一百年前买下了将自己写进金书的权利。虽然人们认为他是一个正直的人，但据说也是一个意志薄弱且犹豫不决的人。他显然没有足够的能力去处理共和国现在所面临的危机。

在他当选总督后的三个月内，巴黎就因攻占巴士底狱（Vainqueurs de la Batille）为导火线爆发了暴力革命。这波革命浪潮不可避免地会在包括意大利在内的整个欧洲大陆扩散，现在的意大利被分裂成数个国家、王国、公国以及被包括奥地利在内的外国势力控制的地区。而威尼斯政府也正在认真考虑如何最大程度地保护共和国不受到这波浪潮的影响。普通民众对此并不惊慌。虽然现在待遇优厚的工作不像以往那么多了，并且国内工业所雇用的工人数量大幅下降，但是持续增长的游客数量为威尼斯人提供了其他就业机会，而低廉的税收、持续的休闲娱乐和普遍友善的性格，也让工人和他们家庭的生活还算惬意。无论怎么说，他们都不贪婪。有个游客曾经说道："你永远都不会在威尼斯看到一个胖子。"工人和贡多拉船

修女们在修道院的会客室里接待访客

夫坐在阳光下享用着自己由南瓜和干面包组成的午餐,看上去都非常满足。

　　威尼斯政府也没有对数量少而受人尊敬的中产阶级产生恐惧,这些中产阶级的名字被记录在银书(Libro d'Argento)里,他们有权为所有高级公务员职位推荐候选人。贵族们通常没有接受过学校教育,他们都是由家庭牧师,或在慕拉诺岛上的圣西普里亚诺学院[1](Collegio di San Cipriano),或朱代卡岛上的贵族学院[2],又或是帕多瓦的圣马可学院里接受的教育。另一方面,大多数中产阶级市民会去帕多瓦上大学,而如果他们不选择进入政府行政部门的话,他们会成为商人,这是一个很多贵族都不会选择去做的行业。

　　大议会无法对那些贫穷和不满的"巴尔纳巴"贵族(Barnabotti)寄托同样的信心,他们因大多数都住在圣巴尔纳巴教区(parish of San Barnabà)而得名。贫穷的落魄贵族与富裕的贵族家族的差距正变得越来越明显。最富裕的家族仍然活得极尽奢华。无数的贡多拉穿梭往返于他们的水门口;管家们穿着华丽的制服,戴着高高的假发为有需要的客人们服务;大量财宝被安置在画有天花板壁画的房间里;一楼的主厅里吊着产自慕拉诺岛的大型枝形吊灯。有一位访客曾经抱怨道:"福斯卡里宫里有200间豪华的房间,但却没有一处角落或者一张扶手椅能给人坐下休息,因为害怕你弄坏了这里的雕刻品。"然而,也有些宫殿正摇摇欲坠,里面的家具满是蛀孔、东倒西歪,员工也只剩下一名年迈的看门人。在这样的家庭中,一家之长往往和几个兄弟住在一起,不仅要与他们分享从他们买得起的公职中获得的收入,还要分享家族中妻子的爱。在一些贵族家族中,似乎无法确定孩子的父亲究竟是谁,孩子的母亲与那些没有婚姻关系的情人也不方便保持关系。圣迪迪耶(Saint-Didier)记录了一个外国人被建议去别处寻乐的话语:"不行,家里已经有四个连襟了。"

尽管一些贵族家庭非常贫穷,他们还是看不起那些远比他们有钱,但只是在相对较近的这些年中花费大量金钱将自己名字写入金书的新兴贵族们。但与此同时,他们却也经常嫉妒这些新兴贵族,这让他们充满政治野心,并不断尝试去推翻现在这个体制,因为这个体制不能给他们担任工匠或开店的机会,只提供一些他们无法承担的行政部门工作。几年前,康塔里尼家族的一位老资格成员冲进正在举行会议的委员会厅,他的一名亲属因贫穷而选择入室盗窃。他咆哮道,他已经16年没有职务了。他怎么用一年16金币的收入来养活一个拥有九个孩子的家庭?现在许多其他的贵族也有着同样的抱怨。这些对现状不满的贵族偶尔凭自己的智慧或收受的贿赂或接受贫困救济度日,他们一直在寻找一位可以替他们诉苦发声的领袖。他们找到了乔治奥·皮萨尼,这是一个喋喋不休且野心勃勃的"巴尔纳巴"贵族,他在1780年被任命为圣马可的代理人后变得令人非常头疼;但很快他就受到几项捏造罪名的指控,被逮捕后送往大陆上的监狱。另外一名政府反对派领袖卡罗·康塔里尼也同时被逮捕并送往监狱,他随后在监狱中去世。

现在法国大革命以雷霆之势席卷了整个欧洲,然而,在威尼斯却没有足够的迹象来证明"巴尔纳巴"贵族能掀起多少风浪。十人委员会采取了一系列措施以确保这些落魄贵族的行为受到严格的限制。对已知的持不同政见者的住所和外国的大使馆都采取了严密的监控措施。禁止举行公共集会,对那些胆敢传播革命思想的组织机构或出版物施行严格的审查乃至镇压。其他国家也提出过邀请威尼斯一起组成联盟来对抗法国革命所产生的革命力量的建议,但是依照这个最安详的共和国(Most Serene Republic)的一般政策,这样的提议被礼貌地回绝了。即使在法国的国王和王后被处决后,威尼斯还同法国保持着外交关系。威尼斯人的生活也一如往常。在1796年的耶稣升天节当天,海婚节庆典的盛况与往年没有区别,在布辛托罗号回程途中,全体船员和一些兵工厂工人受邀参加了一场极其丰盛的晚宴,晚宴的菜品包括:鸽子、腌牛舌、小牛肉和火鸡、炖小牛蹄、牛肝、牛肚、芦笋、洋蓟、栗子、千层饼、蛋糕、奶油奶酪和西班牙面包。每个人的盘子边都摆有四壶麝香葡萄酒以及一盒果酱、一个香料袋和一枚纪念章,根据传统,每个参加这次宴会的人都可以将这些礼物带走。

　　大议会虽然不愿意将自己牵扯到法国大革命所呈现出的问题中去,但是威尼斯共和国却无法避免被卷入其中的命运。1796年3月,法国督政府(French Directory)任命了一位才华横溢且不择手段的年轻将军拿破仑·波拿巴(Napoleon Bonaparte)担任法兰西共和国意大利方面军总司令,因为督政府非常相信,拿破仑会毫不犹豫地从被法国击败的敌人那里夺取大量的珍宝,用来补充他们已经空虚的国库。拿破仑在意大利的军事行动取得了成功。到4月底,皮埃蒙特王国不得不接受单独媾和,并将萨伏伊(Savoy)和尼斯(Nice)割让给法国。5月初的时候,被许

18世纪威尼斯的街头交易商,摘自加埃塔诺·佐皮尼(Gaetano Zompini)的版画《威尼斯城市道路上的艺术》(1789年),从左到右分别描绘了点燃街灯的灯夫、运河挖泥工、运水工、装玻璃工、柴火商和鱼贩子

诺获得"富庶地区、重要城市……荣耀、辉煌和财富"的法国军队猛攻洛迪（Lodi）地区横跨阿达河（River Adda）的木桥，将奥地利守军打退到河的对岸并俘虏1 700人。几天后，拿破仑进入米兰，占领了落荒而逃的奥地利大公的宫殿，而米兰的公民欢呼雀跃，所有教堂钟声齐鸣。在向米兰人民保证了法国与他们友谊长存后，拿破仑向督政府汇报："法国的三色国旗飘扬在米兰、帕维亚、科莫和伦巴第地区的所有城市上空。"他现在只能继续前进并夺取对奥地利人的最后一场胜利。虽然他的行军路线会穿越威尼斯共和国的领土，但是这也不会存在问题。拿破仑宣称，威尼斯虽然名义上是共和国，但其实际上是贵族的寡头政治，威尼斯的统治者更倾向于赞同奥地利的帝国政治而非经历过革命的法国；让奥地利军队穿越威尼斯的领土并占据佩斯基耶拉镇（Peschiera）的行为已经充分证明了他们对奥地利的支持。

威尼斯方面表示他们在这件事情上并没有选择的余地，是奥地利军队指挥官欺骗了他们，一开始奥地利军队仅仅是要求让他们的一支分队通过佩斯基耶拉镇，但没想到他们出尔反尔，占据了该镇。但这种表态并没有起到作用，操着浓重科西嘉口音意大利语的拿破仑愤怒地责骂威尼斯代表，故意恐吓并侮辱他们。不久后将成为他私人秘书的克劳德·佛朗索瓦·德·梅内瓦尔（Claude François de Meneval）说道："当拿破仑因任何的强烈情感而激动的时候，他的脸上总是会呈现出一种恐怖的表情。他的额头看上去会变得扭曲，眼睛里闪耀着火光，鼻孔会因内心的风暴而扩张。"但是，他的"神志永远都不会混乱。他能够随心所欲地控制这种脾气，不让它们过度爆发。……他的头脑依然能够保持冷静"。一位威尼斯的代表当

总督府内举办仪式时使用的巨人阶梯是由安东尼奥·里佐在 1484—1501 年设计建造的,阶梯顶部则是桑索维诺雕刻的两尊雕像"战神"(Mars)和"海神"(Neptune)

时报告说："拿破仑是一个意气风发的 28 岁青年小伙,有着极度的高傲。所有发生的事情无论是否有错,哪怕只要有一点点违反了他的意志就会立马让他变得狂暴和危险。"

作为对允许奥地利军队进入佩斯基耶拉的惩罚,他威胁要将维罗纳夷为平地。威尼斯代表相信了他,只能选择允许法国军队进入威尼斯,并为他们提供军需物品,以换取维罗纳的安全。在完成了对威尼斯的予取予求后,拿破仑又开始对她施行怀柔的手段:他提出与威尼斯联盟;这个提议被一位元老院成员否决,此人认为法国的雅各宾派和长裤汉(sans-culottes,法国大革命中人们对普通民众的称呼)都是暗杀者和恐怖分子,威尼斯不屑与这种人同盟,这样的表态使拿破仑坚定了摧毁威尼斯共和国的决心。姗姗来迟的大议会开始采取措施保护威尼斯。他们匆忙地修复了潟湖上的防御工事和炮台,海军军官得到指令将他们的战船开回家备战;将驻扎在亚得里亚海岸线的部队全部撤回,不允许意图不明的外国人进入城市。其实从很久以前,威尼斯就应该为战争作好充分的准备。对于许多旁观者来说,由无能的海军总司令托马索·康杜尔梅在潟湖上指挥的海军军事演习组织混乱,非常荒唐可笑,但这恰恰也是威尼斯共和国防御能力最真实的写照。

1797 年 3 月,拿破仑从意大利进军,将自己的卫戍部队留在前往威尼斯路上的各个城镇,包括:贝加莫、布雷西亚和维罗纳。不久之后,在贝加莫和布雷西亚驻扎的法国军官煽动当地的反政府力量发动针对威尼斯的叛乱,这使得警惕的威尼斯政府从农民中挑选并组成了一支民兵自卫队,法国方面得到了紧急情报,但他们认为这仅仅是为了镇压持不同政见者及保卫共和国而组成的部队,并未将这支自卫队视为对他们卫戍部队的威胁。不幸的是,农民们一武装起来就将他们的矛头瞄准了法国军队,后者的突击队不仅破坏了他们的庄稼,还骚扰他们的妻子。当他们使用刚获得的武器射杀了几个法国士兵后,拿破仑派他的副官朱诺将军(General Junot)来到威尼斯,措辞强烈地向总督传达他的口谕。

朱诺在耶稣受难日(Good Friday)当天抵达威尼斯,要求在第二天面见总督。总督回复在复活节星期六和复活节星期日两天,他的行程已经被各类宗教仪式安排得满满当当了,但他同意将会在周一接待朱诺。朱诺愤怒地反驳道,他只想为被威尼斯民兵自卫队谋杀的法国士兵讨回公道。他得到的命令是在周六将拿破仑将军的口谕传到。如果没有在周六传达到的话，他就会离开威尼斯，到时候总督后悔都来不及了。总督得知后就立刻回复他将在周六早上接见他。

出生于富裕农民家庭的朱诺在约定的时间到达了总督府，对在宫门处遇见的庆典主持人置之不理，戴着帽子并将刀鞘扔在地上径直走进宫殿。他无视总督的欢迎，从腰带中掏出拿破仑将军的信并开始大声朗读："你是不是认为我没有能力获得全宇宙最重要人的尊重？你希望整个意大利的军队因你的挑衅而遭到大屠杀吗？我的战友们会替被谋杀的兄弟们报仇的……威尼斯用最无耻的背信弃义来回应我们长久以来表示出的宽宏大量。我将我的第一副官作为信使派到你这里转交这封信。是要战争还是和平？如果你不立刻解散这些民兵自卫队的话，如果你不逮捕那些近期谋杀我士兵的凶手并将他们交到我手上的话，那我就会向你宣战。"

随即朱诺便如同进来时那般狂傲地走出了总督府，回到了法国公使馆，留下总督命人起草一份措辞顺从的回信。

弗朗切斯科·多纳多（Francesco Donado）和莱昂纳多·朱斯蒂尼亚尼（Leonardo Giustiniani）作为共和国的两位使者，第一时间赶往拿破仑处进行谦恭的道歉。此时，维罗纳发生动乱的消息传到了威尼斯，这让拿破仑感到无比的愤怒：法国士兵受到了市民和进城参加复活节庆典农民的袭击，而剩下的卫戍部队则遭到了包围。

拿破仑的反应可想而知。他抓住了名为"维罗纳复活节"（Verona Easter）起义组织的八名领袖；并索要巨额钱款和大量维罗纳最精美的艺术品、数百匹马甚至四万双士兵战靴作为赔偿。虽然威尼斯并没有参与这次起义，甚至还拒绝了起义挑起者寻求帮助的请求，但是拿破仑很清楚地知道威尼斯人和维罗纳人一样都非常渴望能让法国人离开意大利的领土，而且，战争持续得越久，就越有可能造成进一步的骚乱。此外，当他自己的部队在维也纳集结的时候，他的竞争对手拉萨勒·奥什（Lazare Hoche）也在做同样的事情，后者曾是一名法国王室马厩的马夫，现在则是法国大革命中最有天赋的将军之一。因此，拿破仑提议休战来防止流血事件的再次发生；不久以后，拿破仑跳过威尼斯与奥地利签订了后来被称为《坎波福尔米奥条约》（Treaty of Campo Formio）的协议，根据该条约的约定，奥地利以宣布放弃伦巴第地区并割让比利时给法国为代价，获得了威尼斯位于亚平宁半岛大陆上的领土的所有权。这个条约对威尼斯共和国来说是极具耻辱性和灾难性的，还极不公平地要求用曾经的教皇领地博洛尼亚、费拉拉和罗马尼亚作为赔偿；但在条约的具体细节对外公布之前，拿破仑得到了一个很好的借口对威尼斯施行比以往任何时候都更为专制的统治。

这个借口是威尼斯人自己提供的。虽然威尼斯对当时的处境感到非常担忧，但他们对外还是奉行着传统的中庸政策。1797 年 4 月 20 日，一艘在亚得里亚海海域巡逻的法国小帆船"意大利自由号"（Libérateur d'Italie），被发现从公海海域向利多岛港口驶去。由于法国和威尼斯并没有处于战时状态，因此没有任何理由怀疑这艘船有除了寻求庇护以外的其他意图。然而，圣安德里亚要塞却向这艘船发射了炮弹；此外还派出两艘舰载艇对其进行拦截；随后，当它和另一艘船只发生碰撞后又再次受到炮击，虽然船长吉恩·巴普蒂斯特·洛吉耶（Jean-Baptiste Laugier）不断通过扩音器高喊"我们投降！"但仍然无法阻止悲剧的发生，洛吉耶和四名船员被杀，其他八人有不同程度的受伤，此外船上还有一名被邀请担任领航员的威尼斯渔民。船上的幸存者都被关进了囚牢。

在收到法国当局的严正抗议后，元老院并没有为要塞指挥官令人费解的行为作出道歉，也没有将这件不幸的事故归咎于他的愚蠢，反而表扬了他。这件事情被报告给拿破仑后，他的脸色甚至比被威尼斯政府派来传达此次事件说法的代表们还要难看。他狂怒地责骂了他们，并把所有的罪行和愚蠢都归罪于威尼斯。他之前已经威胁说，自己将化身为恐怖的"匈奴王阿提拉（Attila）征服威尼斯共和国"；现在他又换了一种方式以同样恐吓的语气，咆哮着说道只有威尼斯将"下令开火的要塞指挥官和共和国关于这个事件调查的审讯者"交到他手中之后，他才会听取共和国关于此次事件的解释。威尼斯只能无条件地接受投降的要求。在 4 月 30 日的傍晚，总督和他包括战时内阁在内的顾问们并没有穿着传统的官袍，而是穿着普通的黑色衣服在总督府会面，当他们仍在紧张地商议之时，就获知法国军队正在向潟湖方向行军并在海岸线上安置了重型机枪的情报。在经过简短的讨论后，战时内阁认为他们必须同意拿破仑的要求，同时询问舰队司令"是否有可能说服法军统帅放弃进入港口的想法"。

第二天一早，大议会集结并聆听了总督的陈述，他脸色苍白并带有泪痕，向他们传达了法方的要求。他一说完，大议会就投票表决，授权他们的代表同拿破仑商讨这些要求。但是拿破仑已经向在意大利的法国军官发布了将所有威尼斯人都视为敌人的命令；必须摧毁每一处作为威尼斯象征的圣马可飞狮像；威尼斯的监狱必须"打开接受人民的检查"；在圣马可广场上要种下一棵"自由之树"，必须彻底抹去前任政权的标志；必须在圣马可大教堂和教区教堂内举行各类感恩的宗教仪式；法国军队要夺取兵工厂、圣安德里亚要塞和所有"法国将军想要的"宫殿的控制权；所有的威尼斯船只都要被召回到潟湖海域并接受法国和新成立的威尼斯地方政府的联合管辖。

虽然，一群由兵工厂工人组成的游行队伍在大街小巷敦促同法国侵略者开战并高喊"圣马可万岁！"（viva San Marco!），但是大多数居民都认为任何抵抗都是徒劳的。许多贵族离开了威尼斯，还有更多的也正在准备逃离。只有极少数的成员还在维护大议会的合法运行。不过总督还是召集了大议会来决定现在的政府是否应该将权力移交给法国提出组建的民主权力机构。然而，在讨论这个问题之前总督府外就响起了枪声。一些被法国方面要求离开威尼斯的达尔马提亚部队在撤离前扣动了他们手中步枪的扳机。但是议员们却认为是革命已经爆发了，感到自己的生命受到了威胁，他们迅速地冲到投票箱前并高喊"公投！公投！"

投票结果是赞成拿破仑提出的条件，大多数人都冲出总督府的大厅，留下总督自己对剩下的人宣布，最安详的威尼斯共和国已经不复存在了。当最后的议员冲下楼梯离开总督府后，只剩下总督和五名年长的大议会成员还留在总督府内，他将象征总督身份的角帽交给了一名随从，并说道："拿着它吧。我已经不需要它了。"

圣马可广场上没有等候的刺客，只能听到零星的喊声"自由万岁！"事实上，有传闻说大议会决定拒绝拿破仑的最后通牒，由兵工厂工人和其他人组成的群体高举标语和圣像在大街小巷游行。后来，当人们来到已经放弃的总督府门口时，人群的欢庆变成了针对那个已经不再存在的政府的示威游行。但他们的愤怒很快就被令人震惊的沮丧和焦虑的羞愧所取代。

在5月16日周二早上，4 000名法国军人通过由威尼斯人自己提供并驾驶的大划艇运往威尼斯；鲁多维科·马宁曾拒绝接受拿破仑要求他继续担任威尼斯总统的要求，此时，身处佩萨罗宫的他发布了最后一道命令："自此以后，将由设立在大议会会议厅的自治市政府行使政府权力。所有威尼斯的官员中午前都要到大议会会议厅报到，并发誓效忠自治市政府。"

　　法国人现在成了威尼斯的主人。新成立的自治市政府由拿破仑的代办任命，他们在作出重要决定时都以自己的利益为出发点。法国人还打开了威尼斯监狱的大门，从里面走出来的大多数人并不是拿破仑所想象的那些因与威尼斯政府持不同政见而下狱的政治犯，而只是一些没有明确政治主张的普通犯人。但是，如果说拿破仑对威尼斯监狱中关押的犯人感到失望的话，那他对自己的特派员搜刮而来的珍宝则是无比的满意。大量绘画、雕塑手稿、金银餐具和艺术品经过包装后被运往巴黎。这些珍宝中有委罗内塞在总督府十人委员会厅天花板上的中央画板以及从圣乔治马焦雷[3]修道院中获取的《迦南的婚礼》（*The Marriage at Cana*），两者都被保存在卢浮宫内。此外，圣马可大教堂上的四匹青铜马也有一段时间被用来装饰杜伊勒里宫公园（Tuileries）内的卡鲁塞尔凯旋门（Arc du Carrousel）。

　　根据法国方面的指令，圣马可广场上现在竖立了一棵"自由之树"，树的顶部戴着和巴黎的长裤汉一样的红色弗里几亚帽（Phrygian cap）。它周围的三面都建造了木制看台，为了让那些见证"国庆节"（Festa Nazionale）庆典的观众们能够看得清

法国军队取下圣马可大教堂的青铜马并运往巴黎

楚,这个庆典是由法国方面组织的,目的为了庆祝威尼斯从寡头政治的压迫中获得自由。三面看台被红白绿三色旗帜装饰,上面分别写着标语"遵循法律才能保障自由","自由的曙光需要武力的保障","只有获得自由才能达到世界和平"。在小广场的石柱上还飘扬着其他赞扬拿破仑·波拿巴以及缅怀"意大利自由号"上失去生命的法国船员的标语。

1797 年圣灵降临日(Whit Sunday)的节日典礼上也运用到了上述的场景,这次典礼被人们形容为"威尼斯共和国历史上最悲伤的节日"。军乐队演奏着音乐,士兵们踏着正步,自治市政府的成员与法国卫戍部队的指挥官一同参与阅兵。市民们手持横幅和标语参加游行队伍,上面写着代表他们各自人生阶段使命的座右铭:孩子是"祖国的希望",已经订婚的年轻男女则代表"生育后代"。到了约定的时间,自治市政府在自由之树旁焚毁了包括总督的角帽和一本金书的打印复刻品在内的所有前任政府的标志和档案。所有的这一切都在总督和已不存在的大议会成员们的面前进行,这些成员还被选为了自治市政府的委员,并伴随着礼炮和军乐队演奏的法国著名革命歌曲卡玛尼奥拉(La Carmagnole)在自由之树旁跳舞,这更加加深了他们的耻辱。一些围观者在一旁欢呼雀跃,但他们到底是在嘲笑还是赞成这种可悲而荒谬的景象就很难说了,因为它毕竟终结了威尼斯总督长达千年的历史。

那一晚,枪炮齐鸣,教堂的钟声也不断敲响;法国军官和一些选择与他们和平相处的威尼斯贵族一起去了凤凰剧院观看节日演出。但事实上却没有什么可以庆祝的事情,甚至对那些相信法国大革命的势力能够使这座城市再次复兴的人来说也是如此。在国庆节的六个多月后,奥地利人根据《坎波福尔米奥条约》的约定进驻威尼斯。

奥地利人一直到 1805 年都占领着威尼斯,在他们在奥斯特利茨(Austerlitz)被拿破仑击败后,他们所占领的威尼托的土地才被并入新成立的法兰西帝国(French Kingdom)中,拿破仑加冕意大利国王,而其继子,设立威尼斯王子(Prince of Venice)的欧仁·德·博阿尔内(Eugène de Beauharnais)则被任命为意大利总督。在威尼斯的法国当局立刻实施了典型的拿破仑式管理,镇压了 48 座修道院以及 385 座工会和信众会,关闭了 26 家教区教堂,这些教堂内的许多财物被转移到了其他的教堂、米兰的美术馆或位于曾经的仁爱圣母修道院中的新美术学院(Academy of Fine Arts)中。一些不太出色的作品则遭到了毁坏。之后还陆续拆毁了好几家教堂和修道院，其中包括：圣多门尼克、圣安东尼奥、圣尼科洛和卡普奇尼教堂(Cappuccini)，它们都因为在兵工厂另一边建造公共花园(Giardini Pubblici)[4]而被拆除的。其他一些建筑因为需要建造一些花园而被拆除，这些花园就是后来的加里波第花园(Giardini Garibaldi)，由乔瓦尼·安东尼奥·塞尔瓦在 1808 年到 1812 年间精心设计，负责建造的则是凤凰剧院和圣毛里奇奥教堂(San Maurizio)[5]外立面的建筑师。而剩下的建筑则因建造可以从岸边通往花园的加里波第大街(Via Garibaldi)而被拆毁。位于圣马可广场最西端的圣杰米诺教堂(被拿破仑赞为"全欧洲最精美的画室")也因为建造新的皇宫被拆除，其位于拿破仑翼楼内气势雄伟的阶梯现在可以通往科雷尔博物馆(Museo Correr)[6]。与此同时，威尼斯人则被课以重税，拿破仑也不注重经济的发展。在后来十年左右的时间里，法国人一直统治着这座城市。直到 1814 年，在长时间的围攻后，奥地利人夺回了威尼斯的控制权，他们的军队也再次进入了这座城市内。

注释：

1. 圣西普里亚诺学院(Collegio di San Cipriano)是一所附属于圣西普里亚诺修道院和教堂的神学院，于 1108 年在慕拉诺岛上建立。该神学院后来被拿破仑关闭，现在在它的旧址上是许多菜园。

2. 曾经的贵族学院(Accademia dei Nobili)占用了一座 16 世纪宫殿(编号 607—608)，现在仍然矗立在朱代卡岛上的小桥沿岸街(Fondamenta di Ponte Piccolo)，有时被称为圣尤菲米亚街(Sant' Eufemia)。

3. 在古时候，与总督府隔潟湖而望的小岛，圣乔治马焦雷岛上都是菜园和葡萄园。公元 790 年左右，岛上有一家盐场和一间磨坊，982 年时，又增加了一座本笃会修道院，它的创建者是第一任修道院长乔瓦尼·莫罗西尼。

这座修道院(除了回廊之外都不对游客开放)和教堂一起在 1223 年的地震后进行了重建。它在 15 世纪时又重建了一次，它扩建的部分中包含一座新的图书馆，这座图书馆是由柯西莫·德·美第奇(Cosimo de' Medici)在他简短的威尼斯流放生涯期间建立的，它的设计者则是他的门徒米凯莱罗兹(Michelozzi)。在那时，这家修道院已经成为著名的学习中心；并且在不久以后还新建一栋宽敞的宿舍楼，但这栋宿舍楼要在五十多年以后才由乔瓦尼·布奥拉在 1494 年至 1513 年间建成。这座修道院现存最古老的部分是乔瓦尼的儿子，安德里亚·布奥拉在 1516 年至 1540 年建造的，它在圣乔治·马焦雷教堂之后从北向南延伸了 128 米(420 英尺)，其南端的尽头在第二回廊的东侧。距这条回廊的不远处有一座帕拉迪奥

1559 年至 1563 年建造的古典主义风格餐厅,它的一端曾挂着委罗内塞的巨幅帆布油画《迦南的婚礼》(The Marriage at Cana)。在建筑内有一幅从另一所被关闭的威尼斯教堂取来的《圣母婚礼》(丁托列托画派)。第一回廊也是帕拉迪奥的作品,它也被称为柏树回廊(Cloister of the Cypresses),因为曾经有许多古老的柏树在此生长。从教堂的右边能够进入该回廊,它与第二回廊被现在的图书馆隔开,该图书馆是由巴尔达萨雷·罗根纳在 1641 年至 1671 年设计的,用以取代遭受大火后被损毁的米凯莱罗兹建造的图书馆。在它建造的过程中,罗根纳还完成了许多其他的建筑作品,其中比较著名的是位于帕拉迪奥第一回廊西侧巨大的双侧楼梯(1643 年至 1645 年建造)。

　　1799 年至 1800 年,该修道院作为教皇庇护七世选举会议的场所。1806 年时,教堂和修道院被下令镇压,教堂被关闭,还剥夺了修道院建筑的使用权。虽然教堂在 1808 年重新开放,但是镇压命令并未解除,而修道院的建筑则成了兵营。自 1951 年至 1956 年的修复工程后,他们建立了乔治奥·西尼基金会(Giorgio Cini Foundation)以纪念在 1949 年空难中丧生的维托里奥·西尼(Vittorio Cini)伯爵的儿子。基金会包含一个文化和文明中心,一个艺术品和工艺品中心,一所海军训练学校以及一座在广阔公园中的露天剧院。原来的一部分修道院建筑有时会举办一些特殊的展览会对公众开放;图书馆对学生开放。分别位于小码头两侧的两座粗面石工材质的灯塔是由朱塞佩·梅扎尼(Giuseppe Mezzani,亦可见第八章,注释 28)1813 年设计的。

　　4. 位于城市最东端城堡区的公共花园是一座由 G.A.塞尔瓦 1808 年至 1812 年设计的公园。这片区域曾经名为圣安当奥·莫塔地区(Motta di Sant' Antonio),是一个居住着劳动人民、渔民和蕾丝工人的穷乡僻壤之所,他们的家和一些公共建筑一起被拆除,为建造新的花园腾出空间。

大规模拆迁的其他受害者包括：圣女音乐学院（the Conservatorio delle Zitelle），它曾经位于加里波的街（Via Garibaldi）的尽头，曾经以它哥特式的拱门而闻名；毗邻的圣多门尼克教堂和修道院（St Dominic）；圣安当修道院（St Anthony the Abbot）的教堂和女修道院；巴里圣尼古拉斯教堂和一家海军医院。

花园沿着滨海地区一直延伸到双年展花园（Biennale Garden）处，后者是两年一度的现代艺术国际展览会的举办地，这个展览会早在 1895 年起就在此举办。花园主入口处有一座奥古斯托·本韦努蒂（Augusto Benvenuti）在 1885 年雕塑的加里波的铜像。

5. 圣毛里奇奥教堂（church of San Maurizio）的外立面是由 G.A.塞尔瓦和安东尼奥·迪耶多（Antonio Diedo）1806 年开始建造的。

6. 拿破仑翼楼是 1810 年根据朱塞佩·索里（Giuseppe Soli）的设计，在被拆除的新行政长官官邸大楼和旧行政长官官邸大楼西翼以及圣杰米诺教堂的旧址上新建的。它的外立面保留了新行政长官官邸大楼的造型和六扇原始的拱门，它的上方还建了一层较高的阁楼，掩盖了拿破仑大舞厅高耸的穹顶。拿破仑翼楼的正面装饰着由安东尼奥·博萨（Antonio Bosa）和多门尼克·班蒂（Domenico Banti）雕刻的罗马皇帝雕像和一些其他的浮雕。1814 年大楼建成时竖立的巨型中央装饰字母"N"的图案在一年后被移除，同时被移走的还有拿破仑的雕像，它被搬到了总督府前。从大楼的凉廊可以进入科雷尔博物馆。

第二部分

第十三章 浪漫的回应

1814—1820

"威尼斯适合举办各类庆典,全世界的狂欢之地,意大利的歌舞场。"

最终,奥地利人进入威尼斯后,他们发现这座城市早已破落衰败。《评论季刊》(*Quarterly Review*)在后来的报道中写道:城市的郊区已经"荒芜残破"。"生命如浮萍般漂向位于城市中心的最后避难所圣马可广场。港口由于被大量泥沙阻塞,导致大型船舶无法靠岸……货物在仓库中腐烂……建造到一半的船舶在港口中腐烂。"大多数外国商船现在都选择从奥地利的里亚斯特港进出,很少再有船只进入威尼斯的潟湖;而威尼斯海军的大部分船舶也被出售给了丹麦。在其全盛时期雇用人数超过 16 000 人,不久之前仍然可以为超过 3 000 人提供工作机会的兵工厂现在已经很难提供 800 个工作岗位了。威尼斯的人口在急剧萎缩,1797 年时其居民数量为 137 240 人,但从那时起,每年都有成百上千的年轻人和家庭离开威尼斯。到 1824 年,整个城市最多只剩下 113 827 人,而且其中有超过三分之一的人口需要公共援助。

威尼斯的衰败体现在方方面面。杂草在广场人行道的裂缝中肆意生长;石阶和拱桥上布满了青苔;浑浊不清的运河水不断缓缓地拍打着宅院大门和系船柱,并将它们慢慢腐蚀;绘画作品在堆满着破碎窗户的环境中剥落起泡;褪色的铭牌歪斜地垂挂着,仿佛在哀叹它们失去了往日的光辉;布辛托罗号失去了它令人炫目的华丽木质装饰,这些木料起初被用在海上警卫队的一艘电动船上,后来又被用在一艘装载囚犯用的囚船上,人们偶尔可以从经过潟湖的船只中看到这些囚犯冷酷的脸庞,最后这些木质装饰在圣乔治马焦雷岛上像一堆垃圾般被焚毁。

然而,威尼斯仍然凭借其由来已久的魅力吸引着各地游客,这些游客认为,即使威尼斯现在已经破败不堪,但是这座城市并未失去她美丽的本质,而且居住成本也相当低廉。一间好房间和丰盛的晚餐,一天只需要不超过 6 先令,这个价格几乎是佛罗伦萨施耐德酒店的一半,并且根据《病人日记》的作者亨利·马修斯(Henry Matthews)的计算,这顿晚餐在英国的价格会高于他在威尼斯一天的花销。

拿破仑战败后,随第一批英国游客来到威尼斯的是诗人萨姆埃尔·罗杰斯(Samuel Rogers),他在返回英国时匿名发表了一篇诗歌故事《意大利》,他的日记中这样写道:

> 马车夫用他的鞭子指着道路的拐角处并喊道"威尼斯!"此时,太阳的光芒才刚刚透过地平线……一座座鳞次栉比的拱顶建筑、尖顶建筑和塔楼在阳光的照射下在水面之上映成一条长长的直线……真是一幅美丽至极的画面。当我们靠近后,这条直线变得不再连续,我们通过一段狭窄的运河快速地进入城市之中,随后又通过大运河穿过里亚尔托桥桥底。圣马可广场如梦似幻,多么美妙的夜晚啊……人们在咖啡馆前吃着冰品……它一般都是方形的,并有不同层次,每一层颜色都不相同。一把吉他和两把小提琴欢快地合奏……所有的男人都穿着靴子!一半的人行道都湿了……遇见圣体在点着许多蜡烛的顶棚下快速划过,当它通过时,所有人都跪了下来……看见一位牧师十分冷静地从一名跪着祈祷男子身上的盒子中取出鼻烟……一台电子机器立在广场的中央,只要一个索尔你的健康就会充满活力……坐着一艘敞篷贡多拉沿着大运河继续前行……没有猛推、没有水花、没有顺桨,没有比这样的划桨更文雅的动作了;也没有比贡多拉船夫更有教养、更体贴、更安静的人了。他从不回头张望,他无声地把船桨划入水中又慢慢提起,他背对着你,就好像生怕打扰到你似的……这是一种根据许多年实践经验所得出的改良过的游船

运输方式。

在罗杰斯返回英国的几个月后，另一位更伟大的诗人来到了威尼斯。像罗杰斯一样，拜伦勋爵（Lord Byron）也立刻被威尼斯的美所征服。在他的想象中，这里永远都是"（仅次于东方的）最绿色的岛屿"，正如他告诉他的朋友托马斯·摩尔的一样，威尼斯没有让他失望。他在长诗《恰尔德·哈罗尔德游记》的第四章中写道：

> 我正站在威尼斯的叹息桥上面；
> 一边是宫殿，而另一边却是牢房。
> 举目看去，许多建筑物从运河上涌现，
> 仿佛是魔术师把魔术棒一指，出现了幻象。
> 千年的岁月围抱着我，用它阴暗的翅膀；
> 垂死的荣誉向着久远的过去微笑，
> 记得当年，多少个番邦远远地仰望
> 插翅雄狮国的许多大理石的楼堡，
> 威尼斯，就在那儿庄严地坐镇着她一百多座海岛！

> 在威尼斯，塔索的歌已不再流行，
> 不再歌吟的船夫默默地把船橹儿摇；
> 她的华屋和宫殿陆续瘫废殆尽，
> 琴瑟箫管之声也不再容易听到；
> 那种日子过去了，但美还存在于周遭；
> 美的风韵犹存，虽然国家和艺术都已衰亡，
> 造化也没有遗忘威尼斯当年的风貌，
> 她是各种玩乐集中的寻欢的地方，
> 曾是陆地上的乐园，意大利半岛上的歌舞场！

从童年起,我就爱上了她;她的形象,

仿佛我心头上的一座仙境似的城,

像水柱似的涌现、升起在海面上,

她是欢乐的家园,财富集散的中心;

她就像印记似的在我心头留存,

靠着奥特维、拉德克里夫、席勒、莎士比亚的妙笔;

虽然她这么憔悴,但我们绝不离分,

也许更亲密了,当她在患难的时期,

较之在她的全盛时代;那时她是一个骄傲、一个奇迹。

1817 年威尼斯的衰败可能让所有人都彻底地失望了,拜伦告诉摩尔:"不过我对断壁残垣早已习以为常,以至于我不再会去厌恶眼前这满目疮痍的景象。"事实上,拜伦也与罗杰斯一样在威尼斯的落魄衰败中看到了这座城市所具有的独特的美。在漆黑的运河上平稳滑行的贡多拉船,以其独特的"阴郁的华丽"给人带来极大的享受。利多岛海水令人舒适的水深让他感到放松、优雅并充满力量,而这些感受是在陆地上行走所无法带给他的。他对威尼斯社会中对于被他称为"自由"的风气也非常崇尚。他告诉他同母异父的姐姐奥古斯塔·莉(Augusta Leigh):"事实上,在威尼斯,每个人都是'自由'的,一位只有一个情人的女士不会被认为在婚姻中越了轨,因为这种情况在当地是司空见惯的事情。有些人有两个、三个,甚至二十个或者更多的情人,但她们通常都是从一个情人开始发展起来的。当然,她们的丈夫们也是属于除她们之外的其他女人的。"总而言之,拜伦总结道:在莎士比亚和奥特维的笔下,威尼斯是一座经典的诗意之城。此外,他在威尼斯也再一次坠入了爱河。

他向摩尔解释道:"我住在一套非常不错的公寓中。"它位于一名"威尼斯商人"[一位名叫赛贾迪(Segati)的纺织品商人,他的店铺位于弓箭街(Frezzeria)的[1]伊尔科诺路(Il Corno)旁边]的房子里。这名商人整天忙碌着做生意,还娶了一位 22 岁名叫玛丽安娜的夫人。她的外貌像一头羚羊,有着如同东方人般的黑色大眼睛,这种独特的神情在欧洲非常少见,即使在意大利也是如此,也不同于许多土耳其女人

一篇宏伟的诗作在一位贵族诗人的脑海中绘成:拜伦勋爵在一只长有翅膀的恶魔的帮助下挠着自己的头,并且向窗外眺望着一艘划过威尼斯行政长官官邸门前的贡多拉船

需要涂上眼影来展示自己……她的样貌非常地自然……她的头发又黑又亮……她的手指明亮而美丽,她还是一位女歌手……她自然的声音(我指的是说话时)非常甜美,从她嘴里说出的带有威尼斯口音的天真话语听起来让人备感愉悦。

他在给奥古斯塔·莉写的信中还写道:"她的丈夫,是那种非常不错的男人,他在其他地方忙碌着,她本人也不会纠缠着我(这一点比较奇怪),我打心底里相信我们是阿尔卑斯山脉以南最快乐的非法情人中的一对。"

其他人对玛丽安娜·赛贾迪的评价就没有那么高了。之后有一位去威尼斯旅游的游客认为,她是一个"贪婪而淫荡的恶魔,她与每一名住宿在她家的游客和外来访客私通"。拜伦后来也发现自己对这名女孩也逐渐失去了兴趣。但是至少在那时他是快乐的,他逃离了给予他沉重打击的家乡英国,背井离乡非常满足地隐居在威尼斯，到目前为止他与这里所遇见的大多数人都相处得非常融洽。在这些日子里，他经常和一群来自亚美尼亚的僧侣一起待在圣拉扎罗岛（San Lazzaro），与他们一起沿着布满葡萄藤的花园小径散步，有时也会在图书馆听一些亚美尼亚语的课程。学习亚美尼亚语对他来说是个很难完成的任务，他认为这是来自东方的语言，非常难学，这也占据了他不少时间，而且毕竟他的意大利语已经非常流利了，也没有必要再去学习亚美尼亚语。到了下午，只要水温够暖和，他就会去游泳，有一天他从利多岛游到了大运河的另一头，总距离超过四英里［击败了一名意大利律师安吉洛·门加尔多（Angelo mengaldo）］。在水温太冷不适合游泳的日子，他会在威尼斯潟湖上划船，或者在沙滩上骑着一匹他养在利多岛的马从圣安德里亚（Sant'Andrea）飞驰到马拉莫科（Malamocco）。在傍晚，他有时会散步走到女伯爵阿尔布里奇（Countess Albrizzi）或者她的对头女伯爵奎利尼·本佐尼（Querini-Benzoni）的画室，那里的女人们在房间的一边围坐成半圆形，男人们站在房间的另外一边，而佣人们则四处派发着装满潘趣酒的玻璃杯和盛着冰激凌的碟子。有时，他也会去凤凰剧院看歌舞剧，用他的话来说，"凤凰剧院是（他）去过的最好的剧院"。到了夜晚，他就会回到弗莱泽利亚，回到玛丽安娜·赛贾迪的怀抱之中。有一天晚上，在狂欢节气氛达到最高潮的时候，他告诉摩尔他的一次"惊魂"时刻：

几天前，有一名贡多拉船夫给了我一封没有署名的信，信的作者表示想与我在一艘贡多拉或者圣拉扎罗岛上抑或是第三个地方见面……我回复道这三个地方都不太合适，我只会在晚上十点的时候独自在家或者于午夜出现在化装舞会上，届时信的作者可以戴着面具与我见面。晚上十点的时候，我独自待在家中（玛丽安娜和她的丈夫一起去参加一个座谈会），当我公寓的门打开的时候，走进来一名 19 岁左右、长相出众的金发少女（以意大利人的标准衡量）。她告诉我她嫁给了我情人的哥哥，并想跟我谈一谈。我礼貌地答应了她，并开始了交流……突然，在几分钟之后，令我极其惊讶的事情发生了，玛丽安娜·赛贾迪回来了，她本人在非常礼貌地向我和她的嫂子施礼后没有半句废话就扯住她嫂子的头发，并给了她嫂子 16 个耳光，光是在一旁听到这耳光的响声都能让人的耳朵发痛。接下来大喊大叫就不用我多说了。那位不幸的访客最后落荒而逃。我拉住了玛丽安娜,她在数次想挣脱我去追打她的敌人未果后晕倒在了我的怀抱之中。我试图用古龙水、半品脱的水和其他的液体来唤醒她,但她的昏迷一直持续到午夜还未见好转……这还没完,大概一小时后,她的丈夫赛贾迪先生回来了,他看到他的妻子面如死灰地晕倒在沙发上毫无动静,凌乱的头发、帽子、手帕、盐和嗅盐瓶这些东西满屋都是,十分狼藉。他的第一个问题是:"到底发生了什么?"那位女士当然无法回答,所以我回答了这个问题。我告诉他解释这件事情非常简单,我们可以放到适当的时候再说,而现在的首要任务是至少让他的妻子恢复神志。

不用说你也知道,在威尼斯,嫉妒可不是司空见惯的,愤怒也早已不再流行,女人们对于情人的争斗是不能让其他人知道的,尤其是她们的丈夫。

或许是对这类惊魂时刻和各种化装舞会以及在床上一次又一次的激情之夜感到疲倦,又或是厌倦了每次和房东争吵后被赶出家门寄宿在街上或者潟湖的贡多拉船上的日子,在1818年2月"破败的威尼斯",拜伦病倒了,他的病不是那种"粗俗的伤寒",而是一种"绅士的发烧"。到了3月,他恢复了健康,他的胃口变得非常恐怖。到了4月,为了换个环境,拜伦动身前往罗马。在5月回到威尼斯后不久,他又和玛丽安娜·赛贾迪一起去往布伦塔(Brenta)的一个叫拉米拉(La Mira)的庄园避暑,在那里,一位比玛丽安娜更狂野的黑眼睛女子成了他的拜访者。

这位年轻女士的名字叫玛格丽塔·可妮(Margarita Congni),她是一名烘焙师的妻子,拜伦对她的描述有"身材高挑、性格火辣、适合培养角斗士、像女巫般精力充沛、善良的动物、很难被驯服、眼睛在月光中闪烁、乌黑的秀发在月光中飘扬"。刚开始的时候,她和玛丽安娜争吵不断,纺织品商人的妻子指责她是第三者,而她则向玛丽安娜扔去当时只有威尼斯平民阶级的女性还会戴的白色纱帽,并愤怒地对着她的敌人吼道:"你是他的情人,我也是他的情人;你的丈夫被戴了绿帽子,我的丈夫也被戴了绿帽子。你有什么资格说我?如果他喜欢我胜过你的话,这也是我的错吗?我不认为仅仅因为你比我有钱你就有权利贬低我。"

除此之外还发生过更激烈的争吵，拜伦被他无意中听到玛格丽塔将旷日持久的"坎迪亚战争"(guerra di Candia)比作她们两人关系的事情给逗乐了。他对这个来自"威尼斯底层"的女人提及这场接近150年前发生的克里特人抵御土耳其人入侵的著名战争而感到惊讶。然而，可怕的玛格丽塔最终还是得到了她想要的。这个烘焙师的妻子被允许继续做拜伦的"正规情人"。其他的年轻女人在他生命中如匆匆过客般，有些是他在舞会上认识的，比如他告诉约翰·默里(John Murray)一个被他描述为有着"靓丽秀发和蓝色眼睛"的女人是他的"永不知足的爱人"。她们中的大多数都是来自威尼斯底层的无知的、缺少教育的、淫荡的、暴力的女人，她们只能暂时地满足他的情欲，能取悦他的不是她们的心，而是她们的器官。然而，也有人会突然间展现出了她的尊严和骄傲。烘焙师的妻子是对拜伦最为重要的，她深得宠幸，并让他感到无法自拔。诚然，她是烦人、让人为难、粗鲁、目不识丁、自命不凡，但是，她的口音、她的思想、她的长相、她的所有一切都是彻头彻尾的威尼斯人，让人感到天真和幽默。作为一名英国贵族的情妇，她不再戴着白色纱帽这一社会底层的装束，转而戴了一顶帽子。她也想"像真正的淑女一样"穿着带长裙摆的礼服。但是拜伦却反对她这么做，因为他觉得她戴着白色纱帽的样子特别美，他烧掉了她的帽子。但她很快又买了其他的帽子"并到处都拖着这令人厌烦的裙摆"。在狂欢节的最后一晚，当她看见一名"真正的淑女"康塔里尼夫人(Madame Cintarini)躺在拜伦臂弯的时候，她愤怒了，她扯下了这位女士的面具，面对拜伦对此无礼行为的责备，她愤怒地反驳道："她或许是个淑女，但我是个威尼斯人。"在他们从利多岛回家的路上被暴风雨困住，所乘坐的贡多拉差点被暴风雨掀翻的夜晚，她膨胀的占有欲和深沉的爱在他的面前表露无遗。

他写道：

> 在一次惊险的回程过后，我发现她站在岸边，泪水在她美丽的黑眼睛里闪烁，她乌黑的秀发被大雨淋湿后贴在她的眉间和胸口。她在暴风雨下是那么的完美，大风几乎要将她的头发和衣服从她瘦削的身体上吹走；闪电在她周围闪烁、波浪在她脚下翻涌，使她看上去像希腊神话中的美狄亚(Medea)一样从她的马车上走下，也像一名女巫控制着暴风雨，她是那

加布里埃尔·贝拉（Gabriele Bella）所画的一场网球比赛

时岸边除我们之外的唯一一个人。在看到我安全之后,她并没有如预期般与我欢庆,而是边对着我喊道"哦! 你个狗娘养的,这是去利多岛的好时候吗?"边冲进屋中,并通过斥责船夫没有预测到暴风雨来进行自我安慰。我的仆人告诉我那时整条运河所有的船夫拒绝她乘坐他们的船来寻找我,她只能一动不动地坐在风最大的石阶上等待。她控制着再次见到我时的快乐,并带着些许愠怒,给我一种母老虎重新找到她的虎崽的感觉。

这件事情之后,她抛弃了她的丈夫,并成为拜伦大家庭的大管家。拜伦以十万英镑的价格出售了他位于诺丁汉郡(Nottinghamshire)的纽斯泰德庄园(Newstead Abbey),并以每年二百英镑的价格搬进了大运河上配有家具的莫塞尼格宫(Palazzo Mocenigo)中。他在这里维持了 14 名左右的仆人,这些仆人名义上是归他的贴身男仆威廉·弗莱彻(William Fletcher)管理。弗莱彻陪同他的主人来到这个黎凡特地区(Levant),他抱怨这里糟糕的风景、肮脏的住处、发愁的红酒、难吃的食物、缺乏牛肉啤酒和茶叶以及有臭味的外国人,总之他觉得威尼斯并不符合他的品位。他对于家庭事务的管理与他对于财务的管理一样靠不住。访客们需要经过昏暗潮湿且没有装饰的底楼进入宫殿，如洞穴般的阴暗让人无法清楚辨别访客落满灰尘的马车形状，房子里还养着包括一只狐狸、一匹狼、一条长相凶猛的马士提夫犬以及其他的狗、鸟和猴子在内的众多动物。除了"逃走了一只猫、由于消化不良死了两只猴子和一只乌鸦"以外，从围栏和笼子里发出的各种动物的叫声及它们的数量都在持续增长，后来连房子的主人都承认这是一个"繁荣且多少有些喧嚣的地方"。

经过这个"动物园兼停车场"的房子后，访客需要爬上一段大理石阶梯并穿过

提埃波罗所画的杂技演员狂欢节表演

巨大的台球房,然后穿过一间卧室,最后才进入主人等候着的会客厅。他们在去会客厅的路上很有可能会见到一个名叫克拉拉·阿莱格拉(Clara Allegra)的小女孩,她是拜伦同克莱尔·克莱蒙特(Claire Clairmont)1817 年 1 月在英国巴斯(Bath)所生的私生女,她出生后就被送往英国驻威尼斯总领事、画家霍普纳的儿子理查德·贝尔格雷夫·霍普纳(Richard Belgrave Hoppner)家中寄养,由他的瑞士妻子负责照顾。

但是,只要阿莱格拉留在莫塞尼格宫,玛格丽塔就会非常用心地照顾她,这个烘焙师的妻子无疑非常喜欢她。拜伦承认他的大管家玛格丽塔的确是他的"意外收获",她把全家打理得"少见的有序",减少了一半的日常开销,使每个佣人更好地完成他们的工作,并把"除了她以外的所有人和事都安排得井井有条"。"她已经不止一次地让经验丰富的弗莱彻感到自己的地位岌岌可危了。"拜伦告诉奥古斯塔·莉:

> 我们把她变成了大管家……最糟糕的是,除了又老又可怕的女人之外,她不让任何一个女人进入家中,而且驱逐了许多我以前认识的又可怕又愤怒的女人……虽然她有暴力的激情和意大利人发怒时使坏的能力……在她不嫉妒的时候她非常令人愉快和温顺,但是奥赛罗在这方面对于她来说就是个笨蛋。她在她家里因为肤色偏黑而被叫作"小黑",因此,我自己把她称为"威尼斯黑人"。

有一天,拜伦将玛格丽塔称作"一头母牛",他告诉约翰·默里:

> 母牛在意大利语中带有侮辱的含义,相当于英语中母狗的意思。我叫她"母牛"。她转过身来,行屈膝礼并回答:"阁下,我是你的母牛。"简而言之,她正如我之前所说的一样,是一只非常美丽且充满能量的好动物,也有着许多良好且有趣的品质,但她像女巫般狂野、如恶魔般凶猛。

到最后,她变得非常无法无天,拜伦在厌倦了她的身体及被家中其他成员的抱怨所激怒后,选择让她离开。她照做了,并"威胁会用刀来报复他"。第二天,她再次现身,她打碎了一扇从楼梯到大厅中间的玻璃门,冲进拜伦正在吃饭的餐厅,抓起一把刀就割伤了他的手。随后,她的刀就被夺下,并被驱逐到一艘贡多拉上,她从船上跳入运河中。在被人从水中救起并救醒后,她被送回了家。这件事情之后,拜伦"除了有两次在剧院中看见她"之外,就没有再见过她。她曾尝试过很多次以非暴力的方式回到拜伦身边,但都失败了。

在 1818 年 8 月,雪莱(Shelley)到威尼斯探望拜伦,并带来了拜伦的前任情人,也是玛丽·雪莱(Mary Shelley)同母异父的姐妹克莱尔·克莱蒙特。他们到达的那天晚上下着暴风雨,当他们经过潟湖时,整座城市"在大风大雨中若隐若现,城市的灯光朦胧地闪现"。克莱尔在雷声的咆哮中蜷成一团,闪电不断、大雨击打着船舱的顶部,"不时会让人觉得害怕"。与此同时,雪莱对"世界上最美丽、最便捷的"贡多拉引起了兴趣,特别是它精美的地毯、柔软的沙发以及精致的窗户。他为克莱尔示范船舱窗户的工作原理,以及如何"在威尼斯雕花平板玻璃和威尼斯窗帘或黑缎窗帘之间切换来阻隔光线"。

第二天吃过早饭后,他们早早地离开旅店,前往霍普纳家中看望阿莱格拉。他们发现这个小女孩虽然有点腼腆,但还是过得非常不错,并且"一如既往的美丽"。理查德·霍普纳建议雪莱不要告诉拜伦克莱尔也来了威尼斯,因为他一直威胁如果克莱尔来了威尼斯,他就会立刻离开。因此,雪莱独自一人去了莫塞尼格宫,他到的时候是下午三点钟,那时拜伦很可能才开始属于他的新的一天。

拜伦见到他后看上去很高兴,拉着雪莱坐上他的贡多拉到他每天下午都去的利多岛。雪莱在好友的做伴之下非常兴奋,在他描述威尼斯的佳作《朱利安和马达洛》(*Julian and Maddalo*)中,他通过描述"杳无人迹的海边"的美丽来抒发那次夜游的兴奋之情:

> 一个黄昏,我同马达罗骑马出游,
> 来到一处隔断海水的岸头,
> 威尼斯在此挡住了亚得里亚的波澜,
> 一块由流沙堆成的小山,

药剂师的客人

荒滩上只有蓟和两栖植物，

长在大地怀抱盐水之处。

就在这片无人居住的海丘，

偶有渔夫来把网晒了就走，

地上无一物打破荒凉，

除了一株矮树，几根木桩，

全无人管，只有潮汐来往，

留下了狭长的沙滩一片，

正是我们每逢日落去骑马的地点。

我喜欢去那里骑马，我爱一切荒凉无人之地，

它们能让我品尝一种愉快，感到眼前无边无际，

恨不得我们的灵魂也如此无羁！

此处所见就是这等情景：

海阔，波寒，岸更凄清，

而超越一切，还有一位深爱的好友

与我作永难忘却的同游！

阳光下风把海水吹向我们的脸，

蓝天上空无一物……

如果我是一个无亲属的人，

我就会从此定下心

永不离开甜蜜的威尼斯，因为我爱

骑马傍行寂寞的大海；

加上这城幽静，只要雇只船，

把一盏小小的灯点燃，

我就可以日夜读写得舒坦。

　　在与拜伦同舟夜游的几天之后，雪莱离开了威尼斯，他将克莱尔和阿莱格拉带到了位于埃斯泰（Este）的别墅，他的朋友将这栋别墅交给了他们使用。但是在第

二个月,他就回到了威尼斯,这次他是和他的妻子玛丽还有小女儿克拉拉一起去的,即使当时克拉拉还不太适合长途旅行。在他们到达威尼斯的旅店时,克拉拉正处于令人恐惧的抽搐状态,这让她的母亲"极其悲痛"。

他们找了一位医生,但他对此毫无办法。克拉拉在一小时内就去世了,并在第二天被埋葬。霍普纳一家和拜伦倾尽全力地安慰这对父母,希望通过带他们去观光游览、看歌剧、乘坐贡多拉船、组织晚餐派对以及外出购物等方式转移他们的注意力。但是玛丽仍然显得郁郁寡欢,而雪莱考虑不周地坚持要来威尼斯的做法是玛丽承受丧女不幸的原因,他花了很多时间和拜伦待在一起,他们泛舟利多岛并促膝长谈好几个小时,直到回到莫塞尼格宫才结束。他开始变得心怀不满且脾气暴躁,不断在威尼斯和威尼斯人身上寻找缺点。威尼斯的建筑看上去像能够"通向天堂的"一样,但是他却无法摆脱对总督府关押犯人的地牢的联想,他说"要不就是被火烧死,要不就是被意大利太阳的灼热逼疯"或者"被禁闭在半人深的臭水潭中"。此外,雪莱也因傲慢自大的奥地利部队而感到沮丧,他们在街上以夸张的傲气行军,并占据着歌剧院最好的座位,他被告知,在一年前,拜伦的意大利文书助理仅仅是因为向一名骑兵提出他的高顶皮军帽几乎让他看不见舞台就被逮捕了。然而,雪莱认为威尼斯人要为自己国家的不幸承担很大一部分责任:

> 威尼斯曾是一个暴君,而现在是一个奴隶,只比死人好一些而已。因为事实上,从寡头政治篡夺人民的权力那一刻开始,它已经不再自由,也不值得以国家的形式让我们同情。然而,我也没有想到法国、特别是奥地利能给他带来如此之大的屈辱……我本来对无节制的贪婪、怯懦、迷信、愚昧、毫无激情以及所有难以形容的暴行毫无概念,直到我在威尼斯住了一段时间之后,我才认识到这些毁灭人类本性行为的存在。

至于威尼斯的女人,她们是"天底下最卑微的、最无知的、最令人厌恶的、最顽固的、最肮脏的女人。伯爵夫人们浑身的大蒜味导致任何一位正常的英国人都无法靠近她们"。雪莱告诉托马斯·拉夫·皮考克(Thomas Love Peacock):

拜伦勋爵非常了解这些他从街上接到他贡多拉上的社会底层女人。他允许女孩的父母跟他讨价还价，虽然这在意大利是司空见惯的情形，但是作为英国人能接受这样一件令人厌恶的事情是非常可悲的。他会去结交那些看上去几乎不成人样的可怜人和不顾及社会惯例的人，这种人我相信连在英国都很少能见到。

拜伦现在的年纪是 30 岁，但他看上去最少也有 40 岁了。他的面容苍白且皮肤松弛，他的鬈发已经逐渐变得灰白，他的手指也变得粗而丑陋，指甲被咬得很短。他经常感觉不舒服，并且在 1818 年 1 月的下旬，他抱怨自己"除了一种亚得里亚海的海鱼之外什么都吃不下，而这种鱼恰好又是最难以消化的海产品"。他的医生建议他过一种更安定的生活，但是他还是冒着风险彻夜不眠，有一天深夜，一位德国伯爵夫人在窗外看到他和一名 18 岁的贵族女孩在一起，这名女孩因此被反锁在自己的房间里独自祷告，只有水和面包给她用来充饥。拜伦不顾后来牧师和警察的调查，想尽办法与这位坚持声称要嫁给他的姑娘再次见了面，当拜伦告诉她自己已经结婚，她不会希望他毒死自己妻子的时候，这位姑娘沉默了。"你相信吗？"拜伦问默里，"这是不是一个真实且奇怪的全国性特点？之前她说话滔滔不绝，但突然之间就变成了一个你从未见过的小巧的、漂亮的、好脾气的安静女子。"不久之后，当拜伦在去和这个女孩约会时，在上贡多拉的时候"由于他宫殿前那该死的湿滑台阶"滑倒并掉入了运河之中，像一条鲤鱼般在水中挣扎。虽然他像希腊神话中半人半鱼的特里同(Triton)似的浑身滴着水，但这也无法阻止他从水中爬进船舱，继续踏上与海之女神见面的道路。

拜伦在威尼斯的生活并不完全都是娱乐，当他安下心来创作的时候，他非常努力和高效。在他生活在威尼斯期间，他完成了诗剧《曼弗雷德》(Manfred)，写成了《恰尔德·哈罗尔德游记》的最后一个篇章，《唐璜》(Don Juan)、《马捷帕》(Mazeppa)和《塔索的悲哀》(The Lament of Tasso)的几个篇章，一些出色的词以及诗作《贝珀》(Beppo)：

你究竟有没有看到过一艘贡多拉？

怕你没有看到过,我来为你作一个准确的描述:

这是一种狭长而有顶棚的船,在这里很常见,

船头精雕细刻,船身轻盈结构简洁,

有两位桨手负责划船,他们被人称作"贡多拉船夫",

船在看上去阴郁的水面上滑行,

就像一口放在独木舟上的棺材一样,

没人能看到你在里面的所作所为。

这些贡多拉船在狭长的运河中来来往往,

它们日日夜夜,以不同的速度,或快或慢地,

穿梭于里亚尔托桥下,

往返于各个剧院,

一群穿着深色丧服的人们在等待着,

但是他们的行为看上去并不哀伤,

有时候甚至还拿一些事物来开玩笑,

比如葬礼结束后的出殡车。

1819 年 4 月,拜伦写了一封信给他的朋友约翰·坎·霍布豪斯(John Cam Hobhouse),告诉他自己再一次坠入了爱河,对方是一名来自拉维纳(Ravenna)的 19 岁罗马伯爵夫人特蕾莎·圭乔莉(Teresa Guiccioli),并在一年前嫁给了一个 60 岁的男人。"她很漂亮,"拜伦继续写道,"但是不够聪明,总在应该小声回答的时候高声说话;在那些想假装年轻的年长女性面前谈论年龄,在本佐那(Benzona)的神圣夜晚她用别人听得见的声音大声叫道'我的拜伦',在周围人群一片死一般的寂静过后,他们又开始同仆人们小声谈论我们。"

这次轮到拜伦自己成为女人的男仆了,他并不享受这个角色。"我并没有厌倦意大利,"他向霍布豪斯保证道,

在这里,一个男人必须成为情夫、二重唱歌手、歌剧鉴赏家或什么都

不是。我的所有这些技艺都有进步，但我不得不说自己感到了堕落……与其成为小提琴家的阿谀者或者替女人拿扇子的人，还不如成为一名猎人或什么都不做。上帝知道我喜欢女人，但随着我越来越深入地适应威尼斯社会的制度时，我发现它是除了土耳其之外最糟糕的。这里完全是一妻多夫制的社会，我是一个私通者、一个丈夫、一个嫖客，而现在我成为了一个男仆。天啊！这真是个奇怪的情形。

幸运的是，这位伯爵看上去是一个彬彬有礼、性格温顺的人，他很富裕，并有着广泛的兴趣。只要没有丑闻发生，看上去是不会反对他的妻子和拜伦成为情侣的。当他和特蕾莎离开威尼斯前往拉维纳的时候，特蕾莎生病了，他同意拜伦和他们一起前往，当到了博洛尼亚（Bologna）后，他被邀请搬进了圭乔莉宫（Palazzo Guiccioli）。甚至他的妻子和拜伦启程返回威尼斯的时候，他还留在那里处理他房产的事情。后来，拜伦被要求将伯爵引荐给拉维纳的名誉领事，他被要求借出 1 000 英镑。从那时开始，拜伦和伯爵之间的关系开始恶化。用拜伦的话来说伯爵将他的妻子和情人"抓个现行"，到了 1820 年 7 月，在无数次争吵过后，教皇批准了圭乔莉合法分居的请求。拜伦仍住在拉维纳离他的情人不远的地方，忠实地替她拿着手套和扇子，并时常动情地回忆起他在威尼斯这片"罪恶之海"的那段美妙时光，跟那时相比现在简直就是在虚度光阴。

注释：

1. 弓箭街（Frezzeria）是一条繁忙而狭窄的街道，通往圣马可广场西端附近的圣莫伊西街。这条道路因曾经有商店在此售卖弓箭（freccie）而得名。

第十四章　达尼埃莱·马宁与新共和国

1820—1848

"这是威尼斯的心声,一个新的威尼斯,是哥尔多尼、
波拿巴和拜伦们没有听到过的陌生的声音。"

在一份 1825 年呈交奥地利君主的报告中,威尼斯宗主教描述了威尼斯的窘境。他汇报了威尼斯的高失业率、普遍性贫困、人口数量下降、工业衰退及贸易量减少。五年后,在威尼斯宗主教的坚持下,奥地利批准威尼斯成为免税港口,允许绝大多数的货物免税进出港。自那时以后,威尼斯逐渐开始恢复了往日的繁荣。人们的生活变得更为轻松,街上的人群变得更愉快,衣着打扮也变得更好,去当铺典当的人数也大大减少,新的银行和商店接连开张,政府在之前无人重视的佩莱斯特里纳岛上的木拉奇(Murazzi)海堤上投入大量资金。1843 年的时候圣马可广场第一次用上了煤气灯,此外,行政长官官邸边的时尚商店、纺织品商店和奇塔林先生制作优雅遮阳伞的工厂都用上了这样的煤气灯。到 1845 年的时候,威尼斯的人口已经增长到了 122 496 人。

成千上万的游客涌入威尼斯参观,1843 年的游客人数达到了 112 644 人次,威尼斯为接待游客作了充足的准备。市内总共有 11 家大型宾馆和众多的小型家庭旅馆,每晚都有包括凤凰剧院在内的七家剧院开门迎客。在运河东入口靠近海关大楼的地方有一个海滨浴场,从浴场可以看到对面圣马可广场的"魔幻景色"。此

外,浴场的"服务非常注重人性化和细节,将男女浴场分开"。

　　特纳(J.M.W. Turner)在来到威尼斯的那些年,由于受到这座城市神秘的、梦幻的氛围的启发,创作出了他一生中最出色的几幅素描、水彩画和油画。他曾在1819年的时候在威尼斯游览过几天,乘坐在贡多拉上一幅接着一幅地画着素描以备后用。在包括威廉·埃蒂(William Etty)、萨姆埃尔·普劳特(Samuel Prout)、理查德·帕克斯·波宁顿(Richard Parkes Bonington)和克拉克森·斯坦菲尔德(Clarkson Stanfield)在内的几位英国艺术家用画笔记录下威尼斯后,他在19世纪30年代又来到了这座城市。1840年8月,他再一次拜访并住在欧罗巴大酒店,也和第一次来的时候一样不停地努力地创作新的作品。[1]"我们吃饭的时候面对面坐着,"特纳的艺术家朋友威廉·卡洛回忆道,"并开始了交谈。一天晚上我在贡多拉船上享用着雪茄的时候我看到特纳在另一艘船上画着圣乔治岛的素描,此时的圣乔治岛被落日映照得无比灿烂。我对自己的后知后觉感到很羞耻。"这次行程结束之后,特纳已经创作了足够多的一系列素描,使他在威尼斯被奥地利占领的那个时期拥有无与伦比的绘画技术。

　　根据非官方调查者统计,近年来,威尼斯社会的阶级区分看上去远没有一个世纪前来得明显。贵族从一定程度上来说已经从共和国的陷落中慢慢恢复,许多贵族家庭急切地在市政府中谋求高位。但现在是由新资产阶级支配着商业和社会职场生活,他们拥有并经营着大多数银行和贸易公司,经营的产业和工厂都有盈利。造船业仍在低谷徘徊,近几年除了一些小型渔船外只造了几艘大型船舶;技术行业也在持续衰退,行业内部的工人雇用人数从18世纪末开始就在持续下滑,从约7 000人下降到几乎不超过600人。但是慕拉诺岛上的玻璃制造业还同往常一样兴盛,雇用着超过3 000名全身心投入工作的工人。岛上还有其他几家制作帽子、毯子、蜡产品和绳子的工作坊以及两家制糖厂和大量生产沥青、毡制品和烟草的工厂。仓库中储存着大量进口商品,用来高价卖给频繁出入于各家商店购物的游客。事实上,对于有事业心的商人和精力充沛的企业家来说威尼斯充满了赚钱的商机,而许多威尼斯人也的确赚到了不少钱。一些犹太人也同样赚到了钱,他们摆脱了许多共和国时期对于他们的限制,现在有了生产商品和拥有土地的权利。许多外国人也同样如此,例如苏格兰商人亚历山大·马尔科姆(Alexander Malcolm)、英国人托马斯·霍尔姆(Thomas Holm)和德国丝绸商人弗里德里希·贝尔塔奇(Friedrich Bertuch)。贝尔塔奇来自法兰克福,他认为丝绸行业是在"商业活动中具有最大利润的领域",在威尼斯成为免税港口后他赚得盆满钵满。

虽然这些商家在威尼斯赚取了大量金钱,但他们还是时常抱怨如果没有奥地利政府的阻碍的话,他们和威尼斯这座城市都可以赚得更多。他们认为奥地利政府收取的税率极高,对于提交审议事项的答复也迟缓得令人无法忍受。一名商人抱怨道:"奥地利政府认为威尼斯只是一潭死水,别无他意。"整个威尼斯城市中没有一家维也纳银行的分行,奥地利政府对于威尼斯提出的在城市中新建一家分行的请求也被驳回或无视了。此外,奥地利政府还禁止有政治意识的商人涉及一切公共事务。最终决定权仍掌握在奥地利政府的手中,而威尼斯能自行支配的权力又几乎仍都在那些只为自己牟利的贵族手中。不允许参与政治活动的规定在专业人士阶级中产生的民怨比商人阶层的要更大。尤其是律师和教师行业,他们还强烈抗议政府限制他们与海外相关人士通信的内容、在公开场合谈话的内容甚至是文学或哲学的辩论内容的规定。专业人士阶级的数量不多,1846 年的调查显示,威尼斯总共只有 59 名律师和不超过 15 名公证人,此外还有 163 名内科医生,70 名外科医生,195 名化学家,21 名工程师,866 名教师和讲师以及 1 957 名办事员和官员。但是,根据后来所发生的事件来看,他们虽然人数不多,但是其影响力和反对奥地利政府的力度是非常之大的。

由于威尼斯的主要财政收入来源是旅游贸易,抱怨税收比例太高的人数非常多。除了酒店和旅馆的员工以外,还有城市中咖啡馆的服务员和雇工、28 家理发店的员工以及大量商店的助手,这些商店包括:82 家鞋店、65 家裁缝店、70 家袜子手套店、25 家古玩店、上百家丝绸商店及 30 家玻璃制品商店。有 61 家商店出售黄铜、铁、黄铜制品,76 家出售金银珠宝,82 家出售家具、箱子、画框及其他木制品和木器。

木匠一如既往地占据兵工厂劳动力的很大一部分,但由于工作量减少的原因,他们会更多地去各种作坊或者造船厂等地方工作,这些地方百年以来和百年之后都不会有很大的变化。在这些黑暗且满是灰尘的房间里工作的都是锁匠、铜匠以及黄铜工人、补锅匠、手套制作者、补鞋匠、修桶匠、颜料商、广告牌画者、家具商、印刷工、制陶工和车工。在运河的摆渡码头和潟湖上的是贡多拉船夫,他们的生计到目前为止还没有被水上巴士所威胁,这些船夫和他们的贡多拉船成了几百年来威尼斯最独特的风景线。

这些船夫和服务员、制陶工、在酒店和旅馆中工作的女服务员和厨房工作人员中的很多人在假日季结束之后就会失去工作。处在漫长冬季的威尼斯远没有它在温暖气候时那么受人欢迎,他们中的一些人找到了其他的工作,一些是在市政府的公共工程中充当劳动力,但也有很多人被迫乞讨或到公共慈善机构寻求帮助,实在没有办法的人会去可怕的济贫院,通过做绳子或清扫大街和桥梁来换取面包和热汤。在寒冬时节,许多衣衫褴褛、面黄肌瘦的人会大量出现在朱代卡岛(Giudecca)、城堡区(Castello)和卡纳雷吉欧区(Cannaregio)以及其他地区,他们在富人的房子边上和宫殿的阁楼和地下室成群居住。

在 1844 年的一个寒冷的冬天,查尔斯·狄更斯来到了威尼斯,并在后来他写的《意大利风光》(*Pictures from Italy*)中用"这奇怪的地方""鬼城"来形容这座城市,就仿佛他是在梦里去的那里一样。他描述贡多拉船是悲伤的、漆黑的、寂静的从每个人身边划过,船夫在运河的转弯处会低声提醒。被仆人陪同着的人们从一座宫殿的内部的幽暗拱门下到湿滑的水边。木匠们在他们位于窄巷的店铺中用刨子和凿子工作着,"刨下的木屑直接被他们抛入运河中,并飘落在水面上,看上去就像水草一样,在退潮的时候这些木屑又会被潮水推成一堆"。戴着面纱的女人反复进出码头,游手好闲的男人们则坐在台阶上或徘徊、观察一座座桥梁。他去了兵工厂,那里"只有零星的捶打声和很少量进行中的工作",这个巨大且安静的地方对他来说就像是"大海中漂流着的沉船残骸"一样。"那里还有一座已经被掠夺一空的兵工厂,这个兵工厂是根据土耳其人的标准建造的,在阴暗空气中毫无生命力地矗立着。"兵工厂里还留有盔甲、十字弓和弩箭。

各式各样的其他武器和被恐怖地用来绞、夹、磨、压受刑人骨头的刑具……以及两个按照人的头形制作的铁头盔,用来紧扣受刑者的头部;头盔扣紧后两边各有一个把手或铁砧,施刑的魔鬼可以放松地将两肘放在上面并把耳朵凑到可怜的受刑者嘴边倾听他的哀嚎和供词。

狄更斯每到一个新的地方后都会去那里的监狱,而这次也不例外。他去了叹息桥边的地牢,下到这个"阴沉、糟糕、恐怖的地下石牢",他透过墙上的洞眼看见了火炬在黑暗的牢房里散发出微光、指甲在墙上的刻痕、勒死犯人的洞穴以及罪恶之门,"在通过门户低矮且私密的罪恶之门后,将装着犯人尸体的沉重麻布袋运到船上并运到没有渔民敢下网捕鱼的地方,并将它们沉入水中"。

在教堂和规模宏大的宫殿前走下马车后,狄更斯有时"会一间间房间、一条条走廊地漫步在如迷宫般交错复杂的圣坛和历史遗迹中,其中还有一些放着或可怕或怪诞家具的衰败公寓正在被慢慢腐蚀"。"运河的潮水经常包围住码头和教堂,冲刷着外墙,并涌入城市的秘密之所。""运河像一条年迈的巨蛇一般悄无声息且警惕地盘成一圈",他认为它是在等待,"等待人们俯身用这座古老城市中的石块投入其中以测试它的深度"。

穷人们大多忙于生计,因此他们没有更多的时间去关心政治和经济方面的措施,而这些措施却恰恰是可以改善他们生活的。然而资产阶级对奥地利的统治却早已表现出了极大的厌倦,意大利国内对于废弃贸易壁垒、建立全国性市场、取消审查制度及全面扩大交流的呼声持续走高。当修凿连通地中海和红海的苏伊士运河的方案被提出之后,这些需求就变得更为迫切。威尼斯商会副主席提醒道:"是贸易造就了这座城市,因此威尼斯的贸易必须恢复到往日的辉煌……他们将要从苏伊士地峡中凿开一条通道。……由于到印度的路上运输线路开通导致好望角(Cape of Good Hope)航路被关闭,从而造成了威尼斯商业的衰败。这条航路将要重新开通。那么这条航路就是我们的'美好希望'。"

威尼斯在这种乐观情绪的激励下在意大利北部诸邦大规模修建铁路,因为只有发达的铁路网才能充分利用苏伊士运河所带来的商机。建造一条从米兰到威尼斯的线路被提上议事日程,这条线路最终将意大利诸邦紧密地团结到了一起。在由此提议所引发的漫长商谈中,一名在19世纪的威尼斯历史中扮演着主要角色的律师达尼埃莱·马宁(Daniele Manin)引起了大众的关注。

马宁1804年5月13日出生在圣阿戈斯蒂诺坎波(Campo Sant' Agostino),他母亲的家庭来自帕多瓦,他父亲是一名律师,也是坚定的共和政体拥护者及爱国者。他父亲来自一个威尼斯的犹太人家庭,他父亲是阿拉伯麦地那(Medina)人,在1759年皈依了基督教并将自己的姓改成了马宁,之所以改为马宁这个姓是和可怜的最后一任威尼斯总督洛多维科·马宁(Lodovico Manin)有关。达尼埃莱是一个非常早熟的孩子,他在12岁的时候就在他父亲的帮助下写了一本法律哲学的著作,两年后他就去了帕多瓦大学学习法律。在毕业之后,他很快又出版了一本查士丁尼《学说汇纂》的译著。在20岁出头的时候,他已经精通法语、德语、英语及希伯来语、希腊语和拉丁语,并编辑了一本威尼斯方言的词典。那时他已经与一名威尼斯律师的女儿特蕾莎·佩里西诺蒂(Teresa Perissinotti)结婚并一直对她非常好。他同样对他生于1827年的患癫痫病的女儿艾米莉亚(Emilia)和儿子乔治奥(Giorgio)也全身心投入。尽管家庭生活非常幸福,但他还是受到了严重的抑郁症的困扰,抑郁症发作时,他除了休息不想做其他任何事情。"首先是永远的休息。"他继续说道,

> 我的活动需要在一种几近狂热的状态的刺激下才能进行,但是如果没有了这种刺激,我就什么也做不了了。在我不兴奋的时候,我会感到自己很差劲,没法做到其他人轻而易举就能完成的事情……活着对我来说是一件苦差事,我要为此而努力。我经常感到疲惫……我喜欢休息,我喜欢在铺着羽毛褥垫的床上睡觉。我已经浪费了大半辈子时间在我温暖的床上了。

由于抑郁症的影响,即使他能运用杰出的话语技巧来进行辩论,他的法律实践也还是难言成功。他住在一幢简朴的房子上部,从楼上看出去对面有一座广场,广场和房子中间隔着一条狭窄的运河,运河上有一座名叫圣帕特尼安(San Paternian)的古老石桥。[2]

1831年,他听说意大利中部发生了一起动乱。随即,他立刻和一些朋友们宣称要在威尼斯挑起类似的暴动以反抗奥地利的统治。他们在报纸上印了一份公告并藏于马宁的家中,将其大量印刷并贴满了城市的各个角落。但是威尼斯人在当时明显还没准备好要造反。事实上,即使十五年后马宁凭借出色的表现在铁路谈判中扬名立万的时候,也很少有威尼斯人支持革命的想法。而在同一时期意大利其他地区的人民爱国主义热情高涨并充满着自我牺牲的精神,热那亚人朱塞佩·

马奇尼（Giuseppe Mazzini）将许多他的支持者召集在一起，组成了名为"年轻的意大利"（La Giovine Italia）的秘密组织，该组织以"统一、自由、独立"的口号及游击战的方式开展起义。许多威尼斯的温和派自由主义改革运动者认为这些革命者是自吹自擂的叛乱煽动者。他们认为现在需要的是耐心和外交策略以优先获得商业利益，其次再得到政治利益，也许由教皇来主持意大利各州联邦会是个能令人满意的结果。但即使是这样，也需要通过劝说、宣传和谈判的方式来达到目的，而非通过暴力。后来在1846年的时候，横贯潟湖的长途铁路通车了，它将威尼斯与意大利

达尼埃莱·马宁在威尼斯人民同奥地利统治者的斗争期间获得了独裁的权力

大陆通过的一个叫梅斯特雷（Mestre）的地方连接了起来，但是有两件令人震惊的意外的发生改变了局势。

第一件事是极其严重的灾荒导致粮食价格急剧上升，在威尼托地区素来宁静的小村庄中爆发了大规模的暴动、罢工、抢劫来向奥地利的统治示威。第二件事是顽固的教皇格列高利十六世（Gregory XVI）的去世，他禁止在教皇国修建铁路，理由是铁路可能会"对宗教有害"，而且可能将反对者的代表从边境地区带到罗马来。教会认为现在必须对国内的自由主义情感，甚至是民族情感进行一些让步，教廷的成员将来到罗马并选择红衣主教济慈（Cardinal Gizzi）作为教皇继任者的传闻甚嚣尘上。济慈虽然被认为有着自由主义情感，但同时他也是小心谨慎的、老派的，做事不鲁莽，可以被依靠。事实上，当枢机主教们完成投票后，等待的人们看到送给新教皇的衣服和鞋子尺寸都非常小，这就意味着济慈将成为教皇的传闻的确是真的。信使跑到他的家中通报，而他家的仆人们则遵守传统习俗，将他们的主人在梵蒂冈用不到的东西全部都抢走了。

实际上教皇的当选者是礼貌、长相出众但不太有名的枢机主教马斯塔伊·费雷提（Mastai Ferretti），即庇护九世（Pius IX）。他之前是伊莫拉（Imola）的主教，人们听说其为人慷慨大方且善解人意，虔诚且单纯并喜欢自嘲。而他也很快地表现出了自己是位崇尚改革的教皇，这与奥地利首相梅特涅王子（Prince Metternich）所希望的截然相反。他在教皇官邸内推行了一系列经济制度，包括：任命一个委员会来处理对教皇政府进行现代化改造的提议；任命法律、农业及铁路委员会；建议将煤气照明引入罗马；批准了对政治犯的特赦；还发布和批准了很多其他的公告、任命和议案。梅特涅对所发生的一切感到惊讶并说道："我们没有料到他是一名崇尚自由主义的教皇，谁知道以后会发生些什么？"这是"这个时代最大的不幸"，而一个"新的时代"即将到来。整个意大利都对教皇的改革感到欢欣鼓舞，而这却让权力机关警惕了起来。威尼斯对教皇改革的反应没有其他的地方那么迅速，但在1847年年末，城市的墙上写满了"庇护九世万岁！"的标语。而在这句话下面经常还会跟上一句"奥地利人去死！"的激进标语。

起义的想法刚一确定就在整个城市中快速传播开来，并传到了威尼托的村庄中。威尼斯的宗主教感到事态紧急，他命令手下的牧师保护他们教区的居民不会

"被那些借助庇护九世名字来颠覆所有的宗教和政治秩序的邪恶阴谋家所欺骗"。但是许多牧师也已经决定支持改革派,而且大多数没有支持改革派的牧师也不愿意去跟他们唱反调。教皇主导了一场连他自己都无法控制的运动。尽管他公开反对格列高利教皇的规定并承认天主教会需要与欧洲的自由运动站在同一阵线,但他并不赞同自由运动背后的动机。他对意大利有着真情实感,文森佐·乔贝蒂(Vincenzo Gioberti)在《意大利的文明和道德至上》(*Del Prmato morale e civile degli Italiani*)一书中提出天主教会是上帝指派来帮助意大利重生的机构,意大利各州需要在教皇的支配下建立起联盟,教皇被这个想法所吸引。虽然非常愿意领导全国性的自由主义运动,但是他的内心并不相信代议政府能与教皇的权力共存,也不相信他自己有这个能力做到这一切。

在威尼斯,改革者们坚定了维持改革动力的决心。达尼埃莱·马宁反复强调他们在经济上的需求和建造新铁路的提议;再次建议与东方的海上贸易路线必须经过威尼斯而不是的里雅斯特,威尼斯市内必须成立一所培养商船海员的学校并发行一本商业杂志。当你询问亚历山大·马尔科姆这样的商人在这场斗争中他站在哪一边时,他一定会说"我站在商业这边",然而,当经济改革的思想在商人的脑中不断加深的同时,政治需求对他们来说也开始变得同样重要了。主要研究自由贸易的英国经济学家兼律师理查德·科布登(Richard Cobden)参加了在朱代卡岛上的某个花园中举办的宴会,宴会中数百名出席的意大利代表将他们的政治需求表露无遗。几周后,一个系统的代表大会于 1847 年 9 月在总督府成立。代表大会引用了庇护九世的话使得大会议厅内掌声雷动。一名会议代表的演讲着重指出了建造新铁路将会给意大利带来极大的政治优势,这引起了全场的"疯狂欢呼",而马宁则描绘了一幅将来某天他要求代表们讨论有关铁路争议话题的场景。当与会者走下大会议厅的楼梯并来到圣马可小广场时,一名代表拍了拍马宁的肩膀并说道:"你有一天会成为这个国家的救世主。""那我会不会像耶稣一样被钉在十字架上?"马宁问道。"我希望不会,但我也不能保证。"

代表大会的成功举办使马宁更加坚定地要求奥地利政府同意改革者提出的要求。由于他的演讲非常具有煽动性,许多谨慎的商会成员警觉了起来,纷纷使用更为平和的语言提出自己的请求。但是马宁不是一人孤身奋战,他得到了另一位具有很大影响力的律师吉安·弗朗西斯科·阿维萨尼男爵（Baron Gian Francesco Avesani）的支持。他还得到了犹太人毫无保留的支持，因为他的改革计划中包含对犹太人的完全解放条款。综合上述所有情况后，马宁得到了大多数威尼斯人的支持。这种高支持率可以在凤凰剧院上演意大利著名歌剧作曲家威尔第（Verdi）的《麦克白》时被表现得淋漓尽致，在歌剧第四幕的开头，每当"祖国受到了背叛，需要我们的帮助。兄弟们，我们必须尽快拯救她"的合唱声响起后总是会得到包厢中观众们赞同的欢呼，大量代表着意大利国旗颜色的红白绿花束从空中飘下。当警察禁止扔这些颜色花束的时候，观众们改成将代表奥地利国旗颜色的黄黑色花束扔向看台，但演员们夸张地拒绝捡起它们。反奥地利的情绪一天比一天高涨。英国总领事克林顿·道金斯（Clinton Dawkins）在 11 月的时候去了米兰，而当他 1 月回来后发现威尼斯从当时的"非常平和变成了现在的充满民愤"。他在向英国汇报情况的时候写道："几乎没有一间威尼斯的房子允许奥地利人进入。那些被认为倾向于支持政府的人引起了极大公愤，他们的名字被像国家叛徒一样地写在了墙上。"

马宁还得到了尼科洛·托马西奥（Nicolo Tommaseo）的支持，他非常有天赋，与马宁形成了良好的互补。托马西奥是一名来自达尔马提亚的学者兼爱国者，他自视甚高且勇敢无畏，刚从巴黎结束流放生涯回国。虽然他只比马宁大两岁，却有着深邃的思想并提出了被他称为"意大利的重生"的理论。托马西奥曾认为意大利重生的过程可能会"持续好几百年"。但是，在与教皇的会面过后，他开始相信他所著的《意大利》一书中设想的新时代马上就会到来。他现在确信庇护九世和罗马天主教的信念将会是意大利解放运动的关键。托马西奥还是一个坚定的共和主义者，他认为皮埃蒙特（Piedmont）的君主制是不可被信任的。他满腔热情地加入了马宁组织的反对运动，不同于马宁那样的咄咄逼人，他更为温和地提出取消审查制度并将一份由 600 名威尼斯市民代表联合署名的请愿书送到了维也纳。不久之后，马宁更直接地进一步要求政府给予人民言论自由的权利。十天之后的 1848 年 1 月 18 日，马宁和托马西奥同时被捕。

奉命抓捕马宁的警察到了他位于圣帕特尼安（San Paternian）的家中，出于对闯入他的家中感到抱歉，两人非常尴尬地接受了马宁邀请他们喝的咖啡，随后就把他送进了一艘封闭的贡多拉里。马宁在警署中被审问后又被送上了那艘贡多拉，并在夜色中再次出发。他询问警察自己会被带到哪里去，但是警察没法回答他，根据他自己对威尼斯水道的了解，他猜测自己可能穿过了圣马可小广场码头边上的港口，随后进入稻草桥下的宫殿河，向叹息桥驶去。他被命令下船站在监狱的水门前，随后被带到了一楼的一间房间，窗户在他头上很高的地方，朝南的窗户看出去是面向圣乔治岛钟楼的斯拉沃尼亚人河岸。他爬上一张桌子，并用双手抓住窗户的栏杆来把自己上拉到窗边，以此观察窗外的世界，外面的人们来来往往。他能听到贡多拉船夫们互相大笑并争论着，当他听到一个小孩大喊"马宁万岁"的时候不禁担心起了自己的孩子艾米莉亚，她在自己被逮捕时还生着病；他还担心着自己的妻子和儿子的生计，因此他请求再版一本他写的关于威尼斯法律的专著，以便他可以将版税给他们作为生活费使用。但是这一请求被拒绝了。

在米兰，人们为了反对奥地利政府对于烟草的垄断，停止在公共场所吸烟，军队开火击杀了数名反对者，这已经让威尼斯开始骚乱。而现在两名威尼斯自由运动的领导人被囚禁的消息又甚嚣尘上，这更为暴动提供了导火线。威尼斯人民在一个晚上沿着斯拉沃尼亚人河岸游行，他们招摇地高举着帽子，弓着背走过了叹息桥。男人们穿着黑色衣服就好像在哀悼似的，并将红白绿三色的徽章扣在纽扣孔上；女人们则在肩上披着围巾并将这三种颜色的带子缠绕在她们的帽子上。艺术学院的学生在帽子上佩戴着高高的墨绿色羽毛，就好像最近刚由皮埃蒙特国王组建的轻步兵团"神枪手团"（Bersaglieri）一样，孩子们则不顾规矩地高喊着口号"庇护九世万岁"；商店里卖着印有教皇容貌的手绢；墙上贴满了口号和海报，每当警察在白天遮盖或撕下这些标语和海报，人们又会在晚上把它们重新刷在墙上。每当奥地利军乐队在圣马可广场开始演奏奥地利国歌时，广场内的行人都会快速离开。即使是尼克罗蒂派和喀斯特莱尼派这两大长年敌对的威尼斯贫民阶级集团，现在都能为了共同的目标联合起来，他们将代表自己集团颜色的腰带系在一起并放在安康圣母教堂的祭坛前，黑色代表尼克罗蒂派、红色代表喀斯特莱尼派。他们甚至能够互相交换腰带并将对方的腰带系在自己身上，要知道这在一个月前是绝对不可能发生的，了解他们之间宿怨的人对此都惊愕不已，他们解释这么做是"为国家牺牲"。

整个意大利都开展着支持革命分子和爱国分子的示威游行,旧政权看上去已经处于崩溃的边缘。一场发生在西西里岛(Sicily)的起义迫使那不勒斯(Naples)的费迪南德国王(King Ferdinand)批准颁布宪法。托斯卡纳(Tuscany)大公(Grand Duke)被迫同意设立州议会。在皮埃蒙特,一直犹豫不决的国王查尔斯·阿尔伯特(Charls Albert)最终决定与奥地利人为敌。之后,在巴黎爆发的法国二月革命致使君主制瓦解,法兰西第二共和国的成立开启了全欧洲对自拿破仑帝国衰亡后重新获得统治权的封建君主制的又一次大规模革命运动。战火蔓延到了维也纳,虽然梅特涅国王徒劳地表示必须坚定不移地维护君主制,但到最后当熊熊的烈火燃烧在他居住的霍夫堡王宫(Hofburg)时,他只能被迫宣布下台。

每天威尼斯的新鲜事都让人既兴奋又焦虑。一群用红白绿三色饰带和丝带夸张装扮衣着的观众在凤凰剧院看到伴着西西里曲调的芭蕾舞节目后发生骚乱,造成剧院自此关门歇业。人们在咖啡馆中听取来自法国报纸的报道和意大利大陆来

巴尔菲伯爵(Count Palffy)和他的妻子紧张地面对人民代表要求释放马宁和托马西奥的要求

的信件的摘录。

1848 年 3 月 16 日夜晚,在圣马可广场集结的人群数量比以往都多,且比以往更加嘈杂。现场宣布明天将要举行民族主义示威游行。第二天早上,人们看见一艘来自特利斯特(Triest)的邮政汽船驶入潟湖。许多贡多拉快速划向该船,希望从船上的人口中得到最新的消息。一名长期旅居威尼斯的法国商人弯下身子,手上拿着一幅被烧焦的梅涅特画像残余,这幅画像昨晚在特利斯特被焚毁。他高喊维也纳的确发生了起义,而且奥地利国王总体上同意颁布宪法。贡多拉上的人在得到消息后马上掉头冲回圣马可小广场,人群在听到这个消息后发出了震耳欲聋的欢呼声并高喊"释放马宁和托马西奥!"特里维廉(G. M. Trevelyan)记载道:"消息传播的速度比奔跑和划船的速度都要快,分布城市各个角落的人们纷纷放下手头的工作并涌向广场,人群把这座巨大的露天广场挤得人满为患。'释放马宁和托马西奥!'这是威尼斯的心声,一个新的威尼斯,是哥尔多尼、波拿巴和拜伦们没有听到过的陌生的声音。威尼斯总督在他的窗户后听着如风暴般的呼喊响彻天际。"

一支代表团被派出以督促总督履行人民的要求。两个月前,虚张声势、友好却又残忍的奥地利驻意大利部队总指挥约瑟夫·拉德茨基(Radetzky)曾告诉他的士兵们"意大利人民对改革疯狂的热衷,在他们无畏的勇气面前就像以卵击石般的不堪一击"。然而现在威尼斯总督,匈牙利伯爵阿洛伊斯·巴尔菲(Count Aloys Palffy)已经没有信心和决心再作出这样的号召了。他手下有一支约 8 000 人组成的卫戍部队。由 2 000 人组成的部队驻扎在木筏沿岸街,他们中的大多数是克罗地亚人;另外 1 300 名克罗地亚人驻扎在兵工厂;还有近 3 000 名意大利士兵听从奥地利军官的指挥。但是他后来承认当威尼斯闹事者高喊让他出去时,他感到非常恐惧,因为这很可能造成重大人员伤亡。当代表团挺进到他家的楼梯前时,他紧张地看着他们,他的妻子在他身边颤抖不已。代表团提出了他们的要求,他走到窗边向楼下的人群说他没有权力释放因犯,他将会向维也纳方面寻求指示。人们喊道:"不需要问维也纳,现在就放人,立刻马上!"争执持续了一个小时,连钟楼在 11 点所发出的整点敲击声都被鼎沸的人声所掩盖,直到一群年轻人决定将法律掌握在自己的手中,毅然地向监狱挺进。巴尔菲伯爵最后还是选择了屈服,他签署了释放因犯的文件,他害怕到在无意间将达尼埃莱·马宁错写成了十五年前被法国罢免的前威尼斯总督洛多维科·马宁(Lodovico Manin)的名字。

两名被释放的犯人被欢快的人群扛在肩上一路送到了广场上,马宁对等候在那里的人们发表了演讲,告诫他们没必要冒着激怒当权者的危险,但也敦促他们相信在国家的历史中有时发动暴乱不仅是人民的权利更是他们的义务。巴尔菲伯爵在他家中的阳台上听了演讲的内容,他非常赞同演讲的前半部分,但当他听到马宁的最后几句话和现场人群所爆发出的欢呼后突然走回了房间并甩上窗户。

这是马宁作为公认的民族主义运动领袖所发表的第一次演说,他是新的"人民偶像"和"人民命运的决定者"。像墨索里尼(Mussolini)曾经做过的一样,他用威尼斯口音向人群演说并通过与他们对话来阐述自己的观点,让他们像会众反复回答牧师快速提出的问题一样,然后他复述这段话并再次抛回给人们以期得到更大声的回复,这么做是为了更加坚定人们的忠诚和团结。他让人们感觉到他与他们是一条心的,他能理解到他们的感受并愿意替他们分担。

有一天,托马西奥问他能从一心只顾自己事情,无法作出自我牺牲的威尼斯人那里得到些什么?他回答道:"相信我,你和其他所有人都不够了解威尼斯人。他们一直被人误解。我自信我比其他人更了解他们,这是我唯一的优势。"

他决心领导威尼斯人民的革命,凭武力建立一个新的议会选举制的威尼斯共和国,使它当之无愧地成为以前那个备受崇敬的共和国的合格继承者,并成为意大利联邦的一员。但是托马西奥强烈反对武装暴动。市政局的成员和市长贵族乔瓦尼·科雷尔(Giovanni Correr)也赞同托马西奥的观点,他们对颁布宪法的承诺感到非常满意。宗主教的枢机主教雅各布·莫尼克(Jacopo Monico)毫不掩饰对奥地利统治的偏爱,他认为把希望寄托在不可预测的资产阶级民主、可能造成障碍的公民选举权和新闻自由权上是不切实际的。同样很明显,包括银行家和商人在内的大多数威尼斯专业人士阶层和贵族都不赞成马宁的观点。

然而正如一位律师作出的评论一样,威尼斯的情绪已经高昂到难以控制的地步了。代表意大利的红白绿三色在路上随处可见,"意大利人民万岁"的口号响彻大街小巷,投掷物伴随着辱骂时不时地会向奥地利军队的头上招呼过去,士兵们举起刺刀反击,有时会刺伤一些示威者。3月17日,一群水手在圣马可广场的圣马可大教堂(Basilica)前将红白绿三种颜色的旗子升上三根高桅杆上。其中的两面旗子被隶属于金斯基军团（Kinsky Regiment）的克罗地亚军队扯了下来，但第三面旗却让他们毫无办法。示威者们攻击了军队，士兵们用刺刀回击，刺伤了数人并将剩下的人赶出了广场，示威者们爬上周围建筑的屋顶，揭下房顶的瓦片并朝下面穿着白色制服的士兵扔去。

第二天早上圣马可广场上又发生了一次暴动。示威者们将铺路石撬开并扔向停留在圣马可大教堂门口的士兵。部队在得到命令后开火，造成 8 人死亡、数人受伤，死伤人员中的大多数都是工人，死者包括一名玻璃厂的工人、一名搬运工、一名窗户制造者、一名画家的 13 岁跑差和一名 15 岁的木匠学徒。随后，他们被授予一等工人阶级革命英雄的荣誉。

马宁对于工人的态度是矛盾的。他经常公开对他们表示理解，他们的志向总的来说也正好与他和其他威尼斯人的一致。他非常了解如何与他们沟通，懂得如何回应他们的一切感受。他清楚，如果没有这些工人，他的理想就无法实现。但他对他们还是非常谨慎，当被问到如何控制日益加剧的危机时，他立刻主张征募一支国民护卫队。他不仅将这支国民护卫队视为为革命提供武力支援的起义力量，还将他们视为可以保护资产阶级的组织，因为工人们在暴动中可能会试图威胁到资产阶级的生命和财产安全，此外它还能维持城市内部社会秩序的现状。正是这最后一个目的使得巴尔菲伯爵在宗主教的压力之下同意组建这支部队，前提是它必须受资产阶级的管理且人数不能超过两百人。然而事实上，招募的人数远远超过了这个数字，而当奥地利警察署长对此表示拒绝时，马宁用枪指着他的脑袋并吼道："我是为了维持社会秩序才组建这支队伍的。但是如果你阻碍到我维持秩序的话，我将会带头参加起义，到时候你就会亲自引起自己所害怕的暴乱。"自此之后，护卫队的招募工作继续进行，再也没有受到进一步干扰。

被委派指挥国民护卫队的人是一名富裕的律师安吉洛·门加多（Angelo Mengaldo），他曾经在拿破仑军队做过军官，还与诗人拜伦在 1818 年进行过游泳比赛，拜伦在获胜后还得意了很久。护卫队的另外两位指挥官是市长科雷尔伯爵的儿子彼得罗·科雷尔（Pietro Correr），他被安排指挥驻扎在卡纳雷吉欧区的部队；以及贵族吉罗拉莫·格雷德尼歌（Girolamo Gradenigo），他受命指挥驻扎在圣十字区的部队。而马宁自己则率领驻扎在圣马可的部队。他们就护卫队不能招募兵工厂的

1848年3月18日示威者在圣马可广场撬开铺路石并扔向奥地利部队

工人一事达成了共识。

在国民护卫队正式组成的那天下午,队员们在自己的便衣上围了一圈白色腰带,在圣马可广场上列队行进。他们大概有2 000多人,全副武装,从步枪和手枪到"从大半个威尼斯的古董商那里搜集的戟、矛和双手剑"。但是,大概只过了一个小时后,就让人觉得护卫队根本没有存在的必要。一艘从特利斯特来的汽船带来了官方正式承认威尼托组建立宪政府的消息。这个本来可能只有通过武力才能得到的结果,现在看起来已经被慷慨地批准了。这让人们觉得暴动是没有必要的了,在凤凰剧院里的观众们甚至向满面笑容的巴尔菲伯爵及一众奥地利官员鼓掌欢迎。第二天是周日,整个威尼斯街上的人们都喜笑颜开,一名高级军官在周一的汇报中写道:"由于政府批准了立宪和其他一些特许权,各个阶级的人们聚集在圣马可区。他们在街道上快乐地行进,且没有造成任何大的骚乱,整个区都回响着他们的愉快的庆祝高喊声。"当一支奥地利海军乐队奏响奥地利国歌时,广场上居然还响起了欢呼声和"国王万岁! 奥地利万岁! 意大利万岁!"的喊声。

虽然革命能够也应该被避免,但马宁仍然不觉得满足,因为他知道奥地利政府不会轻易地放松对威尼斯的军事控制。事实上，他从一名在兵工厂工作的线人处得知驻扎在那里的克罗地亚部队将会进行增员。他还了解到兵工厂的工人对他们获得的工资和身处的境遇很不满意，他们会加入任何试图武装夺取那里的革命力量之中。他还保证约 500 名威尼斯水军士兵中的绝大多数也会加入革命。星期二的时候，传来米兰爆发了暴乱的消息。可能是因为受到了这一连串突发事件的影响，有传言说奥地利已经架设好大炮准备向威尼斯开火了，这就造成了民众更加支持马宁的计划。

即便如此，当他建议袭击兵工厂的时候，他的大多数朋友都显得很惊惧，特别是当他提出战斗口号"共和国万岁！"时，安吉洛·门加多表示反对，他不同意他的国民护卫队被用于如此鲁莽的行动中。第二天，市长的神情明显透露着"心烦意乱和惊慌失措"，他认为现在的局势"极其严峻"。一名德高望重的威尼斯律师雅各布·卡斯特里（Jacopo Castelli）表示他的朋友已经失去了理智，他的长子是马宁的公司里的学徒，他声称："可怜的马宁，监狱的生活软化了他的大脑。"

但是在 3 月 22 日上午，兵工厂的工人挑起了马宁计划好的革命运动，以推翻言行不得体、专横、易怒且无情的奥地利兵工厂总管贵族马林诺维奇（Marinovich）上校。前一天晚上，工人们守在兵工厂的狮门外面伏击他，但是他在一支国民护卫队小分队的保护下设法躲过了这次伏击，并登上了停在岸边的轻巡洋舰。他的上司、海军中将奥地利人马蒂尼（Martini）强烈建议他待在船上。但是马林诺维奇宣称他不会被工人们吓倒，周三早上，他回到了兵工厂。工人们愤怒地聚在一起，一名意大利海军军官安东尼奥·保卢奇（Antonio Paolucci）上校决定在工人们攻击他之前让他离开。因此，在另一名军官的帮助下，保卢奇把他绑起来带出了兵工厂，并送上了一艘隐蔽的贡多拉。贡多拉快速闯过码头向新城门（Porta Nuova）驶去，后面跟着追击他们的船，还差点被从桥上抛下的大石头给砸翻。保卢奇希望穿过新城门，将这名逃亡者送到安全的潟湖上，但是城门被锁了，开门的路被吊桥下的铁栅栏挡住了。后面的船追了上来，并有很多在码头边上的工人冲向他们。保卢奇让马林诺维奇跳上岸并将新城门塔作为庇护所，这座塔建于约五十年前，[3]塔很高，塔顶在新城门上显得非常朦胧。马林诺维奇穿过码头冲进塔里，攀上木质台阶一直到了顶楼，此时，工人们不顾保卢奇的呼喊跟着他们的猎物冲进了塔门。他们一直追到了塔顶，当他爬上最后一级阶梯并准备冲上房顶的时候，工人们让他下来并向他们自首。

他喊道："你们希望我去死还是活着？"

"活着！"

他走下楼梯，把自己的剑交给了工人们。但是，有一名工人拒绝接受他的投降，并用一根尖的铁条刺穿了他的胸膛。鲜血喷涌而出，马林诺维奇的身体沿着台阶瘫软下来，滑下塔的底部，在那里，这名将死之人要求见牧师一面。一名工人用马林诺维奇在面对他们加薪的要求时常常说的一句话来回复他："也许下周吧。"

马宁在知道这件事后发表声明："现在我们不能失败。"他意识到奥地利人可能"以报仇为借口进攻"，就迅速带着自己的小儿子和另外两个同伴冲向兵工厂，并在沿途聚集支持他的国民护卫队队员，即使门加多曾经告诉他不能指望他们的帮助。马林诺维奇的上司海军中将马蒂尼害怕得脸色惨白，马宁从他手上夺过了对兵工厂的控制权。随后，兵工厂立即被意大利部队包围，他们的奥地利指挥官命令他们开火，但并没有人遵守这个命令。过去几天国民护卫队一直在提醒他们革命马上就要开始，通过放下武器或参与起义的方式支持革命是他们作为意大利人的责任，当革命胜利之后，他们就能被允许回家和家人们团聚。他们再一次被命令开火，但再一次拒绝从命，并将他们的军官解除武装。一名海军少校拒绝放下武器，但是没有人被杀。将军官解除武装之后，士兵们立刻从他们的身上扯下黑黄两色的徽章并扔入运河。

夺得兵工厂的消息传遍了整个城市，大量士兵和市民沿着海军博物馆（Riva Ca' di Dio）一路奔跑，穿过圣比亚吉奥营（Campo San Biagio）聚集到了那里。在狮门外，意大利士兵们在高塔下站立着，就好像为兵工厂站岗一样，马宁和他的同伴用"圣马可万岁"的喊声欢迎着他们的到来。此时，控制总督府外大炮的意大利炮手也被说服加入了起义，而国民护卫队则占据了位于执政厅内总督府的大门和楼梯，炮手调转炮口将大炮对准了官邸的窗户。

市政局的办公室中现在已经是一片混乱。信使带着互相矛盾的报告进进出出。率领工友对兵工厂总管进行致命袭击的那名工人醉醺醺地冲入会议室，向市长保证他的工友对他"极度热爱"。此时，有报告称一支强大的奥地利军队正行军经过铁路桥,而在另一边的巴尔菲伯爵则在准备讨论投降的条款。

为确保不会再有流血事件发生,马宁没有因为这次胜利而去宣告新共和国的成立,律师吉安·弗朗西斯科·阿维萨尼动身前往总督府以新市政局的名义要求奥地利当局将权力移交到它的手中。他发现巴尔菲伯爵仍然犹豫不决。在木筏沿岸街的克罗地亚部队指挥官坚持他应该站稳立场:他不介意手下训练有素的士兵被一群包括刚招募的国民护卫队和笨头笨脑的农民兵的门外汉驱赶过潟湖,也不介意克罗地亚部队仍在兵工厂里懦弱地向临时控制那里的起义军交出他们的武器。但是巴尔菲不敢下达可能造成大规模人员伤亡的命令。阿维萨尼男爵仍然非常坚持和强硬。正如马宁之前所发表的声明一样,现在不能失败。的确,在兵工厂附近的酒店休息了一小时后,马宁就带领着一大群护卫队和群众踏上了回广场的路,他们中的很多人都装备着步枪和其他从兵工厂里缴获的武器,口中高喊"共和国万岁!"并轮流扛着一面巨大的三色旗,旗杆的顶部挂着代表自由的红帽子。人群停留在广场上,当马宁在别人的帮助下站上了一张咖啡桌后,狂欢的呐喊戛然而止,人群安静了下来。他告诉人们:

> 我们自由了,而且我们自己和我们的兄弟们没有流一滴血就获得了自由,这是让我们更加感到自豪的事情。但这还不足以推翻旧政府,我们必须建立一个与它们相对的新政体。我认为共和政体应该是一个合适的政体。它能通过现代化的自由来唤起我们对过往荣耀的回忆。我们不能因此把自己和意大利大陆的兄弟们区别开来,而是应该组成一个能逐渐促成意大利统一的中心之一。共和国万岁!自由万岁!圣马可万岁!

一些官员和他们的妻子朋友从周围楼房的窗户中向广场望去,听到这些话语后显得非常不安,但是广场上还是响彻着欢呼声,人们将因三天没有合眼而极其疲惫的马宁送回家中。此时,国民护卫队在许多市民的陪伴下手拿印有象征圣马可标志的旗帜走过默瑟里亚街、跨过里亚尔托桥在圣保罗广场(Campo San Polo)和圣艾波纳尔广场(Campo Sant' Aponal)宣告共和国成立。在听到共和国成立的宣告后,一名秃头老人从大衣口袋中拿出一个古老而破旧的圣马可飞狮木像并说道:

1848年3月22日爱国者在他们从兵工厂到广场的路上宣告圣马可共和国的成立

"我一直都坚信威尼斯会重新站起来。五十年来我一直抱有这个信念,并将这个木像保留至今,在共和国重新建立的时候将它拿出来。今天我已别无所求,死而无憾了。"

虽然圣马可之狮已经获得胜利,马宁是全威尼斯人民的英雄,但是与奥地利政府谈判则是阿维萨尼和市政局。巴尔菲感激地乘坐着劳埃德(Lloyd)的汽船离开了威尼斯,并将权力交给他的匈牙利同胞、地方军政长官马绍尔·齐奇(Marshal Zichy)中尉,而到了最后,齐奇被送上了军事法庭并被囚禁。他作为奥地利君主的代表同意了拜伦·阿维萨尼提出的投降条款,而阿维萨尼后来成为威尼斯市临时政府的首脑。这个投降协议里既没有提到建立共和国,也没有出现达尼埃莱·马宁的名字。

当马宁被排除在新政府之外的消息传遍街头巷尾后,公众普遍认为革命的成果被窃取了。由国民护卫队组成的许多小队举着火把和横幅走在街头高喊"圣马可共和国万岁!"并反复喊着马宁的名字。手无寸铁的人群也学着他们的样子,威尼斯又一次充满了喧嚣,看上去斗争又会再次爆发。马宁被人们要求出面干涉。他通过发布一个模棱两可的声明来回应人们的要求,他说道:"威尼斯的人民,我知道你们爱戴我,并以此爱之名,我恳请大家用合法的方式表达自己的快乐,以一种合适的态度来表现自己应得自由。"示威仍在继续且形势令人担忧,马宁见了他佛罗伦萨的朋友,这位朋友为了纪念他,将自己的名字改成了马宁。随后,临时政府收到一封对他们将马宁排除在外的举动表达强烈不满的信,该信中还要求阿维萨尼立即辞职。阿维萨尼在意识到无法在这种情况下继续执政后选择了放弃。星期四凌晨三点半,他将政府移交给了安吉洛·门加多主持,后者立刻又将权力给了马宁。

天亮前的几个小时都在寂静中度过,街上只有零星的喊声和在石板路上跑步的脚步声。到了早上,有传闻说圣马可广场上可能马上会举办一场重要的公告。在他们等待公告开始的时候,人们忙着在城市各处的墙上粘贴将要在圣马可大教堂合唱感恩颂(Te Deum)的通知。在快到中午的时候,安吉洛·门加多出现在广场上。人们将鸽子放飞到屋顶上,门加多在欢呼声和掌声中宣布威尼斯共和国正式重生,共和国的总统是达尼埃莱·马宁。随后他带着大家走到了圣马可广场与宗主教见面,宗主教表现得明显与大家的狂热不同,他勉强地祝福了三色旗和新政府,他和其他奥地利支持者都认为共和国只会带来无尽的麻烦。

然而,当宣布马宁政府的部长名单时却引起了人们的担忧。所有市政局的成员都被排除在这份名单之外,绝大多数在叛乱中处于领导地位的人也不在其中。马宁自己担任了总统兼外事部长,他的政府官员中有很多是受人尊敬的律师、商人或公务员,但这些人都不是以他们率真的爱国主义精神而闻名。内务部部长是一名远称不上爱国的贵族,他多年来都承认着奥地利政府统治合法性,到后来他不得不辞去该职务。尼科洛·托马西奥被任命为文化和教育部部长。海军部部长是一名海军上校,参与了马奇尼秘密组织;无职务的部长是一名裁缝,所有政府官员中只有这两个人坚定地参与了革命运动。这个新政府事实上是由一群互不相干的中老年人组成的,他们之中没有人有政府管理经验,也很少有人清楚地知道民众要求他们制定的政策,只有托马西奥表达了一个热切的希望,即希望共和国的重新建立会为威尼斯人民带来意义深远的道德改革。他和马宁用一封由他们两人共同署名的信向意大利的其他诸多国家保证,他们作为意大利人、作为"挚爱的意大利大家庭"的一员将不会再受到压迫,也不会再满怀敌意:"我们应该获得自由。我们都应该是兄弟和朋友。"

至于政府的国内政策,作为旁观者的演员古斯塔沃·摩德纳(Gustavo Modena)强调了它作为资产阶级的本质:"没有共产主义、没有颠覆社会、没有广场中的政府、对财产的尊重、法律面前人人平等、思想和言论的完全自由、并不吵闹的自由讨论、为希望远离工作的人们改善了生活环境。"没有多少中产阶级市民会对这计划不满,他们也不会对国民护卫队的组建有任何抱怨,因为护卫队的任务是为政府的现代化改革提供一个和平的环境。护卫队仍在律师安吉洛·门加多的指挥之下,他决定保持这支部队的资产阶级特性。从事被他称为"肮脏且卑鄙"贸易的人会被排除在部队外,即便是最优秀的劳动者和佣人也只能进入部队的预备队。为了"维护共和国的内部秩序",国家新招募并成立了警察机关,此举加强了国民护卫队的力量。警察总长职位的首选是一名曾在奥地利政府治下完美胜任该职位的人,但在公众的当面抗议下被迫辞职。

实际上,威尼斯的工人阶级总的来说对新共和国的发展方向非常不满意。而那些还没有来得及离开威尼斯去他们在意大利大陆房子的贵族们,在得到政府不会对他们造成伤害的承诺后放宽了心,一旦新共和国显示出它无法或不愿意纠正对穷人们的不公时,许多工人就开始反对它。早先"现在我们是主人了"的呼喊声消失了,取而代之的是铺天盖地的控诉传单,上面写着"威尼斯的人民到现在还没获得革命成功所带来的任何利益"。工人们希望能提高薪水和改进工厂及作坊的工作环境,但他们很快就失望了。一场将要在烟草厂发生的叛乱被圣十字区的国民护卫队指挥、富有的贵族吉罗拉莫·格雷德尼歌所制止,他同意自掏腰包给工人们加薪。而布拉诺岛(Burano)上的渔民坚称如果他们得不到政府的补贴,那么他们的家人都会挨饿,在政府免除他们渔获的所有税收前,他们不会作任何让步。政府觉得有必要出台其他的优惠政策。清洁工的收入上涨了 25%,虽然只是涨到了每天 1 里拉。兵工厂工人获得了他们期待已久的涨薪。盐价降了,政府还颁布了法令,规定所有价值在 4 里拉以下的单个物品都可以被他们的主人从典当行中免费取回。然而,当政府解决了一个不满之后就会出现其他问题:穷人"看上去永远都不会满足"。

　　当穷人们与新政府争执不下的同时,神职人员和士兵们也对现状非常不满。一张海报上控诉道:"牧师从来都不说话,也不书写,也不做任何有利于我们最神圣事业的事情"。它表达了人们普遍对教会,尤其是耶稣会充满着怨恨之情。耶稣教会被指责为亲奥地利的,它的总部在夺取兵工厂的那天被一群暴民所攻击。数名保守派牧师仍在坚持完成本职工作,但他们上街时就会受到人们的嘘声和抛向他们杂物攻击,他们的生活过得很不如意,因此他们有充分理由对共和国的建立感到后悔。士兵们也是如此,正是他们当初违反了奥地利统治者的命令才有了共和国的成立。现在他们的长官离开了,士兵们走出营房将仅剩的一点点钱花在了酒精上,他们要求政府履行当初送他们回家的承诺。已经自掏腰包给烟草工人涨薪的吉罗拉莫·格雷德尼歌给了其中一些士兵钱作为私人赠与。战争部长弗朗西斯科·索莱拉(Francesco Solera)在他简短的任期里企图通过鞭打士兵的方式来防止他们离开军营,这造成了事态的恶化,他的职位后来很快就被替换了,马宁亲自走进军营并向士兵们再次保证会尽力作出补偿以平息这件事所造成的民愤。在收到弗留利的求助请求后,马宁最终决定让士兵们离开威尼斯。先前,威尼斯已经失去了舰队的保护,因为从威尼斯被驱逐的奥地利官员们被胡乱安置到普拉港(Pola)的一艘装有调遣威尼斯船只信件的船上,奥地利人控制住了这艘船并胁迫它驶向的里雅斯特港。英国总领事克林顿·道金斯在他的汇报中提到:"新政府已经陷入大麻烦中了。"

注释:

　　1. 曾经的欧罗巴酒店(Hotel Europa),现在的欧罗巴和雷吉纳酒店位于大运河右岸海关大楼的对面。它占用着一座17世纪的宫殿,该宫殿曾经属于提埃波罗家族所有。

　　2. 在马宁广场(Campo Manin)的中央,正对达尼埃莱·马宁曾经的住所的地方,树立着一座他的纪念铜像,它是1875年由路易吉·博罗(Luigi Borro)制作的。位于广场西侧的储蓄银行(Cassa di Risparmio)是由皮耶尔·路易吉·奈尔维(Pier Luigi Nervi)和安吉洛·斯卡托林(Angelo Scattolin)在1964年设计的。它所在的位置曾经属于马努齐奥(Manuzio)家族所有,他们是印刷商、阿尔定出版社经营者。

　　从马宁广场出来,沿着维达街(Calle della Vida)就能到达康塔里尼螺旋宫(Palazzo Contarini del Bovolo)高耸的螺旋式楼梯,它和优雅的凉廊一起组成了宫殿的庭院入口。该宫殿很可能是由乔瓦尼·坎迪(Giovanni Candi)在 1499 年时设计的。

3. 新门(Porta Nuova)控制着大码头(Darsena Grande,兵工厂的一部分)和新门运河(Canale di Porte Nuova)的交汇处,后者汇入的是位于圣伯多禄岛以北的潟湖。

第十五章　围城

1848—1849

"人民的战争开始了。"

因夺取兵工厂事件导致威尼斯革命爆发的那天黎明,米兰建立了一个临时政府。米兰的新统治者大多数是支持君主主义的,即使是几天后抵达米兰的马奇尼也赞同他们的看法,他认为只要独立运动持续下去,那么正如米兰的领导人所说的那样:"讨论祖国未来的政治命运是不合时宜的。"

一名米兰临时政府的官员告诉马宁:"来自皮埃蒙特王国的援助对我们来说非常重要,这就要求我们搁置对政体问题的讨论,因为我们不可能打着共和国的旗号向一名君主请求援助,你终将理解这一点的。"另外一封来自米兰的信件中提醒马宁"威尼斯共和国的成立在我们这里引起了不满。每个人都担心威尼斯会从意大利大家庭中脱离……共和政体是每个人都梦寐以求的……但是(皮埃蒙特王国的)军队是不会响应一个共和政体的召唤而长驱直入到我们的领土,并将我们共同的敌人赶出意大利的"。

虽然在威尼斯像托马西奥这样坚定的共和主义者坚持认为祈求皮埃蒙特王国的援助"以避免再次屈从于君主专制"是非常愚蠢的,但是马宁自己却更倾向于认为查尔斯·阿尔伯特国王的军队对为威尼斯的独立而斗争是至关重要的,而且威尼斯的共和制必须放在意大利统一之后才能考虑。诚然,成千上万的威尼托人接受过奥地利军队的军事化训练且兵工厂里仍有大量的武器,但是马宁仍然不相信威尼斯有能力保护自己,他的很多同僚也抱有相同的看法。他们全神贯注于达成自己的政治计划、担心争取威尼斯农民阶级的帮助可能带来的不良后果并对于成功的极其确信使他们乐于同意马宁"都不需要战斗,只要随着时间的推进,奥地利人就会从伦巴第和威尼托撤退"的观点。

这个愿望并没有实现。在经过大大小小的无数场战斗之后,装备简陋的威尼托的意大利志愿兵、农民、学生和士兵被奥地利部队击败。乌迪内(Udine)投降了;在科尔努达(Cornuda),技高一筹的意大利部队被迫撤退到特雷维索(Treviso);维罗纳和维琴察相继陷落;接着,帕多瓦和特雷维索也先后投降。到 1848 年 6 月中旬,威尼托仅有帕尔马诺瓦(Palmanova)和奥索波(Osoppo)两地仍在坚守,但是它们同样也都坚持不了多久。各地还有一些勇敢且有毅力的孤立行动,而且很多地方,农民们表现出了感人的爱国主义情怀。例如,在卡尼扎诺(Canizzano),农民们将长矛安装在马车之上,并在一名穿着老旧制服的老演员的指挥下进行战斗。在卡多莱(Cadore),一支由农民和志愿者组成,装备着步枪、来复枪、猎枪、长矛和干草叉的杂牌军牵制住了一支 8 000 人的奥地利军队,当这支奥地利军队行进到一处狭窄的山谷时,他们使巨大的石头如雪崩般从山顶滚落从而将敌军砸死。马宁和托马西奥极其勇敢地率领一支从威尼斯坐火车而来的千人部队在维琴察奋战。但是威尼斯对威尼托保卫战其他方面的贡献却寥寥无几。大多数艰苦卓绝的战役都是意大利其他地区的志愿军参与的,他们中的许多年轻人来自教皇国的城市以及伦巴第和皮埃蒙特。事实上,整个威尼托都普遍认为相较于威尼斯的共和主义者来说,他们更有可能从意大利北部的君主主义者那里得到帮助,他们把未来唯一的希望寄托在与皮埃蒙特的联盟上。帕多瓦市内的墙上竟然都贴上了反对威尼斯的标语。罗维戈(Rovigo)当局以"威尼斯共和国将自己独立于整个意大利之外"的理由拒绝免除其任何税收。而在梅斯特雷,马车夫们的生计被一家新成立的马车公司所威胁,这使得他们感到非常不满,他们向被派来维持秩序的一支国民护卫队的指挥官抱怨道他们已经对威尼斯共和国当初所许下的承诺完全丧失了信心。

这些抱怨是完全有理由的。威尼斯政府内部讨论过征兵的可能性,但是被否决了,部长们把希望寄托在寻求皮埃蒙特正规军队以及意大利其他地区海陆军的援助上。但这些援助来得非常缓慢,皮埃蒙特舰队虽然的确到达了威尼斯,5月16日,一支来自那不勒斯的小型舰队驶入潟湖,但是在那不勒斯发生了一起反革命运动使得它们又被召回,最近才刚刚进军到威尼托的大批那不勒斯军队也遇到了同样的情况。那不勒斯军队指挥官古列尔摩·佩佩(Guglielmo Pepe)是一名经验丰富的革命家,但他只说服了两个营的炮兵部队士兵和一些军官以及工程兵跟着他继续前进,为威尼斯的自由而战。

威尼斯内部越发感觉到与皮埃蒙特王国的联盟已经迫在眉睫。而马宁却极力反对此事,但他最后被迫让步并同意选举威尼斯议会,而这个议会成立的目的就是为了投票支持联盟。抛开共和国在威尼托的糟糕名声不谈,马宁本人仍然非常受人民欢迎,正是因为他所颁布的一些备受称赞的政策,才维持住了共和国在工人阶级中的支持率。在他颁布的政策下,人们的工资涨了,面包的价格调低了,也创造了更多就业机会,尤其是兵工厂多了许多职位。而同时,他也没有冷落资产阶级,社会秩序得到了很好的维护,税率也比较合理,出版自由也得到了贯彻。那些就职于前奥地利政府机构的高层官员也被允许继续保有他们的岗位和高薪。神职人员也逐渐与新政权和解。尽管许多富有的贵族对他们被要求"自愿"捐献给共和国的借款数量感到震惊,但他们对新政府所怀有的敌意也在逐渐缓解。

然而,与皮埃蒙特王国联盟所遇到最大的问题是引起了人们强烈的抵制情绪。一些工人坚决反对联盟。他们挥舞着木棍高喊道:"共和国万岁!马宁万岁!"相反,大多数的资产阶级和几乎所有的贵族都支持联盟,他们将查尔斯·阿尔伯特国王视为他们的保护伞,保护他们不受共和政府迄今为止强制施行的革命措施的损害。拜伦·阿维萨尼提议:"让我们尽快把自己置于君主制的保护之下吧,君主制既能使我们免受奥地利的侵扰,也能避免内战的发生。"君主主义者会社也表达了相同的观点,这个会社成立的目的是为了应对共和主义者会社以及他们为维护民主的原则所召集的军队。在这个情况下,威尼斯于1848年的夏天准备以投票的方式选举出立宪议会。

人们群情激奋。警方得到消息称,工人们正准备组织暴力示威游行以支持共和政府;保皇党领袖们的人身和财产安全受到了威胁;船夫们在运河中划行时唱着令人毛骨悚然的歌曲。令马宁愤怒的是,保皇派安排国民护卫队在广场上接受安吉洛·门加多的检阅,并高声宣称他们支持与皮埃蒙特王国联盟,以此作为对共和派的反击。马宁告诫他们这是一个"糟糕的榜样"。护卫队竟然利用"试图非法影响投票结果"的手段威胁他们本该维护的"公共秩序",这是一件令人感到羞耻的事情。

投票被安排在 7 月 4 日举行。正式投票的前一天,被选为议会代表的人们前往总督府开会,这些人大都是商人、牧师、律师以及其他中产阶级职业人员。第一场会议十分平静地结束了。马宁的演讲被一些君主主义人士的反对所打断,但并没有造成骚乱。4 日那天,会议和平开始。托马西奥反对联盟的提议,他认为如果查尔斯·阿尔伯特国王认真考虑过联盟的话,那他早就应该和威尼斯站在同一条战线上了,而且提出联盟是完全没有必要的。这个观点遭到了很多代表不安的反对,但是绝大多数人都保持沉默。拜伦·阿维萨尼和彼得罗·帕里奥卡帕(Pietro Paleocapa)则提出了相反观点,帕里奥卡帕是一名工程师和威尼斯公共工程主管,他曾在拿破仑的部队中担任过官员。他们的发言得到了现场热烈的掌声欢迎。议会的总体氛围已经非常明显了。马宁起身发言,他说:"敌人已经到了我们的门口,今天让我们放下党派的纷争。告诉人们我们既不是君主主义者,也不是共和主义者,我们都是威尼斯人。"他继续说道:"共和党人现在必须作好妥协的准备,因为很显然,大多数代表都不再愿意支持共和制了。因此那天所作出的决定必须是支持联盟的。"代表们都从座位上跳了起来,欢呼着、呐喊着并击掌称快。雅各布·卡斯特里这位保守派的律师同意担任临时政府的司法部部长,他冲到马宁身边高喊:"他拯救了威尼斯。"总共只有六票反对联盟的提议,而总的代表投票数为 127 票。议会以压倒性多数的优势通过威尼斯加入意大利北部王国的提案。

在等待皮埃蒙特王国的官员接管行政管理权的同时,选举产生了新一届临时政府。在所有的候选人中马宁得到的选票数量最多,但是马宁拒绝了,过去三个月的压力已经让他筋疲力尽,而且他打心底里仍是一名共和主义者,不会为君主制国家做任何事情。他于是从政治生活中隐退,此后他也偶尔会被人看见作为哨兵在广场上站岗,周围簇拥着充满好奇和崇拜的人群。

随着马宁退出竞争者行列,雅各布·卡斯特里成为临时政府的总统,而这个政府马上就遇到了麻烦。工人们提出回归共和政体的控诉被政府无视,而他们的工资仍然非常微薄。两千名皮埃蒙特的士兵也对自己所担任的是辅警工作而不是赴前线战斗满腹牢骚。他们对威尼斯的市民也充满怨气,他们听不懂威尼斯的方言,因此经常被店主、服务员和船夫欺骗。同样,中产阶级的共和主义者也怨声载道,他们把自己的观点发表在《人民接力报》(*La Staffetta del poplo*)及《事实与话语报》(*Fatti e parole*)两份报纸上,后来两份报纸都被停止出版,前者的主编甚至被关押入狱。

军事问题实际上引起了政府部门更大的关注。几乎每天都有外国部队和志愿军进入威尼斯以扩充现有国际部队的力量。这里面包括来自皮埃蒙特、教皇国和伦巴第的其他意大利部队;有古列尔摩·佩佩指挥的那不勒斯部队;有来自巴黎的志愿军;有阿尔卑斯猎人部队(Cacciatori delle Alpi);还有从亚平宁半岛各地涌入的、被皮埃蒙特驻威尼斯公使恩里科·马提尼(Enrico Martini)伯爵称为"无赖"的人们。他们中的许多人没有制服、有些没有武器、很多人都接近兵变。数千人涌向潟湖的要塞,那里疟疾和痢疾肆虐,那里流动摊贩售卖的酒里掺杂了潟湖水造成人们经常喝不醉。数千人被迫睡在利多沙滩上挖出来的洞里。

部队的军官对他们能否抵挡住奥地利军队的袭击也毫无信心。但值得庆幸的是,奥地利部队的指挥官弗兰茨·路德维格·冯·威尔登元帅(Marshal Franz Ludwig von Welden)并没有足够的人手发动一次袭击。他手下只有不到 9 000 人,这些人也与他们的对手一样受到了疾病的侵袭。他需要一支数量更庞大、更健康且装备更精良的部队才能突破威尼斯的防线。然而,在 8 月初,他从米兰收到了一个振奋人心的消息,皮埃蒙特的部队被驱赶到米兰城里,并向奥地利军队投降。几天后的 8 月 11 日,威尔登向威尼斯发出警告说,皮埃蒙特国王已经放弃了抵抗,按照他投降时签订的条款,他的海军和陆军将会撤出威尼斯并返回皮埃蒙特。

但在此时,爱国主义精神和抵抗到底的坚定决心在整个城市中蔓延。马奇尼宣称:"国王的战争结束了,但是人民的战争却开始了。"为了响应这个号召,《事实和话语报》通知它在意大利其他地区的读者威尼斯的游击队已经组成,起义战争将要爆发:"我们必须凭着意大利人的热血来进行斗争。每个家庭都必须投入战斗,每幢房屋都应成为战场。"每天都有志愿军不断抵达威尼斯。马奇尼最勇敢最奋不顾身的支持者之一的朱塞佩·西尔托里(Giuseppe Sirtori),是一名身材高挑、满脸胡须、勇敢的前任牧师，曾在巴黎参加过巷战。他带着对基督教共和国的信念来到威尼斯，并以极大的热情为此进行奋斗。不久之后一家共和主义会社"意大利界"（Circolo Italiano）成立了，他们催促政府在城防方面采取更积极的手段，并提议重新召集威尼斯议会。临时政府总统卡斯特里和两名刚刚抵达威尼斯的皮埃蒙特王国特派员满足了他们的要求，命令皮埃蒙特战舰驶入圣马可湾（Bacion San Marco）。《事实与话语报》抗议道："不相信人民的政府，不值得受到人民的信任。"

8月11日晚上，庞大的人群在广场聚集并高喊"皮埃蒙特的特派员去死"的口号。两人走到新行政长官官邸的阳台上，尽全力安抚民众。他们在说话的时候朱塞佩·西尔托里跳上广场的一张桌子并发表了一篇大部分内容被喧嚣声所掩盖的演讲，随后他冲上官邸的楼梯，要求两名特派员即刻辞职。此时，马宁突然出现。人们在默瑟里亚街的一家书店中找到了他，并催促着他前往广场，那里的人群已经快要失控。他走到了阳台上，人们看到他之后便安静了下来。他向人们保证："后天会召集议会并选举出新的政府。在接下来的48小时内，我会控制好我自己。"他继续向他们保证，威尼斯和意大利其他地方的志愿军在他的带领下会全力保卫城市，决不投降。他的发言得到了雷霆般的掌声，人们心满意足地离开了广场，因为他们的政府现在已经由可靠的人执掌了。

但是西尔托里和他的拥护者并不确定新政府会比旧政府更容易被人们接受。因为马宁似乎比以往更关心威尼斯社会的结构，他会防止持不同政见者的集会，因为这可能会破坏社会结构的稳定。当马宁被告知"救世主"游击队领袖加里巴尔迪（Garibaldi）打算来威尼斯的时候，他表示反对，因为他觉得加里巴尔迪来者不善。马宁对托马西奥说道："事实上，如果他真的来的话，整个城市可能被闹得鸡犬不宁，我们要担心的远不止这些。"他明确表达了自己的观点，即不信任那些非正规军队难以驾驭的领导者，威尼斯的防御应该依仗正规部队的帮助。

当威尼斯议会于8月13日召开时，绝大多数代表都和他有相同的担心，并且对"马奇尼式的"热情持有怀疑态度。他们提议授予马宁独裁权，为了防止他因缺乏军事经验而拒绝这个提议，他们认定了一个三人委员会。剩下的两人分别是一位谦逊且德高望重的高级海军军官和一名曾在奥地利军队服役过的保守派贵族，乔瓦尼·巴蒂斯塔·卡威得利斯（Giovanni Battista Cavedalis）。当马宁宣布他的新政府不会再被称作共和国后，他们两人都对他表示了支持，这样组成了非政治联盟，而这个联盟的首要方针就是击败奥地利。

这样的申明自然会使共和主义者感到沮丧，《事实与话语报》表达了他们的不满；而马奇尼亲自写信给马宁，敦促他将威尼斯变成一个彻底的共和主义国家；"意大利界"的领袖弗朗切斯科·达尔·昂加洛（Francesco Dall' Ongaro）威胁道，被背叛的人民将会变得"目无法纪、失去理智和无所畏惧"，可能会发动另一次政变。有传闻说极端分子正在策划效仿法国的雅各宾派施行"威尼斯恐怖统治"，在城市的广场上建造断头台，并将处决宗主教。

贵族吉罗拉莫·多尔芬·博尔杜（Girolamo Dolfin Boldu）等保守派人士反复提醒马宁，马奇尼所主张的这种共和主义和威尼斯传统上的神圣共和主义相去甚远。很快马宁就作出了决定，必须在"意大利界"尝试推翻他的政府之前将其镇压。在佩佩将军的大力支持下，为了确保将这个社团的影响彻底清除，马宁禁止所有士兵参加该社团的集会并将达尔·昂加洛和其他一些最令人厌烦的领导人驱逐出了威尼斯。马奇尼更狂热的支持者愤怒地抗议这"妨碍市民自由"的行为，但是温和派缓解了政府内部的紧张气氛，议会以压倒性优势通过了对政府三人领导小组信任度的投票。

在摆脱了"意大利界"这一令人厌烦的在野党后，马宁再次试图说服法国来到威尼斯帮助他们。他已经派托马西奥去了巴黎，并写信给了战争部部长卡芬雅克（Cavaignac）和外交部长巴斯蒂德（Bastide），请求他们派出部队来维持威尼斯的独立。虽然法国政府极力避免战争，但赴意大利远征像是种荣耀一样一度看起来可能成行。但到了最后一刻，很明显英国不会以武力干涉此事，法国的决定则相反，而奥地利同意调解。但是，这个调解会并没有按计划召开，而这个未进行的磋商所带来唯一切实的结果是，法国先后派了朱比特号（Jupiter）、灵魂号（Psyche）和阿斯莫迪号（Asmodee）、布雷热号（Brazier）四艘战舰驶入威尼斯水域，名义上是宣称为保护身处威尼斯的法国人民的利益，实则是保护威尼斯不受来自海上的进攻和保证威尼斯港口不受到封锁。

这些战舰载着6 000支法国来复枪，身后还跟着数艘皮埃蒙特海军的单桅帆船以及许多意大利志愿军和一支来自瑞士的小分队。在十月初的时候，威尼斯的指挥官手下支配着近两万名整装待发的士兵。一场在维也纳爆发起义最后被镇压，刚刚成为首席大臣并掌权的施瓦岑贝格亲王（Prince von Schwarzenberg）决心彻底恢复皇权，他告诉奥地利驻法国的临时代办（Charge d'Affaires）："只要在意大利兴起的颠覆帝制的精神仍将巴黎革命政府视为榜样，只要所谓的圣马可共和国仍为所有无处可去的革命企业家提供庇护，那么在亚平宁半岛上的其他地方也不会有秩序可言。"

但冯·威尔登元帅的部队中仍有很多人还在医院治疗或正从疟疾中康复。奥地利人并没有打响战争的第一枪，而是威尼斯人攻击了奥地利在梅斯特雷的卫戍部队，成功使其撤退并俘虏了 500 名奥地利士兵。但是，威尼斯的部队既不够训练有素，又不够齐心协力，因此他们无法对奥地利在意大利大陆上的阵地展开攻击。而与此同时，威尼斯面临着破产的危机。

政府下令，要求所有市民都将自己的金银上缴给造币厂，但得到的反应却非常令人失望。一些富裕的家庭作出了慷慨的牺牲，但其他家庭非常吝啬且缺乏爱国主义精神，只捐献了很少数量的金银并尽可能多地隐藏自己的财富。意大利人对政府后续的呼吁作出的回应总体来说都不尽如人意：通过抵押总督府和新行政长官官邸所获得的贷款，虽然让政府获得了部分资金，但是对于所需要的金额来说还是杯水车薪。"我能向你保证，"一个尽力为威尼斯募集资金的地主告诉马宁，"找遍整个意大利也找不出多少真正对国家独立抱有希望的人，因为人们失去了所有对未来的勇气和信念。"政府最终被迫决定实行强制借贷，并研究将画作和其他工艺品送去伦敦作为国际贷款担保物的可能性。后来，这个计划被否决了，原因为担心威尼斯可能会永远失去这 58 件被运往伦敦的杰作。只能不断发行名为爱国币（moneta partriottica）和城市币（moneta comunale）的纸币，但意大利其他地区并不接受它们。

由于贸易几乎陷入了停滞状态，且游客们担心马上就要开战而选择远离威尼斯，威尼斯穷人们的生活非常困苦。除了为战事招募的士兵之外，失业率大幅上涨，城市的各大广场成了年轻乞丐们的避难所，他们中的许多人睡在露天或咖啡店的桌子底下。物价上涨，罢工成了家常便饭：慕拉诺岛上的玻璃厂工人被关在了工厂外面，卡纳雷吉欧区的面包店工人也与他们的雇主发生了暴力冲突。"商业完全瘫痪了。"一名来自帕多瓦的游客如是写道。

> 和大陆的联系被切断了,除了规定的商品之外再也没有其他的交易
> 了……店主和商人们备受煎熬……店主必须和他们的银器告别……他必
> 须偿还贷款……现在只能用木勺子吃饭……发动革命并不可思议地完成
> 对威尼斯解放的中产阶级全力投身到国民护卫队的一线并表现十分活
> 跃……马宁通过驱逐麻烦制造者及关押一些参与抢劫的平民得到了他梦
> 寐以求的稳定。

马宁坚持他的心中一直为工人阶级的利益考虑,但他明确表现出对威胁社会稳定行为的零容忍。一名狂热的巴尔纳伯会(Barnabite)修道士乌戈·巴西(Ugo Bassi)在圣马可广场发表了激情洋溢的演说,他强烈抨击了教皇和宗主教,说他们缺乏爱国主义精神,并煽动大量民众集结在宗主教的临时住所奎利尼斯坦帕尼亚宫(Palazzo Querini-Stampalia)门外。马宁命令国民护卫队组织这群人前往该处,保险起见,他并没遵守市政当局的要求将这名麻烦的修道士逮捕。但当一名在帕多瓦学习法律的年轻且激进的威尼斯炮兵军官在卡纳雷吉欧区协助建立了"人民社团",并创立了一份名为《人民论坛报》(Il Tribuno del popolo)的报纸时,马宁将他拘留了起来,并将"人民社团"的一个名叫亚利山德罗·加瓦奇(Alessandro Gavazzi)的共创者驱逐出威尼斯。马宁向加瓦奇解释道:"你必须意识到,我们会为守护威尼斯的这个神圣使命不惜一切代价,如果我们的内部不够稳定、不够和谐的话,是无法守护威尼斯的。而'人民社团'自身、其参与者、那些企图领导它的傲慢的人们以及它所提出的社会主义理论观点都会威胁到城市的稳定与和谐。"之后很快又有一家批评政府的政策是温和或没有存在感的激进报纸《为了所有人》(Per tutti)也被镇压了。

马宁总体上还掌握着对威尼斯的绝对控制权,1848 年年底进行新一届议会选举时,他被威尼斯的选民选为代表之一。新一届议会和上一届类似,大多由专业人员组成,只从工人阶级中选举了两名贡多拉船夫进入。但当他们在 1849 年 2 月进行集会时,几名成员大声疾呼坚持要求政府适用更为革命性的政策以及更为积极

的军事手段。议会激进派的领导人是前任牧师朱塞佩·西尔托里,他是在去年以一名志愿军营长的身份来到威尼斯的。坊间有传闻说西尔托里企图从马宁手中夺取权力,人们听闻后群起反对。一大波人流高喊"西尔托里去死!"并从广场涌入总督府的大门,穿过庭院来到通向议会会议大厅的巨人阶梯前。马宁和站在他身后的儿子在楼梯上面对着他们,并手中持剑,高喊他会为议会的自由权战斗到底。这才让人群的首领不再试图踏上楼梯,后来还花了一段时间才将庭院里和广场上的示威者清理完毕,此次事件再一次强有力地证明了马宁仍是威尼斯的主人。两天后,他被任命为总统并有权力选择他的大臣。西尔托里讽刺地对他的一位朋友说道:"我们不得不承认,在威尼斯,只有一个人能说了算。"

威尼斯的局势由于皮埃蒙特国王查尔斯·阿尔伯特的决定而在那个月突然发生转变,在他自己的良知和都灵(Turin)议会的推动下重新对奥地利开战。3月20日,他再一次穿过提西诺(Ticino)进入伦巴第。这是在一支英勇部队的支持下进行的一次勇敢行为。但查尔斯·阿尔伯特和他手下的将军都没有拉德斯基元帅的军事才能,他们在诺瓦拉被击败,他被迫退位,并将王位让给了他的儿子维克多·埃曼努尔二世(Victor Emmanuel II),并于当年 8 月在葡萄牙英年早逝。

1849 年 4 月 2 日,代表们在大会议厅内呼吁人们要"不惜一切代价抵抗"

根据停战协议的规定,皮埃蒙特舰队被要求立即驶离威尼斯海域,将整座城市危险地暴露在敌人的火力之下。但是,当马宁询问议会是否准备继续抵抗时,"是的!是的!是的!"的喊声响彻大会议厅。

"不惜一切代价吗?"

"不惜一切代价!"代表们从座位上站了起来并回应道。

马宁说:"那你们就必须拥有一个权力不受任何限制的政府。"

议会立刻一致通过以下决议:"威尼斯将不惜一切代价对奥地利进行抗争,为此将授予总统马宁不受任何限制的权力。"

在广场上,当一面红旗升上旗杆的顶端时,就宣告了威尼斯人民已经准备好去应对将要到来的攻击。

奥地利用来封锁潟湖的军队兵力增加到了3 000人。他们由陆军元帅朱利叶斯·雅各布·冯·海瑙(Julius Jacob von Haynau)统帅。他因残暴而恶名远播,当他第二年去伦敦时,被一名愤怒的马车夫在巴克莱和帕金斯(Barclay and Perkin's)啤酒厂外攻击,并被其抓着长胡子沿着大街拖行。他在1849年5月4日开始行动,下令炮轰靠近跨越潟湖铁路起点处的马尔盖拉要塞(Fort Marghera)。由于对己方部队的迅速取胜充满信心,拉德茨基元帅和众多大公们在海瑙的陪同下登上位于梅斯特雷的一座塔楼观看战斗。

而在威尼斯城内,人们也都爬上高处观看炮轰,有的人甚至在自家屋顶上建造露台以获得更好的观察角度,当他们听到要塞中传出接连不断的枪声后都感到不寒而栗。马尔盖拉要塞战役的指挥官是一名年轻的陆军上校吉罗拉莫·乌略亚(Girolamo Ulloa),朱塞佩·西尔托里和安静且文质彬彬的那不勒斯人恩里科·科森茨(Enrico Cosenz)也同他一起镇守要塞,后者后来成为加里巴尔迪在意大利北部和西西里地区最信任的中尉之一。当无法继续坚守要塞时,防御部队撤回威尼斯城内,并炸毁了他们身后的五座拱桥。而科森茨虽然四次受伤,仍然在一个名叫圣安东尼奥(Sant' Antonio)的地方顽强抵抗,他和战士们背靠着被炸毁桥梁的残垣断壁坚持了好几周。

在威尼斯,抵抗到底的决心仍然非常坚定,这让许多旁观者深受感动。意大利的其他地区中只有托斯卡纳和罗马仍在抵抗侵略,但两地爱国者组成的志愿军很快被击溃。马宁并没有在佛罗伦萨和罗马能够帮助到他的时候寻求和他们联盟，也没有向马奇尼和加里巴尔迪妥协求助，因为他坚信只有以独自奋战的方式才能保持威尼斯的独立。马宁说道："我们不会再讨论这场侵略战争了，我们能做的只有抵抗到底。"

但马宁手上的资源却非常有限。潟湖周围的防御战线绵延超过 90 英里并设置了接近 60 个要塞。这样的防御系统需要一支规模庞大、经验丰富且全员健康的部队坐镇，但威尼斯的部队却远远达不到这些要求。热病在每一个要塞中肆虐，食物的供给也时断时续。而奥地利的封锁也并非完全奏效，装载弹药、牲畜及其他供给品的船只偶尔能够趁着夜色悄悄驶入潟湖。但是部队和市民的粮食问题仍是威尼斯政府所面对的最大困难之一。革命后被成功降低的面包价格又开始上涨，而且质量也下降了。猪肉和家禽的价格也居高不下，就连兑了水的酒也开始脱销了，黄油更是难觅踪迹。政府对火腿、大米、奶酪、油、豆类和燃油实行了限价政策，但却无法执行。面包店门口大排长龙的情景四处可见，许多贫困的家庭几乎陷入了挨饿的境地。有一次在圣若望及保禄广场上，女人们摸着她们耳朵上的耳环和手指上的戒指"发誓着、祈祷着、流泪着"排队，希望能够买到面包，这件令人动容的事情发生之后，政府推出了定量配给政策。这个政策的出台使买面包的队伍缩短并使资源分配更为公平，但是从公共慈善机构领取贫困津贴的穷人数量并没有明显减少。

虽然情况不妙，但却很少有反对和抱怨的声音出现，发生在圣若望及保禄广场上的事件只是个案。当一些富裕的家庭决定离开威尼斯去的里雅斯特时，愤怒的贡多拉船夫吼道："威尼斯的败类！你们和你们的朋友要背叛我们是吗？离开我们后等待着你们的是危险。"但总的来说，人们的情绪还是比较平静，而普通民众的勇气、耐心和慷慨也令人感动。政府挨家挨户地为前线抗战士兵募集物资的行动得到了民众的宽容，并获得大量财物，即使是最困难的家庭也尽了一份微薄之力。

由于贫困造成的饥饿增加了炮轰的危险程度。7 月底，奥地利的重炮开始朝威尼斯市区开火了，而此前打击的目标只是威尼斯的西郊。有流言说敌人准备从气球上投掷炸弹轰炸威尼斯，这为人们提供了茶余饭后的谈资，但并没有引起恐

慌。美国驻威尼斯总领事埃德蒙·弗拉格(Edmund Flagg)在报告中提道:

> 这个点子非常新颖,因此成功地引起了威尼斯国民性格中与生俱来的幽默感。在所有威尼斯陷入过的各式各样的荒诞流言和奇怪的命运中,这次是最为特殊的,而且这个玩笑及其所造成的夸张效果并没有结束,威尼斯公共区域的墙上挂着许多巨幅海报,海报上画着留着可怕胡子且长相凶残的克罗地亚人,他们乘坐造型滑稽的气球悬浮在圣马可广场的上方,并从气球上抛下巨大的炸弹。

7月12日星期四,威尼斯的早晨阳光明媚,全城的人们都出门准备庆祝安康圣母节(Madonna della Salute)的到来,簇拥在圣马可广场、码头和斯拉沃尼亚人河岸上人群的注意力被一片片小云朵状物体所吸引,它们不时从驻扎在利多岛外的奥地利军营中飞出,飘过潟湖向城市飞来……被威尼斯人一直嘲笑并期盼着,却又从未曾料想成真的气球投弹计划最后竟然施行了!在长久的凝视后,人群的第一反应是尽情地大笑,这也符合威尼斯人喜欢新奇事物的特点。当他们意识到自己正亲眼目睹之前荒谬的预言时,他们感到惊讶和可笑,完全没有被眼前的形势所吓到。

这些新颖的气球炸弹的构造很难轻易掌握。但是,无论它们的构造如何,也无论它们的布局和科技有多新颖,或是花费在它们身上的数学计算有多精密和繁琐,它们的设计都是彻底的失败。奥地利在前一年的12月就于特雷维索开始气球炸弹的设计工作,在奥地利军营经过无数次试验后,奥地利方面认为它们肯定能获得成功。奥地利人佯装发出了3只气球炸弹,实际上从停靠在利多岛外的军舰上总共发射了20只,但它们之中竟然没有一只将炸弹投入威尼斯城内!一些坠落在利多岛边,有一只则掉进了圣安德鲁城堡(castle of St Andrew)里。但是它们中大多数在空中爆炸或是掉入潟湖,并没有造成任何伤害;而另一些则被强劲的西洛可风吹过了潟湖和威尼斯,并掉到了奥地利自己位于梅斯特雷、卡穆帕尔图(Campalto)和圣朱利安(St Julian)的围城部队头上!

在这次尴尬的失败后的两星期左右,奥地利人找到了一个轰炸威尼斯更有效的方法。那就是将大炮从车架上拆下，把它们往下放到用树干打底的坑里以抬高炮口高度，卡穆帕尔图和圣朱利亚诺岛上的炮手们计划让炮弹高高地飞过城市的三分之二的距离，能够远到击毁位于大运河畔的圣撒慕尔教堂（San Samuele）[1]的窗户和墙壁，而更轻便的炮弹几乎能够打到圣马可广场的位置。但这种方法造成的物质损害非常小，因为炮弹爆炸的实际地点全都没有超过火车站的位置，而炽热的炮弹所引起的零星火灾也被救火队和志愿者们迅速扑灭，威尼斯人还将这种炮弹取名为"威尼斯橘子"。炮弹只摧毁了一幢房子，但是却使得成百上千的人们放弃了自己的房子，去寻找在炮火射程之外的避难所。卡纳雷吉欧区几乎被完全放弃，城市西部其他区域的部分人们也被疏散。鱼市的货摊被从里亚尔托搬到了斯拉沃尼亚人河岸上，而且很少能见到有鱼售卖。水果和蔬菜摊则被搬到了圣扎卡利亚广场（Campo San Zaccaria）上，对面是达涅利酒店（Danieli Hotel），而且售卖的货物种类也非常有限。[2]

每天都有1 000枚左右各种各样的炮弹被投入城中的营地或者大运河中，威尼斯内部终于出现了结束这种无谓抵抗的呼声。支持这个观点的是很多贵族阶级，他们通过吉罗拉莫·丹多罗（Girolamo Dandolo）和宗主教写的一封请愿书来发表观点。一群由国民护卫队和士兵组成的密探团伙侵入了后者位于奎利尼斯坦帕尼亚广场的房子，他们把他的家具、书籍和画作扔进窗外的运河中，迫使他前往圣拉扎罗岛上的修道院寻求庇护。当这个团体了解到一些支持投降的贵族家庭由于他们的宫殿处于奥地利的炮火射程范围之内而选择入住达涅利酒店后，他们高喊着"打倒贵族！"的口号在酒店集结。

出于对社会秩序完全崩坏的强烈担心，公共警戒委员会开始了针对麻烦制造者的大规模抓捕行动。由于纵容该委员会的行动，马宁在工人阶级中的支持率大幅下降。事到如今，他也失去了坚决抵抗奥地利侵略的决心，据说在他最绝望的几天晚上，他充当了消防员的角色，在枪林弹雨下寻找尸体。8月初的时候，威尼斯的部队勇敢地进行了一次成功的突围，他们夺取了敌方一处位于潟湖南部海岸的前哨站，并带回了牲畜、供给品、酒和一面奥地利国旗。但是类似这样的进取心和勇气虽然可以暂时鼓舞人们的士气，但却无法改变最终的结果。因为威尼斯人现在不仅在与饥饿、奥地利人的炸弹、时不时的暴乱作斗争，还受到了霍乱的侵袭。

威尼斯从头到尾都受到攻城部队炮火的轰炸

　　刚入夏的时候就有过几个霍乱病例,但是随着供给品的愈发匮乏及质量的下降,再加上天气愈发炎热、水源时有时无,越来越多的人患病,截至 8 月的第三周,已经有近 3 000 人死于霍乱。一支瑞士志愿者小分队的战斗生还者中有四分之一的人在十天内死于霍乱,它的一名官员回忆起走过城市街道的场景,几乎在每个街角都会看见人们在举办葬礼。大多数房子的门上都悲伤地写着:"由于老板去世,本店关闭。"因此,为了不再加深人们的痛苦,当局禁止牧师在去举办葬礼的路上摇响他们的手摇铃。但是死亡的来临是无法避免的,圣伯多禄圣殿门口摆放着几排等待下葬的尸体,教堂看守人说:"腐烂的尸体在夏天烈日的高温照射下变得越来越臭,而附近就有一个驻扎大量士兵的营房,增加了霍乱病毒传播的可能性。"

　　即便如此,如果威尼斯海军上将阿希尔·布奇亚(Admiral Achille Bucchia)能够像西尔托里和乌略亚激励陆军那样对海军也逐渐灌输抵抗到底信念的话,威尼斯可能仍然能够继续抵抗奥地利军队的围攻。但是威尼斯的舰队多数由帆船组成,士兵们也毫无士气,其中一些甚至濒临哗变。布奇亚拒绝出海与训练有素且配备着轮船的奥地利海军交战。但到了最后,他被说服出海战斗的时候,他的士兵们却受到了霍乱的侵袭,舰队只能迅速返回港口。

　　最后的攻城战很快就要到来了。在 8 月初的一次议会会议中,议员们一致同意授予马宁权力去做他认为对威尼斯最有利的事情。会后,有报道称,加里巴尔迪和他的妻子以及一些忠心的追随者在刚刚宣布成立的罗马共和国战败后可能会逃离罗马来到威尼斯,人们希望通过他的调停奇迹般地解救威尼斯,因此在接下来的几天里,人们仍保持活下来的希望。但是,最终加里巴尔迪选择了投降,并不得不解散了他的部队。

不久后的 8 月 16 日,马宁收到了一封来自议会政治委员会的令人极其不安、但却在意料之中的信:

敌军的炮弹现在已经打到了慕拉诺岛上了。岛上的许多居民在已经拥挤不堪的威尼斯街道上寻找避难所,避难所大多位于底层,潮湿且没有通风装置和阳光,许多市民病倒,他们还经常被迫和已经去世及将死之人躺在一张床上。由于缺少掘墓人,而且活着的人拒绝在敌人的炮火下将逝者运到墓地,很多死人都无法下葬。

随后朱代卡岛上又传来发生严重暴乱的消息,岛上饥饿的人们抢劫了储藏剩余面包和大米的仓库。

8 月 19 日,一支小型代表团乘坐飘扬着白旗的贡多拉,穿越潟湖驶向奥地利军队的阵地。四天后意大利军队和志愿军仍在勇敢地守护圣安东尼奥要塞的铁路桥,他们远远看见一艘贡多拉从梅斯特雷驶来。一名威尼斯的代表摇着白旗站在船上向他们大喊停火,因为他已经同意了投降的条款。

但是威尼斯所遭受的苦难并未就此结束。由于威尼斯付给那不勒斯和瑞士志愿军回家的路费高于给威尼托士兵的路费,引起了威尼托士兵的愤怒并导致了兵变,他们占据了火车站周围地区,并将大炮瞄准了威尼斯城。其他的叛乱者云集在圣马可广场,反复高喊着要求给他们更多的钱。马宁站出来面对他们,并很快使他们羞愧而散。随后他喊道:"让所有真正的意大利人都追随着我。"他带领着一群军官、国民护卫队和瑞士志愿军同叛乱者对峙。其间发生了小规模交火,但天黑后枪声就停止了,到第二天的黎明叛乱部队就投降了。城市终于恢复了宁静,大多数在过去数周内忍受磨难的人毫无怨言地同意了投降。

在威尼斯投降时签订的条款中,有一条要求马宁和其他 39 名公民立刻离开威尼斯,马宁遵守约定,回到家中开始整理行装。他作了最后一次演讲,由于人们所表达的同情心使马宁大为感动,导致演讲不时中断。他无法再继续演讲,只能退到阳台上远眺圣马可广场,并用沙哑的声音对他的同伴们说道:"这样的民族! 被迫向这样的民族投降！"此时,他听到站在他窗下人行道上的人们在窃窃私语,其中有个声音说他是一个"可怜的人"以及"请上帝保佑他！"

他和与他一起被流放的人还有他们的家人登上一艘由法国领事提供的轮船,在对待威尼斯革命领袖们的问题上,这位法国总领事显示出了比英国总领事克林顿·道金斯更大的同情心。道金斯的家最近刚被奥地利的炸弹击中,法国总领事对此显示出了不加掩饰的快乐。在 8 月 28 日,这艘名叫"冥王星"的轮船启程前往马赛(Marseilles)。当轮船停靠入港口时,马宁的妻子病死于霍乱,他深爱的女儿对此感到非常痛苦,不久后在巴黎病得非常严重。而马宁则成为一名意大利语教师,并以此作为谋生的手段,最终在 1857 年去世,享年 53 岁。

在马宁离开威尼斯后的那天,穿着白色军装的奥地利帝国士兵集结于圣马可广场,广场上飘动着帝国的黄黑色旗帜。在 1849 年 8 月 30 日这个温暖又阳光明媚的日子,拉德茨基元帅耀武扬威地坐船驶入大运河,奥地利的炮台鸣炮、教堂的钟敲响、军队敬礼以表示对他的欢迎。宫殿的外立面根据要求被重新装饰,披上了挂毯、地毯和色彩明亮的布料,而码头则被一群一言不发的人们所挤满,这情形就好像在参加一场葬礼一样。印有奥地利双头鹰图案的旗帜在圣马可小广场的柱子、钟楼和圣马可大教堂的旗杆上随风飘荡,圣马可广场上站着成群结队的奥地利士兵,他们将常青树的小枝插在帽子上以彰显胜利。拉德茨基元帅在他的参谋和公民委员会的陪同下检阅了他的部队并走进圣马可大教堂。宗主教已经从他被迫隐居的修道院回到了大教堂,他可能是全威尼斯唯一一个乐于回归旧秩序的人。他主持了庄严且隆重的感恩颂歌唱仪式,并对给他带来麻烦的民主制的结束表现出一种"由衷的欣慰"。

注释:

1. 圣撒慕尔教堂(church of San Samuele)位于大运河右岸边上的一座广场上,它的对面是雷佐尼可大楼。1685 年时,教堂在古老建筑的基础上进行了大规模重建。在外部的门廊里能看到许多原有建筑的结构。教堂内部,哥特式穹顶后殿中有不少 15 世纪帕多瓦画派的壁画。该教堂有时候会被用来做展览使用。

2. 雅各布·德·巴尔巴里(Jacopo de' Barbari)所作的威尼斯著名木刻版画(见注释科雷

尔博物馆)中有哥特式丹多罗宫的鸟瞰图,这座宫殿现在是达涅利酒店的所在地,它从1500年起就矗立在斯拉沃尼亚人堤岸上,至今样貌也没有发生多少改变。17世纪时,第一部在威尼斯登台的戏剧,蒙泰威尔第(Monteverdi)的《绑架普罗塞耳皮娜》(*Proserpina Rapita*)就在此演出;在丹多罗宫变成酒店前很久,它就已经为重要的访客提供住宿了。"达涅利"这个名字是它的第一任所有者,约瑟夫·达·涅利(Joseph da Niel)的简称,他1822年时在此开设酒店。酒店的住客名单中有无数如雷贯耳的名字,包括:狄更斯、拉斯金、瓦格纳和普鲁斯特。

1948年,酒店进行了现代化的扩建,扩建的地点离12世纪维塔利·米凯利二世总督被谋杀处不远。

第十六章　拉斯金一家的威尼斯

1849—1871

"众多城市中的天堂。"

战争结束后的很多年,威尼斯仍然在承受着磨难。运河两岸许多宫殿的外墙都凹凸不平、伤痕累累。位于火车站和卡纳雷吉欧区之间的植物园明显地保留着受到炮击的痕迹,甚至在 1849 年 12 月的时候仍有一颗巨大的哑炮嵌在土地里。[1]圣朱利亚诺岛是奥地利军队架设大炮之地,这里曾经"有一座种满绿树和鲜花的美丽花园",而现在它在一名游客笔下的描述是"四座岗亭和土堤、子弹、炮弹,可能还有人的尸骨都被冰冻结在了一起,放眼望去四周一片废墟"。教堂房顶密密麻麻的弹孔一直没有得到修复,许多炮弹仍然埋在宫殿的窗户下方和卡纳雷吉欧广场上。

但到了 19 世纪 50 年代早期,奥地利重新将威尼斯作为自由港口开放,威尼斯人再次开始从事商业活动以维持生计,就好像前几年什么事情都没有发生过一样。美国总领事埃德蒙·弗拉格在他的报告中提到,他们在这个"英国人和美国人曾经吃不饱饭"的地方生活得很好。慕拉诺岛上的玻璃厂仍然雇用着四五千人,并养活了约八千到一万人,工人们每天的工资从 2 到 6 马克不等,而主要工人的工资可以达到 12 马克,相当于 2 美元……还有金银制品生产商、丝绸、蕾丝制品、天鹅绒制品、肥皂、陶器、烟草蜡烛等许多行业也雇用了好几千名工人。图书印刷和造船业也雇用了不少人,大量人群居住在亚得里亚海及潟湖区域,从大海中获得无穷无尽的食物和供给。利多岛外的沙丁鱼捕捞业占据着相当重要的地位。游客们也在书店、印刷店、酒店、贡多拉游船等地大笔开销，同样，百年来以别致珠宝首饰闻名的圣马可广场和里亚尔托的金店顾客也络绎不绝。但是，总的来说，作为一种的手段，威尼斯是富人们的度假胜地和定居地，是非常受到奥地利帝国喜爱的经济之都及自由消费地。

大多数威尼斯人的生活一如既往地节俭，而富裕的外国人的餐食却极其丰盛。潟湖出产的鲟鱼、大比目鱼、金枪鱼、鲱鱼和鲷目鱼因它们特殊的味道和口感享誉全球。产自施蒂利亚（Styria）的牛肉、帕多瓦的羊肉、罗维戈（Rovigo）和基奥贾（Chioggia）的小牛肉品质都极为上乘。威尼斯当季的牡蛎和贻贝质量也非常出众，市场里的蔬菜和水果也非常可口。总的来说，弗拉格认为一个年收入几千美元的人，不管有没有妻子和家庭，都可以在威尼斯过着跟欧洲其他任何地方一样品质的生活。

对那些喜爱品味文学和探究科学的人、不关心政事的人；对喜欢快乐和愉悦、歌舞剧和艺术品的人，尤其是对病人而言……因为欧洲的医生认为威尼斯的气候和地理位置对人的健康有益……对失落的、沮丧的、伤感的人来说，整个意大利甚至全世界可能都找不到第二个像威尼斯这样有吸引力的地方了。

然而，游客还是没有大量回归威尼斯，而且威尼斯也没有服务好那些已经回归的游客。酒的品质差得"臭名远扬"，餐馆"数量很少且口味一般"，即便是达涅利宾馆在接待客人时也非常冷漠。埃德蒙·弗拉格对一名刚到威尼斯的游客的描述肯定会让读者宁愿去那不勒斯或待在家中：

潮水退去了，从潟湖的河床中带出的大量泥沙被留在了海岸上，一阵冷雾笼罩在亚得里亚海的海岸上并吹过其间的湿地，让你觉得冷彻骨髓……耳中一直听到的"美丽的威尼斯"让你心驰神往，拼尽全力地想看她一眼。但是透过晚间聚集的雾气和加深的阴影，你只能隐隐约约地看到一些建筑物、塔楼、圆屋顶的模糊轮廓，因此你会感到非常生气、失望和寒冷，并将自己紧紧地裹进披风之中……你在一片茫然中匆匆下船，随身的行李和护照都必须一一检查，你被人群挤得几乎昏死过去，差点因为控制不住脾气而大发雷霆……这些折磨终于结束了,随后你会受到搬运工、贡多拉船夫和服务生的粗鲁接待。虽然你对这里的语言一窍不通,但是仍然可以用错得离谱的发音说出达涅利酒店的名字……随后你就被塞进了巨大的、造型奇怪的平底船中,船的四周都被紧密包裹起来,里面有十几二十个来自不同国家说着不同语言的人,这样的船被人亲切地称为"水上公交车",它们的造型和贡多拉船完全不同,而且没有一艘的造型是相同的……你就开始了距离为两英里左右的航行。当你横穿宽阔的水面后就会陷入完全的黑暗和由墙壁组成的迷宫中,你会闻到令人厌恶的海味和其他刺鼻的气味……当你转过一个急弯后就会冲向一座低矮的桥梁,不时会有如幽灵般黑色狭长低矮的船只快速驶过身旁,除了船夫用一种别人听不懂的口音大声警告大家小心碰撞之外听不到任何声音……随后你就走下船只踏着黏滑的石阶进入阴冷且潮湿的达涅利酒店大堂。你开了一间房,在等待了很久,走了无数级台阶、穿过无尽的走廊之后,你终于到达一间宽敞的房间,房间的天花板上画着壁画,墙上挂着穿衣镜,地上似乎铺着大理石马赛克。家具也是那种很古老但却极其华丽的款式,厚重的壁毯沿着墙壁垂下。你会为了超大瓷炉里燃烧的炉火和床上温暖的暖床器不顾一切……你刚打发走颤抖不已的佣人,就牙齿打着颤钻入了潮湿的被窝。

弗拉格提醒人们还会有其他令人失望的事情发生:鉴于威尼斯现在荒凉和衰败就认为她是一座安静城市的想法非常可笑。除了那不勒斯之外,她是意大利最喧闹的城市。船夫们、小贩们、说书人,卖西瓜和南瓜、鱼、水果和水的商贩从早到晚,又几乎从晚到早地不停叫卖着。"歌声和乐器声在威尼斯运河上、咖啡馆里、广场上不分昼夜地传了出来……船夫们唱着他们的威尼斯船歌",一些唱的是悲伤的歌曲,另一些唱的是欢喜的歌曲,但所有的歌声都是"铿锵有力,而非温柔甜蜜"。同时,教堂的钟声每个整点都会敲响。

每个岛上都有教堂,从无数钟楼里传出的钟声几乎从早到晚连绵不绝且震耳欲聋,事实上,人们很容易被洪亮的钟声给吵醒。对一些天主教的圣徒来说每一天都是神圣的,一些教堂还几乎将每一天都定为自己特殊的筵席日和斋戒日。如果教堂的大殿不是灯火通明或它的礼拜堂里没有礼拜者的时候,人们是不被允许进入的……在威尼斯的各个角落和所有咖啡馆里你都会遇到戴着宽边帽子、身穿黑色外套的不同等级的神职人员和形形色色穿着哔叽面料服饰、用绳子作为腰带的托钵修道会修道士。

但是弗拉格认为威尼斯比包括巴黎和维也纳在内的其他任何地方都重视星期日的假期。教堂必然开着,因为它们"每一天都从黎明开到黄昏",而"所有可供娱乐的旅游胜地都挤满了人"。海边挤满了准备登船去基奥贾的人群,另一些人准备到大陆去消遣时光,几百人穿过潟湖去利多岛或其他岛屿。诚然,在炎热的夏日白天威尼斯没有人会出门,圣马可广场上人烟稀少,阳光直射在宽阔的人行道上,即便是船夫和送水工都难觅踪迹。然而一到凉爽的夜晚,大运河上再次排满了贡多拉船,圣马可广场上也挤满了来自世界各地的人们,他们听着军乐队的演奏或者坐在花神咖啡馆[2](Florian)或夸德里咖啡馆[3](Quadri)前的小桌子旁。十点钟的时候,在奥地利当局的命令下,音乐停止了,一小时后,广场再次变得人烟稀少了。

这就是约翰·拉斯金夫妇于 1849 年 11 月第一次到达威尼斯的时候这座城市的样子。被损坏的铁路桥没有得到修复,所以他们只能从梅斯特雷坐船抵达。他们入住了达涅利酒店一楼的几间房间,这些房间面对着斯拉沃尼亚人河岸和拉瑟街,其中包括一间很大的客厅(现在是 32 号房间),一间双人卧室和一间视野极佳、可以穿过圣马可广场看到钟楼的化妆室。这些房间再加上拉斯金夫人的同伴夏洛特·科尔(Charlotte Kerr)住的一间卧室每天共花费 16 先令,他们每天还另外付了 7 先令 6 便士作为餐费。

玛丽·勒琴斯(Mary Lutyens)记录下了艾菲·拉斯金(Effie Ruskin)在威尼斯的快乐生活,艾菲在到达威尼斯的第一天就非常开心。她在刚到达威尼斯的时候就跟她母亲说:"威尼斯是我这辈子见到过最美的地方,我得想个办法在这里多待一段时间……(这里的气候)是最宜人的,非常温暖且从不潮湿,天空和日落的颜色

客人们在斯拉沃尼亚人河岸上的一家咖啡馆外

极其美丽,海洋和运河非常清澈、平静和翠绿。"

她的丈夫之前来过威尼斯四次,并且渴望再次回到这里。约翰于1841年与父母来到威尼斯,那年他22岁,疾病中断了他在牛津大学的求学之旅,他当时在日记中记录道:"感谢上帝我来到了这里,这个城市如天堂一般,这里的月亮能让半个地球的画家为其痴狂,它纯净的光芒照射在窗前灰色的水面上。现在我非常快乐,可能是这五年来最快乐的时光,也可能比我余生的所有时间都要快乐。当我行走在道路上时,我感到自己重获新生并充满青春的活力。"他唯一的遗憾就是无法用画笔捕捉这座城市最本质的美。他认为除了威廉·特纳(J. M. W. Turner)以外,没有人能描绘出这座城市的美丽。四年后,他再次来到这座城市,再一次为她的美丽着迷,但同时也持有保留态度。现在的街道装上了丑陋的煤气灯,它们"模仿最时尚的伯明翰风格装在大而新的铁柱子上",大运河两边的宫殿都"残破不堪,就好像突然入秋的叶子一般"。有一处院落残迹的景象如下:"一堵有着大理石拱门残余的破碎砖墙,院子中间是一口枯井,井边有一些圆柱子以及一只石狮子的爪子。之前的花园如今已经变成杂草堆,有两只火鸡在其中徘徊,但是这里现在除了草和荨麻之外连一片叶子都看不到了。"拉斯金告诉他的朋友:

还有一座原本属于修道院院长的宫殿,宫殿中有一间美丽的修道院,大门上雕刻着一名正在祈福祷告的主教的图案。它现在属于一名船舶用品店店主。它对面还有一座曾经被用作宾馆的贵族宫殿,但现在这里面已经没有人了。隔壁的宫殿正在招租,但在上午11点的时候,看管宫殿的佣人仍在床上睡觉,如果你想讨论租房事宜的话还得下次再来。再往前走一会儿我们又看见了一座宫殿,在窗户边停着一艘黑色的船,还有一台起重机停在哥特式的阳台外,这是一间存放煤的仓库。下一座宫殿看上去像一片废墟,实际上却是没有建成,这家的主人在造了宫殿的门后,就没有继续施工了。穿过这扇紧闭着的大门后,我们来到了一座刚刚粉刷过的宫殿,它属于一名歌剧演员所有。之后还有一座最美丽的宫殿,它曾经是一所整齐的专科学校,而现在则被用作为营房,一个克罗地亚兵团将它的客厅当作卧室使用。

城市其他地方的破败景象让人更为沮丧。在卡纳雷吉欧区，大段运河被堵塞，多数是被花园倒塌下来的墙或者许多黑色的泥土所阻断，而这些花园现在已经成为荒地。腐烂的黑色贡多拉船龙骨朝上逐渐陷入腐臭的黑色土地中。也有一些地方的运河是被从未完工的宫殿墙壁残余部分所阻塞的，这些墙壁上只剩下了门和角轴。

著名的土耳其商馆：

> 已经完全成为一片废墟，无论它曾经是多么庄严神圣，它的废墟现在被用作最低贱的用途，这是多么的令人悲哀……（商馆）上覆盖着的石头被拉走，就像从尸体上扯下裹尸布一样。它的墙面上出现了千余道裂缝，被新的砌砖反复填补，用来封堵这些裂缝和窟窿的黏土和石灰水则从大理石中渗出……柔软的草和植物在墙缝中生根。

卡纳雷吉欧区的圣吉罗拉莫大教堂是在拿破仑一世统治时期被改为俗用的，它成为一家面粉厂，从烟囱中飘出的黑烟直接灌入它的钟楼之中。它现在正在整修以重新恢复使用，但是整修工作很有可能做得不够到位。拉斯金告诉他的父亲："他们正在抹去圣马可广场辉煌的印记，抹去广场上大理石（实际上是刷过油漆的灰泥）丰富的色调，这是圣马可历经十个世纪积淀下来的高贵本质，这里在公元6世纪的时候就被装饰得金碧辉煌，但现在却被简化成了氧化镁的颜色。"

总督府外的哨兵岗亭被漆成了代表奥地利帝国的黑黄色。位于总督府窗下，建造在码头边上的公共浴场招牌上使用了三种语言，和达涅利酒店的"巨大的蓝色招牌"一样。此外，奥地利政府还制订了一些"改善"计划，包括：为了能够建造更多的浴场、酒店、剧院和咖啡吧扩建斯拉沃尼亚人河岸、沿着大运河建造林荫大道、将铁路延伸到圣乔治马焦雷岛，以及建造一座横跨圣马可流域（Bacino），从圣乔治马焦雷岛到小广场的桥梁，这是所有计划中极端的一项。值得庆幸的是这些计划最后都没有实施。

当奥地利军乐队不断地在广场上演奏华尔兹舞曲的时候，食不果腹的穷人们却愤愤不平地在城市里徘徊，拉斯金告诉他以前在牛津大学的导师雷夫·W.L.布朗（Rev.W.L.Brown）：

> 如果可以的话，他们会杀掉所有为他们演奏华尔兹舞曲的50名士兵。

在圣马可广场另一边，一座拥有科林斯式圆柱门廊的教堂前架着六挺机枪，时刻瞄准着广场上那些无所事事的群众，以防他们谋杀演奏华尔兹舞曲的士兵们。

在圣马可广场的尽头，你就可以看到圣马可大教堂。在教堂门口有一个人在售卖玩偶和儿童玩具、一个在售卖家禽、一个在售卖圣像，还有一个则在售卖耶稣降生的蜡像，蜡像中还有两名牧师、两头驴和三位智者。走进教堂，里面正在演奏着小提琴和小号，两旁点着蜡烛，有一位女士与许多教众一起在角落中对着一尊披着粉红绸缎服饰的黑色雕像祈祷。她的丈夫五个月前被兵工厂以政府会为其安排新的工作为由辞退。但他直到现在还没有工作……兵工厂的负责人对他感到厌烦并拒绝给他新的工作，因此他用一把匕首刺杀了负责人，并刺伤了负责人的副手。而他自己也被打得半死不活，随后被绑起来枪决了。人们将负责人的尸体埋葬，助手的手臂则从肩膀处被切除。

但是拉斯金可以通过对过去的沉思和在结交丁托列托的过程中愉快的经历，来忘记人民的不幸以及威尼斯现在的衰败。他在给家里的信中写道：

> 我被一个我从未想到过的男人完全征服。我一直认为他是一个优秀、聪明且令人信服的画家，但是我对他强大的能力却一无所知……我之前从未对任何人的智慧佩服得如此五体投地……他太优秀了，以至于我会在给艺术家的排行榜中将他排在第一位，高于任何人，并在他的名字下面画一条很粗的黑线，以将他与其他人区分开来。我还会将他放入智者的榜单中，仅次于米开朗琪罗。他今天（在圣洛可大会堂）彻底地征服了我，最后我只能无能为力地坐在长凳上微笑。

拉斯金后几次到威尼斯的旅途和之前几次一样都让他记忆深刻。他在威尼斯完成了《现代画家》（*Modern Pictures*）的前两卷，书中他为特纳极力辩护，因为特纳的作品受到了批评家们的嘲笑。他还写完了《建筑的七盏明灯》（*The Seven Lamps of Architecture*）一书，该书是对哥特式建筑本质的阐释。此外，他还决定创作《威尼斯之石》（*The Stones of Venice*）一书。

约翰·拉斯金所著的《威尼斯之石》于 1851—1853 年出版

拉斯金曾对他父亲的一名生意伙伴的女儿进行过狂热追求，但却没有得到回应。最后，他只能在饱受煎熬后于 1848 年 4 月与艾菲·格蕾（Effie Gray）成婚，艾菲是一位漂亮且有修养的女孩，她有社会野心且性格非常坚定。艾菲那时 19 岁，但健康状况却并不好，在她的余生中都饱受失眠症的困扰。她承认当时自己不知道成为一名新娘该做哪些事，"没人告诉她已婚夫妇对彼此的责任，她也对这世上最亲密的夫妻关系知之甚少"。拉斯金那年 29 岁，他非常以自我为中心、神经质、不爱交际。他的父母对他过分溺爱且事事干涉，他们不知道是该为出色的儿子没能找到一位更富有、更上流社会、更聪明的妻子而感到失望还是为他找到了一位看上去顺从且乐于助人的妻子而感到欣慰。他们同意到欧洲大陆陪伴拉斯金和他的新娘，免得艾菲无法承受与丈夫两人单独"结婚和旅行的双倍兴奋"。但在当时法国爆发了大革命，由于担心革命战火可能会蔓延到其他地区，他们只能改变旅行计划，这对新婚夫妇最终在苏格兰度了蜜月。艾菲在蜜月结束之后很久告诉她的父亲：

> 约翰和我谈论我们之间的关系，他承认自己无意娶我为妻。他提出了许多理由，包括讨厌小孩、宗教原因、让我保持美丽的愿望，但直到这最后几年才告诉了我真正的理由（这个理由与其他理由一样令我厌恶），我和他梦想中的女人长相完全不同，这就是他没有让我真正成为他妻子的原因，因为他厌恶我的容貌。

拉斯金承认了对他的部分指责："人们可能会认为我很奇怪，因为我竟然会放弃一个绝大多数人都认为很有吸引力的女人。但是，虽然她的脸蛋儿很漂亮，但是她的容貌却无法激发我的热情，反而会在某些情况下抑制热情。"此外，艾菲的父亲最近在铁路股份中损失了很多钱，她为此感到担忧，而她的父亲也"很害怕会将自己的女儿牵连到新麻烦中"。拉斯金补充道："我自己的热情已经完全被焦虑所取代，因此我很轻易地就选择了放弃。"

虽然后来当艾菲抱怨她和拉斯金的婚姻是非常沮丧和令人失望的，但是他们在威尼斯度过的时光却是快乐的。拉斯金一开始希望她能为他的作品帮上忙，但艾菲更喜欢辨认铭文和素描各式各样的窗户。他并没有反对她去做自己喜欢的事情，而且据他所说他对此甚至都没有任何嫉妒。她有一次写到他的时候说"他是这世界上最宽容的人"。虽然他会因为对社交活动的"不适应和尴尬"而讨厌它们，但当看到艾菲收获如此多的赞美时他就会觉得非常快乐。同样，她也为他感到骄傲，不仅仅是因为他的才华。"他有着一头蓬松的红色头发、红色胡须和一双好似能看穿一切的深蓝色眼睛，"一名评论员如此写道，"有一种亲切友好的举止和迷人的微笑……他到现在都让我都觉得栩栩如生。他脸上唯一的缺陷就是他在早年被狗所咬的下嘴唇，导致上面有一道难看的伤疤。但当他开始说话时，你就不会再去注意这道伤疤了。我从未见过有人的举止能像拉斯金这般有魅力。毫无疑问他的举止有些女性化，但是他的待人接物很温柔、体恤、柔情且彬彬有礼，他的言论观点很新颖精辟以及他对待所有深刻问题都很认真且有兴趣，我从没见过和他一样的人。"

根据艾菲所说，拉斯金背着他的画板、笔记本和照相银版穿梭在威尼斯的街头巷尾，探索着不同的教堂和宫殿，却对从他身边经过的人们视而不见，威尼斯人认为他这样的行为非常古怪。艾菲告诉她的母亲："所有的威尼斯人对约翰都充满着惊奇。我不认为他们搞清楚了约翰到底是个疯子还是个天才。无论广场上有没有人，约翰要么把头埋在黑布下面用银版拍照，要么就攀爬在落满灰尘和蜘蛛网的建筑物上，就好像自己是骑着扫把飞来飞去的女巫一样，没有任何事情能打扰到他。他有时会放下架子，谦卑地接受男仆多门尼克（Domenico）对他的批评，完全不理会旁人对他的不解。尽管他做的这些事情基本都是违反社会常理的，但他自己却也乐在其中。"

而艾菲自己看上去则非常享受在威尼斯的时光。她偶尔会陪伴着约翰，有一天他们去了"几个宫殿"，这些宫殿的外部都是"华丽的威尼斯哥特式建筑"，但内部却很不舒适，而且很寒冷，"家里的每个人手上都拿着装有木炭的陶制的篮子和罐子。还有一天他们同夏洛特、拉斯金的文书助理乔治（George）以及一名帅气的奥地利军官查尔斯·保利扎（Charles Paulizza）一起去了托尔切洛岛（Torcello），保利扎在最近的战斗中负了伤，后来成为艾菲忠实的爱慕者。乔治在修道院的墙边铺了一块餐布，并在上面放上了冷盘鸡、帕玛森芝士、面包、蛋糕、麝香葡萄酒和香槟以及装满整个铜制容器的深井井水"。艾菲回忆道："约翰和保利扎兴致极高，他们比任何人都愉快。晚餐后,为了向我们证明他们两人并没有喝醉,他们绕着修道院开始了跑步比赛,由于两人跑得实在是太快了,我们几乎都看不见他们了。保利扎每跑一步他佩带着的剑和蓝色的眼镜也跟着一起跳动,这个场景非常滑稽,保利扎的那副眼镜是最近几天戴上的,戴上后他的视力提升了不少。"同月,他们又和保利扎去利多岛捡贝壳、抓螃蟹,还沿着海岸比赛奔跑。在回去的路上他们经过了一艘奥地利军舰,军舰上"像蜜蜂般挤满了水军士兵,正在一边唱着歌一边为战舰装上索具"。

约翰和艾菲有一次去了曼弗里尼宫(Manfrini Palace)和巴巴里格露台宫(Palazzo Barbarigo della Terrazza)观看画展,还有一天他们乘坐贡多拉去观察利多岛上的犹太人墓地。[4]他们偶尔也会在圣马可广场上的桌子旁喝上一杯咖啡,因为女人进入咖啡馆在当时是被认为不合适的,虽然二十年后安东尼·特罗洛普(Anthony Trollope)的哥哥写道:"只有威尼斯将女士们经常出入咖啡馆的行为视为一种时尚。虽然你可能会在罗马和佛罗伦萨的咖啡馆里见到很多的女性,但是她们要么是外国人,要么就压根不是淑女。"

有时候在晚上,拉斯金夫妇会下国际象棋,或者去参加舞会,又或者去剧院。在剧院里约翰会变得非常活跃,"其他观众的长柄望远镜都会转向(他们)的包厢,而在他们常去的芭蕾舞剧上,就没有这样的情况发生",他就会大喊:"好无聊啊!"并睡起了觉。但在大多数情况下艾菲都不会去管他。当下雨的时候她会待在家里读书或做针线活,上意大利语课,翻译汉斯·安德森(Hans Andersen)的《诗人集市》(Poet's Bazaar),或者在客厅里与夏洛特一起练习华尔兹舞和波尔卡舞。他们在玩抓人游戏、板羽球游戏或钢琴二重奏时也会获得"极大的乐趣和欢声笑语"。当天空放晴后,他们会走去广场上聆听奥地利军乐队的演奏,他们是艾菲有史以来见到的"最训练有素"的乐队:"这里被广场四周拱廊上煤气灯照得灯火通明,灯光下坐满了手拿咖啡、冰水和雪茄的女士和先生,就像一个巨大的会客厅一样,人群中有男人、女人、小孩、士兵、土耳其人以及穿着华丽希腊服饰的人,而天空中闪烁着无数繁星……这里的女人们有着我从未见过如此美丽的黑发,这些黑发被漂亮地编成辫子并形成三到四英尺宽的圆圈披在她们头上……有许多人看上去根本无家可归,但他们也活得非常快乐……当我们听完乐队演奏返回时,看到他们成群结

人们在圣马可广场上喂鸽子

队地躺在在桥边,将自己包裹在跟火炉般暖和的棕色大衣和风帽里。到了早上,他们中的有些人会站在码头的各个角落,在那里他们能得到热的鱼、稀饭、酒和各种水果、雪茄,这种户外就餐会持续上一整天的时间,时不时出现的拳击、变戏法者或说书人会打断这种就餐,周围会聚集起一大群人。一些奥地利步兵也会在这里训练,有时也会令人非常愉快和兴奋。还有一天,广场上支起了一口大锅并燃起熊熊大火,人们将所有由临时政府发行的纸币全部焚毁。我亲眼目睹了总价值超过两百万的纸币化为灰烬。"

艾菲和夏洛特有时候会去逛街购物,但是由于她们两个都只会说个别的意大利语单词,"你就不难想象买卖双方在交易时会使用各种手势进行沟通"。由于必须用奥地利银币支付货款,它的价值约等于 20 十字硬币(kreutzers)或 29 英镑。她们经常乘坐贡多拉外出,艾菲亲自划船,经过威尼斯的捕鱼船队驶入潟湖,她们昂贵的橙色船帆遮挡了太阳的光芒,"使她们身处十字形的阴影之下"。手捧约翰·默里的《意大利北部指南》,她们尽情欣赏沿途的风景。她们去了圣塞尔沃洛岛(San Servolo)并走过菲特贝内弗拉特里医院(hosptial of the Fate Bene Fratelli),该医院同时还经营着一家精神病医院,医院的病友透过窗户对她们表示欢迎。她们还和保利扎一起去了圣拉扎罗岛参观了亚美尼亚修道院,他们在那里看到了"拥有24 种不同语言印刷功能的印刷机,这些语言都是大多数牧师最常使用的",他们还拜访了拜伦的亚美尼亚语老师,他现在已经非常苍老且胡须花白了,他向她们展示用亚美尼亚语翻译的《失乐园》(Paradise Lost)。她们所到的任何地方都能遇到和善且美貌的威尼斯人。她们偶尔也会因受到年轻男士的关注而备受打扰,这些男士会向她们进行热情的问候并送去花束。艾菲说道:"这种关注让我和夏洛特非常愤怒,因为我们说话都非常小声,从不去关注任何人或者向后观望。当乔治和我们在一起的时候情况也依然如此,他们依然跟随并一直骚扰我们。这种风俗和我们家乡的风俗完全不同,这样的行为也向我们展示了意大利女士先生们的行为举止有多恶劣。奥地利人从来不会那么粗鲁,也不会如此骚扰我们。"但必须承认,即使是这样,意大利人还是非常有魅力的。当他们在圣马可跪地祈祷的时候,艾菲看着他们的脸庞并写道:

意大利男人的长相非常出众,因为他们的人种要优于英格兰和苏格兰人。特别是他们的鼻子非常漂亮,长得一半像希腊人,一半像罗马人,嘴巴也如精雕细刻般精致。渔夫们特别高大,他们以一种特有的风格穿着内衬红布的棕色连帽大斗篷……当你走得更远一点,看到穿着短大衣,留着短须的年轻男性时,会发现他们长得也非常不错,外貌特征也还是非常精致,但看上去都有些脸色苍白和放荡不羁。

艾菲到目前为止没有遇到过多少威尼斯上流社会的人，她得知这些人"不会再回到威尼斯了"，他们更想待在"这个国家更好的地方"。而且由于最近爆发的战争使"除了四位绅士外的所有英格兰人"也都离开了威尼斯，至今仍未返回。而她的介绍威尼斯现状的信件现在也无论如何都到不了英格兰，所以她只能把大多数时间用在与奥地利军队的官员打交道上。她已经在维罗纳见过了陆军副元帅温普芬(Count Wimpffen)伯爵的儿子们，后来又在那里参加了拉德茨基元帅组织的大型舞会。过了没多久，她又与许多奥地利军方人士一起参加了派对，其中包括兹奇伯爵(Count Zichy)夫妇，"兹奇伯爵是梅特涅公主(Princess Metternich)的兄弟，他是一个非常令人厌恶、长相放荡的男人"；"富有的匈牙利人"于尔梅尼伯爵(Count Urmenyi)；"脾气极好的"亚历山大·特鲁别茨柯伊王子(Prince Alexander Trubetzkoy)，他买下了威尼斯最漂亮的哥特式宫殿金屋(Ca'd'Oro)作为给他的情人芭蕾舞演员玛丽·塔里奥尼(Marie Taglioni)的礼物；来自匈牙利的男爵夫人韦茨拉尔(Wetzlar)，她是一名极其富有的陆军少校的第二任妻子，他们曾经居住在韦茨拉尔宫(Palazzo Wetzlar)里，那里现在是格里提宫酒店(Gritti Palace Hotel)；[5]还有受人钦佩和敬仰的保利扎中尉，他是"威尼斯第二帅的男人"，他对约翰来说"非常有用，能帮助约翰进入此前无法进入的营房和卫兵室等地方"。

　　当时在威尼斯为数不多的英格兰人中有瓦伦丁先生(Mr. Valentine)，他是一名银行家，并与布鲁门萨尔先生(Mr. Blumenthal)和罗登·拉伯克·布朗(Rawdon Lubbock Brown)有着合作关系。布朗住在威尼斯已经超过16年了，他在这里的目的是为了编辑16世纪早期威尼斯驻伦敦大使塞巴斯蒂安·朱斯蒂尼安(Sebastian Giustinian)所写的稿件，目前已经仔细查阅了超过1 200万份文件，并将它们汇编成《国家公文一览和存于威尼斯档案及藏品中关于英国事务的手稿》(*Calendar of State Papers and Manuscripts Relating to English Affairs Existing in the Archives and Collections of Venice*)一书，并在1864年至1884年间被分为六卷出版。布朗非常热爱他所居住的这座城市并且想永远留在这里。他说："我每天早上醒来都会感谢上帝让我在威尼斯度过每一天，有时当我晚上去小广场的时候，我会害怕闭上自己的眼睛，因为我怕当我再次睁开眼睛的时候会发现自己原来是在做梦。"在他到达威尼斯后不久，他就花费480英镑买下了达里奥宫(Palazzo Dario)，此处当时处于完全的荒废之中,布朗对其进行了精心修复,但他发现维持运营的经费开支非常大,因此只能将它出售,并买下了巴斯尼洛宫(Palazzo Businello)作为替代。6艾菲告诉她的母亲:"布朗是一位很讨人喜欢且聪明的文学家,而且一点也不呆板严肃。他了解并拜访所有值得拜访的人……他在这里有很大的影响力,并且替约翰从圣马可图书馆中借出了一些很珍贵的书籍,这些书籍是关于威尼斯古建筑的,它们对约翰非常有用……他的家中装修得非常精致,除了大量关于威尼斯历史和服饰的画作外,他还藏有一些总督的手稿以及许多奇珍异宝,这些东西只有长期居住在威尼斯的人才能得到……他有一个漂亮的烧煤炉,我向你保证这是一个特别的炉子,自从我们离开英国后还是第一次看到这样的炉子。"

因为布朗与许多威尼斯人都相识,他帮助艾菲拓宽了交际圈。最后,她遇到了许多贵族,包括尚博尔伯爵(Comte de Chambord),他与摩德纳公爵(Duke of Modena)的一个妹妹结婚;一名曾经在拿破仑手下担任过元帅的长者马尔蒙(Marmont),他是拉古萨(Ragusa)的公爵,在曾经的卡瓦利宫(Palazzo Cavalli)、现在的弗兰凯蒂宫7(Franchetti)拥有一套公寓;还有一位生于普鲁士的威尼斯风景画家弗里德里希·纳利(Friedrich Nerly),他居住在皮萨尼宫8(Palazzo Pisani)的一间超大公寓中。艾菲还被带去了索兰佐皮奥文内宫9(Palazzo Soranzo-Piovene),这是英格兰富翁爱德华·切尼(Edward Cheyney)的家,他是一名收藏家和作家,他虽然后来居住在英格兰,但是每年都会去一次威尼斯。和布朗的府邸一样,索兰佐皮奥文内宫"装修极为豪华,是意大利式品味与英格兰式舒适的结合体……大理石地板上铺满了质量上乘的深红色布"。几天后布朗带又她去了另一座精美的府邸,莫塞尼格宫(Palazzo Mocenigo),这是莫塞尼格伯爵夫人(Countess Mocenigo)唐娜·露西亚(Donna Lucia)的家,她丈夫的家族中总共出了六位总督。

一些穿着体面的佣人接待了我们并引导我们穿过许多以大理石和壁画为装饰的豪华且寒冷的套间……这些套间挂满了许多人物的全身像,包括:他们家族中所有的总督穿着公爵礼服的全身像、军官以及政客的全身像。拜伦在威尼斯的时候住的就是这座宫殿,这位伯爵在没结婚的时候与他母亲住在隔壁的官邸,而现在他与他的妻子住在里面……(这位继承亡夫爵位的遗孀)非常亲切地接待了我们,考虑到她已经80岁的高龄,她看上去非常健康,身形也很挺拔。她认为自己在某种程度上是威尼斯的女王,因为她是威尼斯最后一位女爵士。由于她已经无法再出门走动了,因此她每天都在家接待访客并进行交际。与她的年龄不相匹配的极度奢华的穿着显得很不合理,会让人留下奇怪的第一印象,但她优雅的举止会让人们把这种印象抛到脑后,这也让我不禁庆幸英国的老妇人们没有像她这样把自己打扮得那么奇怪。总的来说,她的外貌特征很显著,长相精致、黑色的眼睛依然炯炯有神,她的头发虽然已经变成灰色,但在脸的两边却戴着乌黑的假鬓发,头上戴着一顶装饰着蓝色假花的金色帽子,身上披着宽松的缎面波尔卡披风,棕色中衬着白色条纹的披风敞开着,将她的脖子暴露在外;她的手上戴着浅黄色的羔羊皮手套,衣领和手帕上绣着精美的花边,手上拿着一把扇子,穿着紫绿色丝绸做的裙子。她的身边有一张小桌子,桌子上摆满了插着鲜花的瓶子和两个古老的摇铃,它们分别是用来召唤男女侍者的。在我们落座后,她摇响了召唤男侍者的铃,他们迅速端着清咖啡、蛋糕和冰柠檬水的杯子和餐具走了进来。

在平安夜这个普遍被认为不适宜社交活动的日子,布朗先生带着艾菲和夏洛特去了"六七间教堂"。虽然当天的天气严寒刺骨,但是皎洁的月光照得街道亮如白昼。里亚尔托周围的所有街道都"在售卖大量的禽类,遍地的鸡毛搞得街道一片狼藉";艾菲写道:由于"天主教徒在平安夜不吃鱼类,因此对鳝鱼的屠杀进行了一整天,场面非常恐怖……他们用一种野蛮的方式屠杀鳝鱼。人们将它们的头部固定住并开膛破肚,把血放干净后,就把它们过秤称重,但人们从不会在有人来买前杀死它们,因此每个客人都会看到整个屠杀过程。我猜测意大利(在平安夜)屠杀鳝鱼的总长度可能能够绕地球一圈。"

除了对鳝鱼的大屠杀外,拉斯金一家对于在威尼斯度过的这个圣诞节还是感到非常自在的。圣诞期间还下了雪,达涅利酒店的厨师给他们做了肉馅派,让酒店服务员惊讶的是艾菲用白兰地将这些肉馅派点燃了。每个在街上与他们擦肩而过的人都会愉快地对他们问候一句"节日快乐!"在平安夜晚上十点的时候,他们去了圣马可大教堂,那里的人群直至午夜才慢慢散去。两支管风琴队和军乐队"表现非常出色并一直在演奏着乐曲"。艾菲对那些虔诚祈祷的奥地利士兵印象非常深刻,他们跪在地上将刺刀放在两臂之间并将冬青放在帽子里。艾菲认为,虽然这支外国卫戍部队在威尼斯非常招人痛恨,但他们的确自始至终都做得"非常出色"。艾菲在那个月的记录中写道:"几天前有个人被刺伤了,第二天早上,在利多岛上发现一名负责管钱的士兵被刺伤。"她认为如果拉德茨基将他在北意大利的总部搬到威尼斯的话,这种情况就会得到很大的改善,但直到他们1850年3月离开威尼斯返回英格兰的时候他的总部还是设在维罗纳。

当他们第二年回到威尼斯的时候,一开始是同罗登·布朗住在一起,后来他们借了位于韦茨拉尔夫人官邸二楼的一些房间,包括一间双人卧室、一间更衣室、一间大客厅、一间餐厅、一间书房、一间能看到大运河景色的小观景房;在一楼有一间厨房和三间佣人房。厨房是由布朗家的厨师纳尼负责,他每天会来三到四次;除了乔治和艾菲自己的女佣人外,他们还有两个意大利佣人贝博(Beppo)和卡洛(Carlo),两人同时也是贡多拉船夫,他们可以获得一天4便士的工资以及深蓝色的工作服、红色的背心和一顶毡帽。即使按照威尼斯的标准来看,他们的工资也很低。但是正如艾菲所说,在威尼斯可以"过得很舒适,甚至很奢侈;花比伦敦少得多的钱,但在每个方面都过得比伦敦更好"。她在9月19日写给她哥哥的信中写道:"昨天,我们(五点钟吃了晚饭)喝了通心粉汤,第二道菜是金枪鱼汤,第三道是羊小腿,第四道冷菜是制作精美的小牛肉冻,第五道是炒牛杂,第六道是烤云雀和乌鸫,第七道是一种西班牙的油煎饼,每天吃的都差不多是这些东西……我们每天早上7点起床,我和约翰一起学习意大利语到9点,随后去吃(女佣人)玛丽(Mary)做的早餐,贝博带来水果、牛奶和制作黄油的冰块。这些东西很便宜……早餐过后,约翰会阅读蒲柏(Pope)的作品或其他的东西;10点的时候我们会做祷告;11点我会学习制作模型("一位模型专家每周都会来三次")、练习或者工作。午饭后我会外出,而约翰则整天都在外面,直到下午5点才回家。"

当约翰不乘坐他的贡多拉这间"流动书房"外出的时候,他就在岸上的书房里工作,并且由于很少进行社交活动,因此他在一封每天给他父亲写的信中写道"很多人认为他本应属于虚构的世界"。他意在论证"威尼斯的哥特式建筑源自并发展于纯粹的国家信仰和美德等所有特性;以及威尼斯的文艺复兴风格建筑源自并发展于国家内部所隐藏的不忠和腐败"。因此他有责任在通过大量素描图和照片研究威尼斯建筑风格本身的同时研究这座城市的历史,并结合每座建筑所处的历史背景来看待它们,他甚至深挖威尼斯的各类档案以求去伪存真。例如,关于总督府的历史记录就是"一团糟"。

　　总督府设计者的名字没有记录;建造者据说被绞死在总督府的柱子上,但是多数流言说他是在总督府建成前就被绞死了,此外很多人说总督府的顶部早于底部建成。我对这类说法感到厌倦,并着手对它的雕塑进行分类,最后我在其内部发现了六个不同阶段施工的证据,并且是由不止一名建筑师在几个不同的阶段设计的。

　　他很快就发现为数不多的所谓专家对威尼斯的历史知之甚少,而现存的成文历史资料的记载也非常不可靠,他不仅需要一砖一瓦地检查每一座宫殿,还要探寻城市的每一个角落去寻找构成它建筑风格的所有线索。有一天他找到了唯一一名被认为是精通总督府历史的人,咨询他总督府的窗户上曾经是否有过花饰窗格。拉斯金将他所得到的回复告诉父亲:

　　　　他说,从来没有任何迹象表明总督府有过花饰窗格装饰……人们需要借用梯子才能够到这些窗户,我突然想到很有可能会不怕麻烦地爬上去看是否有花饰窗格的存在。昨天我带着特别的目的借来了图书馆的梯子,一扇扇地推开了所有的窗户。我找到了一些老式花饰窗格轴的底座,底座上有螺栓孔,通过螺栓固定这根轴;我还看到了墙上有着确切的直径标记,在窗户后面还有一根螺旋轴,我相信没有任何曾经写到过这个地方的人有过这么多发现。图书馆员事后问我是否发现些蛛丝马迹,我告诉他当然有一点,但并没有告诉他我发现了螺旋轴,如果他有兴趣的话可以自己去找一下。

　　同时,拉斯金也正在为《约伯记》(the Book of Job)做注释,以此努力提高他的意大利语水平,同时他在带领别人参观上也花了远超预期的时间,有些访客认为他非常难以相处。圣保罗教堂的主任牧师亨利·哈特·米兰(Henry Hart Milan)同妻子一起拜访时,他一开始很小心地"不与他们过多交谈",因为这名主任牧师"虽然是一名诗人,但是实际上很愚蠢"。拉斯金认为"他很喜欢自顾自地说个不停,并且非常自信。周日,他在自己位于欧罗巴的房间中对不履行祷告的行为发表了一次名为'有价值的事物'的布道,这次布道有趣而冗长,用词稍显浮夸"。在带领米

在圣马可大教堂外的游客

兰夫妇参观了慕拉诺大教堂后,拉斯金终于能够发表自己无礼的演讲,"演讲中他一直在诋毁圣保罗教堂,并表示自己非常讨厌圣保罗教堂文艺复兴风格的增建物,让米兰牧师多去观察旧教堂的优点。这让这位主任牧师感到非常厌恶"。后来拉斯金还陪同自以为是的罗伯森上校(Captain Robertson)度过了一段不愉快旅行。"罗伯森是昨天晚上第一次到的威尼斯,他曾经读过几本我写的书,并对这里的建筑和艺术非常感兴趣。他和他的朋友都认为公爵府(Ducal Palace)是'一座丑陋的建筑'……他还认为圣马可大教堂的造型非常怪异且毫无价值;他认为整个威尼斯唯一能引起他的注意的就是安康圣母教堂的内部;他还认为……这对我来说是一个挑战,因为罗伯森的那些观念不是被灌输或受到影响所产生的,而是一个智力低下的人的自然感受,我从来没用那么纯粹的眼光看待过这些感受……虽然他可能读过我的书,但我并不希望得到他的赞赏。"

拉斯金发现他无法避开的人几乎都一样地令他讨厌:乔治不是一名好的文书助理而且常常偷偷离开躲到某个角落抽烟;佣人们在等待贡多拉船的时候不懂得隐藏急躁的情绪;在他想寻找看门人的时候永远都找不到他们,大门经常是紧闭着的。此外,天气转冷、听到威尼斯的钟声和多变的潮水拍打墙面的声音都会让他难以全身心地投入工作。

他在1851年10月的时候抱怨道:"我从来没有见过这样的潮水,在任何时候都不停翻涌。这片海域的潮水不能被称为潮涨潮落,因为它一直波涛汹涌。但是建造威尼斯的这个地方是世界上唯一一片可以建造城市的海域。如果水量减少的话、如果它的高度是2.5英尺而非3英尺的话,那么流入城市水道的水量就会不足,从而影响城市水运系统的正常运行,海水只会慢慢流入城市中,这样的话人们只能

费德里科·德尔·坎波(Federico del Campo)所画的朱塞佩运河(The Canale S. Giuseppe)

被迫将它们引入城市……如果水流量再比现在多高一英尺的话,除了黏滑的石阶之外没有其他的方式从岸上通往贡多拉船上了,整个威尼斯的船运系统都将不复存在。女士们和穿着华丽的骑士都不太可能在没有栈桥的情况下踏入贡多拉,想要解决这个问题就只有效仿所有其他港口城市的做法,将城市的地基整体抬高并建设过街通道。"

此外,必须承认的是,超高潮汐的景观是极其雄伟壮丽的。拉斯金认为没有比从圣马可广场的远端眺望整个被潮汐浸没的广场更优美的景色,"水面上倒映着无数白色、深绿色和紫色的柱影,它们一直投射到广场的远方才会渐渐地消失,各处马赛克在水面上的倒影也泛着些许蓝色和金色"。

当拉斯金在创作《威尼斯之石》的时候,时而会表现出前所未有的欣喜若狂,时而却在沮丧地"顽强支撑",给人一种已经厌倦威尼斯的感觉。而艾菲还在持续开展她的社交活动。在她 1851 年刚回到威尼斯的前几周对她来说有点太安静了,"所有的人只在威尼斯待到 11 月"。但没过多久,她就接到了霍恩洛厄公主(Princess Hohenlohe)和埃斯特哈齐伯爵夫人(Countess Esterhazy)、杰布雷诺沃斯卡公主(Princess Jablenowska nee Marini)和法国爵士托马斯·索雷尔(Sir Thomas Sorell)遗孀的电话;她还拜访了法国百丽公爵夫人(Duchesse de Berry)和美丽的马里亚·维尼埃(Maria Venier),后者是朱塞佩·马里亚·维尼埃(Giuseppe Maria Venier)的妻子,是莫罗西尼人(Morosini)的女儿和布拉加丁(Bragadin)的孙女。她与克林顿·道金斯领事及其妻子很熟悉,"道金斯夫人结婚一年左右,长得漂亮且非常富裕",他们住在巴巴罗宫(Palazzo Barbaro),宫殿的顶楼上住着两位年长的巴巴罗家族兄弟,两人是巴巴罗一族最后的余脉,而他们的爵位也已经被剥夺。当时已经开始有大量英国游客返回威尼斯,艾菲还有选择地与他们共进晚餐,她的首选是像吉福德伯爵(Earl of Gifford)、杜菲林勋爵(Lord Dufferin)以及弗朗西斯·斯科特爵士(Sir Francis Scott)这样年轻且充满活力的男士,他们"在学习了一上午的美术之后,会迫不及待地准备开始实践",会坐船到大圣母教堂(Santa Maria Maggiore)的修道院或"在下午乘坐橡皮救生艇外出到运河和潟湖上去"。

艾菲自己则会在天气转暖之后,与自己的女佣一起去利多岛附近泛舟,她从布朗先生那里借来两张旧船帆,让贝博和卡洛将它们做成帐篷并在里面换上泳装后

圣马可广场上的狂风和涨潮

下海游泳,那里的水温即使在 5 月的时候也"温暖得像被加热过一样"。她也会进行长距离的散步,有一次甚至走到了射击中心[10](Bersaglio),她发现即使在 5 月的第一周,也有"许多草莓已经熟透"。她偶尔也会参加舞会,有一次在马耳他骑士会堂(Hall of the Knigh of Malta)[11]举办了一场令人难忘的军队舞会;还有一次也是军队舞会,在凤凰剧院举办,里面所有的座位上都被铺上了木板,所有的包厢上都挂满了镜子。约翰平时陪同艾菲去戏院或者剧院的时候都会显得毫无兴致,他把这种场景描述为:"非常令人不愉快。歌曲和舞蹈都很拙劣,而剧情则非常可悲且荒诞⋯⋯舞台布景虽然非常显眼,但让人觉得粗俗不堪⋯⋯还有那些观众,他们富有却无所事事,每晚都将这些歌舞剧作为自己的娱乐节目,一直看到它们无法再引起他们的兴趣。但是即使已经没有了兴趣,他们仍然会去看,因为这已经成为一种时尚,他们不会在乎演出的内容是什么,他们把自己的包厢当作会客厅,并在歌剧院里接待他们的同伴。虽然在那种地方几乎无法进行交谈,但所有人都在说话,不过并没有人会去在意别人说了些什么。"

艾菲在社交方面则比她的丈夫强了许多,她同意丈夫关于"在威尼斯的剧院中没人会在意别人说了些什么"这个观点。在一个典型的夜晚,她在自己的包厢中写道:

> 第一次与生于以色列的拉瓦尔·纽金特(Laval Nugent)伯爵见面的时候,他说着语速极快的英语;而公主[他的女儿简·利亚·帕拉维奇尼·菲比尔(Jane Lilla Pallavicini Fibbia)]则说着威尼斯语;多铎将军(Duodo)作了回应,(陆军副指挥官)法尔肯海因(Falkenhayn)伯爵将军说着德语;而拉布纳(Wrbna)伯爵将军则说着法语,他们将整个包厢搞得极其嘈杂……现在每当有一位男士结束了十五分钟左右的拜访之后,紧接着又会有另外一名男士接替前者继续拜访这位女士,你永远都得不到独自待在包厢的机会,这是与传统的礼仪相违背的,因为传统礼仪认为女士们应该独自待在她们的包厢中。我昨晚就此向拉瓦奇尼夫人(Mdme. Pal)她们抱怨过,但她们都不同意我的想法,她们认为剧院是公共财产,所有人都有权利拜访任何他们认识的人。并且大多数人每晚都会去那里待上个把小时,因为这样能节省他们家里的照明开支,因此在剧院里租下一个包厢是与别人会面和进行社交活动最省钱的方法。

现在的狂欢节已经与18世纪的时候完全不一样了,艾菲对此感到非常遗憾。威尼斯的普通大众看上去不赞成举行这样的庆典,因为他们的城市正处于国外势力的统治之下。拉斯金告诉他的父亲,在1852年狂欢节的倒数第二个周日,这看上去是"十分美好的一天",一大群人在圣马可广场上沿着滨河大街聚集在一起。但是其中只有约"30到40人戴着面具在欢庆,此外还有个别戴着长鼻子的人零星地分散在人群里……这种场面让人无法欢快起来,人们面有愠色地反对那些戴着面具的人并推搡着他们,这种场面让人觉得非常伤感"。艾菲也确认"这个景象是让人非常悲伤并无法给人带来乐趣的,因为人们都非常生气,统治者所有提升人民好感度和快乐度的做法都没有取得成效"。极少数寻欢作乐的人戴着黑色的长鼻面具,穿着红黑色的服装和紧身长裤想尽办法来愉悦人群,大声高喊并向人们抛去糖果。但是他们的努力终究还是徒劳的:"人群紧逼着他们,使他们寸步难行。"只有小男孩们"用木制的锡哨吹着口哨",看上去乐在其中。根据爱德华·切尼所说,马奇尼下令狂欢节期间不允许庆祝,并且马奇尼"比奥地利国王更有威信且更让人感到恐惧"。而拉斯金从来都没有从任何一名意大利的自由主义者那里得知他们控诉奥地利政府统治的明确理由。威尼斯人对奥地利政府不满的原因是模糊不清的,但(他)从来都无法理解威尼斯的人们想要得到什么,或者他们为何会觉得自己

小说家、评论家 W.D.豪厄尔斯(W.D. Howells)1861 年被任命为美国驻威尼斯领事

受到了伤害。事实上,威尼斯政府的统治并没有比大多数欧洲其他地区的政府更专制;此外,他们在施政的过程中虽然举步维艰,但也没有比其他地区的政府效率低下。

当奥地利帝国的皇帝弗兰茨·约瑟夫一世(Franz Joseph I)于1856年年底来到威尼斯的时候,许多人都出门欢迎他的到来,欢迎他的人数肯定远比欢迎马奇尼的要多。市政当局要求大运河两岸房子和宫殿的拥有者将内部的灯光全部打开,同时,里亚尔托也动用公共开支点亮了红色灯光,闪亮的灯光映射在大运河的水面上。在大运河的远端,在斯卡尔齐教堂(church of Scalzi)[12]和小圣西门教堂(church of San Simeone Piccolo)[13]之间有数量极多的贡多拉,船夫们在水面上几乎都找不到空余的地方划桨。拉斯金回忆道:

> 在黑暗中,这幅场景显得非常奇怪,一大群船停在原地,船身随着波涛起伏,所有船夫都站在船尾保持船的平衡,并对身旁的船的细微移动做好准备,以防它们会将他撞下船去……无数贡多拉的船头再加上弧线形的船身,给人一种这整片区域里都挤满了龙的感觉……我们边上的那艘船上坐着几名歌手,他们的穿着打扮非常寒酸,但皮肤黝黑、嗓音很好。再往前些的船上坐的是一支乐队。没过多久,有消息称皇帝马上要到了,他们开始在船上点燃信号烟火,依次在黑夜中告知前方运河沿岸的所有宫殿这个信息。果然没过多久,弗兰茨·约瑟夫一世大帝真的穿着灰色外套,戴着旅行帽出现了。

当皇帝的船从岸边驶离的时候,一支庞大的贡多拉船队跟在了后面伴随着巨大的愤怒咆哮声,"所有的船夫都在艰难地移动着自己的船……竭尽全力地将自己的船维持在原来的位置并阻止其他船的靠近"。拉斯金家的船撞到了皇帝的船上,并被牢牢地钉在那里一两分钟。约翰手里拿着他的帽子向贝博做手势,让他想办法把他们从眼下的窘境中解脱出来。最后,两艘船分开了,皇帝的船顺势划走,并向他们做了致意的手势。但是后来,后面的船推动着拉斯金的船再一次撞上了皇帝的船,这使他站立不稳并被水溅了一身,直到另一艘船从中间驶过才将他们分开。从大运河起点到圣马可广场总共花了一个小时的时间。皇帝在凌晨一点的时候仍然站在总督府的玻璃窗前,而此时拉斯金一家则心怀感激地上床睡觉了。

根据拉斯金的观察,威尼斯人虽然一直都对奥地利帝国的统治心怀不满,但他们却"没有明确的理由来抱怨",他的这个观点在若干年后被威廉·迪恩·豪厄尔斯再度提出,后者是美国小说家、评论家,于 1861 年被任命为驻威尼斯领事。豪厄尔斯写道:"我几乎从来没有见到过士兵冒犯市民的情形,也很明显没有引起个人的憎恶。奥地利人之所以被厌恶的原因就是他们将外国的君主专制统治强加在相信生而自由和独立的威尼斯人民身上。"由威尼斯人所组成的名叫"威尼托委员会"(Comitato Veneto)的机构将这样的一种情感延续了下去,他们在威尼斯秘密发行报刊并鼓励人们在墙上写下革命标语,在诸如皇帝生日当天圣马可广场上吟唱赞美颂时发生的爆炸事件以及抵制所有奥地利人和亲奥地利派的威尼斯人参与的奥地利节日庆典等活动中都会有该组织的成员参与。豪厄尔斯注意到:

> 去意大利化派(Italianissimi)目前正在将自己的观点和感受灌输给人们,这使得国家大型节日也无法唤醒人们对于过去的悲叹以及对于未来的朦胧憧憬。
>
> 至于曾经有一年里持续了长达六个月之久的狂欢节,现在已经不复存在了。它已经沦落成乞丐们的派对,他们戴着丑陋的面具和牛角,低声吟唱着一首愚蠢的歌曲,一家接一家商店地进行乞讨。当这些可悲的小丑穿过人群时,人们向他们投去了鄙夷的目光……所有其他社会娱乐活动的命运或多或少都与狂欢节相似。大多数贵族和专业人士阶级中的富人都选择过着闲云野鹤般的生活,并对驱散社会当下的阴霾毫无兴趣。

但是,虽然 19 世纪 60 年代早期威尼斯的社会风气比较颓废,但她仍然能够持续地展现自己独特的魅力。尽管纤夫在外国人刚到站走下贡多拉船的时候就向他们强行索取牵引船只停靠的小费,但豪厄尔斯有一种"从一开始就莫名其妙地觉得自己还在家乡"的感觉。虽然他被"这座城市的美丽和魅力"深深迷住,但豪厄尔斯仍会对她加以批判。比如,他认为威尼斯大多数私人的住宅都是"令人沮丧且不舒适的"。他写道:"低处的窗户外都焊着厚重的铁条;即使是许多威尼斯宫殿里的木工都非常粗糙;其他地方用的都是石头和粉饰灰泥;虽然有的房屋的墙壁是经过粉刷的,但是墙上也不经常贴墙纸;部分装修精良的房间天花板上会画有壁画,这是威尼斯房屋内部最讨人喜欢和最有魅力的特点。窗户无法完全关上,厚重的木质百叶窗彻底挡住了光线(是不是值得去观察一下整个威尼斯有没有没安装过百叶窗的地方呢?);门斜立在地板上,门的下铰链嵌入其中;取暖炉用石膏制成,消耗燃料但却无法提供热量;只有阳台会让人觉得非常有吸引力,它们一般都建在大街的上方高处或者朝向大运河。"

想要进入这些住宅通常都不会非常容易:住宅在街上的入口都大同小异,每一层楼都有门铃,门铃一响就会有佣人从上方的窗户探出身子,用可怕的语气向来访的陌生人询问"是谁?"但你不用报上自己的名字,只需要回答"朋友!"这样就能消除对方的疑虑。佣人把手中的金属线向上一提就打开了门上的闩锁,允许你进入宫殿中并慢慢走到她所在的那层楼。这是家中的男主人或女主人在家时的做法。如果他们不在家的话,佣人就会回答"家里没人!"并会从窗户外用绳子吊下来一个篮子,让你把名片放进去后再将篮子收回去。

豪厄尔斯发现那些可以用来出租的房间通常都是所有房间中最不舒适的,"房间里没有铺地毯、昏暗且简陋、墙上挂着一些残破的方形图片、皮床的宽度非常窄、脸盆非常小、沙发非常硬,可怜的租客永远也别想摆脱在威尼斯困窘的生计,因为阴沉着脸的女房东就指望着靠剥削房客这一不变的目的来维持自己的生活"。

当然,豪厄尔斯承认,在威尼斯还是有适宜居住的房子的,但它们的价格并不便宜,而且有一些不太宜居的房子也不便宜。即使是那些残破不堪的房子也需要付费,破损的房子修修补补之后被高价卖给不知情的陌生人。豪厄尔斯自己最终租下的房间所在的那幢房子被房东分别租给了许多租客,一层一层甚至一间一间地出租。其中分别住着一个老牧师,他的家族曾经拥有这一整幢房子、老牧师家族的其他成员、一个法国女人、一个英国男人、从摩德纳被流放至此的一个侯爵家庭、住在豪厄尔斯楼上的一个来自达尔马提亚的家庭,"他们经常在家中进行运动并发出震耳欲聋的噪音"。

如果因为想逃离这些出租屋而选择去一家餐馆的话,这种做法是不太明智的,因为,虽然威尼斯的饮食店数不胜数,但是豪厄尔斯在所有不那么昂贵的餐厅中找不出哪怕一家"舒适的、干净的或安静的,所有的餐厅都很糟糕"。他抱怨道:

> 除非你用了拍打桌面或者用刀叉敲击玻璃杯和盘子,否则没有人会来为你服务的。接着,会有一名服务生极不情愿地出现并高声喊道:"等一下!"点完单后他会尖声告诉厨师,随后带着食物返回,再一次用更响亮的声音喊道"菜齐了!"并把食物摆到了餐桌上。我曾经在尼亚加拉(Niagara)的酒店听着铜管乐队的演奏吃饭,但是我也没有吃到过口味如此令人迷惑,又如此诡异的菜,就像我最早发现威尼斯餐厅的服务员总是如此奔忙和喧嚣一样。大多数情况下,客人们都很耐心和安静地喝着汤,吃着煮牛肉,周围的喧嚣就像与他们无关一样。

从无数的小餐馆里打包一些菜品回家里也许能够吃到更安静的一餐,这些小餐馆的门口可能写着"金山玉米粥(polenta)、一盘小杂鱼、一碗米饭、烤家禽、蜗牛和肝脏、大量炸鱼和一大锅香味扑鼻的加入大蒜和洋葱熬煮的肉汤"。但客人还得把站在那里随时准备讨价还价的厨师考虑进去,"他们拿着巨大的长柄勺,看上去像能从很深的地方舀出神秘的东西似的"。

豪厄尔斯在威尼斯没住多久就发现了一家小餐馆,这家餐馆的老板"在法国学过拳击,以每晚不到一美元的价格为其提供五道精心制作的晚餐菜品"。一美元也是豪厄尔斯每天在朱斯蒂尼亚尼宫租六个房间的租金,在涨潮时从宫殿的门阶跳入"干净且提神醒脑的大运河水中"已经成为他的习惯。他在宫殿中租下的房间非常便宜,房间里的家具很少,只有一些仿古的桌椅,它们非常脆弱,以至于根本无法使用,甚至无法从它们靠着的墙壁边移走。

但是对豪厄尔斯和其他许多即使在威尼斯最低谷的时候仍然能够爱上这座城市的人来说,威尼斯的一些不足在运河和广场带给他们的享受面前完全不值一提。每一座广场都像一个小城市,它们设施齐全且独立:

> 每一座广场都有自己的教堂,这些教堂最早都是坟地;每座广场的区

域内都有一家药店、一家布料服装店、一家铁匠铺和鞋匠铺、一家或好或差的咖啡馆、一家蔬菜水果店和一家家庭杂货店。还会有一间二手商人店,在那里,你可以用最低的价格购买或出售所有品类的二手物品。当然,还会有铜匠铺和钟表店,大多数广场上也会有木雕商店和镀金店。如果广场上没有一家理发店的话,那么这座广场就不算是完整的,这里的人们也无法准时地了解当天的社会和政治新闻。

每天早上都能看见来自弗留利山区强壮而健康的女孩穿过这些广场,她们一大早从蓄水池中汲取雨水,然后将盛满雨水的桶用蝴蝶结吊在右肩上带到城市各处;柴火商人手上提着从朱代卡运河沿岸的船上取下来的几捆柴火样品进行贩卖,只要他们手上还有柴火,那么这样的贩卖会持续一整个冬天;年老的棕色皮肤农妇

1875 年在一列火车到达火车站后的场景

们戴着宽阔的稻草帽售卖牛奶,这些瓶装牛奶被放在铺满稻草的篮子里;南瓜贩和扫烟囱的人、修椅子的人、栗子贩以及贩卖被关在鸟笼里的雀和百灵鸟的商人等所有商贩的叫卖声都和贡多拉船夫一样具有特色。

在豪厄尔斯返回美国后不久,奥地利人被要求离开威尼斯,这座城市后来可能最终成为由皮埃蒙特国王组建的统一意大利的一部分。但在当时,奥地利人希望用交出威尼西亚统治权的条件来换取皮埃蒙特国王在奥地利与普鲁士(Prussia)可能爆发的战争中保持中立;但维克多·伊曼纽尔国王(King Victor Emmanuel)却并不同意,因为他已经与普鲁士结成了联盟。1866 年 7 月 3 日,奥地利在柯尼格拉茨(Koniggratz)战败,普奥战争结束,同时,威尼斯举行了一场关于是否并入意大利王国的公民投票。最后,绝大多数人投票支持,而威尼斯也成为意大利最后一个大区——威尼托大区的首府。

在奥地利人占领期间,威尼斯这座城市的样貌有了较大的改变。在铁路桥竣工通车后紧接着就在各条运河上建造了许多桥梁,其中有 17 座桥是在 1850 年至 1870 年间建成的。许多街道得到了拓宽,许多运河被填平以铺设一些景色美丽的步道,像位于大运河和木筏沿岸街之间的特拉·迪·圣阿戈内塞河(Rio Terà di Sant' Agnese)在 1863 年就被填为一条大道。几年后,后来被称为新街(Strada Nuova)的维托利奥·埃马努埃莱二世大道(Via Vittorio Emmanuele II)建成,它位于大运河东岸,里亚尔托桥和圣卢西亚火车站(Stazione Santa Lucia)之间的位置,由于该火车站的扩建,圣卢西亚教堂(church of Santa Lucia)只能被拆除。[14]新街是1871 年紧接着马宁广场(Campo Manin)的落成而建的,后来很快又建造了拉尔加三月二十二日街(Calle Larga XXII Marzo),这是威尼斯最宽阔的街道之一,它的名字是为了纪念 1848 年 3 月 22 日马宁用武力夺取兵工厂这个重要的日子。

注释:

1. 1812 年时,曾经的植物园(Botanical Gardens)建造在火车站和卡纳雷吉欧运河之间的区域,之前占据这片区域的是一些葡萄园和被关闭的圣约伯女修道院建筑。艾菲·拉斯金记录道,虽然植物园的总体情况反映出它们更接近于奥地利的风格,但"……玻璃暖房排列整齐,种植的仙人掌和开花植物都极其优质……"。植物园在 1870 年时关闭。

2. 花神咖啡馆位于新行政长官官邸大楼的西侧拱廊中，是圣马可广场上历史最悠久，也是最时尚的咖啡馆。这家咖啡馆 1720 年以"威尼斯凯旋"（Venice Triumphant）为名开业，后来又以它的第一任老板弗洛里亚诺·弗朗切斯科尼（Floriano Francesconi）将其重新命名为"福洛里安"（Florian），即"花神"。在奥地利占领威尼斯期间，威尼斯人几乎只会光顾花神咖啡馆，而篡位者和他们的支持者则经常光顾对面的夸德里咖啡馆。

19 世纪时，艺术家和作家们经常喜欢光顾花神咖啡馆，安东尼·特罗洛普（Anthony Trollope）就是其中之一，他在 1889 年的《新回忆录》（*Further Reminiscences*）里记录了他 1871 年时对这家咖啡馆的印象：

"威尼斯人告诉你，这家咖啡馆已经两三百年没有关过门了，具体多少年我已经记不清了。我发现它在凌晨三四点的时候还在营业。它由六间左右很小的房间组成，几乎可以将它们称为小隔间，每一间都对应着一扇圣马可广场边缘拱廊的拱门，这些房间能够满足早上客人数量的需求。在这里你能吃到一顿令人满意的早餐，有咖啡、牛奶、黄油和各式各样你能想得到的卷饼，还有鸡蛋。"

现在，花神咖啡馆还是一如既往地受到欢迎，它迷人的老式内部装潢是鲁多维科·卡多林（Lodovico Cadorin）在 1858 年设计的，至今仍然能够唤起人们对它著名过往的怀念。

3. 位于花神咖啡馆对面，旧行政长官官邸大楼拱廊下的是夸德里咖啡馆，瓦格纳曾坐在这家咖啡馆外抱怨没有人欣赏他的音乐。

4. 在利多岛东端的圣尼科洛教堂附近有一家现代犹太人公墓，它是 1389 年建成的古代犹太人坟地（Jewish Burial Ground）的扩展，占地数英亩。公墓曾经被柏树环绕，但现在周围被高耸的石墙围了起来。

曾经位于附近的英国新教徒公墓(1684年至1810年)在20世纪30年代机场扩建时被移除。曾经的坟墓中包括两名英国领事约瑟夫·史密斯(1770年去世)和约翰·默里(1775年去世)的坟墓。

5. 15世纪的皮萨尼宫(Palazzo Pisani),后来的韦茨拉尔宫(Wetzlar),现在的格里提宫酒店(Gritti Palace Hotel)矗立在大运河右岸,奥斯特雷格河(Rio delle Ostreghe)的转角处。它是一座美观的哥特式立面建筑,曾经由乔尔乔内的壁画作为装饰。1851年,在拉斯金一家居住于此的时候,他们几乎占据了整整一层后来被称为"韦茨拉尔之家"(Casa Wetzlar)的楼面。这座宫殿现在是威尼斯最重要的酒店之一,有一个面朝大运河的大型阳台餐厅。

6. 巴斯尼洛宫(Palazzo Businello),以前是朱斯蒂尼安宫,位于大运河左岸稍微靠里一点的位置,梅洛尼河(Rio dei Meloni)的转角处。它在17世纪重建,19世纪的一段时间,宫殿属于罗登·布朗所有,这段时间内拉斯金对宫殿的一些修缮工作委婉地进行了批评:"(布朗)没有对这些令人羞愧的修缮工作作过多的纠缠,他们将这座宫殿变成了我在威尼斯遇到过最友好的朋友的住所。"宫殿现在还保留着它威尼托—拜占庭风格装饰性线条的外立面。在梅洛尼河的对面是科其那·提埃波罗·帕帕多普利宫。

7. 15世纪的弗兰凯蒂宫(Palazzo Franchetti)位于大运河右岸,学院桥前不远的地方。它以前的名字叫作古斯索尼·卡瓦利宫(Palazzo Gussoni-Cavalli)。它是奥地利大公腓特烈19世纪的最后一处住所。在他1836年去世后,这座宫殿就被转卖给了尚博尔伯爵(Comte de Chambord),后者在拆毁了一座房屋及一家小船厂的附属建筑后建造了一座花园。到了19世纪末,宫殿成为弗兰凯蒂男爵的财产,他在1896年增建了一座翼楼并对宫殿进行了修缮。宫殿中央窗户和窗户上精美的花饰窗格以及重合的圆形拱门可能是受到总督府凉廊造型的启发而建的。

8. 在圣斯特凡诺广场的东南角矗立着庞大的皮萨尼宫(Palazzo Pisani),1802年时这里是最后的斗牛表演地,它是威尼斯最大的私人建筑之一,并且与运河边那座曾经的皮萨尼宫一样是为数不多令人印象深刻的使用广场(campo)式外观的宫殿。1614年,根据巴尔托洛梅奥·蒙诺博拉的设计开始修建,1728年时由帕多瓦建筑师吉罗拉莫·福里古梅里卡(Girolamo Frigimelica)继续修建,后者增建了最顶层,并形成了宫殿现在的外观。在面向广场的非常宽阔立面的主层楼面上,有着三扇双玻璃窗的窗户,它们的高度特别地高,中央栏杆窗户的两侧各有一个小型嵌入式阳台。宫殿内部因其壮观的楼梯、宏大的壁画以及被粉刷过的公寓而闻名,一座巨大的开放式凉廊将两座美丽的内部庭院隔开。

1784年,这座宫殿的主人,极其富裕的皮萨尼家族的一员阿尔韦塞·伊·阿尔莫罗(Alvise I Almorò)设盛宴款待瑞典国王古斯塔夫三世(King Gustav III)并指引后者参观了每周对公众开放两次的皮萨尼家族图书馆。1818年,阿尔莫罗和他兄弟的继承人将宫殿的产权进行了分割,宏伟的图书馆翼楼中的一部分公寓被租赁给了一些艺术家。1835年,其中的一名艺术家,年轻的瑞士人利奥波德·罗伯特(Léopold Robert),因为求爱卡洛塔·波拿巴公主(Carlotta Bonaparte)失败,痛苦地从其中的一扇窗户跳楼自杀。

1898年至1916年间,宫殿的一部分被出售,为音乐学院(Conservatory of Music)提供场地,学院的主管包括作曲家埃尔曼诺·沃尔夫·法拉利(Ermanno Wolf-Ferrari)和蒙泰威尔第的编辑吉安·弗朗切斯科·马里皮埃罗(Gian Francesco Malipiero)。此外,宫殿中还有一家银行。

9. 马达莱纳河(Rio della Maddalena)上的第三栋建筑,索兰佐·皮奥文内宫(Palazzo Soranzo-Piovene)位于大运河的右岸。这是一栋优雅的 16 世纪早期建筑,有着精美的门厅和楼梯。比例匀称的文艺复兴式外立面很可能是桑特·隆巴尔多的作品。

10. 射击中心(Bersaglio)是一座位于威尼斯最北方郊区,阿尔韦塞地区的射击场。这里现在被一家名为"翁贝托一世医院"(Ospedale Umberto I)的儿童医院占用,周围被许多花园环绕。

11. 马耳他骑士会堂和教堂(the Hall and Church of the Knights of Malta)位于马耳他圣乔瓦尼庭院(Corte di San Giovanni di Malta)的尽头,它们的西面紧挨着斯拉沃尼亚人圣乔治会堂。该教堂最早叫作圣乔瓦尼教堂,是为圣殿骑士团而建,在他们 1312 年被镇压后,它们就被移交给了马耳他骑士团(Knights of Malta)。在斯拉沃尼亚人圣乔治大会堂建造完成前,它们曾一度成为兄弟会的聚会场所。

教堂和会堂在被法国人关闭之后,都在 1839 年重新开放,教堂用取自其他被封锁的威尼斯教堂内的物品进行重新装饰。

12. 用于献祭拿撒勒圣母(Santa Maria di Nazareth)的斯卡尔齐教堂(church of the Scalzi)位于火车站边,可以远眺大运河。它是为了 1633 年来到威尼斯的赤足的加尔默罗修会(Carmelite)修道士而建造。1646 年,修道士买下了这个地方,1660 年时,他们根据巴尔达萨雷·罗根纳的设计开始修建新的教堂。教堂的外立面是朱塞佩·萨尔迪的作品,他的资助人吉罗拉莫·卡瓦扎(Gerolamo Cavazza)公爵为了外立面的建造花费了 74 000 杜卡特,它在 1987 年时得到修复。它一件巨大的作品,展示了两列成对的圆柱,精心雕刻的盘蜗饰,一个巨大的双山形墙和许多在壁龛中的雕像。教堂内部昏暗但豪华,墙体的表面镶嵌着大理石,穹形后殿中有一座大型的圣所。提埃波罗的天花板壁画 1915 年被一颗炸弹毁坏,后来用埃托雷·提托(Ettore Tito)在 1934 年绘制的《以弗所会议》(Council of Ephesus)代替。提埃波罗的一些较小型的作品被保存在北侧第一小礼拜堂和南侧第二小礼拜堂中,鲁多维科·马宁总督 1802 年去世后就被埋藏在后者之中。

13. 小圣西门教堂（church of San Simeone Piccolo）建于 9 世纪，矗立于大运河左岸，火车站的对面。现存建筑的历史可以追溯到 1718 年至 1738 年，是乔瓦尼·斯卡尔法罗托以他设计的罗马万神殿（Pantheon）为基础建造的。他的教堂呼应了其古典主义原型的圆形平面图。硕大的铜制穹顶与罗根纳的安康圣母教堂穹顶相似。教堂内部重复着万神殿风格的圆形主题。雅致而明亮的室内装饰着山墙饰形的小建筑物和浅壁龛，每一个建筑的框缘下都有几根笔直的石柱作为支撑。穹形高坛和后殿的创作灵感来源于帕拉迪奥的救主堂。这座教堂现在已经不再作为礼拜场所使用，而是成为音乐会的举办地。大圣西门教堂（church of San Simeone Grande）的北部面对着一个扩展的广场，教堂的另一端，则是车站桥边与大运河沿岸接壤的地带。这座教堂被认为建于 10 世纪，不过，在此期间经历过了许多次改建和修复。18 世纪时，这里铺上了现在我们所看到的地面，并将以前教堂内的瘟疫受害者坟墓全部清除。教堂的内部比较低矮，有着一个宽阔的中殿和几排年代久远的石柱。斜倚着的圣西门（St. Simeon）雕像吸引着许多人的注意，它是由马可·罗曼诺（Marco Romano）或者另一位不知名的雕刻家在 1317 年雕刻的。

14. 现在我们看到的火车站是铁路管理局（Amministrazione Ferroviaria）在 1955 年正式开始运营的。此前，在 1934 年时举办过一次专门的火车站设计大赛，但是参赛的所有 54 个设计方案都被管理局否定了。

第十七章　游客和流亡人士

1871—1913

"哦，我的天呐，这是一个多么美妙的地方啊！"

当他们从威尼斯回来后，艾菲·拉斯金以性无能为理由结束了她和约翰的婚姻，几周后，她就和画家约翰·埃弗雷特·米莱斯(John Everett Millais)结婚，婚后他们一共生了6个孩子。离婚之后，拉斯金出版了他的杰作三卷本《威尼斯之石》(The Stones of Venice)，他在作品中设定了区别优秀建筑与失败建筑的基本标准，批判了城市浪漫的外表下隐藏了其不堪的现状，并展现了现代的建筑和生产方式是如何使威尼斯工匠从哥特式建筑初创时的尊贵地位逐步降低的事实。事实上，他用这个年代前后的建筑改变了整整一代人对建筑学的看法。为了达到上述目的，他不得不发表一些让人无法容忍且有失偏颇的言论；但最终，他成功地使同胞们相信了他强烈拥护的哥特式建筑远比其他任何风格建筑都更适合展现大不列颠王国昔日的荣光；同样地，哥特式建筑也能展现威尼斯在航海时代的荣光。

拉斯金不仅仅在英格兰拥有自己的崇拜者和信徒。马塞尔·普鲁斯特(Marcel Proust)的一个朋友说普鲁斯特几乎读过拉斯金所有被翻译成法语的作品；这位《去斯万家那边》(Du Côté de chez Swann)的作者用拉斯金作品中的辞藻表达出自己对威尼斯的向往："一座到处是大理石和黄金的城市，用碧玉作为浮雕，用绿宝石铺满地面。"后来，普鲁斯特同他的母亲和朋友作曲家雷纳尔多·哈恩

(Reynaldo Hahn)以及哈恩的母亲和一位英格兰表妹玛丽·诺丁格(Marie Nordlinger)一起去了威尼斯,普鲁斯特住在拉斯金曾经住过的达涅利酒店;在拉斯金曾经焦急等待过的花神咖啡馆,他尝了名为格兰尼它冰糕(granita)的蜂巢状冰品;他进入圣马可大教堂时随身带着一本拉斯金的《威尼斯之石》,伴着教堂外倾泻而下的雨水,诺丁格小姐为他读了一段描写威尼斯颓废和衰落的段落:"威尼斯在最后时刻抛开了所有的羞耻和克制,回想起她的罪恶是多么深重,因为这一切都是在神殿面前所犯下的……虚荣心和罪恶感经过了一个世纪又一个世纪的膨胀和加深,圣马可大教堂的白色穹顶像是在对失去听觉的威尼斯表达着什么。"

诺丁格小姐注意到普鲁斯特在听到这些描述后,看上去"以一种痴迷的状态,不可思议地被感动并兴奋了起来";而他自己则回忆道:"教堂里很暗,威尼斯的阳光无法照射进来,那些马赛克装饰因其自身的物质光泽散发着微光,这是一种古老的、内部的、陆地上的金色光泽。我当时被那些只被周围黑暗所照亮的天使所包围,这使得我在听到这些描述后的情感非常强烈。"直到后来,他才想到"如果拉斯金能够诚实地面对自己的话,他就不会只因为威尼斯有一座多彩的大理石教堂而非石灰岩建造的大教堂或者总督府恰巧建造在圣马可大教堂边上而非在城市的其他地方这类原因,就认为威尼斯人的罪恶比其他人的更无法宽恕或者应该得到更严厉的惩罚"。普鲁斯特总结道:"拉斯金的盲目崇拜是错误的,他对神像本身的崇拜超过了对神象征意义的崇拜,他追求的是象征物的外在美而不是其所隐含的真理。"

普鲁斯特几个月后独自一人重返威尼斯。"威尼斯的宫殿、绘画和马赛克镶嵌画以及强烈的阳光在平静的绿色水面上四散反射,这一切都为他的艺术和个性提供了新的灵感,他很可能希望再次体验这种感觉。"他的传记作者乔治·D.佩因特(George D. Painter)这样写道:

　　　　五个月前的旅行中,由于普鲁斯特的母亲诺丁格夫人(Mlle Nordlinger)、刻板的舅妈和古怪的雷纳尔多的存在阻止了他对这座城市的探索,五个月后旧地重游,他发现威尼斯比之前更加令人着迷。对于普鲁斯特来说威尼斯最佳的地貌就是它的运河,蜿蜒的运河看上去就像'慢慢地穿透进一种神秘物体的深处'一样,被月光照耀的广场隐藏在迷宫一般的羊肠小道中,很难被人第二次发现,这种地貌似乎象征着饱满的欲望和占有……也许对于普鲁斯特来说,威尼斯与那些平原上的城市是有着联系的;又或许他在第二次来到这里时发现了这座城市危险的魅力,这种魅力是拜伦、约翰·阿丁顿·西蒙兹(John Addington Symonds)、亨利·詹姆斯、豪斯曼(Houseman)和科尔沃男爵(Baron Corvo)也曾感受到的,而拉斯金对此却只字未提。

拉斯金在他的婚姻解除后独自一人五次回到威尼斯,但是他再没有第一次来的时候那种愉悦的感觉了;此时的拉斯金已经成为一位富人及牛津大学史莱德艺术教授(Slade Professor of Art),在其中的一次回访中,他对威尼斯的游客感到非常失望并对那里的人民非常厌恶,他们经常在散步时随地吐痰,随处吸烟,拼命挤上一艘摆渡到利多岛的蒸汽船,这艘船被他称为"像烧开水的水壶般鸣叫的肮脏蒸汽机"。他竭尽全力让自己沉浸在对丁托列托和卡巴乔的研究中,后者的《圣厄休拉之梦》(Dream of St Ursula)后来被放置在学院美术馆中的一间不对外开放的房间中,供拉斯金和临摹者观赏。但是,拉斯金并不满足于此,他在给他母亲的信中写道他"从来没有听说过任何人对自己逝去的青春如此哀伤"。他还像一位朋友吐露心声:"重新回到威尼斯让我有种不可名状的悲伤。"在随后的一次旅行中,一名与他疯狂坠入爱河的年轻女子的去世,也让他跟上次的旅行一样难过。在他69岁那年,和学生德特玛·布罗(Detmar Blow)最后一次来到威尼斯时,他感到非常后悔,宁可自己待在家里。他非常疑惑:"在威尼斯,我是德特玛的负担,因为我都已经忘记了曾经对这里是多么的熟悉,也不屑于再次重温那些旧时美好的记忆,曾经热爱的画作现在对我也毫无意义。"

但是,拉斯金从未忘记过这座城市,他对威尼斯的瑰宝也从不吝啬赞美之词。只要有人让这座城市变得衰败不堪,或是改变了它的样貌,或是毁坏了它的历史,他都会义无反顾地出手拯救。他写的《威尼斯学院美术馆主要绘画作品指南》(Guide to the Principal Pictures in the Academy of Fine Arts at Venice)一书,1877年在威尼斯印刷出版,以及1877年至1884年间出版了《圣马可的残存:为帮助少数仍然关心威尼斯历史遗迹的旅行者所写的威尼斯历史》(St Mark's Rest: The History of Venice Written for the Help of the Few Travellers Who Still Care for Her Monuments)。他雇用了一些艺术家复制了那些存在腐烂危险的画作,其中包括爱德华·伯恩·琼斯(Edward Burne-Jones)和约翰·邦尼(John Bunney),他们两人1870年来到威尼斯。拉斯金还出资帮助阿尔韦塞·皮耶罗·左尔奇(Alvise Piero Zorzi)伯爵出版过一本书籍,后者是一名贫穷的科雷尔博物馆秘书,他曾被圣马可大教堂西侧外立面不计后果的修缮工程所惊骇到,当时外立面上的一些马赛克图案已经被替换成现代的作品。由于害怕目睹类似疯狂行为的不断发生,拉斯金选择离开威尼斯,在离开时,他有一种与自己养母告别的感觉,他所有令自己快乐的艺术成就都是这位养母教授给他的。

当他们在韦茨拉尔宫内公寓的租约到期后,拉斯金一家搬到了圣马可广场上的圣马可酒店中(Hotel San Marco),并在一家咖啡馆用餐。然而,有一些来到威尼斯的游客会租用一家酒店的房间,并安排他们自己的佣人为他们做饭。小说家安东尼·特罗洛普的兄弟托马斯·阿道弗斯·特罗洛普(Thomas Adolphus Trollope)和他的妻女1871年时就是如此安排的,他们预定了位于斯拉沃尼亚人河岸的一家酒店,并雇用了两名来自托斯卡纳的佣人为他们购买并烹调食物,这个方法非常有效。特罗洛普曾担心这两名外地的佣人可能无法很好地适应威尼斯的环境,但他们很快就知道了去哪里买东西以及要花多少钱;此外,他很快还发现虽然威尼斯的酒店价格不比意大利其他地区的价格低,但是威尼斯"是意大利所有伟大的城市中生活成本最低的":租赁一艘贡多拉每个月不超过4.85英镑;小商贩带到圣马可广场上贩卖的用葡萄、栗子、无花果和橙子等水果制成的美味蜜饯糖果,一大盘只要0.5英镑;奎利尼斯坦帕尼亚宫里的阅览室里提供各种语言的报纸和期刊,冬天时还会烧炉火供暖,而且还是免费的。

由于特罗洛普曾经居住在佛罗伦萨,并能够说一口流利的意大利语,因此相较于其他大多数外国人,他们家的餐食能得到更好的安排,这被他称为"融合"。大多数游客只能吃到酒店或餐馆为他们提供的餐食,但是有些地方餐食的口味令人非常失望,很少有完全让人满意的餐馆存在。约翰·默里1877年出版的第14版《意大利北部旅游手册》(Handbook for Travellers in Northern Italy)中推荐了六家一流的酒店,达涅利酒店榜上无名,"住客们经常抱怨","房间的质量不像以前那样排名很高"。这六家酒店分别是:欧罗巴酒店(Hotel de l'Europe)(地理位置极佳,风景优美……没有膳宿费);大酒店(Grand Hotel)(目前威尼斯最大、最好的酒店之一);意大利酒店(Hotel d'Italie),俯瞰圣莫伊西广场;布列塔尼大酒店(Hotel de la Grande Bretagne),在大运河畔有一座小花园(经营有方,但价格昂贵);环球酒店(Hotel de l'Univers),面向学院美术馆附近的卡瓦利宫(口碑很好);以及维多利亚酒店(Hotel Victoria)(地理位置不佳,位于大运河后方的弓箭街,但是很舒适,经营得当,受到来自美国游客的频繁光顾)。被默里的《手册》和贝德克尔(Baedeker)的《意大利北部》(*Northern Italy*)同时推荐的酒店还有:位于斯拉沃尼亚人河岸的安格特瑞酒店(Hotel d'Angleterre)(小但舒适);圣马可广场附近的月光酒店(Hotel de Luna)(经营得当,受到来自德国游客的频繁光顾);贝尔维尤酒店(Hotel Belle Vue)以及圣马可酒店(Hotel St Mark),两者都位于圣马可广场上,前者受到来自德国游客的频繁光顾。上述这些酒店中最昂贵的也只要12先令就能包含一天的房费和三餐。平均价格为:一间房2先令,早餐9便士,午餐2先令6便士,晚餐3先令6便士。但是默里的《手册》建议:"普遍的规则是,旅行者最好事先与所有威尼斯酒店的老板商量好收费标准。任何的强迫客人用黄金支付费用的行为都应该被禁止。每张床上一般都会提供蚊帐,如果没有的话,应该第一时间向酒店索要。旅行者晚上点燃蜡烛前应该关上窗户,防止蚊子进入。"计划长期居住在威尼斯的旅行者最好租住一些宫殿里的公寓,这些宫殿的主人都会在宫殿的百叶窗上张贴白色的海报招租。大运河畔和斯拉沃尼亚人河岸沿街的公寓价格昂贵,但在相对较为偏远的区域,例如"安静且舒适的"木筏沿岸街等地可以找到低于2先令一天或24先令一个月,质量上乘且"一价全包"的房间。至于咖啡馆和餐馆,《手册》提醒读者不要去圣莫伊西桥边主营德国菜的鲍尔餐厅(Bauer),那里"吵闹而肮脏";但是有其他的一些餐馆值得一试,再加上"名声享誉全欧洲"、有着"威尼斯上流社会集聚地"之称的花神咖啡馆。花神咖啡馆对面有斯佩基咖啡馆(Caffè de' Specchi)(装修精美,品质优良)和同样"品质优良"的夸德里咖啡馆,另一本指南中提到后者的门口会有卖花的女孩反复纠缠客人买花。

位于圣马可广场、默瑟里亚大街和弓箭街上的商店商品价格相当昂贵,但是店主经常会接受"开价的三分之二甚至更少"的价格,而城市其他地方的大多数物品价格比佛罗伦萨或者罗马的价格低上很多。而贡多拉船的价格是固定的。贡多拉船夫们"大多是身体强壮、体格健美、积极主动、心情愉快的平民阶层",他们乐于接受1里拉或1法郎的船费,折合下来,第一小时大约9便士,接下来每小时4.5便士,或者一天10个小时4先令"包日"。"如果有另一名船夫不合时宜地介入谈判的话,一句'一个人就够了'就能将他打发走……如果参观城市风光的话,最好以小时雇用贡多拉船夫,乘客只要指着手表说一句'按小时算钱'即可。如果遇到了任何纠纷的话最好向警察求助。"如果雇用一名导游的话就不会遇到任何纠纷和困难了,酒店里会有一些导游,圣马可广场上也能找到他们的身影,他们的衣服上有着带着数字的银色徽章。

在浴场方面,默里和贝德克尔两人都推荐斯拉沃尼亚人河岸对面的"浮动"浴场或者利多岛上"属于达涅利酒店旗下的两家大型浴场"。蒸汽船在夏天每半小时发一班前往利多岛上的浴场;但是"不同性别的浴场之间的划分不够明确,这造成英格兰女士在洗浴时感受不太愉快,有关部门应该介入干涉此事"。

在威廉·豪厄尔斯的时代,不仅这位领事自己经常在大运河中游泳,他的邻居们也是如此。他写道,家庭的父亲们,"像许多胖乎乎的公鸭一样",带着雏鸭般的孩子们从水门中走出来,"教孩子们借助各种漂浮物游泳,并享受着与孩子们之间相互嬉戏的乐趣"。然而二十年后,大运河的河水就变得没那么吸引人了,大人们也很少会下河游泳,除非他们意外落水,或者像乔治·艾略特(George Eliot)的丈夫一样有除了游泳以外的其他目的(自杀)。玛丽·安·埃文斯(Mary Ann Evans)和G.H.刘易斯(G.H. Lewes)一起在1854年去到魏玛(Weimar)生活,刘易斯死后,前者嫁给了他的朋友J.W.克罗斯(J.W. Cross),他们在1880年来到威尼斯度蜜月,在此之前,她用乔治·艾略特的笔名完成了最后几部小说的撰写。她和克罗斯选择住在被贝德克尔评为三家"最高档次"酒店之一的欧罗巴酒店内。此前一次她与刘易斯来到威尼斯时住的是较为低调的乡村酒店(Hotel de la Ville);在那时,从窗户中眺望大运河,她感到"威尼斯比虚幻的浪漫故事更为美丽;这种印象在他们这次的逗留后被继续保持,甚至更为加深了"。当时是6月初,她写道:"天气像是专门为我们设定的一样,持续晴空万里,也并没有非常炎热,这里没有蚊子,在贡多拉

船上也不会很热，所以我们完美地享受了威尼斯的愉快时光。"此外，

　　在所有令人感到梦幻般愉悦的事情中，乘坐贡多拉船在运河中穿梭并驶入潟湖无疑是最让人快乐的。有一天晚上我们出门时，太阳正在落下，宽阔的水面被落日的余晖映得通红。我竟然为此痴迷了好几个小时……夜晚的另一个吸引人之处是可以在闪烁的星光下徘徊在圣马可广场上并欣赏着昏暗的巨大建筑物，看着一群鸽子掠过它们的上方；或者走在稻草桥上看着从叹息桥下方奔流而过的运河水，黑暗中的河水被遍布四周的煤气灯照亮，并伴随着黑色的贡多拉船桨发出的划水声渐行渐远。

乔治·艾略特 1880 年与她的丈夫在威尼斯度蜜月，后者从他们租住的酒店卧室中跳入大运河自杀

教堂吵闹的钟声对她来说不值一提,圣马可大教堂的地面"用昂贵的大理石组成的闪闪发光的图案曾经是如此的美丽",现在却变得"失去光泽且凹凸不平,就像一间小屋里的泥地一般",许多宫殿陷入破败的状态,曼弗里尼宫的主人正打算将他家族仅剩的藏品出售,[1]安康圣母教堂的大多数画作已经"发黑到无法辨认的程度"。威尼斯仍然是一座"神奇之城",圣马可大教堂在它"原始的光辉"中透露着"糟糕和美丽",晚上的大运河安静而秀美,只有"令人愉悦的划桨声"才会打破它的宁静,总督府如拉斯金所说是"世界上最完美的两座建筑之一"。她接着写道:"我们在拉斯金描述的威尼斯中教诲自己,充满感激地运用着他的知识,并对他愤怒地讽刺整个现代世界充耳不闻。"

在她蜜月期间,威尼斯让乔治·艾略特变得比以往都更迷惑,因为"这座迷人的城市光辉灿烂且没有任何尘埃,创造出了一个比丁托列托在总督府大会议厅墙上绘制的画作更为完美的天堂"。但是威尼斯是一座能让人的情绪走向两个极端的城市,它能使快乐的人更加快乐,也能让绝望的人更加绝望;而且克罗斯夫妇并不都很快乐。这座城市并未失去对她的吸引力,但她"对这座城市的人民非常失望",虽然这里的男人不再像以前那般"像女人一样其貌不扬",但他们表现得远没有她上次来访时那么给人留有好感。在歌唱方面,"对威尼斯和意大利来说都是非常差劲的:声音粗劣,大多走调",每"当他们的歌声突然在窗外响起"都会让她感到不寒而栗。以上这些还都是次要的不满。令他们永久遗憾的是乔治·艾略特比她的丈夫年长很多。她很明显地羡慕着他,虽然他可能可以忘记他们之间 20 岁的年龄差距,但她却永远不能。当她在学院美术馆遇见了一名年轻女子时,她向后者坦白道:"我是一名经常以乔治·艾略特为名字犯罪的罪犯。这次背叛没有造成很大的伤害,因为我们过着完全的隐退生活,一部分时间在我们的房间里,另一部分在贡多拉上,从来不会在夜晚坐在圣马可广场上。"

虽然时值 6 月中旬,但是酒店中几乎空无一人,夫妇二人对此非常惊讶,服务生告诉他们,旅客们由于害怕威尼斯的高温而选择去瑞士旅游。他们只能偶尔在教堂里或者其他酒店的栈桥上看到一些英格兰人或美国人。克罗斯自己肯定会认为那年夏天威尼斯的高温对后来在他身上发生的事情负有责任:

我们对这里的高温考虑得太少了,还嘲笑英格兰人对太阳的恐惧。但威尼斯的生活模式有着独特的危险。我们过着一种积极的生活,高温是一码事……整天在贡多拉船里待着是另一码事,穿梭于各个教堂之间,从宫殿到美术馆不停参观,是一种美妙而梦幻的生活。我经常穿梭在如排水沟般狭窄的运河中,房间的窗户则面朝着大排水沟般的大运河。这里的空气一直都非常糟糕,并且完全无法进行身体锻炼,这使我身患重病。

　　他饱受折磨,然而折磨他的并非是他所说的生理疾病,而是一种急性精神错乱;直到有一天,在没有任何征兆的情况下,他从酒店房间的卧室中跳入了大运河。他后来被贡多拉船夫打捞上岸;两位曾经为他治疗精神错乱并开具三氯乙醛药方的威尼斯医生对其进行了救治,随后便将他送往维罗纳。后来,他病愈并活到了48岁;但是他的妻子,被亨利·詹姆斯描述为"极其丑陋"的乔治·艾略特却未能从震惊中完全恢复过来,并在她丈夫自杀事件的六个月后去世。

　　她的同龄人罗伯特·布朗宁也和她一样,在第一次来到这座城市时就像着了魔一般被它所吸引,后者很快也在威尼斯去世。布朗宁对威尼斯人的歌唱大加赞赏,特别是一种由巴尔达萨雷·加鲁比创作的托卡塔曲(toccata)让他记忆最为深刻,他在威尼斯的各个角落都能听到人们吹着口哨或哼唱这种曲子,他认为这是一种表达威尼斯心酸气氛的曲调。

　　在过去十年里的大多数秋天,布朗宁都会来到威尼斯并居住在朱斯蒂尼亚尼雷卡纳蒂宫(Palazzo Giustiniani-Recanati)[2]中,住在他隔壁艾尔维西宫(Ca' Alvisi)里的是爱好文学而又和蔼热情的美国女士亚瑟布·布朗森(Arthur Bronson)太太,这座宫殿因亨利·詹姆斯的游记《意大利时日》(Italian Hours)中的记载而闻名于世。布朗森太太是亨利·詹姆斯小说《阿斯彭文稿》(the Aspern Papers)中人物普雷斯特夫人(Mrs Prest)的原型,布朗宁说她和她安静且充满魅力的女儿伊迪斯(Edith)是他"最爱的两个人",两人在他晚年时也对他照顾有加。在朱斯蒂尼亚尼宫吃过早餐后,布朗宁有时会在他姐姐萨丽安娜(Sarianna)的陪伴下去公共花园(Public Gardens)给猴子、鸟类和狨猴投食。到了下午,他有时会在"最爱的"利多岛上散步,他非常享受岛上"微风拂面的感觉";有时会与伊迪斯·布朗森在城市里闲逛,探索这座城市的各条小运河,并探访古董商店。到了 5 点,他会回家喝下午茶,随后为将要参加的晚餐派对穿着打扮,因为他经常会被邀请参加各类派对。

布朗宁热爱威尼斯,但这种热爱"纯粹是由于儿子潘(Pen)的关系",因此他在 1885 年告诉他的朋友,他计划在那里买一栋房子。罗伯特·魏德曼·巴雷特·布朗宁(Robert Wiedemann Barrett Browning),人称"潘",1849 年出生在佛罗伦萨。自从因考试不合格被基督教堂除名开始,他就变得非常任性和贪图享乐,这让他的父亲非常焦虑。但是,他却开发出了绘画和雕塑方面的天赋,并"迷恋上了这座城市",也赢得了他父亲"自他出生以来的第一次赞赏"。"一个完美的住所能为他的绘画和雕塑提供一切设施。"布朗宁本来选择定居在曼佐尼宫(Palazzo Manzoni),这座宫殿的奥地利主人由于常年不在威尼斯,因此选择将其出售;但是,经过旷日持久且令人不快的谈判后,布朗宁收回了对这座宫殿的报价。后来,这座宫殿的地基发生了坍塌,这让他对自己收回报价的决定感到非常庆幸。

与此同时,潘仍然是布朗宁在财务上的负担,正如他的父亲所说:"他整天孜孜不倦地沉浸在射击、游手好闲和自娱自乐中",直到他娶了一位美国的女继承人后,才让他的父亲大大地松了口气,这位姑娘"长得很漂亮",最重要的是"非常慷慨大方"。后来,潘买下了雷佐尼可宫(Ca' Rezzonico),并开始着手重建及装潢它"美丽而富丽堂皇的内部装饰"。[3]他将小礼拜堂修葺一新以纪念他的母亲;他还将曾经属于他母亲的家具、挂毯、书籍和绘画放在了宫殿的房间中,并带来了两名她曾经的老佣人。

当布朗宁到达威尼斯后,他惊喜地发现潘在"没有任何经验"的情况下将一座巨大但昏暗的洞穴改造成了一座美观且舒适的房子。铺满大理石地板和粉饰天花板的房间曾经冰冷无比,现在通过"火炉和管道"的使用使它们温暖了起来。现在的雷佐尼可宫的确成了"全意大利最宏大、最雄伟的宫殿之一"。但它可能仍然不如布朗森夫人低调的房子那般温暖;布朗宁在一次利多岛的雾中散步后感染了风寒,并很快转变成支气管炎。尽管很不喜欢"这种病恹恹的样子",但他还是不得不卧病在床。他越来越虚弱,并逐渐心力衰竭。他告诉潘:"我快死了,我亲爱的儿子,我亲爱的儿子。"12 月 12 日,布朗宁的出版商从伦敦发来一封电报,电报内容是

1889年，罗伯特·布朗宁和他的儿子潘在雷佐尼可宫外的合影

关于他最后一首诗作《阿索兰多》(*Asolando*)的。潘坐在他的床边读给他听："所有的报纸都对这首诗好评如潮，这个版本几乎售罄。"

"多么令人愉快啊。"布朗宁喃喃自语道。这是他说的最后几个字，随后他就不省人事了，与此同时，圣马可广场上的钟声敲响了十次。

威尼斯为了纪念这位尊贵的客人，在雷佐尼可宫的大堂中举行了一场葬礼，布朗宁的棺椁上挂着一层紫色的棺罩和一顶花环。随后，贡多拉在灰暗乌云的笼罩下出发，通过被落日余晖照亮的里亚尔托桥，最后划到了位于圣米凯莱岛的临时墓地。出殡的贡多拉船伴随着布朗宁最喜欢的《加鲁比的托卡塔曲》滑行，并将他送到了黑暗而安静的地下。

罗伯特·布朗宁的第二次葬礼在威斯敏斯特大教堂（Westminster Abbey）举行，亨利·詹姆斯参加了这次哀悼活动，后者也曾受到过布朗森夫人的热情招待。詹姆斯在1881年春天第一次访问威尼斯，那时是他38岁生日前的不久，他对这座城市生活的许多方面都很不满：乞讨者和商贩聚集在圣马可大教堂的内外；噪音蒸汽船穿梭在大运河中；游客云集；德国人在圣马可广场上露营；英格兰人和美国人的大嗓门；法国人在夸德里咖啡馆门口的桌子旁坐很长时间。詹姆斯在斯拉沃尼亚人河岸4161号租的房间环境非常糟糕。但是他可以从四楼的窗户中看到一片精美的景象："远处闪耀的潟湖，向下蜿蜒的堤岸，远处的岛屿和忙碌的码头"；当他的视线跳过海面和摇曳的贡多拉船，投向远方"依稀可见、微微发亮、呈淡粉色"的圣乔治马焦雷岛时，他第一次感受到自己对这个城市深深的热爱。"你渴望拥抱她、爱抚她、拥有她，"他写道，

> 到最后，一种温和的占有感慢慢滋生，你的造访就成了一种持续不断的强烈热情……这个地方就像一位紧张不安的女士一样善变，只有当你欣赏到她所有的美之后，你才算真正地了解她。她的情绪随着气候和时间的改变而变得忽高忽低；有时苍白、有时红润；忽冷忽热；有时精力充沛、有时苍白无力。她看上去总是很有趣，又几乎一直都很悲伤；但她优雅百变，还很容易发生一些令人愉快的意外……我开始非常强烈地爱上了这个地方，这里的生活，这里的人和这里的风俗习惯。

亨利·詹姆斯习惯早起散步，随后在花神咖啡馆吃早饭。饭后，他会在城市中散步，并到处参观各家美术馆。在夸德里咖啡馆用过午餐后，他会回到自己的房间工作，撰写《一位女士的画像》（The Portrait of a Lady）的最后几章。在五六点时候他会乘坐贡多拉船外出，在七八点时则会在圣马可广场漫步或坐在花神咖啡馆外喝着饮料并聆听乐队的演奏。有时，他会拜访艾尔维西宫，在布朗森太太的陪伴下一边抽着雪茄一边谈天说地，一边看着大运河上的往来如梭的船只；有一天晚

亨利·詹姆斯 1881 年 37 岁时第一次来到威尼斯

上,他被一位无拘无束的美国医生带到了一间满是贡多拉船夫和搬运工人的偏远小酒馆;还有一天,他去了布拉诺岛,在那里他被一群孩子追着讨要铜钱,他们直到他的贡多拉船划入海中才停止追逐。他的传记作者利昂·埃德尔(Leon Edel)记录道:他带着对"色彩鲜艳的小屋,污浊不堪的运河,满头秀发、涂脂抹粉的年轻女孩,修补渔网的渔民"的记忆满载而归,并"度过了一段欢乐的时光"。他回伦敦前曾告诉布朗森夫人:"我无法告诉你我对威尼斯的感情是什么样的;在这里居住的时光就如同一个美丽的梦境，很高兴你能活在这样的梦境里。"

　　詹姆斯1887年2月回到威尼斯，不过这次并不是个好时机，因为威尼斯正处在一个阴沉的时期。这里的天气潮湿阴冷，街道先是被"恶臭且黏糊的湿气"所笼罩，后来又覆盖上了大雪，大雪被一些长得像爱尔兰人的人们扫去。布朗森太太已经根据他的要求将朱斯蒂尼亚尼雷卡纳蒂宫里阴暗的房间布置好，这些房间非常昏暗，对"健康有害"，里面熊熊燃烧的炉火完全无法驱散刺骨的寒冷。詹姆斯一开始饱受头痛的困扰，后来又患上了黄疸。他非常庆幸能够从朱斯蒂尼亚尼宫逃离，到艾尔维西宫、马林河（Rio Marin）上的卡佩罗宫（Palazzo Capello）[4]（因《阿斯彭文稿》为读者所熟知）以及一位富有的波士顿人丹尼尔·S.柯蒂斯（Daniel S. Curtis）和他的英格兰妻子那里去。柯蒂斯夫妇的巴巴罗宫里有一间大公寓，它是小说《鸽翼》(The Wings of the Dove)中米莉·希尔（Milly Theale）安顿之处的原型，也是约翰·辛格·萨金特（John Singer Sargent）和莫奈（Monet）两人后来被邀请入住的地方。事实上，詹姆斯对逃离威尼斯并踏上开往佛罗伦萨的火车毫不后悔。

　　然而，几周后他就回到了威尼斯，这次他住在柯蒂斯夫妇家精美的房间里，墙上挂满了淡绿色的锦缎，天花板上则是一幅提埃波罗画作的仿制品。他本来打算只住几天时间，但最终却住了五周之久，在这段时间里，他安心地写作，同时享受着柯蒂斯夫妇和其他房客的陪伴，其中最特别的是皮萨尼伯爵的遗孀，她是"所有总督的继承人"，是在迈索隆吉翁（Missolonghi）照料过拜伦的英格兰医生和来自法国的妻子所生的可爱女儿，也曾经是一名土耳其后宫的宫女。她是那种"守着寡、进过王宫、住着豪宅、珠光宝气、被威尼斯社会彻底改造"的女人，在拜伦的时代，她是那种人们可能在"6月凌晨两点的阳台上"看到的女人。

　　詹姆斯很愉快地在1892年回到威尼斯，并再一次住进了巴巴罗宫中，这次，他是从伊莎贝拉·斯图尔特·加德纳（Isabella Stewart Gardner）处租来的房间。后者是一名身材娇小，但高贵而富有且精力旺盛的波士顿女子。她曾在家乡的芬威大街（Fenway Court）建造了一座宫殿，并用大量珍宝将其填满，其中的许多都是美国艺术评论家伯纳德·贝伦森（Bernard Berenson）为她搜集的。巴巴罗宫里也摆满了她的收藏品，其中包括被认为是教皇保罗五世送给总督的七把上漆扶手椅。加德纳夫人在阅览室为她尊贵的客人放置了一张床，当一名仆人端着洗脸水匍匐进入房间时,詹姆斯醒了,就像米莉·希尔一样,他看到了天花板上的圆形浮雕和阿拉伯花饰。

两年后,詹姆斯在威尼斯的住所变得小了很多。他在离安康圣母教堂不远处的比昂德蒂宫[5](Casa Biondetti)内租了一些房间。他的朋友,詹姆斯·费尼莫尔·库珀(James Fenimore Cooper)的侄孙女,美国作家康斯坦丝·费尼莫尔·沃尔森(Constance Fenimore Woolson)曾经居住在这里,后来她搬去了赛米特克罗宫(Casa Semitecolo),1894 年 1 月 24 日,患有精神错乱的她正是从这座宫殿的窗户中纵身跃下,结束了自己的生命。詹姆斯来到威尼斯是为了帮助沃尔森小姐的妹妹和外甥女整理她的遗物,并将它们寄回美国的。他每天的早上和午后,都会在比昂德蒂宫内工作,在下午茶时间他会去到达赛米特克罗宫。当这项令人不愉快的任务完成后,沃尔森小姐的妹妹和她的女儿就离开了威尼斯,他就有时间全身心地投入到《科克松基金》(*The Coxon Fund*)的写作过程中去。在他写作的过程中,威尼斯夏日的生活也继续陪伴着他,大量游客走下船只涌入城市,"欧洲人和美国人都在为这座包容开放的城市进行着去意大利化",直到最后,詹姆斯对反复问自己"这里还有什么美好能值得他自己留恋"而感到厌烦。

然而,他却无法长时间离开威尼斯。他在 1894 年再次回来,并住在了巴巴罗宫,他感激地从贡多拉船上走了下来,爬上了几级铺着毯子的潮湿台阶后打开了门,并发现自己成为维多利亚女王(Queen Victoria)最年长女儿、腓特烈大帝(Empress Frederick)遗孀的宾客之一。他在 1907 年再一次回到威尼斯,又成为柯蒂斯夫妇的客人,没有比这里"更温馨、更干净、更美好的地方"。"坦白说,我不在乎能不能再次看到世俗化的罗马和佛罗伦萨,"他告诉伊迪丝·华顿(Edith Wharton),"但是对威尼斯,我却爱不释手。""几乎所有人都很有趣、很吸引人、使人哀伤、值得纪念、非常奇特。"他决定:

> 在许久之后,似乎一次又一次地被威尼斯幸福的本质所吸引,在这里居住,珍惜这样的生活,并以此作为一种慰藉之源。这所有的一切全都融入了威尼斯的空气之中,并构成了它不成文的历史。那些被放逐的,受到挫折的,大彻大悟的,甚至只是感到无聊的人都好像能在这里找到其他任

何地方都无法提供给他们的东西。

　　那些大彻大悟的人里就包括乔治·桑(George Sand)，她和她的恋人诗人阿尔弗雷德·德·缪塞(Alfred de Musset)一同来到了达涅利酒店。她在热那亚的时候，就已经知道了他与一名舞女发生关系的事情。在威尼斯期间，德·缪塞身边有更多的女人出现，他们如同喧闹的狂欢一般，一直到他发现自己病了为止。桑只能

乔治·桑和她的情人阿尔弗雷德·德·缪塞住在达涅利酒店中

找了一名医生彼得罗·帕吉罗（Pietro Pagello）为他看病，后来当德·缪塞发现他的情人与这位医生相爱时，就与他大打出手。在德·缪塞返回巴黎期间，乔治·桑就搬到了这位医生的家中，和他的弟弟及同父异母的妹妹住在一起，在那里，她每天最多工作 13 个小时，吹奏她的笛子，晚上的时候挽着新情人的手臂在圣马可广场上散步，不时会遇见德·缪塞以前的情人们。四个月后，她在帕吉罗医生的陪伴下回到了巴黎去寻找德·缪塞，帕吉罗医生很快就回到了威尼斯安定了下来，并在那里娶妻生子，过着体面的生活，直到他 90 岁去世前，他都没有对别人提起过自己和那位著名的法国女小说家的风流韵事。

在亨利·詹姆斯最后一次离开威尼斯后的一年，有一个奇怪的英格兰人来到了这里，他就是作家弗雷德里克·威廉·罗尔夫（Frederick William Rolfe），这个人以没有假期为由放弃了自己对于神职的研究，他还称自己为福里·罗尔夫或柯佛男爵（Baron Corvo），他声称后者是由切萨里尼·斯福尔扎（Cesarini-Sforza）公爵的一名上了年纪的英格兰庄园主的妻子赐予给他的头衔。罗尔夫那时 49 岁，他独树一帜的作品《波吉亚家族编年史》（*Chronicles of the House of Borgia*）于 1901 年发表。他的另一部作品《哈德良七世》（*Hadrian the Seventh*）于 1904 年发表，这本书讲述了一位穷困潦倒的作家被选为教皇的故事，作者将自己的愿望通过小说的方式实现。他的外表看上去很奇怪，一副厚厚的夹鼻眼镜架在他凸出的鼻梁上，灰色的短发贴着头皮；而他的随身物品让他看起来更加奇怪，他用一个巨大的洗衣篮来放自己的书和为数不多的衣服，还有一块奇怪的大型书写板以及一支同样巨大的钢笔。他脖子上戴着一个巨大的十字架。"罗尔夫先生是一个很健忘的人，"一位他在威尼斯遇到的美国人记录道，"我还记得他曾疯狂地寻找自己经常戴着的眼镜，他以一种梦幻的方式伸出袖子，并从袖口中掏出能够让人联想起变魔术时用的手帕。我还期待他至少能从耳朵里变出一只兔子呢。"有一位名叫 R.M.道金斯（R.M. Dawkins）的教授陪伴着罗尔夫，他是一所位于雅典的英格兰考古学校（British School of Archaeology）主管，他同意借给罗尔夫交通费以及住酒店的费用，道金斯教授后来还说他能够肯定在一战期间，欧洲所有的特务机构都争论过"应该由谁来杀掉间谍罗尔夫"这个问题。

罗尔夫和道金斯两人租了贝拉福埃德罗斯酒店[6]（Hotel Belle Vue Et de

Russie)里的房间,罗尔夫很快就表明了他希望教授提前支付酒店里最好的食物和酒水费的想法。道金斯很快就警惕了起来,借口需要去罗马收集一些手稿,就与罗尔夫告别了,他离开前给罗尔夫留下了一两天的生活费以及回程的路费。

罗尔夫并没有回家。几天之内,他就成为威尼斯最令人熟悉的风景,他在城市内四处观光,用自信但却不标准的意大利语同每个愿意听他讲话的人聊天,他还游泳并教自己划"有威尼斯特色的"方头平底船。他记录道:"这可真是一件令人愉快的苦差事,没有其他运动能像划船这样用脚尖弹起,向前伸展并用全力滑动船桨般使人振奋,或者在工作完成后的晚上产生如此强烈的疲劳感。"有一天,在他抛锚停船的时候,他因为转弯转得过急过快而掉入大运河中,落水时嘴里还叼着一个烟斗。当他从水面中浮起来时已经离船很远了,但是嘴里仍然叼着烟斗。他游回了方头平底船,爬上了岸,将受潮的烟草从烟斗中倒出,从一个橡胶袋中拿出了新的烟草,并重新填满烟斗,他点燃了烟斗,随后镇定自若地继续往前走。他超乎寻常的淡定和对于水的热爱给目睹这一切的威尼斯人留下了深刻的印象。这件事后不久,罗尔夫就被威尼斯"最高层次的俱乐部",皇家布辛托罗赛艇俱乐部[7](Reale Società Canottieri Bucintoro)选为成员,俱乐部的会址后来成为他唯一能找到的庇护所。

他已经很难支付酒店的账单了,只能写信给英格兰的朋友和熟人,让他们尽快给他汇钱。汇来的少量钱款很快又被花完了。他再次写信要更多的钱,一开始他保证自己能成为一名摄影师,开一家商店并在晚上撰写能赚大钱的书;吝啬鬼道金斯教授损害了英格兰在威尼斯的名誉,这个"肌肉松弛、满脸雀斑、大鼻子、浑身脂肪、长着塞尼加利亚芝士颜色牙齿"的剑桥学士因给贡多拉船夫的小费之吝啬而让自己声名狼藉,罗尔夫在修复了英格兰受损的名誉后就启程回家了。

在 1909 年 4 月的一封信中,他称自己非常饥饿,并威胁所有的现朋友和前朋友,说自己会"公然地以一种令人很不愉快的方式"自杀。在另一封信里,他写道他花了许多闲暇时间在朱代卡岛的英格兰医院里照顾康复中的病人,并在阳光下划着船带着他们到处参观。他声称这些病人非常喜欢他,就连这家医院的创办者、"威尼斯的英格兰女王"、奥斯汀·亨利·莱亚德爵士(Sir Austen Henry Layard)的遗孀莱亚德夫人(Lady Layard)也不例外。莱亚德爵士是尼尼微(Nineveh)的发掘

约翰·辛格·萨金特画的一户威尼斯人家内部，他在威尼斯期间住在巴巴罗宫

者，他在卸任英国驻君士坦丁堡大使退休后就生活在威尼斯，并居住在卡佩罗莱亚德宫[8]（Palazzo Capello-Layard）里。但是罗尔夫否定道：当你随时都有可能因为债务问题被扭送到派出所时，结交新朋友的意义又在哪里呢？他还说道："我不知道为什么会在酒店里花了那么多钱，我经常都会把账单烧掉，因为我根本无力支付它们。"

　　酒店的老板埃瓦里斯托·巴尔别里（Evaristo Barbieri）在他的另一位客人朗斯代尔·拉格教士（Canon Lonsdale Ragg）的担保下同意给罗尔夫继续赊账，拉格是一位英国国教的教士，性格很好并很容易相信别人，当时住在威尼斯，他保证罗尔夫很快就会有能力偿还他的账单。但当账单累积到 100 英镑的时候，巴尔别里就决定必须尽快止损，罗尔夫很快被赶出了酒店。

罗尔夫成了一名流浪汉，他申请了贡多拉船夫的工作，白天待在布辛托罗赛艇俱乐部中，晚上则在自己的方头平底船上。他沉浸在同性恋的幻想中，并且不断邮寄未盖戳的明信片和信件欺骗并纠缠他"虚伪的朋友们"，上面写了一些他好不容易才吃到饭的可怜经历。他为了吃到一些三明治，经常参加周一晚上在托瑞斯拉宫(Ca' Torresella)的派对，这座位于木筏沿岸街(560 号)高而窄的宫殿是霍雷肖·布朗(Horatio Brown)的财产，他写过几本关于威尼斯的书籍，自 1879 年起就居住在此。布朗经常被人看见和他的贡多拉船夫以及船夫的朋友在他家后面的小酒馆里一起玩扑克牌或保龄球或喝酒，后来还和约翰·艾丁顿·西蒙兹(John Addington Symonds)一起坐着方头平底船四处漂流。西蒙兹是《意大利的文艺复兴》一书的作者，他租了托瑞斯拉宫隔壁的房间，并和布朗共同享受美酒和英俊的男子。他有一个最喜爱的贡多拉船夫，安吉洛·福斯塔托(Angelo Fustato)，两人一直保持着同性恋恋人的关系。

西蒙兹在罗尔夫有机会跟他吵架之前就去世了，但是后者很快就和布朗吵了起来，并自此被禁止进入托瑞斯拉宫。他还和另一个住在威尼斯的英国人争吵过，这人是一名画家，曾受人所托雇用罗尔夫当他的贡多拉船夫，最后他给罗尔夫写了一封信，将后者称为"最自命不凡的傻瓜"，信中写道："关于你的真相就是，你是一个懒鬼，永远都是醉醺醺的样子，经常浑身酒气，向所有有钱的人乞讨，并完全没有能力处理哪怕最简单的事情，你就像个废物一般。"

有一段时间里，罗尔夫在拉格教士的帮助下，过上了一段不错的日子。后者将自己的朋友，欧内斯特·范·索美伦(Ernest Van Someren)一家介绍给了罗尔夫，这位女士在巨大的莫塞尼格王后宫(Palazzo Mocenigo Corner)里拥有一套公寓。范·索美伦一家邀请他和他们住在一起，为他提供了一些房间和一日三餐。但当范·索美伦夫人询问罗尔夫是否可以阅读他居住在莫塞尼格王后宫时写的作品时，她发现罗尔夫对她在威尼斯的所有密友都进行了诽谤，这本书名叫《所有人的欲望和追求：现代威尼斯的传奇》(*The Desire and Pursuit of the Whole：A Romance of Modern Venice*)，后来在 1934 年出版。她之前也得到过别人的提醒，说

弗雷德里克·罗尔夫，自称为"柯佛男爵"，他描述威尼斯生活的小说《所有人的欲望和追求：现代威尼斯的传奇》于 1909 年写成，但因为其内容涉嫌诽谤，直到 1934 年才正式出版

罗尔夫是威尼斯同性恋社会的一名狂热分子，而且可能是玩弄年轻男孩及拉皮条者，不过她并不相信这些话。但是，她对这本书却忍无可忍，她告诉罗尔夫，要么停止写这本书，要么就离开她家。后者在离开莫塞尼格王后宫后又只能勉强糊口度日，向以前的朋友乞讨，更变本加厉地控诉他们，他曾威胁过一名他的主要捐助人，说要出版一本情色作品，并将这名捐助人的姓名首字母缩写和他家族的盾徽印在书的封面。他就像《所有人的欲望和追求：现代威尼斯的传奇》里的尼古拉斯·克

拉布(Nicholas Crabbe)一样徘徊在这座城市里,寻找着庇护之所。

他蹑手蹑脚地穿过斯特鲁安宫(Ca' Struan)边的小巷,并跨过桥梁到达了安康圣母教堂的大码头和楼梯。在桥边,巴斯蒂安·维内亚罗(Bastian Vianello)空无一人的三桅帆船停靠在岸边,船身被四散的碎柴把弄得很脏。罗尔夫不知道这个柴火商人是否会允许他睡在这艘船上。答案肯定是不会。在教堂的台阶上方有更黑暗的角落……过了一小时左右,他又往回走了,越过新教徒河(Rio Terrà dei Catecumeni),土耳其异教徒曾经封闭过这里,只有回答出他们的问题才能通过。这里的陋室里住着一个他曾经雇用过的贡多拉船夫和一只乖巧伶俐的小狗。看上去他只能睡在宽阔而漫长的木筏沿岸街上了,他犹豫了一会儿后就朝港口火车站(Marittima)走去,并经常走走停停,因为他的四肢好像完全失去了知觉……街上的路人变得越来越少并相隔很远……渡船浮桥边的酒店亮着的最后一盏灯也熄灭了……他发现自己的手和膝盖贴在人行道上,整个人匍匐着,身边伴随着汹涌海水的响声……这不可能是发洪水,因为他记得最近是没有西洛可风(sirocco)吹来的。不,这只是一阵突如其来的狂风,但这阵风来的多么突然! 多么猛烈啊! ……他站了起来,蹒跚地走向码头边的护墙寻求保护……

饥寒交迫加上无家可归使得罗尔夫身患重病,后来被送往英格兰医院,讽刺的是,罗尔夫曾经在自己的书里嘲笑过这家医院。人们认为,也毫无疑问地希望他就此死在医院里,但他却康复并很快回到了贝尔维尤酒店,他用从居住在威尼斯的英格兰居民那里募集得到的钱支付了他拖欠的账款。在贝尔维尤酒店里,他遇到了善良的贾斯特斯·斯蒂芬·萨金特牧师(Rev. Justus Stephen Serjeant),他充满同情地聆听了罗尔夫冗长而枯燥的诉苦。后来,在萨金特先生回到英格兰后,还一直饱受他在威尼斯对罗尔夫许下进行资助的承诺之苦。

罗尔夫每次收到汇款后都很快挥霍一空:在最好的饭店里吃饭;买新衣服;将短发染成与他养的小黑狗脖子上巨大蝴蝶结一样的红色;他送给熟人们外国香烟,据他说,这是黑山(Montenegro)专门为他制作的。他还租用了一艘贡多拉和多达四名的贡多拉船夫,他亲自在船帆上画了纹章和他的座右铭"别挡我的路,也别一直跟着我",还画了一个全裸青年的图案。这艘船上飘扬着英国国旗,他躺在旗帜下方的豹皮和山猫皮制成的垫子上。

1902 年圣马可钟楼坍塌后的废墟

他在温德拉敏宫旁的马塞洛宫[9]里租了一间公寓，这座宫殿面对着大运河，1883 年，瓦格纳在此死于心力衰竭。罗尔夫还前往罗马买了大量红衣主教长袍的布料来给自己制作服饰。拉格夫人记录道：有一天，他遇到了一位拉格家曾经的女佣人并"问她是否能够为他做一些针线活"。

罗尔夫带这名女佣到了公寓并向她展示了自己的卧室。房里挂着猩红色的布料，并配有锦缎窗帘和床罩。他往她的手里塞了一些材质相同，颜色同样鲜艳的布料，并问她能否做一些垫子套。这让她回忆起了以前对他的厌恶。（就像很多其他的威尼斯人一样，她相信他有一双恶毒的眼睛。）她不想再待在这个房间里，因此借口自己家里也有缝纫机能够工作，就将布料带回了自己家。由于决定再也不靠近罗尔夫，这名女佣人请一位邻居将做好的垫子套带到他的公寓去。这位邻居将东西给了罗尔夫，但却并没有得到任何报酬。

当用完了萨金特先生给的大部分钱后，他又写信要更多的钱，强调自己正处于一个"糟糕的状态"，如果他不能"立刻得到拯救"的话，他就完了。他写道："我的确一直在艰难地为生活而奋斗。"

在一艘重到几乎连船桨都划不动，还漏水并被水草紧紧缠住的小船上度过一个夏天，你能体会到我都经历了些什么吗？我的新书《帕茨小姐》(Ms. Parts)的300多页书稿被吹倒的灯油浸透，剩下的则被风和海浪卷走。我抓紧所有的时间来重写这本书：因为已经彻底筋疲力尽，所以我的眼角边飘浮着一层灰色的薄雾。最近几天，我把船停在一座名叫萨卡费索拉(Sacca Fisola)的孤岛附近，这座岛屿离人类文明不算太远，因此不会缺乏饮用水，但是这里荒无人烟，如果需要的话，我完全可以孤独地在船里死去。如果我待在潟湖上的话，船会沉没，我应该会游上好几个小时，最后被螃蟹们活活给吃了。在退潮的时候，所有泥滩上都满是螃蟹。如果我把船停在一座岛屿附近，我就必须时刻保持警惕，因为当我停止前行的时候，我会被一群会游泳的老鼠侵扰，这些老鼠在冬天的时候非常贪吃，以至于都敢攻击一个静止不动的人类。我已经受够了它们，也曾被它们咬过。哦，天呐，你根本无法想象它们有多么狡猾、多么无畏、多么凶猛。我用一根绳子将两根铁链松散地系在船首和船尾，在我受到攻击的时候可以用绳子摇动它们。两晚过后，这个装置就派上了用场。这群老鼠(从系着船锚的绳子上)爬上了船并用鼻子蹭着我；我使劲儿地摇动起铁链，这些野兽听到铁链的声响后就纷纷害怕地跳入水中。后来它们习惯了这种噪音，并对此不屑一顾。它们咬断了绳子，又咬我的脚指头，让我害怕得尖叫并颤抖。

他找到了一个解决方法：他把船送到了一家小船厂维修。在修得适合航海后，他就再次外出，并将自己的命运交到了这艘船的手中。与此同时，他还像往常一样在卡瓦莱托酒店(Hotel Cavaletto)的餐厅就餐并赊账，仅仅为了能够活着"努力写作以恢复那300页丢失的书稿"。他总结道："当我写完这些书稿时，我的船也就修好了。我会把《帕茨小姐》的新书送给你。我亲爱的先生，我非常寂寞和疲惫。没有任何可能纠正我的错误想法。"他声称自己的人生非常复杂，还陷入了和威尼斯警察之间的麻烦中。有一天，他出现在英国领事馆中寻求一些建议：他被指控调戏利多岛上年轻的应征入伍士兵。他该怎么办？领事馆的职员催促他买最近的一张

1880 年左右在里亚尔托桥边进行的一场划船比赛的场景

火车票离开威尼斯。他并没有听从这个建议，但在接下来的几个月中，人们很少在城市里看到他，因为他在绝大部分时间里都远航到亚得里亚海去了。

在 1913 年 10 月 25 日晚，他如往常一样同托马斯·彭尼法瑟·韦德-布朗 (Thomas Pennefather Wade-Brown) 一起在卡瓦莱托酒店吃饭，后者是一名身无分文的情色小说爱好者，他在罗尔夫的公寓里租了一间房间。周日早上，英国领事馆记录道："韦德布朗先生向罗尔夫大喊，但并没有得到任何回应，就以为后者还在睡觉。直到下午三点钟，他走进后者的卧室才发现罗尔夫死在了床上……医生诊断后证实，致使罗尔夫死亡的最大可能是心力衰竭。"

罗尔夫的熟人里面没有人比霍雷肖·布朗更了解世纪之交期间的威尼斯生活，他在他的贡多拉船夫安东尼奥的陪伴下度过了绝大部分的日子，并专门为他写了一本名为《潟湖上的日子》(*Life on the Lagoons*)的书。布朗写道：

> 威尼斯人的生活遵从着古老而普遍的习俗……这种习俗是一种非常刻板的规定，没有人敢冒险去打破它。它充斥并刻画在每个人的生活中，（害怕受到批判）在威尼斯人的日常生活中是最有效的因素。为了维持这种害怕受到批判的习俗所付出的代价之大让人非常惊讶。习俗必须经常从穷人的口袋里压榨财产，但他还必须得装出高兴的样子，只能在自己家里最隐秘的地方、对自己最亲密的朋友进行抱怨。在包括洗礼、婚礼、河岸晚宴或乡下等任何公共场合看到雇用许多贡多拉船夫时，人们会认为雇主们要么非常富裕，要么极其挥霍无度。然而，通常来说，他们并不是两种情况中的任何一种。他们得在家中非常节俭才能换来在这些公共场合上的大笔开销……他们愿意花120里拉去请人扮作伴郎和神父来撑场面，这么做只是为了不受别人的批判。但在接下来的几个月里他们全家都吃不上几块肉。有人会在晚宴上喝下七八公升的酒，但在家里，他连五分之一的量都很少喝过，经常是只喝一杯柠檬水就足够了。

只要能遵守习俗，就不会担心需要花多少钱。例如，有一张胡桃木的床架是一种习俗；虽然买一张铁床架可能更便宜，也更受其他地方人的喜爱，但威尼斯人却不会这么做。买铁床架可能是别人的习俗，但却不是威尼斯人的习俗，在这件事情上是没有任何讨论余地的。

一个人一生中所有重要事件，尤其是求婚和结婚，都被习俗严格要求。当一个年轻人发现自己坠入爱河的时候，他必须首先确定自己的爱是否能够得到对方的回应。他会在心上人的家的窗下徘徊，偶尔与她礼貌地打个招呼，有时候甚至需要在晚上唱歌给她听。如果她并不接受这次求爱的话，她就会避免坐在窗边或者不让对方接近。但如果她回应了男方的问候并向他微笑的话，他就会穿着他最好的衣服，在一位朋友的陪伴下拜访这位女孩的父亲，以获得向女孩求爱的许可。这位父亲会先征求女孩母亲的意见，随后去打听男孩的家庭情况，了解他以前的品性以及以后的发展前景，如果最终他对这名男孩感到满意的话，就会同意男孩照顾自己的女儿两到三个月,如果两三个月后一切都顺利的话,女孩的父亲就会邀请男孩和他的父母以及密友共进晚餐。晚餐后,男孩就会牵着女孩的手,正式向她求婚。女孩的父亲会发表一段恰如其分的演讲来表达他的态度,所有宾客都不会吝惜他们的掌声,为这对新人献上祝福。这个过程在意大利语里叫作求爱(diamanda)。求爱成功之后就会订婚(segno),订婚时也需要举办一场晚宴,在晚宴上新郎(sposo)会将一枚戒指戴在新娘(novizza)的手上。随后,新郎必须花一大笔费用去找一名伴郎(compare),让伴郎把一个内衬丝绸的盒子送去新娘的家里,盒子里面装满糖果(必须是非常甜的婴儿形状糖果)、两束鲜花、一朵仿花和一件珠宝,最好是胸针或耳环。他还必须为婚宴准备六瓶好酒、为婚礼弥撒准备四根大蜡烛以及四艘运送宾客的贡多拉船;此外,他们还得准备好足够的硬币,因为聚集在教堂边的乞丐们肯定会在新娘出现的时候高喊"新娘万岁!"(Evviva la sposa!)的。寻找伴郎的通常程序是让新郎去最近的渡船上或去他家附近的小酒馆,找到一位他的朋友,伸出手并说出"愿不愿意(当我的伴郎)?"(Pare là)如果他的朋友接受了这个任务的话就会与他握手并回答道"愿意"(Pare paròn)。

随后,根据习俗就到了交换礼物的环节了。新娘在圣诞节时希望收到一盒由蜂蜜和杏仁制成的甜点曼多拉托(mandorlato)、一罐由水果蜜饯(confettura)和芥末酱制成的芥末汁蜜饯(mostardo);在圣马可节时,希望收到一个发髻或一束玫瑰花蕾;在复活节时,希望收到一种名为富格扎(fugazza)的蛋糕;在圣马丁节(Martinmas)时,希望收到炒栗子。新郎很可能收到丝质手帕或绣着自己名字、首字母缩写或者两颗爱心的领带。剪刀从来都不能作为礼物赠送,因为它有着剪断关系的寓意并被认为是女巫使用的工具。同样,有关圣人的书和图画也不能作为礼物,如果在这段时间内作为礼物送出的话可能会带来不幸的结果。

婚礼几乎全都是在周日一大清早开始的,一周中的其他日子都被认为是不吉利的,除了寡妇再婚可能会选择周六。新娘会戴着黑色面纱并穿着她两套婚纱中的第二套,更好的那套婚纱会留到婚礼茶会(rinfresco)、晚餐和舞会上穿。茶会上会有蛋糕、咖啡、柠檬水、马尔萨拉葡萄酒(marsala)和塞浦路斯酒,这些都是由新郎的父亲提供。随后新郎还要在宾馆里举办一场晚餐,和妻子一起宴请伴郎、自己和妻子的父母、教母和伴郎的亲属。这顿晚餐不会发放请帖,其他的亲戚朋友如果想参加的话需要自己承担费用。这是一顿漫长的晚餐,至少会持续四个小时,菜单里通常会有"米饭、煮牛肉或者煮鸡肉、盐烤鸡肉和炸香肠"。最后一道菜是一座堆成金字塔形状的杏仁糖果塔,它会被放在新娘的面前,新娘会将这座塔敲碎并放出一只被关在里面的小鸟,这只小鸟在屋内飞来飞去,伴随着客人们的呼喊"新娘万岁!"这跟教堂前的乞丐们说得一模一样。

晚餐后会有一个舞会,通常会跳华尔兹、波尔卡舞或镜舞。在镜舞中,一个男人坐在房间中间,而女人则轮流走到镜子前,然后男人会用手帕漫不经心地揉擦镜子,或者放下手帕与自己选择的伴侣一起跳舞。

新娘家需要为新房配置家具,这点也是约定俗成的,如果他们负担不起这项开支的话,至少也需要为主卧室添置家具,包括:一面镜子、两个床头柜和六把椅子以及最重要的一张胡桃木材质的床。椅子的数量看上去可能太多了,但是除了厨房之外,新房里可能只有另外一间房间是可以供访客进入的:这就是餐厅(tinello)。餐厅是一个小而拥挤的房间,其天花板通常由敞开的横梁支撑,横梁上通常会吊着一些铜和青铜制成的锅,其中许多都是年代久远的传家宝。餐厅周围摆满了柜子,里面放着擦得锃亮青灰色盘子;在餐具柜(credenza)上会有一些亲朋好友的照片,其中的一些会用宗教纪念品、赢得赛艇比赛或与工匠的比赛中获得的旗帜来装饰。

房子的租金比较合理,绝大多数收入较低的家庭也能承受得起一个装修不错,且有着四到五个房间的房子。食物的价格也比较合理。一些工薪阶层的早饭吃得比咖啡面包更好;午饭吃玉米粥、鱼或米饭和蔬菜;晚上则吃贝类海鲜汤或洋蓟,也可能再吃一点玉米粥或米饭。只有在周日的时候他们才会吃一点肉。几个世纪以来,他们都像霍雷肖·布朗所评论的一样是"节俭且很容易感到满足的人们"。

霍雷肖还说:

> 威尼斯人在乎的只有酒和面包两样东西。威尼斯面包的种类多到让人感到困惑。有皮亚韦(Piave)面包、基奥贾(Chioggian)面包、面包干(biscotto)、布索莱面包(busolai)、奥吉奥面包(pane col ogio)和普通面包(pane comune)。而酒的情况则完全不一样。在威尼斯几乎不可能找到好酒。顶级的科内利亚诺(Conegliano)和礼门那(Limena)葡萄酒很难进

一个造船工人的院子

入威尼斯市场,到后来葡萄酒里就会发生(变酸)出水的情况。酒商通过欺骗的手法让消费者买了这些牌子的酒,因此以后就没有贡多拉船夫会再购买它们了。此外,红葡萄酒无法在威尼斯保存,白葡萄酒只有在甜的时候才有好品质,但贡多拉船夫又不喜欢喝甜的酒。因此每年只有一个时间段可能喝到高品质的葡萄酒,就是在帕多瓦和维罗纳附近乡村的葡萄成熟后立刻制成酒,并马上送到威尼斯的时候。随后,这些葡萄酒就会被快速送往酒店,每个人都在喊"五点钟新酒就要来咯"(nuovo da cinque)或者"六点钟新酒就要来咯"(nuovo da sei),只需要50或60辅币的合理价格就能喝到一升新鲜的葡萄酒。葡萄酒的好品质会持续一小段时间,但是它的品质会逐渐下降,最后产生发酸的水,葡萄酒的质量降到最低。

威尼斯的男人很少在家喝酒。每个人都有一家最爱的酒馆,他们会在酒馆里同朋友聊天、谈生意,甚至还可以在那里留消息给他们。妻子则无疑像是佣人一

1891 年，观众们离开凤凰剧院

般，待在家里缝补、做饭并与邻居闲聊。就算是丈夫邀请他的朋友吃晚饭的时候，妻子也不能擅自和他们坐在一起吃饭，除非餐桌上有其他四到五名女子陪伴，所有的女人都要坐在餐桌的末尾。

当地一个孩子降生时，根据习俗，作为婚礼伴郎的那位朋友应该要当孩子的教父（compare de San Zuan），这是威尼斯最重要的关系。在生父不在的时候，教父需要在家庭中扮演负责人的角色，如果孩子的双亲都去世的话他就要成为法定监护人。就像在婚礼时他需要将礼物送给新娘一样，他在成为教父后需要送给孩子的母亲一个礼盒，盒子要装一磅肉、一只家禽和两个鸡蛋。他还要为孩子起第三个名字（第二个名字是由教堂起的），并在洗礼后再送礼物给孩子和母亲，婴儿被放在一个长而浅的托盘上，托盘上放着覆盖着蓝色丝绸窗帘的大玻璃盒。在这个容器中，婴儿被白色亚麻带子紧紧地裹着，脖子上系着护身符以及半月、心形和银牌等各种护身符，以阻止束缚在婴儿双脚上的帕加纳（Pagana）女巫的魔咒。

孩子很可能无法存活下来，在威尼斯，婴儿的死亡率用霍雷肖·布朗的话来说是"骇人听闻的高"。

他还说道：

> 许多人会告诉你他有八到十个孩子，但是如果问下去的话就会发现其中只有四五个活了下来……女人们十分无知，连最简单的规则都无法理解，缺乏最基本的常识并不信任教区的医生……一段时间后，母亲们会变得稍微仔细些并有了更多经验，但是即便如此，她们仍然在浪费着孩子的生命，孩子的身边仍然笼罩着巨大的危险。然而，如果一个孩子生命的前两个月可以在以清咖啡、发酵酒和苹果为食物的环境下生存下来的话，等待着他的必然是感冒、抽搐或发烧，这三种疾病是威尼斯最常见的。如果能避免使用洗液、调和物，不食用街边赤脚医生开具的药方的话，这个小孩就应该能够长成一个健康的成人。

注释：

1. 装饰朴素但比例匀称的曼弗里尼宫或普利欧力-曼弗林宫（Palazzo Manfrini or Priuli-Manfrin）位于卡纳雷吉欧运河边的维尼埃沿岸街（Fondamenta Venier）上。这座宫殿由安德里亚·泰拉利在18世纪中期为普留利家族建造，19世纪时被转卖给了曼弗里尼家族，后者自1852年时对其进行了修复。在曼弗里尼家族拥有宫殿的所有权期间，其所收藏艺术品的质量被认为是仅次于学院美术馆。后来，它同与其相邻的18世纪巨型宫殿萨沃尔尼安宫（Palazzo Savorgnan）合并，组成了圣心修女学院（Istituto delle Suore del Sacro Cuore）。

2. 16世纪的朱斯蒂尼亚尼·雷卡纳蒂宫（Palazzo Giustiniani-Recanati）位于特雷维桑街（Calle Trevisan）对面的木筏沿岸街（1402号）上。宫殿的内部非常优雅，门禁（portego）处有一座精美的楼梯拱门，上面装饰着许多花环和丘比特像。建筑的背面在19世纪上叶由安东尼奥·迪耶多修建成新古典主义风格。

3. 雷佐尼可宫（Ca' Rezzonico）在大运河左岸的圣巴尔纳巴教区内，它现在作为收藏威尼斯18世纪家具和艺术品的威尼斯18世纪博物馆的馆址。菲利波·伯恩（Filippo Bon）受到委托，根据巴尔达萨雷·罗根纳的设计于1667年运用大量资金开始建设的，但是直到罗根纳1682年去世，该宫殿只完成了地下室后一楼的建造。伯恩于1712年去世，他的继承者聘请了乔治奥·马萨里增建了两层。但是，由于承担不起剩下的开销，他们被迫在1750年时将还未建造完的宫殿出售给了从事银行业的雷佐尼可家族，在后者的支持下，马萨里最终在1756年时将宫殿建成。

雷佐尼可家族财力雄厚，在他们拥有宫殿期间，其家具装潢极度奢华，并经常举办豪华的庆祝活动,使得它成为一个传奇。到了 19 世纪初,雷佐尼可家族灭绝,这座宫殿也被数次易主。后来又被罗伯特·巴雷特·布朗宁(Robert Barrett Browning)和他的妻子收购。

马萨里的外立面大量地融合了他的前任伯恩的风格造型,以至于难以区分两人的具体贡献。粗面石工的一楼有一座三重水门和巨大的方形窗户。在主楼层,连续栏杆后方的圆拱形窗户被石柱围绕。阁楼上有着连续的椭圆形窗户。

1931 年,雷佐尼可宫被威尼斯政府买下,自 1936 年起就被威尼斯 18 世纪博物馆(Museo del Settecento Veneziano)所占用。这座博物馆被布置成一个 18 世纪的贵族家庭的样子,有着当时从许多家庭中收集来的大量家具、画作和其他艺术品。在一座可以通往二楼国家公寓的巨型石梯上有一个由朱斯特·列·考特雕刻在扶手上的丘比特像。二楼的 1 号展厅就是非凡的错视舞厅,它的天花板是由 G.B.克罗萨托(G.B. Crosato)和他的助手绘制的。这个房间内有一系列由来自贝卢诺(Belluno)的雕刻家安德里亚·布鲁斯托龙(Andrea Brustolon)雕刻的奇形怪状的家具,以及两盏巨大的 18 世纪枝形吊灯。2 号展厅位于舞厅的右侧,因其天花板壁画而闻名,这幅寓言画《卢多维科·雷佐尼可的婚礼》(Marriage of Ludovico Rezzonico)是 G.B.提埃波罗 1758 年的作品。提埃波罗还绘制了正殿的天花板壁画(远眺大运河的 6 号展厅),这个房间中还有雕刻家安东尼奥·科拉迪尼雕刻的精美镀金家具。4 号展厅中有罗萨尔巴·卡列拉(Rosalba Carriera)画的一些蜡笔画和袖珍画像,5 号展厅中展示着 17 世纪的佛兰德(Flemish)壁毯。中央大厅(7 号展厅)里有两座亚历桑德罗·维特多利亚的阿特拉斯雕像以及一个贡多拉船的船舱;8 号展厅中有着 G.B.提埃波罗的另一幅精美天花板壁画《力量与智慧》(Strength and wisdom),多门尼克·提埃波罗的四位年长者领袖以及亚历桑德罗·隆吉的肖像画《巴尔托洛梅奥·菲拉希纳》(Bartolomeo Ferracina)。藏书室(10 号展厅)里的天花板由弗朗切斯科·马菲(Francesco Maffei)绘制,他同样还绘制了 12 号展厅的天花板。

在三楼,中央大厅被布置成一个画廊,里面藏有多门尼克·提埃波罗、G.B.皮亚泽塔、弗朗切斯科·祖卡雷利(Francesco Zuccarelli)、詹保罗·帕尼尼(Giampaolo Panini)、卢卡·卡勒瓦里斯(Luca Carlevaris)、卡纳莱托、G.A.佩莱格里尼(G.A. Pellegrini)和一些其他画家的作品。14 号展厅里有三幅壁画被认为是弗朗切斯科·瓜尔迪的作品。通往 15 号展厅(一间吸引人的卧室)的密室中有一幅多门尼克·提埃波罗绘制的翔鹰图案的椭圆形天花板壁画;"绿客厅"(Green Drawing Room,18 号展厅)天花板壁画的作者是弗朗切斯科·瓜尔迪或尼科洛·瓜尔迪中的一人,"绿客厅"因其内部喷漆家具的颜色都是绿色而得名。隆吉厅(19 号展厅)中还有一幅 G.B.提埃波罗的精美天花板壁画以及 34 幅隆吉的典型风景画。23 至 26 号展厅复刻了提埃波罗家族位于梅斯特雷附近的齐亚尼戈(Zianigo)地区公寓的造型,这些展厅中装饰着一些多门尼克的壁画,其中包含 1791 年绘制的《新世界》(The New World)和一些狂欢节中的欢快场景。

宫殿的四楼有一家木偶剧院和一间曾经展过、但于最近几年关闭的 18 世纪药房。

4. 面向马林河(Rio Marin)的 17 世纪建筑卡佩罗宫(Palazzo Capello)曾是布拉加丁(Bragadin)家族的财产,后来被索兰佐(Soranzo)家族买下。18、19 世纪时,它因奢华的内部装饰、精美的家具和画作以及宽敞华丽的花园而闻名。这座宫殿是加布里埃莱·德安努奇奥(Gabriele D'Annunzio)的小说《火》(Il Fuoco)中伟大女演员"拉·福斯卡里娜"(La Foscarina)的住处。这部小说不仅对威尼斯人产生了感官刺激,还泄露了德安努奇奥曾经的恋人艾丽奥诺拉·杜丝(Eleonora Duse)的隐私,年轻的诗人雷内·马里亚·里尔克(Rainer Maria Rilke)对杜丝一往情深,当后者 1913 年因与朋友波莱蒂夫人(Signora Poletti)吵架而突然离开威尼斯时,里尔克顿时陷入了精神崩溃的状态。

5. 红色的比昂德蒂宫(Casa Biondetti)位于大运河左岸的巴尔巴里戈宫与维尼埃狮子宫(Palazzo Venier dei Leon)(见第三部分《博物馆和美术馆》中的古根海姆美术馆,Guggenheim Collection)之间,曾是 1757 年去世的画家罗萨尔巴·卡列拉的住处。而巴尔巴里戈宫则是一座装饰着朱里奥·卡利尼(Giulio Carlini)19 世纪精美马赛克镶嵌画的建筑。

6. 贝拉福埃德罗斯酒店(Hotel Belle Vue Et de Russie)是由来自伊舍(Ischl)和维也纳的鲍尔绅士(Herr Bauer)在 1860 年左右创办的。酒店的客户主要是德国人。它位于拉尔加街(Calle Larga)的末端,托迈酷客公司(Thomas Cook)一直都占用着酒店的底楼。罗尔夫和道金斯公司(Rolfe and Dawkins)则占据着顶楼的房间,从这里可以将圣马可广场和潟湖的绝佳风光尽收眼底。酒店在第一次世界大战前后关门歇业。这栋建筑还在圣马可拉尔加街上矗立着。

7. 布辛托罗划船俱乐部(Società Canottieri Bucintoro)成立于 1882 年,现在在木筏沿岸街上有着经营部。

8. 亨利·莱亚德(Henry Layard)爵士在威尼斯的住所,卡佩罗·莱亚德宫(Palazzo Capello-Layard)位于圣保罗河的转角处,巴尔巴里戈露台宫的对面。莱亚德将曾经悬挂在宫殿中的画作作为遗赠捐献给了伦敦的英国国家美术馆(National Gallery)。1892 年时,他还给威尼斯的英国社区在圣维奥小广场(Campiello di San Vio)上捐赠建造了一座圣乔治英国教堂(Anglican church of St George)。每周日仍然会在这里举办英国教堂的仪式。

9. 15 世纪哥特式宫殿埃里佐·阿拉·马达莱纳宫(Palazzo Erizzo alla Maddalena)和罗列丹·温德拉敏·卡列吉宫之间的马塞洛宫(Palazzo Marcello)建于 18 世纪。这里是作曲家贝尼代托·马塞洛(Benedetto Marcello)1686 年的出生地。

第十八章　威尼斯夜曲

1913—1966

"艺术和生活最奇妙的组合。"

　　霍雷肖·布朗居住在威尼斯的这些年里，这座城市的人口逐年增长，19 世纪最后十年内从 13 万增长到 15 万。同样，威尼斯的工业也稳步发展，特别是玻璃生产行业、烟草加工行业、木制工艺品和皮革制品行业，以及蕾丝、亚麻和绳索制品行业发展得最好。位于城市最西端的新港口码头威尼斯港口站（Stazione Marittima）的扩建工作始于 1869 年，直到 1904 年总长 3 公里的码头才正式建成。1913 年时，港口站的吞吐量从 1886 年的 100 万吨左右提升到了近 250 万吨。在港口边建造了一家大型棉花厂。1895 年在朱代卡岛上，乔瓦尼·斯塔基（Giovanni Stucky）命人根据来自汉诺威（Hanover）的恩斯特·伍勒科普夫（Ernst Wullekopf）的设计建造了一座庞大的、带有雉堞的新哥特式建筑——面粉厂。斯塔基的母亲是威尼斯人，父亲是瑞士人，1908 年时，他积累了足够的财富并买下了大运河畔巨大的格拉希宫（Palazzo Grassi）。

　　与此同时，威尼斯的旅游业持续繁荣，尤其是利多岛已经发展成全欧洲最时尚的度假胜地之一。巨大的新拜占庭式风格建筑怡东酒店（Excelsior Hotel）始建于 1898 年，它的设计者是乔瓦尼·萨尔迪，于 1908 年建成并投入使用。自那以后的每个夏季，利多岛面向亚得里亚海沿岸的沙滩上有着一排又一排的帐篷和木屋，帐篷和木屋前的折叠躺椅里坐满了度假者、海里也挤满了正在游泳的度假者。托马斯·曼的电影《魂断威尼斯》(*Death in Venice*)中的德国作曲家古斯塔夫·冯·阿申巴赫(Gustav von Aschenbach)寻找着给他留下深刻印象的 13 岁波兰美少年塔奇奥(Tadzio),他曾在德斯拜恩斯酒店(Hotel des Bains)看到过这个穿着蓝色水手服的孩子和他的家人待在一起,并自此被这位美少年深深吸引。

一群无忧无虑的文明人在陆地的最边缘获得感官的享受,面对眼前这片沙滩上的景象,阿申巴赫比以往任何时候都感到愉快。原本平静的灰色海面早已被涉水的孩子和游泳者搅得波荡起伏,穿着各色服装的人们手臂弯曲,枕着自己的后脑勺,悠闲地躺在沙滩上。还有些人划着没有龙骨的小型红蓝色条纹船只到处航行,虽然不断翻船,但是他们还是沉浸在欢声笑语之中。人们坐在一长排公共浴室前的平台上就好像坐在自家的阳台上一样慵懒地休息着,他们相互拜访,聊聊家长里短,并对沙滩上人们赤裸的大胆装扮评头论足,他们享受着这个地方带给他们的自由。再往远处一点,人们披着白色浴巾或者宽大且色彩鲜艳的服装在潮湿而坚固的沙滩上散步。右边还有一座由孩子们精心制作的沙堆,沙堆周围插着所有代表制作者国家的旗子。售卖贝壳、蛋糕和水果的小商贩跪在那里展示自己的商品。

德意志皇帝威廉二世(Wilhelm II)1914 年作为意大利国王维克托·伊曼纽尔三世(King Victor Emmanuel III)的客人被邀请来到利多岛,前者在数年前已经接受过维克托·伊曼纽尔的父亲温贝托一世(Umberto I)的邀请来过威尼斯。当时,意大利是"三国同盟"(Triple Alliance)的缔约国之一,这是一个由意大利、德意志帝国和奥地利三方在 1879 年共同签署的协议,三国结盟共同抵抗俄罗斯帝国和法国的同盟。但是有一段时间内,意大利的国民们越来越无法接受他们的成员身份,特别是被人们称为"领土收复主义者"(irredentist)的这群人更是如此,他们强调自己的国家必须占有诸如的里雅斯特和特伦蒂诺(Trentino)等地的领土,这些地方虽然居住着大量意大利人,但是在意大利统一之后仍然掌控在奥地利的手中。为了打击国内国家主义者的反抗情绪,1913 年,时任意大利总理焦利蒂(Giolitti)坚定了三国同盟的政策。但是 1914 年 7 月,奥地利政府在没有征求意大利意见的情况下擅自对塞尔维亚(Serbs)宣战,这一行为挑起了第一次世界大战的序幕,焦利蒂的继承者安东尼奥·萨兰德拉（Antonio Salandra）以此为借口宣布意大利保持中立。然而，随着战争的深入，越来越多的意大利人都倾向于自己的国家应该加入英法阵营，对抗身为同盟国（Central Powers）的德国和奥地利。这些干涉主义者来自社会的各个阶层，有国王、国家主义者、共济会会员（freemason）、大学生和以前外相（Foreign Minister）马奎斯·维斯孔蒂·韦诺斯塔（Marquis Visconti-Venosta）为代表的亲法派（Francophile）、以马里内蒂（Marinetti）为首的激进知识分子以及那些认为战争能净化人类精神的未来主义者们（Futurists）。他们之中还有革命性的社会主义者，他们违抗正当的路线并响应贝尼托·墨索里尼（Benito Mussolini）在他的报纸《意大利人》（*Il Poplop d'Italia*）里对战争的呼吁；还有领土收复主义的超级倡导者加布里埃尔·邓南遮（Gabriele D'Annunzio），他在威尼斯的玫瑰别墅（Casina delle Rose）建立了总部，这座别墅被威尼斯人称为玫红宫（La Casa Rossa），它被认为"将生活和艺术最奇妙地组合在一起"。

议会总的来说坚决反对介入战争。但是，1914年秋冬的时候，俄罗斯在喀尔巴阡山（Carpathians）对奥地利的胜利使得国王和政府相信最后的胜利很可能会属于协约国（Entente Powers），与他们结盟可能保障意大利在领土方面获得利益。鉴于上述情况，意大利代表在1915年3月秘密签署了"伦敦协定"（Treaty of London）。5月23日，意大利对奥地利宣战，并在1916年对德国宣战。墨索里尼担任了狙击兵（Bersaglieri），邓南遮则成为英勇的空军士兵，穿着专属的高跟皮靴和毛皮内衬的夹克衫。

一开始，战争的走势对意大利很不利，威尼斯笼罩在忧郁和焦虑之中。在对同盟国宣战前，威尼斯酒店和餐厅全部客满；大运河畔的宫殿里游客云集；利多岛海滩上摆放着一排又一排的折叠椅。随后，战争的迫近使得酒店迅速人去楼空，其中的几家还被转变成医院；大量艺术品被从美术馆、宫殿和教堂中取出并保存了起来；圣马可大教堂上的青铜马被取下，并被装进塞满海草的袋子里放在教堂的内墙边；亚得里亚海里埋下了水雷，使得港口的运输几乎陷入了瘫痪状态；到了晚上，城市就陷入了黑暗之中，防空炮台将光线射向天空，侦察是否有空中袭击，人们在家里听着街道巡夜人令人欣慰的喊声"天上安然无事！"（Pace in aria!）

到了初夏的时候，奥地利的部队从特伦蒂诺挺进到威尼斯平原6英里处，而整

加布里埃莱·德安努奇奥在第一次世界大战时将司令部
设在威尼斯,并将自己的空军中队命名为"威尼斯共和国"

座威尼斯城也暴露在奥地利战机的炮火之下。威尼斯被轰炸过许多次,造成了一些损坏,斯卡尔齐教堂的屋顶被炸毁,屋顶内部天花板上提埃波罗的壁画也一并损毁。

1917年8月,在卡波雷托,意大利遭受到战争迄今为止最惨痛的失利。意大利军队不得不向后撤退 100 英里。直到替换了总理和总司令后,战争的走势才得到了改变。

在 1918 年夏末的时候,意大利军队的处境得到了很大的改善,邓南遮认为自己有能力指挥一支名为"威尼斯"(Serenissima)的空军中队,这支中队参与了袭击维也纳的攻击。到了 10 月的第二周,西线的德国军队遭遇溃败。10 月 23 日,意大利发动了最后一次对奥地利的攻击,不久之后,后者就向前线传递了希望就停战进行磋商的建议。

1919 年 9 月,意大利根据与奥地利在圣日耳曼(Saint-Germain)签订的《和平协议》(Peace Treaty),获得了特伦蒂诺和的里雅斯特地区的控制权。但是意大利的人民对于没能夺回阜姆港[Fiume,南斯拉夫(yugoslavia)的里耶卡(Rijeka),现在属于克罗地亚]的控制权感到非常愤怒,因此邓南遮认为有责任开创他一生中最大的功绩之一。9 月 12 日,他作为一支私人部队的先锋离开了威尼斯,这支部队中包含着来自撒丁岛掷弹兵团(Granatieri di Sardegna)的狂热国家主义军官,他们穿着宽大的皮大衣,坐着一位将军的大型敞篷车沿着沿海公路出发前往阜姆港。

1921 年,当邓南遮结束了自己在阜姆港的独裁专政时,威尼斯仍然没有从战争的负面影响中走出来。许多旧贵族家庭灭绝或移居国外,大量更有野心的资产阶级也同样选择去别的国家生活。不少工厂搬离城市,随后其他的也跟着搬走。许多宫殿在晚上的时候都是空着的,大运河两岸的宫殿窗户中只有零星的灯光闪烁着。在卡纳雷吉欧区,只要 20 万到 30 万里拉就能买到一座宫殿。剧院里稀稀拉拉地坐着少数观众。即便是在旅游季节,酒店和家庭式旅馆中也很少能够满客。但是,威尼斯曾经无数次从这样的萧条中生存下来,许多人也相信她会再一次从衰退中恢复。没有人比沃尔皮·迪·米苏拉塔伯爵(Count Volpi di Misurata)对此更有信心,也没有人在法西斯时期(Fascist period)对威尼斯的复苏作出过比他更大的贡献。

朱塞佩·沃尔皮(Giuseppe Volpi)1877 年生于弗拉里教区(parish of the Frari)。他的母亲来自慕拉诺岛的一户家庭,她的父亲是一位充满激情的威尼斯历史学者,年轻时曾参加过加里波的阿尔皮轻骑兵部队(Cacciatori delle Alpi)。朱塞佩时刻提醒自己是一名威尼斯人,在他令人惊讶且丰富多彩的经商生涯中,他经常喜欢将自己视为承载这座城市历史商业精神的化身，甚至将自己视为当代的总督。

他从商业代理人的职务开启了自己的经商之路，并将业务拓展到了匈牙利（Hungary）、土耳其和巴尔干半岛（Balkans），还结识了一些有影响力的朋友，包括年轻的波兰裔银行家朱塞佩·特普利茨（Giuseppe Toeplitz），他后来成为建立的意大利商业银行（Banca Commerciale Italiana）的发起者之一，这是意大利最具开拓精神的一家银行。沃尔皮的所有朋友都认为他有着非凡的领导才华，他们认为"好像没有什么事情是在他权力范围，甚至野心之外的"。来自佛罗伦萨的作家乌戈·奥杰迪（Ugo Ojetti）曾和沃尔皮一起在圣维塔利迪卡多雷（San Vito di Cadore）度假，他说，每天早上都能听到后者在自己房间里唱歌，当他现身时，"双腿叉开站立，抚平衣服上的褶皱，分析着当下的政治形势"。奥杰迪说："他会非常自信地向我们作出保证，因此我们会像威尼斯人以前称呼总督一般称他为'殿下'（Your Serenity）……他的成功离不开机智、准确的判断力和对人的了解，此外，他的泰然自若和健康的体魄也起到重要作用……这位优雅的威尼斯年轻人身形肥胖、满脸笑容，松弛的眼皮下有着一双敏锐的黑色眼睛，他在参加董事会会议或国际会议时，会坐进甚至滑进一把扶手椅中，就好像这把椅子是为他量身定做似的。"

作为一名杰出的企业家，沃尔皮成为亚得里亚电力公司（Società Adriatica di Elettricità）的创办者并很快就积累起了大量的财富，该公司的总部位于大运河上的巴尔比宫（Palazzo Balbi），它几乎垄断了意大利东北部地区的所有电力供应市场。后来，沃尔皮成为 20 家公司的总裁或副总裁、46 家其他公司的董事会成员以及超过 50 家公司的主要股东，他作为金融家和谈判家都有着非常高的声誉，因此他被政府邀请参加了与土耳其的谈判，此次谈判是 1911 年意土战争（Italo-Turkish War）的后续，谈判的最终结果是意大利拥有了对利比亚（Libya）和的黎波里塔尼亚（Tripolitania）的控制权。第一次世界大战期间，他担任了工业动员委员会（Committee for Industrial Mobilization）主席一职，在此期间，他创建了一家公司，该公司主要由他的商业合作伙伴组成，其中包括水力发电专家阿西尔·加贾（Achille Gaggia）和极具天赋的金融家、农学家维托里奥·西尼（Vittorio Cini），他们在旧时的威尼斯要塞马尔盖拉（Marghera）周围建立了一个工业港口和工厂区域。1940 年时，马尔盖拉从 1921 年的 1 000 人发展到一座拥有 15 000 名工人和百余家工厂的城镇,到 1967 年,则增长到 35 000 名工人和 211 家工厂。马尔盖拉的许多工人都住在威尼斯,沃尔皮、西尼和加贾在通往梅斯特雷的铁路轨道线旁铺设道路的计划能够使得许多工人受益。

在这条道路正式开通的时候,沃尔皮非凡的才智使他被任命为的黎波里的地方长官,他在那里的海边为自己建造了一座辉煌的宫殿,这座宫殿是参照 15 世纪时威尼斯帝国时期的富商在黎凡特地区建造的宫殿样式而建的。作为法西斯党(Fascist Party)的一员,他在 1925 年接受了墨索里尼政府的财政部长一职,并成为该政权历史上最成功的行政长官。三年后,他辞去该职务回到威尼斯,并将自己旺盛的精力投入到了自己的金融和商业帝国中,并致力于将自己的故乡打造成国际艺术展览中心。1932 年,他成为重新设立的威尼斯国际艺术双年展(Esposizione Biennale Internazionale d'Arte)的主席。

这个想法最初是在花神咖啡馆的餐桌上被提出的,19 世纪末的时候一群艺术家们会定期在那里进行会面。双年展最初的目的是举办成全国性的艺术展览,但它很快就对国外的艺术家开放了。由于展览的规模扩大,最后就需要一个更大的展厅,展厅的最终地点定在了威尼斯最东端的公共花园。主办方匆忙地建造供展览用的建筑,并赶在 1895 年的第一届展览会前建成。早期的双年展为全世界报纸的八卦随笔专栏,而非艺术板块提供了更多素材。第一届双年展的一等奖被授予了贾科莫·格罗索(Giacomo Grosso)的作品《女巫的会议》(*Supremo Covegno*),该作品描绘了一个尸僵者的脸从一个类似双人床的灵柩台的黑色帷幔中浮现出来,灵柩台边上有五个裸体女性。这幅作品所引起的丑闻是:它被花了大价钱买下并被送到美国的很多城市进行展览,但却在火灾中被焚毁。后来的双年展被认为是配得上报道的,因为有不少国家的王室都与其产生了联系:1905 年,由于德意志帝国皇帝威廉二世提出展览必须在他下午访问期间关停,警察只能驱散聚集在一起的抗议者,抗议者中包括愤愤不平的双年展秘书长,他拒绝接待这位尊贵的客人。1907 年暹罗(Siam)国王公开宣布他将赠予双年展两头他们国家的大象,但是这个想法却因为威尼斯当地没有动物园而作罢,这使得暹罗国王非常失望。后来,阿道夫·希特勒(Adolf Hitler)在 1934 年造访双年展,明确表示他完全不认同展览中呈现的这种堕落的现代艺术,这与他想象中的现代艺术完全不同,招待他的主人墨索

1910年4月23日，第九届国际双年展在阿布鲁奇（Abruzzi）公爵殿下的参与中开幕

里尼和沃尔皮伯爵也以此为然，他们对艺术的品味也同样保守。

　　沃尔皮完全不认同现代艺术的前卫思想，在他负责双年展的任期内，该展览举办得非常成功。在他就职时，许多国家都已经在双年展的会址内建造了自己国家的展览馆，其中包括比利时、英国、德国、匈牙利、法国、俄罗斯、瑞典、西班牙、捷克斯洛伐克和美国。在他的12年任期内，有更多的国家建造了自己的展览馆，在他卸任后也有其他国家建造展览馆。到1948年时，威尼斯国际双年展已经被认为是世界艺术界中最重要的常规活动之一。在那年的展览品中，有毕加索（Picasso）和克利（Klee）的作品，以及夏加尔（Chagall）和科柯施卡（Kokoschka）的作品。展览品中还包括法国艺术家布拉克（Braque）、鲁奥（Rouault）、马约尔（Maillol），比利时艺术家德尔沃（Delvaux）和恩索（Ensor），以及英国艺术家亨利·摩尔（Henry Moore）

的作品。这是一届以印象主义者（Impressionist）为代表的展览会，总共有98件印象派代表作品参加本次展览。意大利馆中汇集了当时意大利几乎所有最顶尖的艺术家的作品。此外，还有一场特殊的展览，展出的是佩吉·古根海姆（Peggy Guggenheim）的藏品，她是一位美国艺术品收藏家、资助人，她从1949年到1979年去世期间都住在莱昂尼·维尼埃宫（Palazzo Venier dei Leon）里。

到1948年的双年展时，展品的范围得到了大幅度的扩大。第一届诗歌大会（Poetry Convention）在1932年举办，随后又加入了戏剧季的环节，该环节因为麦克斯·莱因哈特（Max Reinhardt）的作品《威尼斯商人》（*The Merchant of Venice*）而声名鹊起。1932年，在怡东宫殿酒店（Excelsior Palace Hotel）的阳台上举办了国际电影节（International Film Festival），此次电影节获得了极大的成功，并就此成为一项永久性的活动，1937年在利多岛上的影院宫（Palazzo del Cinema）就是为举办国际电影节而特别建造的，这座宫殿和附近同时期建造的赌场宫（Palazzo del Casino，建于1936—1938年）一样，都是典型的法西斯式建筑。

威尼斯在第一次世界大战中只受到了轻微的损毁，而在第二次世界大战中仍然几乎未受损坏。只有几扇窗户被击碎；在德军撤退时发射的一枚偏离目标的炮弹击中了圣尼科洛乞丐教堂（San Nicolò dei Mendicoli）塔楼；装满军火的船只在港湾内爆炸，导致拉比亚宫[1]（Palazzo Labia）内提埃波罗的长条横幅画受损。但以上这些就是威尼斯在二战中所有的损失了。所有的伤亡人员几乎都是因失去意识跌入运河中的市民。

第一位进入威尼斯的盟军（Allied）军官是尽人皆知的波普斯基上校（Colonel Popski），他是一支名为"波普斯基秘密部队"（Popski's Private Army）的指挥官，他骄傲地开着吉普车在圣马可广场上绕行，与此同时，穿着平民服饰、坐在花神咖啡馆的德军军官们匆忙地喝完自己最后一口酒并离开了广场。之后不久的1945年4月29日，第八军的先头部队、弗雷伯格将军（General Freyberg）的新西兰第二分队（2nd New Zealand Division）在没有受到任何抵抗的情况下进入了威尼斯，并从当地的国家解放委员会（Committee of National Liberation）的手中接过了这座城市的管辖权，后者刚在前一天接受了德国部队的投降。弗雷伯格将军立刻入驻了达涅利酒店，他曾经在这里度过一次假期。这家酒店被改造成了一家军官俱乐部，威尼

大量沙袋保护了巨人阶梯的两侧。
桑索维诺的雕像俯瞰着从地面上生长出来的黄瓜

斯的许多其他建筑也被征为军事用途使用,直到现在都能在意大利的各个城市里看到这样的建筑。

在停战的那几年里,威尼斯就好像没有受到过战争的侵扰一般。人们再一次兴致勃勃地隆重庆祝自己古老的节日,外国游客也住满了各家酒店。为特定目的在不同宫殿举办了各种盛大而奢华的派对,在所有的派对中,没有比 1951 年 9 月由墨西哥百万富翁卡洛斯·德·贝斯特吉先生(Don Carlos de Beistegui)在拉比亚宫举办的化装舞会更引人注目的了,两年前他为买下这座宫殿付出了 50 万美元,后来又在它身上花费了 75 万美元进行装修。这个舞会总共花了 5 万美元,贝斯特吉先生一晚上换了六套礼服,他为客人们提供了两支乐队、大量具有异域风情的食物和饮料,还邀请了一个芭蕾舞团、杂技演员,并有 18 种舞台造型。与此同时,在宫殿外的圣格雷米亚广场上也为大众演奏着音乐，《生命》(*Life*)杂志将他们描写成"听得目眩神迷的人们"。提埃波罗描绘埃及艳后克利奥帕特拉(Cleopatra)生平事迹的壁画环绕着整个舞厅，人们能看到塞西尔·比顿(Cecil Beaton)装扮成埃及艳后的样子与戴安娜·库珀女士(Lady Diana Cooper)共舞；也能看到温斯顿·丘吉尔夫人(Mrs Winston Churchill)与身着18世纪威尼斯贵族服饰的阿迦汗(Aga Khan)窃窃私语。阿迦汗后来对舞会的主人贝斯特吉先生说道："我分别在1902年和1911年时在伦敦看过爱德华国王(King Edward)和乔治国王(King George)的加冕礼以及随后举办的派对。但直到昨晚前，我再也没见过这种规模和形式的派对。"

爱德华国王曾三次来到威尼斯度假，他的孙子温莎公爵(Duke of Windsor)也不止一次来过这里。1961年5月，他的曾孙女伊丽莎白二世女王(Queen Elizabeth II)同菲利普王子(Prince Philip)一起来到这里参观，他们发现即使过了几个世纪，威尼斯人对于盛大场面的热爱仍然未曾改变，这一点已经在过去被无数次地验证。当女王从一艘豪华汽艇中走出并踏上圣马可广场码头的时候，拥在小广场和斯拉沃尼亚人河岸上的人群一起鼓掌以表欢迎。使用在海婚节庆祝仪式上的红蓝两色织物被悬挂在总督府拱廊的下方，它们在轻微海风的吹拂下慢慢飘荡。而镀金的游艇在岸边随着海浪轻轻地摇摆，意大利水手们在大型贡多拉船八桨游艇(bissone)中站立并保持戒备，他们举起手中的船桨向女王致敬。在远处的另一边，则是一些红黄橙三色的大型渔船(bragossi)，它们是在亚得里亚海上捕鱼的大型船只。

伊丽莎白二世女王和菲利普王子被带到圣马可钟楼上俯瞰整座城市并眺望远处的山川，并在指引下参观了总督府和圣马可大教堂。他们在行政长官官邸大楼底层的拱廊中穿梭，并欣赏着拱廊中的商铺。他们还游览了运河，从里亚尔托桥和叹息桥下方穿过，途经希腊人河(Rio dei Greci)、圣罗伦佐和圣乔瓦尼河(Rii di San Lorenzo and San Giovanni)、圣若望及保禄广场，每当他们经过一个地方的时候，聚集在码头上、运河边的广场上、窗户边和屋顶上的人群都会爆发出热烈的掌声。媒体摄影师们在大街小巷中穿梭，往来奔波于各座桥梁之间。他们还去了去托尔切洛岛参观了主教座堂，并在斯普莱利酒店(Cipriani)吃了午餐。他们参观了慕拉诺岛上的玻璃工厂和布拉诺岛上的蕾丝工厂；[2] 贡多拉船夫穿着一套 17 世纪的服装为他们划船，这套服装包括：白色外套、裤子、蓝色条纹短袖、红色围巾和平顶硬草帽。船夫们将他们送到英国驻威尼斯领事帕特里克·莱恩(Patrick Lane)的奎利尼宫(Palazzo Querini)参加晚宴，在宫殿的窗外有一支管弦乐队在装饰华丽的游艇上演奏着音乐。同时，在学院桥的另一端正在为圣乔治马焦雷岛上的焰火表演做着准备，焰火表演是威尼斯为王室访客们准备的传统娱乐活动。

当教皇庇护十世(Pope Pius X)的遗体被教皇约翰二十三世(Pope John XXIII)运回威尼斯的时候，也举行过类似引人注目且具有特色的焰火表演仪式。约翰二十三世和他的继承人约翰·保罗一世(John Paul I)及庇护十世三者都曾是威尼斯的宗主教。红衣主教朱塞佩·梅尔吉奥雷·萨尔托(Giuseppe Melchiorre Sarto)生于上威尼西亚地区(Upper Venetia)的里斯(Riese)，他是一名乡村邮递员的孩子，1903 年时他离开威尼斯去罗马参加一次教皇选举会议，这次会议之后，他就以教皇庇护十世的身份示人了，他曾对爱戴他的威尼斯人民许下诺言，说自己无论是生是死，总有一天会回到威尼斯来。但是，直到他 1914 年去世的 45 年后，这个诺言才终于达成。他的遗体在圣马可大教堂中被风光大葬，他还在 1954 年时被追认为圣徒。

詹姆斯·莫里斯(James Morris)在他对威尼斯无可比拟的描述中写道："威尼斯人仍然非常喜爱游行活动"，沿着大运河运送圣庇护遗体的队伍规模"令人觉得不可思议"，莫里斯自己也是其中的一名见证者：

> 一开始来了无数辆神职人员乘坐的贡多拉船，每艘船都由一名身穿白衣的船夫掌舵；到处都是戴着十字架、身着白色法衣或紫色的教士服的人，还有肥胖的主教和驼背的修道士，留着大胡子的亚美尼亚人以及身穿白衣的道明会修道士……所有人都笑盈盈地坐在座位上。随后驶来的是威尼斯传统上梦幻般的游艇，游艇的船员们穿着鲜艳的中世纪制服，船头和船尾有着银色或蓝色的船楼，船身后的水面上还拖行着大量绸缎装饰。威尼斯各个钟楼的钟声齐鸣。数以百计的扩音器里播放着圣歌。各类旗帜、彩旗和特殊场合使用的毛毡在大运河沿岸宫殿的窗户外随风飘荡。

数千名学生聚集在大街小巷和各座桥梁上,将玫瑰花瓣撒入运河水中。

在一片金光闪闪中,从里亚尔托桥下驶出了一艘巨大的布辛托罗号游船,它曾经是总督专用的威尼斯共和国游船的继承者……在缓慢的送葬曲调中,一群年轻的水手操控着这艘巨船,每一次划桨都伴随着船舱中一位管家愤怒的击鼓声,这位管家凶狠地怒视着每一名桨手,并根据传统礼节敲击着自己的鼓,看上去就像一位在桨帆船(通常由奴隶或囚犯划桨的帆船)甲板上监管奴隶的老监工。这艘巨型游艇沿着运河缓慢地、奇怪地向我们驶来,它的船身金光闪闪,从高大的船尾向后方的水面上拖着巨大的深红色织物。最后,当我们从阳台上向下凝视时,可以透过布辛托罗号雕刻精美的镀金船舱顶棚看到下方的礼堂。礼堂中的水晶棺里安放着这位伟大教皇的遗体,他身着华丽的祭服和缎子、戴着戒指,安详而平静地被送往圣马可大教堂。

注释:

1. 拉比亚宫(Palazzo Labia)位于圣格雷米亚教堂旁边,在建造这座宫殿之前,这里曾是两座分别属于莫罗西尼和马里皮埃罗家族的古老房屋旧址。宫殿在 1720 年后根据安德里亚·科米内利(Andrea Cominelli)的设计开始建造,它的里面面向卡纳雷吉欧河,在亚历桑德罗·特雷米农 1750 年左右完成南立面的建造后,宫殿得以竣工。底楼的前立面和侧立面都采用了粗面石工材质,二楼和三楼的壁柱之间有着大型的圆拱窗,顶楼有着雕刻精美的雕带、椭圆形窗户和有着巨大的老鹰图案高凸浮雕。

18 世纪时,宫殿因其与众不同的舞厅而闻名,该舞厅运用了吉罗拉莫·蒙戈奇·科隆纳惊人的错视建筑风格,收藏了一些提埃波罗最精美的壁画,这些壁画描绘的是埃及艳后克利奥帕特拉的生活场景(Life of Cleopatra)。它奢华的娱乐设施也一直为人所知。根据一名拉比亚家族成员所说,在他们家族的财富积累达到最顶峰的时候,他们吃晚餐会将纯金的盘子扔到窗外的卡纳雷吉欧河里,并强调:"我是拉比亚家族的一员,不差这一个盘子。"自 1964 年起这座宫殿成为了意大利广播电视台的地区总部。在舞厅里经常会举办音乐会。

2. 布拉诺岛的人口五六千人,虽然现在制作梭结蕾丝的女工不能再像以前一样坐在家门口工作了,但这里目前仍然是威尼斯蕾丝产业的中心。她们现在 7 人一组制作针绣蕾丝,每个女工各擅长一项针法技术。位于巴尔达萨雷·加鲁比(Baldassare Galuppi)主广场(广场的名字取自这位出生在布拉诺岛的作曲家)上的花边兄弟会会堂中有一家蕾丝博物馆。会堂对面是圣马蒂诺教堂,该教堂中有提埃波罗的《耶稣受难像》,圣器室中还有三幅乔瓦尼·曼苏埃蒂(Giovanni Mansueti)的画作。

结语

1966—1987

　　虽然在 20 世纪 70 年代的时候,许多家庭为躲避犯罪从意大利其他地区来到威尼斯定居,但是从 1945 年至今,威尼斯已经损失了超过一半的人口。19 世纪时,威尼斯的人口是 20 万,但到现在,这座城市仅剩 8.5 万人,而且平均年龄是全欧洲城市中最高的。1986 年时,45％的威尼斯家庭中没有浴室,而且由于几乎所有房子都符合成为历史文化保护建筑的条件,因此必须严格遵守建筑规则,很难获得对房屋进行增建或改建的许可。即使获得了许可,实施这些工程也需要花费大量的资金。虽然有一些年轻的威尼斯人曾经选择离开威尼斯到别处寻找更好的居住环境,后来又纷纷回来进行创业,但是越来越多的家庭都选择搬去意大利大陆的城市,很大一部分威尼斯人都选择去那里工作。

　　威尼斯的衰落被认为归因于时代的变迁、司法的变化、拿破仑的掠夺、奥地利政权的统治以及后续意大利和威尼斯本地政府机构的失败和不重视。直到最近几年,各级政府才开始共同协商推出一些举措以挽救这座正在面临分崩离析的城市。

　　20 世纪 60 年代时,威尼斯的困境就已经举世皆知了。1966 年 11 月 4 日一阵来自东南方向的西洛可大风将原本会顺着早潮流出潟湖的海水吹回了潟湖里,到了下午潮水回流到城市里,并穿过小广场灌入大街小巷,城市内部水位暴涨,并造成燃油储存罐爆炸,使得地面上到处都是一层厚厚的黑色污泥。5 点钟左右的时候,海底发生了一次震动并引起了一阵巨大的海浪,海水还侵入了佩莱斯特里纳的沿海地区,淹没了潟湖上的数座岛屿并冲走了利多岛上的数百间洗浴室。

当然,威尼斯洪水的历史和这座城市一样悠久:治水官(Magistrato alle Acque)负责对潟湖洪水的控制工作,这是一个非常古老而又重要的官职。但近年来,洪水

1966 年威尼斯小广场遭受洪水侵袭

圣马可小广场在 1966 年 11 月受到大洪水的侵袭，拴在广场码头木桩上的大量贡多拉被冲毁

越来越频繁且越来越严重，同时，由于城市内部的水位下降导致许多建筑基座的木桩暴露在空气之中。此外，运河上行驶的摩托艇掀起浪花对这些木桩也有着非常大的冲击，威胁到了它们的安全。1966 年大洪水后，1967 年又发生了一次大水灾，这次的洪水在小广场的人行道上涨到了三英尺高。

威尼斯正在不可避免地缓缓沉入潟湖之中，这一事实引起了意大利国内和世界上的恐慌，各方面都在积极商讨对策以拯救这座城市和它内部的大量瑰宝。但是，所有美术馆和历史文化建筑的负责人们都极度缺乏资金，而圣马可大教堂的管理人也面临着同样的问题，后者的职位已经存在了超过 700 年，主要负责大教堂的管理工作，手下有着 25 名员工。而那些被运出威尼斯进行修复的艺术品，例如圣塞巴斯蒂亚诺的修复是由海格力斯瓦拉齐基金会（Fodazione Ercole Varzi）出资的；多尔索杜罗区房屋的重建是由意大利国家遗产保护协会（Italia Nostra）出资的；维托里奥·西尼（Vittorio Cini）伯爵在圣乔治岛上为纪念自己心爱的儿子乔治奥（Giorgio）建造的乔治奥西尼基金会（Giorgio Cini Foundation）的修复工作是威尼斯其他地区都可以借鉴的。

对于威尼斯未来的关注造成了人们对城市保护的一种新态度。在 1966 年洪灾发生后不久,时任联合国教科文组织(UNESCO)总干事雷内·马修(Renè Maheu)应意大利政府的要求向全世界发起拯救威尼斯的呼吁。很快,包括联合国教科文组织在内的国外政府和机构集思广益,思考一切能够拯救这座城市的办法,他们不仅仅将威尼斯视为一个城市,更是将其作为一个独特的艺术品宝库。人们编辑了一些威尼斯建筑以及这些建筑中需要修缮部分的名录和索引;不少国家组建或重组了委员会以提供专业建议或资助经费。例如曾经被拿破仑关闭的圣格雷戈里奥教堂(the church of San Gregorio),后来成为了画作修复的主要场所,它从荷兰、德国、意大利国家遗产保护协会、意大利古文物艺术品总局(Italian General Administration of Antiquities of Fine Arts)、美国拯救意大利艺术委员会(American Committee to Rescue Italian Art)以及英国意大利艺术和档案救援基金(British Italian Art and Archives Rescue Fund)等国家和机构获得资金和设备等援助。其中,英国意大利艺术和档案救援基金的主席是前英国驻意大利大使、精力旺盛的阿什利·克拉克爵士(Sir Ashley Clarke)。到 1985 年时,根据彼得·劳里岑(Peter Lauritzen)的杰作《威尼斯的恢复》(*Venice Restored*)中的记载,全球各地的资金筹措组织已经募集到了 1 100 万美元的资金以资助威尼斯的修复工作。到 1986 年时,全球一共有 26 家组织在积极地为威尼斯筹措资金。

英国的威尼斯危险基金(British Venice in Peril Fund)是上述这些组织中的一员,它的主席阿什利·克拉克爵士在多尔索杜罗区有一幢房子。这个机构承担着修复回廊的任务,此前,维多利亚和阿尔伯特博物馆(Victoria and Albert Museum)的专家们发现了一种不会损伤雕刻石材表面的清洁方法。起初,清理的结果似乎完全证明了所使用的清洁方法的正确性。但是,由于清洁物品成分配比的错误,造成一段时间之后石材再次变色。但是,威尼斯危险基金随后的工作被证明是完全成功的;在过去的几年中,它以最先进的技术将其他几座重要的建筑以及艺术品保存了下来,使它们的境况免于遭到恶化,例如,对纸门的修复工作在 1980 年完成。英国的基金也负责其他建筑和作品的修复工作,如圣格雷戈里奥中心、菜园圣母院里丁托列托的画作以及圣尼科洛乞丐教堂(San Nicolò dei Mendicoli)的修复工作,担任圣尼科洛乞丐教堂修复工作的团队还因其出色的工作获得了时任威尼斯宗主教、教皇约翰·保罗一世的嘉奖。当时,后者将自己胸前的十字架和无边便帽都放在了手提箱里,低调地在城市中散步,当他看见了修复工作完成得非常不错时,就用自己蹩脚的英语称赞了这支团队。

与此同时,受到其他外国组织雇用的工匠们正在威尼斯的其他地方同负责各类建筑修缮工作的组织一同努力工作,这些组织在这次拯救威尼斯文化艺术瑰宝运动中作出了较大的贡献,它们是:美国的拯救威尼斯公司(American Save Venice Inc.)修缮了耶稣会(Gesuiti);北卡罗来纳的世界历史建筑基金委员会(North Carolina Committee of the International Fund for Monuments)修缮了圣方济各会荣耀圣母教堂(Frari);得克萨斯的威尼斯之友组织(Texas Friends of Venice)修缮了佩萨罗宫(Palazzo Pesaro)的巴洛克式镀金天花板;克雷斯基金会(Kress Foundation)修缮了圣母怜子孤儿院(Pietà);瑞士政府修缮了圣斯塔教堂(San Stae);德国的基金会修缮了奇迹圣母堂(Santa Maria dei Miracoli);瑞典的基金会修缮了圣方坦会堂(Scuola di San Fantin);澳大利亚的基金会修缮了圣马蒂诺教堂(San Martino);洛杉矶的世界历史建筑基金委员会(the Los Angeles Committee of the International Fund for Monuments)修缮了圣伯多禄圣殿(San Pietro di Castello)。在乔治奥西尼基金会(Giorgio Cini Foundation)的带领下,意大利的各个组织机构也承担了它们的责任:威尼斯博物馆及历史建筑之友组织(Amici dei Musei e Monumenti Veneziani)修缮了安康圣母大教堂;海格力斯瓦拉齐基金会(Ercole Varzi Foundation)修缮了圣塞巴斯蒂亚诺教堂(San Sebastiano);威尼斯遗产保护协会(Venezia Nostrà)修缮了里亚尔托桥;但丁·阿利基耶里学会(Società Dante Alighieri)修缮了兵工厂的拱门;威尼斯扶轮社(Venice Rotary Club)修缮了时钟塔(Torre dell' Orologio)。

20世纪60年代及70年代早期,意大利政府因没有为修复工作提供足够多的帮助而受到广泛的批评,虽然它的确为黄金阶梯的修复出资,使后者在15年的修缮工作后于1984年重新开放。威尼斯市政府当局也经常受到无理由的责难。例如,众所周知,在威尼斯的环境里,伊斯特拉的石料比其他的大理石材料更为耐用;但是,直到最近才发现这些伊斯特拉石上有一些没有被雨水冲走的黑色斑块(这里顺便说一句,这些斑块是有助于保护石料的),它们是石头本身的有机组成,并不是受到污染的结果。也没有人知道,造成空气污染的主要原因不是来自马尔盖拉（Marghera）工厂的烟雾，因为它会被盛行的海风从威尼斯吹走的，而是中央供暖系统中的石油燃烧所造成的污染。当这一点被发现之后，威尼斯就用甲烷气代替了石油，将威尼斯的空气污染程度降低了一半。但是与此同时，可以理解的是，威尼斯当局因不愿意授权清理黑色石头的做法被误解为无能的官僚主义。

在搬运圣马可大教堂青铜马的时候，威尼斯当局也受到了类似的误解，当时这些青铜马被误认为可能受到即将到来的空气污染的威胁而需要转移。然而，它们的搬迁使得好利获得公司（Olivertti Corporation）能够出资赞助其中的一匹到伦敦、纽约和巴黎展出。这次巡回展览也说服了其他大企业赞助以后能使威尼斯受益的展出，或学习菲亚特公司 1984 年购买格拉希宫（Palazzo Grassi）一样购买宫殿。

近年来，意大利政府在维护威尼斯的工作中比以前做得好了很多。1973 年，当发现因开垦土地而减少潟湖日益污染的水域中潮汐的清洁工作时，该市通过了一项《特别法律》（Special Law）。以前，马尔盖拉用于冷却工业机械的自流水是从潟湖下方的基岩中抽取的，这是造成沉降的主要原因。自 1973 年起，政府封闭了抽取自流水的源头并建造了渡槽。同样，在 1973 年前，开往威尼斯和马尔盖拉的船只都是从潟湖最北侧利多岛和勒维尼奥勒（Le Vignole）中间的航道进入潟湖的，并经过朱代卡运河（Giudecca Canal）。

现在，大多数开往马尔盖拉的大型货轮都必须走一条深水运河，这是一条从马拉莫科港（Porto di Malamocco）直接通往潟湖的宽广通道。

此外，由于《特别法律》的通过，政府在威尼斯市内超过 70 座建筑的修复工作中花费了超过 4 000 万美元；1987 年批准通过了总额数十亿里拉的"威尼斯计划"（Venetian Project），其中包括建造巨型移动门以关闭进入潟湖的入口，从而保护威尼斯不再受到 1966 年那般灾难性洪水的袭击，还对潟湖进行了一次全面的清理工作。

那些仍然坚信不可预知的潟湖洪水总有办法侵扰威尼斯的人对这个计划不感兴趣。另一些人则想知道，即使保住了威尼斯，哪些人会获益最多。当然，用威尼斯艺术与历史遗产总监（Sopraintendente ai Beni Artistici e Storici di Venezia）弗朗切斯科·瓦尔坎诺夫(Francesco Valcanover)教授的话来说,就是"威尼斯绝不能在投机者和商业经营者的支配下生存下来,这会让旅游业得不到关注,从而导致其日趋混乱"。所有真心喜爱威尼斯的人都会赞同瓦尔坎诺夫教授的看法,这座城市将保留下其无与伦比的美,成为一座所有威尼斯人和游客"仍然可以感觉到人情味并以人性化方式生活"的城市。

第三部分

关于贡多拉的注释

　　最早提到贡多拉一词,是1094年总督维塔利·法里埃尔颁布的一项法令。贡多拉这个名字的起源无法追溯,但它可能是从拉丁语词汇 *cymbula*(小型船只)演变而来,这个词在威尼斯语里对应的词汇是 *gundula*,也有可能是源于希腊语词汇 *kuntelas*。15世纪初,现代贡多拉与众不同的造型风格逐渐形成:船身长且狭窄、船底平坦而两端呈弧线形向上翘起。当时一件手稿中的插图描绘了一艘首尾两端向上翘起的普通小艇。在布雷登巴赫(Breydenbach)1486年发表的描绘威尼斯风景的作品《圣墓大教堂朝圣》(*peregrinatio ad Sanctum Sepulchrum*)中也有相似的描写,只不过船上多了一个简易船舱。在15世纪末贝里尼(Bellini)和卡巴乔(Carpaccio)的画作中也出现过类似造型的船只,只是船上多了一些装饰品。贡多拉的后续发展在丁托列托(Tintoretto)的作品中可以看见,而再往后的发展则可以从瓜尔迪(Guardi)和卡纳莱托(Canaletto)的作品中体现。

　　到16世纪的最后几年,威尼斯总共约有10 000艘贡多拉,许多船的船头镀金并刻画了精美的图案装饰,船舱都用奢华的布帘遮盖。17和18世纪,威尼斯政府多次颁布禁止奢侈的法令(成效不佳),这些法令规定,除他国大使外,任何人都不得在贡多拉上涂颜料或放置装饰物,以防贵族们争相攀比炫富。由此产生的阴郁的黑色,被雪莱比喻成"本应是棺材里蝶蛹的飞蛾",并且之后其他诗人也将其比作类似阴沉的意象。托马斯·曼作品《魂断威尼斯》(*Death in Venice*)中的英雄对一个奇怪的工艺品不寒而栗,那是一个完全未被改变的民谣时代的黑色残存物,那种只会出现在棺材上的黑色——代表着微风徐徐夜里无声的犯罪,代表着比死亡本身更加强烈的灵柩和哀伤的葬礼,以及最终寂静无声的旅程。同样令人回味的是贡多拉船夫那漫长、惆怅的呼喊声,瓦格纳的《王者之心》(Trustan and Isolde)第三幕开始时牧羊人的号角主题就是受此启发。

对于一艘贡多拉的基本要求就是船身吃水量小,方便转弯且只需要一名面向前进方向的桨手就能滑动;到了19世纪中叶,它的外观似乎永远地固定了下来。然而,在19世纪80年代,却又进一步发生了变化。多门尼克·特拉门汀在他靠近圣塞巴斯蒂亚诺(San Sebastiano)的船厂创造了现今使用的贡多拉的原型。他通过将船的一侧做得比另外一侧更大一些,给人一种不易察觉的不平衡感,他将船只的速度提升并且使其能够以自身为轴心转动。他的后人仍在经营着这家船厂,它也是现在仅存的三家生产贡多拉的船厂之一。位于圣特罗瓦索(San Trovaso)的一家船厂是它们中最特别的,它于1978年至1983年间被复原。在这里,每年在新建一些贡多拉的同时也会修理旧船。贡多拉的制作技艺都是通过漫长的历史传承下来的,制作一艘船需要用到280块不同的木料,而这些木料又来源于9种传统的树木:榆树、橡树、酸橙树、胡桃树、落叶松、冷杉、樱桃树、山毛榉和红木。用作装饰金属或铁质船喙被做成六齿形状,应该是用来代表威尼斯的六个大区。在贡多拉上存在了很长时间的船舱现在已经不再出现了。

在摆渡行业的历史中,贡多拉从一出现就被用作摆渡工具,数百年来,它们以协会的形式运行着。随着威尼斯贡多拉数量下降,只有少数摆渡船企业生存了下来。然而,它们之中有六家仍在运营,往来穿梭于大运河上,每个注册在案的贡多拉船夫都必须轮班为通勤者提供这项便宜的公共服务。

历任威尼斯总督名录

保利西斯（Paulicius） 697—717

马塞勒斯（Marcellus） 717—726

奥尔索·伊帕托（Orso Ipato） 726—737

总督空缺 737—742

特奥达托·伊帕托（Teodato Ipato） 742—755

盖拉·高洛（Galla Gaulo） 755—756

多门尼克·莫内加里奥（Domenico Monegario） 756—764

毛里奇奥·加尔拜尔（Maurizio Galbaio） 764—787

乔瓦尼·加尔拜尔（Giovanni Galbaio） 787—804

奥布莱里奥·德勒·安特诺略（Obelerio degli Antenoreo） 804—811

雅尼洛·帕提西帕奇奥（Agnello Participazio） 811—827

朱斯蒂尼安·帕提西帕奇奥（Giustiniano Participazio） 827—829

乔瓦尼·帕提西帕奇奥一世（Giovanni Participazio I） 829—836

彼得罗·特拉多尼克（Pietro Tradonico） 836—864

奥尔索·帕提西帕奇奥一世（Orso Participazio I） 864—881

乔瓦尼·帕提西帕奇奥二世（Giovanni Participazio II） 881—887

彼得罗·坎迪亚诺一世（Pietro Candiano I） 887

彼得罗·特里布诺（Pietro Tribuno） 888—912

奥尔索·帕提西帕奇奥二世（Orso Participazio II） 912—932

彼得罗·坎迪亚诺二世(Pietro Candiano II)　932—939

彼得罗·帕提西帕齐奥(Pietro Participazio)　939—942

彼得罗·坎迪亚诺三世(Pietro Candiano III)　942—959

彼得罗·坎迪亚诺四世(Pietro Candiano IV)　959—976

彼得罗·奥尔赛奥洛一世(Pietro Orseolo I)　976—978

维塔利·坎迪亚诺(Vitale Candiano)　978—979

特里布诺·梅莫(Tribuno Memmo)　979—991

彼得罗·奥尔赛奥洛二世(Pietro Orseolo II)　991—1008

奥托·奥尔赛奥洛(Otto Orseolo)　1008—1026

彼得罗·森特拉尼科(Pietro Centranico)　1026—1032

多门尼克·弗拉班尼克(Domenico Flabanico)　1032—1043

多门尼克·康塔里尼(Domenico Contarini)　1043—1071

多门尼克·塞尔沃(Domenico Selvo)　1071—1084

维塔利·法里埃尔(Vitale Falier)　1084—1096

维塔利·米凯利一世(Vitale Michiel I)　1096—1102

奥尔德拉佛·法里埃尔(Ordelafo Falier)　1102—1118

多门尼克·米凯利(Domenico Michiel)　1118—1130

彼得罗·博拉尼(Pietro Polani)　1130—1148

多门尼克·莫罗西尼(Domenico Morosini)　1148—1156

维塔利·米凯利二世(Vitale Michiel II)　1156—1172

塞巴斯蒂亚诺·齐亚尼(Sebastiano Ziani)　1172—1178

奥里奥·马斯洛比埃罗(Orio Mastropiero)　1178—1192

恩里克·丹多罗(Enrico Dandolo)　1192—1205

彼得罗·齐亚尼(Pietro Ziani)　1205—1229

贾科莫·提埃波罗(Giacomo Tiepolo)　1229—1249

马林·莫罗西尼(Marin Morosini)　1249—1253

里尼埃·季诺(Renier Zeno)　1253—1268

罗伦佐·提埃波罗(Lorenzo Tiepolo)　1268—1275

雅各布·康塔里尼（Jacopo Contarini） 1275—1280

乔瓦尼·丹多罗（Giovanni Dandolo） 1280—1289

彼得罗·格拉丹尼格（Pietro Gradenigo） 1289—1311

马里诺·左尔奇（Marino Zorzi） 1311—1312

乔瓦尼·索兰佐（Giovanni Soranzo） 1312—1328

弗朗切斯科·丹多罗（Francesco Dandolo） 1329—1339

巴尔托洛梅奥·格拉丹尼格（Bartolomeo Gradenigo） 1339—1342

安德里亚·丹多罗（Andrea Dandolo） 1343—1354

马林·法里埃尔（Marin Falier） 1354—1355

乔瓦尼·格拉丹尼格（Giovanni Gradenigo） 1355—1356

乔瓦尼·多尔芬（Giovanni Dolfin） 1356—1361

罗伦佐·塞尔希（Lorenzo Celsi） 1361—1365

马尔科·科纳罗（Marco Corner） 1365—1368

安德里亚·康塔里尼（Andrea Contarini） 1368—1382

米凯莱·莫罗西尼（Michele Morosini） 1382

安东尼奥·维尼埃（Antonio Venier） 1382—1400

米凯莱·斯泰诺（Michele Steno） 1400—1413

托马索·莫塞尼格（Tommaso Mocenigo） 1414—1423

弗朗切斯科·福斯卡里（Francesco Foscari） 1423—1457

帕斯夸里·马里皮埃罗（Pasquale Malipiero） 1457—1462

克里斯托弗罗·莫罗（Cristoforo Moro） 1462—1471

尼科洛·特兰（Nicolò Tron） 1471—1473

尼科洛·马塞洛（Nicolò Marcello） 1473—1474

彼得罗·莫塞尼格（Pietro Mocenigo） 1474—1476

安德里亚·温德拉敏（Andrea Vendramin） 1476—1478

乔瓦尼·莫塞尼格（Giovanni Mocenigo） 1478—1485

马尔科·巴尔巴里戈（Marco Barbarigo） 1485—1486

阿格斯提诺·巴尔巴里戈（Agostino Barbarigo） 1486—1501

莱昂纳多·罗列丹（Leonardo Loredan）	1501—1521
安东尼奥·格里曼尼（Antonio Grimani）	1521—1523
安德里亚·格里提（Andrea Gritti）	1523—1538
彼得罗·兰多（Pietro Lando）	1539—1545
弗朗切斯科·多纳（Francesco Donà）	1545—1553
马尔坎托尼奥·特里维桑（Marcantonio Trevisan）	1553—1554
弗朗切斯科·维尼埃（Francesco Venier）	1554—1556
罗伦佐·普利欧力（Lorenzo Priuli）	1556—1559
吉罗拉莫·普利欧力（Girolamo Priuli）	1559—1567
彼得罗·罗列丹（Pietro Loredan）	1567—1570
阿尔韦塞·莫塞尼格一世（Alvise Mocenigo I）	1570—1577
塞巴斯蒂亚诺·维尼埃（Sebastiano Venier）	1577—1578
尼科洛·达·蓬特（Nicolò da Ponte）	1578—1585
帕斯夸里·西克纳（Pasquale Cicogna）	1585—1595
马里诺·格里曼尼（Marino Grimani）	1595—1605
莱昂纳多·多纳（Leonardo Donà）	1606—1612
马尔坎托尼奥·梅莫（Marcantonio Memmo）	1612—1615
乔瓦尼·本博（Giovanni Bembo）	1615—1618
尼科洛·多纳（Nicolò Donà）	1618
安东尼奥·普利欧力（Antonio Priuli）	1618—1623
弗朗切斯科·康塔里尼（Francesco Contarini）	1623—1624
乔瓦尼·科纳罗一世（Giovanni Corner I）	1625—1629
尼科洛·康塔里尼（Nicolò Contarini）	1630—1631
弗朗切斯科·埃里佐（Francesco Erizzo）	1631—1646
弗朗切斯科·莫林（Francesco Molin）	1646—1655
卡罗·康塔里尼（Carlo Contarini）	1655—1656
弗朗切斯科·科纳罗（Francesco Corner）	1656
贝尔图奇·瓦列罗（Bertucci Valier）	1656—1658

乔瓦尼·佩萨罗（Giovanni Pesaro） 1658—1659

多门尼克·康塔里尼（Domenico Contarini） 1659—1675

尼科洛·萨格莱多（Nicolò Sagredo） 1675—1676

阿尔韦塞·康塔里尼（Alvise Contarini） 1676—1684

马尔坎托尼奥·朱斯蒂尼安（Marcantonio Giustinian） 1684—1688

弗朗切斯科·莫罗西尼（Francesco Morosini） 1688—1694

西尔维斯特罗·瓦列罗（Silvestro Valier） 1694—1700

阿尔韦塞·莫塞尼格二世（Alvise Mocenigo II） 1700—1709

乔瓦尼·科纳罗二世（Giovanni Corner II） 1709—1722

阿尔韦塞·莫塞尼格三世（Alvise Mocenigo III） 1722—1732

卡罗·鲁契尼（Carlo Ruzzini） 1732—1735

阿尔韦塞·皮萨尼（Alvise Pisani） 1735—1741

彼得罗·格里曼尼（Pietro Grimani） 1741—1752

弗朗切斯科·罗列丹（Francesco Loredan） 1752—1762

马尔科·福斯卡里尼（Marco Foscarini） 1762—1763

阿尔韦塞·莫塞尼格四世（Alvise Mocenigo IV） 1763—1778

保罗·雷尼尔（Paolo Renier） 1779—1789

鲁多维科·马宁（Lodovico Manin） 1789—1797

文中未提及的威尼斯其他主要教堂

圣阿尔韦塞教堂(church of Sant' Alvise)坐落于偏僻的卡纳雷吉欧区北部,宽阔的圣阿尔韦塞河(Rio Sant' Alvise)对岸。它很可能是在一位年轻的女贵族安托尼娅·维尼埃(Antonia Venier)的资助下于 1388 年建成的,维尼埃是受到托洛萨(Tolosa)主教圣路易吉·阿尔韦塞(San Luigi Alvise)的启发才这么做的。教堂的外立面是普通的 14 世纪晚期砖结构风格,在凸出的门廊上方有一座圣徒的雕像。

圣使徒教堂(church of the Santi Apostoli)位于一座通往卡纳雷吉欧区新街(Strada Nouva)的广场上,在这座古老的建筑旧址上曾经历过多次重建。它现在的这个外形的历史可以追溯到 18 世纪中期,由朱塞佩·佩多罗(Giuseppe Pedolo)重建的。教堂的钟楼建于 1672 年。其外观较为普通,但内部有一间科纳罗小堂(Cappella Corner),其历史可追溯到 15 世纪晚期,其设计者很可能是毛罗·柯度奇,小堂内藏有(被认为是由图里奥·隆巴尔多制作的)马可·科纳罗(Cappella Corner)的坟墓和(隆巴尔迪派制作的)乔治奥·科纳罗的坟墓。此外,教堂内还有两幅令人特别感兴趣的画作,分别是:1748 年左右 G.B.提埃波罗画的《圣露西的圣餐》(*Communion of St Lucy*),位于科纳罗小堂的祭坛上;以及 17 世纪中期弗朗切斯科·马菲伊(Francesco Maffei)的《守护天使》(*Guardian Angel*),挂在教堂的主祭坛左侧。

在皮奥第十街(Salizzada Pio X)的尽头通往里亚尔托桥台阶处有一个不起眼的入口,该入口可以通往 12 世纪建造、1723 年重建的圣巴尔托洛梅奥教堂(church of San Bartolomeo),该教堂目前被无限期关停。这里曾经是德国社区在威尼斯的教堂。其曾经的艺术品里有丢勒(Dürer)1505 年造访威尼斯时为圣巴托洛缪所画的祭坛画《玫瑰经圣母》(Madonna of the Rosary),这幅画现在在布拉格。四幅塞巴斯蒂亚诺·德尔·皮翁博所作的宏伟管风琴遮板画中的两幅《圣阿尔韦塞》(Sant'Alvise)和《圣辛尼巴尔多》(San Sinnibaldo)现在在学院美术馆中展览,而另外两幅《圣塞巴斯蒂安》和《圣巴塞罗缪》(San Bartholomew)则被保存了起来。

圣贝尼代托教堂(church of San Benedetto)面向一个小广场,广场的西侧是一座巨大的 15 世纪建造的佩萨罗奥尔菲宫(Palazzo Pesaro degli Orfei),现在被福图尼博物馆(Museo Fortuny)占用。教堂的地基非常古老(可能是 11 世纪建造的),在 1229 年时,教皇格列高利九世(Pope Gregory IX)将布隆多罗(Brondolo)的修道士安置在此。现在这个建筑的历史可以追溯到 1685 年,里面有一些精美的画作。在教堂南侧第二祭坛的上方是贝尔纳多·斯特罗齐的《圣塞巴斯蒂安》;在主祭坛上方的是卡罗·马拉塔(Carlo Maratta)的《圣母与圣多米尼克和圣迈克尔》(Virgin with St Dominic and St Michael);在主祭坛两侧的门的上方各有一幅塞巴斯蒂亚诺·马佐尼的《圣本笃》;在北侧的第一祭坛上有一幅 G.B.提埃波罗的《宝拉的圣弗朗西斯》(St Francis of Paola)。

靠近朱代卡运河就能看见一座 11 世纪威尼托拜占庭风格的小型教堂——圣尤菲米亚教堂(Sant' Eufemia),其建于 1596 年的多立克式柱廊也一并映入眼帘,教堂的入口在柱廊的边上。教堂内部由一个中殿和两条走廊组成。中殿的墙上有十幅壁画,其中一些被认为是卡纳莱托的作品。中殿石柱的历史大概能够追溯到公元 10 世纪,它们的柱头是 18 世纪重新建造的。唯一著名的画作就是右侧第一祭坛上巴尔托洛梅奥·维瓦里尼的《圣洛可和天使》(San Rocco and the Angel)。

位于大运河右岸的圣格雷米亚教堂在卡纳雷吉欧河的另一侧,它始建于 11 世纪,并在 13 世纪时重建,其外立面在 1871 年进行了改造。教堂砖结构的钟楼是威尼斯最古老的钟楼之一,其钟室虽然建造得较晚,但钟楼的历史可以追溯到 12 世纪。教堂内部在 1753 年左右由卡罗·科贝里尼(Carlo Corbellini)进行改建,呈现出希腊十字架形结构,十字架的四个端点分别是一座半穹顶后殿。在由大量石柱撑起的巨大中央穹顶的边上是四个小型的半穹顶;在中殿里还有其他的穹顶,中殿两侧是 18 世纪粉红色的大理石祭坛,并伴有稍作装饰的山形墙。1204 年威尼斯十字军从君士坦丁堡偷来的来自锡拉库萨的圣露西（St Lucy of Syracuse）遗体数百年来都被尊奉在帕拉迪奥的圣卢西亚教堂（Santa Lucia）（1863 年因为修建火车站而被拆毁）内，该教堂拆毁后便被安放在圣格雷米亚教堂北耳堂的小教堂内。一些法衣和其他的文物，以及一幅小帕尔马所作的圣徒画像被保存在边上的房间内。乔凡尼画的另一幅作品《圣马格努斯为威尼斯加冕》（*St Magnus Crowning Venice*）则位于南侧第二祭坛的上方。

现在被改为俗用的圣乔瓦尼·德科拉托教堂（church of San Giovanni Decollato, St John Beheaded）地基的历史可以追溯到 1007 年。但到了 19 世纪初期，因年久失修其最初的结构发生了彻底的改变，最终教堂在 1818 年停止了礼拜活动。该教堂位于土耳其商馆附近的圣祖安德格拉广场（Campo San Zuan Degolà）上，在 20 世纪 40 年代经过整修后就被当作音乐厅使用。11 世纪建造的教堂内部非常简朴，其形状像带有船龙骨顶的大教堂。左侧穹顶后殿中画着一些有趣的 13 世纪壁画。

附近的奥里奥圣贾科莫教堂（church of San Giacomo dell' Orio）同样也拥有一个龙骨顶。这座古老的教堂曾于 13 世纪和 1532 年经历过两次重建。令人印象深刻的拜占庭式石柱的历史可以追溯到 13 世纪的那次重建。老圣器室及主祭坛右侧的穹顶小教堂内藏有小帕尔马的精美画作。

小型教堂圣卢卡教堂（church of San Luca）与罗西尼剧院（Teatro Rossini）〔见圣本笃剧院（Teatro san Benedetto）〕隔圣卢卡河相望。这座教堂被改建及重建了不止一次，现在的外立面的历史可以追溯到 1832 年塞巴斯蒂亚诺·桑蒂对它进行重建的时候。1556 年去世的彼得罗·阿雷蒂诺（Pietro Aretino）被葬在这座教堂中的一个不知名的坟墓里。右侧的第一祭坛上方有一幅委罗内塞受到损坏的主祭坛画以及精美的 15 世纪浮雕《圣母子》。

圣马尔齐亚莱教堂或马西里亚诺教堂（church of San Marziale or San Marciliano）位于卡纳雷吉欧区的悲悯河（Rio della Misericordia）畔。教堂建于 12 世纪并在 17 世纪末期重建。教堂内部有四幅塞巴斯蒂亚诺·里奇优美的天花板画，它们被认为是他最佳的作品之一。丁托列托的《圣马塞里努斯》（*St Marcellinus*）挂在第二南祭坛上，第二北祭坛上的是 15 世纪的木雕画《圣母与圣子》。高坛的围墙围着一个令人惊叹的大理石雕刻的巴洛克式主祭坛,围墙的外侧画有多门尼克·丁托列托的《圣母领报》。圣器室内有一幅被损坏的提香 1540 年左右的作品《托拜厄斯和天使》(Tobias and the Angel)。

外立面未完成的圣潘塔罗内教堂(church of San Pantalone)位于一座远眺新河(Rio Nuovo)的广场上。它由弗朗切斯科·科米诺(Francesco Comino)在 17 世纪下半叶建造,该处曾是一座 13 世纪建造,供奉圣潘塔罗内和圣儒斯蒂娜(San Pantalone)的小教堂旧址。教堂内部因其巨大的天花板画布而闻名,上面描绘着教堂的守护圣徒(titular saint)生平的场景,是 G.A.福米亚尼(G.A. Fumiani)在 1680 年至 1704 年间完成的,他因从脚手架上坠落而死并被埋葬在这座教堂内。巴洛克风格的主祭坛是由朱塞佩·萨尔迪精心设计的,在它左边的小教堂里有一个雕刻精美的神龛和一幅乔瓦尼·德阿莱马尼亚和安东尼奥·维瓦里尼 1444 年画的《圣母加冕》。

圣特罗瓦索教堂(church of San Trovaso, Santi Gervasio e Protasio)位于圣特罗瓦索·普罗塔西奥河畔(Rio San Trovaso e Protasio),该河是连接大运河和朱代卡运河的一条河流。教堂是 1028 年在先前一座建筑的旧址上建造的,并在 1105 年的一场火灾后重建。12 世纪建成后的教堂在 1583 年倒塌,现在的建筑几乎是在老建筑倒塌后立即动工新建的,但是却直到 1657 年才最终竣工。教堂有两个主要立面。据说这是因为互相对立的卡斯泰拉尼派(Castellani)和尼科洛第派(Nicolotti)拒绝使用同一扇门进入教堂,而这座教堂却恰恰又是它们两派唯一会去的教堂。南耳堂西侧的克拉里小教堂(Clary Chapel)内有一组祭台,上面刻有精美的大理石浮雕,这件杰出的艺术品是在 1470 年左右由被称为"圣特罗瓦索大师"(Maestro di San Trovaso)的不知名雕刻家雕刻的。北耳堂里有丁托列托的《最后的晚餐》,他晚年还在儿子多门尼克的帮助下绘制了唱诗席两侧的帆布油画,它们描绘了《三博士朝圣》和《被逐出圣殿》(Expulsion from the Temple)的场景。丁托列托 1577 年的《圣安东尼的诱惑》(Temptation of St Anthony)被挂在主祭坛左边的小教堂中。南出入口左侧小教堂中的哥特式风格画作描绘了"马背上的圣克雷索戈努斯(St Chrysogonus on Horseback)"的场景,它的作者是米凯莱·詹博诺。

改为俗用的圣维塔利教堂(church of San Vitale)位于圣斯特凡诺广场的末端,

靠近大运河处。它很可能由维塔利·法里埃尔总督始建于 11 世纪末，并在 1700 年左右由安德里亚·泰拉利根据安东尼奥·加斯帕里的设计将教堂重建成拥有古典主义风格的外立面。教堂钟楼的地基上刻着古罗马时期的铭文。教堂内部，主祭坛上方有一幅卡巴乔描绘圣维塔利斯(St Vitalis)骑着圣马可大教堂上一匹青铜马的景象。另外一幅《圣灵感孕》(*Immaculate Conception*)则是塞巴斯蒂亚诺·里奇的作品。

美术馆和博物馆

学院美术馆：见第 379—380 页。

黄金宫：见第 367—368 页。

佩萨罗宫（Ca' Pesaro）：见佩萨罗宫。

雷佐尼可宫：见第 407 页。

哥尔多尼宫：见岑坦尼宫。

奎利尼·斯坦普利基金会：见奎利尼·斯坦普利宫。

古根海姆现代艺术美术馆在维尼埃狮子宫（Palazzo Venier dei Leon），这座宫殿因其在大运河上的出入口两侧台阶的立面上雕有狮子头的图案而得名。它于 1749 年还在修建，但在底楼建成后就停止了施工。

在圣克里斯托弗罗街（Calle San Cristoforo）上有一扇克莱尔·法尔肯施泰因（Claire Falkenstein）制作的铁门，穿过铁门能够通往一片花园，花园中有亨利·摩尔、阿尔贝托·贾科梅蒂（Alberto Giacometti）、吉恩·阿尔普（Jean Alp）、马克斯·恩斯特（Max Ernst）、爱德华多·包洛奇（Eduardo Paolozzi）等艺术家的青铜雕塑作品。房子里也有类似的雕塑展览，包括布朗库西（Brancusi）和贾科梅蒂的作品。而绘画藏品的作者有毕加索、莱格尔（Léger）、布拉克（Braque）、蒙德里安（Mondrian）、康定斯基（Kandinsky）、恩斯特、玛格里特（Magritte）、达利、坦吉（Tanguy）、克莱（Klee）、德尔沃（Delvaux）、基里柯（Chirico）、米罗（Miró）和罗斯科（Rothko）等人。佩吉·古根海姆（Peggy Guggenheim）的卧室里挂着她女儿佩金（Pegeen）的画作，此外，房间里还有由亚历山大·考尔德（Alexander Calder）制作的天花板装饰物和他雕刻的银质床头板。

走下一段阶梯后会看到后二战时期(Post-Second World War)艺术家们的画作,他们包括:培根(Bacon)、迪比费(Dubuffet)、波洛克(Pollock)和萨瑟兰(Sutherland)。位于房子前端的阳台眺望着大运河,阳台上放置着马里诺·马里尼(Marino Marini)骑马者铜像《城堡天使》(*Angel of the Citadel*)。

"城堡夫人"(Lady Castlerosse)桃瑞丝(Doris)曾经是这座宫殿的主人,她曾被富裕的美国人埃莉诺·弗利克·霍夫曼(Eleanor Flick Hoffmann)夫人收为门徒,这座宫殿也是霍夫曼夫人赠与桃瑞丝的。"城堡夫人"的生活方式也给了诗人科尔·波特(Cole Porter)创作灵感:

"这个喜欢聊天的威尼斯人仍然在她那座正在下沉的宫殿中饮酒。"

考古博物馆:见桑索维诺图书馆(Libreria Sansoviniana)。

犹太社区博物馆:见犹太人居住区。

科雷尔博物馆:见第380—381、398页。

教区神圣艺术博物馆(Museo Diocesano di Arte Sacra)。穿过精心修复的14世纪早期圣阿波洛尼亚修道院(cloister of Sant' Apollonia)(该修道院是威尼斯唯一一个罗马式建筑风格的修道院)。博物馆里藏有画作和其他宗教艺术品,这些艺术品都是从威尼斯那些已关闭的或没有能力提供安全保障的教堂中转移过来的。这些艺术品包括:从圣阿波纳教堂获得的卢卡·焦尔达诺(Luca Giordano)的画作;从圣母怜子教堂获得的莫雷托·达·布雷西亚(Moretto da Brescia)的画作;以及从圣马可大教堂获得的金泰尔·贝里尼的画作。此外还有从新圣乔瓦尼教堂(San Giovanni Nuovo)和圣伯多禄教堂获得的耶稣受难像,前者是一座由马泰奥·卢凯塞在18世纪重建的古老教堂。

拜占庭斯卡利绘画博物馆:见希腊人圣尼科洛会堂。

艾斯图奥里奥博物馆(或称托尔切洛博物馆):见第360页。

福图尼博物馆位于圣安吉洛广场(Campo Sant' Angelo)附近一座15世纪建造的大型宫殿佩萨罗·德里·奥尔菲宫内。它曾属于西班牙画家马里亚诺·福图尼·德·马德拉佐(Mariano Fortuny y de Madrazo, 1871—1949)所有,他是著名的"福图尼丝绸"的发明者,他的遗孀后来将这座宫殿捐赠给了威尼斯政府。从一个后院能够进入宫殿,宫殿因其精美的古老石梯和木质凉廊而闻名,拥有各式各样的图画、家具、雕像、死人面部模型、戏剧服饰、丝织品和其他的纤维织物等,许多藏品都是福图尼自己亲自搜集的。曾经放置在三楼的维尔吉利奥·圭迪(Virgilio Guidi,1892—1983)的画作现在被放在一楼博物馆中展出。二楼和三楼则是威尼斯市政府的办公室。

马奇亚诺博物馆:见圣马可大教堂。

"19世纪意大利统一运动中的威尼斯"博物馆:见科雷尔博物馆。

威尼斯18世纪博物馆:见雷佐尼可宫。

海军历史博物馆的所在地曾是威尼斯共和国的粮仓。贡多拉船和船舱、各类帆船和划桨船的模型都在此展览,其中包括一艘巨大而美丽的金红色布辛托罗号复制品。博物馆内还藏有一些远东平底船的模型以及一些祈祷不要发生海难事故的画作。此外,还展示了一些19世纪末期曾在已经取消了的海婚节仪式中使用过的铜戒指。一楼有着卡诺瓦制作的大理石浮雕,上面刻着威尼斯共和国最后一名海军上将安吉洛·埃莫(Angelo Emo)。大理石浮雕两侧有四个小一点的铜浮雕,它们曾经组成了他的墓葬纪念碑。

慕拉诺玻璃博物馆(Museo Vetrario di Murano):见第356—357页。

佩萨罗宫:见第394—395页。

佩特里亚克神学院美术馆(Pinacoteca Manfrediniana,Seminario Patriarcale):见第379页。

卡米尼信众会堂:见第364页。

斯拉沃尼亚人圣乔治会堂:见第362页。

圣乔瓦尼福音会堂:见第381页。

圣洛可大会堂:见第362页。

维托里奥·西尼美术馆(Vittorio Cini Collection)位于西尼宫(846号)内,它位于学院美术馆附近横跨圣维奥河的桥梁旁边。这里的托斯卡纳画派作品的作者包括:波提切利(Botticelli)、皮耶罗·迪·柯西莫(Piero di Cosimo)、蓬托尔莫(Pontormo)和菲利波·里皮(Filippo Lippi)。二楼收藏的则是被灯光照亮的手稿、微缩模型、书籍、印刷品和图纸。

参考资料

Ackerman, James S., *Pallndio*(Harmondsworth, 1966).

Alzard, Jean, *La Venise de Ia Renaissance*(Paris, 1956).

Andrieux, Maurice, *Daily Life in Venice at the Time of Casanova* (trans. Mary Fitton, London, 1972).

Arslan, E., *Gothic Architecture in Venice*(trans. A. Engel, London, 1971).

Baedeker, Karl, *Handbook for Travellers: Northern Italy*(London, 1872).

Bainton, Roland H., *Erasmus of Christendom*(London, 1969).

Battistella, A., *Il Conte Carmagnola*(Genoa, 1889).

  La Repubblica di Venezia, nei suoi undici secoli di storia(Venice, 1921).

Bazzoni, Romolo, *60 Anni della Biennale di Venezia*(Venice, 1962). Benkowitz, Miriam J., *Frederick Rolf, Baron Corvo*(London, 1977).

Berengo, M., *La Società Veneta alla fine del settecento*(Florence, 1956).

Berenson, Bernard, *The Italian Painters of the Renaissance*(London, 1952).

Black, Jeremy, *The British and the Grand Tour*(London, 1985).

Bouwsma, W.J., *Venice and the Defense of Republican Liberty*(Berkeley, 1968).

Bradley, John Lewis(ed.), *Ruskin's Letters from Venice 1851—1852* (Westport, Connecticut, 1978).

Braudel, Fernand, *The Mediterranean and the Mediterranean World in the Age of Philip II*(trans. Siân Reynolds, 2 vols, London 1972—1973).

Brion, Marcel, *Venice: The Masque of Italy* (trans. Neill Mann, New York, 1962).

Bronson, Katherine de Kay, "Browning in Venice", *Cornbill Maganzine* (February 1902).

Brosses, Charles des, *Lettres historiques et critiques sur l'Italie* (3 vols, Paris, 1799).

Brown, Horatio, *Life in the Lagoons* (London, 1884).

The Venetian Printing Press (London, 1891).

Studies in the History of Venice (2 vols, London, 1907).

In and Around Venice (London, 1905).

Venice: An Historical Sketch of the Republic (London, 1893).

The Venetians and the Venetian Quarter in Constantinople to the Close of the Twelfth Century (London, 1893).

Brown, Patricia Fortini, *Venetian Narrative Painting in the Age of Carpaccio* (New Haven, 1987).

Brown, Rawdon (ed. and trans.), *Calendar of State Papers, Venetian* (38 vols, London, 1864—1940).

Bull, George, *Venice: The Most Triumphant City* (London, 1982).

Burckhardt, Jacob, *The Civilization of the Renaissance in Italy* (new edition, 2 vols, New York, 1958).

Burke, B., *Venice and Amsterdam: A Study of Seventeenth-Century Elites* (London, 1974).

Burney, Charles, *Music, Men and Manners in France and Italy* (new edition, London, 1969).

Cambridge Medieval History, vol. V.

Cambridge Modern History, vols I and II.

Canaletto: Paintings and Drawings (The Queen's Gallery, London, 1980).

Cecchetti, Bartolomeo, *La Vita Veneziana fino al 1200* (Venice, 1870).

Cessi, Roberto, *Storia della Repubblica di Venezia*, (2nd edition, 2 vols, Milan, 1968).

Venezia Ducale (2 vols, Padua, 1927).

Documenti relativi alla storia di Venetin anteriore al mille (2 vols, Padua, 1942).

Chamberlin, E.R., *The World of the Italian Renaissance* (London, 1982).

Chambers, D.S., *The Imperial Age of Venice, 1380—1580* (London, 1970).

Chapman, Guy(ed.), *The Travel Diaries of William Beckford of Fonthill* (2 vols, London, 1928).

Child, J. Rives, *Casanova* (London, 1961). Clegg, Jeanne, *Ruskin and Venice* (London, 1981). Commines, Philippe de, *Mémoires* (trans. A.R. Scoble, London, 1901—4).

Constable, W.G., *Canaletto* (Oxford, 1962).

Correr, Giovanni, *Venezia e le sue lagune* (Venice, 1847).

Coryat's Crudities. Hastily gobled up in five moneths travells in France, Savoy, Italie (2 vols, London, 1905).

Costanti, Paolo, and Italo Zannier, *Venezia nella fotografia dell' Ottocento* (Venice, 1986).

Cracco, Giorgio, *Società e stato nel medioevo Veneziano* (1967).

Crawford, F.M., *Gleanings in Venetian History* (2 vols, London, 1905).

Creighton, Mandell, *A History of the Papacy* (6 vols, London, 1903).

Cronin, Vincent, *The Flowering of the Renaissance* (London, 1972).

Cross, J.W. (ed.), *George Eliot's Life as Related in her Letters and Journals* (3 vols, London, 1885).

Dara, Pierre, *Histoire de la République de Venise* (9 vols, Paris, 1853).

Davis, James Cushman, *The Decline of the Venetian Nobility as a Ruling Class* (Baltimore, 1962).

Demus, Otto, *The Church of S. Marco in Venice* (Washington, 1960).

The Mosaics of S. Marco in Venice (4 vols, Chicago, 1984).

Dickens, Charles, *Pictures from Italy* (London, 1846).

Diehl, Charles, *Venise: Une République Patricienne* (Paris, 1915).

Edel, Leon, *Henry James* (3 vols, London, 1953, 1962, 1963).

Eeles, Adrian, *Canaletto* (London, 1867).

Evans, Joan, *John Ruskin* (London, 1954).

Evans, Joan and J.H. Whitehouse, *The Diaries of John Ruskin* (3 vols, 1956—9).

Evelyn, John, *The Diary of John Evelyn* (ed. E. S. de Beer, 6 vols, Oxford, 1955).

Fay, Stephen, and Philip Knightley, *The Death of Venice* (London, 1976).

Ferrara, Orestes, *Gasparo Contarini et ses missions* (Paris, 1956).

Ferrero, Guglielmo, *The Gamble: Bonaparte in Italy 1796—1797* (trans. Bertha Pritchard and Lily C. Freeman, London, 1939).

Finlay, Robert, *Politics in Renaissance Venice* (London, 1980).

Flagg, Edmund, *Venice: City of the Sea* (2 vols, 1853).

Fremantle, Anne (ed.), *The Wynne Diaries, 1789—1820* (3 vols, Oxford, 1935—40).

Fugier, André, *Napoleon et l'Italie* (London, 1947).

Gage, John, *Life in Italy at the Time of the Medici* (London and New York, 1968).

Genius of Venice 1500—1600, The (exhibition catalogue, ed. Jane Martineau and James Hope, London, 1983).

Georgelin, Jean, *Venise nu siècle des lumières* (Paris, 1978).

Gilbert, Felix, *Action and Conviction in Early Modem Europe* (London, 1969).

"Religion and Politics in the Thought of Gasparo Contarini", *Essays in Memory of E.N. Harrison* (Princeton, 1969).

The Pope, his Banker and Venice (London, 1980).

Ginsborg, Paul, *Daniele Manin and the Venetian Revolution of 1848—49* (Cambridge, 1979).

Goethe, J.W., *Italian Journey, 1786—1788* (trans. W.H. Auden and E. Mayer, Harmondsworth, 1970).

Goimard, Jacques, *Venise au temps des galères* (Paris, 1968).

Gombrich, E.H., "Celebrations in Venice of the Holy League and the Victory of Lepanto", *Studies in Renaissance and Baroque Art*, ed. M. Kitson and J. Shearman (London, 1967).

Goy, Richard J., *Chioggia and the Villages of the Venetian Lagoon* (Cambridge, 1985).

Grendler, P.F., *The Roman Inquisition and the Venetian Press* (Princeton, 1977).

Grosskurth, Phyllis, *John Addington Symonds* (London, 1964).

Grundy, Milton, *Venice, an Anthology Guide* (London, 1976).

Guicciardini, Francesco, *The History of Italy* (trans. Sidney Alexander, New York, 1969).

Guiton, Shirley, *No Magic Eden* (London, 1970). Haight, Gordon S., *George Eliot: A Bioaraphy* (Oxford, 1968).

(ed.), *The George Eliot Letters* (7 vols, Oxford, 1954—6).

Hale, J.R. (ed.), *The Italian Journal of Samuel Rogers* (London, 1956).

Renaissance Venice (London, 1973).

England and the Italian Renaissance: The Growth of Interest in its History and Art (London, 1954).

Halsband, Robert (ed.), *Complete Letters of Lady Mary Wortley Montagu* (3 vols, Oxford, 1965—7).

Hamilton, Nigel, *The Brothers Mann* (London, 1978).

Handbook for Travellers in Northern Italy (John Murray, London, 1877).

Haskell, Francis, *Patrons and Painters: A Study in the Relations Between Italian Art and Society in the Age of the Baroque* (new edition, London, 1980).

Hay, Denys, *The Italian Renaissance in its Historical Background* (2nd edition, London, 1977).

Hazlitt, W. Carew, *History of the Origin and Rise of the Venetian Republic* (2 vols, London, 1900).

Hendy, Philip, and Ludwig Goldscheider, *Giovanni Bellini* (London, 1945).

Heriot, Angus, *The French in Italy 1796—1799* (London, 1957).

Hervey, Mary E.S., *The Life, Correspondence and Collections of Thomas Howard, Earl of Arundel* (London, 1921).

Hewison, Robert, *Ruskin in Venice* (London, 1978).

Hodgkin, Thomas, *Italy and her Invaders* (11 vols, Oxford, 1880).

Hodgson, F.C., *The Early History of Venice* (London, 1901).

Venice in the Thirteenth and Fourteenth Centuries (London, 1914).

Holmes, Richard, *Shelley: The Pursuit* (London, 1974)

Honour, Hugh, *The Companion Guide to Venice* (second edition, London, 1977).

Howard, Deborah, *The Architectural History of Venice* (London, 1980).

Jacopo Sansovino: Architecture and Patronage in Renaissance Venice (London and New Haven, 1975).

Howarth, David, *Lord Arundel and His Circle* (London and New Haven, 1984).

Howell, James, *A Survey of the Signorie of Venice etc.* (London, 1651).

Howells, W.D., *Venetian Life* (2 vols, Edinburgh, 1883).

Hyde, J.K., *Society and Politics in Medieval Italy: The Evolution of the Civil Life, 1000—1300* (London, 1973).

James, Henry, *Italian Hours* (1909).

Portraits of Places (1882).

Jedin, Hubert, *History of the Church* (vol V, New York, 1980).

Jullian, Philippe, *D'Annunzio* (Paris, 1971).

King, Margaret L., *Venetian Humanism in an Age of Patrician Dominance* (Guildford, 1986).

Kirby, R.F., *The Grand Tour 1700—1800* (New York and Ragusa, 1952).

Lane, Frederic C., *Venetian Ships and Shipbuilders of the Renaissance* (Baltimore,

1934, reprinted Greenwood Press, 1976).

Andrea Barbarigo: Merchant of Venice, 1418—1449(Baltimore, 1934).

Venice and History(Baltimore, 1966).

Venice: A Maritime Republic(Baltimore, 1973).

Lassells, Richard, *The Voyage of Italy*(London, 1670).

Lauritzen, Peter, *The Palaces of Venice*(London, 1978).

Venice: *A Thousand Years of Culture and Civilization*(London, 1978).

Venice Preserved(London, 1986).

Lauts, Jan, Carpaccio: *Paintings and Drawings*(London, 1962).

Lees-Milne, James, *Venetian Evenings*(London,1988).

Levey, Michael, *Painting in Eighteenth-Century Venice*(London, 1959).

Giambattista Tiepolo: His Life and Art(London and New Haven, 1987).

Liebermann, Ralph, *Renaissance Architecture in Venice 1450—1540* (New York, 1982).

Links, J.G., *Travellers in Europe*(London, 1980).

Venice for Pleasure(London, 1966).

Logan, Oliver, *Culture and Society in Venice 1470—1790*(London, 1972).

Longworth, Philip, *The Rise and Fall of Venice*(London, 1974).

Lopez, R. S., and I. W. Raymond, *Medieval Trade in the Mediterranean World* (New York, 1955).

Lorenzetti, Giulio, *Venice and Its Lagoon*(trans. John Guthrie, Rome, 1961).

Lowry, Martin, *The World of Aldus Manutius: Business and Scholarship in Renaissance Venice*(Oxford, 1979).

Lutyens, Mary, *Effie in Venice: Unpublished Letters of Mrs John Ruskin written from Venice between 1849 and 1852*(London, 1965).

Luzzatto, Gino, *Storia Economica di Venezia, dall' XI al XVI secolo* (Venice, 1968).

Economic History of Italy from the Fall of the Roman Empire to the Beginning of the Sixteenth Century (trans. Philip Jones, London, 1961).

Macadam, Alta, *Blue Guide: Venice* (London and New York, 3rd edition, 1986).

McCarthy, Mary, *Venice Observed* (London, 1956).

McClellan, George B., *Venice and Bonaparte* (Princeton, 1931).

McNeill, William H., *Venice: The Hinge of Europe, 1081—1797* (Chicago, 1974).

Malamani, V., *Il Settecento a Venezia* (new edition, 2 vols, Venice, 1927—31).

Mallet, M.E., and J.R. Hale, *The Military Organization of a Renaissance State: Venice c. 1400—1617* (Cambridge, 1984).

Marchand, Leslie A., *Byron* (3 vols, London, 1957).

Martin, Henri, *Daniele Manin and Venice in 1848—49* (trans. Charles Martel, 2 vols, London, 1862).

Martines, Lauro (ed.), *Violence and Disorder in Italian Cities 1200—1500* (Berkeley, Calif., 1972).

Masterpieces of Eighteenth-Century Venetian Drawing (introduction by Giandomenico Romanelli, trans. David Smith, London, 1983).

Mazzarotto, Bianca T., *Le Feste Veneziane* (Florence, 1961).

Mazzotti, G., *Ville Venete* (Rome, 1958).

Mead, William Edward, *The Grand Tour in the Eighteenth Century* (New York, 1914).

Michiel, G.R., *Origini delle Feste Veneziane* (3 vols, 1817—23).

Miller, Betty, *Robert Browning: A Portrait* (London, 1952).

Molmenti, P., *La Storia di Venezia, nella Vita Privata* (trans. H.F. Brown as *Venice: Its Individual Growth from the Earliest Beginnings to the Fall of the Republic*, 6 vols, London, 1906—8).

Curiosità di Storia Veneziana (Bergamo, 1920).

La Dogaressa di Venezia (Turin, 1887).

Monier, Philippe, *Venise au XVIII siècle* (Paris, 1908).

Morassi, A., G.B. *Tiepolo* (London, 1955).

Morris, James(Jan), *Venice* (revised edition, London, 1974).

    The Venetian Empire: A Sea Voyage (London, 1980).

    (ed.), *The Stones of Venice* (London, 1981).

Morritt, John B.S., *A Grand Tour: Letters and Journeys, 1794—96* (ed. G.E. Marindin, London, 1985).

Moryson, Fynes, *An Itinerary Containing His Ten Yeeres Travell etc* (London, 1617, reprinted, 1907).

Moschini, V., *Francesco Guardi* (Milan, 1952). *Pietro Longhi* (Florence, 1956).

Mosto, Andrea da, *I Dogi di Venezia nella vita, pubblica e privata* (Milan, 1960).

Newett, Margaret, "The Sumptuary Laws of Venice in the 14th and 15th Centuries", *Historical Essays by Members of the Owens College, Manchester*, ed. Tout and Tait(London, 1902).

Norwich, John Julius, *Venice: The Rise to Empire* (London, 1977).

    Venice: The Greatness and the Fall (London, 1981).

Nugent, Mr[Sir Thomas], *The Grand Tour containing an exact description of most of the Cities, Towns and Remarkable Places of Europe* (4 vols, 1749).

Okey, Thomas, *Venice und its Story* (London, 1930).

Old Venetian Palaces and Old Venetian Folk (London, 1907).

Oliphant, Mrs, *The Makers of Venice* (London, 1893).

Origo, Iris, *The Last Attachment* (London, 1949). Painter, George D., *Marcel Proust* (2 vols, London, 1959, 1965).

Parks, George B., *The English Traveller in Italy: The Middle Ages* (London, 1954).

Parry, J.H., *The Age of Reconnaissance* (London, 1963).

Pepe, Guglielmo, *Narrative of Scenes and Events in Italy, 1848—1849* (2 vols, London, 1850).

Perocco, Guido, and Antonio Salvadori, *Civiltà di Venezia* (3 vols, Venice, 1976—9).

Pertusi, Agostino(ed.), *Venezia, e il Levante fino al Secolo XV* (2 vols, 1973—4).

Pignatti, Terisio, *Venice* (trans. J. Landry, London, 1971).

Giorgione (Venice, 1969).

Piozzi, Mrs Hester Lynch, *Observations and Reflections made in the Journey through France, Italy and Germany* (London, 1789).

Plumb, J.H.(ed.), *The Horizon Book of the Renaissance* (London, 1961).

Pope-Hennessy, John, *Italian High Renaissance and Baroque Sculpture* (revised edn. London, 1970).

Pottle, Frederick A., with Frank Brady, *Boswell on the Grand Tour: Italy, Corsica und France 1765—1766* (London, 1955).

Priuli, Girolamo, *Diarii* (ed. Roberto Cessi, Bologna, 1933—7).

Pullan, Brian, *Rich and Poor in Renaissance Venice: The Social Institutions of a Catholic State, to 1620* (Oxford, 1971).

(ed.), *Crisis and Change in the Venetian Economy in the 16th and 17th centuries* (London, 1968).

The Jews of Europe and the Inquisition of Venice, 1550—1670 (Oxford, 1984).

Quarti, Guido A., *Quattro secoli di vita veneziana nella storia nell' arte e nelle poesie* (2 vols, 1941).

Queller, Donald E., *The Venetian Patriciate: Reality versus Myth* (New York, 1987).

Quennell, Peter, *Byron in Italy* (London, 1941). (ed.), *The Journal of Thomas Moore, 1818—1841* (London, 1964).

Ragg, L.M., *Crises in Venetian History* (London, 1928).

Rapp, Richard, *Industry and Economic Decline in 17th century Venice* (Harvard, 1976).

Rapporto su Venezia (UNESCO, 1969).

Rath, R. John, *The Provisional Austrian Regime in Lombardy-Venetia 1814—1815*(Austin, Texas, 1969).

Rendina, Claudio, *I Dogi: Storia e segreti*(Venice, 1984).

Rhodes, Anthony, *The Poet as Superman*(London, 1959).

Rhodes, Harrison, *Venice of Today and Yesterday*(London, 1936).

Ridolfo, Carlo, *Meraviglie dell' arte ovvero le vite degli illustri pittori Veneti e dello stato*(1648).

   The Life of Tintoretto(trans. Catherine and Robert Engers, London, 1984).

Romanin, Samuele, *Storia Documentata di Venezia*(10 vols, Venice, 1912—21).

Romano, Sergio, *Giuseppe Volpi: Industria e Finanza tra Giolitti e Mussolini* (Milan, 1979)

Rosand, David, Painting in Cinquecento Venice(Cambridge, Mass., 1982).

Roth, C., *History of the Jews in Venice*(Philadelphia, 1930).

Rowdon, Maurice, *The Silver Age of Venice*(New York, 1970).

Runciman, Steven, *A History of the Crusades*(3 vols, Cambridge, 1951—4).

   The Fall of Constantinople(Cambridge, 1965).

Ruskin, John, *The Stones of Venice*(3 vols, London, 1851—3).

St Mark's Rest(London, 1877).

Sansovino, Francesco, *Venetia, città nobilissima e singolare descritta in XIII libri* (Venice, 1658).

Sanudo, Marin, *I Diarii*(58 vols, ed. Rinaldo Fulin, Venice, 1879—1903).

Sella, Domenico, *Commercio e industrie a Venezia nel secolo XVIII* (Venice, 1961).

Seneca, Federico, *Il Doge Leonardo Donà*(Padua, 1959).

   Venezia e Papa Giulio II(Padua, 1962).

Shaw-Kennedy, R., *Art and Architecture in Venice: The Venice in Peril Guide* (London, 1972).

Sismondi, J.C.L., *History of the Italian Republics in the Middle Ages*(London,

1906).

Smith, Logan Pearsall, *Life and Letters of Sir Henry Wotton* (London, 1907).

Steer, John, *Venetian Painting* (London, 1967).

Stokes, Adrian, *Venice* (London, 1944).

Storia della. Civilta' Veneziana (Fondazione Giorgio Cini, 10 vols, Florence, 1955—66).

Symonds, John Addington, *Renaissance in Italy: The Fine Arts* (London, 1906).

Symons, A.J.A., *The Quest for Corvo* (London, 1934).

Tassini, Giuseppe, *Curiosità Veneziane* (Venice, 1886).

Tenenti, Alberto, *Piracy and the Decline of Venice 1580—1615* (trans. Janet and Brian Pullan, London, 1967).

  I Dogi (Venice, 1984).

Thayer, W.R., *A Short History of Venice* (New York, 1905).

Thomas, Donald, *Robert Browning: A Life within a Life* (London, 1982).

Tietze, Hans, *Tintoretto* (London, 1948).

Titian (London, 1950).

Trevelyan, G.M., *Manin and the Venetian Revolution of 1848* (London, 1923).

Trollope, Thomas Adolphus, *What I Remember* (2 vols, London, 1889).

The Further Reminiscences of Mr. T.A. Trollope (1889).

Tucci, Ugo, *Lettres d'un marchand Venitien, Andrea. Barrengo 1553—6* (Paris, 1957).

Ulloa, Girolamo, *Guerre de l'indépendance Ita-lienne 1848—49* (Paris, 1859).

Vaussard, Maurice, *Daily Life in Eighteenth-Century Italy* (trans. Michael Heron, London, 1962).

Venezia Restaurata, 1966—1986 (with introductions by Margherita Asso, Francesco Valcanover and Maria Teresa Rubin de Cervin, and an essay by Alvise Zorzi, Milan, 1986).

Venice and History: The Collected Papers of Frederic C. Lane (Baltimore, 1956).

Venice under the Yoke of France and Austria by a Lady of Rank(Catherine Hyde, Marchioness of Broglio, 1824).

Villehardouin, Geoffroi de, and Jean, Lord of Joinville, *Chronicles of the Crusades* (trans. Margaret Shaw, Harmondsworth, 1963).

Voltolina, Gino, *Ancient Venetian Well-heads*(Venice, 1982).

Waley, Daniel, *The Italian City-Republics*(London, 1959).

Waterhouse, E., *Giorgione*(Glasgow, 1974).

Weeks, Donald, *Corvo*(London, 1971).

(ed.), *Baron Corvo: Letters to James Walsh*(London, 1972).

White, Newman Ivey, *Shelley*(2 vols, London, 1947).

Whittick, Arnold(ed.), *Ruskin's Venice*(London, 1976).

Wickham, Chris, *Early Medieval Italy: Central Power and Local Society 400—1000*(London, 1981).

Wilde, J., *Venetian Art from Bellini to Titian*(Oxford, 1974).

Williams, Jay, *The World of Titian c. 1488—1576*(Amsterdam, 1968).

Wittkower, Rudolf, *Architectural Principles in the Age of Humanism*(London, 1952).

Palladio and Palledianism(1974).

Woolf, Cecil(ed.), *Fr. Rolfe, Baron Corvo: Letters to C.H.C. Pirie-Gordon* (London, 1959).

Fr. Rolfe, Baron Corvo: Letters to R.M. Dawkins(London, 1962).

and Rabbi Bertram W. Korn, *Fr. Rolfe, Baron Corvo: Letters to Leonard Moore*(London, 1960).

Wootton, David, *Paolo Sarpi: Between Renaissance and Enlightenment*(Cambridge, 1984).

Yates, Frances E., *Renaissance and Reform: The Italian Contribution*(London, 1984).

Yriarte, C., *La Vie d'un Patricien de Venise OM seizième Siècle*(Paris, 1874).

Zorzi，Alvise，*Venezia Austrinca*，*1798—1866*（Rome，1986）.

　Venice：City，Republic，Empire（London，1983）.

Zorzi，G.G.，*Le opere pubbliche e i palazzi privati di Andrea Palladio*（Venice，1964）.

　Le chiese e ponti di Andrea Palladio（Vicenza，1966）.

Zorzi，Marino，*La Libreria Marciana*（Venice，1987）.

插图出处说明

黑白图片：

第一章

1.《威尼斯的早期定居情况》(*Early Settlement of Venice*)，约翰·弗里曼(John Freeman)提供。

2. 拉斯金描绘圣马可大教堂石柱、柱头和马赛克镶嵌画的素描图，经坎布里亚郡(Cumbria)科尼斯顿地区(Coniston)的布兰特伍德信托公司(Brantwood Trust)的许可使用。

3. 14世纪威尼斯地图，圣马可图书馆(Biblioteca Marciana)提供，©SCALA。

4. 12世纪圣马可大教堂的马赛克镶嵌画，©SCALA。

5. 卡纳莱托画的兵工厂桥，经塔斯维克(Tavistock)侯爵慷慨的允许后得以复制，受委托方为贝德福德房产公司(Bedford Estates)和沃本大修道院(Woburn Abbey)。

第二章

1. 圣马可大教堂内圣阿利皮奥(Sant' Alipio)门上方的马赛克镶嵌画，曼塞尔(Mansell)的藏品。

2.《奥里奥·马斯洛比埃罗和恩里克·丹多罗》，曼塞尔的藏品。

3. 总督府中的《征服君士坦丁堡》©SCALA。

第三章

1. 提埃波罗画的一位圣马可的代理人像,曼塞尔美术馆。

2. 卡巴乔的《圣母降生》(*Birth of the Virgin*),曼塞尔美术馆。

3. 威尼斯大剧院里的《拳头桥上的战斗》,大英博物馆(British Museum)。

第四章

1. 14世纪的威尼斯,玛丽埃文斯图片图书馆(Mary Evans Picture Library)。

2. 拉斯金的图纸《哥特式柱头》,坎布里亚郡科尼斯顿地区的布兰特伍德信托公司。

3. 卡纳莱托的《钟楼》,存于温莎城堡中的英国皇家图书馆(Windsor Castle,Royal Library),英国女王拥有版权。

4. 卡巴乔的《圣乌苏拉之梦》(*Dream of St Ursula*),曼塞尔美术馆。

第五章

1. 弗朗切斯科·福斯卡里的肖像画,由爱德温·史密斯(Edwin Smith)提供。

2. 提香的卡特琳娜·科纳罗的肖像画,曼塞尔美术馆。

3. 贝里尼的莱昂纳多·罗列丹的肖像画,布里奇曼艺术图书馆/伦敦国家美术馆 (Bridgeman Art Library/National Gallery of London)。

4. 一支威尼斯船队准备驶离圣马可广场码头,约翰·弗里曼。

5. 提香画的《查理五世和他的狗》,马德里的普拉多博物馆(Prado Museum)。

第六章

1. 卡纳莱托画的圣格雷米亚教堂和拉比亚宫,经英国女王陛下的许可复制。

2. 一位威尼斯妇女的画像,约翰·弗里曼。

3. 客人们在跳舞,布里奇曼艺术图书馆。

4. 贝拉的《金钱银行》(*Il Banco del Giro*),奎利尼·斯坦普利亚基金会。

5. 卡巴乔的《圣奥古斯丁的先知》,曼塞尔美术馆。

第七章

1. 丁托列托的阿尔韦塞·莫塞尼格画像,曼塞尔美术馆。

2. 圣马可广场码头的景象,伦敦国家美术馆/泰晤士梅休因出版社(Thames Methuen)。

第八章

1. 提香的阿雷蒂诺肖像画,ⓒ SCALA。

2. 提香自画像,曼塞尔美术馆。

3. 丁托列托自画像,ⓒ SCALA/圣洛可兄弟会。

4. 委罗内塞自画像,曼塞尔美术馆。

5. 拉斯金画的达里奥宫外观草图,坎布里亚郡科尼斯顿地区的布兰特伍德信托公司。

6. 奇迹圣母堂,大英博物馆。

7. 卡纳莱托画的桑索维诺设计的图书馆,布里奇曼艺术图书馆。

8. 丁托列托的桑索维诺肖像画,曼塞尔美术馆。

9. 卡纳莱托的《石匠的院子》(Stonemason's Yard),伦敦国家美术馆/泰晤士梅休因出版社。

第九章

1. 16 世纪的监狱,大英博物馆。

2. 在圣马可流域(Bacino di S. Marco)举行的划船大赛,ⓒ SCALA/科雷尔博物馆。

3. 托马斯·科里阿尔拜访一个高级妓女,取自 1905 年出版的《科里阿尔莽言》(Coryat's Crudities)。

4. 从威尼斯大剧院看过去的圣若望及保禄堂,大英博物馆。

第十章

1. 从威尼斯大剧院看向希腊人圣乔治教堂,大英博物馆。

2. 保罗·萨皮像,曼塞尔美术馆。

3. 克拉克森·斯坦斐尔德(Clarkson Stanfield)画的海关大楼和安康圣母教堂,布里奇曼艺术图书馆。

第十一章

1. 被画成漫画的英国游客,托马斯·罗兰森(Thomas Rowlandson),维多利亚国家美术馆(National Gallery of Victoria)/泰晤士梅休因出版社。

2. 卡纳莱托的《圣洛可节》,伦敦国家美术馆/泰晤士梅休因出版社。

3. 纳尼宫的宴会,被认为是隆吉的作品,ⓒ SCALA/雷佐尼可宫。

4. 卡纳莱托的教皇使节(Papal Legate),由华盛顿的国家美术馆提供复制/泰晤士梅休因出版社。

5. 隆吉画的犀牛,ⓒ SCALA/ 雷佐尼可宫。

6. 提埃波罗的素描画,一个年轻的贵族和他的妻子拜访一位怀孕的朋友,由魏登菲尔德(Weidenefeld)和尼克尔森(Nicolson)提供复制。

7. 卡纳莱托描绘的曼迪坎蒂河的风景,由华盛顿的国家美术馆提供复制:怀德纳美术馆/泰晤士梅休因出版社。

8. 等着被带去参加舞会的客人,由华盛顿的国家美术馆提供复制:萨缪尔克莱斯美术馆(Samuel Kress Collection)/泰晤士梅休因出版社。

9. 穿着戴假面具的化装舞衣并戴着三角帽的威尼斯女子,华盛顿的国家美术馆提供复制/泰晤士梅休因出版社。

10.《众目睽睽下的情色邂逅》,来自《卡萨诺瓦回忆录》。

11. 卡勒瓦里斯画的曼彻斯特伯爵(Earl of Manchester)来到威尼斯的场景,伯明翰博物馆和美术馆(City of Birmingham Museum and Art Gallery)/泰晤士梅休因出版社。

第十二章

1. 修女们在会客室接待访客,隆吉的一位追随者所画,ⓒ SCALA/雷佐尼可宫。

2. 街头交易商,来自佐皮尼的版画《威尼斯城市道路上的艺术》(*Le arti che van per via nella città di Venezia*)。

3. 巨人阶梯,大英博物馆/泰晤士梅休因出版社。

4. 法国军队取下圣马可大教堂的青铜马,曼塞尔美术馆。

第十三章

1.《一位贵族诗人抓耳挠腮苦思创意》(*A Noble Poet Scratching up his Ideas*),大英博物馆/泰晤士梅休因出版社。

2. 贝拉描绘的一场网拍式墙球赛,布里奇曼艺术图书馆。

3. 提埃波罗画的狂欢节期间翻筋斗演员表演的场景,© SCALA/雷佐尼可宫。

4. 隆吉画的拜访药材铺,© SCALA/学院美术馆。

第十四章

1. 达尼埃莱·马宁,© SCALA/意大利统一博物馆。

2. 巴尔菲伯爵和他的妻子,取自 1923 年出版的《马宁和 1848 年威尼斯革命》(*Manin and the Venetian Revolution of 1848*)。

3. 抗议者拆毁铺路石,来源同上。

4. 爱国者们宣布建立圣马可共和国,来源同上。

第十五章

1. 代表们要求抵抗到底,来源同上。

2. 威尼斯遭受轰炸,来源同上。

第十六章

1. 一家咖啡馆外的客人们,玛丽埃文斯图片图书馆。

2. 约翰·拉斯金肖像画,曼塞尔美术馆。

3. 喂鸽子,曼塞尔美术馆。

4. 圣马可钟楼下方回廊外的游客们,BBC霍尔顿精美图片图书馆(BBC Hulton Picture Library)。

5. 费德里科·德尔·坎波所画的朱塞佩运河的艺术摄影作品。

6. 圣马可小广场上的狂风和涨潮,玛丽埃文斯图片图书馆。

7. W.D.豪厄尔斯肖像画,曼塞尔美术馆。

8. 1875 年的火车站场景,曼塞尔美术馆。

第十七章

1. 乔治·艾略特肖像画,曼塞尔美术馆。

2. 罗伯特·布朗宁和他的儿子,曼塞尔美术馆。

3. 亨利·詹姆斯,曼塞尔美术馆。

4. 乔治·桑,曼塞尔美术馆。

5. 约翰·辛格·萨金特画的一户威尼斯人家内部,伯明翰艺术图书馆/皇家艺术学院(Royal Academy of Arts)。

6. 弗雷德里克·罗尔夫,"柯佛男爵",取自 1934 年出版的《寻找柯佛》(Quest for Corvo)。

7. 钟楼的废墟,曼塞尔美术馆。

8. 1880 年里亚尔托桥附近的贡多拉,BBC 霍尔顿图片图书馆。

9. 一个造船工人的院子,精美的艺术摄影作品。

10. 观众们离开凤凰大剧院,玛丽埃文斯图片图书馆。

第十八章

1. 加布里埃尔·邓南遮,©伦敦帝国战争博物馆(Imperial War Museum)。

2. 第九届威尼斯双年展,©奥斯瓦尔多·波姆(Osvaldo Böhm)。

3. 巨人阶梯上的沙袋,©伦敦帝国战争博物馆。

结语

1. 1966 年威尼斯小广场遭受洪水侵袭,©托珀姆图片图书馆(Topham Picture Library)。

彩色图片：

1. 12 世纪圣马可大教堂内的马赛克镶嵌画，© SCALA。

2. 马林·萨努多（Marin Sanudo）祈祷书中的彩绘，牛津大学图书馆（Bodleian Library）原稿，190 f.22。

3. 教皇亚历山大三世和腓特烈一世大帝，© SCALA/雷吉亚厅（Sala Regia）。

4. 马尔科·巴尔巴里戈，经大英图书馆许可，附录原稿 21463 f.1。

5. 16 世纪晚期威尼斯俯瞰图，© SCALA/梵蒂冈（Vatican）卡特地理美术馆（Galleria della Carte Geografia）。

6. 17 世纪兵工厂的景象，© SCALA/ 科雷尔博物馆。

7. 17 世纪早期威尼斯的俯瞰图，© SCALA/科雷尔博物馆。

8. 《海上之城》（The City in the Sea），© SCALA/奎利尼·斯坦普利亚基金会。

9. G.B.迪安吉洛画的《征募船员》，© SCALA 海军历史博物馆。

10. 贝里尼画的《圣马可广场游行队伍》，© SCALA/学院美术馆。

11. 贝里尼画的《圣罗伦佐桥上十字架的奇迹》，© SCALA/学院美术馆。

12. 卡巴乔画的《圣马可翼狮》，© SCALA/总督府。

13. 卡巴乔画的《两名交际花》，© SCALA/学院美术馆。

14. 卡巴乔画的《真十字架的奇迹》，© SCALA/学院美术馆。

15. 瓦萨里和他的助手画的《勒班陀战役》，© SCALA/梵蒂冈。

16. 维琴蒂诺画的《塞巴斯蒂亚诺·维尼埃肖像》，© SCALA/科雷尔博物馆。

17. 丁托列托画的《耶稣受难像》，© SCALA/圣洛可兄弟会。

18. 委罗内塞画的《利未家的宴会》，© SCALA/学院美术馆。

19. 瓜尔迪画的《议员与外交官的非正式会晤》，© SCALA/雷佐尼可宫。

20. 卡巴乔画的仆人们在宫殿厨房工作的场景，© SCALA/哥尔多尼宫。

21. 提埃波罗画的《狂欢节场景》，© SCALA/雷佐尼可宫。

22. 隆吉画的《访客们参加化装舞会的场景》，© SCALA/雷佐尼可宫。

23. 《兵工厂工人行会所做牌匾的场景》，© SCALA/历史博物馆。

24. 贝拉画的《卡纳雷吉欧区的斗牛比赛》，伯明翰艺术图书馆/吉拉顿（Giraudon）提供。

25. 卡勒维里斯画的《江湖术士在小广场上表演的场景》,精美的艺术摄影作品公司提供。

26. 马里斯凯画的《圣马可流域的航运情况》,伯明翰艺术图书馆/伦敦的克里斯蒂(Christies)。

27. 马里斯凯画的罗根纳设计的安康圣母教堂,伯明翰艺术图书馆/伦敦的克里斯蒂。

28. 卡纳莱托画的《圣马可流域景色》,精美的艺术摄影作品公司提供。

29. 瓜尔迪的视角看朱代卡运河,伯明翰艺术图书馆。

30. 《贡多拉穿梭在里亚尔托桥下的场景》,被认为是贝洛托(Bellotto)所画,伯明翰艺术图书馆/伦敦的克里斯蒂。

31. J.M.W.特纳画的《威尼斯风景图》,伯明翰艺术图书馆/大英博物馆。

32. 乔治·克莱林画的《在总督府门前的法国部队》,曼塞尔美术馆。

33. 托马斯·布什·哈迪画的《渔船驶入圣马可运河的情景》,伯明翰艺术图书馆。

34. 理查德帕克斯画的《总督府》,在受托人伦敦华勒斯典藏馆(the Wallace)的许可下复制。

35. 马奈画的《大运河中的系船柱》,伯明翰艺术图书馆/圣弗朗西斯科地方安全委员会(Provincial Security Council)。

图书在版编目(CIP)数据

威尼斯城记/(英)克里斯托弗·希伯特
(Christopher Hibbert)著;高玉明,杨佳锋译.—上
海:上海人民出版社,2021
(历史·文化经典译丛)
书名原文:Venice:The Biography of a City
ISBN 978 - 7 - 208 - 17227 - 2

Ⅰ.①威… Ⅱ.①克… ②高… ③杨… Ⅲ.①威尼斯
-历史 Ⅳ.①K546.9

中国版本图书馆 CIP 数据核字(2021)第 135417 号

责任编辑 刘华鱼
封面设计 秘密门扉

历史·文化经典译丛
威尼斯城记
[英]克里斯托弗·希伯特 著
高玉明 杨佳锋 译

出　　版　上海人民出版社
　　　　　　(200001　上海福建中路 193 号)
发　　行　上海人民出版社发行中心
印　　刷　上海商务联西印刷有限公司
开　　本　720×1000　1/16
印　　张　30.5
插　　页　11
字　　数　470,000
版　　次　2021 年 8 月第 1 版
印　　次　2021 年 8 月第 1 次印刷
ISBN 978 - 7 - 208 - 17227 - 2/K·3112
定　　价　118.00 元

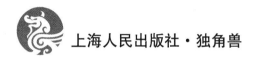
上海人民出版社·独角兽

"独角兽·历史文化"书目

[英]佩里·安德森著作
《从古代到封建主义的过渡》
《绝对主义国家的系谱》
《新的旧世界》

[英]李德·哈特著作
《战略论:间接路线》
《第一次世界大战战史》
《第二次世界大战战史》
《山的那一边:被俘德国将领谈二战》
《大西庇阿:胜过拿破仑》

[美]洛伊斯·N.玛格纳著作
《生命科学史》(第三版)
《医学史》(第二版)
《传染病的文化史》

《欧洲文艺复兴》
《欧洲现代史:从文艺复兴到现在》
《非洲现代史》(第三版)
《巴拉聚克:历史时光中的法国小镇》
《语言帝国:世界语言史》
《鎏金舞台:歌剧的社会史》
《铁路改变世界》
《棉的全球史》

《伦敦城记》
《威尼斯城记》

《工业革命(1760—1830)》
《世界和日本》
《激荡的百年史》
《论历史》

阅读,不止于法律。更多精彩书讯,敬请关注:

微信公众号　　　　微博号　　　　视频号